A GRAMÁTICA DO TEMPO

Para uma nova cultura política

Boaventura de Sousa Santos

A GRAMÁTICA DO TEMPO

Para uma nova cultura política

Quarta edição atualizada e ampliada

autêntica

Copyright © 2021 Boaventura de Sousa Santos

Todos os direitos reservados pela Autêntica Editora Ltda. Nenhuma parte desta publicação poderá ser reproduzida, seja por meios mecânicos, eletrônicos, seja via cópia xerográfica, sem a autorização prévia da Editora.

EDITORAS RESPONSÁVEIS
Rejane Dias
Cecília Martins

REVISÃO
Aline Sobreira de Oliveira

CAPA
Diogo Droschi
(Sobre pintura de Mário Vitória.
Guiar-nos-á à vitória, 2012,
óleo sobre madeira, 90x90 cm)

DIAGRAMAÇÃO
Waldênia Alvarenga

Dados Internacionais de Catalogação na Publicação (CIP)
(Câmara Brasileira do Livro, SP, Brasil)

Santos, Boaventura de Sousa
 A gramática do tempo: Para uma nova cultura política / Boaventura de Sousa Santos. -- 1. ed. -- Belo Horizonte : Autêntica, 2021.

 Bibliografia
 ISBN 978-65-88239-31-5

 1. Ciências sociais 2. Cultura política 3. Democracia 4. Direitos humanos 5. Epistemologia 6. Sociologia I. Título.

21-84473   CDD-306.4

Índices para catálogo sistemático:
 1. Cultura política : Sociologia 306.4

Maria Alice Ferreira - Bibliotecária - CRB-8/7964

Belo Horizonte
Rua Carlos Turner, 420
Silveira . 31140-520
Belo Horizonte . MG
Tel.: (55 31) 3465 4500

São Paulo
Av. Paulista, 2.073 . Conjunto Nacional
Horsa I . Sala 309 . Cerqueira César
01311-940 . São Paulo . SP
Tel.: (55 11) 3034 4468

www.grupoautentica.com.br
SAC: atendimentoleitor@grupoautentica.com.br

SUMÁRIO

11   Prefácio à quarta edição
23   Manifesto do Bem Viver/*Buen Vivir*
37   Minifesto para intelectuais de retaguarda

PARTE I
Construindo as epistemologias do Sul

51   *Introdução*
     Do pós-moderno ao pós-colonial e para além de um e outro

Capítulo 1
81   A queda do *Angelus Novus*: o fim da equação moderna entre raízes e opções

83   A parábola do *Angelus Novus*
85   Raízes e opções
92   O fim da equação
95   *O corpo: a raiz derradeira e a opção infinita*
102 Tempo, códigos barrocos e canonização
107   *O cânone literário*
110   *O patrimônio comum da humanidade*
113   *O patrimônio mundial cultural e natural*
118 Os tempos dos códigos barrocos
120 Um futuro para o passado: as imagens desestabilizadoras
128 Um futuro para o passado: as subjetividades desestabilizadoras
132 Conclusão

Capítulo 2
135 Uma sociologia das ausências e uma sociologia das emergências

135 Introdução
140 A crítica da razão metonímica

147   *Cinco modos de produção de não existência*
151   *Cinco ecologias*
163   A crítica da razão proléptica
170   Os campos sociais da sociologia das ausências e da sociologia das emergências
172   Das ausências e das emergências ao trabalho da tradução
181   Condições e procedimentos da tradução
187   Conclusão: Para que traduzir?

Capítulo 3
191   A ecologia de saberes
191   Introdução
198   As condições da diversidade epistemológica do mundo
201   *Pluralidade interna das práticas científicas*
210   *Pluralidade externa: outros saberes*
213   A ecologia de saberes

PARTE II
A construção de mundos pós-coloniais

Capítulo 4
231   O fim das descobertas imperiais
232   O Oriente
236   O selvagem
240   A natureza
242   Os lugares fora do lugar

Capítulo 5
243   *Nuestra América*: reinventar um paradigma subalterno de reconhecimento e redistribuição
243   O século americano-europeu
247   Sobre as globalizações contra-hegemônicas
254   O século americano da *Nuestra América*
260   O otimismo trágico e transgressivo da subjetividade da *Nuestra América*
271   A contra-hegemonia no século XX
274   Possibilidades contra-hegemônicas para o século XXI
276   Rumo a novos manifestos
283   Conclusão: De que lado estás, Ariel?

Capítulo 6
287 Entre Próspero e Caliban: colonialismo, pós-colonialismo e interidentidade

287 Introdução
291 O colonialismo português e o pós-colonialismo
291   *A especificidade do colonialismo português*
295   *O pós-colonialismo*
309   *O colonialismo português e os silêncios do pós-colonialismo*
316 Jogos de espelhos, I: um Caliban na Europa
324 Jogos de espelhos, II: um Próspero calibanizado
337 Jogos de espelhos, III: os momentos de Próspero

Capítulo 7
351 A política da cor: o racismo e o colorismo
364 A cor, a contracor e o arco-íris

PARTE III
Uma nova teoria política crítica: reinventar o Estado, a democracia e os direitos humanos

Capítulo 8
369 A construção intercultural da igualdade e da diferença

369 Introdução
370 A desigualdade e a exclusão na modernidade ocidental
374 Os universalismos da desigualdade e da exclusão
377 A gestão da desigualdade e da diferença e a sua crise
389 As metamorfoses do sistema de desigualdade e do sistema de exclusão
398   *A biodiversidade e a biotecnologia*
403   *O espaço eletrônico*
410 A articulação entre políticas de igualdade e políticas de identidade
415 Conclusão

Capítulo 9
417 A crise do contrato social da modernidade e a emergência do fascismo social
425 A crise do contrato social
438 A emergência do fascismo social
443 Sociabilidades alternativas

Capítulo 10
447 A reinvenção solidária e participativa do Estado
452 A crise do reformismo
453 *Primeira fase: o Estado irreformável*
455 *Segunda fase: o Estado reformável*
458 *A reforma do Estado e o terceiro setor*
475 O Estado como novíssimo movimento social
479 *A refundação democrática da administração pública e o terceiro setor*
486 Democracia participativa, fiscalidade participativa e Estado experimental

Capítulo 11
493 A crítica da governação neoliberal: o Fórum Social Mundial como política e legalidade cosmopolita subalterna
493 Introdução
497 A governação como legalidade neoliberal
498 *Genealogia da governação*
501 *O significado político da governação neoliberal*
507 *Lutas sociais no quadro da governação*
511 *Há outras histórias da governação?*
513 O Fórum Social Mundial como política e legalidade cosmopolita subalterna e insurgente do Sul global
516 *A novidade política do Fórum Social Mundial*
518 *Estratégia e ação política*
530 A política do direito e da legalidade num contexto de globalizações em conflito

Capítulo 12
535 As concepções hegemônicas e contra-hegemônicas de democracia
538 As concepções hegemônicas de democracia
540 As concepções contra-hegemônicas de democracia
542 Onde estamos e o que fazer?

Capítulo 13
547 Para uma concepção intercultural dos direitos humanos
547 Introdução: As tensões da modernidade ocidental e os direitos humanos
553 As globalizações em síntese
558 Reconstrução intercultural dos direitos humanos
562 Premissas de uma política contra-hegemônica de direitos humanos
565 A hermenêutica diatópica

575 O imperialismo cultural e a possibilidade de uma contra-hegemonia
577 As dificuldades da reconstrução dos direitos humanos
581 Condições para uma reconstrução intercultural dos direitos humanos
585 Direitos humanos interculturais e pós-imperiais
594 Conclusão

597 *Conclusão*
A incerteza entre o medo e a esperança

598 Que tipo de época é a nossa?
599 Quais as incertezas?
599 *A incerteza do conhecimento*
600 *A incerteza da democracia*
601 *A incerteza da natureza*
604 *A incerteza da dignidade*

607 Referências

Prefácio à quarta edição

Este livro tem um caráter seminal. Encontraram aqui a sua primeira formulação muitas propostas epistemológicas e teóricas que mais tarde desenvolvi. Pode ser lido com uma perspectiva de sociologia do conhecimento sobre a gênese das ideias científicas e filosóficas. Mas o que nele está escrito vale por si, tanto mais que a evolução do meu pensamento me levou a me centrar em alguns temas e a não prosseguir em outros que tiveram neste livro a única formulação que lhes dei até ao momento.

A gramática do tempo (Cortez, 2006) e os livros que a antecederam, *Pela mão de Alice* (Cortez, 1995; 2013, 14ª edição revista e aumentada, 2ª reimpressão) e *A crítica da razão indolente* (Cortez, 2000, 8ª edição, 3ª reimpressão, logo em nova edição pela Autêntica), constituem a visão panorâmica, em língua portuguesa, das propostas epistemológicas e de teoria social crítica que viriam a se aprofundar e a se condensar posteriormente em outras publicações. Entre estas, destaco *O fim do império cognitivo* (Autêntica, 2019), em que apresento a mais recente formulação das epistemologias do Sul, *Na oficina do sociólogo artesão* (Cortez, 2018) e a série de livros coletivos sobre as teorias sociais que decorrem das epistemologias do Sul, uma publicação em curso de que já estão disponíveis *Demodiversidade: imaginar novas possibilidades democráticas* (organizado com José Manuel Mendes, Autêntica, 2018) e *O pluriverso dos direitos humanos: a diversidade das lutas pela dignidade* (organizado com Bruno Sena Martins, Autêntica, 2019).

No domínio específico da sociologia do direito, *A gramática do tempo* abordava, em geral, algumas das temáticas que tiveram desenvolvimentos específicos em três livros agora disponíveis em edição da Lumen Juris, *O direito dos oprimidos* (2021), *A justiça popular em Cabo Verde* (2021) e *As bifurcações da ordem: revolução, cidade, campo e indignação* (2021).

À data da sua publicação inicial, este livro propunha-se lançar os fundamentos de uma nova cultura política que permitisse voltar a pensar e a querer a transformação social e emancipatória, ou seja, o conjunto dos processos econômicos, sociais, políticos e culturais que tenham por objetivo transformar as relações de poder desigual em relações de autoridade partilhada nos seis espaços-tempo analisados em *A crítica da razão indolente* (2000, p. 261-327) – os espaços-tempo doméstico, da produção, do mercado, da comunidade, da cidadania e mundial. Tal transformação implica não só uma vastíssima redistribuição de recursos materiais e simbólicos (princípio da igualdade), como também o reconhecimento da diversidade das culturas, identidades, histórias, memórias e trajetórias (princípio do reconhecimento da diferença). A amplitude desse projeto mostra que o que está em causa é muito mais que construir alternativas. Trata-se, antes de tudo, de construir um pensamento alternativo de alternativas. A nova cultura política desenhada a traço grosso neste livro é simultaneamente o produto e o produtor desse pensamento alternativo. Por essa razão, o argumento aqui apresentado não pode deixar de ter uma forte componente epistemológica. Por isso, a primeira parte do livro incide especificamente sobre a dimensão epistemológica da minha reflexão. O novo patamar de inquirição centrado na sociologia das ausências e das emergências e na ecologia dos saberes é o resultado de um longo percurso, cujos momentos principais são *Um discurso sobre as ciências* ([1987] 2003e),[1] *Introdução a uma ciência pós-moderna* (1989), *Toward a New Common Sense: Law, Science and Politics in the Paradigmatic Transition* (1995), *Toward an Epistemology of Blindness: Why the New Forms of "Ceremonial Adequacy" neither Regulate nor Emancipate* (2001), *A crítica da razão indolente: contra o desperdício da experiência* (2000) e *conhecimento prudente para uma vida decente: "Um discurso sobre as ciências" revisitado* (2004).

Uma das maiores inovações desta edição em relação às anteriores diz respeito ao "Manifesto do bem viver/*buen vivir*" e ao "Minifesto para

---

[1] Publicado em Portugal em 1987 (Porto: Afrontamento), hoje em 14ª edição.

intelectuais de retaguarda", que inauguram o livro. Esses textos foram publicados pela primeira vez na versão inglesa de *A gramática do tempo* (*Epistemologies of the South: Justice against Epistemicide*, Paradigm Publishers, 2014 e Routledge, 2016). Condensam as minhas preocupações epistemológicas, teóricas e políticas mais recentes, formuladas de modo experimental em narrativa vocativa e em linguagem correspondente. Esses textos cumpriram a sua missão de chamar a atenção, tanto que foram posteriormente publicados isoladamente em outras línguas. Mas a versão em português só agora é publicada. Esses textos representam alguma ruptura com o texto da edição original de *A gramática do tempo*. Ilustram bem o modo dinâmico e até surpreendente como têm evoluido as ideias que norteiam, ou melhor, suleiam o meu trabalho teórico sob o impacto constante da vibração das lutas sociais que caracterizaram as duas primeiras décadas do milênio. A versão inglesa ocorreu 10 anos depois da primeira edição, um tempo longo para o ritmo alucinante da vida do intelectual de retaguarda que aprendi a ser nesse período.

A Parte I inicia-se com uma Introdução em que dou conta dos percursos da minha trajetória intelectual que melhor revelam o processo de construção de *A gramática do tempo: para uma nova cultura política*. Analiso, em especial, a passagem complexa de uma teoria crítica pós-moderna para uma teoria crítica pós-colonial. Uma passagem complexa, porque nem sempre a segunda anula a primeira, nem qualquer delas responde adequadamente às passagens que continuo explorando.

No Capítulo 1, analiso a convulsão que atravessa a peculiar equação entre raízes e opções, que considero ser o fundamento último das teorias da história da modernidade ocidental. Uma das expressões mais características dessa convulsão é a prevalência do que designo como códigos barrocos. Numa situação de colapso da equação entre raízes e opções, há que reconstruir o inconformismo e a indignação ante a banalização da injustiça e da violência através da criação de imagens e de subjetividades desestabilizadoras.

No Capítulo 2, desenvolvo o argumento principal da Parte I. Proponho uma racionalidade mais ampla e mais cosmopolita que a racionalidade moderna ocidental, uma racionalidade que dê conta da diversidade epistemológica do mundo. Já antes definira a razão ocidental como uma razão indolente, cuja indolência é responsável pelo imenso desperdício da experiência social de que se alimentam todas as formas de pensamento único. Nesse capítulo, analiso sistematicamente duas das formas principais da razão indolente, a razão metonímica e a razão proléptica, às quais contraponho uma racionalidade mais ampla, que, nas condições transicionais do nosso tempo, afirma-se como uma sociologia das ausências e das emergências. Pretendo mostrar que muito do que não existe econômica, social, política e culturalmente é ativamente produzido como não existente através de um conjunto articulado de monoculturas de saberes, de tempos, de classificações sociais, de escalas e de produtividades. A racionalidade mais ampla que proponho contrapõe a essas monoculturas uma série correspondente de ecologias.

No Capítulo 3, centro-me numa dessas ecologias, a ecologia de saberes. Nesta edição eliminei o capítulo sobre a Universidade Popular dos Movimentos Sociais (UPMS) (antigo Capítulo 4), porque nesse ínterim publiquei outros textos em que atualizo e reforço o papel epistemológico e pedagógico da UPMS e o insiro no contexto mais amplo do movimento de educação popular, em que se destaca o grande pedagogo revolucionário Paulo Freire, cujo centenário do nascimento se celebra em 2021. Sobre esse tema pode-se ler, por último, *O fim do império cognitivo* (2019).

Na Parte II, faço vários percursos que sinalizam a passagem de uma concepção pós-moderna de oposição para uma concepção pós-colonial que, como dou a entender na Introdução, será também de oposição. Referi anteriormente que tal passagem é complexa. É-o sobretudo porque o objetivo de reconstrução radical da tensão entre regulação e emancipação – reconstrução radical, não abandono radical, como pretende o pós-modernismo celebratório – se mantém intacto. Apenas se torna agora ainda mais exigente.

A tensão moderna entre regulação e emancipação não foi pervertida apenas pelo fato de o capitalismo ter reduzido a emancipação às possibilidades toleradas pelo capitalismo, transformando-a, assim, num disfarce da regulação. Foi-o também por a promessa de um mundo melhor, contida nessa tensão, não incluir grande parte do mundo, o mundo colonial. E essa exclusão, longe de ter terminado com o fim do colonialismo político formal, prossegue hoje sob novas formas. Nesse reconhecimento reside a concepção pós-colonial.

No Capítulo 4, analiso as principais dimensões da exclusão colonial e imperial – o Oriente, o selvagem e a natureza –, explorando a forma como a descoberta do Outro, no contexto colonial, envolve sempre a produção ou reconfiguração de relações de subalternidade.

No Capítulo 5, parto de um pequeno texto, "Nuestra América", de um grande pensador latino-americano, José Martí, publicado no jornal mexicano *El Partido Liberal* em 30 de janeiro de 1891, para ilustrar as potencialidades de uma aprendizagem com o Sul não imperial. Tomando emprestada de Shakespeare a metáfora das relações coloniais entre o Norte global e o Sul global, concebo a "Nuestra América" como um texto fundador da América de Caliban, em resistência contra a América de Próspero, símbolo de uma confrontação que, no plano intelectual e cultural, envolve muitos outros intelectuais latino-americanos, nomeadamente brasileiros, e que no plano econômico, social e político continua a marcar, nos dias de hoje, as lutas mais decisivas do continente americano.

No Capítulo 6, debruço-me mais sistematicamente sobre o pós-colonialismo e explico as razões da minha concepção como pós-colonialismo de oposição. As concepções dominantes nessa área, além de terem um cunho culturalista que as aproxima, por vezes, do pós-modernismo celebratório, assentam-se quase exclusivamente na experiência dos povos coloniais que estiveram sujeitos ao colonialismo britânico. Daí decorrem generalizações espúrias que ocultam muitas das características do colonialismo ibérico e, especificamente, do colonialismo português. A crítica dessa ocultação – constitutiva, de algum modo, de um pós-colonialismo indolente – está na base do pós-colonialismo de oposição. Não se trata apenas de corrigir um registro histórico. Trata-se sobretudo de, através de tal correção, identificar possibilidades inexploradas de resistência e de articulação pós-colonial. Nesse capítulo, a minha análise transita de um contexto latino-americano para um contexto africano, envolvendo nesse debate as contribuições de vários intelectuais africanos.

Uma das novidades deste livro, o Capítulo 7 incide sobre uma das expressões mais violentas do colonialismo, o racismo. Juntamente ao sexismo, o racismo integra o bloco de construtores modernos da linha abissal que separa radical e invisivelmente os seres plenamente humanos (a zona metropolitana) e os seres sub-humanos (a zona colonial).

Na Parte III, trato em detalhe de alguns dos passos que reputo importantes na construção de uma nova cultura política. É a parte mais extensa e também aquela em que é mais vincado o caráter transicional. Mais do que em qualquer outro domínio, na política e na cultura política, o novo constrói-se a partir do velho, e o velho, longe de ser apenas um campo de bloqueio, é também um campo de oportunidades. De fato, a tradição hegemônica, internamente muito diversificada, da teoria e da análise políticas da modernidade ocidental atravessa hoje um período de enorme turbulência. Essa turbulência revela-se sobretudo pelo agravamento – e pela maior visibilidade do agravamento – da discrepância entre princípios políticos e práticas políticas. Ela assume proporções tais que a modernidade ocidental capitalista e neocolonialista parece hoje estar na condição de só poder propagar-se globalmente na medida em que viole todos os princípios em que fez se assentar historicamente a legitimidade da sua propagação. Violam-se os direitos humanos aparentemente para defender os direitos humanos, destrói-se a democracia para salvaguardar a democracia, elimina-se a vida para preservar a vida. Nessa turbulência, tornam-se mais visíveis as contradições das teorias e categorias analíticas dominantes, ao mesmo tempo que nos interstícios dessas contradições se abrem oportunidades teóricas, analíticas e de intervenção política insuspeitadas para reinventar a emancipação social.

No Capítulo 8, investigo os dois sistemas modernos de diferenciação hierárquica: o sistema da desigualdade (a diferenciação como forma de pertença) e o sistema da exclusão (a diferenciação como forma de não pertença). As tradições políticas modernas, tanto em suas vertentes liberais como em suas vertentes marxistas, centraram-se no primeiro sistema, deixando de lado o segundo e contribuindo assim para a sua ocultação. Defendo que hoje é mais do que nunca necessário pensá-los em conjunto, dada a porosidade crescente entre eles. A luta pelo princípio da igualdade deve ser conduzida de par com a luta pelo princípio do reconhecimento da diferença. Aí reside um dos pilares da nova cultura política.

No Capítulo 9, retomo outra categoria fundamental da teoria política liberal, o contrato social, para mostrar a crise profunda em que se encontra, sobretudo desde a década de 1980, quando a versão mais destrutiva e virulenta do capitalismo, o neoliberalismo, logrou impor-se globalmente. Analisado como ruína, o contrato social permite mostrar como por detrás da fachada da promoção da sociedade civil está se expandindo uma realidade que ela procurou superar, o estado de natureza hobbesiano. Caracterizo essa expansão como um novo regime social, ostensivamente não político, que designo como fascismo social. Defendo que estamos entrando num período em que as sociedades são politicamente democráticas e socialmente fascistas.

No Capítulo 10, inicio uma busca de sociabilidades políticas alternativas à proliferação da democracia de baixa intensidade articulada com fascismos sociais, uma busca que se prolonga pelos capítulos seguintes. Nesse capítulo, centro-me na instituição moderna que geriu, sobretudo nos dois últimos séculos, a tensão entre a regulação e a emancipação – o Estado moderno. Em suas contradições, o Estado moderno, ao mesmo tempo que mostrou os limites e as perversões da gestão dessa tensão, permitiu abrir, às classes populares e aos grupos sociais excluídos, possibilidades novas de inclusão no contrato social. Depois de analisar o ataque devastador desferido pelo neoliberalismo contra o Estado – um ataque que contou com importantes cumplicidades por parte do pós-modernismo celebratório, por vezes disfarçado de "terceira via" ou de "nova esquerda" –, mostro que a luta pelo controle democrático do Estado é hoje uma das lutas mais decisivas. O outro lado da proliferação dos fascismos sociais é a apropriação selvagem do Estado por parte de interesses econômicos dominantes, tanto nacionais como globais. Para enfrentar essa apropriação avassaladora, seria estultícia defender o Estado tal como o conhecemos, até porque isso implicaria pactuar com a opressão e a exclusão que ele tantas vezes protagonizou enquanto Estado capitalista e neocolonialista. É, pois, necessário reinventar democraticamente o Estado, e é por isso que o designo como "novíssimo movimento social".

No Capítulo 11,[2] procedo a uma mudança de escala de análise que se prolongará pelo capítulo seguinte: da escala nacional para a escala global. Ainda que a todos os outros capítulos da Parte III esteja subjacente a consideração do que vulgarmente se designa como globalização

---

[2] O Capítulo 11 da primeira edição, sobre o sindicalismo, foi eliminado devido ao seu caráter muito circunstancial. Sobre o tema, ver agora SANTOS, Boaventura de Sousa. *Pneumatóforo: escritos políticos (1981-2018)*. Coimbra: Almedina, 2018. p. 97-140.

e que, em sua forma hegemônica, não é mais que o neoliberalismo globalizado, a institucionalidade que neles é analisada é fundamentalmente nacional. Mas as transformações econômicas, sociais, políticas e culturais dos últimos 30 anos obrigam-nos a tematizar de maneira mais rigorosa as institucionalidades transnacionais, mesmo quando o objetivo analítico último é entender as transformações políticas e institucionais em nível nacional ou mesmo local.

Nesse capítulo, debruço-me sobre uma nova matriz institucional, promovida globalmente a partir das experiências políticas decorrentes da crise do Estado nos países do Norte global, sobretudo nos Estados Unidos da América. Trata-se da governação (*governance*), uma matriz de regulação social que se concebe a si mesma como pós-estatal, assente na cooperação voluntária autoativada e autorregulada entre atores e interesses sociais relevantes, operando em rede. Procedo a uma crítica radical dessa matriz, mostrando como ela significa o triunfo histórico da concepção das crises políticas como questões de governabilidade – como resultando do fato de haver democracia a mais (demasiados direitos, demasiadas demandas) – sobre a concepção dessas crises como questões de legitimidade, ou seja, como resultando do fato de haver democracia a menos. Em sua forma hegemônica, a governação é a matriz institucional da globalização neoliberal. Mas, como tenho insistido, a globalização neoliberal, sendo hegemônica, não é única. Sobretudo desde o início da presente década, têm emergido várias formas de resistência global ao neoliberalismo que, em seu conjunto, constituem o que designo como globalização contra-hegemônica. Nesse capítulo, contraponho as dinâmicas políticas que subjazem à governação neoliberal com as que subjazem ao Fórum Social Mundial (FSM).

A avaliação que nele faço do FSM foi se modificando ao longo do tempo em resultado da minha experiência posterior no interior do FSM como ativista desde a primeira hora e membro do seu conselho internacional. O registro dessas modificações está disperso em vários textos de opinião escritos ao longo do tempo e, por último, em *O futuro começa agora* (BOITEMPO, 2021, p. 326-329). Em geral, o otimismo a respeito do FSM enquanto inovação política foi dando lugar a um crescente pessimismo, decorrente dos bloqueios e das lutas de poder que fui identificando e vivenciando. Os fatores principais desse crescente pessimismo foram, por um lado, a incapacidade do FSM para intervir como sujeito político global, quando a carência de tal intervenção era cada vez mais evidente, em virtude das mudanças climáticas, da concentração escandalosa da riqueza e da proliferação da lógica da guerra, do autoritarismo e do unilateralismo. Por outro lado, a governação interna segundo a regra do consenso foi sendo pervertida até se transformar na imposição antidemocrática das agendas políticas de meia dúzia de pessoas influentes. O pessimismo foi se traduzindo no abandono do processo do FSM por parte de alguns dos seus mais dedicados militantes. Hoje, penso que, a menos que se proceda a uma profunda renovação ou refundação, algo que considero muito improvável, o FSM está condenado a se transformar em uma boa recordação de ativismo e de interconhecimento globais, cuja fórmula de agregação de vontades contra-hegemônicas se esgotou.

O Capítulo 12, sobre a democracia, constitui outra das novidades desta edição. Num período em que a democracia está sob o crescente ataque de forças de extrema-direita, penso ser particularmente importante distinguir entre concepções hegemônicas e contra-hegemônicas de democracia.

Finalmente, no Capítulo 13, trato do tema dos direitos humanos, um tema que, talvez melhor que nenhum outro, é revelador da política como cultura política, do embate entre as monoculturas hegemônicas e as aspirações de interculturalidade, da confrontação entre concepções hegemônicas e contra-hegemônicas da dignidade humana, das relações conflituais entre o Norte global e o Sul global e entre o Ocidente global e o Oriente global. Trata-se, pois, de um tema particularmente complexo. Recuso o universalismo abstrato dos direitos humanos em sua concepção hegemônica, sem cair no relativismo cultural, tal como na Parte I recusei o monopólio da verdade e do rigor por parte da ciência moderna positivista, sem cair no relativismo epistemológico. Proponho, em alternativa ao universalismo abstrato e imperial, o cosmopolitismo, construído de baixo para cima, através de diálogos interculturais sob diferentes concepções de dignidade humana. Designo esses diálogos como hermenêutica diatópica, assente na ideia da incompletude de todas as culturas e tendo como objetivo atingir não a completude, mas, pelo contrário, uma consciência mais aprofundada e recíproca das muitas incompletudes de que é feita a diversidade cultural, social e epistemológica do mundo. Nessa consciência reside a nova gramática do tempo.

O livro conclui com um texto que foi originalmente escrito para o catálogo da 32ª Bienal de São Paulo (2016), dedicada ao tema geral "Incerteza Viva".

Na preparação da primeira edição deste livro beneficiei-me de muitos apoios de pessoas e de instituições. Começando por estas últimas, a Faculdade de Economia da Universidade de Coimbra e o seu Centro de Estudos Sociais, bem como a Faculdade de Direito da Universidade de Wisconsin-Madison, têm me proporcionado as melhores condições para realizar o meu trabalho. Mas, para além dessas instituições universitárias, muitas outras organizações sociais devotadas a objetivos de transformação social emancipatória têm sido interlocutores importantes da minha reflexão e têm-na enriquecido de maneira que considero decisiva. Seria impossível enumerá-las todas.

Agradeço a excelente e dedicada colaboração de assistentes de pesquisa. Em Madison, Mike Morgalla tem sido um apoio seguro do meu trabalho há mais de 20 anos. Enquanto os seus objetivos profissionais o permitiram, Ana Cristina Santos acompanhou-me com o seu profissionalismo exigente e sua tranquila alegria. Maria Paula Meneses e Maria José Canelo, ambas hoje minhas colegas no Centro de Estudos Sociais, e, em fases anteriores da pesquisa, Karen Lisboa, Carla Braga e Inês Pinto Basto deram-me preciosas ajudas. O mesmo agradecimento é devido a Sílvia Ferreira, também hoje minha colega no Centro de Estudos Sociais, pelo apoio decisivo em vários capítulos e muito particularmente no Capítulo 10. Mário Machaqueiro traduziu para português com vigilante competência o Capítulo 5, até agora inédito em Portugal e no Brasil.

Tive o privilégio de me beneficiar de comentários e de apoios de pesquisa preciosos a capítulos específicos por parte de muitos colegas. É justo salientar o apoio imprescindível de Maria Paula Meneses, João Arriscado Nunes, Sílvia Ferreira, José Manuel Pureza, José Manuel Mendes, Paulo Peixoto, Pedro Hespanha e Hermes Costa. A todos eles devo um agradecimento muito especial. Para além deles, dentro e fora do mundo acadêmico, tenho tido debates instigantes e muito enriquecedores que muito têm contribuído para aprofundar as minhas análises e reflexões. Entre tantos outros, Sonia Alvarez, João Maria André, Leonardo Avritzer, Atilio Boron, Sakhela Buhlungu, João Caraça, Pablo González Casanova, Ana Esther Ceceña, Blanca Chancoso, Enrique Dussel, Arturo Escobar, Norma Fernandez, Carlos Frederico Marés de Souza Filho, Joaquin Herrera Flores, Moacir Gadoti, Jose Gandarilla, Pablo Gentili, Yash Ghai, Norma Giarraca, Ramon Grosfogel, Cândido Grzybowszki, Joel Handler, José Geraldo Sousa Junior, Leonard Kaplan, Heinz Klug, Edgardo Lander, Rigoberto Lanz, Agustin Lao, Enrique Leff, Francisco Louçá, Nelson Maldonado-Torres, António Martins, Alberto Melo, Moema Miranda, Walter Mignolo, Zander Navarro, José Guilherme Negrão, Francisco Oliveira, Nina Pacari, Maria Célia Paoli, Miguel Baptista Pereira, Aníbal Quijano, Shalini Randeria, Roberto Retamar, César Rodríguez-Garavito, Jorge Romano, Emir Sader, Pedro Santana, José Vicente Tavares dos Santos, Jai Sen, Ronen Shamir, Vandana Shiva, Teresa Cruz e Silva, Paul Singer, David Sugarman, Juan José Tamayo, Teivo Teivainen, Stephen Toulmin, David Trubek, Virgínia Vargas, Mauricio Garcia Villegas, Shiv Visvanathan, Immanuel Wallerstein, Catherine Walsh, Peter Waterman, Francisco Whitaker, Lucie White, Bill Whitford, Erik O. Wright e Hugo Zemelman.

Para além dessas pessoas que me ajudaram na elaboração original deste livro, muitas outras se juntaram nos anos posteriores, e algumas delas devem ser mencionadas no que diz respeito a este livro. Para o Capítulo 7 contei com os contributos preciosos de Maria Paula Meneses, Cláudia Carvalho e Helena Silvestre. Tal como aconteceu com todos os outros livros, a preparação cuidada deste manuscrito esteve a cargo da minha assistente, Margarida Gomes. E como acontece há 30 anos, Lassalete Simões organiza a minha vida profissional de modo a que eu vá continuando a escrever livros. Tudo o mais é organizado e cuidado e há muito mais tempo por Maria Irene Ramalho.

Deixo por último um agradecimento muito especial que não tem endereço pessoal, mas que nem por isso é menos sentido: aos meus estudantes dos seminários de pós-graduação que ao longo dos anos tenho regido na Universidade de Coimbra e na Universidade de Wisconsin-Madison. Nos últimos anos, em especial, a minha experiência e convivência com os estudantes mestrandos, doutorandos e pós-doutorandos de vários países nos cursos de pós-graduação da Universidade de Coimbra – "As Sociedades Nacionais Perante os Processos de Globalização", "Direito Justiça e Cidadania no Século XXI", "Pós-Colonialismos e Cidadania Global", "Direitos Humanos nas Sociedades Contemporâneas e Democracia no Século XXI", tendo os três últimos como instituição de acolhimento o Centro de Estudos Sociais – têm me proporcionado uma aventura intelectual fascinante e uma experiência intensa de vida acadêmica, o que me dá razões para crer que a luta contra o conformismo ante a injustiça social, incessantemente gerado pela razão indolente, está longe de estar perdida.

Uma palavra final de agradecimento para a minha amiga e editora Rejane Dias dos Santos, da Autêntica, pelo carinho que tem demonstrado pelo meu trabalho e por ter conduzido de forma empenhada e diligente a publicação desta obra.

Quintela, outubro de 2021.

Manifesto do Bem Viver/*Buen Vivir*

Entrada de dicionário. A concepção do bem viver/*buen vivir* expressa as aspirações de emancipação social diferentes e contrárias às que têm dominado toda a modernidade eurocêntrica e se traduzem em conceitos monoculturais tão diversos quanto progresso, desenvolvimento ou socialismo. Originária das lutas dos povos indígenas da América Latina contra a dominação capitalista, colonialista e patriarcal, a ideia de bem viver/*buen vivir* (*sumak kawsay*, em quéchua, *suma qamaña*, em aimará, e com termos convergentes em outras línguas não coloniais espalhadas por todos os continentes) refere-se hoje a um vasto e muito diverso conjunto de aspirações, lutas e narrativas de emancipação que se pautam por epistemologias e ontologias diferentes das que subjazem à modernidade ocidental e oferecem alternativas às monoculturas eurocêntricas, tais como: um só conhecimento válido ou uma única forma legítima de Estado e de direito; primazia do indivíduo sobre a comunidade e da humanidade sobre a natureza; diferenças de gênero, etnorraciais, religiosas, de casta, de capacidade naturalizam (legitimam) discriminações; primazia das escalas dominantes, sejam elas o universal, o geral, o abstrato ou o global; uma só concepção do tempo, o tempo linear; uma só concepção de trabalho e de atividade produtiva, a produtividade capitalista. Às monoculturas o bem viver/*buen vivir* opõe ecologias, tradução intercultural e artesania das práticas.[1] A ideia

---

[1] Sobre a artesania das práticas, ver Santos (2019, p. 61-63).

que mais radicalmente opõe o bem viver/*buen vivir* à modernidade eurocêntrica pode sintetizar-se assim: a natureza não nos pertence, nós é que pertencemos à natureza.[2]

É tempo de mudar de conversa. O passado é bom que seja muito e exija pouco. O futuro é bom que se aproxime. Alarguemos o presente e o espaço do mundo. Movamo-nos. Viajemos com mapas toscos. Entre a teoria e a ação pode haver correspondências, mas não sequências. Não vamos chegar necessariamente ao mesmo lugar, e muitos nem sequer chegarão a qualquer lugar reconhecível, mas partilhamos o mesmo ponto de partida, e isso nos basta. Não levamos conosco o mesmo endereço, mas cremos que possamos caminhar juntos durante muito tempo. Um pequeno número de nós fala línguas coloniais, a esmagadora maioria fala outras línguas. Como só um pequeníssimo número tem voz, recorremos a ventríloquos, que chamamos intelectuais de retaguarda,[3] porque vão atrás fazendo o que sempre fizeram bem: olhar para trás. Mas com a nova missão que lhes damos: cuidar daqueles de nós que vão ficando para trás e trazê-los de novo à luta; identificar quem na nossa retaguarda vai nos traindo e ajudar-nos a encontrar as razões.

Conhecemos Marx, ainda que Marx não nos conheça. A grande teoria é um livro de receitas lido a quem tem fome. Não somos universais nem eternos. Desfazemo-nos de todas as filosofias que não dão valor ao que somos. Conhecemos Gandhi e ele nos conhece. Conhecemos Fanon e ele nos conhece. Conhecemos Toussaint L'Ouverture e ele nos conhece. Conhecemos Patrice Lumumba e ele nos conhece. Conhecemos Bartolina Sisa e ela nos conhece. Conhecemos Catarina Eufémia e ela nos conhece. Conhecemos Rosa Parks e ela conhece-nos. Mas a esmagadora maioria dos que nos conhecem não são conhecidos. Somos revolucionários indocumentados.

Temos notícia de que há muitos intelectuais credenciados especializados em certificar ideias que supostamente nos dizem respeito. Vivem no que para eles é o lado de cá da linha, em bairros inacessíveis

---

[2] Sobre essa concepção e muitas outras que com ela convergem, ver *Dicionário Alice* (disponível em: https://bit.ly/3BbSWGc. Acesso em: 26 out. 2021) e Kothari et al. (2019).

[3] Sobre o intelectual de retaguarda, ver Santos (2019, p. 223-226).

e instituições blindadas a que chamam universidades. São libertinos eruditos pelo gozo da impunidade.

Quem somos? Somos o Sul global, o vasto conjunto de criações e criaturas sacrificadas à infinita voracidade do capitalismo, do colonialismo, do sexismo e de todas as suas opressões-satélites.

Não somos todos, somos os que se inconformam com o sacrifício e resistem. Temos dignidade. Somos indígenas em geral, porque estamos onde sempre estivemos antes de termos donos, senhores ou patrões, ou porque estamos para onde fomos levados contra a vontade e onde nos impuseram donos, senhores ou patrões. Querem impor-nos o medo de ter um patrão e o medo de não o ter, para que não possamos imaginar-nos sem medo. Nós resistimos. Somos os humanos os mais diversos unidos pela ideia de que a compreensão do mundo é muito mais ampla que a compreensão ocidental do mundo. Acreditamos que a transformação do mundo também pode ocorrer por vias não previstas pelo Norte global. Somos animais e plantas, biodiversidade e água, terra e Pachamama, antepassados e gerações futuras – cujo sofrimento é menos notícia que o sofrimento dos humanos, mas está umbilicalmente ligado ao deles, mesmo que eles disso não tenham consciência.[4]

Os mais afortunados de nós estão vivos hoje, mas temem ser mortos amanhã, comem hoje, mas temem não ter de comer amanhã, cultivam hoje as terras que herdaram dos antepassados, mas temem ser expropriados amanhã, estão hoje conversando na rua com os amigos, mas temem que amanhã só haja destroços, cuidam hoje da família, mas temem ser violentadas amanhã, trabalham hoje, mas temem ser despedidos amanhã, são hoje seres humanos, mas temem amanhã ser tratados como animais, bebem hoje água pura e fruem florestas virgens, mas temem que amanhã não haja água nem florestas. Os menos afortunados de nós são aqueles cujos temores já se tornaram realidade.

Alguns de nós puderam participar das reuniões do Fórum Social Mundial na primeira década do terceiro milênio. Estamos solidários com eles, mesmo que não tenham dito tudo de nós, nem sequer o mais importante. Mas, pelo menos, mostraram que somos muitos mais do que os inimigos julgam, que pensamos melhor que eles sobre o mun-

---

[4] Ver Santos (2021g).

do deles e nosso e que temos a ousadia de agir na convicção de que, em certas circunstâncias, é possível combater ideias-porta-aviões com ideias-papagaio, ainda que um porta-aviões seja um porta-aviões, e um papagaio seja um papagaio.

É exatamente isso que alguns de nós têm tentado demonstrar exprimindo o nosso ultraje no início da segunda década do milênio, nas ruas do Cairo e de Túnis, Madri e Atenas, Nova York e Joanesburgo – numa palavra, nas ruas de um mundo em que se descobriu recentemente que os países ricos são meramente países de gente rica (enquanto 99%, os pobres e as suas famílias, vivem no exterior dos enclaves neofeudais que pertencem ao 1%, as famílias superricas). Muitos dos que se sentem ultrajados não estão, como nós, do outro lado da linha, mas esperamos poder estabelecer com eles alianças.

Para onde vamos? Alguns de nós vão para a emancipação social, outros para o socialismo, o socialismo do século XXI, socialismo do *buen vivir*, outros para o comunismo, outros para *sumak kawsay* ou *sumak qamana*,[5] outros vão para a Pachamama[6] ou para a *umma*,[7] outros para o *ubuntu*,[8] outros ainda para os direitos humanos, outros para a democracia verdadeira e autêntica, outros para a dignidade e o respeito,

---

[5] Baseando-se em cosmovisões e em saberes e formas de sentir ancestrais e partilhadas, *sumak kawsay* é um modo de conviver em harmonia, não só entre seres humanos, mas também com a natureza. Essa concepção norteia a regulamentação de áreas tão diversas como a água e a terra, a biodiversidade, a gestão de recursos naturais, a ciência e a tecnologia, a saúde, a educação etc. (SANTOS, 2019, p. 338).

[6] Pachamama é outro conceito central da nova linguagem constitucional não colonial. Numa tradução aproximada, Pachamama é a mãe terra, uma entidade viva que compreende tanto os seres humanos como os seres não humanos. O respeito pelos seus ciclos vitais é condição para a sustentabilidade de todo o resto que existe na Terra (SANTOS, 2019, p. 340).

[7] Sobre o conceito de *umma*, ver Faruki (1979); An-Na'im (1995; 2000) e Hassan (1996). Ver Santos (2014).

[8] Nas palavras de Ramose (2001, p. 2), "o termo *ubuntu* é, de fato, formado por duas palavras. Consiste no prefixo *ubu* e no radical *ntu*. *Ubu* evoca a ideia de ser em geral. É ser implícito antes de se manifestar sob a forma ou o modo concreto de existência de uma entidade específica. Nesse sentido, *ubu* está sempre orientado na direção do *ntu*. No nível ontológico não existe uma separação estrita entre *ubu* e *ntu*. *Ubu* e *ntu* fundam-se mutuamente no sentido em que se trata de dois aspectos de ser como unidade e como totalidade indivisível. Assim, *ubuntu* é a categoria ontológica e epistemológica fundamental do pensamento africano dos povos que falam a língua bantu". Segundo Praeg (2014, p. 14), "ubuntu é um exercício de poder, uma tentativa primordial de

outros para a plurinacionalidade, outros para a interculturalidade, outros para a justiça social, outros para *swadeshi*, outros para *demokaraasi*, outros para *minzhu*,[9] outros para a soberania alimentar, outros para a economia solidária, outros para a luta contra as grandes barragens e megaprojetos, para o ecossocialismo. Estamos avisados de que todos os conceitos tendem a se tornar monstros conceituais. Não temos medo.

Comum a todos nós é termos de lutar contra muitos obstáculos para poder ter uma vida digna, bem viver. Os obstáculos são muitos, mas há entre eles uma semelhança de família: capitalismo entre humanos e entre humanos e natureza, colonialismo, sexismo, feiticismo das mercadorias, as monoculturas do conhecimento, do tempo linear, do progresso, das desigualdades naturalizadas, da escala dominante, do produtivismo do crescimento econômico e do desenvolvimento capitalista. Os obstáculos a uma vida digna são muito distintos, mas todos têm algo em comum: a acumulação infinita de diferenças desiguais para o benefício injusto de poucos. Somos os desacumulados e as desacumuladas da terra, porque somos considerados ignorantes, inferiores, locais, particulares, atrasados, improdutivos ou preguiçosos.

O sofrimento inabarcável que isso nos causa e o desperdício da experiência do mundo que provoca são injustos e não são fatalidades históricas. Lutamos contra eles com a convicção de que podem ser eliminados. Mas a nossa luta depende menos da qualidade dos nossos objetivos do que da qualidade das nossas ações e emoções para os atingir.

O que queremos? O mundo está cheio de oportunidades para bem viver, tanto nós como a mãe-terra. Queremos ter a oportunidade de nos beneficiar delas. Sabemos melhor o que não queremos do que o que queremos. Os que vivem no que eles chamam "o lado de cá da linha" pensam hoje muito em nós. Para os mais afortunados de nós, organizam feiras nas nossas terras com muitos expositores e balcões de aconselhamento. Expõem alimentos transgênicos, bíblias, direitos de propriedade intelectual, consultores certificados, receitas de empoderamento, ajustamentos estruturais, direitos humanos, propriedade privada,

---

fazer reconhecer o fato e o significado de negritude, valores, tradições e conceitos negros como tendo igual valor para as pessoas para as quais importam".

[9] Ver Santos; Mendes (2018).

democracia empacotada, água engarrafada, preocupações ambientais. Lemos uma vez que Sócrates, ao passar pela praça e ver muitos produtos de luxo à venda, comentou: "Há tantas coisas no mundo que eu não quero!". Sócrates seria hoje um manifestante do bem viver/*buen vivir*. Queremos falar pela nossa voz. Não queremos apenas ser vistos do lado de lá da linha. Queremos acabar com a linha.

Onde vivemos? Vivemos em Chiapas, nos Andes, na Amazônia, nos subúrbios pobres das grandes cidades, em terras cobiçadas pelos novos e velhos colonizadores na África e na Ásia, nos guetos das cidades globais, nas margens dos rios em que querem construir barragens e explorar os minérios e minerais e destruir a vida, nas novas plantações alimentadas pelo trabalho escravo nos Estados Unidos, no Brasil e em Bangladesh, nas *maquiladoras* em todo o mundo, onde produzimos, com suor e lágrimas, os prazeres consumistas dos nossos amos. De fato, vivemos onde nunca vão os turistas, onde nunca poderiam viver.

O mundo está separado por dois tipos de fronteira: as que aceitamos com reserva e as que recusamos sem reserva. As primeiras são as fronteiras nacionais onde nascemos ou para onde viemos. Nós as aceitamos para economizar energia e porque pensamos que são um obstáculo menor comparado com as outras fronteiras. As outras são os muros, trincheiras, valas, cercas de arame farpado, cordões de viaturas da polícia, *check points* e sobretudo os mapas que desenharam linhas abissais nas mentalidades, nas políticas e nas leis e nos expulsaram para o lado de lá da linha.

As piores fronteiras são as que não se veem, não se leem, não se ouvem, não se sentem do lado de cá da linha, em Kakania e sua capital, Excrementia. Nós vivemos do lado de lá da linha que alguém traçou pensando em nós para poder deixar de pensar em nós. Somos invisíveis, inaudíveis e ilegíveis, porque o êxito das revoluções anteriores se dispensou de nos incluir. Se o nosso aqui é invisível, o nosso agora o é ainda mais. Para eles, quando muito, temos passado, mas não temos futuro. Nunca pudemos escrever os nossos livros de história.

Como vivemos? Em permanente risco de morrer sem ser por doença, de ser ferido ou morto sem ser em esportes amigáveis; em risco de perder a casa, a terra, a água, os territórios sagrados, os filhos, os avós; em risco de ser deslocado para grandes distâncias para fugir da guerra ou de ficar confinado aos nossos bairros ou em campos de concentração; em risco de as nossas economias populares, solidárias, cooperativas não valerem nada por não contarem para o PIB; em risco de ver os nossos rios contaminados e as nossas florestas desmatadas em nome do que chamam desenvolvimento; em risco de ser humilhado sem poder reagir, porque somos de sexo inferior, raça inferior, classe inferior ou casta inferior; em risco de ser objeto de brincadeiras de meninos ricos que nos podem ser fatais; em risco de ter sido empobrecido para poder ser ajudado como pobre sem a má consciência dos que nos ajudam; em risco de, por querer defender a nossa mãe-terra – que eles chamam natureza –, ser considerado terrorista; enfim, em risco de todos esses riscos nos darem tanto medo de enfrentá-los que acabamos por nos conformar.

Que paixão nos move? A verdade mais subjetiva e diversa, porque mais intensa e diversamente vivida, de que merecemos uma vida digna, uma vida livre do medo da violência e da desapropriação, uma vida a que temos direito, e de que a luta por isso é possível e de que o êxito é provável. Somos filhos de uma verdade apaixonada e de uma paixão verdadeira. Sabemos apaixonadamente que a realidade não se reduz ao que existe, e que o que não existe podia e merecia existir. A nossa paixão não esmorece com o tempo. O nosso irmão Evo Morales esperou cinco séculos para chegar a presidente depois que o papa Paulo III declarou em sua bula, de 1537,[10] que os índios tinham alma, uma bula ardilosa, mas de que partimos para chegar aonde agora estamos.

Contra quem lutamos? Do lado de cá da linha tudo é sedutor, do lado de lá da linha tudo é assustador. Somos os únicos que sabem por experiência que há dois lados da linha, os únicos que sabem imaginar o que não vivem. O nosso contexto é a urgência de uma vida digna como condição para que tudo o mais seja possível. Sabemos que só uma mudança civilizacional pode garantir a nossa sobrevivência, mas também sabemos que só a nossa urgência pode provocar tal mudança. Temos de viver hoje para viver muito tempo e, vice-versa, temos de viver muito tempo para viver hoje. As nossas durações e os nossos tempos só fazem distinções segundo o que é útil para as nossas lutas. Os nossos tempos não são planos ou concêntricos, são passagens entre o Já Não e o Ainda Não.

---

[10] Bula *Sublimus Dei*. Disponível em: https://bit.ly/3C28FcB. Acesso em: 17 jun. 2017.

A nossa época tem pontos de coincidência com a deles, mas não se confunde com ela. Somos contemporâneos de maneiras distintas. A nossa época é potencialmente mais revolucionária que todas as anteriores. Nunca se causou tanto sofrimento injusto a tantos seres humanos e não humanos, nunca as fontes de poder e de opressão foram tão diversas e tão poderosas, nunca como hoje é possível aos seres humanos do planeta ter uma ideia, mesmo que vaga e distorcida, do que está acontecendo.

É uma época de ajuste de contas com a dimensão planetária que envolve os humanos e a mãe-terra. É um ajuste de contas por enquanto sem regras. De um lado, o capitalismo, o colonialismo, o sexismo e as suas opressões-satélites. É o que chamamos o Norte global, uma localização política e não geográfica, cada vez mais especializada na transnacionalização do sofrimento: dos trabalhadores que perdem o emprego nas empresas deslocadas; dos camponeses da Índia, da África e da América Latina expropriados pelos megaprojetos, pela agroindústria e pela exploração de minério; dos indígenas das Américas e da Austrália que sobreviveram ao genocídio; das mulheres assassinadas em Ciudad Juárez; dos gays e das lésbicas de Uganda e do Malawi; do povo de Darfur, tão pobre e tão rico; dos afrodescendentes assassinados e deslocados nos confins do Pacífico Colombiano; da mãe-terra atingida nos seus ciclos vitais; dos acusados de terroristas, torturados em prisões secretas em todo o mundo; dos imigrantes indocumentados à beira de serem deportados; dos palestinos, iraquianos, afegãos e paquistaneses que vivem, trabalham e festejam debaixo de constantes bombardeios; dos norte-americanos empobrecidos, que se chocam com o fato de o capitalismo e o colonialismo os tratarem exatamente com a mesma arbitrariedade e desprezo que usaram com todos os povos do mundo; dos pensionistas e dos desempregados que são presa fácil da lei da pilhagem dos piratas financeiros.

Do outro lado, a nossa época é a época do regresso dos humilhados e dos ofendidos. É isso o que chamamos o Sul global. Não somos vítimas, somos vitimizados e em resistência. Não estamos todos de acordo e suspeitamos que haja traidores entre nós. Especializamo-nos em detectá-los.

Apesar de tudo, temos problemas comuns com os nossos inimigos e algumas afinidades de destino. O sofrimento que há séculos nos causam e agora aprofundam acabará por se virar contra eles. Os mais lúcidos entre eles já viram isso. Como dizia o sábio Voltaire, a causa de todas as guerras é o roubo. Agora os que aprenderam a roubar fora de casa acabarão por roubar os de casa. Se o sofrimento, o assassinato, a humilhação, a destruição continuarem na mesma escalada, pode estar em causa a sobrevivência do planeta. Estarão eles já pensando em outro planeta onde finalmente não necessitarão de condomínios fechados?

O que nos distingue deles é que nós temos nomes próprios para os nossos problemas mais importantes. Eles, ao contrário, só têm eufemismos, metáforas, meias-palavras, imagens que contrabandeiam por tréguas sempre cada vez mais precárias.

Sabemos que a primeira das lutas é contra nós próprios. O sábio Marx disse que quando os filósofos acabassem de interpretar o mundo, o mundo teria de ser mudado. Mas não existe mudança sem automudança, pois os obstáculos a uma vida digna, ou ao bem viver, estão em nós, no sentido de que nos conformamos com a indignidade e negamos que a diferença entre o que nos é imposto e o que desejamos é muito menor do que pensamos.

Que certezas temos? Como todos os humanos e todos os seres vivos, somos especialistas em possíveis, passagens entre o Já Não e o Ainda Não. As únicas certezas são as da possibilidade e da aposta.[11] Todas as outras certezas imobilizam. Temos conhecimento parcial das condições que nos permitem avançar e acreditamos que essas condições sejam elas mesmas parciais. Seguimos o sábio Fanon, segundo quem cada geração deveria encontrar a sua missão em relativa opacidade e depois cumpri-la ou traí-la. As nossas possibilidades não são infinitas e só se deixam definir no nosso movimento. Refletimos enquanto corremos. O nosso caminho é semi-invisível e semicego. A própria certeza dos grilhões de que nos queremos libertar é traiçoeira, porque, com o tempo, os grilhões podem ficar confortáveis e transformar-se em adereços. E também podem induzir-nos a aplicar grilhões aos que nos estão próximos.

De que conhecimentos dispomos? O nosso conhecimento é intuitivo, vai direto ao que é urgente e necessário. É feito de palavras e silêncios com ações, de razões com emoções. A nossa vida não permite distingui-la

---

[11] Sobre a aposta, ver Santos (2010b, p. 519-562).

do pensamento. Todo o nosso cotidiano é pensado cotidianamente e em pormenor. Pensamos o amanhã como se fosse hoje. Não temos questões importantes; temos questões produtivas.

O nosso conhecimento voa baixo, porque está colado ao corpo. *Sentipensamos* e *sentiagimos*. Pensar sem paixão é fazer caixões para as ideias transformadoras, e agir sem paixão é encher os caixões. Somos vorazes na captação da diversidade dos conhecimentos que nos interessam. Andam muitos conhecimentos à procura de gente que os queira conhecer. Não desperdiçamos nenhum conhecimento que possa nos ajudar na luta pelo bem viver. Misturamos os conhecimentos e os combinamos segundo lógicas que não cabem em nenhum deles. Não queremos direitos de autor. Queremos ser autores de direitos.

O nosso conhecimento é existencial, experiencial, e por isso é obstinado e flexível, perturbado por tudo que nos acontece. Ao contrário do que se passa em Kakania, entre nós as ideias são pessoas, pesam e pagam multa por excesso de peso, usam roupa e podem ser presas por atentado ao pudor, fazem apelos e são mortas por isso.

Como nos educamos? Somos os educadores menos certificados do mundo. Os nossos corpos e as nossas vidas são a sabedoria desperdiçada do mundo, a que é objetiva em relação a nós e subjetiva em relação aos nossos inimigos. Tudo que sabemos deles é deles e nosso, tudo que eles sabem de nós é deles. As universidades têm um inventário completo de departamentos, livros, carreiras, computadores, resmas de papel, uniformes, regalias, discursos eruditos, reitores, funcionários, mas não educam. A sua missão é fazer de nós ignorantes para podermos ser tratados como tal sem má consciência. Quando muito, ensinam-nos a escolher entre dois males. Educamo-nos aprendendo a não escolher nenhum. Quando um dia entrarmos na universidade, não nos limitaremos a abrir portas e redecorar paredes. Destruiremos umas e outras para podermos caber todos.

Que armas temos? Todas as armas da vida, nenhuma arma da morte. Verdadeiramente, só são nossas as armas que têm nome próprio nas nossas línguas. Todas as outras são tomadas dos inimigos como despojos de guerra ou como heranças não intencionais. É assim com a democracia, os direitos humanos, a ciência, a filosofia, a teologia, o direito, a universidade, o Estado, a sociedade civil, o constitucionalismo etc.

Apreendemos que, quando manejadas por nós autonomamente, assustam os inimigos. Mas as armas emprestadas só são eficazes se usadas de par com as nossas próprias armas. Somos rebeldes competentes. Seguimos o sábio subcomandante insurgente Marcos, segundo quem os políticos mais importantes não entendem nada; acima de tudo, não entendem o essencial: que o seu tempo chegou ao fim.

A alegria e a festa são o que sentem as vítimas quando o sofrimento se transforma em resistência e luta. Somos artistas incarnados em vida, e a nossa arte é ascendente. As únicas verdades feias e tristes são as que nos impõem. As verdades com que resistimos são belas e alegres.

Com que aliados contamos? Somos uma imensa maioria e mesmo assim somos poucos. Temos de nos juntar entre nós antes que outros nos juntem. Pedimos ajuda, mas a usamos exclusivamente para nos tornarmos independentes dela. Ao nos libertarmos da ajuda, libertamos a ajuda. Pedimos ajuda à democracia para libertarmos a democracia. A democracia foi inventada com medo de nós, e nós sempre tivemos medo dela. Hoje não temos medo, mas também não temos ilusões. Sabemos que quando nos apropriarmos da democracia, os nossos inimigos voltarão às suas grandes invenções de sempre, a ditadura, a violência, o roubo e a manipulação arbitrária da legalidade e da ilegalidade. Lutaremos pela democratização da democracia até ela se libertar da fraude que fizeram dela. Pedimos ajuda aos direitos humanos para que eles deixem de ser necessários. Fizeram de nós uma multidão global de objetos dos discursos de direitos humanos.[12] Quando todos formos sujeitos de direitos humanos, quem se lembrará do conceito de direitos humanos? Pode o humano conter o desumano? Pedimos ajuda à teologia da libertação para nos libertarmos da teologia.

Os nossos aliados são todos os que se solidarizam conosco e que, ao contrário de nós, têm voz, porque não estão do nosso lado da linha. Sabemos que a solidariedade é uma palavra-armadilha.

Querer decidir unilateralmente com quem se é solidário e como se é solidário é ser solidário apenas consigo próprio. Ao contrário do que aconteceu até hoje, pomos condições à solidariedade. A aliança é exigente, porque os nossos aliados têm de lutar contra três inimigos:

---

[12] Ver o Capítulo 8 e Santos; Martins (2019).

os nossos inimigos, os inimigos deles e o senso comum de que não há qualquer relação entre os dois tipos de inimigo.

Os seus inimigos específicos são o conforto e o desconforto depois de certificados pela mesma fábrica de produzir indiferença; a preguiça e a sua irmã mais velha, a preguiça de quem manda agir; a apatia temporária e o entusiasmo igualmente temporário; o paradoxo de correr riscos apenas para não correr riscos; a falta de razões e o excesso de razões para justificar a ação ou a inação; pensamentos abstratos sem corpo nem paixão; catálogos de princípios para ler e não para viver; compreensão e representação orientadas para a homogeneidade estatística; crítica sem ironia, sátira ou comédia; ser normal que sejam pensados como um todo para apenas agir individualmente; o desejo de agradar a quem os despreza e de desprezar todos os outros; a preferência pela natureza morta e o pavor da natureza viva; as obsessões gêmeas em ser cliente ou ter clientes; os medos gêmeos de perder a riqueza ou de perder a pobreza; as incertezas gêmeas sobre se o pior já passou ou está para vir; a obsessão da obsessão, a incerteza da incerteza, o medo do medo.[13] Só depois vêm os nossos inimigos, aqueles contra quem em conjunto nos devemos rebelar.

Em parte, os inimigos contra quem têm de lutar são eles próprios, o modo como chegaram a ser o que são e que não poderão continuar a ser se quiserem ser nossos aliados honestos. Como disse o nosso companheiro Amílcar Cabral, terão de se suicidar como classe, o que não deve ser fácil.

Como construímos as alianças? O mundo está sobredimensionado para o ser humano e para a natureza. O mundo opressor está sobredimensionado para os oprimidos. Por mais que sejam, os oprimidos são sempre poucos e o serão tanto mais quanto mais desunidos. A união faz a força, mas a força maior é a que constrói a união. Não temos líderes nem seguidores. Organizamo-nos, mobilizamo-nos, refletimos, atuamos. Não somos a multidão, mas aspiramos a ser uma multidão de organizações e movimentos. Seguimos o sábio Espinosa, mas apenas na medida em que não contradiz os sábios Gandhi e Rosa de Luxemburgo: a espontaneidade desorganiza o *status quo* apenas na medida em que se auto-organiza de modo a se transformar em um novo *status quo*.

---

[13] Ver a Conclusão.

Partimos do propósito e da ação. Os nossos problemas são práticos, as nossas perguntas, produtivas. Partilhamos duas premissas: o nosso sofrimento não se reduz à palavra "sofrimento"; estamos inconformados com o sofrimento injusto e lutamos por algo melhor a que temos direito. A ambiguidade não nos paralisa. Não temos de coincidir, temos de convergir. Não temos de unificar; temos de generalizar. Traduzimo-nos reciprocamente e tomamos muito cuidado para que uns não traduzam mais que outros. Não é importante estar de acordo sobre o que significa transformar o mundo. Basta estarmos de acordo em ações que o vão transformando. Para esse acordo contribuem muitas emoções e sensações que afirmam e criticam sem palavras.

A tradução ajuda-nos a definir os limites e as possibilidades de ação coletiva. Comunicamo-nos diretamente e indiretamente por sorrisos e afetos, pelo calor das mãos e dos braços, pela dança, até atingirmos o patamar da ação conjunta. A decisão é sempre autônoma, e razões diferentes podem conduzir a decisões convergentes. Nada é irreversível, exceto os riscos que corremos.

Minifesto para intelectuais de retaguarda

Este livro reconhece de início que pouco pode contribuir para o êxito da luta pelo bem viver /*buen vivir*. Para começar, é escrito do lado de cá da linha abissal. É certo que o seu pensamento esteja no outro lado da linha, mas a sua vida, enquanto livro, vai ter lugar no lado de cá da linha. Vai ser lido por quem menos precisa dele. E quem precisa dele, se é que a vida precisa de livros para viver, não pode lê-lo, e, se puder, não o entenderá e em breve se desinteressará. É, pois, um aliado relutante, por mais que a sua solidariedade não o seja. De todo o modo, um aliado é, quando muito, um parente.

A segunda razão para a sua parca contribuição é que, ao contrário de outras épocas – por exemplo, nos extraordinários séculos XVII e XVIII europeus –, no Norte global dos nossos dias as ideias radicais não se transformam em práticas radicais, e, vice-versa, as práticas radicais não se transformam em ideias radicais. Essa dupla opacidade tem várias razões, mas uma das mais importantes é certamente o fato de os poderes constituídos terem hoje meios muito eficazes de impedir o encontro de ideias e práticas para além do que cabe no código genético do *status quo*. O radicalismo transformou-se em algo contranatural, *aberratio entis*.

Longe vai o ano 1677, em que os poderes europeus se mobilizaram (contratando espiões, por exemplo) para saber se, nos momentos finais da vida, Espinosa abandonara o seu "ateísmo panteísta" e se convertera ao cristianismo, tal era o impacto esperado da sua rendição à "evidência" de que os seres humanos são naturalmente crentes.[1]

---
[1] Ver Santos, 2018a.

A dupla opacidade entre teorias e práticas radicais é também um duplo bloqueio e uma dupla falsa consciência, porque uma ideia, para ser radical, tem de se transformar em prática, tal como uma prática só é radical em nome de uma ideia. Por isso, no Norte global deixou de ser possível o genuíno radicalismo.

Quem hoje se diz radical ou pretende enganar alguém, ou está ele próprio enganado, pois as suas práticas contradizem as teorias. A maior parte deles trabalha em instituições como as universidades, que requerem capacetes e luvas protetoras para lidar com a realidade.

Uma das peças que a modernidade ocidental prega aos seus intelectuais consiste em lhes permitir apenas a produção de ideias revolucionárias em instituições reacionárias. Por outro lado, quem age radicalmente cala-se, ou porque nada tem para dizer, ou porque, se falasse, ninguém o entenderia fora do círculo de ação, e ainda porque, se falasse, talvez o prendessem, cancelassem ou matassem.

Como escrever sobre emancipação social nessas condições? Para não enganar ninguém nem ser enganado em demasia, talvez seja melhor reconhecer a impossibilidade de ser radical e escrever a partir desse reconhecimento. O reconhecimento radical dessa impossibilidade é o que resta do radicalismo da modernidade ocidental. O que resta não é pouco e por isso não deve ser visto com nostalgia. É, pelo contrário, a única maneira de imaginar o novo e de começar de novo.

A nossa época põe diante de nós mais ruínas que planos bem definidos. Mas as ruínas também podem ser criativas.[2] Começar de novo é reduzir ao mínimo a reprodução e a imitação para tornar possíveis a criação e a inspiração. Não se trata apenas de imaginar novas teorias, novas práticas e novas relações entre umas e outras. Trata-se sobretudo de imaginar novos processos de teorizar e de gerar uma ação coletiva transformadora. Reconhecendo o poder da impossibilidade constituída de radicalismo, estaremos mais bem equipados para imaginar novas possibilidades constituintes.

Escrever a partir da impossibilidade do radicalismo significa começar por reconhecer duas impossibilidades e avançar escrevendo entre elas: a *impossibilidade de comunicar o indizível* e a *impossibilidade da autoria coletiva*.[3]

---

[2] Sobre as ruínas-sementes, ver Santos (2019, p. 55-57).

[3] Sobre a questão da autoria, ver Santos (2019, p. 87-102).

A *impossibilidade de comunicar o indizível*. Nos últimos 200 anos, o problema matricial da relação entre teoria e prática, entre conhecer e agir, deixou de ser um problema geral para se reduzir à relação entre o conhecimento validado pela ciência moderna e pela engenharia social racional. Como resultado, tudo que foi arbitrariamente concebido como estando fora desse campo altamente intelectualizado e racionalizado foi ignorado ou estigmatizado.

De fora ficava o obscuro mundo das paixões, intuições, sentimentos, afetos, crenças, fé, valores, mitos, e o mundo do indizível, tudo aquilo que não pode ser comunicado senão indiretamente, como diria Kierkegaard. Os vários positivismos encarregaram-se de demonstrar que o que ficava de fora ou não existia (era ilusório), ou não era importante, ou era perigoso. Esses reducionismos permitiram criar a ilusão credível de correspondências geométricas entre teoria e prática, mas, ao desincorporá-las das suas "metades" indizíveis, deixaram de poder dar conta da complexidade e contingência dos relacionamentos entre elas. Imaginadas como refletidas no mesmo espelho, ficaram, de fato, reciprocamente cegas. Ora, um cego guiado por outro cego não é duplamente cego, mas também não vê melhor.

Os teóricos e os intelectuais em geral estão despreparados quer para o sofrimento e para a alegria, quer para o luto e para a festa de que falam os e as que lutam pelo bem viver /*vivir bien*. Põem nomes nessas coisas – *affectūs*, como as chamou Espinosa –, mas não as vivem e sobretudo não são capazes fazer frutificar a ausência dessas emoções em um problema do pensamento ou da razão. Não foram preparados para integrar o que foi separado a partir do pensamento, isto é, a vida. Se a vida pudesse fazer distinções, faria muitas, mas não certamente essa (entre afeto e razão), sob pena de se autonegar. Assim seria sobretudo no caso de ações transformadoras em que a realidade da vida é dar vida ao que ainda não existe e pode apenas existir sob a forma de afetos razoáveis e razões afetuosas. O que interessa aos intelectuais é a vida do pensamento, e esta tem pouco a ver com a vida da vida. A *vida vivida*, tal como a *natura naturata* de Espinosa, é talvez menos que pensamento, mas a *vida vivente*, tal como a *natura naturans*, é certamente mais que pensamento.

A designação que me autoatribuo de intelectual-ativista pretende indicar um modo possível de viver produtivamente a impossibilidade de comunicar o indizível e, com base nisso, criar outras possibilidades. É preciso recorrer à comunicação indireta de que falava Kierkegaard. Dou um exemplo. Quantas emoções negativas nos percorrem hoje ao vermos tanta desigualdade em nome da livre oportunidade, tanta discriminação em nome da igualdade, tanto autoritarismo em nome da democracia, tanta insegurança em nome da segurança, tanta violência em nome dos direitos humanos, tanta guerra em nome da paz, tanta vigilância em nome da liberdade, tanta hipocrisia em nome da verdade? Raiva, ira, desalento, fúria, ira, frustração, indignação, desespero, horror. Como dar conta de toda essa carga emocional sem descaracterizar, banalizar o que sentimos e por que sentimos? Escrevemos à beira do caos, a uma distância relativamente indefinida do que apresentamos sem nunca representarmos, sem nunca sabermos o que no nosso texto se constrói e o que nele se destrói.

A impossibilidade da autoria coletiva. Todo o trabalho do intelectual ativista tem limites difusos quanto à autoria. Em anos recentes vivi intensamente o processo do Fórum Social Mundial[4] e empenhei-me muito, em especial, na luta dos povos indígenas e afrodescendentes do continente latino-americano. Não posso determinar em que medida as minhas reflexões fazem parte de um coletivo que não tem nome nem contornos definidos. É meu só o que é formulável individualmente e é formulado com a consciência de uma dupla ausência, a ausência do que, se fosse formulável, só seria formulável coletivamente, e a ausência do que não pode ser formulado nem individual nem coletivamente. Metade do que se escreve ficará para sempre por escrever. É em função disso que escrevemos o que podemos escrever. Somos parte de um coletivo no modo como nos separamos dele.

Escrever a partir da impossibilidade do radicalismo é hoje mais promissor que antes devido a três fatores: *o fim do jogo dos dogmas*; *a missão da teoria da retaguarda*, a teoria que a metade ativista do intelectual dita à metade intelectual do intelectual-ativista; *a inesgotável diversidade do mundo* e o que permite ver ou mostrar independentemente de poder ser dito.

O fim do jogo dos dogmas. Nos últimos 200 anos, as lutas sociais contra os velhos dogmas foram quase sempre conduzidas em nome de novos dogmas. Com isso a emancipação social transformou-se numa

---

[4] Ver o Capítulo 11 e Santos (2021g, p. 326-331).

nova regulação social, e a velha ortodoxia foi substituída pela nova ortodoxia. O que era meio tornou-se fim, o que era rebelião tornou-se conformismo. Agora os movimentos sociais que lutam pelo bem viver/ *buen vivir* tentam mostrar que é possível lutar contra velhos dogmas sem o fazer com novos dogmas.

Para eles e elas, a emancipação social pressupõe regulação social, e não é imaginável uma sociedade emancipada que não seja regulada. A diferença, porém, está em regular a emancipação sem deixar de emancipar a regulação. A primeira consiste em aplicar, em condições novas, a mesma lógica de regulação (não necessariamente a mesma regulação) que presidiu às condições superadas. A segunda consiste em estabelecer uma regulação com uma lógica tão nova quanto as condições que pretende regular. Se a emancipação social visa construir uma democracia sem fim, isso significa que a sua regulação tem de ser radicalmente democrática, o que por si impede: que os meios se transformem em fins; que os ídolos novos substituam os ídolos velhos e exijam dos cidadãos a mesma relação que os velhos ídolos tinham com eles; que as novas regras não sejam naturalizadas como necessidades da vida, como sucedia com as regras antigas; que a luta contra a eliminação de alternativas não conduza a uma sociedade sem alternativas; que as ações políticas empreendidas para restaurar a política frente a soluções técnicas não se transformem numa solução de técnica política; que os limites autoimpostos à liberdade de ação e de criação não sejam do mesmo tipo dos que são impostos coercivamente e a partir de fora; que o inconformismo que tornou possível a mudança não se converta num conformismo que impede a mudança; que as emoções, fantasias, utopias e aspirações investidas na transformação social não sejam condenadas por serem o que são; que as novas funções que romperam com as estruturas existentes não se transformem em estruturas que impeçam novas funções; que a historicização de tudo o que se pretende a-histórico não se converta numa outra verdade a-histórica; que a necessariamente relativa inconsciência de quem transforma não se converta no máximo de consciência possível de quem se beneficia da transformação. Em suma, que as armas dos oprimidos não se transformem em armas dos opressores. Segundo creio, os e as que lutam pelo bem viver entendem que só assim o fim para que se caminha será um caminho sem fim.

Essa nova postura cria um enorme desafio para os intelectuais-ativistas. Sobretudo no Norte global, o protagonismo dos intelectuais deveu-se em boa parte aos jogos de dogmas e de ortodoxias. Os dogmas são tão intensos na formulação (palavras precisas) como na direção (instruções precisas e estritas de ação e comportamento). São tão intensamente diretivos que facilmente confundem a direção da realidade com a realidade da direção. Criam formas de vida autônomas. O intelectual que vive nesses e desses jogos não sente necessidade de outra vida. Foi formado para essa forma de vida, e a sua missão é reproduzi-la. Nessas condições, o desafio feito pelos ativistas aos intelectuais é quase dilemático: ou desaprendem muito do que aprenderam e se reinventam, ou continuam a ser aquilo que já são – irrelevantes.

Desaprender não significa esquecer ou desprezar o que se aprendeu. Significa uma travessia complexa constituída por seis longos passos: 1) reconhecer que, além do saber próprio, há outros saberes com critérios de validade diferentes; 2) dispor-se a submeter o saber próprio ao escrutínio desses outros saberes; 3) contrastá-los em função de três questões: que grupos sociais sustentam esse saber, com que propósitos, e com que poder para compreender e transformar a realidade em função deles; 4) avaliar a relação entre os poderes que sustentam cada um desses saberes e os principais modos modernos de dominação: capitalismo, colonialismo e patriarcado; 5) optar politicamente pelos grupos oprimidos por essa dominação; 6) dispor-se a lutar com eles, procurando fortalecer a luta por via da interface entre o saber próprio e os outros saberes. Entendida nesses termos, a desaprendizagem é a condição necessária da ecologia de saberes.[5]

Antes de optarem pela desaprendizagem, a pergunta que se põem tem, de fato, um tom dilemático: como é possível lutar contra dogmas sem cair em outros dogmas? Deixar tudo em aberto não significa deixar o inimigo à solta? A tentativa de integrar a vida e o pensamento não poderá causar a desintegração de ambos? O antidogma não é afinal outro dogma?

O que é promissor nestas primeiras décadas do milênio é que os ativistas do bem viver/*buen vivir* criaram possibilidades que não estavam

---

[5] Sobre as ecologias de saberes, ver o Capítulo 3 e Santos (2019, p. 59-60; 2021g, p. 292-303).

teoricamente previstas nem eram teoricamente admissíveis. Essas novas possibilidades mostram que a irracionalidade não é a única alternativa ao que é correntemente racional. O caos não é a única alternativa à ordem. A preocupação com o que é menos que verdadeiro (as razões confusas e os afetos subjacentes a lutas por resultados incertos) é mais meritória que a preocupação com o que é mais que verdadeiro (o *habitus* das grandes teorias que, quando refutadas pela prática, procuram a todo custo explicar a "verdade parcial" que estava inscrita nos seus prévios fracassos). As novas possibilidades nascem de novas ações protagonizadas por novos atores com novos discursos e concepções. Muitas vezes não são novos em si mesmos, alguns são mesmo muito velhos, são ancestrais. Tornaram-se mais visíveis porque colapsou o repertório da emancipação social que estava intelectualmente certificada, porque faliu o *fashion show* do novo enquanto velho-sob-novas-formas.

A ausência de dogmas não é fácil de descrever, mas se sente nas veias e é fácil de se ver. Vê-se na ânsia de não desperdiçar ações, energias, aspirações, conhecimentos. Vê-se na mudança de conversa e no silêncio para facilitar a ação conjunta. Mas, por outro lado, também se sentem e se veem a violência e a arrogância com que as forças conservadoras e reacionárias continuam impondo os velhos dogmas, por vezes sob o disfarce de antidogmas. O movimento de descolonização do saber, das instituições e das relações sociais se confronta cada vez mais com o movimento contrário de uma nova ou renovada recolonização.

Reconhecer a novidade do ativismo do bem viver/*buen vivir* não diz muito. É uma maneira solidária de defendê-lo do silenciamento. E os ativistas sabem por experiência quanto a modernidade ocidental capitalista se especializou em técnicas de silenciamento das ações insurgentes. Quem tem o monopólio da verdade e do desenvolvimento arroga-se o direito de silenciar gente ignorante e/ou inferior, grupos (ações e discursos) atrasados, retrógrados, improdutivos – em suma, obstáculos ao conhecimento e ao desenvolvimento. Como contrariar essa poderosa máquina de silenciamento sem se transformar numa máquina alternativa para o mesmo silenciamento é o desafio maior ao intelectual-ativista. Nele residem a sua desaprendizagem e a sua reinvenção.

A teoria da retaguarda. A segunda razão por que considero promissor o momento em que escrevo a partir da impossibilidade do radicalismo reside na missão que os ativistas do bem viver/*buen vivir* atribuem aos intelectuais-ativistas: contribuir para a elaboração de teorias de retaguarda. É uma missão quase impossível, mas, na medida em que puder ser cumprida, constitui a grande novidade no início do milênio e a melhor notícia que pode ser dada a quem acredita genuinamente que o capitalismo, o colonialismo, o sexismo e todas as opressões-satélites podem ser vencidas.

Essas experiências políticas de que são testemunhas os que lutam pelo bem viver/*buen vivir* apenas causam surpresa porque não foram pensadas e muito menos previstas pelas teorias políticas da modernidade ocidental, nomeadamente pelo marxismo e pelo liberalismo. Entre muitos outros exemplos, o caso do movimento dos povos indígenas no continente latino-americano e do seu protagonismo nas transformações políticas nas últimas décadas em alguns países é particularmente significativo.

A surpresa advém do fato de os povos indígenas terem sido ignorados, enquanto atores sociais e políticos, tanto pelo marxismo como pelo liberalismo. O grande marxista peruano José Mariátegui foi estigmatizado como "romântico" e "populista" pela Internacional Comunista por ter se atrevido a dar um lugar ao índio na construção das sociedades latino-americanas. Essa surpresa coloca uma questão nova aos teóricos e aos intelectuais, em geral: a questão de saber se estão preparados para se deixar surpreender e maravilhar. Não é uma pergunta de resposta fácil. Sobretudo para os teóricos críticos que foram marcados pela ideia da teoria de vanguarda, já que a teoria de vanguarda, por natureza, não se deixa surpreender ou maravilhar. Tudo que não cabe nas suas previsões ou proposições não existe ou não é relevante.

A resposta positiva a essa questão pressupõe que o processo de desaprendizagem e de reinvenção do intelectual esteja em curso e avance com algum êxito. O intelectual que se mostra disponível para se deixar surpreender pela realidade é o intelectual que já deixou de se surpreender com as novidades, por mais extravagantes ou sedutoras que sejam, da teoria de vanguarda, ou seja, quando chegou à conclusão de que o tempo das teorias de vanguarda já passou (o tempo da linearidade, da simplicidade, da unidade, da totalidade e da determinação). Quando o intelectual entra em processo de desaprendizagem e reinvenção, a estagnação academicista, sobreintelectualizada, das teorias de vanguarda torna-se gradualmente mais evidente.

É crucial um horizonte afetivo-intelectual em que as teorias de retaguarda possam dar notícia da sua presença pelo modo como contribuem para o êxito das lutas sociais pelo bem viver/*buen vivir*. De fato, como começam e acabam nas ações transformadoras, as teorias da retaguarda não têm como se validar senão pelos seus efeitos práticos, pela avaliação das transformações ocorridas feita por todos os seus protagonistas, entre os quais o intelectual-ativista é sempre um ou uma entre iguais, ou mesmo, dependendo dos contextos, uma figura menor.

Ou seja, as teorias de retaguarda são, parafraseando Arthur Schopenhauer,[6] *parerga* e *paralipomena*, partes menores de formas de vida não teóricas. São ações de intervenção teórica tecidas no interior de formas de vida. Não lavam as mãos como Pôncio Pilatos nem são coro grego. Especializam-se em registros, comparações, histórias de lutas anteriores, aprendizagens, articulações, mudanças de escala, perguntas fortes. Temas importantes, mas muito menos que suficientes.

A inesgotável experiência do mundo e a comunicação indireta. A terceira razão por que considero promissor o momento em que escrevo a partir da impossibilidade do radicalismo que marcou a melhor teoria crítica eurocêntrica é a consciência de que a diversidade cultural, cognitiva, social, étnico-racial, produtiva, política, religiosa do mundo é imensa e, para além de descrita academicamente, pode ser vista, sentida, mostrada, pintada, encenada, cantada, dita poeticamente. São muitos os fatores que dão conta disso, mas os mais importantes são a visibilidade recente do ativismo do bem viver/*buen vivir* e a diversidade interna que ele revela e celebra. É uma diversidade que subverte inteiramente a diversidade monocultural da *National Geographic* ou do turismo eco-etno-cultural.

É a diversidade com critérios próprios de diversidade que, ao contrário da diversidade monocultural, transforma a simultaneidade inerte em contemporaneidade complexa. Ao contrário da perspectiva turística ou de entretenimento, que cria atos de simultaneidade entre não contemporâneos, a diversidade dos ativistas do bem viver/*buen vivir* cria

---

[6] Em 1851, Arthur Schopenhauer publicou *Parerga e parelipomena*, uma colecção de reflexões filosóficas. Ver Schopenhauer ([1851] 2020).

encontros entre diferentes contemporaneidades, entre diferentes formas de ser contemporâneo. Revela a policromia e a polifonia do mundo sem transformá-la em heterogeneidade radical descontínua e incomensurável. A unidade não está em nenhuma essência. Está na tarefa de construir o bem viver/*buen vivir*. Aqui residem a novidade e a exigência política: ampliar a contemporaneidade é ampliar o campo de reciprocidade entre o princípio da igualdade e o princípio do reconhecimento da diferença. Com isso, a luta pela justiça social expande-se por vias insuspeitadas. À injustiça na distribuição da riqueza, que subjaz ao conceito convencional de justiça social, juntam-se muitas outras dimensões de injustiça com durações temporais muito variadas e, por isso, portadoras de modos distintos de contemporaneidade: a injustiça histórica do colonialismo e da escravatura; a injustiça sexual do patriarcado, da feminofobia e da homofobia; a injustiça intergeracional dos modelos de desenvolvimento não sustentáveis; a injustiça étnico-racial, do racismo e da xenofobia; a injustiça cognitiva cometida contra a sabedoria do mundo em nome do monopólio da ciência e das tecnologias que ela legitima.

A diversidade é tão sedutora quanto ameaçadora. É sedutora para quem vê nela a razão do fim dos dogmas e para a possibilidade de imaginar e criar outras possibilidades de vida. Se a diversidade do mundo é inesgotável, a utopia é possível.[7] Todas as possibilidades são finitas, mas o seu número é infinito. A experiência constituída não é mais que uma concretização provisória e localizada da experiência constituinte. O fato de a realidade existente se afastar tanto dos ideais não prova a impossibilidade destes; prova apenas que ela foi construída sem eles. Mas a diversidade também é muito ameaçadora. É ameaçadora sobretudo no Norte global, porque revela a solidão do Ocidente. A afirmação da diversidade do mundo marca um ponto de virada no excepcionalismo do Ocidente, a transição de um excepcionalismo aparentemente originário (*archetypus*) e ascendente para um excepcionalismo derivado (*ectypus*) e descendente, uma concepção do mundo e um modo de viver a sociedade e a natureza que têm se revelado insustentáveis.

O reconhecimento dessa diversidade potenciadora e autônoma é talvez a parte fulcral do meu processo de desaprendizagem. É a partir

---

[7] Sobre a importância da utopia no século XXI, ver Santos, 2020, p. 567-584.

dele que proponho as epistemologias do Sul.[8] Esse reconhecimento atua como rede de segurança para os abismos em que se cai quando se perde a certeza de que o conhecimento científico é o único conhecimento válido e que para além dele só há ignorância. É o antídoto mais eficaz ao silenciamento wittgensteiniano, todo ele prisioneiro da monolinguagem e da monocultura. O que não pode ser dito ou ser dito claramente numa dada língua ou cultura pode ser dito e dito claramente numa outra língua ou cultura. O reconhecimento de outros saberes, de outros parceiros de conversa para outras conversas abre o campo para infinitas trocas discursivas e não discursivas com insondáveis codificações e horizontalidades.

As três razões mencionadas que favorecem a escrita feita a partir da impossibilidade do radicalismo podem propiciar indiretamente a emergência de intelectuais-ativistas, ou de intelectuais de retaguarda. Alguns ativistas talvez possam ler um livro sobre as epistemologias do Sul, mas o que eles aprenderem de mim será um espelho fiel do que eu estou aprendendo deles. O que fica dito em livro é simplesmente um campo de ensaios, um ginásio de ideias em que vou me preparando para ser um intelectual de retaguarda e, portanto, um rebelde competente. Este livro foi escrito do lado de cá da linha abissal, mas gerado do lado de lá. Só é inteligível e promissor para quem souber imaginar-se sentado lendo-o em cima da linha abissal que divide os dois lados e pensando em como contribuir para eliminá-la.

Tentar contribuir para a emergência de teorias de retaguarda exige repetidos exercícios de autorreflexividade sobre a desaprendizagem e a reinvenção em curso. O contexto é muito semelhante àquele em que Santo Agostinho se encontrava ao escrever as suas *Confissões* e que expressou eloquentemente desta forma: *"quaestio mihi factus sum"*

---

[8] As epistemologias do Sul são um conjunto de procedimentos que procuram reconhecer e validar o conhecimento produzido por aqueles que têm sofrido as injustiças, a opressão e a dominação causadas pelo colonialismo, pelo capitalismo e pelo hetero-patriarcado. As epistemologias do Sul denunciam, por um lado, as intervenções epistemológicas que geraram a supressão dos saberes ao longo dos últimos séculos, fruto da imposição da norma epistemológica dominante; por outro lado, valorizam os saberes que resistiram com êxito e as reflexões que estes têm produzido, e investigam as condições de um diálogo horizontal entre conhecimentos. Ver Santos (2014; 2019; 2021g) e também Santos; Meneses (2019).

(converti-me numa questão para mim). A diferença é que a questão deixou de ser a confissão dos erros passados para ser a participação solidária na construção de um futuro pessoal e coletivo, sem nunca se ter a certeza de não repetir os erros cometidos no passado.

Não escapa ao leitor que escrever a partir da impossibilidade do radicalismo é ainda uma tentativa, talvez desesperada ou desesperadamente honesta, de resgatar o radicalismo por vias que apanhem os poderes constituídos distraídos ou desprevenidos. Adianto já: não tenho modo de saber se o consegui. Fico, pois, sem saber se sou um rebelde competente.[9] Não sinto uma urgência incontida de escrever o que escrevo, o que não é preocupante. Mas é ainda preocupante não sentir a necessidade de silenciar o que devo. A última frase da *Ética*, de Espinosa, é aterradora: "*Sed omnia praeclara tam difficilia quam rara*" (Todas as coisas excelentes são tão difíceis quanto raras).

---

[9] Sobre esse conceito, ver Santos (2017b).

PARTE I
Construindo as epistemologias do Sul

INTRODUÇÃO
Do pós-moderno ao pós-colonial e para além de um e outro

Quando, em meados da década de 1980, comecei a usar as expressões "pós-moderno" e "pós-modernidade", eu o fiz no contexto de um debate epistemológico (SANTOS, 1987;[1] 1989). Tinha chegado à conclusão de que a ciência em geral, e não apenas as ciências sociais, pautava-se por um paradigma epistemológico e um modelo de racionalidade que davam sinais de exaustão, sinais tão evidentes que podíamos falar de uma crise paradigmática. Esse paradigma, cuja melhor formulação tinha sido o positivismo em suas várias vertentes, assentava-se nas seguintes ideias fundamentais: distinção entre sujeito e objeto e entre natureza e sociedade ou cultura; redução da complexidade do mundo a leis simples suscetíveis de formulação matemática; uma concepção da realidade dominada pelo mecanicismo determinista e da verdade como representação transparente da realidade; uma separação absoluta entre conhecimento científico – considerado o único válido e rigoroso – e outras formas de conhecimento, como o senso comum ou estudos humanísticos; privilégio da causalidade funcional, hostil à investigação das "causas últimas", consideradas metafísicas, e centrada na manipulação e transformação da realidade estudada pela ciência.

Ainda que tivesse em pano de fundo os estudos culturais e sociais da ciência que então emergiam, a minha argumentação contra esse paradigma assentava-se principalmente na reflexão epistemológica dos próprios

---
[1] Data da edição portuguesa. Publicado no Brasil em 2003. Ver Santos, 2003e.

cientistas, sobretudo físicos, da qual resultava claro que o paradigma dominante refletia cada vez menos a prática científica dos cientistas. Essa inadequação, se, por um lado, dava credibilidade à crítica das consequências sociais negativas da ciência moderna, por outro permitia vislumbrar alternativas epistemológicas, um paradigma emergente que então designei como ciência pós-moderna. Tratava-se, como o nome indica, da defesa da primazia do conhecimento científico, mas de uma ciência assente numa racionalidade mais ampla, na superação da dicotomia natureza/sociedade, na complexidade da relação sujeito/objeto, na concepção construtivista da verdade, na aproximação das ciências naturais às ciências sociais e destas aos estudos humanísticos, numa nova relação entre a ciência e a ética baseada na substituição da aplicação técnica da ciência pela aplicação edificante da ciência e, finalmente, numa nova articulação, mais equilibrada, entre conhecimento científico e outras formas de conhecimento com o objetivo de transformar a ciência num novo senso comum, para o que propus o conceito de dupla ruptura epistemológica. Nos anos seguintes, essa proposta epistemológica desenvolveu-se e consolidou-se com as contribuições das epistemologias feministas e dos estudos culturais e sociais da ciência (SANTOS, 1995, 2000).[2]

No início da década de 1990, a acumulação das crises do capitalismo e do socialismo dos países do Leste Europeu levaram-me a ampliar o conceito de pós-moderno e pós-modernidade, que passou então a designar não só um novo paradigma epistemológico, mas também um novo paradigma social e político. Tratava-se agora de pensar a transformação social para além do capitalismo e para além das alternativas teóricas e práticas ao capitalismo produzidas pela modernidade ocidental. A transição epistemológica e a transição social e política foram concebidas como autônomas, sujeitas a lógicas, dinâmicas e ritmos distintos, mas complementares.

Desde o início adverti que a designação "pós-moderno" era inadequada, não só porque definia o novo paradigma pela negativa, como

---

[2] Sobre os estudos culturais e sociais da ciência, ver, por exemplo, Pickering (1992); Lynch (1993); Jasanoff *et al.* (1995); Galison; Stump (1996); Latour (1999); Kleinman (2000) e Nunes; Gonçalves (2001). Quanto à contribuição da crítica feminista para o debate epistemológico, ver Keller (1985); Harding (1986; 1998; 2003); Schiebinger (1989; 1999); Haraway (1992; 1997), bem como Gardey; Lowy (2000). Sobre os debates epistemológicos das duas últimas décadas, ver ainda Santos; Meneses; Nunes (2005, p. 21-125).

também porque pressupunha uma sequência temporal – a ideia de que o novo paradigma só podia emergir depois de o paradigma da ciência moderna ter seguido todo o seu curso. Ora, se, por um lado, tal estava longe de acontecer, por outro lado, tendo em conta que o desenvolvimento tanto científico como social não era homogêneo no mundo, a pós-modernidade podia ser facilmente entendida como mais um privilégio das sociedades centrais, onde a modernidade tinha tido maior realização.

Ao transitar do campo epistemológico para o campo social e político, tornou-se evidente que o conceito de pós-modernidade que propunha tinha pouco a ver com o que circulara tanto na Europa como nos Estados Unidos. Este último incluía na sua recusa da modernidade – sempre pensada como modernidade ocidental – a recusa total dos seus modos de racionalidade, os seus valores e as grandes narrativas que os transformava em faróis de transformação social emancipadora. Ou seja, o pós-modernismo nessa acepção incluía na crítica da modernidade a própria ideia de pensamento crítico que ela tinha inaugurado. Por essa via, a crítica da modernidade redundava paradoxalmente na celebração da sociedade que ela tinha conformado. Ora, a ideia de pós-modernidade por mim perfilhada visava, ao contrário, radicalizar a crítica à modernidade ocidental, propondo uma nova teoria crítica que, ao contrário da teoria crítica moderna, não convertesse a ideia de transformação emancipatória da sociedade numa nova forma de opressão social. Os valores modernos da liberdade, da igualdade e da solidariedade sempre me pareceram fundamentais, tão fundamentais quanto a crítica das violências que se cometeram em nome deles e da pouca realização concreta que têm tido nas sociedades capitalistas.

Para contrapor a minha concepção de pós-modernidade ao pós-modernismo celebratório, designei-a como pós-modernismo de oposição e condensei a sua formulação na ideia de que vivemos em sociedades envoltas em problemas modernos – precisamente os decorrentes da não realização prática dos valores da liberdade, da igualdade e da solidariedade – para os quais não dispomos de soluções modernas (SANTOS, 1995, 2000, 2002e). Daí a necessidade de reinventar a emancipação social. Daí também que a minha crítica da ciência moderna nunca tenha me levado a perfilhar o relativismo epistemológico ou cultural. Daí ainda que na reconstrução teórica por mim proposta tenha partido de ideias e concepções que, sendo modernas, foram marginalizadas pelas concepções dominantes de modernidade. Refiro-me especificamente ao princípio da comunidade no pilar da regulação social moderna e à racionalidade estético-expressiva no pilar da emancipação social moderna (Santos, 2000, p. 45-54). No entanto, em meados da década de 1990 era claro para mim que tal reconstrução só podia ser completada a partir das experiências das vítimas, dos grupos sociais que tinham sofrido com o exclusivismo epistemológico da ciência moderna e com a redução das possibilidades emancipatórias da modernidade ocidental às tornadas possíveis pelo capitalismo moderno, uma redução que, em meu entender, transformou a emancipação social no duplo, e não no contrário, da regulação social. O meu apelo a aprender com o Sul – entendendo o Sul como uma metáfora do sofrimento humano causado pelo capitalismo – significava precisamente o objetivo de reinventar a emancipação social indo mais além da teoria crítica produzida no Norte e da práxis social e política que ela subscrevera (Santos, 1995, p. 506-518; 2000, p. 367-380).

Nos últimos anos tenho me convencido de que aprender com o Sul é uma exigência que, para ser levada a sério, obriga a algumas reformulações na teorização que venho propondo. Como referi, a designação "pós-moderno" nunca me satisfez, tanto mais que a hegemonia do pós-moderno celebratório tornou virtualmente impossível fazer vingar a alternativa do pós-moderno de oposição. Por outro lado, a ideia da pós-modernidade aponta demasiadamente para a descrição que a modernidade ocidental fez de si mesma e nessa medida pode ocultar a descrição que dela fizeram os que sofreram a violência com que ela lhes foi imposta. Essa violência matricial teve um nome: colonialismo. Essa violência nunca foi incluída na autorrepresentação da modernidade ocidental, porque o colonialismo foi concebido como missão civilizadora dentro do marco historicista ocidental nos termos do qual o desenvolvimento europeu apontava o caminho ao resto do mundo, um historicismo que envolve tanto a teoria política liberal como o marxismo. Portanto, o problema é o de saber se o "pós" em "pós-moderno" significa o mesmo que o "pós" em "pós-colonial".[3] Ou

---

[3] Sobre a discussão sobre o sentido do "pós" em pós-colonial, ver, por exemplo, Mishra; Hodge (1991); McClintock (1995); Ranger (1996); Dirlik (1997); Ashcroft;

seja, trata-se de saber qual o sentido e quais os limites de uma crítica radical da modernidade ocidental.

Vivemos, de fato, um tempo intelectual complexo que se pode caracterizar desta forma algo paradoxal: a cultura, e especificamente a cultura política ocidental, é hoje tão indispensável quanto inadequada para compreender e transformar o mundo. Uma crítica radical dessa cultura deverá envolver tanto o caráter radical da indispensabilidade dessa cultura quanto o caráter radical da sua inadequação? Em última análise, trata-se de saber se essa crítica pode ser feita a partir de dentro ou se pressupõe a exterioridade das vítimas, daquelas que só foram parte da modernidade pela violência, exclusão e discriminação que esta lhes impôs. A questão da exterioridade levanta obviamente muitos problemas. Aqueles que a defendem, como Enrique Dussel (2000) e Walter Mignolo (2000), preferem falar de transmodernidade para designar a alternativa oferecida pelas vítimas à modernidade ocidental enquanto resistência. A ideia de exterioridade à modernidade ocidental é central na formulação do pós-colonialismo.

Em meu entender, a contraposição absoluta entre o pós-moderno e o pós-colonial é um erro, mas, por outro lado, o pós-moderno está longe de satisfazer as preocupações e as sensibilidades trazidas pelo pós-colonialismo.[4] Entendo por pós-colonialismo um conjunto de correntes teóricas e analíticas, com forte implantação nos estudos culturais, mas hoje presentes em todas as ciências sociais, que têm em comum darem primazia teórica e política às relações desiguais entre o Norte e o Sul na explicação ou na compreensão do mundo contemporâneo. Tais relações foram constituídas historicamente pelo colonialismo, e o fim do colonialismo enquanto relação política não acarretou o fim do colonialismo enquanto relação social, enquanto mentalidade e forma de sociabilidade autoritária e discriminatória. Para essa corrente, é problemático saber até que ponto vivemos em sociedades pós-coloniais. Por outro lado, o caráter constitutivo do colonialismo na modernidade

---

Griffiths; Tiffin (1998); Spivak (1999); Loomba (1998); Afzal-Khan; Sheshadri-Crooks (2000).

[4] Analisarei com mais detalhe as relações entre pós-modernismo e pós-colonialismo no Capítulo 6.

ocidental faz com que ele seja importante para compreender não só as sociedades não ocidentais que foram vítimas do colonialismo, mas também as próprias sociedades ocidentais, sobretudo os padrões de discriminação social que nelas vigoram. A perspectiva pós-colonial parte da ideia de que, a partir das margens ou das periferias, as estruturas de poder e de saber são mais visíveis. Daí o interesse dessa perspectiva pela geopolítica do conhecimento, ou seja, por problematizar quem produz o conhecimento, em que contexto o produz e para quem o produz.

Como já referi, são múltiplas as concepções que se reivindicam do pós-moderno. As concepções dominantes – onde pontificam nomes como Rorty (1979), Lyotard (1979), Baudrillard (1981), Vattimo (1987), Jameson (1991) – assumem as seguintes características: crítica do universalismo e das grandes narrativas sobre a unilinearidade da história traduzida em conceitos como progresso, desenvolvimento ou modernização, que funcionam como totalidades hierárquicas; renúncia a projetos coletivos de transformação social, sendo a emancipação social considerada como um mito sem consistência; celebração, por vezes melancólica, do fim da utopia, do ceticismo na política e da paródia na estética; concepção da crítica como desconstrução; relativismo ou sincretismo cultural; ênfase na fragmentação, nas margens ou periferias, na heterogeneidade e na pluralidade (das diferenças, dos agentes, das subjetividades); epistemologia construtivista, não fundacionalista e antiessencialista.

Essa caracterização, necessariamente incompleta, permite identificar as principais diferenças em relação à concepção de pós-modernismo de oposição que tenho defendido. Em vez da renúncia a projetos coletivos, proponho a pluralidade de projetos coletivos articulados de modo não hierárquico por procedimentos de tradução que se substituem à formulação de uma teoria geral de transformação social. Em vez da celebração do fim da utopia, proponho utopias realistas, plurais e críticas. Em vez da renúncia à emancipação social, proponho a sua reinvenção. Em vez da melancolia, proponho o otimismo trágico.[5]

---

[5] Trata-se da atitude que considero mais adequada para enfrentarmos os desafios que se nos colocam em qualquer sociedade. Consiste em estarmos muito conscientes das dificuldades com que nos confrontamos, mas nos recusarmos a admitir que não há alternativas. A consciência das dificuldades impede o facilitismo, enquanto a consciência das alternativas impede a autoflagelação. Ver Santos (2011a).

Em vez do relativismo, proponho a pluralidade e a construção de uma ética a partir de baixo. Em vez da desconstrução, proponho uma teoria crítica pós-moderna, profundamente autorreflexiva, mas imune à obsessão de desconstruir a própria resistência que ela funda.[6] Em vez do fim da política, proponho a criação de subjetividades transgressivas pela promoção da passagem da ação conformista à ação rebelde. Em vez do sincretismo acrítico, proponho a mestiçagem ou a hibridação com a consciência das relações de poder que nela intervêm, ou seja, com a investigação de quem hibrida quem, o quê, em que contextos e com que objetivos (Santos, 1987, 1989, 1995, 2000).

Em comum com as concepções dominantes do pós-modernismo, o pós-moderno de oposição partilha: a crítica do universalismo e da unilinearidade da história, das totalidades hierárquicas e das metanarrativas; a ênfase na pluralidade, na heterogeneidade, nas margens ou periferias; a epistemologia construtivista, ainda que não niilista ou relativista. Não pretendo, no entanto, fazer a contabilidade plena das convergências e das divergências, e muito menos para concluir dela se o pós-modernismo de oposição é bem mais modernista que pós-modernista.

A relação entre as concepções dominantes do pós-modernismo e o pós-colonialismo é complexa e, se não internamente contraditória, pelo menos muito ambígua.[7] Sem dúvida a crítica do universalismo e do historicismo põe em causa o Ocidente como centro do mundo e, nessa medida, abre possibilidades para a concepção de modernidades alternativas e, portanto, para a afirmação e o reconhecimento da diferença, nomeadamente da diferença histórica. Por outro lado, a ideia da exaustão da modernidade ocidental facilita a revelação do caráter invasivo e destrutivo da sua imposição no mundo moderno, uma revelação cara ao pós-colonialismo. Essas duas características têm sido salientadas em especial por algumas das variedades do pós-modernismo que têm surgido na América Latina.[8]

---

[6] Em *A crítica da razão indolente* (2000, p. 23-37) proponho as seguintes transformações na teoria crítica: do monoculturalismo à interculturalidade; da peritagem heroica ao conhecimento edificante; da objetividade neutra à distinção entre objetividade e neutralidade; da ação conformista à ação rebelde.

[7] Voltarei a esse assunto no Capítulo 6.

[8] Para uma visão geral das diferentes posições, ver Slater (2004).

Penso, no entanto, que essas duas características não bastem para eliminar o eurocentrismo ou etnocentrismo ocidental que subjaz às concepções dominantes do pós-modernismo. Em primeiro lugar, a celebração da fragmentação, da pluralidade e da proliferação das periferias oculta a relação desigual, central no capitalismo moderno, entre o Norte e o Sul. A proliferação das periferias acarreta a proliferação dos centros, e com esta desaparecem as relações de poder entre centro e periferia que são constitutivas do capitalismo, isto é, desaparecem as diferenças capitalistas, colonial e imperial. Em segundo lugar, o pós-modernismo dominante mistura frequentemente a crítica do universalismo ocidental com a reivindicação da singularidade do Ocidente, como, por exemplo, quando Rorty (2000) afirma que a ideia da "igualdade humana" é uma excentricidade ocidental, ou que a democracia norte-americana simboliza e incorpora os melhores valores do Ocidente, ocultando assim a face noturna do imperialismo norte-americano. Do mesmo modo, Lyotard (1979) concebe a ciência como uma opção ocidental que contrapõe ao conhecimento tradicional das sociedades não ocidentais. Aliás, a melancolia pós-moderna está cheia de estereótipos nortecêntricos a respeito do Sul, cujas populações são por vezes vistas como estando mergulhadas num desespero para o qual não há saída (DEPELCHIN, 2005). Por último, a concepção do pós-moderno como uma autorrepresentação exclusivamente ocidental está bem presente em Frederic Jameson (1991) ao conceber o pós-modernismo como a característica cultural do capitalismo tardio. Tardio na concepção usada por Jameson não é o capitalismo que vem tarde, mas sim o capitalismo mais avançado que vai adiante. Por fim, fica sempre por saber se a declaração do fim das metanarrativas e das totalidades hierárquicas não é ela mesma uma metanarrativa cuja totalidade e hierarquia se insinuam na celebração da fragmentação e da diferença.

Pode-se, pois, concluir que, apesar de as concepções pós-modernas e pós-estruturalistas terem dado um contributo importante para a emergência do pós-colonialismo, não dão resposta adequada às aspirações éticas e políticas que subjazem a este último. Poder-se-á dizer o mesmo do pós-modernismo de oposição que tenho defendido? Penso que não, o que, no entanto, não implica a desnecessidade de reformulações. A concepção pós-moderna que tenho perfilhado está obviamente vinculada à concepção de modernidade ocidental de que parto. E aí reside alguma ambivalência em relação ao pós-colonialismo. Concebo a modernidade ocidental como um paradigma sociocultural que se constitui a partir do século XVI e se consolida entre finais do século XVIII e meados do século XIX. Distingo na modernidade dois pilares em tensão dialética – o pilar da regulação social e o pilar da emancipação social (SANTOS, 1995; 2000, 2002e). A maneira como concebo cada um dos pilares é, julgo eu, adequada às realidades europeias, sobretudo dos países mais avançados, mas não às sociedades extraeuropeias para onde se expandiu a Europa. Por exemplo, a regulação social assente em três princípios – o princípio do Estado, do mercado e da comunidade – não dá conta das formas de (des)regulação colonial onde o Estado é estrangeiro, o mercado inclui pessoas entre as mercadorias (os escravos) e as comunidades são arrasadas em nome do capitalismo e da missão civilizadora e substituídas por uma minúscula sociedade civil racializada, criada pelo Estado e constituída por colonos, pelos seus descendentes e por minúsculas minorias de assimilados. Por sua vez, a emancipação social é concebida como o processo histórico da crescente racionalização da vida social, das instituições, da política e da cultura e do conhecimento com um sentido e uma direção unilineares precisos, condensados no conceito de progresso. Também aqui não tematizo especificamente a emancipação dos povos coloniais, muito menos as racionalidades alternativas de que eles eram portadores e que foram aniquiladas pela racionalidade dos canhões dos conquistadores e pela pregação dos missionários.

    A tensão entre regulação social e emancipação social é constitutiva das duas grandes tradições teóricas da modernidade ocidental – o liberalismo político e o marxismo. As diferenças entre elas são significativas, pois enquanto o liberalismo político confina as possibilidades de emancipação ao horizonte capitalista, o marxismo concebe a emancipação social num horizonte pós-capitalista. No entanto, ambos concebem o colonialismo no quadro historicista de um código temporal que coloca os povos coloniais na "sala de espera" da história, que a seu tempo lhes trará os benefícios da civilização. Isso não impede que se reconheça que, dado o caráter constitutivamente colonialista do capitalismo moderno, o horizonte pós-capitalista desenhado pelo marxismo seja também um horizonte pós-colonial. Não surpreende, por isso, que, de todas as tradições teóricas europeias e eurocêntricas, o marxismo seja a que mais tem contribuído para os estudos pós-coloniais, retirando daí parte da sua renovada vitalidade.

Curiosamente, é no plano epistemológico que o colonialismo assume maior centralidade na concepção de pós-moderno de oposição que tenho defendido. A distinção que faço entre as duas formas de conhecimento caucionadas pela modernidade ocidental – o conhecimento-regulação e o conhecimento-emancipação – é disso testemunha. O conhecimento-regulação é a forma de conhecimento que se constrói ao longo de uma trajetória entre a ignorância concebida como caos e o saber concebido como ordem, enquanto o conhecimento-emancipação se constrói ao longo de uma trajetória entre a ignorância concebida como colonialismo e o saber concebido como solidariedade (SANTOS, 1995, p. 25-27; 2000, p. 78-81). A ignorância colonialista consiste na recusa do reconhecimento do outro como igual e na sua conversão em objeto, e assumiu historicamente três formas distintas: o selvagem, a natureza e o Oriente.[9] A progressiva sobreposição da lógica do desenvolvimento da modernidade ocidental e da lógica do desenvolvimento do capitalismo levou à total supremacia do conhecimento-regulação, que recodificou em seus próprios termos o conhecimento-emancipação. Assim, a forma de ignorância no conhecimento-emancipação, o colonialismo, foi recodificada como forma de saber no conhecimento-regulação, ou seja, o colonialismo como ordem. É esse o processo histórico no qual a ciência moderna, progressivamente a serviço do desenvolvimento capitalista, consolida a sua primazia epistemológica.[10] Ou seja, as duas zonas de contato, entre a modernidade ocidental e as sociedades não ocidentais, a zona colonial e a zona epistemológica, ambas caracterizadas por desigualdades drásticas de poder, foram progressivamente se transformando uma na outra – um processo de fusão que contribuiu precisamente para que o colonialismo como relação social sobrevivesse ao colonialismo como relação política.

---

[9] Ver o Capítulo 4.

[10] A reivindicação do marxismo como ciência e a concepção de socialismo que advogava como científica foram um esforço no sentido de salvaguardar a ciência como conhecimento-emancipação, um esforço vão, já que não impediu que a ciência moderna se consolidasse como conhecimento-regulação.

Mas no pós-moderno de oposição o colonialismo está ainda presente no modo como concebo as subjetividades capazes de levar a cabo a transição paradigmática no domínio social e político. Concebo-as como construídas a partir de três metáforas geradoras: a fronteira, o barroco e o Sul (Santos, 1995, p. 489-518; 2000, p. 347-380). Todas elas conotam a ideia de margem ou periferia – a fronteira, como é óbvio; o barroco, como um *ethos* subalterno da modernidade ocidental; e o Sul, entendido como metáfora do sofrimento humano causado pela modernidade capitalista. Através da metáfora do Sul, coloco as relações Norte-Sul no centro da reinvenção da emancipação social e demarco-me explicitamente do pensamento pós-moderno e pós-estruturalista dominante, nomeadamente Foucault (1977; 1980), por não tematizar a subordinação imperial do Sul ao Norte, como se o Norte – nós – fosse apenas "nós", e não "nós e eles". Proponho, ao contrário, como orientação epistemológica, política e cultural, que nos desfamiliarizemos com o Norte imperial e que aprendamos com o Sul. Mas advirto que o Sul é, ele próprio, um produto do império, e, por isso, a aprendizagem com o Sul exige igualmente a desfamiliarização em relação ao Sul imperial, ou seja, em relação a tudo que no Sul é o resultado da relação colonial capitalista. Assim, só se aprende com o Sul na medida em que se concebe este como resistência à dominação do Norte e se busca nele o que não foi totalmente desfigurado ou destruído por essa dominação. Por outras palavras, só se aprende com o Sul na medida em que se contribui para a sua eliminação enquanto produto do império.

Nos meus trabalhos tenho procurado dar consistência política a essa orientação epistemológica, analisando a globalização como uma zona de confrontação entre projetos hegemônicos e projetos contra-hegemônicos. O Sul surge então como protagonista da globalização contra-hegemônica, cuja manifestação mais consistente é o Fórum Social Mundial, que tenho acompanhado de perto (Santos, 2002a, 2005b, 2006c).

Posso, pois, concluir que, em contraposição às correntes dominantes do pensamento pós-moderno e pós-estruturalista, o pós-moderno de oposição concebe a superação da modernidade ocidental a partir de uma perspectiva pós-colonial e pós-imperial. Podemos dizer que o pós-moderno de oposição se posiciona nas margens ou periferias mais extremas da modernidade ocidental, para daí lançar um novo olhar crítico sobre esta. É evidente, contudo, que se coloca do lado de dentro da margem, e não do lado de fora. A transição pós-moderna é concebida como um trabalho arqueológico de escavação nas ruínas da modernidade ocidental em busca de elementos ou tradições suprimidas ou marginalizadas, representações particularmente incompletas, porque menos colonizadas pelo cânone hegemônico da modernidade, que possam nos guiar na construção de novos paradigmas de emancipação social. Entre essas representações ou tradições, identifico, no pilar da regulação, o princípio da comunidade, e, no pilar da emancipação, a racionalidade estético-expressiva. É com base nelas que construo a ideia de transição paradigmática. Reconheço que verdadeiramente só há transições *pós-factum*. Enquanto se transita, o sentido das transformações é ambíguo, se não mesmo opaco. No entanto, apesar disso vale a pena falar de transição para salientar a necessidade de experimentação e interpelar o sentido das transformações, por mais fugidio que ele seja. As ruínas geram o impulso da reconstrução e permitem-nos imaginar reconstruções muito distintas, mesmo se os materiais para elas não são senão as ruínas e a imaginação.

O processo de escavação que proponho dá alguma razão a Walter Mignolo (2003) para conceber a minha crítica da modernidade como uma crítica interna que, por não dar o passo para o lado exterior da margem, não incorpora adequadamente a perspectiva das vítimas da modernidade e, portanto, a perspectiva pós-colonial.

Embora discorde dessa crítica, ela me obriga a reformular ou precisar alguns dos meus quadros teóricos. Primeiramente, a crítica. Mignolo faz uma distinção que pretende ser inequívoca entre a "transição paradigmática" que eu proponho e o "paradigma outro" por ele proposto, juntamente a Quijano, Dussel e outros. Segundo ele, a minha proposta, a que associa também a de outros autores do "sul da Europa", é uma crítica não eurocêntrica do eurocentrismo da modernidade ocidental[11] e das correntes pós-modernas[12] que procura "descentrar o

---

[11] Ao contrário das críticas eurocêntricas provenientes do Atlântico Norte e das formuladas pela teoria do sistema mundial de Wallerstein (1974).

[12] Mignolo (2003, p. 21) caracteriza corretamente a diferença entre o pós-modernismo de oposição, que perfilho, e o pós-modernismo que chamo de celebratório.

eurocentrismo e dissolvê-lo na totalidade planetária" (MIGNOLO, 2003, p. 55). Ao contrário, o "paradigma outro" parte da colonialidade do poder moderno e por essa via coloca-se numa posição de total exterioridade epistemológica e cultural à modernidade ocidental. Apesar de reconhecer alguma compatibilidade e até complementaridade nas lutas de emancipação, libertação e descolonização entre as duas propostas, Mignolo salienta acima de tudo as diferenças entre elas. Diz Mignolo (2003, p. 56): "A 'transição paradigmática' *chega* ao mundo dispersando o eurocentrismo na história das colônias, nos saberes subalternizados, nas formas de vida vilipendiadas. 'Um paradigma outro' *começa* nesse lugar onde chega a transição paradigmática".

A minha discordância em relação à caracterização mignoliana das duas posições se assenta em vários argumentos. O primeiro argumento tem a ver com a caracterização da minha proposta. A minha proposta da reconstrução da emancipação social a partir do Sul e em aprendizagem com o Sul faz com que o pós-moderno de oposição possa legitimamente se conceber como mais pós-colonial do que pós-moderno.[13] Do fato de eu ser originário do Sul da Europa não se pode deduzir, sem mais, que a minha proposta seja geopoliticamente europeia do Sul. O Sul que serve de base à minha proposta não é o Sul da Europa, mas o Sul global, criado pela expansão colonial da Europa. A concepção do conhecimento situado ou perspectivado (*situated knowledge* ou *standpoint knowledge*) não pode comportar determinismos geográficos ou outros.[14] Não sendo assim, o importante é determinar o lugar geopolítico das teorias a partir dos seus conteúdos e orientações, e não o inverso. De outro modo, corremos o risco de reduzir uma disputa teórica a uma questão de sociologia do conhecimento. Parece ser isso o que sucede quando Mignolo afirma a respeito do filósofo e teólogo da libertação alemão Franz Hinkelammert que, "pela sua trajetória educativa na Alemanha e a sua trajetória política de muitos anos na América Latina, a posição de Hinkelammert estabelece uma ponte entre a posição de Sousa Santos,

---

[13] Ver a nota 1 do Capítulo 2.

[14] De outro modo, teríamos de problematizar o impacto político e epistemológico das cumplicidades étnicas entre os colonizadores europeus do Sul e os seus descendentes brancos da América Latina.

por um lado, e a de Quijano, ou Dussel (e também a defendida neste livro), por outro" (MIGNOLO, 2003, p. 57).

Se nos fixarmos, como deve ser o caso, nos conteúdos teóricos, é um tanto enigmática a caracterização da minha proposta como significando a "dispersão" ou "dissolução" planetária do eurocentrismo. Se, como Mignolo reconhece, a minha posição é uma "crítica não eurocêntrica ao eurocentrismo", tal dispersão ou dissolução só pode significar que o meu não eurocentrismo é, afinal, eurocêntrico. Mas isso teria de ser demonstrado, o que não faz Mignolo. Por outro lado, a metáfora das teorias que "começam" onde outras "acabam" contém implícita a ideia de que a teoria da "transição paradigmática" é menos radical que a teoria do "paradigma outro". Depois de tantos séculos de dominação cultural, econômica e política por parte da modernidade ocidental, pensar que um "paradigma outro" possa se sustentar como ruptura total e sem se situar no contexto de uma transição paradigmática pode ser mais um efeito da astúcia da razão moderna ocidental, que sempre se viu a si mesma como protagonista de rupturas em relação ao que não pôde reconhecer como próprio. A ideia da transição paradigmática será menos radical se for pensada exclusivamente a partir da modernidade ocidental, ou seja, se for pensada de modo não transicional. Esse não parece ser, no entanto, o meu caso, dada a minha insistência não em novas alternativas, mas num pensamento alternativo de alternativas.[15] Nas margens extremas da crítica à modernidade ocidental é difícil distinguir entre o exterior e o interior da margem, e, mesmo que seja possível, é questionável que tal distinção faça diferença. Acresce-se que no plano político, e dada a grandeza dos desafios que se nos colocam, penso ser mais correto adotar estratégias teóricas que aprofundem alianças do que estratégias que as fragilizem ao insistirem na diferença desqualificadora – e, afinal, tão moderna – entre "nós" e "eles". Em face das relações de dominação e de exploração, profundas e de longa duração, que a modernidade ocidental capitalista instaurou globalmente, devemos nos centrar na diferença entre opressores e oprimidos, e não na diferença entre os que, de várias perspectivas e lugares, lutam

---

[15] Tal pensamento é o objetivo central deste livro e, muito especificamente, da análise levada a cabo no Capítulo 2.

contra a opressão. Aliás, na própria diferença entre opressor e oprimido a ideia da exterioridade do oprimido só é concebível como parte da sua integração subordinada – ou seja, pela exclusão – no interior do sistema de dominação. Ou seja, numa relação dialética, a exterioridade do contrário é gerada no interior da relação.[16]

O segundo argumento crítico à posição de Mignolo assenta-se na ideia de que o gênio da modernidade ocidental reside na dialética entre regulação e emancipação,[17] ou seja, numa discrepância dinâmica, num só mundo secularizado, entre experiências e expectativas, nos termos da qual as expectativas a respeito do futuro excedem as experiências do presente. Daqui decorre uma concepção nova de totalidade que inclui tudo o que a modernidade é e tudo o que não é, ou apenas é como potencialidade. É essa voracidade, essa *hubris* auto e heterofágica, que melhor caracteriza a modernidade ocidental, e é ela que justifica que a modernidade tenha sido concebida de maneiras tão diferentes, tão diferentes quanto os projetos de alternativa que a têm confrontado. Nessas condições, é difícil conceber uma alteridade ou exterioridade absoluta à modernidade ocidental, exceto talvez em termos religiosos. Essa dificuldade deve ser plenamente reconhecida, e é precisamente para superá-la que mais se justificam um pensamento e uma prática transicionais. O risco de glorificarmos o reconhecimento final e glorioso da consciência teórica e da "maioridade" cultural dos oprimidos no mesmo processo histórico em que o capitalismo global reforça os velhos mecanismos de opressão e inventa outros novos é iminente. Após 500 anos, a imposição global da modernidade ocidental torna difícil conceber o que lhe é exterior para além do que lhe resiste, e o que lhe resiste, se o faz a partir do exterior, está logicamente em trânsito entre o exterior e o interior.

Dito isso, a crítica de Mignolo mostra serem necessárias algumas reformulações na minha proposta teórica. Tais reformulações, apesar de irem no sentido de aprofundar a dimensão pós-colonial, obrigam-me a questionar as versões dominantes do pós-colonialismo. Parece, pois, que estou condenado à condição de oposicionista, passando do pós-moderno de oposição ao pós-colonial de oposição.

---

[16] No Capítulo 8 analiso a diferença entre opressão pela inclusão e opressão pela exclusão.

[17] Ver adiante as observações autocríticas a essa concepção.

Em primeiro lugar, a modernidade ocidental é originariamente colonialista. Tal como a tenho descrito, esse fato fundador não está suficientemente salientado. Para isso, é preciso especificar que a dialética da regulação/emancipação, que eu considero constitutiva da modernidade ocidental, só vigorou nas sociedades metropolitanas. As sociedades colonizadas foram excluídas dessa dialética e só puderam "optar" entre a violência da repressão e a violência da assimilação. Acresce-se que, sobretudo em trabalhos menos recentes, situo historicamente a minha caracterização da modernidade enquanto projeto sociocultural no final do século XVIII e meados do século XIX europeu. Fica, pois, de fora o que Dussel e Mignolo designam como primeira modernidade, a modernidade ibérica, de onde precisamente parte o primeiro impulso colonial.[18] Se, como tenho defendido, o colonialismo português tem características muito distintas do colonialismo hegemônico do século XIX, é fundamental que a minha concepção de modernidade o inclua e o inclua em sua especificidade, dentro do sistema mundial moderno. Aliás, como referirei adiante, a especificidade do colonialismo português induz a especificidade do pós-colonialismo no espaço geopolítico que aquele abrangeu.[19]

Em segundo lugar, houve no passado colonialismo, como relação política, sem capitalismo, mas desde o século XV o capitalismo não é pensável sem o colonialismo, nem o colonialismo sem o capitalismo. Na minha caracterização da modernidade ocidental tenho dado mais atenção às relações entre esta e o capitalismo do que às relações com o colonialismo. Um maior equilíbrio no tratamento analítico dos dois tipos de relação é necessário, não apenas para tornar possíveis estratégias analíticas que permitam analisar o Sul em termos que não reproduzam a sua subordinação em relação ao Norte, como também para analisar o Norte em termos que o levem a rejeitar tal subordinação por injusta.

---

[18] Divirjo, no entanto, de Dussel quando atribui em exclusivo à Espanha a maternidade da primeira modernidade. Segundo ele, "com Portugal estamos na antessala, mas não, todavia, na modernidade nem no sistema-mundo" (DUSSEL, 2000, p. 55). Essa asserção carece de fundamento, tanto no plano socioeconômico como no plano cultural. Afinal, um dos mais insignes inspiradores da primeira modernidade foi Pedro Fonseca, "o Aristóteles português", um dos conimbricenses por cujas obras aprenderam Descartes, Leibniz e Kant.

[19] Ver o Capítulo 6.

Ou seja, a perspectiva pós-colonial não se destina apenas a permitir a autodescrição anti-imperial do Sul, ou seja, a sua autodestruição enquanto Sul imperial, mas também a permitir identificar em que medida o colonialismo está presente como relação social nas sociedades colonizadoras do Norte, ainda que ideologicamente ocultado pela descrição que estas fazem de si próprias. Esse dispositivo analítico é particularmente necessário no espaço geopolítico de língua oficial portuguesa, dada a longa duração do ciclo colonial que, no caso de África e Ásia, durou até o último quarto do século XX.

Apesar de mutuamente constituídos, capitalismo e colonialismo não se confundem. O capitalismo pode desenvolver-se sem o colonialismo, enquanto relação política, como se verificou historicamente, mas não pode fazê-lo sem o colonialismo enquanto relação social, aquilo que, no seguimento de Aníbal Quijano (2000), podemos designar como colonialidade do poder e do saber. Como caracterização possível do colonialismo, uma caracterização suficientemente ampla para abranger todo o polimorfismo deste, proponho o seguinte: o conjunto de trocas extremamente desiguais que se assentam na privação da humanidade da parte mais fraca como condição para sobre-explorá-la ou para excluí-la como descartável. O capitalismo, enquanto formação social, não tem de sobre-explorar todos os trabalhadores e por definição não pode excluir e descartar todas as populações, mas, por outro lado, não pode existir sem populações sobre-exploradas e sem populações descartáveis. Não se confundindo o capitalismo com o colonialismo, tampouco se podem confundir a luta anticapitalista e a luta anticolonial ou pós-colonial, mas nenhuma delas pode ser levada a cabo com êxito sem a outra.

Essas duas reformulações colocam alguns desafios teóricos, analíticos e políticos às teorias sociais que se pautarem por elas. Mas, antes de me referir aos desafios, quero referir-me ao caráter oposicional da concepção de pós-colonialismo aqui defendida. Como mencionei anteriormente, as reformulações que proponho entram em diálogo conflitual com as versões dominantes do pós-colonialismo. Identifico a seguir alguns desses pontos de conflito.

O primeiro ponto de conflito diz respeito ao viés culturalista dos estudos pós-coloniais. Os estudos pós-coloniais têm sido predominantemente estudos culturais, análises críticas de discursos literários e outros, de mentalidades e subjetividades sociais, ideologias e práticas simbólicas que pressupõem a hierarquia colonial e a impossibilidade de o colonizado se expressar em seus próprios termos, as quais se reproduzem mesmo depois de o vínculo político-colonial ter terminado. Trata-se de uma investigação importante, mas que, se ficar confinada à cultura, pode correr o risco de ocultar ou esquecer a materialidade das relações sociais e políticas que tornam possível, quando não exigem, a reprodução desses discursos, ideologias e práticas simbólicas. Sem querer estabelecer prioridades entre lutas econômicas, sociais, políticas ou culturais – para mim, todas elas são políticas quando confrontam as estruturas do poder –, é importante desenvolver marcos analíticos que capacitem todas elas. A presença, por vezes demasiadamente explícita, de tradições eurocêntricas nos estudos pós-coloniais, como a desconstrução e o pós-estruturalismo, contribui, em meu entender, para certo desarme político desses estudos. A ênfase no reconhecimento da diferença sem uma ênfase comparável nas condições econômicas, sociais e políticas que garantem a igualdade na diferença corre o risco de combinar denúncias radicais com a passividade prática ante as tarefas de resistência que se impõem. Isso é tanto mais grave quanto é certo que nas condições do capitalismo global em que vivemos não há reconhecimento efetivo da diferença (racial, sexual, étnica, religiosa etc.) sem redistribuição social. Por outro lado, o pós-estruturalismo levado ao extremo pode tornar invisíveis ou trivializar as formas dominantes de poder e nessa medida neutralizar a construção da resistência contra elas. Ao pós-estruturalismo radical tenho preferido um estruturalismo dúctil e plural, como quando identifico seis espaços-tempo onde se produzem as seis formas de poder principais nas sociedades capitalistas contemporâneas: o patriarcado, a exploração, a diferenciação desigual, o feiticismo das mercadorias, a dominação e a troca global desigual (Santos, 2000, p. 261-327).

O segundo ponto de conflito com as concepções dominantes de pós-colonialismo diz respeito à articulação entre capitalismo e colonialismo. As concepções dominantes tendem a privilegiar o colonialismo e a colonialidade como fator explicativo das relações sociais. Por exemplo, Aníbal Quijano considera que todas as formas de opressão e de discriminação existentes nas sociedades coloniais – da discriminação sexual à étnica e à classista – tenham sido reconfiguradas pela opressão e pela discriminação colonial, que subordinaram à sua lógica todas as demais. Assim, o fato de estarmos em sociedades patriarcais não impedia que a mulher branca colona tivesse um ascendente sobre o homem negro ou indígena. Essa posição tem algum paralelismo com as concepções marxistas clássicas, que atribuem ao capitalismo e à discriminação de classe um papel explicativo privilegiado na reprodução das demais formas de discriminação existentes nas sociedades capitalistas. Em meu entender, mesmo nas sociedades coloniais e ex-coloniais, o colonialismo e o capitalismo são partes integrantes e diferenciadas da mesma constelação de poderes, e, por isso, não parece adequado privilegiar um deles na explicação das práticas de discriminação. Por exemplo, não penso que mesmo nas sociedades coloniais a discriminação contra as mulheres seja um produto exclusivo do colonialismo ou mesmo do capitalismo. A importância do colonialismo e da colonialidade na explicação ou compreensão das realidades sociais nas sociedades que sofreram o colonialismo é suficientemente significativa para não ter de ser dramatizada para além do que é razoável e pode ser legitimamente refutável pela complexidade das sociedades em que vivemos. Não penso, por exemplo, que as relações de classe sejam sempre e da mesma forma sobredeterminadas pelo colonialismo e pela colonialidade. Devem evitar-se *a priori* analíticos que ponham em causa a revelação da riqueza e da complexidade das sociedades. E, se isso vale para as sociedades coloniais, vale, por maioria da razão, para as sociedades colonizadoras. Em relação a estas últimas, é já suficientemente importante o reconhecimento de que o colonialismo, mesmo muito depois de terminar como relação política, continua impregnando alguns aspectos da cultura, dos padrões de racismo e de autoritarismo social e mesmo das visões dominantes das relações internacionais.

Pela mesma razão, acho errado que a crítica pós-colonial se centre mais na modernidade ocidental do que no capitalismo. Nesse domínio, sugiro dois princípios de precaução. Primeiramente, devem ser consideradas ilusórias todas as lutas vitoriosas contra a hegemonia cultural da modernidade ocidental se, após elas, o mundo não for menos confortável para o capitalismo global; em segundo lugar, não se deve saudar a sobrevivência do capitalismo à modernidade ocidental, a menos que estejamos certos de que o capitalismo não se aliou a uma barbárie pior.

A terceira dimensão do caráter oposicional do pós-colonialismo que proponho tem a ver com a provincialização da Europa, uma ideia de Hans-George Gadamer recentemente popularizada por Dipesh Chakrabarty (2000). A provincialização da Europa pretende designar o processo histórico – iniciado em 1914 e concluído com o fim da Segunda Guerra Mundial – da perda de centralidade cultural e política da Europa no sistema mundial moderno e a consequente crise dos valores e instituições que a Europa difundiu como universais a partir do século XIX. Essa ideia é central ao pós-colonialismo e é também cara ao pós-modernismo. Estou basicamente de acordo com ela, mas proponho um aprofundamento da reflexão que ela suscita. As concepções dominantes de pós-colonialismo, ao mesmo tempo que provincializam a Europa, essencializam-na, ou seja, convertem-na numa entidade monolítica que se contrapõe de modo uniforme às sociedades não ocidentais. Tal essencialização se assenta sempre na transformação da parte da Europa no seu todo. Assim, o pós-colonialismo dominante universaliza a experiência colonial a partir do colonialismo britânico, e de algum modo o pós-colonialismo latino-americano emergente procede do mesmo modo, partindo agora do colonialismo ibérico. Em ambos os casos, o colonizador é concebido como representando a Europa em confronto com o resto do mundo. Ora, não só houve historicamente várias Europas como também houve e há relações desiguais entre os países da Europa, incluindo relações coloniais, como ilustra o caso da Irlanda. Não só houve vários colonialismos como também foram complexas as relações entre eles, pelo que algo está errado se tal complexidade não se refletir nas próprias concepções de pós-colonialismo.

Proponho, assim, uma reprovincialização da Europa que atente às desigualdades no interior da Europa e ao modo como elas influenciaram os diferentes colonialismos europeus. É importante mostrar as especificidades do colonialismo português ou espanhol em relação ao colonialismo britânico ou francês, porque delas decorrerão especificidades do pós-colonialismo na área geopolítica do espanhol ou do português em relação ao pós-colonialismo na área geopolítica do inglês ou do francês. Mas ainda mais importante é tematizar as desigualdades no seio da Europa entre os diferentes países colonizadores. O fato de Portugal, centro de um império colonial, ter sido, ele próprio, durante mais de um século, uma colônia informal da Inglaterra e de ter sido descrito, ao longo de séculos, pelos países do norte da Europa como um país com características sociais e culturais semelhantes àquelas que os países europeus, incluindo Portugal, atribuíam aos povos colonizados de Além-Mar tem de ter um impacto específico na concepção do pós-colonialismo no espaço geopolítico português e na vigência dela, tanto nas sociedades colonizadas pelos portugueses como na sociedade portuguesa, do passado e do presente.[20]

A provincialização ou a descentração da Europa deve, pois, ter em atenção não só os diferentes colonialismos, como também os diferentes processos de descolonização. Nesse domínio, o contraste entre a descolonização americana e a descolonização africana ou asiática tem de ser trazido à baila. Porque se, com exceção do Haiti, as independências nas Américas significaram a entrega desses territórios aos descendentes dos europeus, a provincialização ou descentração da Europa terá de acarretar a provincialização ou descentração das Américas, a zona colonial onde há mais Europa. Será por coincidência que as teses pós-modernistas têm tido mais aceitação na América Latina do que na África?

Em conclusão, o pós-colonialismo de oposição que advogo e que decorre organicamente do pós-modernismo de oposição que tenho defendido obriga a ir não só mais além do pós-modernismo, como também mais além do pós-colonialismo. Convida a uma compreensão não ocidental do mundo em toda a sua complexidade e na qual há de caber a tão indispensável quanto inadequada compreensão ocidental do mundo ocidental e não ocidental. Essa abrangência e essa complexidade são o lastro histórico, cultural e político de onde emerge a globalização contra-hegemônica como a alternativa construída pelo Sul em sua extrema diversidade. O que está em causa não é apenas a contraposição entre o Sul e o Norte. É também a contraposição entre o Sul do Sul e o Norte do Sul e entre o Sul do Norte e o Norte do Norte.

Dessa concepção ampla de pós-colonialismo, que inclui o próprio colonialismo interno, e a sua articulação com os outros sistemas de poder e de discriminação que tecem as desigualdades do mundo emergem as tarefas da globalização contra-hegemônica, as quais, por sua vez, põem

---

[20] Analiso em detalhe esse jogo de espelhos no Capítulo 6. Ver Santos (2011b).

novos desafios à teoria crítica que se vem construindo do pós-moderno de oposição ao pós-colonialismo de oposição. Aliás, os desafios da globalização contra-hegemônica obrigam a ir mais além do pós-moderno e do pós-colonial na compreensão transformadora do mundo. Por um lado, a imensa variedade dos movimentos e das ações que integram a globalização contra-hegemônica não cabe nas formas de descentração que tanto o pós-modernismo, em relação à modernidade ocidental, como o pós-colonialismo, em relação ao colonialismo ocidental, têm proposto. Por outro, a agregação de vontades e a criação de subjetividades que protagonizam ações transformadoras coletivas exigem que o novo pensamento crítico seja complementado pela formulação de novas alternativas, o que o pós-moderno se recusa a fazer, e o pós-colonial só faz muito parcialmente.

Identifico os seguintes desafios principais. O primeiro desafio pode ser formulado assim: pensar a emancipação social sem uma teoria geral da emancipação social. Ao contrário do pós-moderno celebratório, defendo que a emancipação social continue a ser uma exigência ética e política, talvez mais premente do que nunca, no mundo contemporâneo. Ao contrário de algum pós-colonialismo, não considero que o termo "emancipação social" deva ser descartado por ser moderno e ocidental. Tem, isso sim, de ser profundamente reconceptualizado para integrar as propostas emancipatórias de transformação social formuladas pelos diferentes movimentos e organizações que compõem a globalização contra-hegemônica e que têm muito pouco a ver, em termos de objetivos, estratégias, sujeitos coletivos e forma de atuação, com aquelas que constituíram historicamente os padrões ocidentais de emancipação social.

Imaginar credivelmente a emancipação social sem o recurso a uma teoria geral da emancipação social é uma tarefa difícil, não só porque não dispor de uma teoria geral constitui uma novidade no mundo ocidental, como também porque nem todos os movimentos que lutam pela emancipação social aceitam que se abdique da necessidade de uma teoria geral. Entre os que não aceitam, é grande o debate sobre a formulação mais adequada da teoria geral a adotar. Penso, por isso, que um trabalho prévio reside na criação de um consenso sobre a desnecessidade ou impossibilidade de uma teoria geral. É preciso mostrar convincentemente que uma teoria geral da transformação social acarreta dois resultados considerados hoje inaceitáveis pela grande maioria dos grupos sociais que compõem a globalização contra-hegemônica.[21] Por um lado, em consequência da teoria geral, algumas lutas, objetivos ou agentes sociais serão postos na sala de espera da história por não ter ainda chegado o seu tempo; por outro lado, outras lutas, objetivos e agentes sociais serão reconhecidos como legítimos, mas integrados em totalidades hierárquicas que lhes atribuem posições subordinadas em relação a outras lutas, objetivos ou agentes sociais.

Para sublinhar a necessidade de um tal consenso que se traduza em certo universalismo negativo – a ideia de que nenhuma luta, objetivo ou agente tem a receita geral para a emancipação social da humanidade –, tenho proposto que, nessa fase de transição, se não precisamos de uma teoria geral da emancipação social, precisamos, pelo menos, de uma teoria geral sobre a impossibilidade de uma teoria geral. Em substituição à teoria geral da emancipação social proponho um procedimento de tradução entre os diferentes projetos parciais da emancipação social.[22] O trabalho de tradução visa transformar a incomensurabilidade em diferença, uma diferença que torne possível a inteligibilidade recíproca entre os diferentes projetos de emancipação social sem que nenhum possa subordinar em geral ou absorver qualquer outro.

O segundo desafio consiste em determinar em que medida a cultura e a filosofia política ocidentais são hoje indispensáveis para reinventar a emancipação social. E, na medida que o são, é necessário saber se tal indispensabilidade pode ir de par com a constatação da sua inadequação e, portanto, com a busca de articulação com culturas e filosofias políticas não ocidentais. Trata-se, pois, de saber em que medida alguns dos elementos da cultura política europeia são hoje patrimônio cultural e político mundial. Exemplifiquemos com alguns desses elementos: direitos humanos, secularismo, cidadania, Estado, sociedade civil, esfera pública, igualdade perante a lei, o indivíduo, a distinção entre o público e o privado, democracia, justiça social, racionalidade científica, soberania popular. Esses conceitos foram proclamados em teoria e muitas vezes negados na prática, e, com o colonialismo, foram aplicados para destruir culturas políticas alternativas. Mas a verdade é

---

[21] Desenvolvo esse tema em detalhe em Santos (2005b; 2006b).
[22] Ver o Capítulo 2.

que também foram usados para resistir contra o colonialismo e outras formas de opressão. Acresce-se que, mesmo no Norte, esses conceitos têm sido submetidos a trabalho crítico e há deles hoje formulações muito contrastantes, umas mais excludentes e eurocêntricas que outras, formulações hegemônicas e contra-hegemônicas, sendo estas últimas frequentemente parte integrante de projetos emancipatórios, pós-coloniais ou anticapitalistas originários do Sul. Poderão as ideias que subjazem a esses conceitos ser formuladas por outros conceitos não ocidentais? Poderão esses conceitos ser substituídos por outros não ocidentais, com proveito para as lutas emancipatórias? Duvido de que se possa dar uma resposta geral, afirmativa ou negativa, a essa pergunta. Como ideia reguladora da investigação e da prática nesse domínio, sugiro que se dê igual peso à ideia de indispensabilidade e à ideia da inadequação, ou seja, de incompletude. Se assim se fizer, estamos em condições de enfrentar o terceiro desafio.

O terceiro desafio consiste em saber como maximizar a interculturalidade sem subscrever o relativismo cultural e epistemológico. Por outras palavras, trata-se de construir uma posição ética e política sem fundá-la em nenhum princípio absoluto, seja ele a natureza humana ou o progresso, já que foi em nome deles que historicamente muitas aspirações emancipatórias se traduziram em violências e atrocidades, sobretudo no Sul. Por outro lado, do ponto de vista da pragmática da emancipação social, o relativismo, enquanto ausência de critérios de hierarquias de validade entre diferentes formas de conhecimento, é uma posição insustentável, porque torna impossível qualquer relação entre conhecimento e sentido de transformação social. Se tudo vale e vale igualmente como conhecimento, todos os projetos de transformação social são igualmente válidos ou, o que é o mesmo, são igualmente inválidos.

É no campo desse desafio que a verificação da inadequação ou incompletude dos conceitos da cultura política ocidental deve servir de impulso à busca de conceitos alternativos oriundos de outras culturas e à promoção de diálogos entre eles, diálogos que tenho designado como hermenêutica diatópica, e que poderão conduzir a universalismos regionais ou setoriais construídos a partir de baixo, ou seja, a esferas públicas globais contra-hegemônicas a que também chamo cosmopolitismo subalterno ou insurgente.

Finalmente, o quarto desafio pode formular-se assim: é possível dar sentido às lutas sociais sem dar sentido à história? É possível pensar a emancipação social fora de conceitos como progresso, desenvolvimento, modernização? O pós-colonialismo tem feito uma crítica radical ao historicismo. Assente no que designo como monocultura do tempo linear, o historicismo parte da ideia de que toda realidade social é determinada historicamente e deve ser analisada e avaliada em função do lugar do período que ocupa num processo de desenvolvimento histórico concebido como unívoco e unidirecional. Por exemplo, num período dominado pela agricultura mecanizada e industrializada, o pequeno camponês artesanal ou de subsistência deve ser considerado como algo anacrônico ou atrasado. Duas realidades sociais que ocorrem em simultâneo não são necessariamente contemporâneas.[23]

O historicismo é hoje criticado tanto pelas correntes pós-modernas como pelas pós-coloniais. Por um lado, ele impede de pensar que os países mais desenvolvidos, longe de mostrarem o caminho do desenvolvimento aos menos desenvolvidos, bloqueiam-no ou só permitem a esses países trilhá-lo em condições que reproduzem o seu subdesenvolvimento. Na concepção dos estágios de desenvolvimento fica sempre por explicar o fato de os países mais desenvolvidos terem iniciado o seu processo de desenvolvimento sem necessidade de se confrontar com outros países já então mais desenvolvidos que eles. Para além de desacreditar a ideia de modelos alternativos de desenvolvimento ou mesmo de alternativas ao desenvolvimento, o historicismo torna impossível pensar que os países menos desenvolvidos sejam mais desenvolvidos que os desenvolvidos em algumas características específicas. Estas são sempre interpretadas em função do estágio geral de desenvolvimento em que a sociedade se encontra.

Dada a hegemonia dessa concepção, presente de múltiplas formas na comunidade científica, na opinião pública, nas organizações multilaterais, nas agências de ajuda ao desenvolvimento e nas relações internacionais, não é fácil responder à questão que formulei, e a resposta negativa será sempre a mais razoável. Como atribuir sentido emancipatório às lutas sociais se a história em que elas ocorrem é, ela própria, desprovida de direção no sentido da emancipação social?

---

[23] Ver o Capítulo 2.

A crítica do historicismo e da monocultura temporal em que se assenta torna impossível uma metanarrativa de emancipação social (seja ela o socialismo ou outra), mas o faz precisamente para tornar possível a formulação e prossecução de múltiplas narrativas de emancipação social, no sentido que lhes atribuí anteriormente. Não há emancipação, há emancipações, e o que as define como tal não é uma lógica histórica, são antes critérios éticos e políticos. Não havendo uma lógica histórica que nos dispense das questões éticas suscitadas pela ação humana, só nos resta enfrentar estas últimas. E como não há uma ética universal, só nos resta o trabalho de tradução e a hermenêutica diatópica e a confrontação pragmática das ações com os seus resultados. Em termos éticos, o cosmopolitismo dos oprimidos só pode resultar de uma conversa da humanidade tal como John Dewey (1960) propunha. Nos últimos anos, o Fórum Social Mundial tem sido um embrião dessa conversa (SANTOS, 2005b, 2006c).

Conclusão

Pode o trabalho de um cientista social, oriundo de um país colonizador, contribuir para o pós-colonialismo de outro modo que não o de ser objeto de estudos pós-coloniais?[24] Essa pergunta tem de ser feita dado certo essencialismo nativista que por vezes se infiltra no pós-colonialismo. Se é difícil responder à questão "pode a vítima falar?", é-o ainda mais responder à questão "quem pode falar em nome da vítima?". Como recuso o essencialismo em qualquer versão, não tenho dúvidas de que a biografia e a bibliografia sejam incomensuráveis, ainda que possam se influenciar mutuamente. Todo conhecimento é contextual, mas o contexto é uma construção social, dinâmica, produto de uma história que nada tem a ver com o determinismo arbitrário da origem.

E esse contexto tem para os cientistas sociais de língua oficial portuguesa um interesse que transcende em muito questões pessoais. Daí que venham a propósito duas notas de sociologia do conhecimento.

O espaço científico e sociocultural de língua oficial portuguesa tem duas características que lhe conferem, potencialmente, pelo menos,

---
[24] Ver anteriormente a minha resposta à crítica de Mignolo.

alguma especificidade no conjunto dos estudos pós-coloniais. A primeira é que, dado o fato de o ciclo imperial ter durado até 30 anos atrás, estão ainda hoje ativos nesse espaço, felizmente, muitos intelectuais, cientistas sociais e ativistas políticos que participaram na luta contra o colonialismo no seu sentido mais consistente, ou seja, enquanto relação política. A duração do colonialismo português até o último quarto do século XX (no caso de Timor Leste, até 1999) é um anacronismo histórico, mas hoje interessa-nos como fato sociológico cuja presença na nossa contemporaneidade está por explorar. Nas lutas anticoloniais houve solidariedades e cumplicidades importantes entre os que lutavam nas colônias e os que lutavam na "metrópole", e também essas solidariedades e suas evoluções estão por avaliar. Enquanto em outros espaços é o colonialismo, enquanto relação social, que domina os estudos pós-coloniais, no espaço da língua oficial portuguesa, pelo menos no que diz respeito à África e a Timor Leste, o colonialismo político tem ainda uma importância significativa na compreensão e explicação da contemporaneidade, tanto da sociedade colonizadora como das sociedades colonizadas – e quando falo de contemporaneidade, falo no seu sentido mais abrangente –, do Estado à administração pública, das políticas de educação às identidades, do conhecimento científicosocial à opinião pública, da forma de discriminação social no interior dos países que compõem esse espaço às relações internacionais entre eles. Ou seja, nesse espaço os processos de descolonização são parte da nossa actualidade política, e também eles contêm especificidades que correrão o risco de ser desvalorizadas ou esquecidas se o cânone do pós-colonialismo hegemônico (ou seja, britânico) dominar acriticamente. Duas ilustrações apenas à espera de se encontrarem com os cientistas sociais desse espaço. Goa é a região do mundo que esteve mais tempo sujeita a ocupação colonial efetiva, entre 1510 e 1962, e é também a única em que a libertação do colonialismo português não deu lugar à independência, ainda que essa não seja a opinião da Índia. Por outro lado, Timor Leste, longamente colonizado, semidescolonizado no seguimento da revolução de 25 de abril de 1974, recolonizado pela Indonésia, ascendeu finalmente à independência em 1999, graças à vontade do seu povo e a uma extraordinária solidariedade internacional, em que se salientou a solidariedade, verdadeiramente surpreendente em sua intensidade, do povo e depois do governo da ex-potência colonial multissecular.

A segunda nota de sociologia do conhecimento foi já anunciada atrás e diz respeito aos desafios analíticos que a especificidade do colonialismo português nos coloca e o modo como ela se reflete nos estudos pós-coloniais desta área geopolítica e cultural. Referi anteriormente que a concepção de pós-moderno de oposição que tenho perfilhado se posiciona ideologicamente nas margens extremas da modernidade ocidental, ainda que do lado de dentro delas. Tal posicionamento talvez tenha sido facilitado pelo contexto em que a concepção foi construída, tendo presente a realidade social e política de um dos países menos desenvolvidos da Europa, um país que por um curto período liderou a primeira modernidade do século XVI para entrar depois num processo de decadência. Essa decadência, se, por um lado, arrastou consigo a das colônias, por outro lado, abriu espaços para relacionamentos coloniais que têm pouco a ver com os que dominaram o colonialismo hegemônico. Como referi anteriormente, o impacto dessa especificidade nos estudos pós-coloniais está ainda por estudar. Trata-se de uma tarefa complexa, porque, qualquer que seja o tema de investigação social sobre que nos debrucemos, nós o estudamos a partir de quadros teóricos e analíticos que foram construídos pelas ciências sociais hegemônicas em outros espaços geopolíticos que não o nosso. É certo que nos últimos 30 anos foram feitos enormes progressos no sentido de adequar o nosso conhecimento – e não falo apenas dos quadros teóricos e analíticos, falo também dos processos, das práticas e da organização do conhecimento científico – às realidades dos nossos países. Mas tenho razões para crer que a tarefa está longe de estar terminada. E, na medida em que vivemos a experiência da desadequação das teorias que herdamos ou vamos adotando à realidade social que está diante de nós e somos nós, abre-se uma sutil fratura de mal-estar nos nossos processos cognitivos por onde se insinua a questão quiçá mais dilemática: quem somos nós nesse espaço de língua oficial portuguesa, nas nossas diferenças e cumplicidades, integrados num mundo crescentemente globalizado, segundo uma lógica em cujo desenho temos, quando muito, uma participação subordinada, uma lógica que ou trivializa ou, pelo contrário, dramatiza as nossas diferenças, mas, em qualquer caso, bloqueia a construção das cumplicidades? Ou seja, o déficit de representação em nome próprio que é inerente ao colonizado, como bem têm mostrado os estudos pós-coloniais, parece envolver, no nosso caso, tanto o colonizado como o próprio colonizador, o que sugere a necessidade de um pós-colonialismo de tipo novo. Seja como for, suspeito de que durante bastante tempo todos os nossos estudos, qualquer que seja o tema, serão também estudos identitários. Estamos, pois, postos na contingência de começarmos por viver a nossa experiência no reverso da experiência dos outros. Se essa contingência for vivida com vigilância epistemológica, fundar-se-á nela um novo cosmopolitismo cordial, que não nasce espontaneamente, como queria Sérgio Buarque de Holanda, mas que pode ser construído como tarefa iminentemente política e cultural, trabalhando sobre condições históricas e sociológicas que, sendo-nos próprias, são-lhe propícias.

CAPÍTULO 1

A queda do *Angelus Novus*:
o fim da equação moderna entre raízes e opções

Vivemos num tempo sem fulgurações, um tempo de repetição. O grão de verdade da teoria do fim da história está em que ela é o máximo de consciência possível de uma burguesia internacional que vê finalmente o tempo transformado na repetição automática e infinita do seu domínio.[1] O longo prazo colapsa assim no curto prazo, e este, que foi sempre a moldura temporal do capitalismo, permite finalmente à burguesia produzir a única teoria da história verdadeiramente burguesa, a teoria do fim da história. O total descrédito dessa teoria não interfere em nada com o seu sucesso enquanto ideologia espontânea dos vencedores. O outro lado do fim da história é o *slogan* da celebração do presente tão cara às versões capitulacionistas do pensamento pós-moderno.[2]

A ideia da repetição é o que permite ao presente alastrar ao passado e ao futuro, canibalizando-os. Estamos perante uma situação nova? Até agora, a burguesia não pudera elaborar uma teoria da história exclusivamente segundo os seus interesses. Vira-se sempre em luta com adversários fortes, primeiramente as classes dominantes do antigo regime e, depois, as classes trabalhadoras. O desfecho dessa luta estava sempre

---

[1] A ideia do "fim da história" e da impossibilidade de renovação do sistema capitalista não é nova, embora tenha conhecido um grande sucesso com o livro homónimo de Francis Fukuyama (1992). Essa obra exprime a incapacidade do Ocidente se reinventar a si próprio.

[2] Ver a Introdução.

no futuro, que, por essa razão, não podia ser visto como mera repetição do passado. Os nomes desse movimento orientado para o futuro foram vários, tais como a revolução, o progresso, a evolução. Como o desfecho da luta não estava predeterminado, a revolução pôde ser burguesa e operária, o progresso pôde ser visto como consagração do capitalismo ou como sua superação, o evolucionismo pôde ser reivindicado tanto por Herbert Spencer como por Marx. Comum às diferentes teorias da história foi a desvalorização do passado e o hipostasiar do futuro. O passado foi visto como consumado e, portanto, como incapaz de fazer a sua aparição, de irromper no presente. Pelo contrário, o poder de revelação e de fulguração foi todo transposto para o futuro.

Foi nesse quadro que a transformação social, a racionalização da vida individual e coletiva e a emancipação social passaram a ser pensadas. À medida que se foi construindo a vitória da burguesia, o espaço do presente como repetição (não como diversificação) foi se ampliando, junto com a ideia do futuro entendido como progresso. Com a crise da ideia de revolução, a partir da década de 1920, reforça-se o reformismo como modelo de transformação social e de emancipação, um modelo assente na coexistência da repetição e da melhoria cuja forma política mais acabada veio a ser o Estado-Providência.[3] Esse modelo alimenta-se da discrepância controlada entre experiências atuais e expectativas quanto ao futuro, sobretudo no domínio do bem-estar e da segurança individual e coletiva, nos termos da qual as expectativas superam sempre (mais ou menos) as experiências.

A reconhecida dificuldade por nós hoje sentida de pensar a transformação social e a emancipação reside no colapso da teoria da história que nos trouxe até aqui, provocado pela erosão total dos pressupostos que lhe deram credibilidade no passado. Como referi, a burguesia sente que a sua vitória histórica está consumada, e ao vencedor consumado não interessa senão a repetição do presente; o futuro como progresso pode, em verdade, ser uma perigosa ameaça. Nessas condições, e paradoxalmente, é a consciência mais conservadora que procura resgatar o pensamento do progresso, mas apenas porque resiste a aceitar que a vitória esteja consumada. Para isso, constrói inimigos exteriores, tão

---

[3] Sobre o que designo como mudança social normal assente na articulação entre repetição e melhoria, ver Santos (2000, p. 175-185).

poderosos quanto ininteligíveis, uma espécie de *ancien régime* exterior. É o caso de Samuel Huntington (1993; 1997) e a ameaça que vê nas civilizações não ocidentais, nomeadamente no islá e no confucionismo.

Por outro lado, para os grandes vencidos desse processo histórico, os trabalhadores e os povos do Sul – Sul global –, tampouco interessa o futuro enquanto progresso, uma vez que foi no seu bojo que se gerou a sua derrota. Aliás, mesmo a versão mais tênue do futuro, o modelo de repetição/melhoria característico do reformismo – que mesmo assim só foi tornado disponível a uma pequena fração de vencidos, no chamado mundo desenvolvido –, parece hoje, mesmo se desejada, insustentável, dada a inelutabilidade com que se propaga o desmantelamento do Estado-Providência. Se a repetição do presente é intolerável, ainda o é mais a perspectiva da sua cessação. Para vastas populações do mundo a relação entre experiências e expectativas inverteu-se, ou seja, as expectativas quanto ao futuro são hoje mais negativas que as experiências atuais, por mais difíceis ou precárias que sejam.

Mas se, por um lado, o futuro parece vazio de sentido, por outro, o passado está tão indisponível como sempre. Nos termos em que a modernidade ocidental conferiu ao futuro a capacidade de fulguração, irrupção, explosão, revelação, em suma, a capacidade messiânica, como diria Walter Benjamin (1980, p. 694), a incapacitação do futuro não abre qualquer espaço para a capacitação do passado. Pura e simplesmente, deixamos de saber olhar o passado de modo capacitante. É por isso que, em minha opinião, não podemos voltar a pensar a transformação social e a emancipação sem reinventarmos o passado. O que proponho neste capítulo é o fragmento de uma nova teoria da história que nos permita voltar a pensar a emancipação social a partir do passado e, de algum modo, de costas viradas para um futuro supostamente predeterminado.

A parábola do *Angelus Novus*

Começo com a alegoria da história de Walter Benjamin. Diz assim:

> Há um quadro de Klee chamado Angelus Novus. Representa um anjo que parece estar se afastando de alguma coisa que contempla fixamente. Os olhos estão arregalados, tem a boca aberta e as asas estendidas. É esse, seguramente, o aspecto do anjo da história. Ele

tem a face voltada para o passado. Onde vemos perante nós uma cadeia de acontecimentos, vê ele uma catástrofe sem fim que incessantemente amontoa ruínas sobre ruínas e as vai lhe arremessando aos pés. Ele bem gostaria de ficar, de acordar os mortos e de voltar a unir o que foi destroçado. Mas do paraíso sopra uma tempestade que lhe enfuna as asas e é tão forte que o anjo já não é capaz de fechá-las. Essa tempestade arrasta-o irresistivelmente para o futuro, para o qual tem as costas viradas, enquanto o montão de ruínas à sua frente cresce até o céu. Essa tempestade é aquilo a que chamamos progresso (BENJAMIN, 1980, p. 697-698).

O anjo da história contempla, impotente, a acumulação de ruínas e de sofrimento a seus pés. Gostaria de ficar, de criar raízes na catástrofe para, a partir dela, acordar os mortos e reunir os vencidos, mas sua vontade foi expropriada pela força que o obriga a optar pelo futuro para o qual está de costas. O seu excesso de lucidez combina-se com um déficit de eficácia. Aquilo que conhece bem e que podia transformar torna-se-lhe estranho, e, pelo contrário, entrega-se sem condições àquilo que desconhece. As raízes não o sustentam, e as opções são cegas. Assim, o passado é um relato e nunca um recurso, uma força capaz de irromper num momento de perigo em socorro dos vencidos. Isso mesmo diz Benjamin, em outra tese sobre a filosofia da história: "Articular o passado historicamente não significa reconhecê-lo 'como verdadeiramente foi'. Significa apoderarmo-nos de uma memória tal como ela relampeja num momento de perigo" (BENJAMIN, 1980, p. 695). A capacidade de redenção do passado reside nessa possibilidade de emergir inesperadamente num momento de perigo, como fonte de inconformismo.

Segundo Benjamin, o inconformismo dos vivos não existe sem o inconformismo dos mortos, já que "nem estes estarão a salvo do inimigo, se este vencer". E, acrescenta, "esse inimigo não tem parado de ganhar" (BENJAMIN, 1980, p. 695). Trágico é, pois, o fato de o anjo da história moderna retirar ao passado a sua capacidade de explosão e de redenção. Tornando impossível o inconformismo dos mortos, torna impossível o inconformismo dos vivos.[4]

---

[4] Uma análise da teoria da história de Walter Benjamin pode-se ler em Ribeiro (1995). Ver também Comesaña (1993).

Quais as consequências dessa tragédia? Tal como Benjamin, estamos num momento de perigo. E como tal afigura-se-me crucial reposicionar o anjo da história, reinventar o passado de modo a lhe restituir a capacidade de explosão e de redenção. A princípio, parece uma tarefa impossível, na medida em que, depois de séculos de hegemonia da teoria modernista da história, não temos outra posição para olhar o passado senão a que nos é dada pelo anjo. Atrevo-me, no entanto, a pensar que este início de século e de milênio nos oferece uma oportunidade para romper esse dilema, e ela reside, precisamente, na crise por que passa atualmente a ideia de progresso. A tempestade que sopra do paraíso continua a se fazer sentir, mas com muito menos intensidade. O anjo continua na mesma posição, mas a força que o sustenta vai se esvaindo. É possível mesmo que a posição seja já produto da inércia e que o anjo de Klee tenha deixado de ser um anjo trágico para se tornar uma marionete em posição de descanso. É essa suspeita que me permite continuar este capítulo. Começarei por propor uma narrativa da modernidade ocidental, para, em seguida, apresentar o prefácio de outra, alternativa.

Raízes e opções

A construção social da identidade e da transformação na modernidade ocidental é baseada numa equação entre raízes e opções. Essa equação confere ao pensamento moderno um caráter dual: de um lado, pensamento de raízes, do outro, pensamento de opções. O pensamento das raízes é o pensamento de tudo aquilo que é profundo, permanente, único e singular, tudo aquilo que dá segurança e consistência; o pensamento das opções é o pensamento de tudo aquilo que é variável, efêmero, substituível, possível e indeterminado a partir das raízes. A diferença fundamental entre raízes e opções é de escala.[5] As raízes são entidades de grande escala. Como sucede na cartografia, cobrem vastos territórios simbólicos e longas durações históricas, mas não permitem cartografar em detalhe e sem ambiguidades as características do terreno. É, pois, um mapa que tanto orienta como desorienta. Ao contrário, as opções são entidades de pequena escala. Cobrem territórios confinados

---

[5] Sobre esse tema, ver Santos (2000, p. 191-198).

e durações curtas, mas o fazem com o detalhe necessário para permitir calcular o risco da escolha entre opções alternativas. Essa diferença de escala permite que as raízes sejam únicas e as escolhas, múltiplas, e que, apesar disso, a equação entre elas seja possível sem ser trivial. A dualidade de raízes e opções é uma dualidade fundadora e constituinte, ou seja, não está submetida ao jogo que se instaura entre raízes e opções. Em outras palavras, não há a opção de não pensar em termos de raízes e opções. A eficácia dessa equação assenta-se numa dupla astúcia. Em primeiro lugar, a astúcia do equilíbrio entre o passado e o futuro. O pensamento das raízes apresenta-se como um pensamento do passado contraposto ao pensamento das opções, o pensamento do futuro. Trata-se de uma astúcia porque, de fato, tanto o pensamento das raízes como o das opções são pensamentos do futuro, orientados para o futuro. O passado é, nessa equação, tão somente uma maneira específica de construir o futuro.

A segunda astúcia é a astúcia do equilíbrio entre raízes e opções. A equação apresenta-se como simetria, como equilíbrio entre raízes e opções e como equilíbrio na distribuição das opções. Efetivamente, assim não é. Por um lado, é total o predomínio das opções. É verdade que certos momentos históricos ou certos grupos sociais atribuem predominância às raízes, enquanto outros a atribuem às opções. Veem-se num jogo ou movimento de raízes para opções e de opções para raízes, em que um dos vetores predomina na narrativa da identidade e da transformação. Mas, em verdade, trata-se sempre é de opções. Enquanto certos tipos de opções pressupõem o predomínio discursivo das raízes, outros tipos pressupõem a sua secundarização. O equilíbrio é inatingível. Consoante o momento histórico ou o grupo social, as raízes predominam sobre as opções ou, ao contrário, as opções predominam sobre as raízes. O jogo é sempre das raízes para as opções e das opções para as raízes; só varia a força dos dois vetores, enquanto narrativa de identidade e transformação. Por outro lado, não existe equilíbrio ou equidade na distribuição social das opções. Pelo contrário, as raízes não são mais que constelações de determinações que, ao definirem o campo das opções, definem também os grupos sociais que lhes têm acesso e os que delas estão excluídos.

Alguns exemplos ajudarão a concretizar esse processo histórico. Antes de mais, é à luz da equação de raízes e opções que a sociedade moderna ocidental vê a sociedade medieval e se distingue dela. A sociedade medieval europeia é vista como uma sociedade em que é total o predomínio das raízes, sejam elas a religião, a teologia ou a tradição. A sociedade medieval não é necessariamente uma sociedade estática, mas evolui segundo uma lógica de raízes. Ao contrário, a sociedade moderna vê-se como uma sociedade dinâmica que evolui segundo uma lógica de opções. O primeiro grande sinal da mudança na equação é talvez a Reforma luterana. Com ela, torna-se possível, a partir da mesma raiz – a Bíblia da cristandade ocidental –, criar uma opção à Igreja de Roma. Ao se tornar optativa, a religião perde intensidade, se não mesmo status, enquanto raiz. As teorias racionalistas do direito natural do século XVII reconstituem a equação entre raízes e opções de modo inteiramente moderno. A raiz é agora a lei da natureza pelo exercício da razão e da observação. A intensidade dessa raiz está em que ela se sobrepõe a Deus. Em *De jure belli ac pacis*, Grotius, o melhor expoente da nova equação, afirma: "O que temos afirmado possuiria um grau de validade mesmo que admitíssemos, o que não pode ser admitido sem a maior perversidade, que não há Deus ou que os assuntos dos homens não O preocupam" (GROTIUS, 1964, p. 11-13).[6] A partir dessa portentosa raiz, são possíveis as mais díspares opções. Por essa razão, e não pelas que invoca, Tuck tem razão quando afirma que esse tratado de Grotius "possui a face de Janus e as suas duas bocas falam tanto a linguagem do absolutismo como a linguagem da liberdade" (TUCK, 1979, p. 79). É isso mesmo o pretendido por Grotius. Sustentado pela raiz do *direito natural*, o direito pode optar por promover tanto a hierarquia (o *jus rectorium*, como lhe chama) quanto a igualdade (o *jus equatorium*).

No mesmo processo histórico em que a religião transita do status de raiz para o de opção, a ciência transita, inversamente, do status de opção para o de raiz. Giambattista Vico ([1725] 1961) e a sua proposta da "nova ciência" é um marco decisivo nessa transição que se iniciara com Descartes e se consumará no século XIX. A ciência, ao contrário da religião, é uma raiz que nasce no futuro, é uma opção que, ao se

---

[6] Analiso com mais detalhe as teorias de Grotius e teorias racionalistas do direito natural em Santos (1995, p. 60-63; 2000, p. 116-120).

radicalizar, transforma-se em raiz e cria a partir daí um campo imenso de possibilidades e de impossibilidades, ou seja, de opções.

Esse jogo de movimento e de posição entre raízes e opções atinge o seu pleno desenvolvimento com o Iluminismo. Num vasto campo cultural, que vai da ciência à política, da religião à arte, as raízes assumem-se claramente como o outro, radicalizado, das opções, tanto das que tornam possíveis como das que tornam impossíveis. Assim, a razão, transformada em raiz última da vida individual e coletiva, não tem outro fundamento senão criar opções, e é nisso que ela se distingue, enquanto raiz, das raízes da sociedade do *ancien régime* (a religião e a tradição). É uma opção que, ao se radicalizar, torna possível um imenso campo de opções.

De todo modo, as opções não são infinitas. Isso é particularmente evidente na outra grande raiz do Iluminismo: o contrato social e a vontade geral que o sustenta.[7] O contrato social é metáfora fundadora de uma opção radical – a de deixar o estado de natureza para formar a sociedade civil – que se transforma em raiz a partir da qual quase tudo é possível, tudo exceto voltar ao estado de natureza.[8] A contratualização das raízes é irreversível, e esse é o limite da reversibilidade das opções. É por isso que em Rousseau a vontade geral não pode ser posta em causa pelos homens livres que ela cria. Diz ele no *Contrato social*: "quem quer que recuse obedecer à vontade geral a isso será coagido por todo o corpo: o que significa apenas que será forçado a ser livre" (ROUSSEAU, [1762] 1989, p. 27). A contratualização das raízes é um processo histórico longo e acidentado. Por exemplo, o romantismo é fundamentalmente uma reação contra a contratualização das raízes e a reivindicação da sua indisponibilidade e da sua singularidade.[9] Mas as raízes românticas são tão orientadas para o futuro quanto as do contrato social. Trata-se em ambos os casos é de

---

[7] Analiso as teorias do contrato social em Santos (1995, p. 63-71; 2000, p. 129-139).

[8] Como muitas outras matrizes da modernidade ocidental, o contrato social exclui do seu âmbito os povos colonizados. Aliás, as condições materiais da construção da sociedade civil assentam-se em boa parte na imposição do estado de natureza aos povos colonizados, seja em situações de colonialismo imperial, seja em situações de colonialismo interno, que ocorrem, nos dias de hoje, dentro do espaço do Estado-nação; ver o Capítulo 8.

[9] Daí a face de Jano do romantismo, ora reacionário, ora revolucionário. Sobre esse assunto, ver Gouldner (1970) e Brunkhorst (1987).

criar um campo de possibilidades que permita distinguir entre opções possíveis e impossíveis, entre opções legítimas e ilegítimas.

Pode-se, pois, afirmar que, com o Iluminismo, a equação raízes/opções se converte no modo hegemônico de pensar a transformação social e o lugar dos indivíduos e dos grupos sociais nessa transformação. Uma das manifestações mais eloquentes desse paradigma é o motivo da viagem como metáfora central do modo de estar no mundo moderno. Das viagens reais da expansão europeia às viagens reais e imaginárias de Descartes, Montaigne, Montesquieu, Voltaire ou Rousseau, a viagem tem uma carga simbólica dupla: por um lado, é o símbolo de progresso e de enriquecimento material ou cultural; por outro, é o símbolo de perigo, de insegurança e de perda. Essa duplicidade faz com que a viagem contenha em si o seu contrário, a ideia de uma posição fixa, a casa (*oikos* ou *domus*) que dá sentido à viagem, dando-lhe um ponto de partida e um ponto de chegada. Como diz Van der Abbeele (1992, p. XVIII), o *oikos* "atua como um ponto transcendental de referência que organiza e domestica uma dada área através da definição de todos os outros pontos em relação a si próprio".

Em suma, o *oikos* é a parte da viagem que não viaja para que a viagem se faça e tenha sentido. O *oikos* é a raiz que sustenta e limita as opções de vida ou de conhecimento tornadas possíveis pela viagem. Por sua vez, a viagem reforça a raiz de que provém, na medida em que, por via do exotismo dos lugares que permite visitar, aprofunda a familiaridade da casa de onde se parte. O relativismo cultural pretendido pela atitude comparativista dos viajantes imaginários do iluminismo tem por limite a afirmação da identidade e, em quase todos eles, da superioridade da cultura europeia. E se Montaigne nunca viajou de fato à América, ou Montesquieu à Pérsia, ou Rousseau à Oceania, a verdade é que todos viajaram à Itália em busca das raízes da cultura europeia, raízes tanto mais veneradas quanto mais brutal era o contraste com a degradação da Itália ao tempo das viagens.

O motivo da viagem é o que melhor revela as discriminações e as desigualdades que a equação moderna raízes/opções simultaneamente oculta e procura justificar. Por um lado, a viagem a lugares exóticos não foi para muitos voluntária nem visou aprofundar qualquer identidade cultural. Ao contrário, foi uma viagem forçada e destinou-se a destruir a identidade. Falo, obviamente, do tráfico de escravos. Por outro lado, o motivo da viagem é falocêntrico. A viagem pressupõe, como disse, a fixidez do ponto de partida e de chegada, a casa (o *oikos* ou *domus*), e a casa é o lugar da mulher. A mulher não viaja, para que a viagem seja possível. Aliás, essa divisão sexual do trabalho no motivo da viagem é um dos *topoi* mais resistentes da cultura ocidental e quiçá de outras culturas também. Na cultura ocidental, a sua versão arquetípica é a *Odisseia*. A doméstica Penélope toma conta da casa enquanto Ulisses viaja. A longa espera de Penélope é a metáfora da solidez do ponto de partida e de chegada que garante a possibilidade e a aleatoriedade de todas as peripécias por que passa o viajante Ulisses.

O interesse do motivo da viagem nesse contexto reside em que, através dela, é possível identificar as determinações sexistas, racistas e classistas da equação moderna entre raízes e opções. O campo de possibilidades aberto pela equação não está igualmente à disposição de todos. Alguns, quiçá a maioria, são excluídos desse campo. Para eles, as raízes, longe de lhes possibilitarem novas opções, são o dispositivo, novo ou velho, de lhes negá-las. As mesmas raízes que dão opções aos homens, aos brancos e aos capitalistas são as que as recusam às mulheres, aos negros e indígenas e aos trabalhadores. A partir de finais do século XIX, o jogo de espelhos entre raízes e opções está consolidado e passa a constituir a *idéologie savante* das ciências sociais. Os dois exemplos mais brilhantes são, sem dúvida, Marx e Freud.

Em Marx, a base é a raiz, e a superestrutura são as opções. Não se trata de uma metáfora vulgar como alguns marxistas não vulgares quiseram fazer crer. Trata-se de um princípio lógico de inteligibilidade social que atravessa toda a obra de Marx e, de fato, a de muitos outros cientistas sociais que dele discordaram. Basta referir o caso de Durkheim, para quem a consciência coletiva é a raiz sempre ameaçada, numa sociedade assente na divisão do trabalho social e nas opções que esta multiplica indefinidamente. Esse mesmo modo de pensamento está presente em Freud e em Jung. A centralidade do inconsciente na psicologia das profundidades reside precisamente no fato de ele ser a raiz profunda onde se fundam as opções do ego ou a limitação neurótica delas. Do mesmo modo, no nível mais amplo do Freud cultural e de Jung, tal como os analisa Peter Homans (1995, p. XX), "a interpretação distingue a infraestrutura inconsciente da cultura, libertando assim o intérprete dos poderes opressivos e coercivos desta".

O que há de comum entre a revolução comunista e a revolução introspectiva é o serem ambas respostas criativas à profunda desorganização social e individual de uma sociedade que experiencia a perda dos ideais, símbolos e modos de vida que constituem a sua herança comum. E a orientação para o futuro na equação raízes/opções está tão presente em Marx como em Freud. Se, para Marx, a base é a chave da transformação social, para Freud ou Jung, não faz sentido investigar o inconsciente senão no contexto da terapêutica. Do mesmo modo, tanto o materialismo histórico como a psicologia das profundidades visam ir às raízes da sociedade moderna – do capitalismo e da cultura ocidental, respectivamente –, para lhe abrir novas e mais amplas opções. E para qualquer deles o êxito da sua teoria está em ela própria se transformar em fundamento e instrumento dessa transformação.

Num mundo que há muito perdera o "passado profundo", a raiz da religião, a ciência é para ambos a única raiz capaz de sustentar um novo começo na sociedade moderna ocidental. A partir da ciência, as boas opções são as opções legitimadas cientificamente. É isso o que implica, para Marx, a distinção entre realidade e ideologia, e, para Freud, a distinção entre realidade e fantasia. Nessa distinção reside também a possibilidade da teoria crítica moderna. Como diz Nietzsche, se desaparecerem as realidades, desaparecerão também as aparências. E o inverso também é verdadeiro.[10]

A tradução política liberal dessa nova equação entre raízes e opções são o Estado-nação e o direito positivo, convertidos nas raízes que criam o campo imenso das opções no mercado e na sociedade civil. Para poder funcionar como raiz, o direito tem de ser autônomo, isto é, científico. Essa transformação não ocorreu sem resistências. Por exemplo, na Alemanha, a escola histórica reivindicou para o direito a velha equação entre raízes e opções, o direito como emanação do *Volksgeist*. Foi, porém, derrotada pela nova equação a raiz jurídica constituída pela codificação e pelo positivismo e capaz de tornar o direito um instrumento de engenharia

---

[10] Dada a sua obsessão anti-kantiana, essa ideia é recorrente em Nietzsche. Ver, por exemplo, Nietzsche (2002).

social (SANTOS, 1995, p. 73). Por seu lado, o Estado liberal constitui-se em raiz pela imaginação da nacionalidade homogênea e da cultura nacional (ANDERSON, 1983). Por via dela, o Estado passa a ser o guardião de uma raiz que não existe para além dele.

O fim da equação

Estamos vivendo um momento de perigo, no sentido que lhe atribui Walter Benjamin. Em meu entender, ele reside em boa medida no fato de a equação moderna entre raízes e opções, com que aprendemos a pensar a transformação social, estar passando por um processo de profunda desestabilização que se afigura irreversível. Essa desestabilização apresenta-se sob três formas principais: turbulência das escalas; explosão de raízes e de opções; trivialização da equação entre raízes e opções.

Uma palavra breve sobre cada uma delas. No que respeita à *turbulência das escalas*, há que recordar o que disse atrás sobre a diferença de escala entre as raízes (a grande escala) e as opções (a pequena escala). A equação raízes/opções assenta nessa diferença e na estabilidade dessa diferença. Vivemos hoje tempos turbulentos cuja turbulência se manifesta através de uma caótica confusão de escalas entre fenômenos. A violência urbana é paradigmática a esse respeito. Quando um menino de rua procura abrigo para passar a noite e é, por essa razão, assassinado por um policial ou quando uma pessoa é abordada na rua por um mendigo, recusa-se a dar esmola e é, por essa razão, assassinada pelo mendigo, o que ocorre é uma explosão imprevisível da escala do conflito: um fenômeno aparentemente trivial e sem consequências é posto em equação com outro, dramático, e com consequências fatais. Essa mudança abrupta e imprevisível da escala dos fenômenos ocorre hoje nos mais diversos domínios da prática social, pelo que me atrevo a considerá-la como uma das características fundamentais do nosso tempo. Na esteira de Prigogine (1979, 1980, 1997), penso que as nossas sociedades atravessem um período de bifurcação. Como é sabido, o estado de bifurcação ocorre em sistemas instáveis sempre que uma mudança mínima pode produzir, de modo imprevisível e caótico, transformações qualitativas. Essa explosão súbita de escala cria uma enorme turbulência e põe o sistema numa situação de irreversível vulnerabilidade.

Penso que a turbulência do nosso tempo seja desse tipo e que nela resida a abissal vulnerabilidade a que estão sujeitas as formas de subjetividade e de sociabilidade, do trabalho à vida sexual, da cidadania ao ecossistema. Essa situação de bifurcação repercute-se na equação raízes/opções, tornando caótica e reversível a diferença de escala entre raízes e opções. A instabilidade política do nosso tempo, dos Balcãs à ex-União Soviética, do Oriente Médio à África, tem muito a ver com transformações bruscas nas escalas, tanto das raízes como das opções. Quando a União Soviética colapsou, no final da década de 1980, os cerca de 25 milhões de russos que viviam fora da Rússia nas várias repúblicas que compunham a União viram de repente a sua raiz, a sua identidade nacional, ser miniaturizada e reduzida ao estatuto de identidade local, própria de uma minoria étnica. Ao contrário, nos Balcãs, os sérvios na ex-Iugoslávia procuraram, com o apoio inicial dos países ocidentais, ampliar a escala das suas raízes nacionais até canibalizar as raízes nacionais dos vizinhos. O mesmo sucede no conflito israelo-palestino na medida em que, com a cumplicidade dos países ocidentais, a opção internacional pela existência de dois Estados na região é subvertida pela conversão do Estado de Israel em terra de Israel e pela consequente reivindicação israelita de uma raiz inconciliável com a do povo palestiniano. Essas mudanças de escala não são novas, uma vez que já ocorreram no pós-guerra, com o processo de descolonização e a criação dos novos Estados pós-coloniais, ditos nacionais. O que há de novo nessas mudanças é o fato de elas ocorrerem muitas vezes sob as ruínas de Estados que tinham reclamado para si a titularidade das raízes identitárias.[11]

A mesma explosão aparentemente errática das escalas ocorre também no campo das opções. No domínio da economia, a fatalidade com que se impõem certas opções, como as políticas de ajustamento estrutural ditadas pelo Banco Mundial ou pelo Fundo Monetário Internacional, e as drásticas consequências que elas produzem fazem com que a pequena escala se amplie até a grande escala e que o curto prazo se transforme numa longa duração instantânea. Para os países do Sul, o ajustamento estrutural, longe de ser uma opção, é uma raiz

---

[11] Discuto esse tema igualmente nos Capítulos 6 e 8.

transnacional que envolve e asfixia as raízes nacionais e as reduz a excrescências locais. Por outro lado, o contrato social – a metáfora da contratualização das raízes políticas da modernidade fora das antigas zonas coloniais – está hoje sujeito a grande turbulência. O contrato social é um contrato-raiz assente na opção partilhada pelos cidadãos de abandonar o estado de natureza. Duzentos anos depois, o desemprego estrutural, o recrudescimento das ideologias reacionárias, o aumento abissal das desigualdades socioeconômicas entre os países que compõem o sistema mundial e dentro de cada um deles, a fome, a miséria e a doença a que está relegada a maioria da população dos países do Sul e a população dos "terceiros mundos interiores" dos países do Norte, tudo isso leva a crer que estamos optando por excluir do contrato social uma percentagem certa e significativa da população dos nossos países, fazendo-a voltar ao estado de natureza, convencidos de que saberemos nos defender eficazmente da agitação que essa expulsão provocar.

A segunda manifestação da desestabilização da equação é a *explosão simultânea das raízes e das opções*. De fato, o que vulgarmente se designa como globalização, em articulação com a sociedade de consumo e a sociedade de informação, tem dado origem a uma multiplicação aparentemente infinita de opções cada vez mais libertas das limitações territoriais. O campo de possibilidades tem se expandido enormemente, legitimado pelas próprias forças que tornam possível essa expansão, sejam elas a tecnologia, a economia do mercado, a cultura global da publicidade e do consumismo, a democracia liberal ou a "boa" governação. A ampliação das opções transforma-se automaticamente num direito à ampliação das opções. No entanto, em aparente contradição com isso, vivemos um tempo de localismos e territorializações de identidades e de singularidades, de genealogias e de memórias, em suma, um tempo de multiplicação, igualmente sem limites, de raízes. Assim se deve entender, por exemplo, o ressurgimento dos movimentos dos povos indígenas nas últimas três décadas e a emergência de novas identidades étnicas na Europa em resultado dos fluxos migratórios mais recentes. E também aqui a descoberta incessante de raízes se traduz automaticamente num direito às raízes descobertas.

Mas a explosão das raízes e das opções não se dá apenas por via da multiplicação indefinida de umas e outras, dá-se também pela busca de raízes particularmente profundas e fortes que sustentem opções particularmente dramáticas e radicais. Nesse caso, o campo de possibilidades reduz-se drasticamente, mas as opções que restam são dramáticas e prenhes de consequências. Os dois exemplos mais eloquentes dessa explosão das raízes e opções pela intensificação de umas e outras são os fundamentalismos e a investigação sobre o DNA (ácido desoxirribonucleico). A análise do fundamentalismo será feita em outro lugar.[12] Em geral, ele implica a subordinação estrita de interações sociais muito distintas a um princípio único e monolítico de ordenação social aplicado em última instância por um corpo exclusivo de autoridades. De todos os fundamentalismos vigentes nas sociedades contemporâneas, o fundamentalismo neoliberal é, sem dúvida, o mais intenso. Consiste na subordinação da sociedade no seu conjunto à lei do valor que rege a economia de mercado, entendido agora, mais do que nunca, como mercado global. A economia de mercado, o mais recente heterônimo do capitalismo, transformou-se, nas últimas décadas, no substituto do contrato social, um substituto pretensamente mais universal por não distinguir entre zonas coloniais e não coloniais. Apresenta-se como uma raiz econômica e social universal que obriga a maioria dos países a opções dramáticas e radicais, para muitos deles, à opção entre o caos da exclusão e o caos da inclusão na economia mundial.

O corpo: a raiz derradeira e a opção infinita

A investigação sobre o DNA e a rápida ampliação e aprofundamento da capacidade de desenvolvimento de tecnologias de manipulação da vida biológica significam, em termos culturais, a transformação do corpo na derradeira raiz a partir da qual se abrem as opções dramáticas da engenharia genética e das tecnologias que permitem a intervenção nos processos de reprodução e de desenvolvimento dos organismos vivos e a sua modificação. Tudo isso é acompanhado de um rol de notas promissórias sobre os benefícios esperados para o ser humano, decorrentes da capacidade de "controlar os nossos destinos", isto é, de transformar em opções as características biológicas, outrora encaradas como raízes. Mas essa dinâmica é indissociável da crescente penetração

---

[12] Analiso esse fenômeno em Santos (2013b).

do capital privado na investigação e no desenvolvimento tecnológico nas ciências da vida e da transformação da vida em mercadoria e do conhecimento e da informação sobre a vida numa das formas mais importantes de capital.

Essas tendências desenhavam-se já desde a década de 1970, com o desenvolvimento de tecnologias como a recombinação do DNA de organismos diferentes; os primeiros casos de patenteamento de inovações sob a forma de seres vivos modificados através de manipulação genética ou de substâncias ativas identificadas em plantas associadas a conhecimentos e práticas terapêuticas de populações indígenas; e a transformação da biologia em *big science*, com a expressão mais visível dessa transformação no grande esforço empreendido por consórcios tanto públicos como privados para cartografar o genoma humano, durante a década de 1990.[13]

Numa primeira fase, foi para a genética que se voltaram as expectativas de vir a conhecer os segredos da vida, e foi investida na biotecnologia a esperança de encontrar os meios de controlar ou dirigir o desenvolvimento de plantas e animais, através da manipulação do seu material genético e do controle da expressão de certos genes. O inventário dos benefícios esperados era extenso e ambicioso: resolver problemas de saúde, prolongar a longevidade humana, utilizar animais geneticamente modificados como fornecedores de órgãos para transplantes, resolver os problemas da agricultura, da alimentação, de saúde pública ou do ambiente através dos diferentes desenvolvimentos das biotecnologias "verdes" (na agricultura e na alimentação) ou "vermelhas" (na medicina). O sucesso (depois de inúmeras tentativas falhadas) da clonagem, em 1997, de uma ovelha, a famosa Dolly, a partir de uma célula somática de um indivíduo adulto da mesma espécie, cujo núcleo fora transferido para um óvulo a que fora retirado o núcleo, veio abrir novas expectativas de manipulação da reprodução, e não demorou muito até surgirem as especulações sobre as possíveis utilizações da técnica para a reprodução humana.

---

[13] Existe uma extensa bibliografia sobre a história da genética e da biologia molecular no século XX, que não para de crescer. Ver, a esse propósito, a excelente obra de Keller (2000). Sobre a história da investigação sobre o genoma humano, ver Kevles; Hood (1992); Cook-Deegan (1993); Sloane (2000) e Thacker (2005).

Talvez o resultado mais importante dessa experiência tenha sido a abertura e consolidação de uma nova área de investigação, por alguns batizada de "reprogenética", que procurou explorar as possibilidades de aliar as técnicas de reprodução medicamente assistida, disponíveis para os humanos desde meados dos anos 1970, com a genética, de modo a criar novas formas de medicina preventiva e de medicina regenerativa, nomeadamente através da exploração do potencial das células estaminais para a produção de células e tecidos utilizáveis, por exemplo, em transplantes ou em terapias regenerativas.[14] E não esqueçamos o *boom* da pesquisa em neurociências. O crescimento dessas áreas de investigação e desenvolvimento tecnológico foi notável. O fluxo de capitais para novas empresas a elas dedicadas conheceu um aumento espectacular, e as universidades, sobretudo nos países centrais, passaram a depender cada vez mais de financiamentos da indústria farmacêutica e da biotecnologia, com todos os constrangimentos daí decorrentes em matéria de definição de prioridades de investigação, partilha e publicitação de resultados e privatização do conhecimento, nomeadamente através do recurso ao patenteamento (KRIMSKY, 2003).

Esses processos, contudo, não têm deixado de suscitar interrogações e críticas. Em primeiro lugar, a capacidade de criar tecnologias de manipulação da vida vai de par com a crescente dificuldade em compreender a complexidade dos processos biológicos e as consequências que essas manipulações podem ter sobre organismos, sobre o ambiente e sobre a saúde humana, enfim, sobre o ecossistema da Terra. A impossibilidade ou dificuldade crescente de desenvolver projetos de pesquisa capazes de investigar as consequências das novas capacidades de manipulação da vida ao longo do tempo e sobre os ecossistemas e a sociedade cria um hiato perigoso entre a crescente capacidade de intervenção e

---

[14] A história da clonagem de Dolly é contada na primeira pessoa por Wilmut, Campbell e Tudge (2001). Para uma reflexão sobre as implicações do episódio e, em particular, sobre os possíveis usos da técnica para a clonagem de seres humanos, ver Wilmut; Highfield (2006). As controvérsias em torno da clonagem humana e das promessas e problemas associados à reprogenética foram objeto de várias obras recentes, incluindo McGee (2000), Holland *et al.* (2001) e Maienschein (2003). Para duas reflexões esclarecedoras sobre os domínios da reprodução e da investigação em células estaminais, ver J. Ramalho-Santos (2004) e M. Ramalho-Santos (2004).

transformação através da inovação tecnológica e a reduzida compreensão dos processos que organizam a vida. Daí que as críticas aos abusos das explicações genéticas e da insuficiência ou inadequação destas para dar conta da complexidade e multifatorialidade dos processos biológicos, dos comportamentos de seres humanos e da dinâmica de ecossistemas se façam ouvir com crescente insistência.

Em segundo lugar, a incompatibilidade de uma pesquisa orientada para a elucidação dessa complexidade com os tempos curtos dos mercados financeiros e das exigências empresariais num ambiente de competição feroz está contribuindo para que Estados, cidadãos leigos e cientistas se mobilizem para suscitar interrogações de caráter ético (nomeadamente em torno de um regresso do eugenismo) e preocupações com as consequências sanitárias, sociais, ambientais e econômicas dessas práticas: tentativas de encontrar novas formas de regular e governar a inovação biotecnológica e biomédica e as suas consequências e de submeter ao debate e à deliberação democrática as decisões sobre a aceitabilidade social das inovações e a definição de prioridades de investigação e desenvolvimento nesses domínios.[15]

Recentemente, uma organização de cientistas orientada pelo interesse público e sediada nos Estados Unidos, o Council for Responsible Genetics, propôs mesmo à discussão pública uma "Carta de Direitos Genética" ("Genetic Bill of Rights") que tem suscitado uma viva discussão em torno de novas concepções de direitos capazes de integrar a proteção dos indivíduos associada à manipulação biológica e a defesa da biodiversidade e da diversidade de modos de relacionamento entre os humanos, os outros seres vivos e os ambientes que estes constroem

---

[15] Sobre as críticas ao determinismo genético e às explicações reducionistas e às suas consequências culturais e políticas, ver, entre outros, Duster (1990); Hubbard; Wald (1993); Nelkin; Lindee (1995); Paul (1998); Lewontin (2000); Oyama (2000) e Thacker (2005). A história da regulação e do debate público sobre a engenharia genética deu origem a uma extensa bibliografia, incidindo sobretudo sobre os países centrais. Veja-se, em especial, Krimsky (1982); Wright (1994); Gottweis (1998) e Jasanoff (2005). O polêmico Projeto da Diversidade do Genoma Humano, que visava à construção de uma base de dados sobre as características genéticas de populações "isoladas" em várias partes do mundo, oferece um ponto de entrada privilegiado para estudar a extensão aos países do Sul da "centralidade" da genética enquanto dimensão definidora da identidade humana e sua raiz derradeira, bem como das resistências e oposições que suscitou. Ver, a esse propósito, Reardon (2005) e M'Charek (2005).

através da sua interação com o mundo, e, naturalmente, a própria concepção do que é ser humano.[16]

Começamos o século XX com a revolução socialista e a revolução introspectiva, e estamos iniciando o novo século com a revolução do corpo. A centralidade que então assumiram a classe e a psique é agora assumida pelo corpo, convertido, tal como a razão iluminista, em raiz de todas as opções.

Essa explosão extensiva e intensiva de raízes e de opções só é verdadeiramente desestabilizadora da equação entre raízes e opções na medida em que se articula com a intercambialidade entre elas, com a verificação de que muitas das raízes em que nos revimos eram afinal opções disfarçadas. Nesse domínio, as teorias e as epistemologias feministas,[17] as teorias críticas da raça, os estudos pós-coloniais[18] e a nova história deram um contributo decisivo. Da opção ocidental-oriental da primatologia, estudada por Donna Haraway (1989), à opção sexista e racista do Estado-Providência, analisada por Linda Gordon (1990a; 1990b), da opção, denunciada por Cheikh Anta Diop (1967) e por Martin Bernal (1987), em eliminar as raízes africanas (a *Black Athena*) da Atenas grega, para intensificar a pureza desta como raiz da cultura europeia, à opção de branquear o *Black Atlantic* para ocultar o comércio transatlântico de escravos e, portanto, os sincretismos da modernidade, como mostrou Paul Gilroy (1993), damo-nos conta de que as raízes da sociabilidade moderna ocidental e a inteligibilidade que elas induzem são, de fato, optativas, mais viradas para uma ideia hegemônica de futuro que lhes deu sentido do que para o passado, que, afinal, só existiu para funcionar como espelho antecipado do futuro.

No entanto, paradoxalmente, esse desvelamento e a denúncia que ele transporta trivializam-se à medida que se aprofundam. Porque detrás da máscara não há nada senão outra máscara, o saber-se que as raízes hegemônicas da modernidade ocidental são opções disfarçadas dá a oportunidade à cultura hegemônica de, agora sem a necessidade

---

[16] Para alguns ensaios de discussão mais ampla desses problemas, ver Santos (2005d) e as contribuições incluídas nesse volume, todas elas com um enfoque nas relações Norte-Sul. Ver também Haraway (1997) e Nunes (2001).

[17] Ver Santos (2000, p. 87-89) e a bibliografia aí citada.

[18] Ver Capítulos 2, 3 e 7.

de disfarces e com acrescida arrogância, impor as suas opções como raízes. O caso mais eloquente é talvez o *Western Canon*, de Harold Bloom (1994), analisado adiante. Nele, as raízes são um mero efeito do direito às raízes, e este um mero efeito do direito às opções. É certo que a possibilidade dessa transparência turbulenta entre raízes e opções está também aberta a grupos e culturas contra-hegemônicas e precisamente para reforçar o caráter contra-hegemônico das suas lutas.

Na nova constelação de sentido, raízes e opções deixam de ser entidades qualitativamente distintas. Ser raiz ou ser opção é um efeito de escala e de intensidade. As raízes são a continuação das opções numa escala e com uma intensidade diferentes, e o mesmo se passa com as opções. Essa circularidade faz com que o direito às raízes e o direito às opções sejam fungíveis. São isomórficos e apenas formulados em línguas e discursos diferentes. O jogo de espelhos entre raízes e opções atinge o paroxismo no ciberespaço. Na internet, as identidades são duplamente imaginadas, como imaginações e como imagens. Cada um é livre para criar as raízes que quiser e a partir delas reproduzir até o infinito as suas opções. Assim, a mesma imagem pode ser vista como uma raiz sem opções ou como uma opção sem raízes, e nessa medida deixa de fazer sentido pensar em termos de equação raízes/opções. De fato, essa equação só parece fazer sentido numa cultura conceptual, logocêntrica que discorre sobre matrizes sociais e territoriais (espaço e tempo), submetendo-as a critérios de autenticidade. À medida que transitamos para uma cultura imagocêntrica, o espaço e o tempo são substituídos pelos instantes da velocidade, as matrizes sociais são substituídas por mediatrizes e, no nível destas, o discurso da autenticidade transforma-se num jargão ininteligível. Não há outra profundidade senão a sucessão de telas. Tudo que está por baixo ou por detrás está igualmente por cima e pela frente. Nesse clima, talvez a análise de Giles Deleuze (1968) sobre o rizoma adquira uma nova atualidade. Efetivamente, Mark Taylor e Esa Saarinen, dois filósofos das mídias, afirmam que "o registro imaginário transforma raízes em rizomas. Uma cultura rizómica não é nem enraizada nem desenraizada. Nunca poderemos estar certos onde os rizomas irão irromper" (1994, gaping 9).

A condição da nossa condição é estarmos num período de transição. As matrizes coexistem com as mediatrizes, o espaço e o tempo com os instantes de velocidade, a inteligibilidade do discurso de autenticidade com a sua ininteligibilidade. A equação entre raízes e opções ora faz todo sentido, ora não faz sentido nenhum. Estamos numa situação mais complexa que a de Nietzsche, porque, no nosso caso, ora se acumulam as realidades e as aparências, ora desaparecem umas e outras. Essas oscilações drásticas de sentido são talvez a causa última da *trivialização da equação entre raízes e opções*, a terceira manifestação da desestabilização dessa equação no nosso tempo. A trivialização da distinção entre raízes e opções implica a trivialização de umas e outras. A nossa dificuldade de pensar hoje a transformação social reside aqui. É que o *pathos* da distinção entre raízes e opções é constitutivo de modo moderno de pensar a transformação social. Quanto mais intenso esse *pathos*, mais o presente se evapora e se transforma em momento efêmero entre o passado e o futuro. Ao contrário, na ausência desse *pathos*, o presente tende a se eternizar como monotonia da novidade programada e monocultura da diversidade reprimida ou tolerada, devorando tanto o passado como o futuro. É essa a nossa condição atual. Vivemos num tempo de repetição, e a aceleração da repetição produz simultaneamente uma sensação de vertigem e uma sensação de estagnação. É tão fácil e irrelevante cair na ilusão retrospectiva de projetar o futuro no passado como cair na ilusão prospectiva de projetar o passado no futuro. O presente eterno e uno faz a equivalência entre as duas ilusões e neutraliza ambas. Com isso, a nossa condição assume uma dimensão kafkiana: o que existe não se explica nem pelo passado nem pelo futuro. Do determinismo desmentido pelas consequências passa-se para a contingência sem causas. Esse nevoeiro epistemológico atua como bloqueio do pensamento e da ação emancipatórios. Se a modernidade desarmara o passado da sua capacidade de irrupção e de revelação para entregá-la ao futuro, o presente kafkiano desarma o futuro dessa capacidade. O que irrompe no presente kafkiano é errático, arbitrário, fortuito e pode mesmo ser absurdo.

Há quem veja, pelo contrário, na eternização do presente a nova tempestade do Paraíso que sustenta o *Angelus Novus*. Segundo Taylor e Saarinen (1994, speed 4),

> na rede telecomunicacional global de realidades digitalizadas, o espaço parece sucumbir numa presença que não conhece ausência e o tempo parece estar condensado num presente não perturbado

pelo passado e pelo futuro. Se alguma vez atingido, esse gozo de presença no presente será a realização dos mais antigos e mais profundos sonhos da imaginação religioso-filosófica ocidental.

Em meu entender, a tempestade digital nas asas do anjo é virtual e pode ser ligada e desligada quando se quiser. Por isso, a nossa condição é bem menos heroica e promissora do que essa tempestade propõe. A presença, cuja fruição é imaginada pela religião e pela filosofia, é a fulguração única e irrepetível de uma relação substantiva, produto de uma interrogação permanente, seja ela o ato místico, a superação dialética, a realização do *Geist*, o *Selbstsein*, o ato existencial ou o comunismo. Ao contrário, a presença digital é a fulguração de uma relação de estilo, repetível sem limites, uma resposta permanente a todas as possíveis interrogações. Opõe-se à história sem ter a consciência de que é histórica. Por isso, imagina o fim da história sem ter de imaginar nele o seu próprio fim.

Tempo, códigos barrocos e canonização

A turbulência das escalas, a explosão das raízes e das opções e a trivialização da distinção entre elas são as marcas de um tempo de transição que se exprime em temporalidades específicas e em específicas formas de codificá-las.

As raízes e as opções distinguem-se de acordo com o tempo. As sociedades, à semelhança do que acontece com as interações sociais, constroem-se sobre uma multiplicidade de tempos sociais e diferem consoante as combinações e as hierarquias específicas dos tempos sociais que privilegiam. Baseando-me livremente na tipologia dos tempos sociais de Gurvitch (1963, p. 340), concebo as raízes em termos de uma combinação entre os seguintes tempos: tempo de longa duração; tempo *au ralenti*; tempo cíclico ou tempo que *danse sur place*; tempo atrasado em relação a si mesmo (*temps en retard sur lui même*), tempo cujo desdobrar se mantém em espera. As opções, por sua vez, caracterizam-se por uma combinação entre: tempo acelerado em relação a si mesmo (*temps en avance sur lui même*), que é o tempo da contingência e da descontinuidade; tempo explosivo, que é um tempo sem passado nem presente, mas apenas com futuro. Num eixo contínuo entre tempo glacial[19] e tempo instantâneo, as raízes modernas tendem a se agrupar em torno do tempo glacial, enquanto as opções modernas tendem a se agrupar em torno do tempo instantâneo. Se no caso das raízes o tempo tende a ser lento, nas opções ele tende a ser rápido. Como referi anteriormente, no paradigma da modernidade ocidental a dualidade entre raízes e opções é uma dualidade fundadora e constituinte, ou seja, não está submetida ao jogo que instaura entre raízes e opções. Em outras palavras, não há a opção de não pensar em termos de raízes e opções.

A crise da equação entre raízes e opções analisada na seção anterior dá conta da medida e da natureza do período de transição em que nos encontramos. Antes de tudo, é um período em que colapsam os dualismos subjacentes à equação, tanto o dualismo das escalas (grande/pequena) como o dualismo dos tempos (tempos de raízes/tempos de opções). O colapso desses dualismos abre caminho a novas servidões e compulsões que, por força do hiato de codificação dele resultante, podem facilmente disfarçar-se de novas auroras de liberdade. Mas pode igualmente criar oportunidades novas e genuínas para a reinvenção da emancipação social.[20] A explosão de raízes associada ao ressurgimento das políticas identitárias não se limita a trivializar as próprias raízes. Traz também consigo o risco de guetização, de tribalismo e de refeudalização – que é o mesmo que dizer a proliferação de diferenças que, por serem incomensuráveis, impossibilitam qualquer tipo de coligação e conduzem, em última análise, à indiferença. A explosão de raízes provoca um desenraizamento que gera escolhas ao mesmo tempo que bloqueia o exercício efetivo dessas mesmas escolhas. Por outro lado, a explosão de opções, longe de acabar com o determinismo das raízes, dá origem a um novo determinismo, talvez ainda mais cruel: a compulsão da escolha, cuja realidade e símbolo maior é o mercado (WOOD, 1996, p. 252).

A crise dos dualismos provoca um hiato que, embora se assemelhe a um fosso ou uma ausência de codificação, constitui na realidade um campo fértil do qual emergem códigos sintéticos. Em questão está a emergência do que designo como códigos barrocos, em que as escalas e os tempos se misturam e nos quais as opções subexpostas – isto é, reservadas

---

[19] Refiro-me ao tempo glacial geológico.
[20] Esse potencial será analisado nos capítulos seguintes.

para ações ou identificações privilegiadas, vividas como momentos únicos e avaliadas por critérios de particular exigência – funcionam como raízes, e as opções sobre-expostas – isto é, ações e identificações caracterizadas pela porosidade das suas demarcações, disponíveis para reformulação constante segundo critérios pragmáticos – funcionam como opções. O que é mais espantoso e original nesses códigos é o fato de, apesar de serem intrinsecamente provisórios e facilmente descartáveis, serem dotados de uma grande consistência enquanto duram. Por isso, eles são tão intensamente mobilizadores quanto convincentemente substituíveis. Os hiatos ou fossos que separam os códigos tornam as sequências existentes entre eles inapreensíveis enquanto tais. Assim, as sequências não têm aparentemente consequências, tal como as consequências não têm aparentemente uma sequência. A experiência de risco é, assim, muito mais intensa: quando as causas só são apreensíveis como consequências, não existe seguro contra esse tipo de risco.

Esses códigos barrocos pós-dualistas são formações discursivas e performativas que funcionam através da intensificação e da mestiçagem. Existe intensificação sempre que uma dada referência, ação ou identificação social ou cultural é representada e, portanto, exposta para além dos seus limites atuais – seja por sobre-exposição, seja por subexposição – a ponto de perder o seu caráter até agora considerado "natural" (como quando uma raiz se transforma em opção ou vice-versa). Existe mestiçagem sempre que duas ou mais referências, ações ou identificações sociais ou culturais autônomas se misturam ou se interpenetram a tal ponto e de tal modo que as novas referências daí emergentes patenteiam a sua herança mista (Santos, 1995, p. 499-506; 2000, p. 356-367). A mestiçagem é, em si mesma, politicamente ambivalente. Muitas vezes a serviço de projetos de regulação e até de opressão, pode, no entanto, ser igualmente mobilizada para projetos emancipatórios.[21]

Existe mestiçagem de dois tipos: a que resulta da sobre-exposição e a que resulta da subexposição. A mestiçagem resultante da sobre-exposição diz respeito a constelações de raízes e de opções que proliferam

---

[21] Nas seções seguintes referirei especificamente o seu potencial emancipatório ao analisar o contributo dos códigos barrocos para a constituição de subjetividades transgressivas e desestabilizadoras.

de uma forma caótica e que mudam de lugar de uma maneira considerada irregular e imprevisível na lógica mecanicista da previsão científica. A sobre-exposição é característica da manipulação das identidades étnicas, sexuais, raciais, regionais nas indústrias culturais e na sociedade de consumo, em geral, onde gêneros musicais, hábitos alimentares, representações corporais, paisagens, vestuário etc. são seletivamente recodificados e combinados na produção de novos produtos e serviços tão ancestrais ou genuínos quanto a última moda. Mas a mestiçagem por sobre-exposição também ocorre hoje já com alguma frequência nas lutas conjuntas de diferentes movimentos sociais, feministas, ecologistas, de povos indígenas, de direitos humanos etc. Trata-se de articulações pragmáticas, com objetivos limitados formulados segundo linguagens híbridas, e operacionalizados através de ações reversíveis.[22] A mestiçagem resultante da subexposição diz respeito a constelações de raízes e de opções que se concentram em reproduções exemplares e idealmente singulares, onde as opções se intensificam a tal ponto que se transformam em raízes.

    A mestiçagem resultante da sobre-exposição é própria dos códigos barrocos, em que as raízes estão sujeitas à lógica das opções. Ou seja, há raízes porque há opções. O risco, presença dominante em todos os códigos barrocos, é enfrentado, nesse tipo de código, pelo recurso à criatividade da ação e fazendo apelo à autonomia, à autorreflexividade e à extrainstitucionalidade. Nos códigos barrocos que atuam por sobre-exposição, a mestiçagem preside aos processos sociais de funcionamento em rede e de dispersão criativa. Um exemplo consistente de um código barroco sob a forma de sobre-exposição é o conceito de subpolítica proposto por Ulrich Beck (1995). Nos antípodas de Foucault, Beck parte da ideia de que as instituições da modernidade industrial criaram sujeitos que já não são capazes de controlar. A ciência e o direito, as duas megarraízes da modernidade industrial ocidental (SANTOS, 2000, p. 55-188), criaram um hiato tão grande entre o indivíduo e o Estado que as opções políticas geradas pelas instituições modernas redundaram num imenso vazio. Há, por isso, que reinventar a política em termos de subpolítica,

---

[22] Como refiro no Manifesto e no Minifesto e no Capítulo 2, há ainda um longo caminho a percorrer na promoção de tais articulações.

que é o mesmo que dizer passando a politizar aquilo que a modernidade industrial considerou não político. As lutas feministas e ecológicas são exemplos privilegiados para ilustrar os novos códigos sintéticos capazes de ultrapassar dualismos tais como público/privado, especialista/leigo, político/econômico, formal/informal e de modelar a sociedade a partir de baixo e através da alteração refletida de regras (*reflective rule altering*).

O segundo tipo de código barroco é constituído pela mestiçagem resultante da subexposição. Nesse caso, as opções submetem-se à lógica das raízes, ou seja, só há opções porque há raízes. Aqui o risco é enfrentado não pelo recurso à criatividade da mistura de componentes simbólicos e políticos diferentes na ação ou identificação, mas antes pela sustentabilidade da ação ou identificação considerada exemplar ou singular. Esse tipo de código barroco preside aos processos de *canonização*. Por "processos de canonização" refiro-me, aqui, a processos de uma particular intensificação de referências, independentemente de aparecerem como ligações retrospectivas ou prospectivas. A intensificação pode ser produzida tanto por uma imitação quase exata (ou reprodução), como acontece no caso do cânone musical, quanto pela dificuldade extrema – se não mesmo pela impossibilidade – de imitar, como é o caso da canonização católica.[23] Mas, seja qual for o processo, a intensificação confere ao objeto da intensificação uma exemplaridade, uma estranheza, um valor e uma solidez específicos, que o tornam apto a funcionar como condição ou base para múltiplos exercícios de escolha, sejam estes permitidos ou proibidos. Em termos ideais, o processo de intensificação fica consumado quando a escolha do objeto da intensificação prescinde de justificação enquanto escolha para se tornar, ela própria, justificação para outras escolhas. Enquanto os códigos barrocos que funcionam através da mestiçagem por sobre-exposição revelam um potencial emancipatório ao descanonizarem a realidade constituida, os códigos barrocos que funcionam através da mestiçagem por subexposição presidem aos processos de canonização e são, por isso, os mais intrigantes e complexos, exigindo uma reflexão mais pormenorizada.[24]

---

[23] Ver a nota seguinte.

[24] Ao tratar adiante da constituição de subjetividades desestabilizadoras, referirei o potencial emancipatório da descanonização tornada possível pelos códigos barrocos.

Entre os muitos processos de canonização em curso neste período de transição, distingo três: o cânone literário, o patrimônio comum da humanidade, e o patrimônio cultural e natural do mundo.

O cânone literário

Entende-se por cânone literário na cultura ocidental o conjunto de obras literárias que, num determinado momento histórico, os intelectuais e as instituições dominantes ou hegemônicas consideram ser os mais representativos e os de maior valor e autoridade numa dada cultura oficial. O papel que coube à igreja na constituição do cânone bíblico foi idêntico ao desempenhado pela escola e pela universidade do Norte global no que respeita ao cânone literário e ao cânone artístico em geral (GUILLORY, 1995, p. 239).[25] Durante muito tempo, não foi preciso falar do cânone literário. Os autores considerados representativos eram consensuais. Na segunda metade do século XX, porém, os países centrais da Europa e, em particular, os Estados Unidos viram-se confrontados com o problema, que era fundamentalmente o de saber que obras literárias têm ou não direito a entrar no panteão sagrado da cultura nacional.[26] Ou seja, que autores são publicados pelas grandes editoras, que obras merecem recensões críticas nos jornais e revistas mais respeitados e influentes, que títulos entram nos programas escolares, que autores são citados pelos intelectuais de serviço para dar testemunho da identidade da nação. A relativa estabilidade de um cânone facilmente reconhecível e reconhecido foi posta em causa pelo confronto do mundo ocidental com identidades e culturas outras, cada vez mais audíveis e difíceis de

---

[25] No domínio da religião católica, deve-se distinguir entre o cânone bíblico e a canonização de pessoas dotadas de "virtudes heroicas" decretada pelo papa, ainda que em ambos os casos estejamos perante códigos barrocos operando pela subexposição. Essa subexposição, e a consequente dramatização da exemplaridade que decorre dela, pode assumir graus diversos no caso da canonização. Em geral, a canonização significa a veneração pública decretada pela Igreja. Mas essa veneração pode ser imposta ou apenas permitida e, em qualquer dos casos, pode ser universal ou local. Fala-se de beatificação quando a veneração é apenas permitida ou imposta apenas a uma parte da Igreja.

[26] Na sua introdução a *O cânone nos estudos anglo-americanos* (CALDEIRA, 1994), Maria Irene Ramalho explica essa especificidade anglo-saxônica à luz da existência, nos Estados Unidos, de grupos sociais muitíssimo diversificados e com memórias e projetos nacionais muito divergentes.

ignorar.[27] O fenômeno foi particularmente saliente nos Estados Unidos, com a problematização do cânone a partir das diferentes posições feministas, étnicas e multiculturais (LAUTER, 1991). Nesse contexto, o cânone sentiu necessidade de se (re)afirmar. Assim, Harold Bloom (1994) veio propor 26 grandes autores (romancistas, poetas, dramaturgos) que, de forma simultaneamente evidente e arbitrária, o crítico quis reinstituir ou *radicar* como sendo o cânone ocidental.[28] No cânone literário, funcionam os códigos barrocos de mestiçagem por subexposição: as obras escolhidas para integrar o cânone são aquelas que deixam de estar expostas à lógica das opções e passam a ser a base ou raiz do campo literário. O processo de intensificação que essas obras sofrem dota-as do capital cultural necessário para que possam finalmente patentear a exemplaridade, o caráter único e a inimitabilidade que as distingue.

Enquanto código barroco, o cânone literário é um código sintético e, além disso, também estruturalmente ambivalente, uma vez que, para submeter as opções a uma lógica de raízes – como é próprio da mestiçagem por subexposição –, tem de começar por optar entre várias alternativas de modo a negar, num estágio posterior, o estatuto de raiz a todas as alternativas que não tenham sido objeto de escolha. Daí que Bloom (1994, p. 2-3) afirme, com assinalável ironia: "aqui a escolha de autores não é tão arbitrária como poderá parecer, já que foram selecionados tanto pela sua sublimidade como pelo seu caráter representativo". E continua, após se interrogar retoricamente sobre o que faz com que um determinado autor ou obra sejam considerados canônicos: "A resposta [é] a estranheza, uma forma de originalidade que ou não pode ser assimilada ou nos assimila de tal modo que deixamos de a encarar como estranha". Alguns anos mais tarde, Bloom haveria de redefinir essa "originalidade" como "gênio", procurando de certo modo responder às aspirações multiculturais dos tempos, ao alargar significativamente o seu cânone a literaturas não ocidentais (BLOOM, 2002).

---

[27] Sobretudo com a crescente presença de autores do Sul global no Norte global.

[28] No meio literário brasileiro, ver o excelente contributo de Leyla Perrone-Moisés (1998) para a discussão desse tema. Ver igualmente a recensão crítica de Maria Irene Ramalho (1999).

O cânone literário tem sido especialmente contestado no mundo anglo-saxônico. As posições extremam-se entre aqueles que defendem o cânone tal como o acham, investindo-o da função de garantia da identidade e da estabilidade nacional e cultural, e aqueles que o atacam através precisamente do questionamento da concepção de identidade (elitista e parcial) que ele impõe. O debate sobre o processo de formação e de reprodução do cânone (KAMUF, 1997) é esclarecedor, por si só, da natureza histórica do cânone e da sua volatilidade, bem como das forças e das instituições sociais que, de uma maneira ou de outra, dão-lhe forma. Torna-se igualmente importante reparar na capacidade de resistência do cânone, na facilidade com que cria solidez e se impõe como autoridade, rotina ou simples inércia. A intensidade do debate, com as suas repercussões institucionais, políticas e mediáticas, facilmente se deixa apropriar pelo processo de intensificação subjacente à mestiçagem por subexposição. A própria discussão sobre as opções e as alternativas que elas implicam faz aumentar a submissão das opções à lógica das raízes. Até certo ponto, a canonização alimenta-se da descanonização.

O cânone bíblico, constituído pelos textos que se considera ser, no seu conjunto, a Sagrada Escritura da tradição judaico-cristã, foi formado muito cedo e foi sendo conservado de maneira muito consistente; inclusive, os próprios desvios a esse cânone revelaram-se sempre de uma persistência notável. "Dado o caráter da Igreja enquanto instituição à qual ou se pertence ou não se pertence, o processo de seleção canônica nesse contexto tem (numa base dogmática) de assumir a forma de um processo de inclusão ou exclusão rigorosamente terminante. Todo texto potencialmente integrante das Escrituras, a ser incluído ou excluído, deverá sê-lo de uma vez por todas" (GUILLORY, 1995, p. 237).

No cânone literário, as coisas se passam de modo diferente, em virtude das diferentes práticas institucionais que distinguem as igrejas das escolas. Mas mesmo dentro do campo eclesiástico há diferenças. Se é certo que o cânone bíblico revela uma grande estabilidade, já o direito canônico, apesar de muito mais estável do que o direito comum dos Estados, sofreu algumas transformações ao longo dos séculos. Tais transformações devem-se, em parte, à heterogeneidade interna dos diferentes elementos normativos que constituem o direito canônico:

o direito divino (direito divino positivo assente na "Revelação"),[29] o direito natural (direito divino manifestado na "natureza das coisas") e o direito regulatório em vigor (o direito eclesiástico positivo).

Ao contrário do cânone literário, o cânone histórico tem menos a ver com textos e autores do que com acontecimentos e contextos. Embora menos visível, em alguns países, do que o cânone literário, o cânone histórico também existe, consistindo na narrativa fundadora de um dado povo, grupo social ou Estado-nação e dos eventos históricos considerados de importância primacial – os quais são, por esse mesmo motivo, vistos como canônicos. Nas últimas décadas, o cânone histórico de alguns países viu-se exposto ao mesmo tipo de turbulência que vem afetando o cânone literário. Refiram-se apenas, a título de exemplo, as controvérsias geradas pelo revisionismo histórico de François Furet (1978) sobre a Revolução Francesa ou de Renzo de Felice ([1969] 1977) a propósito do fascismo italiano. Nos Estados Unidos, importa referir a obra do historiador e cientista político Howard Zinn, em particular *A People's History of the United States* (1980), uma história da nação norte-americana contada da perspectiva dos desprivilegiados.[30]

O patrimônio comum da humanidade

O patrimônio comum da humanidade é uma doutrina de direito internacional e de relações internacionais.[31] O conceito foi formulado pela primeira vez em 1967, por Arvid Pardo, embaixador de Malta junto às Nações Unidas, a propósito das negociações conduzidas no âmbito dessa organização sobre a regulação internacional dos oceanos e dos fundos marinhos. Foi intuito de Arvid Pardo (1969, p. 225):

> proporcionar uma base sólida para uma futura cooperação em *nível mundial* [...] *através da aceitação, por parte da comunidade internacional, de um novo princípio do direito internacional* [...]

---

[29] No Capítulo 13 analiso as diferenças interpretativas no interior de outro direito divino, a *sharia*, o direito divino do islã. Ver também Santos (2013b).

[30] A perspectiva pós-colonial tem se constituído como um campo privilegiado de questionamento das histórias canônicas sobre o Sul global, temas que abordo nos Capítulos 4, 5 e 6.

[31] Sobre a doutrina do patrimônio comum da humanidade, ver Pureza (1993) e Santos (1995, p. 365-397; 2002e, p. 301-311).

que os fundos oceânicos e o solo e subsolo marinhos sejam dotados do estatuto especial de "patrimônio comum da humanidade" e que como tal sejam reservados exclusivamente para fins pacíficos e administrados por uma autoridade internacional para benefício de todos os povos.

Desde então o conceito de patrimônio comum tem sido aplicado a outras "áreas comuns", tais como a Lua, o espaço exterior sideral e a Antártida. A ideia assemelha-se à ideia do contrato social: construir uma plataforma comum sobre a qual as diferenças e as divisões possam florescer sem que com isso fique comprometida a sustentabilidade da vida social. No entanto, contrariamente ao contrato social, e como é próprio do código barroco, o patrimônio comum não é uma escolha definitiva, mas sim um processo de seleção permanente. Seja o que for que passe a constituir patrimônio comum, ele é algo que sempre existiu. O momento da nomeação cria a eternidade do nomeado: o nomeado são as entidades naturais pertencentes à humanidade no seu todo. Todos os povos têm, por isso, o direito a ser ouvidos e a intervir na gestão e na distribuição dos seus recursos. O patrimônio comum, como refere José Manuel Pureza, implica: a não apropriação; a gestão a cargo de todos os povos; a distribuição internacional dos benefícios obtidos com a exploração dos recursos naturais; o uso pacífico, incluindo a liberdade de investigação científica em benefício de todos os povos; a conservação com vista às gerações vindouras (PUREZA, 1993, p. 19; 1998a, 1998b).

Apesar de formulado por juristas internacionais, o conceito de patrimônio comum transcende a área do direito, uma vez que tanto o seu objeto como o sujeito da regulamentação transcendem o âmbito dos Estados. A humanidade emerge, na verdade, como sujeito do direito internacional (para além, portanto, dos Estados), titular de um patrimônio próprio e da prerrogativa da gestão dos espaços e recursos incluídos nos bens comuns globais. O patrimônio comum é um código barroco que funciona através da mestiçagem por subexposição. Os recursos naturais do patrimônio comum sofrem um processo de intensificação que os converte em fundamentos da sobrevivência da vida na Terra. A exemplo do que sucede no caso do cânone literário, as opções intensificam-se a tal ponto que o que quer que venha a ser selecionado fica aparentemente isento do jogo das raízes e opções.

Enquanto a seleção se mantiver, ele se torna uma raiz sem opções. A exemplaridade, o caráter único e o valor inestimável dos recursos que constituem o patrimônio comum são mantidos através da ideia de que a vida na Terra depende deles para existir.

Tal como o cânone literário, a doutrina do patrimônio comum da humanidade tem sido contestada. Contudo, e ao contrário do cânone literário, a canonização do patrimônio comum tem sido atacada por grupos hegemônicos e em especial pelos Estados Unidos da América. São os grupos contra-hegemônicos – tais como os movimentos pela paz e pela ecologia, bem como alguns países do Sul – quem mais têm se empenhado na luta pela canonização dessa doutrina. O patrimônio comum da humanidade colide com os interesses de alguns Estados, especialmente daqueles que dispõem de meios tecnológicos e financeiros para a exploração do solo marinho (KIMBALL, 1983, p. 16). A Convenção das Nações Unidas sobre o Direito do Mar, assinada em Montego Bay, a 10 de dezembro de 1982, constitui um bom exemplo disso. A convenção estabelece que, para além dos limites da jurisdição nacional, os fundos marinhos e seu subsolo são patrimônio comum da humanidade, ou seja, que os direitos de exploração dos seus recursos residem na humanidade em sua totalidade. Não obstante haver sido originariamente subscrita por 159 Estados, levou 12 anos até ser ratificada por 60 Estados, número de ratificações necessário para torná-la efetivamente vigente. A implementação da convenção teve início em novembro de 1994. Em virtude da pressão exercida pelos Estados Unidos no sentido de corrigir algumas das suas "imperfeições", foi posta em prática com um acordo anexo que acabou por neutralizar os seus aspectos mais inovadores.

Uma das características mais reveladoras do patrimônio comum da humanidade é o seu – bem barroco – caráter aberto, isto é, a capacidade de alargar o processo de intensificação a outras áreas ou recursos, convertendo-os assim em novas raízes de vida na Terra. A canonização do patrimônio comum foi alargada ao espaço, por exemplo, com o Tratado sobre a Lua, de 1979, que passou a fazer parte do direito internacional em 1984.[32] O artigo XI do tratado estipula que a Lua e os

---

[32] Sobre esse tema, ver Baslar (1998) e Santos (2002e, p. 305).

seus recursos naturais são patrimônio comum da humanidade. O artigo VI estabelece que "a exploração da Lua é algo que diz respeito a toda a humanidade e deve ser levada a cabo em benefício e no interesse de todos os países, independentemente do seu grau de desenvolvimento econômico e científico". Tal como aconteceu com a Convenção do Direito do Mar, o Tratado sobre a Lua foi firmado sobre um cenário de lutas anticanonizadoras travadas pelas potências hegemônicas. Os Estados Unidos, a antiga União Soviética, a China, o Japão e o Reino Unido não se contam entre os seus signatários, pelo que não estão juridicamente vinculados pelo tratado.

O patrimônio mundial cultural e natural

O terceiro processo de canonização a que quero aqui aludir é o do Patrimônio Mundial Cultural e Natural. A ideia de concretizar um movimento internacional destinado a proteger o patrimônio consolidou-se no pós-Segunda Guerra Mundial. Esse movimento viria a ser formalizado com a assinatura da Convenção da Unesco sobre o patrimônio mundial cultural e natural, que ratificou a fusão de dois movimentos distintos: um mais preocupado em suster as ameaças a que estão sujeitos os sítios culturais e outro mais orientado para a preservação da natureza.[33] Segundo o estabelecido pela Convenção da Unesco sobre a Proteção do Patrimônio Mundial Cultural e Natural, de 1972 (ratificada por 181 países em março de 2005), todos os monumentos, conjuntos arquitetônicos, sítios e formações naturais que preencham determinados critérios e testes de autenticidade serão considerados como sendo de "valor universal excepcional" e, consequentemente, integrados na Lista do Patrimônio Mundial. Esse valor pode ser estabelecido a partir de uma grande diversidade de perspectivas, desde a história à arte, passando pela ciência, pela estética, pela antropologia, pela conservação ou pela beleza natural. Tal como nos outros processos de canonização, o patrimônio mundial cultural e natural funciona através de uma intensificação excepcional dos objetos selecionados, conferindo-lhes uma tal aura de exemplaridade, singularidade e insubstituibilidade que estes

---

[33] A ideia de conciliar esses dois movimentos emergiu nos Estados Unidos, quando, em 1965, numa conferência ocorrida na Casa Branca, foi sugerida a criação de uma Fundação do Patrimônio Mundial.

adquirem o estatuto verdadeiramente fundamental de qualidade de vida na Terra. Por esse motivo, e nos termos da própria convenção, a sua deterioração ou desaparecimento constituiriam um "empobrecimento danoso do patrimônio de todas as nações do mundo". Esse processo de intensificação transparece de forma muito nítida dos critérios definidos e aplicados pelo Comitê do Patrimônio Mundial[34]:

    i. representar uma obra de arte do gênio criador humano; ou

    ii. dar testemunho de um significativo intercâmbio de valores humanos ao longo de certo período ou numa área cultural determinada, no que se refere ao desenvolvimento da arquitetura, da tecnologia das artes monumentais, do planejamento urbano ou da arquitetura paisagística; ou

    iii. dar um testemunho ímpar, ou pelo menos excepcional, de uma tradição cultural ou de uma civilização viva ou já desaparecida; ou

    iv. proporcionar um exemplo saliente de um tipo de construção ou de conjunto arquitetônico ou tecnológico ou de paisagem que ilustre um (ou mais) período(s) significativo(s) da história humana; ou

    v. proporcionar um exemplo saliente de um povoamento humano ou de uma ocupação da Terra de tipo tradicional e representativo de uma cultura (ou culturas), principalmente se se tornou vulnerável pelo efeito de mutações irreversíveis; ou

    vi. estar direta ou materialmente associado a acontecimentos ou a tradições vivas, a ideias, crenças ou obras de arte e literárias de significado universal excepcional (o Comitê considera que esse critério apenas deverá justificar a inclusão na lista em circunstâncias excepcionais ou sempre que aplicado em conjunto com outros critérios culturais ou naturais).

No que diz respeito ao patrimônio natural, os sítios ou formações naturais (sejam eles físicos, biológicos, geológicos ou fisiológicos) deverão:

    i. ser exemplos eminentemente representativos das grandes etapas da história da Terra, incluindo a presença de vida, processos

---

[34] Esses dados podem ser consultados através do site da Unesco, World Heritage Committe, no endereço https://bit.ly/3pFXF0I. Acesso em: 26 out. 2021.

geológicos ocorridos no desenvolvimento das formas terrestres, ou elementos geomórficos ou fisiográficos importantes; ou

ii. ser exemplos eminentemente representativos de processos ecológicos ou biológicos ocorridos durante a evolução e o desenvolvimento dos ecossistemas e das comunidades de plantas e animais terrestres, aquáticos, costeiros e marinhos; ou

iii. conter fenômenos naturais ou áreas de uma beleza natural e de uma importância estética excepcional; ou

iv. conter os hábitats naturais mais representativos e importantes para a conservação in situ da diversidade biológica, incluindo aqueles em que sobrevivam espécies ameaçadas de valor universal excepcional do ponto de vista da ciência ou da conservação.

Em dezembro de 2005, a Lista do Patrimônio Mundial era constituída por 812 bens, 620 dos quais culturais, 160 naturais e 24 mistos; 219 cidades de 75 países tinham sido declaradas patrimônio mundial. Essas 219 cidades fazem parte da Organização das Cidades Patrimônio Mundial (fundada em 1993), cujo principal objetivo é fomentar a cooperação, a solidariedade e o apoio mútuo entre as cidades para que possam conservar "a posição privilegiada" em que foram investidas.[35]

Enquanto processo de canonização, o Patrimônio Cultural e Natural Mundial apresenta algumas semelhanças com o patrimônio comum da humanidade. Em ambos os casos, o objetivo consiste em definir sistemas de proteção e estatutos jurídicos especiais para recursos considerados de importância excepcional para a sustentabilidade e para a qualidade da vida na Terra. Ainda que com menos intensidade do que no caso da canonização do patrimônio comum da humanidade (ou das próprias obras literárias), a canonização do patrimônio cultural e natural mundial também tem sido muito contestada.

Desde 1978 o Comitê do Patrimônio Mundial tem paulatinamente incluído novos sítios à lista, ao ritmo de aproximadamente

---

[35] Ver os estatutos da Organização das Cidades Patrimônio Mundial, adotados em Fez, a 8 de setembro de 1993. Outras instituições relacionadas com o patrimônio mundial são o Centro Internacional para o Estudo da Preservação e Restauro das Propriedades Culturais (ICCROM), o Conselho Internacional para os Monumentos e Lugares (Icomos), o Centro do Patrimônio Mundial (CPM) e a União Internacional para a Conservação da Natureza (IUCN).

31 novos sítios por ano só na década de 1990. A partir de 1993 o ritmo anual de inscrições na Lista do Patrimônio Mundial conheceu uma nítida aceleração. Em 1997 e em 1999 foram quase 50 os bens inscritos num ano, e em 2000 foram mais de 60. Com a intensificação da inscrição recrudescem críticas que tinham emergido no início dos anos 1990. Designadamente críticas que salientam a ocidentalização da Lista do Patrimônio Mundial, o favorecimento de bens culturais em detrimento dos bens naturais e das dimensões monumentais relativamente a outras dimensões menos celebrizadas da cultura, configurando, na sua globalidade, uma crítica que aponta para a banalização do estatuto de patrimônio mundial (PEIXOTO, 2001). No fim dos anos 1980, o número de cidades com o estatuto de patrimônio mundial era 71. Dez anos mais tarde, esse número elevava-se a 164. Mas tão significativo quanto esse crescimento é o fato de a percentagem de cidades que são patrimônio mundial situadas na Europa ter passado, numa década, de uma cota de 45% para 57%. A lista dos bens do patrimônio mundial mostra também que, de 1978 a 1985, 36% dos bens inscritos na lista estavam localizados na Europa, mas que, entre 1994 e 2001, 49% dos bens reconhecidos nesse período situavam-se nesse continente, cuja cota na lista se elevava a 44% do total de bens inscritos. Em contraposição, a África, que ocupava uma cota de 24% dos bens inscritos na lista entre 1978 e 1985, viu o seu peso relativo e absoluto decair, já que apenas 9% dos bens inscritos entre 1994 e 2001 se localizavam na África, cujo peso na lista é somente de 14%. A análise pós-colonial desses números permite mostrar a dificuldade em descolonizar o gosto, a avaliação estética e as noções de singularidade e de preciosidade. À luz dessa análise, entendem-se melhor os debates havidos nas duas últimas décadas no seio do Comitê do Patrimônio Mundial.

As críticas que esses números fizeram emergir levaram a Unesco a mudar a sua política de certificação de bens a serem inscritos na lista. A partir de meados dos anos 1980, o Comitê do Patrimônio Mundial começou a ter a preocupação de assegurar uma maior representatividade da Lista do Patrimônio Mundial, em termos tanto de áreas geográficas como de tipos de patrimônio. A criação de uma nova categoria patrimonial, as paisagens culturais, apresentou-se como a solução mais viável para tornar efetiva a nova estratégia da Unesco. Todavia, malgrado os esforços desenvolvidos e as muitas reuniões ocorridas que juntaram peritos de vários quadrantes geográficos, tornou-se difícil obter um consenso relativamente ao conceito de paisagens culturais. O critério inicialmente sugerido para definir as paisagens culturais apontava para as paisagens rurais. Mas rapidamente foi abandonado por se basear numa concepção restritiva, sendo acusado de ser um critério ocidentalizado e europeizante. Em 1991, o secretário do Patrimônio Mundial sugeriu um novo critério, que apelava à exemplaridade de associações entre elementos culturais e naturais. Mas esse critério também não foi aceito pelos membros do Comitê do Patrimônio Mundial, para quem a exemplaridade se baseava em qualidades que não eram suficientemente universais. Em 1992, e após várias reuniões de peritos, o Comitê do Patrimônio Mundial adotou finalmente novas orientações que permitiram pôr em prática a categoria patrimonial das paisagens culturais. Foram então estabelecidas três categorias: as paisagens intencionalmente criadas pelo homem; as paisagens evolutivas (que se subdividem em paisagens-relíquia ou fósseis e paisagens vivas); e, por fim, as paisagens associativas (UNESCO, 1992). Porém, a obtenção desse consenso em 1992 não travou a ocidentalização, muito menos as críticas: 16 dos 23 bens inscritos na lista entre 1993 e 2001 estão situados na Europa.

Procurando responder às vozes críticas cada vez mais insistentes, o Comitê do Patrimônio Mundial decidiu, na sua vigésima quarta sessão, em 2000, limitar a 30, durante um período experimental de dois anos, o número máximo de inscrições por ano.[36] Essa decisão apoiou-se em critérios que pretendiam travar a ocidentalização e a monumentalização da lista. Assim, foi decidido que países sem nenhum bem inscrito na lista podem apresentar até três candidaturas por ano, enquanto os outros apenas podem apresentar uma candidatura. Nos anos em que o número de novas propostas for superior a 30, será aplicado um processo de seleção que favorecerá as categorias patrimoniais menos representadas. Essa nova política da Unesco começou a ser concebida em 1994 no âmbito da adoção, pelo Comitê do Patrimônio Mundial, de uma

---

[36] Desde que a convenção existe, apenas por duas vezes houve 30 Estados apresentando mais que uma candidatura num só ano. O que significa que, se cada país apresentar uma única proposta por ano, é provável que o Secretariado não receba mais que 30 propostas anuais.

"estratégia global para uma lista do patrimônio mundial representativa, equilibrada e credível" (UNESCO, 2002).

As diferenças entre o cânone literário e o patrimônio cultural e natural mundial são sutis. A inclusão de um dado sítio/localidade no cânone cultural ou natural não implica diretamente a exclusão de um sítio alternativo, principalmente se os sítios ficam em países e regiões diferentes. Isso poderia levar-nos a concluir que, no caso do patrimônio cultural e mundial, ao contrário do cânone literário, estamos perante um jogo de soma positiva. A verdade é que, como Paulo Peixoto tem mostrado, no nível interno dos Estados da Europa ocidental, a política da Unesco institui uma concorrência feroz entre candidaturas, para determinar as que integram a lista preliminar e qual delas é candidatada em cada ano (PEIXOTO, 2001). Por outro lado, enquanto o código literário se alimenta, até certo ponto, das forças que o contestam, no patrimônio cultural e natural os limites da canonização residem nas forças que o promovem: uma canonização virtualmente infinita de sítios poderia ter o efeito perverso de descanonizar (isto é, trivializar) sítios já constantes da lista. Os códigos barrocos que funcionam por subexposição dependem da produção de escassez: a intensificação exige rarefação. Em vez do patrimônio comum da humanidade, o patrimônio natural e cultural não questiona a posse pública ou privada da formação ou sítio canonizado.[37] A convenção de 1972 afirma que o reconhecimento do valor universal de um determinado sítio é a demonstração mesma da "importância de que se reveste, para todos os povos do mundo, a salvaguarda dessa propriedade única e insubstituível, independentemente do povo a que possa pertencer".

Os tempos dos códigos barrocos

Como acabei de propor, são de dois tipos os códigos barrocos: os que funcionam através de uma mestiçagem por sobre-exposição e que presidem aos processos de dispersão criativa e de difusão em rede; e os

---

[37] Contudo, uma das críticas que se faz à patrimonialização promovida pela Unesco é que ela desapossa muitas vezes os "legítimos proprietários" em favor dos turistas, e que o reconhecimento de um bem potencia a sua segregação (Paulo Peixoto, comunicação pessoal).

códigos que funcionam através de uma mestiçagem por subexposição e que presidem aos processos de canonização. Ambos os tipos são sintéticos nas respectivas aspirações. As diferentes espécies de mestiçagem que eles produzem entre raízes e opções são bem a prova de que o dualismo das raízes e opções se encontra ainda presente neles, ainda que apenas como ruína, como uma memória ou um desconforto. Trata-se, portanto, de códigos ambivalentes, de uma ambivalência que se reflete nos tempos sociais que eles privilegiam. E esses tempos são, eles próprios, ambivalentes, irregulares, arrítmicos.

Nos códigos barrocos de hoje, identifico, ainda na esteira de Gurvitch (1963, p. 341-343), três temporalidades distintas. Antes de mais, existe o tempo *trompe-l'oeil*, que, embora à primeira vista pareça de longa duração, esconde uma capacidade enorme de irrupção, de dar origem a novas emergências por vezes abruptas e sempre inesperadas. Em segundo lugar, existe o tempo do compasso irregular entre o emergir e o desaparecer de ritmos, um tempo de duração e de intervalos enigmáticos entre séries de duração. Esse é o tempo da incerteza, da contingência e da descontinuidade. Por fim, existe o tempo que alterna entre o atraso e o avanço, um tempo de descontinuidades entre anacronismos e antecipações, um tempo de luta entre passado e futuro, pela conquista de espaço no presente. Nessa temporalidade o tempo é, assim, evanescente.

Cada um desses tempos ocorre nos dois tipos de código barroco, se bem que em diferentes combinações. Cada um desses tempos encerra uma ambivalência específica resultante do fato de aliar, numa síntese falhada, os elementos de um determinado dualismo. Tal dualismo pode verificar-se entre duração e explosão, entre a irregularidade da emergência ou a irregularidade do desaparecimento do ritmo, entre antecipação e anacronismo. O modo como essa ambivalência se apresenta pode variar de acordo com o ritmo – mais lento ou mais rápido – que dá forma às mudanças ou às oscilações. Os andamentos musicais *largo*, *lento*, *adagio*, *andante* e *moderato* tendem a ser predominantes nos códigos barrocos de subexposição e nos respectivos processos de canonização. Nos códigos barrocos de sobre-exposição e nos respectivos processos de dispersão criativa e de difusão em rede predominam os andamentos *allegro*, *presto* e *prestissimo*.

Um futuro para o passado: as imagens desestabilizadoras

Como a própria proliferação de códigos barrocos mostra, não é fácil sair de uma situação tão convincente nas suas contradições como nas suas ambiguidades, uma situação tão confortável para quem pode usá-la para oprimir quanto intolerável para quem tem de tê-la em conta para resistir contra a opressão. A repetição homogênea do presente implica o fim das interrogações permanentes de que fala Merleau-Ponty (1968, p. 50). O tempo de repetição pode ser concebido como progresso e como o seu contrário. Sem o *pathos* da tensão entre raízes e opções, não é possível pensar a transformação social, mas tal impossibilidade perde grande parte do seu dramatismo se a transformação social, independentemente de ser ou não impensável, for julgada desnecessária. Essa ambiguidade conduz ao apaziguamento intelectual, e este, ao conformismo e à passividade. Há, pois, que recuperar a capacidade de espanto e de a construir de modo a poder traduzir-se em inconformismo e rebeldia. A advertência de Walter Benjamin, escrita na primavera de 1940, mantém plena atualidade: "O espanto pelo fato de as coisas que estamos vivendo [refere-se, claro, ao nazismo] 'ainda' serem possíveis *não* é um espanto filosófico. Ele não se situa no limiar da compreensão, a não ser da compreensão de que a concepção da história da qual provém é insustentável" (BENJAMIN, 1980, p. 697).

Na minha opinião, temos de partir daqui, da verificação de que a teoria da história da modernidade é insustentável e que é, por isso, necessário substituí-la por outra que nos ajude a viver com dignidade este momento de perigo e a sobreviver a ele pelo aprofundamento das energias emancipatórias. O que necessitamos com mais urgência é de uma nova capacidade de espanto e de indignação que sustente uma nova teoria e uma nova prática inconformista, desestabilizadora, em suma, rebelde.

Seguindo a sugestão de Merleau-Ponty, devemos partir das significações da modernidade mais abertas e mais incompletas. São essas que suscitam a paixão e abrem espaços novos à criatividade e à iniciativa humanas (MERLEAU-PONTY, 1968, p. 45). Porque a teoria da história da modernidade ocidental foi totalmente orientada para o futuro, o passado ficou sub-representado e subcodificado. O dilema do nosso tempo reside em que nem pelo fato de o futuro estar desacreditado é possível, no âmbito dessa teoria, reanimar o passado. O passado para ela continua a ser a acumulação fatalista de catástrofes que o *Angelus Novus* olha impotente e ausente.

A nossa tarefa consiste em reinventar o passado de modo a que ele assuma a capacidade de fulguração, de irrupção e de redenção que Benjamin imaginou com grande presciência. "Para o materialismo histórico" – diz Benjamin (1980, p. 695) – "trata-se é de reter uma imagem do passado tal como ela aparece ao sujeito histórico, inesperadamente, no momento do perigo." Essa capacidade de fulguração só poderá desenvolver-se se o passado deixar de ser a acumulação fatalista de catástrofes e for tão somente a antecipação da nossa indignação e do nosso inconformismo. Na concepção modernista, o fatalismo é o outro lado da confiança no futuro. O passado é nela duplamente neutralizado: porque só aconteceu o que tinha de acontecer e porque o que quer que tenha acontecido num dado momento já foi ou pode vir a ser superado posteriormente. Nessa constelação de ilusões retrospectivas e de ilusões prospectivas nada se aprende com o passado senão a confiar no futuro.

É preciso, pois, lutar por outra concepção de passado, em que este se converta em razão antecipada da nossa raiva e do nosso inconformismo. Em vez do passado neutralizado, o passado como perda irreparável resultante de iniciativas humanas que muitas vezes puderam escolher entre alternativas. Um passado reanimado em nossa direção pelo sofrimento e pela opressão que foram causados na presença de alternativas que podiam tê-los evitado. É em nome de uma concepção do passado semelhante a essa que Benjamin critica a social-democracia alemã. Diz ele: "[A social-democracia] comprazeu-se em passar à classe operária o papel de libertadora das gerações *futuras*. Assim lhe cortou o nervo da melhor força que tinha. Nessa escola, a classe desaprendeu tanto o ódio como o espírito de sacrifício. É que estes nutrem-se da imagem dos antepassados escravizados, não do ideal dos netos libertados" (BENJAMIN, 1980, p. 700).

Talvez mais que ao tempo de Benjamin, perdemos a capacidade de raiva e de espanto perante o realismo grotesco do que se aceita só porque existe, perdemos a vontade de sacrifício. Para recuperar uma e outra, há que reinventar o passado como negatividade, produto da iniciativa humana, e, com base nele, construir interrogações poderosas e tomadas de posição apaixonadas capazes de sentidos inesgotáveis.

Há, pois, que identificar o sentido das interrogações poderosas num momento de perigo como o que atravessamos. Tal identificação ocorre em dois momentos. O primeiro momento é o da eficácia pretendida para interrogações poderosas. Usando uma expressão um tanto idealista de Merleau-Ponty (1968, p. 44), penso que as interrogações poderosas, para serem eficazes, têm de ser monogramas do espírito sobre as coisas. Têm de irromper pela intensidade e pela concentração da energia interior que transportam. Nas condições do tempo presente, tal irrupção só tem lugar se as interrogações poderosas se traduzirem em imagens desestabilizadoras. Só as imagens desestabilizadoras podem nos restituir a capacidade de espanto e de indignação. Na medida em que o passado deixar de ser automaticamente redimido pelo futuro, o sofrimento humano, a exploração e a opressão que o habitam passarão a ser um comentário cruel sobre o tempo presente, indesculpável, porque continua a ocorrer e porque poderia ter sido evitado pela iniciativa humana. As imagens só são desestabilizadoras na medida em que tudo depende de nós e tudo podia ser diferente e melhor. A iniciativa humana, pois, e não qualquer ideia abstrata de progresso, é que pode fundar o princípio da esperança de Ernst Bloch (1995). O inconformismo é a utopia da vontade. Como diz Benjamin (1980, p. 695): "Só possui o dom de fazer faiscar no passado a chispa da esperança aquele historiador que está convencido de que mesmo os mortos não estarão a salvo do inimigo, se este vencer".

As imagens desestabilizadoras só serão eficazes se forem amplamente partilhadas. Isso me conduz ao segundo momento do sentido das interrogações poderosas. Como interrogar de modo a que a interrogação seja mais partilhada do que as respostas que lhe forem dadas? Julgo que, hoje, no atual momento de perigo, a interrogação poderosa, para ser amplamente partilhada, deve incidir mais sobre o que nos une do que sobre o que nos separa. Porque uma das astúcias da equação raízes/opções foi ocultar, sob a capa do equilíbrio entre uma e outra, o predomínio total das opções, temos hoje muitas teorias e práticas de separação e de vários graus de separação. Pelo contrário, carecemos de teorias para unir, e essa carência torna-se particularmente grave num momento de perigo. A gravidade dessa carência não está nela mesma, mas no fato de coexistir com uma pletora de teorias da separação. O que é grave é o desequilíbrio entre as teorias da separação e as teorias da união.

Os poderes hegemônicos que comandam a globalização neoliberal, a sociedade de consumo e a sociedade de informação têm promovido teorias e imagens que apelam a uma totalidade, seja ela a da espécie, do mundo ou mesmo do universo, que existe por sobre as divisões entre as partes que a compõem. Sabemos que se trata de teorias e imagens manipulatórias que ignoram as diferentes circunstâncias e aspirações dos povos, classes, sexos, regiões, etnias etc., bem como as relações desiguais, de exploração e de vitimização, que têm unido as partes que compõem essa pseudototalidade. Mas o grão de credibilidade dessas teorias e imagens consiste em apelarem, ainda que de modo manipulatório, para uma comunidade imaginada da humanidade no seu todo. Por seu lado, os movimentos contra-hegemônicos têm ampliado as arenas de entendimento político, mas as coligações e as alianças têm sido, em geral, pouco eficazes em superar as teorias da separação, ainda que tenham sido mais eficazes em superar as separações territoriais do que as separações segundo as diferentes formas de discriminação e de opressão. As coligações transnacionais têm sido mais fáceis entre grupos feministas ou entre grupos ecologistas ou indígenas do que no interior desses movimentos. Isso se deve ao desequilíbrio entre teorias da separação e teorias da união. Estas últimas têm, pois, de ser reforçadas, para que se torne visível o que há de comum entre as diferentes formas de discriminação e de opressão: o sofrimento humano causado pelo capitalismo global, pelas formas de discriminação de que se alimenta e pela colonialidade do poder.[38] A globalização contra-hegemônica se assenta no caráter global e multidimensional do sofrimento humano (SANTOS, 2005b; 2006c). A ideia do *totus orbis* (século XVI), formulado por um dos fundadores do direito internacional moderno, Francisco de Vitoria, deve ser hoje reconstruída como globalização contra-hegemônica, como cosmopolitismo subalterno e insurgente. O respeito pela diferença não pode impedir a comunicação e a cumplicidade que tornam possível a luta contra a indiferença. O momento de perigo que atravessamos exige que aprofundemos a comunicação e a cumplicidade. Devemos fazê-lo não em nome de uma *communitas* abstrata, mas antes movidos pela imagem desestabilizadora do sofrimento multiforme, causado por

---

[38] Esse tema será tratado em detalhe no capítulo seguinte.

iniciativa humana, tão avassalador quanto desnecessário. Neste momento de perigo, as teorias da separação devem ser formuladas tendo em conta o que nos une. As fronteiras que separam devem ser construídas com muitas entradas e saídas. Ao mesmo tempo, é preciso sempre ter presente que o que une só une *a posteriori*.

A comunicação e a cumplicidade têm de ocorrer de modo sustentado e em vários níveis para que haja um equilíbrio dinâmico entre as teorias da separação e as teorias da união. A cada nível corresponde um potencial de indignação e inconformismo alimentado por uma imagem desestabilizadora. Proponho a distinção entre três níveis: epistemológico, metodológico e político.

A comunicação e a cumplicidade epistemológica assentam-se na ideia de que não há só uma forma de conhecimento, mas várias, e de que é preciso optar pela que favorece a criação de imagens desestabilizadoras e de atitudes de inconformismo perante elas. Tenho defendido que não há conhecimento em geral nem ignorância em geral (Santos, 1995, p. 7-55; 2000, p. 55-117, 2003e). Cada forma de conhecimento conhece em relação a certo tipo de ignorância, e, vice-versa, cada forma de ignorância é ignorância de certo tipo de conhecimento. Cada forma de conhecimento implica assim uma trajetória de um ponto A, designado como ignorância, para um ponto B, designado como saber. As formas de conhecimento distinguem-se pelo modo como caracterizam os dois pontos e a trajetória entre eles. Na modernidade ocidental, essa trajetória é simultaneamente uma sequência lógica e uma sequência temporal.[39] O movimento da ignorância para o saber é também o movimento do passado para o futuro.

Como proponho em outros trabalhos (Santos, 1995, p. 25-27; 2000, p. 78-81; 2019), o paradigma da modernidade ocidental comporta duas formas principais de conhecimento: conhecimento-regulação e conhecimento-emancipação. O conhecimento-regulação consiste numa trajetória entre um ponto de ignorância, designado como caos, e um ponto de conhecimento, designado como ordem. O conhecimento-emancipação consiste numa trajetória entre um ponto de ignorância, chamado colonialismo, e um ponto de conhecimento, chamado

---

[39] Ver o capítulo seguinte.

solidariedade. Apesar de essas duas formas de conhecimento estarem igualmente inscritas no paradigma da modernidade, a verdade é que no último século o conhecimento-regulação ganhou total primazia sobre o conhecimento-emancipação. Com isso, a ordem passou a ser a forma hegemônica de conhecimento (de que o cânone é exemplo), e o caos, a forma hegemônica da ignorância. Essa hegemonia do conhecimento-regulação permitiu-lhe recodificar nos seus próprios termos o conhecimento-emancipação. Assim, o que era saber nesta última forma de conhecimento transformou-se em ignorância (a solidariedade foi recodificada como caos), e o que era ignorância transformou-se em saber (o colonialismo foi recodificado como ordem). Como a sequência lógica da ignorância para o saber é também a sequência temporal do passado para o futuro, a hegemonia do conhecimento-regulação fez com que o futuro e, portanto, a transformação social passassem a ser concebidos como ordem, e o colonialismo, como um tipo de ordem. Paralelamente, o passado passou a ser concebido como caos, e a solidariedade, como um tipo de caos. O sofrimento humano pôde assim ser justificado em nome da luta da ordem e do colonialismo contra o caos e a solidariedade. Esse sofrimento humano teve e continua tendo destinatários sociais específicos – trabalhadores, mulheres, minorias (e por vezes maiorias) étnicas, raciais e sexuais –, cada um deles a seu modo considerado perigoso precisamente porque representa o caos e a solidariedade contra os quais é preciso lutar em nome da ordem e do colonialismo. A neutralização epistemológica do passado tem sido sempre a contraparte da neutralização social e política das "classes perigosas".

Em face disso, a orientação epistemológica para tornar possível a comunicação e a cumplicidade tem de passar pela revalorização da solidariedade como forma de conhecimento e pela revalorização do caos como dimensão da solidariedade. Por outras palavras, tem de passar pela revalorização do conhecimento-emancipação em detrimento do conhecimento-regulação. A imagem desestabilizadora que gerará energia para essa revalorização é o *sofrimento humano* concebido como o resultado de toda iniciativa humana que converte a solidariedade em forma de ignorância e o colonialismo em forma de saber.

A segunda orientação é metodológica. As teorias sobre o que nos une, propostas pela sociedade de consumo e pela sociedade de informação, assentam-se na ideia de globalização. As globalizações hegemônicas são, de fato, localismos globalizados, os novos imperialismos culturais (SANTOS, 2002c, p. 49-71). Podemos definir globalização hegemônica como o processo através do qual um dado fenômeno ou entidade local consegue difundir-se globalmente, e, ao fazê-lo, adquire a capacidade de designar um fenômeno ou uma entidade rival como local (SANTOS, 2002c, p. 49-71). A comunicação e a cumplicidade permitidas pela globalização hegemônica assentam-se numa troca desigual que canibaliza as diferenças em vez de permitir o diálogo entre elas. Estão armadilhadas por silêncios, manipulações e exclusões.

Contra os localismos globalizados proponho, como orientação metodológica, a *hermenêutica diatópica*.[40] Trata-se de um procedimento hermenêutico fundado na ideia de que todas as culturas são incompletas e de que os *topoi* de uma dada cultura, por mais fortes que sejam, são tão incompletos quanto a cultura a que pertencem. Os *topoi* fortes são as principais premissas da argumentação dentro de uma dada cultura, as premissas que tornam possíveis a criação e a troca de argumentos. Essa função dos *topoi* cria uma ilusão de totalidade assente na indução *pars pro toto*. Por isso, a incompletude de uma dada cultura só é avaliável a partir dos *topoi* de outra cultura. Vistos de outra cultura, os *topoi* de uma dada cultura deixam de ser premissas da argumentação para passarem a ser meros argumentos.[41] O objetivo da hermenêutica diatópica é maximizar a consciência da incompletude recíproca das culturas, através de um diálogo com um pé numa cultura e o outro pé em outra. Daí o seu caráter diatópico. A hermenêutica diatópica é um exercício de reciprocidade entre culturas que consiste em transformar as premissas de argumentação de uma dada cultura em argumentos inteligíveis e credíveis em outra cultura. No Capítulo 13 proponho um

---

[40] Sobre o conceito de hermenêutica diatópica aplicado aos direitos humanos, ver o Capítulo 13.

[41] Em momentos de grande turbulência, a passagem "descendente" dos *topoi* de premissas da argumentação a simples argumentação pode ocorrer e ser visível a partir de dentro de uma dada cultura. De algum modo, é o que está sucedendo com a equação entre raízes e opções. Na narrativa que proponho neste capítulo, questiono essa equação como um *topos* forte da cultura eurocêntrica e, ao fazê-lo, "desço-a" de premissa de argumentação a simples argumento e refuto-a com outros argumentos.

exercício de hermenêutica diatópica entre o *topos* dos direitos humanos da cultura ocidental, o *topos* da *dharma* na cultura hindu e o *topos* da *umma* na cultura islâmica.

Elevar a incompletude ao máximo de consciência possível abre possibilidades insuspeitadas à comunicação e à cumplicidade. Trata-se de um procedimento difícil, pós-colonial, pós-imperial e, em certo sentido, pós-identitário. A própria reflexividade sobre as condições que a tornam possível e necessária é uma das mais exigentes condições da hermenêutica diatópica. Com um forte conteúdo utópico, a energia para pô-la em prática advém de uma imagem desestabilizadora que designo como *epistemicídio*, o assassinato do conhecimento. As trocas desiguais entre culturas têm sempre acarretado a morte do conhecimento próprio da cultura subordinada e, portanto, dos grupos sociais seus titulares. Nos casos mais extremos, como o da expansão europeia, o epistemicídio foi uma das condições do genocídio (Santos, 1998a, p. 208). A perda de confiança epistemológica por que passa atualmente a ciência moderna torna possível identificar o âmbito e a gravidade dos epistemicídios cometidos pela modernidade hegemônica eurocêntrica. A imagem de tais epistemicídios será tanto mais desestabilizadora quanto mais consistência tiver a prática da hermenêutica diatópica.

A terceira orientação para um equilíbrio dinâmico entre as teorias da separação e as teorias da união é política e designo-a, seguindo Richard Falk (1995), como *governo humano* (*human governance*). As teorias hegemônicas da união, a começar pela economia capitalista do mercado livre e pela democracia liberal, estão criando formas brutais de exclusão e de destituição que redundam em práticas de neofeudalismo e neocolonialismo. Por sua vez, as teorias contra-hegemônicas de separação, como as que subjazem a muitas políticas de identidade, porque desprovidas do contrapeso das teorias da união, têm redundado por vezes em práticas fundamentalistas ou neotribais. Por essas duas vias opostas, mas convergentes, vivemos um tempo de excesso de separatismo e de segregacionismo. A imagem desestabilizadora que é necessário construir a partir dele é a imagem do *apartheid global*, um mundo de guetos sem entrada nem saída, errando num mar de correntes colonialistas e fascistas. Essa imagem desestabilizadora constituirá a energia da orientação política do governo humano. Entendo por ele, na esteira de Falk, todo critério normativo que "facilita a comunicação através de divisões civilizacionais, nacionalistas, étnicas, classistas, geracionais, cognitivas e sexuais", mas que o faz com "respeito e celebração da diferença e uma atitude de extremo ceticismo para com alarmes exclusivistas que negam espaço para expressão e descoberta dos outros, bem como para com variantes do universalismo que ignoram as desiguais circunstâncias e aspirações de povos, classes e regiões" (FALK, 1995, p. 242).[42] Em outras palavras, o governo humano é um projeto normativo que, "em todo e qualquer contexto, constantemente identifica e restabelece as várias interfaces entre o específico e o geral, mantendo, todavia, as suas fronteiras mentais e espaciais abertas para entrada e saída, permanecendo desconfiado de qualquer versão de pretensão de verdade enquanto fundamento para o extremismo e a violência política" (FALK, 1995, p. 242). Impulsionado por uma imagem desestabilizadora – o *apartheid* global –, poderosa porque associada à guerra e ao genocídio, às desigualdades abissais e ao colapso ecológico, o princípio do governo humano tem um potencial oposicional muito grande.

As três imagens desestabilizadoras – o sofrimento humano, o epistemicídio e o *apartheid* global – interpelam o passado como desculpável iniciativa humana de modo a permitir que ele se reanime e fulgure na nossa direção. Essas imagens são também ideias que procuram recuperar a capacidade de desestabilização que as ideias perderam. São novas constelações onde se combinam ideias, emoções, sentimentos de espanto e de indignação, paixões de sentidos inesgotáveis. São monogramas do espírito postos em novas práticas rebeldes e inconformistas.

Só nessas condições as imagens desestabilizadoras gerarão a energia para observarmos as três orientações para sobreviver com dignidade este momento de perigo – o conhecimento-emancipação, a hermenêutica diatópica e o governo humano.

Um futuro para o passado: as subjetividades desestabilizadoras

Conforme referi anteriormente, os códigos barrocos que criam mestiçagem pela sobre-exposição têm potencial descanonizador e emancipatório.

---

[42] Esse tema será amplamente desenvolvido no capítulo seguinte.

As imagens desestabilizadoras não são desestabilizadoras em si mesmas. Elas apenas encerram um potencial desestabilizador, que pode concretizar-se na medida apenas em que essas imagens são captadas por subjetividades, individuais ou coletivas, capazes de entender corretamente os sinais que elas emitem, de se sentir indignadas com as mensagens que transmitem e de transformar essa sua indignação em energia emancipatória. Como já disse, na modernidade ocidental a relação estreita entre o conhecimento e a subjetividade teve o seu reconhecimento cabal nas grandes transições paradigmáticas do Renascimento e do Iluminismo (Cassirer, 1960; 1963; Toulmin, 1990). O Iluminismo é a transição que aqui mais me interessa. A enorme influência exercida por Locke (1956) e os seus conceitos de ação e compreensão humana deveu-se ao fato de a sua afinidade eletiva com a nova constelação de sentido ser tão forte que o que se disse sobre a ação humana se entendeu não como especulação, mas como descoberta ou revelação. Voltaire reconhece isso mesmo quando escreve o seguinte sobre Locke, com indisfarçável admiração: "Depois de tantos pensadores sem critério terem produzido aquilo a que se poderia chamar o romance da alma, surge um sábio que modestamente nos apresenta a sua história. John Locke desvelou a razão humana, tal como um hábil anatomista explica as origens e estrutura do corpo humano" (Voltaire, 1950, p. 177). A razão para o entusiasmo de Voltaire é que Locke abrira uma nova perspectiva, ao propor que a análise da experiência precedesse qualquer determinação do seu objeto, e que a compreensão exata do caráter específico do entendimento humano só poderia ser alcançada mediante o traçado completo do seu percurso, desde as suas formas mais elementares às mais completas. Segundo Locke, a origem do problema crítico era genética, e a história da mente humana fornecia para tal adequada explicação.[43]

Escrevendo num momento crucial da constituição do paradigma da modernidade, Locke fez perguntas e deu respostas que são de escassa utilidade nos dias de hoje, quando já se alcançou porventura a última fase do paradigma que ele ajudou a consolidar. O que pode nos ser útil, no entanto, é a arqueologia tanto das perguntas como das respostas de Locke.

---

[43] Ver Cassirer (1960, p. 93-133).

Locke formulou perguntas radicais sobre uma espécie de subjetividade capaz e desejosa de criar um novo conhecimento científico, e cujas possibilidades infinitas assomavam no horizonte, uma subjetividade, realmente, desejosa de se reconhecer nas suas próprias criações. Locke viu a resposta às suas perguntas numa correspondência instável entre dois extremos: um conhecimento que se posicionava no limiar de um futuro exaltante não podia ser desejado senão por uma subjetividade que representasse o culminar de uma longa evolução ascendente.

Hoje, também nós temos, tal como Locke, de perguntar pela subjetividade de uma forma radical, se bem que de modo radicalmente diferente. Ao contrário de Locke, perguntamos por uma subjetividade que não culmina em evolução, uma subjetividade cuja reflexividade se concentra num passado que nunca existiu, e nas condições que o impediram de alguma vez existir. Na construção social da subjetividade desestabilizadora, uma sociologia da ausência é, assim, tão importante quanto uma sociologia da presença.[44] Essa sociologia dual, que em larga medida está ainda para ser produzida, é o cerne da vontade emancipatória da subjetividade emergente. Esta tem a sua origem no "mal-estar" de Condillac, aquele desassossego que o filósofo francês entendia ser o ponto de partida não só dos nossos desejos e quereres, mas também do nosso pensamento, juízo, vontade e ação (CONDILLAC, 1798). Em tempo de explosão de raízes e opções, e em tempo de permutabilidade de raízes e opções, o desassossego traduz-se tanto na capacidade de desocultação como na capacidade de sentido: por um lado, a desocultação de opções de poder, durante tanto tempo ocultadas pelo poder das opções; por outro, o sentido de novas possibilidades resultantes da reflexividade acrescida. O que importa, pois, é desfamiliarizar a tradição canônica (a sociologia da presença) sem parar aí, como se essa desfamiliarização fosse a única familiaridade possível. Em outras palavras, acoplar desocultação e sentido impede a subjetividade emergente de resvalar para os extremos de Nietzsche, quando diz, em *A genealogia da moral*, que "só o que não tem história é definível" (NIETZSCHE, 1973, p. 453). O projeto desestabilizador tem de se empenhar numa crítica radical da política do possível, sem ceder a uma política impossível.

---

[44] Ver o capítulo seguinte.

Central ao conhecimento das ciências sociais empenhadas nesse tipo de projeto não é a distinção entre estrutura e agência, mas antes a distinção entre ação conformista e aquilo que me proponho designar como ação *com clinamen*. Ação conformista é a prática rotinizada, reprodutiva e repetitiva que reduz o realismo àquilo que existe e apenas porque existe. Para esse conceito de ação com *clinamen* recorro a Lucrécio, que entende "*clinamen*" (desvio, inclinação) como o "*quiddam*" inexplicável que perturba a relação de causa e efeito, ou seja, a capacidade de desvio que Epicuro atribuiu aos átomos de Demócrito. O *clinamen* é o que faz com que os átomos deixem de parecer inertes e revelem um poder de inclinação, isto é, um poder de movimento espontâneo (EPICURUS, 1926; LUCRETIUS, 1950).[45] Ao contrário do que acontece na ação revolucionária, a criatividade da ação com *clinamen* não se assenta numa ruptura dramática, antes num ligeiro desvio, cujos efeitos cumulativos tornam possíveis as combinações complexas e criativas entre seres vivos e grupos sociais (tal como acontece entre os átomos, na apropriação que Lucrécio faz de Epicuro).[46]

O *clinamen* não recusa o passado; pelo contrário, assume-o e redime-o pela forma como dele se desvia. De fato, o desvio é uma prática liminar que ocorre na fronteira entre um passado que realmente existiu e um passado que não teve licença de existir. Em virtude desse desvio, que pode ser imperceptível enquanto tal, a capacidade de interpelação do passado expande-se de tal modo que se torna a fulguração de que fala Benjamin – um intenso *Jetztzeit* que gera a possibilidade novas práticas emancipatórias. A ocorrência de ação com *clinamen* é em si mesma inexplicável. O papel das ciências sociais a esse respeito será somente o de identificar as condições que maximizam a probabilidade de uma tal

---

[45] O conceito de *clinamen* entrou na teoria literária pela mão de Harold Bloom. É uma das *rationes* revisionistas da sua teoria de influência poética. Em *The Anxiety of Influence*, Bloom serve-se da noção de *clinamen* para explicar a criatividade poética como uma tresleitura que é antes transleitura (o termo bloomiano é "*misreading*", um ler-mal que é também ler-mais-do-que-bem, ou corrigir). Diz Bloom (1973, p. 14): "Um poeta desvia-se do poema do seu percursor, executando um *clinamen* em relação a ele". O termo jurídico de "*misprision*" (crime, ou ação desviante por omissão), que Bloom usou inicialmente como sinônimo de "*misreading*", acabou por ter menos circulação.

[46] Como diz Lucrécio, o desvio é *per paucum nec plus quam minimum* (EPICURUS, 1926; introdução de Frederic Manning, p. XXXIV).

ocorrência e definir, ao mesmo tempo, o horizonte de possibilidades em que o desvio virá a "operar".

Uma subjetividade desestabilizadora é uma subjetividade dotada de uma especial capacidade, energia e vontade de agir com *clinamen*. Poderíamos dizer, pensando no uso que Bloom faz do termo, que uma subjetividade desestabilizadora é uma subjetividade poética. A própria construção social de uma tal subjetividade é necessariamente um exercício de liminaridade. Implica necessariamente experimentar com formas excêntricas ou marginais de sociabilidade ou subjetividade na modernidade. O barroco, visto como um campo aberto de reinvenção e experimentação, é, em meu entender, uma dessas formas.[47] A subjetividade desestabilizadora é uma subjetividade barroca. No Capítulo 5 analiso detalhadamente o perfil da subjetividade barroca e o potencial que ela encerra para, por via do *clinamen*, fazer desviar o conformismo para a subversão.

Conclusão

Estamos num momento de perigo que é também um momento de transição. O futuro já perdeu a sua capacidade de redenção e de fulguração, e o passado ainda não a adquiriu. Já não somos capazes de pensar a transformação social em termos da equação entre raízes e opções, mas tampouco somos capazes de pensá-la sem ela. O perigo reside na repetição homogênea do presente e na sua capacidade de fulguração kafkiana. O perigo reside em que, uma vez desprovidos das tensões em que formamos a nossa subjetividade, quedemo-nos por formas simplificadas de subjetividade.

Um dos sintomas mais perturbadores da subjetividade simplificada é o fato de as teorias da separação e da segregação dominarem totalmente sobre as teorias da união, da comunicação e da cumplicidade. A irrelevância da equação raízes/opções reside precisamente no fato de estarmos separados e segregados, tanto pelas raízes como pelas opções. Por isso, as razões limitadas que invocamos para as segregações, tanto

---

[47] Em outro lugar, analiso com mais pormenores as potencialidades do barroco (SANTOS, 1995, p. 499- 506; 2000, p. 356-367).

hegemônicas como contra-hegemônicas, não sabem dar razões para os limites da segregação.

O novo equilíbrio entre as teorias da separação e as teorias da união, uma maior comunicação e cumplicidade através das fronteiras, é uma proposta que será prosseguida nos capítulos seguintes. As orientações que aqui proponho pensam a cultura ocidental de modo a que a transformação social deixe de poder ser pensada em termos ocidentais.

O mesmo é verdade acerca da concepção de subjetividade desestabilizadora proposta neste capítulo, uma concepção que se constrói com base numa tradição excêntrica e marginal da modernidade ocidental: o *clinamen* e o barroco. Como mostrarei no Capítulo 5, a reconstrução sociológica e cultural do barroco que avanço como desafio às ciências sociais – uma reconstrução com cinco dimensões: interrupção, *terribilità*, *sfumato*, *mestizaje* e festa – destina-se a promover uma forma específica de ação, a ação com *clinamen*, o tipo de ação em que as imagens e subjetividades desestabilizadoras prosperam e se conjugam para dar origem a uma prática transformadora. Essa reconstrução do barroco é, em si mesma, um gesto de desvio em relação à concepção convencional do barroco.

À luz desse duplo descentramento – mediante imagens e subjetividades desestabilizadoras –, à luz, repito, desse duplo descentramento das promessas culturais que têm estado na base das ciências sociais, o *Angelus Novus* não pode continuar suspenso da sua leveza imponderável, contemplando os horrores de costas voltadas para o que os provoca. Se isso acontecesse, a tragédia do anjo traduzir-se-ia numa farsa, e a sua interrogação poderosa, em comentário patético. Creio, pelo contrário, que o anjo, uma vez confrontado com a intensidade sedutora e grotesca das imagens desestabilizadoras, acabará por abraçá-las, delas recolhendo a energia de que necessita para de novo voar. Só que, dessa vez, sem deixar de pisar a terra, como Anteu.[48] Só assim o anjo acordará os mortos e reunirá os vencidos.

---

[48] Anteu é um personagem da mitologia grega. Filho de Netuno e da Terra, era invencível enquanto estivesse em contato com a sua mãe Terra. Hércules venceu-o após ter conseguido levantá-lo do chão, tendo-o esmagado no ar.

CAPÍTULO 2
Uma sociologia das ausências e uma sociologia das emergências

Introdução

O presente capítulo sumariza a reflexão teórica e epistemológica a que me conduziu um projeto de investigação com o título "A reinvenção da emancipação social", por mim dirigido entre 1999 e 2002.[1] Esse projeto propôs-se estudar as alternativas à globalização neoliberal e ao capitalismo global produzidas pelos movimentos sociais e pelas organizações não governamentais na sua luta contra a exclusão e a discriminação em diferentes domínios sociais e em diferentes países. O principal objetivo do projeto foi determinar em que medida a globalização alternativa está sendo produzida a partir de baixo e quais são as suas possibilidades e limites. Escolhi seis países, cinco dos quais semiperiféricos, em diferentes continentes. A minha hipótese de trabalho foi que os conflitos entre a globalização neoliberal hegemônica e a globalização contra-hegemônica são mais intensos nesses países. Para complementar essa hipótese, selecionei ainda Moçambique, considerado

---

[1] Entre 1999 e 2002 realizei um projeto internacional sobre "A reinvenção da emancipação social", que envolveu 69 investigadores de seis países: África do Sul, Brasil, Colômbia, Índia, Moçambique e Portugal. O projeto pode ser consultado em https://bit.ly/3bDLmtA (acesso em: 03 nov. 2021). Os resultados principais da investigação estão publicados em português: Santos (2002b; 2002d; 2003d; 2005d; 2005e; 2009); em espanhol: Santos (2004c; 2011c); em inglês: Santos (2005a; 2006a; 2007a; 2010c); e em italiano: Santos (2003a; 2005c).

pelas estatísticas internacionais como um dos países mais pobres do mundo. Os seis países escolhidos, para além de Moçambique, foram a África do Sul, o Brasil, a Colômbia, a Índia e Portugal. Nesses países, identificaram-se iniciativas, movimentos, experiências, em cinco áreas temáticas em que mais claramente se condensam os conflitos Norte-Sul: democracia participativa; sistemas de produção alternativos e economia solidária; multiculturalismo, direitos coletivos, pluralismo jurídico e cidadania cultural; alternativas aos direitos de propriedade intelectual capitalistas e proteção da biodiversidade e diversidade epistêmica do mundo; novo internacionalismo operário. Como parte do projeto, e com a intenção de identificar outros discursos e narrativas sobre o mundo, realizaram-se extensas entrevistas com ativistas ou dirigentes dos movimentos ou iniciativas sociais analisados. O projeto levou a uma profunda reflexão epistemológica de que apresento neste capítulo os primeiros resultados.

São os seguintes os fatores e as circunstâncias que mais contribuíram para essa reflexão. Em primeiro lugar, tratou-se de um projeto conduzido fora dos centros hegemônicos de produção da ciência social, com o objetivo de criar uma comunidade científica internacional independente das concepções hegemônicas que esses centros veiculam. Em segundo lugar, o projeto implicou o cruzamento não apenas de diferentes tradições teóricas e metodológicas das ciências sociais, mas também de diferentes culturas e formas de interação entre a cultura e o conhecimento, bem como entre o conhecimento científico e o conhecimento não científico. Em terceiro lugar, o projeto debruçou-se sobre lutas, iniciativas, movimentos alternativos, muitos dos quais locais, muitas vezes em lugares remotos do mundo e, assim, talvez fáceis de desacreditar como irrelevantes, ou demasiadamente frágeis ou localizados para oferecer uma alternativa credível ao capitalismo.

Os fatores e as circunstâncias aqui descritos levaram-me a três conclusões. Em primeiro lugar, a experiência social em todo o mundo é muito mais ampla e variada do que o que a tradição científica ou filosófica ocidental conhece e considera importante. Em segundo lugar, essa riqueza social está sendo desperdiçada. É desse desperdício que se nutrem as ideias que proclamam que não há alternativa, que a história chegou ao fim e outras semelhantes. Em terceiro lugar, para combater o desperdício da experiência, para tornar visíveis as iniciativas e os movimentos alternativos e para lhes dar credibilidade, de pouco serve recorrer à ciência social tal como a conhecemos. No fim de contas, essa ciência é responsável por esconder ou desacreditar as alternativas. Para combater o desperdício da experiência social, não basta propor outro tipo de ciência social. Mais do que isso, é necessário propor um modelo diferente de racionalidade. Sem uma crítica do modelo de racionalidade ocidental dominante pelo menos durante os últimos 200 anos, todas as propostas apresentadas pela nova análise social, por mais alternativas que se julguem, tenderão a reproduzir o mesmo efeito de ocultação e descrédito.

Neste capítulo, procedo a uma crítica desse modelo de racionalidade a que, seguindo Leibniz, chamo *razão indolente* e proponho os prolegômenos de outro modelo, que designo como *razão cosmopolita*.[2] Procuro fundar essa razão cosmopolita em três procedimentos metassociológicos: a sociologia das ausências, a sociologia das emergências e o trabalho de tradução.

Os pontos de partida são três. Em primeiro lugar, a compreensão do mundo excede em muito a compreensão ocidental do mundo. A compreensão ocidental do mundo, quer do mundo ocidental, quer do mundo não ocidental, é tão importante quanto parcial e inadequada. Em segundo lugar, a compreensão do mundo e a forma como ela cria e legitima o poder social tem muito a ver com concepções do tempo e da temporalidade. Em terceiro lugar, a característica mais fundamental da concepção ocidental de racionalidade é o fato de, por um lado, contrair o presente e, por outro, expandir o futuro. A contração do presente, ocasionada por uma peculiar concepção de totalidade, consiste em transformar o presente num instante fugidio, entrincheirado entre o passado e o futuro.[3] Do mesmo modo, a concepção linear do tempo e a planificação da história permitiram expandir o futuro indefinidamente.

---

[2] A designação de Leibniz (1985) tem me servido para situar o trabalho de reflexão teórica e epistemológica que tenho feito nos últimos anos. O título do livro em que dou conta dessa reflexão é testemunho disso mesmo: *A crítica da razão indolente: contra o desperdício da experiência* (SANTOS, 2000). No presente capítulo, proponho-me dar mais um passo nessa reflexão.

[3] Paradoxalmente a contração do presente pode dar-se pela sua eternização, ou seja, pela repetição infinita de instantes indiferenciados ou fungíveis. Sobre esse assunto, ver o Capítulo 1.

Quanto mais amplo o futuro, mais radiosas são as expectativas confrontadas com as experiências do presente. Nos anos 1940, Ernst Bloch (1995, p. 313) interrogava-se, perplexo: se vivemos apenas no presente, por que razão é ele tão fugaz? É a mesma perplexidade que está subjacente à minha reflexão neste capítulo.

Proponho uma racionalidade cosmopolita que, nessa fase de transição, terá de seguir a trajetória inversa: expandir o presente e contrair o futuro. Só assim será possível criar o espaço-tempo necessário para conhecer e valorizar a inesgotável experiência social que está em curso no mundo de hoje. Em outras palavras, só assim será possível evitar o gigantesco desperdício da experiência de que sofremos hoje em dia. Para expandir o presente, proponho uma sociologia das ausências; para contrair o futuro, uma sociologia das emergências. Dado que, como propõem Prigogine (1997) e Wallerstein (1999), as sociedades contemporâneas vivem uma situação de bifurcação, a imensa diversidade de experiências sociais revelada por esses processos não pode ser explicada adequadamente por uma teoria geral. Em vez de uma teoria geral, proponho o trabalho de tradução, um procedimento capaz de criar uma inteligibilidade mútua entre experiências possíveis e disponíveis sem destruir a sua identidade.

A indolência da razão criticada neste capítulo ocorre em quatro formas diferentes: a razão impotente, aquela que não se exerce porque pensa que nada pode fazer contra uma necessidade concebida como exterior a ela própria; a razão arrogante, que não sente necessidade de se exercer porque se imagina incondicionalmente livre e, por conseguinte, livre da necessidade de demonstrar a sua própria liberdade; a razão metonímica, que se reivindica como a única forma de racionalidade e, por conseguinte, não se aplica a descobrir outros tipos de racionalidade ou, se o faz, fá-lo apenas para torná-las matéria-prima;[4] e a razão proléptica, que não se aplica a pensar o futuro, porque julga que sabe tudo a respeito dele e o concebe como uma superação linear, automática e infinita do presente.[5]

---

[4] Uso o conceito de metonímia, uma figura do discurso aparentada com a sinédoque, para significar a parte pelo todo.

[5] Uso o conceito de prolepse, uma técnica narrativa frequente, para significar o conhecimento do futuro no presente.

A razão indolente subjaz, nas suas várias formas, ao conhecimento hegemônico, tanto filosófico como científico, produzido no Ocidente nos últimos 200 anos. A consolidação do Estado liberal na Europa e na América do Norte, as revoluções industriais e o desenvolvimento capitalista, o colonialismo e o imperialismo constituíram o contexto sociopolítico em que a razão indolente se desenvolveu. As exceções parciais, o romantismo e o marxismo, não foram nem suficientemente fortes nem suficientemente diferentes para poder ser uma alternativa à razão indolente. Por isso, a razão indolente criou o quadro para os grandes debates filosóficos e epistemológicos dos dois últimos séculos e, de fato, presidiu a eles. Por exemplo, a razão impotente e a razão arrogante formataram o debate entre determinismo e livre-arbítrio e, mais tarde, o debate entre realismo e construtivismo e o debate entre estruturalismo e existencialismo. Não surpreende que esses debates tenham sido intelectualmente indolentes. Por sua vez, a razão metonímica apropriou-se de debates antigos, como o debate entre o holismo e o atomismo, e constituiu outros, como o *Methodenstreit* entre as ciências nomotéticas e as ciências idiográficas, entre a explicação e a compreensão. Nos anos 1960, presidiu ao debate sobre as duas culturas lançadas por C. P. Snow (1959; 1964). Nesse debate, a razão metonímica ainda considerava a si própria como uma totalidade, se bem que já não tão monolítica. O debate aprofundou-se nos anos 1980 e 1990, com a epistemologia feminista, os estudos culturais e os estudos sociais da ciência.[6] Ao analisarem a heterogeneidade das práticas e das narrativas da ciência, as novas epistemologias pulverizaram ainda mais essa totalidade e transformaram as duas culturas numa pluralidade pouco estável de culturas. Mas a razão metonímica continuou a presidir aos debates mesmo quando se introduziu neles o tema do multiculturalismo e a ciência passou a se ver como multicultural. Os outros saberes, não científicos nem filosóficos, e, sobretudo, os saberes exteriores ao cânone ocidental continuaram até hoje em grande medida fora do debate. No que respeita à razão proléptica, a planificação da história por ela formulada dominou os debates sobre o idealismo e o materialismo dialéticos, sobre o historicismo e o pragmatismo. A partir da década de 1980,

---

[6] Esse tema é discutido na Introdução.

foi contestada sobretudo com as teorias da complexidade e as teorias do caos. A razão proléptica, que se assentava na ideia linear de progresso, viu-se então confrontada com as ideias de entropia e catástrofe, embora do confronto não tenha resultado até agora nenhuma alternativa.

O debate gerado pelas "duas culturas" e pelas várias terceiras culturas que emergiram dele – as ciências sociais (LEPENIES, 1988) ou a popularização da ciência (BROCKMAN, 1995)[7] – não afetou o domínio da razão indolente sob qualquer das suas quatro formas: razão impotente (determinismo, realismo), razão arrogante (livre-arbítrio, construtivismo), razão metonímica (reducionismo, dualismo) e razão proléptica (evolucionismo, progresso). Por isso não houve nenhuma reestruturação do conhecimento. Nem podia haver, em minha opinião, porque a indolência da razão manifesta-se, entre outras formas, no modo como resiste à mudança das rotinas, e como transforma interesses hegemônicos em conhecimentos verdadeiros. Da minha perspectiva, para haver mudanças profundas na estruturação dos conhecimentos, é necessário começar por mudar a razão que preside tanto aos conhecimentos como à estruturação destes. Em suma, é preciso desafiar a razão indolente.

Neste capítulo, confronto-me com a razão indolente sob duas das suas formas, a razão metonímica e a razão proléptica.[8] As duas outras formas são aparentemente mais antigas e têm suscitado muito mais debate (o debate sobre determinismo ou livre-arbítrio; o debate sobre realismo ou construtivismo). Em minha opinião, porém, as duas primeiras são verdadeiramente as formas fundacionais, e é por isso que, não tendo elas sido questionadas, os debates referidos têm se revelado indecidíveis.

A crítica da razão metonímica

A razão metonímica é obcecada pela ideia da totalidade sob a forma da ordem. Não há compreensão nem ação que não sejam referidas a um todo, e o todo tem absoluta primazia sobre cada uma das partes que o compõem. Por isso, há apenas uma lógica que governa

---

[7] Sobre a necessidade de a nova configuração dos saberes ir "para além das duas culturas", vejam-se os textos de João Arriscado Nunes (1998-1999; 2003).

[8] Para uma primeira crítica da razão indolente, ver a minha busca de um novo senso comum (SANTOS, 1995; 2000; 2002e).

tanto o comportamento do todo como o de cada uma das suas partes. Há, pois, uma homogeneidade entre o todo e as partes, e estas não têm existência fora da relação com a totalidade. As possíveis variações do movimento das partes não afetam o todo e são vistas como particularidades. A forma mais acabada de totalidade para a razão metonímica é a dicotomia, porque combina, do modo mais elegante, a simetria com a hierarquia. A simetria entre as partes é sempre uma relação horizontal que oculta uma relação vertical. Isso é assim porque, ao contrário do que é proclamado pela razão metonímica, o todo é menos, e não mais do que o conjunto das partes. Na verdade, o todo é uma das partes transformada em termo de referência para as demais. É por isso que todas as dicotomias sufragadas pela razão metonímica contêm uma hierarquia: cultura científica/cultura literária; conhecimento científico/conhecimento tradicional; homem/mulher; cultura/natureza; civilizado/primitivo; capital/trabalho; branco/negro; Norte/Sul; Ocidente/Oriente; e assim por diante.

Tudo isso é hoje por de mais conhecido, pelo que vou centrar-me nas consequências.[9] São as seguintes as duas consequências principais. Em primeiro lugar, como não existe nada fora da totalidade que seja ou mereça ser inteligível, a razão metonímica afirma-se uma razão exaustiva, exclusiva e completa, muito embora seja apenas uma das lógicas de racionalidade que existem no mundo e seja apenas dominante nos estratos da compreensão do mundo constituídos ou influenciados pela modernidade ocidental. A razão metonímica não é capaz

---

[9] No Ocidente, a crítica tanto da razão metonímica como da razão proléptica tem uma longa tradição. Para me restringir à era moderna, ela pode fazer-se remontar ao romantismo e surge, de diferentes formas, em Kierkegaard, Nietzsche, na fenomenologia, no existencialismo e no pragmatismo. A indolência dos debates está em que eles, em geral, não põem em questão a descontextualização da razão como alguma coisa separada da realidade e acima dela. É por isso que, a meu ver, a crítica mais eloquente vem daqueles para quem as razões metonímica e proléptica não são simplesmente um artefato intelectual ou um jogo, mas a ideologia subjacente a um brutal sistema de dominação, o sistema colonial. Gandhi (1929-1932; 1938; 1951; 1960; 1972), Fanon (1961), Martí (1963), Nkrumah (1965) e Memmi (1965) são algumas das vozes mais salientes. No contexto colonial, a razão indolente subjaz àquilo a que Quijano, Dussel e Mignolo chamam a "colonialidade do poder", uma forma de poder que não terminou com o fim do colonialismo, mas continuou a dominar nas sociedades pós-coloniais (QUIJANO, 2000; MIGNOLO, 2000; DUSSEL, 2001).

de aceitar que a compreensão do mundo seja muito mais do que a compreensão ocidental do mundo. Em segundo lugar, para a razão metonímica nenhuma das partes pode ser pensada fora da relação com a totalidade. O Norte não é inteligível fora da relação com o Sul, tal como o conhecimento tradicional não é inteligível sem a relação com o conhecimento científico, ou a mulher sem o homem. Assim, não é admissível que qualquer das partes tenha vida própria para além da que lhe é conferida pela relação dicotômica e muito menos que possa, além de parte, ser outra totalidade. Por isso, a compreensão do mundo que a razão metonímica promove não é apenas parcial, é internamente muito seletiva. A modernidade ocidental, dominada pela razão metonímica, não só tem uma compreensão limitada do mundo, como também tem uma compreensão limitada de si própria.

Antes de me debruçar sobre os procedimentos que sustentam a compreensão e policiam os seus limites, é necessário explicar como uma racionalidade tão limitada veio a ter tamanha primazia nos últimos 200 anos. A razão metonímica é, juntamente à razão proléptica, a resposta do Ocidente, apostado na transformação capitalista do mundo, à sua marginalidade cultural e filosófica em relação ao Oriente. Como Karl Jaspers e outros mostraram, o Ocidente constituiu-se como parte trânsfuga de uma matriz fundadora – o Oriente (JASPERS, 1951; 1976; SAID, 1978; MARRAMAO, 1995, p. 160).[10] Essa matriz fundadora é verdadeiramente totalizante, porque abrange uma multiplicidade de mundos (terrenos e extraterrenos) e uma multiplicidade de tempos (passados, presentes, futuros, cíclicos, lineares, simultâneos). Como tal, não tem de reivindicar a totalidade nem de subordinar a si as partes que a constituem. É uma matriz antidicotômica, porque não tem de controlar nem policiar limites. Pelo contrário, o Ocidente, consciente da sua excentricidade relativamente a essa matriz, recupera dela apenas o

---

[10] Jaspers considera o período entre 800 e 200 a.C. como um "período axial", que lançou "os fundamentos que permitem à humanidade subsistir ainda hoje" (JASPERS, 1951, p. 98). Nesse período, a maioria dos "extraordinários acontecimentos" que deram forma à humanidade tal como a conhecemos ocorreu no Oriente – na China, Índia, Pérsia, Palestina. O Ocidente é representado pela Grécia e, como sabemos hoje, a Antiguidade grega deve muito às suas raízes africanas e orientais (DIOUP, 1967; 1981; BERNAL, 1987). Ver também Schluchter (1979).

que pode favorecer a expansão do capitalismo. Assim, a multiplicidade de mundos é reduzida ao mundo terreno, e a multiplicidade de tempos é reduzida ao tempo linear.

Dois processos presidem a tal redução. A redução da multiplicidade dos mundos ao mundo terreno é realizada através do processo de secularização e de laicização, analisado por Weber (1958; 1963; 1968), Koselleck (1985) e Marramao (1995), entre muitos outros. A redução da multiplicidade dos tempos ao tempo linear é obtida pelos conceitos que vieram substituir a ideia de salvação que ligava a multiplicidade dos mundos, nomeadamente o conceito de progresso e o conceito de revolução em que veio a se fundar a razão proléptica. Essa concepção truncada da totalidade oriental, precisamente porque truncada, tem de se afirmar autoritariamente como totalidade e impor homogeneidade às partes que a compõem. Foi com ela que o Ocidente se apropriou produtivamente do mundo e transformou o Oriente num centro improdutivo e estagnado. E foi também com ela que Weber contrapôs à sedução improdutiva do Oriente o desencanto do mundo ocidental.

Como nota Giacomo Marramao (1995, p. 160), a supremacia do Ocidente, criada a partir das margens, nunca se transformou culturalmente numa centralidade alternativa ao Oriente. Por esse motivo, a força da razão metonímica ocidental excedeu sempre a força do seu fundamento. É uma força minada por uma fraqueza que, no entanto, é, paradoxalmente, a razão da sua força no mundo. Essa dialética entre força e fraqueza vem a se traduzir no desenvolvimento paralelo de duas pulsões contraditórias, o *Wille zur Macht* (vontade de poder), de Hobbes a Nietzsche, Carl Schmitt e ao nazismo/fascismo, e o *Wille zur Ohnmacht* (vontade de impotência), de Rousseau a Kelsen, à democracia e ao primado do direito. Mas em qualquer dessas pulsões está presente a totalidade que, por truncada, tem de ignorar o que não cabe nela e impor a sua primazia sobre as partes, que, para não fugirem ao seu controle, têm de ser homogeneizadas como partes. Por isso, a pulsão da fraqueza é também uma manifestação de força, a força de quem reivindica para si o privilégio de se poder declarar fraco.[11] Porque é uma razão insegura

---

[11] Uma ilustração dramática disso mesmo é modo como a democracia liberal e o primado do direito são hoje impostos mundialmente – como condicionalidade do "ajustamento

dos seus fundamentos, a razão metonímica não se insere no mundo pela via da argumentação e da retórica. Não dá razões de si, impõe-se pela eficácia da sua imposição. E essa eficácia manifesta-se pela dupla via do pensamento produtivo e do pensamento legislativo; em vez da razoabilidade dos argumentos e do consenso que eles tornam possível, a produtividade e a coerção legítima.[12]

Fundada na razão metonímica, a transformação do mundo não pode ser acompanhada por uma adequada compreensão do mundo. Essa inadequação significou violência, destruição e silenciamento para todos quantos fora do Ocidente foram sujeitos à razão metonímica; e significou alienação, *malaise* e *uneasiness* (desconforto ou mal-estar) no Ocidente. Esse desconforto foi bem sentido por Walter Benjamin ao mostrar o paradoxo que então passou a dominar – e domina hoje ainda mais – a vida no Ocidente: o fato de a riqueza dos acontecimentos se traduzir em pobreza da nossa experiência, e não em riqueza.[13] Esse paradoxo veio coexistir com outro: o fato de a vertigem das mudanças se transmutar frequentemente numa sensação de estagnação.

Começa hoje a ser evidente que a razão metonímica diminuiu ou subtraiu o mundo tanto quanto o expandiu ou adicionou de acordo com as suas próprias regras. Reside aqui a crise da ideia de progresso e, com ela, a crise da ideia de totalidade que a funda. A versão abreviada do mundo foi tornada possível por uma concepção do tempo presente que o reduz a um instante fugaz entre o que já não é o que ainda não é.

---

estrutural" ou do "apoio" ao "desenvolvimento" – pelos países capitalistas centrais e as agências multilaterais que eles controlam (Banco Mundial, Fundo Monetário Internacional e Organização Mundial do Comércio).

[12] Ver nota anterior.

[13] Benjamin pensava que a Primeira Guerra Mundial tinha privado o mundo das relações sociais através das quais as gerações anteriores transmitiam o seu saber às seguintes (BENJAMIN, 1972, p. 214). Depois da guerra, segundo ele, emergira um mundo novo dominado pelo desenvolvimento da tecnologia, um mundo em que mesmo a educação e o conhecimento tinham deixado de se traduzir em experiência. Tinha, assim, emergido uma nova pobreza, um déficit de experiência no meio de uma transformação desenfreada, uma nova forma de barbárie (p. 215). A conclusão do ensaio inicia-se, assim, com as seguintes palavras: "Tornamo-nos pobres. Fomos abandonando um pedaço da herança da humanidade após outro, tivemos muitas vezes de depositá-lo na casa de penhores por um centésimo do seu valor, para receber em troca as moedas sem préstimo da 'atualidade'" (p. 219).

Com isso, o que é considerado contemporâneo é uma parte extremamente reduzida do simultâneo. O olhar que vê uma pessoa cultivar a terra com uma enxada não consegue ver nela senão o camponês pré-moderno. A isso mesmo se refere Koselleck (1985) quando fala da não contemporaneidade do contemporâneo, sem, no entanto, problematizar que nessa assimetria se esconde uma hierarquia, a superioridade de quem estabelece o tempo que determina a contemporaneidade. A contração do presente esconde, assim, a maior parte da riqueza inesgotável das experiências sociais no mundo. Benjamin identificou o problema, mas não as suas causas. A pobreza da experiência não é expressão de uma carência, mas antes a expressão de uma arrogância, a arrogância de não se querer ver e muito menos valorizar a experiência que nos cerca, apenas porque está fora da razão com que podemos identificá-la e valorizá-la.

A crítica da razão metonímica é, pois, uma condição necessária para recuperar a experiência desperdiçada. O que está em causa é a ampliação do mundo através da ampliação e diversificação do presente. Só através de um novo espaço-tempo será possível identificar e valorizar a riqueza inesgotável do mundo e do presente. Simplesmente, esse novo espaço-tempo pressupõe outra razão. Até agora, a aspiração da dilatação do presente tem sido formulada apenas pelos criadores literários. Um exemplo entre muitos é a parábola de Franz Kafka (1983) sobre a precariedade do homem moderno comprimido entre dois fortes adversários, o passado e o futuro.[14]

A dilatação do presente aqui proposta assenta-se em dois procedimentos que questionam a razão metonímica nos seus fundamentos. O primeiro consiste na proliferação das totalidades. Não se trata de ampliar a totalidade proposta pela razão metonímica, mas de fazê-la

---

[14] "Ele tem dois adversários. O primeiro empurra-o de trás, a partir da origem. O segundo impede-o de seguir para diante. Ele luta com ambos. Na verdade, o primeiro apoia-o na luta contra o segundo, porque quer empurrá-lo para a frente, e, da mesma forma, o segundo apoia-o na luta contra o primeiro, já que quer forçá-lo a retroceder. Mas isso só em teoria é assim. É que não são apenas os dois adversários que ali estão, também ele está ali, e quem é que verdadeiramente conhece as suas intenções? De todo modo, o seu sonho é poder, num momento de desatenção – mas para isso é preciso uma noite tão escura como nunca houve nenhuma –, saltar para fora da linha de combate e, por causa da sua experiência de luta, ser promovido a juiz dos seus adversários que se batem um contra o outro" (KAFKA, 1983, p. 222).

coexistir com outras totalidades. O segundo consiste em mostrar que qualquer totalidade é feita de heterogeneidade e que as partes que a compõem têm uma vida própria fora dela. Ou seja, a sua pertença a uma dada totalidade é sempre precária, quer porque as partes, além do estatuto de partes, têm sempre, pelo menos em latência, o estatuto de totalidade, quer porque as partes emigram de uma totalidade para outra. O que proponho é um procedimento renegado pela razão metonímica: pensar os termos das dicotomias fora das articulações e relações de poder que os unem, como primeiro passo para libertá-los dessas relações e para revelar outras relações alternativas que têm estado ofuscadas pelas dicotomias hegemônicas. Pensar o Sul como se não houvesse Norte, pensar a mulher como se não houvesse o homem, pensar o escravo como se não houvesse o senhor. O aprofundamento da compreensão das relações de poder e a radicalização da luta contra elas passa pela imaginação dos dominados como seres livres da dominação. A ativista, pesquisadora ou artista afrodescendente que faz do seu ativismo, do seu estudo ou da sua arte uma luta contra o racismo aprofunda a sua luta imaginando o que seria o seu ativismo cidadão ou a sua arte se não houvesse racismo, se não tivesse de partir de uma identificação específica que lhe foi imposta e a oprime. O pressuposto desse procedimento é que a razão metonímica, ao arrastar essas identidades para dentro das dicotomias, não o fez com pleno êxito, já que fora destas ficaram componentes ou fragmentos não socializados pela ordem da totalidade. Esses componentes ou fragmentos têm vagueado fora dessa totalidade como meteoritos perdidos no espaço da ordem e insuscetíveis de ser percebidos e controlados por ela.

Na fase de transição em que nos encontramos, em que a razão metonímica, apesar de muito desacreditada, é ainda dominante, a ampliação do mundo e a dilatação do presente têm de começar por um procedimento que designo como *sociologia das ausências*. Trata-se de uma investigação que visa demonstrar que o que não existe é, na verdade, ativamente produzido como não existente, isto é, como uma alternativa não credível ao que existe. O seu objeto empírico é considerado impossível à luz das ciências sociais convencionais, pelo que a sua simples formulação representa já uma ruptura com elas. O objetivo da sociologia das ausências é transformar objetos impossíveis em possíveis e com base neles transformar as ausências em presenças. Ela o fará centrando-se nos fragmentos da experiência social não socializados pela totalidade metonímica. O que é que existe no Sul que escapa à dicotomia Norte-Sul? O que é que existe na medicina tradicional que escapa à dicotomia medicina moderna/medicina tradicional? O que é que existe na mulher que é independente da sua relação com o homem? É possível ver o que é subalterno sem olhar para a relação de subalternidade? É possível que os países considerados menos desenvolvidos sejam mais desenvolvidos que os desenvolvidos em domínios que escapam à dicotomia hegemônica?

Não há uma maneira única ou unívoca de não existir, porque são vários as lógicas e os processos através dos quais a razão metonímica produz a não existência do que não cabe na sua totalidade e no seu tempo linear. Há produção de não existência sempre que uma dada entidade é desqualificada e tornada invisível, ininteligível ou descartável de um modo irreversível. O que une as diferentes lógicas de produção de não existência é serem todas elas manifestações da mesma monocultura racional.

Cinco modos de produção de não existência

Distingo cinco lógicas ou modos de produção da não existência. A primeira lógica deriva da *monocultura do saber* e do *rigor do saber*. É o modo de produção de não existência mais poderoso. Consiste na transformação da ciência moderna e da alta cultura em critérios únicos de verdade e de qualidade estética, respectivamente. A cumplicidade que une as "duas culturas" reside no fato de ambas se arrogarem ser, cada uma no seu campo, cânones exclusivos de produção de conhecimento ou de criação artística. Tudo que o cânone não legitima ou reconhece é declarado inexistente. A não existência assume aqui a forma de ignorância ou de incultura.

A segunda lógica assenta-se na *monocultura do tempo linear*, a ideia de que a história tem sentido e direção únicos e conhecidos. Esse sentido e essa direção têm sido formulados de diversas formas nos últimos 200 anos: progresso, revolução, modernização, desenvolvimento, crescimento, globalização. Comum a todas essas formulações é a ideia de que o tempo é linear e que na frente do tempo seguem os países centrais do sistema mundial, e, com eles, os conhecimentos, as instituições e as formas de sociabilidade que neles dominam. Essa lógica produz não existência declarando atrasado tudo o que, segundo a norma temporal, é assimétrico em relação ao que é declarado avançado. É nos termos dessa lógica que a modernidade ocidental produz a não contemporaneidade do contemporâneo, a ideia de que a simultaneidade esconde as assimetrias dos tempos históricos que nela convergem. O encontro entre o camponês africano e o funcionário do Banco Mundial em trabalho de campo ilustra essa condição. Nesse caso, a não existência assume a forma da residualização, que, por sua vez, tem, ao longo dos últimos 200 anos, adotado várias designações, a primeira das quais foi o primitivo ou selvagem, seguindo-se outras como o tradicional, o pré-moderno, o simples, o obsoleto, o subdesenvolvido.

A terceira lógica é a *lógica da classificação social*, que se assenta na monocultura da naturalização das diferenças. Consiste na distribuição das populações por categorias que naturalizam hierarquias. A classificação racial e a classificação sexual são as mais salientes manifestações dessa lógica. Ao contrário do que sucede com a relação capital/trabalho, a classificação social assenta-se em atributos que negam a intencionalidade da hierarquia social. A relação de dominação é a consequência, e não a causa dessa hierarquia, e pode ser mesmo considerada como uma obrigação de quem é classificado como superior (por exemplo, o "fardo do homem branco" na sua missão civilizadora). Embora as duas formas de classificação (raça e sexo) sejam decisivas para que a relação capital/trabalho se estabilize e se difunda globalmente, a classificação racial foi a mais profundamente reconstruída pelo capitalismo, como têm mostrado, entre outros, Balibar e Wallerstein (1991), e, de uma maneira mais incisiva, Césaire (1955), Quijano (2000), Mignolo (2000), Dussel (2001) e Maldonado-Torres (2004). De acordo com essa lógica, a não existência é produzida sob a forma de inferioridade insuperável, porque natural. Quem é inferior, porque é insuperavelmente inferior, não pode ser uma alternativa credível a quem é superior.

A quarta lógica da produção da inexistência é a lógica da escala dominante. Nos termos dessa lógica, a escala adotada como primordial determina a irrelevância de todas as outras possíveis escalas. Na modernidade ocidental, a escala dominante aparece sob duas formas principais: o universal e o global. O universalismo é a escala das entidades ou realidades que vigoram independentemente de contextos específicos. Têm, por isso, precedência sobre todas as outras realidades que dependem de contextos e que por essa razão são consideradas particulares ou vernáculas. A globalização é a escala que nos últimos 20 anos adquiriu uma importância sem precedentes nos mais diversos campos sociais. Trata-se da escala que privilegia as entidades ou realidades que alargam o seu âmbito a todo o globo e que, ao fazê-lo, adquirem a prerrogativa de designar entidades ou realidades rivais como locais.[15] No âmbito dessa lógica, a não existência é produzida sob a forma do particular e do local. As entidades ou realidades definidas como particulares ou locais estão aprisionadas em escalas que as incapacitam de ser alternativas credíveis ao que existe de modo universal ou global.

Finalmente, a quinta lógica de não existência é a lógica produtivista e se assenta na monocultura dos critérios de produtividade capitalista. Nos termos dessa lógica, o crescimento econômico é um objetivo racional inquestionável, e, como tal, é inquestionável o critério de produtividade que melhor serve a esse objetivo. Esse critério aplica-se tanto à natureza como ao trabalho humano. A natureza produtiva é a natureza maximamente fértil num dado ciclo de produção, enquanto o trabalho produtivo é o trabalho que maximiza a geração de lucros igualmente num dado ciclo de produção. Segundo essa lógica, a não existência é produzida sobre a forma do improdutivo, que, aplicada à natureza, é esterilidade, e, aplicada ao trabalho, é preguiça ou desqualificação profissional.

São, assim, cinco as principais formas sociais de não existência produzidas ou legitimadas pela razão metonímica: o ignorante, o residual, o inferior, o local e o improdutivo. Trata-se de formas sociais de inexistência porque as realidades que elas conformam estão apenas presentes como obstáculos em relação às realidades que contam como importantes, sejam elas realidades científicas, avançadas, superiores, globais ou produtivas. São, pois, partes desqualificadas de totalidades homogêneas que, como tal, apenas confirmam o que existe e tal como existe. São o que existe sob formas irreversivelmente desqualificadas de existir.

A produção social dessas ausências resulta na subtração do mundo e na contração do presente e, portanto, no desperdício da experiência.

---

[15] Sobre os modos de produção da globalização, ver Santos (2002c, p. 25-104).

A sociologia das ausências visa identificar o âmbito dessa subtração e dessa contração de modo a que as experiências produzidas como ausentes sejam libertadas dessas relações de produção e, por essa via, tornem-se presentes. Tornar-se presentes significa serem consideradas alternativas às experiências hegemônicas, a sua credibilidade poder ser discutida e argumentada, e as suas relações com as experiências hegemônicas poderem ser objeto de disputa política.[16] A sociologia das ausências visa, assim, criar uma carência e transformar a falta da experiência social em desperdício da experiência social. Com isso, cria as condições para ampliar o campo das experiências credíveis neste mundo e neste tempo e, por essa razão, contribui para ampliar o mundo e dilatar o presente. A ampliação do mundo ocorre não só porque aumenta o campo das experiências credíveis existentes, como também porque, com elas, aumentam as possibilidades de experimentação social no futuro. A dilatação do presente ocorre pela expansão do que é considerado contemporâneo, pelo achatamento do tempo presente de modo a que, tendencialmente, todas as experiências e práticas que ocorrem simultaneamente possam ser consideradas contemporâneas, ainda que cada uma à sua maneira.

Como proceder à sociologia das ausências? A sociologia das ausências parte de duas indagações. A primeira diz respeito às razões por que uma concepção tão estranha e tão excludente de totalidade obteve tão grande primazia nos últimos 200 anos. A segunda indagação visa identificar os modos de confrontar e superar essa concepção de totalidade e a razão metonímica que a sustenta. A primeira indagação, mais convencional, tem sido abordada por várias vertentes da sociologia crítica, dos estudos sociais e culturais da ciência, da crítica feminista, da desconstrução, dos estudos pós-coloniais etc.[17] Neste capítulo, concentro-me na segunda indagação, a menos percorrida até agora.

---

[16] A sociologia das ausências não pretende acabar com as categorias de ignorante, residual, inferior, local ou improdutivo. Pretende apenas que elas deixem de ser atribuídas em função de um só critério que não admite ser questionado por qualquer outro critério alternativo. Esse monopólio não é resultado de um trabalho de razoabilidade argumentativa. É antes o resultado de uma imposição que não se justifica senão pela supremacia de quem tem poder para fazê-la.

[17] A essa primeira indagação dediquei vários trabalhos (SANTOS, 1989; 2000; 2003e).

A superação das totalidades homogêneas e excludentes e da razão metonímica que as sustenta obtém-se pondo em questão cada uma das lógicas ou modos de produção de ausência anteriormente referidos. Como a razão metonímica formou as ciências sociais convencionais, a sociologia das ausências é necessariamente transgressiva. Nesse sentido, é ela própria uma alternativa epistemológica de início descredibilizada. O inconformismo com esse descrédito e a luta pela credibilidade tornam possível que a sociologia das ausências não permaneça uma sociologia ausente.

Cinco ecologias

A sociologia das ausências opera substituindo monoculturas por ecologias.[18] Dessa forma, identifico cinco ecologias.

A ecologia de saberes. A primeira lógica, a lógica da monocultura do saber e do rigor científicos, tem de ser confrontada com identificação de outros saberes e de outros critérios de rigor que operam credivelmente nas práticas sociais. Essa credibilidade contextual deve ser considerada suficiente para que o saber em causa tenha legitimidade para participar de debates epistemológicos com outros saberes, nomeadamente com o saber científico. A ideia central da sociologia das ausências nesse domínio é que não há ignorância em geral nem saber em geral. Toda ignorância é ignorante de certo saber, e todo saber é a superação de uma ignorância particular (SANTOS, 1995, p. 25; 2000, p. 78). A aprendizagem de determinados saberes pode implicar o esquecimento de outros e, em última instância, a ignorância destes. Em outras palavras, numa ecologia de saberes, a ignorância não é necessariamente um estágio inicial ou um ponto de partida. Poderá ser o resultado do esquecimento ou da desaprendizagem implícitos num processo de aprendizagem recíproca através do qual se atinge a interdependência. Assim, em cada passo da ecologia dos saberes é crucial questionar se o que se está aprendendo é válido ou se deverá ser esquecido ou desaprendido. A ignorância é apenas uma forma de desqualificação quando o que está sendo aprendido é mais valioso do que o que se está esquecendo. A utopia do interconhecimento

---

[18] Entendo por ecologia a prática de agregação da diversidade pela promoção de interações sustentáveis entre entidades parciais e heterogêneas.

consiste em apreender novos e estranhos saberes sem necessariamente ter de esquecer os anteriores e próprios. É essa a ideia de prudência que subjaz à ecologia dos saberes.

A ecologia de saberes parte do pressuposto de que todas as práticas relacionais entre seres humanos e também entre os seres humanos e a natureza implicam mais do que uma forma de saber e, portanto, de ignorância. Do ponto de vista epistemológico, a sociedade capitalista moderna caracteriza-se por favorecer as práticas nas quais predominam as formas de conhecimento científico. Isso implica que apenas a ignorância destas seja verdadeiramente desqualificante. Esse estatuto privilegiado concedido às práticas científicas faz com que as suas intervenções na realidade humana e natural sejam favorecidas. Quaisquer crises ou catástrofes que delas possam advir são socialmente aceitas e encaradas como um custo social inevitável que poderá ser ultrapassado ou compensado por novas práticas científicas.

Como o conhecimento científico não se encontra distribuído de uma forma socialmente equitativa, as suas intervenções no mundo real tendem a ser as que servem aos grupos sociais que têm acesso a esse conhecimento. Em última instância, a injustiça social assenta-se na injustiça cognitiva. No entanto, a luta por uma justiça cognitiva não terá sucesso se se basear apenas na ideia de uma distribuição mais equitativa do conhecimento científico. Para além do fato de tal distribuição ser impossível nas condições do capitalismo global, o conhecimento científico tem limites intrínsecos em relação ao tipo de intervenção que promove no mundo real. Esses limites são o resultado da ignorância científica e da inabilidade em reconhecer formas alternativas de conhecimento e se interligar com elas em termos de igualdade de partida. Numa ecologia de saberes, a busca de credibilidade para os conhecimentos não científicos não implica o descrédito do conhecimento científico. Implica, simplesmente, a sua utilização contra-hegemônica. Trata-se, por um lado, de explorar práticas científicas alternativas que têm se tornado visíveis através das epistemologias pluralistas das práticas científicas e, por outro lado, de promover a interdependência entre os saberes científicos, produzidos pela modernidade ocidental, e outros saberes, não científicos.

O princípio da incompletude de todos os saberes é condição da possibilidade de diálogo e debate epistemológicos entre diferentes formas de conhecimento.[19] O que cada saber contribui para esse diálogo é o modo como orienta uma dada prática na superação de uma dada ignorância. O confronto e o diálogo entre saberes são um confronto e um diálogo entre processos distintos através dos quais práticas diferentemente ignorantes se transformam em práticas diferentemente sábias. Todos os saberes possuem limites internos e externos. Os limites internos têm a ver com as restrições nos tipos de intervenção no mundo que tornam possível. Os limites externos resultam do reconhecimento de intervenções alternativas tornadas possíveis por outras formas de conhecimento. É característico das formas de saber hegemônico reconhecerem apenas os limites internos. O uso contra-hegemônico da ciência moderna constitui uma exploração paralela e simultânea dos seus limites internos e externos. Por essa razão, o uso contra-hegemônico da ciência não pode se restringir somente à ciência. Apenas faz sentido numa ecologia de saberes.

Essa ecologia de saberes permite superar não só a monocultura do saber científico, como também a ideia de que os saberes não científicos são alternativos ao saber científico. A ideia de alternativa pressupõe a ideia de normalidade, e esta, a ideia de norma, pelo que, sem mais especificações, a designação de algo como alternativo tem uma conotação latente de subalternidade. Se tomarmos como exemplo a biomedicina e a medicina tradicional na África, não faz sentido considerar esta última, de longe prevalecente, como alternativa à primeira. O importante é identificar os contextos e as práticas em que cada uma opera e o modo como concebem saúde e doença e como superam a ignorância (sob a forma de doença não diagnosticada) em saber aplicado (sob a forma de cura).[20]

A ecologia de saberes não implica a aceitação do relativismo. Pelo contrário, na perspectiva de uma pragmática da emancipação social, o relativismo, enquanto ausência de critérios de hierarquia entre saberes, é uma posição insustentável, pois torna impossível qualquer relação entre conhecimento e o sentido da transformação social. Se tudo tem igual

---

[19] Esse tema é debatido em detalhe em Santos (2003d; 2005d); ver igualmente Santos; Meneses; Nunes (2005).

[20] Há ainda contextos e práticas que expressam "outros" saberes médicos gerados pela complementaridade entre várias medicinas.

valor como conhecimento, todos os projetos de transformação social são igualmente válidos, ou, da mesma forma, igualmente inválidos. A ecologia de saberes visa criar uma nova forma de relacionamento entre o conhecimento científico e outras formas de conhecimento. Consiste em conceder "igualdade de oportunidades" às diferentes formas de saber envolvidas em disputas epistemológicas cada vez mais amplas, visando à maximização dos seus respectivos contributos para a construção de "outro mundo possível", ou seja, de uma sociedade mais justa e mais democrática, bem como de uma sociedade mais equilibrada em suas relações com a natureza. A questão não está em atribuir igual validade a todos os tipos de saber, mas antes em permitir uma discussão pragmática entre critérios de validade alternativos, uma discussão que não desqualifique de início tudo o que não se ajusta ao cânone epistemológico da ciência moderna.

A ecologia de saberes incide nas relações concretas entre conhecimentos e nas hierarquias e poderes que são gerados entre elas. O propósito de criar relações horizontais não é incompatível com as hierarquias concretas existentes no contexto de práticas sociais concretas. De fato, nenhuma prática concreta seria possível sem tais hierarquias. O que a ecologia dos saberes desafia são as hierarquias universais e abstratas e os poderes que, através delas, têm sido naturalizados pela história. As hierarquias concretas devem emergir a partir da validação de uma intervenção particular no mundo real em confrontação com outras intervenções alternativas. Entre os vários tipos de intervenção poderão existir complementaridades ou contradições, e, em todos os casos, o debate entre elas deverá ser presidido simultaneamente por juízos cognitivos e juízos éticos e políticos. A prevalência de juízos cognitivos na construção de determinada prática concreta de conhecimento não é uma condição originária, deriva de um contexto prévio de decisões sobre a produção da realidade em causa na qual os juízos éticos e políticos predominam. A objetividade que preside ao momento cognitivo não choca com a não neutralidade que preside ao momento ético-político.

O impulso subjacente à emergência da ecologia de saberes, como forma epistemológica das lutas sociais emancipatórias emergentes sobretudo no Sul, reside no fato de tais lutas, ao darem voz à resistência contra o capitalismo global, tornarem visíveis as realidades sociais e culturais das sociedades periféricas do sistema mundial onde a crença na ciência moderna é mais tênue, onde as ligações entre ciência moderna e os desígnios da dominação colonial e imperial são mais visíveis, e onde outras formas de conhecimento não científico e não ocidental persistem nas práticas sociais de vastos setores da população.[21]

A ecologia das temporalidades. A segunda lógica, a lógica da monocultura do tempo linear, é confrontada pela sociologia das ausências com a ideia de que o tempo linear é uma entre muitas concepções do tempo e de que, se tomarmos o mundo como nossa unidade de análise, não é nem sequer a concepção mais praticada. O domínio do tempo linear não resulta da sua primazia enquanto concepção temporal, mas da primazia da modernidade ocidental que o adotou como seu. Foi a concepção adotada pela modernidade ocidental a partir da secularização da escatologia judaico-cristã, mas nunca eliminou, nem mesmo no Ocidente, outras concepções como o tempo circular, o tempo cíclico, o tempo glacial, a doutrina do eterno retorno e outras que não se deixam captar adequadamente pela imagem de um tempo em linha reta. Por isso, a subjetividade ou identidade de uma pessoa ou grupo social num dado momento é um palimpsesto temporal do presente, é constituída por uma constelação de diferentes tempos e temporalidades, alguns modernos, outros não modernos, alguns antigos, outros recentes, alguns lentos, outros rápidos, os quais são ativados de modo diferente em diferentes contextos ou situações. Mais que quaisquer outros, os movimentos dos povos indígenas testemunham essas constelações de tempos.

Para além disso, as diferentes culturas e as práticas que elas fundam possuem regras distintas de tempo social e diferentes códigos temporais: a relação entre o passado, o presente e o futuro; a forma como são definidos o cedo e o tarde, o curto e o longo prazo, o ciclo de vida e a urgência; os ritmos de vida aceitos, as sequências, as sincronias e diacronias. Assim, diferentes culturas criam diferentes comunidades temporais: algumas controlam o tempo, outras vivem no interior do tempo; algumas são monocrônicas, outras, policrônicas; algumas centram-se no tempo mínimo necessário para levar a cabo certas atividades, outras, nas atividades necessárias para preencher o tempo; algumas privilegiam

---

[21] A ecologia de saberes será analisada com mais detalhe no Capítulo 3.

o tempo-horário, outras, o tempo-acontecimento, subscrevendo dessa forma diferentes concepções de pontualidade; algumas valorizam a continuidade, outras, a descontinuidade; para algumas o tempo é reversível, para outras, é irreversível; algumas incluem-se numa progressão linear, outras, numa progressão não linear. A linguagem silenciosa das culturas é acima de tudo uma linguagem temporal.

A necessidade de levar em conta essas diferentes concepções de tempo deriva do fato, salientado por Koselleck (1985) e por Marramao (1995), de que as sociedades entendem o poder a partir das concepções de temporalidade que nelas circulam. As relações de dominação mais resistentes são as que se assentam nas hierarquias entre temporalidades, e estas continuam hoje a ser constitutivas do sistema mundial. São essas hierarquias que reduzem tanta experiência social à condição de resíduo. As experiências são consideradas residuais porque são contemporâneas de maneiras que a temporalidade dominante, o tempo linear, não é capaz de reconhecer. São desqualificadas, suprimidas ou tornadas ininteligíveis por serem regidas por temporalidades que não se encontram incluídas no cânone temporal da modernidade capitalista ocidental.

Nesse domínio, a sociologia das ausências parte da ideia de que as sociedades são constituídas por diferentes tempos e temporalidades e de que diferentes culturas geram diferentes regras temporais. Com isso, pretende libertar as práticas sociais do estatuto residual que lhes é atribuído pelo cânone temporal hegemônico, devolvendo-lhes a sua temporalidade específica, possibilitando assim o seu desenvolvimento autônomo. Uma vez que tais temporalidades sejam recuperadas e dadas a conhecer, as práticas e sociabilidades que por elas se pautam tornam-se inteligíveis e objetos credíveis de argumentação e de disputa política. Por exemplo, uma vez liberta do tempo linear e devolvida à sua temporalidade própria, a atividade de um camponês africano, asiático ou latino-americano deixa de ser residual para se tornar contemporânea da atividade de um agricultor *hi-tech* dos Estados Unidos ou da atividade de um consultor agrário do Banco Mundial. Pela mesma razão, a presença ou relevância dos antepassados na vida dos indivíduos ou dos grupos sociais numa dada cultura deixa de ser uma manifestação anacrônica de religião primitiva ou de magia para passar a ser outra forma de experienciar o tempo presente.

A diversidade dos códigos temporais dos movimentos e das organizações que em diferentes partes do mundo lutam contra a exclusão e a discriminação produzida ou intensificada pela globalização neoliberal convida ao desenvolvimento de um novo tipo de literacia temporal, que eu denominaria de multitemporalidade. Construir coligações e organizar ações coletivas entre movimentos ou organizações com diferentes regras temporais não é tarefa fácil. Movimentos e organizações baseados num tempo-horário, monocrônico, descontínuo, concebido como um recurso controlado e de progressão linear têm dificuldades em compreender o comportamento político e organizacional de movimentos e organizações constituídos segundo um tempo-acontecimento, policrônico, contínuo, concebido como um tempo que nos controla e progride de modo não linear, e vice-versa. Essas dificuldades só poderão ser ultrapassadas através uma aprendizagem mútua e, portanto, de uma literacia multitemporal.

A ecologia dos reconhecimentos. A terceira lógica da produção de ausências é a lógica da classificação social. Embora em todas as lógicas de produção de ausência a desqualificação das práticas vá de par com a desqualificação dos agentes, é nessa lógica que a desqualificação incide prioritariamente sobre os agentes, e só derivadamente sobre a experiência social (práticas e saberes) de que eles são protagonistas. A colonialidade do poder capitalista moderno e ocidental consiste em identificar diferença com desigualdade, ao mesmo tempo que se arroga o privilégio de determinar quem é igual e quem é diferente. A sociologia das ausências confronta-se com a colonialidade, procurando uma nova articulação entre o princípio da igualdade e o princípio da diferença e abrindo espaço para a possibilidade de diferenças iguais – uma ecologia de diferenças feita de reconhecimentos recíprocos. Ela o fará submetendo a hierarquia à etnografia crítica. Isso consiste na desconstrução tanto da diferença (em que medida a diferença é um produto da hierarquia?) como da hierarquia (em que medida a hierarquia é um produto da diferença?). As diferenças que subsistem quando desaparece a hierarquia tornam-se uma denúncia poderosa das diferenças que a hierarquia exige para não desaparecer.

Na América Latina os movimentos feministas, indígenas e de afrodescendentes têm estado na frente da luta por uma ecologia dos reconhecimentos. A ecologia dos reconhecimentos torna-se mais necessária à medida que aumenta a diversidade social e cultural dos sujeitos coletivos que lutam pela emancipação social, a variedade das formas de opressão e de dominação contra as quais combatem e a multiplicidade das escalas (local, nacional e transnacional) das lutas em que se envolvem. Essa diversidade conferiu uma nova visibilidade aos processos que caracterizam as dinâmicas diferenciadas e desiguais do capitalismo global e as formas como nele se geram diferentes tipos de contradições e lutas, nem todos subsumíveis de modo simples à luta de classes, e cujo palco privilegiado de atuação não é necessariamente o espaço nacional.

Tornou-se, assim, evidente que os pressupostos eurocêntricos sobre a história mundial, o desenvolvimento e a emancipação não permitem um círculo de reciprocidade suficientemente abrangente para fundar a nova exigência de equilíbrio entre o princípio de igualdade e o princípio do reconhecimento da diferença. Na base desses pressupostos, o "político" tem sido definido de acordo com o princípio estreito de hierarquização que remete ao passado ou à marginalidade muitas formas de sociabilidade, contradição, resistência e luta. Por exemplo, obscurece o fato de durante o processo de criação das relações de produção capitalistas nas colônias não se reproduzirem apenas relações de classe, mas também relações hierárquicas entre regiões do mundo, culturas, línguas, sexos e, sobretudo, raças. As lutas feministas, pós-coloniais, camponesas, dos povos indígenas, dos grupos étnicos, de gays e lésbicas trouxeram à ribalta um âmbito mais amplo de temporalidades e subjetividades, convertendo concepções não liberais de cultura num recurso indispensável para novas formas de resistência, de formulação de alternativas e de criação de esferas públicas subalternas e insurgentes. Nas suas lutas, o "cultural" incorpora e modela racionalidades alternativas sem constituir uma esfera diferenciada da vida social, como sucede na concepção liberal de cultura. O reconhecimento da diferença cultural, da identidade coletiva, da autonomia ou da autodeterminação deu origem a novas formas de luta (por um acesso igualitário aos direitos ou recursos existentes; pelo reconhecimento de direitos coletivos; pela defesa e promoção de quadros normativos alternativos ou tradicionais, de formas comunitárias de produção de meios de subsistência ou de resolução de conflitos etc.). Assim, a ideia de uma cidadania multicultural, individual ou coletiva, adquire um significado mais preciso como palco privilegiado de lutas pela articulação entre a exigência do reconhecimento cultural e político e a redistribuição econômica e social.

Ao alargar o círculo da reciprocidade – o círculo das diferenças iguais –, a ecologia dos reconhecimentos cria novas exigências de inteligibilidade recíproca. A multidimensionalidade das formas de dominação e opressão dá origem a formas de resistência e luta que mobilizam diferentes atores coletivos, vocabulários e recursos nem sempre inteligíveis entre si, o que pode colocar sérias limitações à redefinição do espaço político. Daí a necessidade dos procedimentos de tradução analisados adiante.

A ecologia das transescalas. A quarta lógica, a lógica do universalismo abstrato e da escala global, é confrontada pela sociologia das ausências através da recuperação simultânea de aspirações universais ocultas e de escalas locais/globais alternativas que não resultam da globalização hegemônica. Visto a partir do Sul global, o universalismo é a expressão de uma aparente convergência ou reconvergência do mundo sob a égide da globalização neoliberal. Trata-se, portanto, de um falso universalismo. É constituído pelos seguintes princípios gerais e abstratos: livre-comércio, democracia, primado do direito, individualismo e direitos humanos. Constituem um tipo novo de abstração e generalização. Em vez de serem descontextualizados ou desincorporados de realidades concretas, são concebidos como globalmente contextualizados e incorporados, fornecendo critérios globais para a avaliação das particularidades do mundo. A convergência entre universalismo e globalização é, assim, simultaneamente a causa e a consequência da convergência do mundo.

Nesse domínio a sociologia das ausências opera demonstrando que, mais que convergir ou reconvergir, o mundo diverge ou rediverge. Ao desvendar a existência de uma globalização alternativa, contra-hegemônica, a sociologia das ausências mostra que o novo universalismo é simultaneamente excessivo e fraudulento. Emergem, assim, duas formas principais de ausência. A primeira é a existência de aspirações universais alternativas de justiça social, dignidade, respeito mútuo, solidariedade, comunidade, harmonia cósmica entre natureza e sociedade, espiritualidade etc. No nosso mundo, o universalismo existe apenas como uma pluralidade de aspirações universais, parciais e competitivas, todas elas ancoradas em contextos particulares. O reconhecimento da relatividade dessas aspirações não implica relativismo; simplesmente amplia o que John Dewey (1960) denominou de "conversação da humanidade", ao dar visibilidade e credibilidade a conflitos localizados entre aspirações universais e globais alternativas.

Por essa via, outra ausência é tornada presente: a verificação de que não há globalização sem localização e de que, tal como há globalizações alternativas, também há localizações alternativas. Designo como localismo globalizado a condição local que foi integrada na globalização hegemônica e, de fato, criada por ela, ou seja, o impacto específico da globalização hegemônica no local (SANTOS, 2002c, p. 65-66).[22] A despromoção do local – a sua redução à expressão de um impacto – deriva do seu aprisionamento numa escala que o impede de ir além do impacto e de aspirar a uma globalização autônoma.

A sociologia das ausências opera aqui desglobalizando o local em relação à globalização hegemônica – pela identificação do que no local não é passível de redução ao efeito de impacto – e explorando a possibilidade de reglobalizá-lo como forma de globalização contra-hegemônica. Isso é conseguido pela identificação de outras formações locais nas quais se detecte uma mesma aspiração a uma globalização oposicional e pela proposta de ligações credíveis entre elas. Através dessas ligações, as formações locais desligam-se da série inerte de impactos globais e religam-se como pontos de resistência e geração de globalização alternativa. Esse movimento interescalar é o que eu denomino de ecologia das transescalas.

---

[22] O local e o global são ambos produzidos pelos processos de globalização. Trata-se de um conjunto de trocas desiguais pelo qual um determinado artefato, condição, entidade ou identidade local estende a sua influência para além das fronteiras nacionais e, ao fazê-lo, desenvolve a capacidade de designar como local outro artefato, condição, entidade ou identidade rival. Embora essas relações desiguais se joguem de muitas formas distintas, eu distingo quatro principais que designei de modos de produção de globalização: globalismos localizados, localismos globalizados, cosmopolitismo subalterno e patrimônio comum da humanidade (SANTOS, 2002c, p. 63-71). Os dois primeiros modos de produção representam a dupla face da globalização hegemônica com os países centrais especializados em localismos globalizados e os países periféricos em globalismos localizados. Da perspectiva da globalização hegemônica, o sistema mundial é uma trama de globalismos localizados e de localismos globalizados.
Os outros dois modos de produção de globalização estão ligados à globalização de resistência contra os localismos globalizados e os globalismos localizados. São formas de globalização contra-hegemônica.

Nesse domínio, a sociologia das ausências exige o exercício da imaginação cartográfica, quer para ver em cada escala de representação não só o que ela mostra, mas também o que ela oculta, quer para lidar com mapas cognitivos que operam simultaneamente com diferentes escalas, com vista a detectar embriões de articulações locais/globais (Santos, 1995, p. 456-473; 2002e).[23] Muitos dos movimentos emancipatórios das últimas décadas começaram por ser lutas locais travadas contra a exclusão social imposta ou intensificada pela globalização neoliberal. Só mais recentemente esses movimentos desenvolveram articulações locais/globais mediante as quais se globalizaram de forma contra-hegemônica.[24]

A ecologia das produtividades. Finalmente, no domínio da quinta lógica, a lógica produtivista, a sociologia das ausências consiste na recuperação e valorização dos sistemas alternativos de produção, das organizações econômicas populares, das cooperativas operárias, das empresas autogeridas, da economia solidária etc., que a ortodoxia produtivista capitalista ocultou ou descredibilizou.

Movimentos de camponeses pelo acesso à terra e à propriedade da terra ou contra megaprojetos de desenvolvimento (como as grandes barragens que obrigam à deslocalização de muitos milhares de pessoas), movimentos urbanos pelo direito à habitação, movimentos econômicos populares, movimentos indígenas para defender ou recuperar os seus territórios históricos e os recursos naturais que neles foram descobertos, movimentos das castas inferiores na Índia com o objetivo de proteger as suas terras e as suas florestas, movimentos pela sustentabilidade ecológica, movimentos contra a privatização da água ou contra a privatização dos serviços de bem-estar social, todos esses movimentos baseiam as suas pretensões e lutas na ecologia das produtividades.

Esse é talvez o domínio mais controverso da sociologia das ausências, uma vez que põe diretamente em questão o paradigma do desenvolvimento e do crescimento econômico infinito e a lógica da

---

[23] Ver o Capítulo 5.

[24] Muitas dessas articulações foram tornadas possíveis através do Fórum Social Mundial, cuja primeira edição teve lugar em Porto Alegre, em 2001. Sobre o Fórum Social Mundial, ver o capítulo 11 e Santos (2005b; 2006c; 2021g, p. 326-329).

primazia dos objetivos de acumulação sobre os objetivos de distribuição que sustentam o capitalismo global. A invisibilidade e a desqualificação de sociabilidades e lógicas de produção alternativas são altamente prováveis, sobretudo por não comportarem qualquer semelhança com as únicas alternativas ao capitalismo verdadeiramente testadas ao longo do século XX, ou seja, com as economias socialistas centralizadas.

A escala dessas iniciativas é tão variada quanto as próprias iniciativas. O âmbito das alternativas engloba desde microiniciativas levadas a cabo por grupos sociais marginalizados do Sul global, procurando reconquistar algum controle das suas vidas e bens, até propostas para uma coordenação econômica e jurídica de âmbito internacional destinada a garantir o respeito por padrões básicos de trabalho decente e de proteção ambiental, novas formas de controle do capital financeiro global, bem como tentativas de construção de economias regionais baseadas em princípios de cooperação e solidariedade.

Essas concepções e práticas alternativas de produção e produtividade partilham duas ideias principais. A primeira ideia é que, mais do que dar corpo a projetos coerentes de sistemas econômicos alternativos ao capitalismo global, essas práticas constituem, na maioria dos casos, esforços localizados de comunidades e trabalhadores para criar nichos de produção solidária, frequentemente com o apoio de redes e coligações de advocacia progressista transnacional. Essas alternativas são muito menos grandiosas que a do socialismo centralizado, e as teorias que lhes servem de base são menos ambiciosas que a crença na inevitabilidade histórica do socialismo que dominou o marxismo clássico. De fato, a viabilidade de tais alternativas depende em boa medida, pelo menos em curto e médio prazo, da sua capacidade de sobreviver no contexto do domínio global do capitalismo. Cientes desse contexto, o seu propósito é facilitar a aceitação de formas alternativas de organização econômica e dar-lhes mais credibilidade. A segunda ideia é que essas iniciativas partilham uma concepção abrangente de "economia" na qual incluem objetivos tais como participação democrática, sustentabilidade ambiental, equidade social, racial, étnica e cultural, e solidariedade transnacional.

Nesse domínio, a sociologia das ausências amplia o espectro da realidade social através da experimentação e da reflexão sobre alternativas econômicas realistas para a construção de uma sociedade mais justa.

Ao defender valores organizacionais e políticos opostos ao capitalismo global, as alternativas econômicas expandem o princípio da cidadania para além do limite estreito definido pelo liberalismo político e mantêm viva a promessa de eliminar a presente separação entre democracia política e despotismo econômico.

Em cada um dos cinco domínios, o objetivo da sociologia das ausências é revelar a diversidade e a multiplicidade das práticas sociais e credibilizar esse conjunto por contraposição à credibilidade exclusivista das práticas hegemônicas. A ideia de multiplicidade e de relações não destrutivas entre os agentes que a compõem é dada pelo conceito de ecologia: ecologia de saberes, ecologia de temporalidades, ecologia de reconhecimentos, ecologia de escalas de pensamento e de ação e, finalmente, ecologia de produtividades (produções e distribuições sociais). Comum a todas essas ecologias é a ideia de que a realidade não pode ser reduzida ao que existe. Propõem uma versão ampla de realismo, que inclui as realidades ausentes por via do silenciamento, da supressão e da marginalização, isto é, as realidades que são ativamente produzidas como não existentes.

Em conclusão, o exercício da sociologia das ausências é contrafactual e tem lugar através de uma confrontação com o senso comum científico tradicional. Para ser levado a cabo, exige imaginação sociológica. Distingo dois tipos de imaginação: a imaginação epistemológica e a imaginação democrática. A imaginação epistemológica permite diversificar os saberes, as perspectivas e as escalas de identificação, análise e avaliação das práticas. A imaginação democrática permite o reconhecimento de diferentes práticas e atores sociais. Tanto a imaginação epistemológica como a imaginação democrática têm uma dimensão desconstrutiva e uma dimensão reconstrutiva. A desconstrução assume cinco formas, correspondentes à crítica das cinco lógicas da razão metonímica, ou seja, *despensar, desresidualizar, desracializar, deslocalizar* e *desproduzir*. A reconstrução é constituída pelas cinco ecologias anteriormente referidas.

A crítica da razão proléptica

A razão proléptica é a face da razão indolente quando concebe o futuro a partir da monocultura do tempo linear. Essa monocultura do tempo linear, ao mesmo tempo que contraiu o presente, como vimos antes ao analisar a razão metonímica, dilatou enormemente o futuro. Porque a história tem o sentido e a direção que lhe são conferidos pelo progresso, e o progresso não tem limites, o futuro é infinito. Mas porque o futuro está projetado numa direção irreversível, ele é, como bem identifica Benjamin (1969, p. 261, 264), um tempo homogêneo e vazio. O futuro é, assim, infinitamente abundante e infinitamente igual, um futuro que, como salienta Marramao (1995, p. 126), só existe para se tornar passado. Um futuro assim concebido não tem de ser pensado, e é nisso que se fundamenta a indolência da razão proléptica.

Enquanto a crítica da razão metonímica tem por objetivo dilatar o presente, a crítica da razão proléptica tem por objetivo contrair o futuro. Contrair o futuro significa torná-lo escasso e, como tal, objeto de cuidado. O futuro não tem outro sentido nem outra direção senão os que resultam desse cuidado. Contrair o futuro consiste em eliminar ou, pelo menos, atenuar a discrepância entre a concepção do futuro da sociedade e a concepção do futuro dos indivíduos. Ao contrário do futuro da sociedade, o futuro dos indivíduos está limitado pela duração da sua vida ou das vidas em que pode reencarnar, nas culturas que aceitam a metempsicose. Em qualquer dos casos, o caráter limitado do futuro e o fato de ele depender da gestão e do cuidado dos indivíduos faz com que, em vez de estar condenado a ser passado, ele se transforme num fator de ampliação do presente, já que é no presente que se cuida do futuro. Ou seja, a contração do futuro contribui para a dilatação do presente.

Enquanto a dilatação do presente é obtida através da sociologia das ausências, a contração do futuro é obtida através da *sociologia das emergências*. A sociologia das emergências consiste em substituir o vazio do futuro segundo o tempo linear (um vazio que tanto é tudo como é nada) por um futuro de possibilidades plurais e concretas, simultaneamente utópicas e realistas, que vão se construindo no presente através das atividades de cuidado.

Chamar a atenção para as emergências é, por natureza, algo especulativo e requer alguma elaboração filosófica. O significado profundo das emergências pode ser detectado nas mais diferentes tradições culturais e filosóficas. No que diz respeito à filosofia ocidental, as emergências são um tema marginal, e quem, entre os autores contemporâneos, melhor o tratou foi Ernst Bloch. O conceito que preside à sociologia das emergências é o conceito de Ainda Não (*Noch Nicht*) proposto por Ernst Bloch ([1947] 1995). Bloch insurge-se contra o fato de a filosofia ocidental ter sido dominada pelos conceitos de Tudo (*Alles*) e Nada (*Nichts*), nos quais tudo parece estar contido como latência, mas de onde nada novo pode surgir. Daí que a filosofia ocidental seja um pensamento estático. Para Bloch (1995, p. 241), o possível é o mais incerto, o mais ignorado conceito da filosofia ocidental. E, no entanto, só o possível permite revelar a totalidade inesgotável do mundo. Bloch introduz, assim, dois novos conceitos, o Não (*Nicht*) e o Ainda Não (*Noch Nicht*). O Não é a falta de algo e a expressão da vontade de superar essa falta. É por isso que o Não se distingue do Nada (BLOCH, 1995, p. 306). Dizer não é dizer sim a algo diferente. O Ainda Não é a categoria mais complexa, porque exprime o que existe apenas como tendência, um movimento latente no processo de se manifestar. O Ainda Não é o modo como o futuro se inscreve no presente e o dilata. Não é um futuro indeterminado nem infinito. É uma possibilidade e uma capacidade concretas que nem existem no vácuo nem estão completamente determinadas. De fato, elas redeterminam ativamente tudo aquilo que tocam e por isso questionam as determinações que se apresentam como constitutivas de um dado momento ou condição. Subjetivamente, o Ainda Não é a consciência antecipatória, uma consciência que, apesar de ser tão importante na vida das pessoas, foi, por exemplo, totalmente negligenciada por Freud (BLOCH, 1995, p. 286-315). Objetivamente, o Ainda Não é, por um lado, capacidade (potência) e, por outro, possibilidade (potencialidade). Essa possibilidade tem uma componente de escuridão ou opacidade que reside na origem dessa possibilidade no momento vivido, que nunca é inteiramente visível para si próprio, e tem também uma componente de incerteza que resulta de uma dupla carência: o conhecimento apenas parcial das condições que podem concretizar a possibilidade; o fato de essas condições só existirem parcialmente. Para Bloch (1995, p. 241), é fundamental distinguir entre essas duas carências, dado que são autônomas: é possível ter um conhecimento pouco parcial de condições só muito parcialmente existentes e vice-versa.

O Ainda Não inscreve no presente uma possibilidade incerta, mas nunca neutra; pode ser a possibilidade da utopia ou da salvação (*Heil*) ou a possibilidade do desastre ou da perdição (*Unheil*). Essa incerteza faz com que toda mudança tenha um elemento de acaso, de perigo. É essa incerteza que, em meu entender, ao mesmo tempo que dilata o presente, contrai o futuro, tornando-o escasso e objeto de cuidado. Em cada momento, há um horizonte limitado de possibilidades, e por isso é importante não desperdiçar a oportunidade única de uma transformação específica que o presente oferece: *carpe diem*. Fiel ao marxismo, que, aliás, interpretou de modo muito criativo, Bloch entende que a sucessão dos horizontes conduz ou tende a conduzir para um estado final. Penso, contudo, que não concordar com Bloch a esse respeito não é algo relevante. A ênfase de Bloch está na crítica da concepção mecânica da matéria, por um lado, e na afirmação da nossa capacidade para pensar e agir produtivamente sobre o mundo, por outro. Das três categorias modais da existência – a realidade, a necessidade, a possibilidade (BLOCH, 1995, p. 244; 245) –, a razão indolente centrou-se nas duas primeiras e descurou totalmente da terceira. Para Bloch, Hegel é o grande responsável pelo descurar filosófico do possível. Para Hegel, o possível ou não existe ou não é diferente do que existe, porque está contido no real e, por isso, em qualquer dos casos, não merece ser pensado. A realidade e a necessidade não precisam da possibilidade para dar conta do presente ou do futuro. A ciência moderna foi o veículo privilegiado dessa concepção, e, por isso, Bloch convida-nos a nos centrarmos na categoria modal mais negligenciada pela ciência moderna, a possibilidade. Ser humano é ter muito diante de si (BLOCH, 1995, p. 246).

  A possibilidade é o movimento do mundo. Os momentos dessa possibilidade são a *carência* (manifestação de algo que falta), a *tendência* (processo e sentido) e a *latência* (o que está na frente desse processo). A carência é o domínio do Não, a tendência é o domínio do Ainda Não, e a latência é o domínio do Nada e do Tudo, dado que essa latência pode redundar tanto em frustração como em esperança.

  A sociologia das emergências é a investigação das alternativas que cabem no horizonte das possibilidades concretas. Enquanto a sociologia das ausências amplia o presente, juntando ao real existente o que dele foi subtraído pela razão metonímica, a sociologia das emergências amplia o presente, juntando ao real amplo as possibilidades e expectativas futuras que ele comporta. Neste último caso, a ampliação do presente implica a contração do futuro, na medida em que o Ainda Não, longe de ser um futuro vazio e infinito, é um futuro concreto, sempre incerto e sempre em perigo. Como diz Bloch (1995, p. 311), junto de cada esperança está um caixão à espera. Cuidar do futuro é imperativo, porque é impossível blindar a esperança contra a frustração, o advento contra o niilismo, a redenção contra o desastre, em suma, porque é impossível a esperança sem a eventualidade do caixão.

A sociologia das emergências consiste em proceder a uma ampliação simbólica dos saberes, práticas e agentes de modo a identificar neles as tendências de futuro (o Ainda Não) sobre as quais é possível atuar para maximizar a probabilidade de esperança em relação à probabilidade da frustração. Tal ampliação simbólica é, no fundo, uma forma de imaginação sociológica e política que visa a um duplo objetivo: por um lado, conhecer melhor as condições de possibilidade da esperança; por outro, definir princípios de ação que promovam a realização dessas condições.

A sociologia das emergências atua tanto sobre as possibilidades (potencialidade) como sobre as capacidades (potência). O Ainda Não tem sentido (enquanto possibilidade), mas não tem direção, já que pode terminar tanto em esperança como em desastre. Por isso, a sociologia das emergências substitui a ideia mecânica de determinação pela ideia axiológica do cuidado. A mecânica do progresso é, assim, substituída pela axiologia do cuidado. Enquanto na sociologia das ausências a axiologia do cuidado é exercida em relação às alternativas disponíveis, na sociologia das emergências é exercida em relação às alternativas possíveis. Essa dimensão ética faz com que nem a sociologia das ausências nem a sociologia das emergências sejam sociologias convencionais. Há, no entanto, outra razão para a sua não convencionalidade: a sua objetividade está dependente da qualidade da sua dimensão subjetiva. O elemento subjetivo da sociologia das ausências é a consciência cosmopolita e o inconformismo ante o desperdício da experiência. O elemento subjetivo da sociologia das emergências é a consciência antecipatória e o inconformismo ante uma carência cuja satisfação está no horizonte de possibilidades. Como diz Bloch (1995, p. 306), os conceitos fundamentais não são acessíveis sem uma teoria das emoções. O Não, o Nada e o Tudo iluminam emoções básicas, como fome ou carência, desespero ou aniquilação, confiança ou resgate. De uma forma ou de outra, essas emoções estão presentes no inconformismo que move tanto a sociologia das ausências como a sociologia das emergências. Uma e outra visam alimentar ações coletivas de transformação social que exigem sempre um envolvimento emocional, seja ele o entusiasmo ou a indignação. No seu melhor, esse envolvimento realiza o equilíbrio entre as duas correntes da personalidade, a corrente fria e a corrente quente. A corrente fria é a corrente do conhecimento dos obstáculos e das condições da transformação. A corrente quente é a corrente da vontade de agir, de transformar, de vencer os obstáculos. A corrente fria impede-nos de sermos enganados; conhecendo as condições, é mais difícil nos deixamos condicionar. A corrente quente, por sua vez, impede-nos de nos desiludirmos facilmente; a vontade do desafio sustenta o desafio da vontade. O equilíbrio entre elas é difícil, e o desequilíbrio, para além de certo limite, é um fator de perversão. O medo exagerado de sermos enganados acarreta o risco de transformar as condições em obstáculos incontornáveis e, com isso, conduzir ao quietismo e ao conformismo. Por sua vez, o medo exagerado de nos desiludirmos cria uma aversão total a tudo o que não é visível nem palpável e, por essa outra via, conduz igualmente ao quietismo e ao conformismo.

Enquanto a sociologia das ausências se move no campo das experiências sociais, a sociologia das emergências move-se no campo das expectativas sociais. A discrepância entre experiências e expectativas é constitutiva da modernidade ocidental. Através do conceito de progresso, a razão proléptica polarizou essa discrepância de tal modo que fez desaparecer toda relação efetiva entre as experiências e as expectativas: por mais miseráveis que possam ser as experiências presentes, isso não impede a ilusão de expectativas radiosas. A sociologia das emergências mantém essa discrepância, mas a pensa independentemente da ideia do progresso, vendo-a antes como concreta e moderada. Enquanto a razão proléptica ampliou enormemente as expectativas e com isso reduziu o campo das experiências e, portanto, contraiu o presente, a sociologia das emergências busca uma relação mais equilibrada entre experiência e expectativa, o que, nas atuais circunstâncias, implica dilatar o presente e contrair o futuro. Não se trata de minimizar as expectativas, trata-se antes de radicalizar as expectativas assentes em possibilidades e capacidades reais, aqui e agora.

As expectativas modernas eram grandiosas em abstrato, falsamente infinitas e universais. Justificaram, assim, e continuam justificando, a morte, a destruição e o desastre em nome de uma redenção vindoura. Contra esse niilismo, que é tão vazio como o triunfalismo das forças hegemônicas, a sociologia das emergências propõe uma nova semântica das expectativas. As expectativas legitimadas pela sociologia das emergências são contextuais, porque medidas por possibilidades e capacidades concretas e radicais, e porque, no âmbito dessas possibilidades e capacidades, reivindicam uma realização forte que as defenda da frustração. São essas expectativas que apontam para os novos caminhos da emancipação social, ou melhor, das emancipações sociais.

Como veremos adiante, ao dilatarem o presente e contraírem o futuro, a sociologia das ausências e a sociologia das emergências, cada uma à sua maneira, contribuem para desacelerar o presente, dando-lhe um conteúdo mais denso e substantivo do que o instante fugaz entre o passado e o futuro a que a razão proléptica o condenou. Em vez de estado final, propõem uma vigilância ética constante sobre o desenrolar das possibilidades, servida por emoções básicas, como o espanto negativo que suscita a ansiedade e o espanto positivo que alimenta a esperança.

A amplificação simbólica operada pela sociologia das emergências visa analisar numa dada prática, experiência ou forma de saber o que nela existe apenas como tendência ou possibilidade futura. Ela age tanto sobre as possibilidades como sobre as capacidades. Identifica sinais, pistas ou traços de possibilidades futuros em tudo que existe. Também aqui se trata de investigar uma ausência, mas, enquanto na sociologia das ausências o que é ativamente produzido como não existente está disponível aqui e agora, ainda que silenciado, marginalizado ou desqualificado, na sociologia das emergências a ausência é de uma possibilidade futura ainda por identificar e de uma capacidade ainda não plenamente formada para a levar a cabo. Para combater a negligência a que têm sido relegadas as dimensões da sociedade enquanto sinais ou pistas, a sociologia das emergências dá a estas uma atenção "excessiva". É nesse excesso de atenção que reside a amplificação simbólica. Trata-se de uma investigação prospectiva que opera através de dois procedimentos: tornar menos parcial o nosso conhecimento das condições do possível; tornar menos parciais as condições do possível. O primeiro procedimento visa conhecer melhor o que nas realidades investigadas faz delas pistas ou sinais; o segundo visa fortalecer essas pistas ou sinais. Tal como o conhecimento que subjaz à sociologia das ausências, trata-se de um conhecimento argumentativo que, em vez de demonstrar, convence, que, em vez de se querer racional, quer-se razoável. É um conhecimento que avança na medida em que identifica credivelmente saberes emergentes, ou práticas emergentes.

Os campos sociais da sociologia das ausências e da sociologia das emergências

Enquanto a sociologia das ausências expande o domínio das experiências sociais já disponíveis, a sociologia das emergências expande o domínio das experiências sociais possíveis. As duas sociologias estão estreitamente associadas, visto que quanto mais experiências estiverem hoje disponíveis no mundo, mais experiências serão possíveis no futuro. Quanto mais ampla for a realidade credível, mais vasto será o campo dos sinais ou das pistas credíveis e dos futuros possíveis e concretos. Quanto maior for a multiplicidade e diversidade das experiências disponíveis e possíveis (conhecimentos e agentes), maior será a expansão do presente e a contração do futuro. Na sociologia das ausências, essa multiplicação e diversificação ocorrem pela via da ecologia dos saberes, dos tempos, das diferenças, das escalas e das produções, ao passo que a sociologia das emergências as revela por via da amplificação simbólica das pistas ou sinais. Os campos sociais mais importantes onde a multiplicidade e diversidade mais provavelmente se revelarão são os seguintes.

Experiências de conhecimento. Trata-se de conflitos e diálogos possíveis entre diferentes formas de conhecimento. As experiências mais ricas nesse domínio ocorrem na biodiversidade (entre a biotecnologia e os conhecimentos indígenas ou tradicionais), na medicina (entre a medicina moderna e a medicina tradicional), na justiça (entre jurisdições indígenas ou autoridades tradicionais e jurisdições modernas, nacionais), na agricultura (entre a agricultura industrial e a agricultura camponesa ou sustentável), nos estudos de impacto ambiental e tecnológico (entre o conhecimento técnico e os conhecimentos leigos, entre peritos e cidadãos comuns).[25]

Experiências de desenvolvimento, trabalho e produção. Trata-se de diálogos e conflitos possíveis entre formas e modos de produção diferentes. Nas margens ou nos subterrâneos das formas e modos dominantes – o modo de produção capitalista e o modelo de desenvolvimento como crescimento infinito – existem, como disponíveis ou como possíveis, formas e modos de economia solidária, do desenvolvimento alternativo às alternativas ao desenvolvimento: formas de produção ecofeministas ou gandhianas (*swadeshi*); organizações econômicas populares (cooperativas, mutualidades, empresas autogeridas, associações de microcrédito);[26] formas de redistribuição social assentes na cidadania e não na produtividade;[27] experiências de comércio justo contrapostas ao livre-comércio;[28] as campanhas da Organização Internacional do Trabalho, das redes internacionais de sindicatos e de organizações de direitos humanos pelos parâmetros mínimos de trabalho decente (*labor standards*);[29] o movimento anti-*sweatshop*[30] e o novo internacionalismo operário.[31]

Experiências de reconhecimento. Trata-se de diálogos e conflitos possíveis entre sistemas de classificação social. Nas margens ou nos subterrâneos dos sistemas dominantes – exploração, natureza capitalista,

---

[25] A literatura sobre todos esses tópicos é imensa. Ver, por exemplo, Bhabha (1994); Brush; Stablinsky (1996); Shiva (1997); Visvanathan (1997); Stengers (1997); Bennett (1998); Brush (1999); Posey (1999); Schiebinger (1999); Gieryn (1999); Battiste; Henderson (2000); Gardey; Löwy (2000); Kleinman (2000); Fischer (2000); Barry (2001); Bensaude-Vincent (2003); Escobar (2003); Harding (2003); Irwin; Michael (2003); Gunew (2004). No âmbito do projeto "A reinvenção da emancipação social", anteriormente mencionado, foram realizados vários estudos de caso sobre conflitos e diálogos possíveis entre saberes em todas essas áreas. Estes estudos podem ser lidos em Santos (2003d; 2005d).

[26] Sobre as organizações econômicas populares e os sistemas alternativos de produção, ver os estudos de caso realizados no âmbito do projeto referido na nota anterior em Santos (2002d).

[27] Sobre o rendimento mínimo garantido, ver, nomeadamente, Van Parijs (1992) e Purdy (1994).

[28] Ver Blowfield (1999); Renard (1999); Simpson; Rapone (2000).

[29] Ver Compa; Diamond (1996); Trubek *et al.* (2000); Ansley (2005).

[30] Ver Ross (1997); Schoenberger (2000); Bonacich; Appelbaum (2000); Rodríguez-Garavito (2005).

[31] Sobre o tema do novo internacionalismo operário, ver Santos (2005e).

racismo, sexismo e xenofobia – têm-se afirmado experiências de natureza anticapitalista: ecologia anticapitalista, interculturalidade progressista, constitucionalismo multicultural, discriminação positiva sob a forma de direitos coletivos e cidadania pós-nacional e cultural.[32]

Experiências de democracia. Trata-se de diálogos e conflitos possíveis entre o modelo hegemônico de democracia (democracia representativa liberal) e a democracia participativa.[33] Exemplos salientes são o orçamento participativo hoje em vigor, sob diferentes formas, em muitas cidades brasileiras, latino-americanas e em várias cidades europeias;[34] os *panchayats* eleitos em Kerala ou Bengala Ocidental, na Índia, e as formas de planejamento participativo e descentralizado a que têm dado azo;[35] formas de deliberação comunitária nas comunidades rurais em geral, sobretudo na América Latina e na África;[36] a participação cidadã nas decisões sobre impactos científicos ou tecnológicos.[37]

Experiências de comunicação e de informação. Trata-se de diálogos e conflitos suscitados pela revolução das tecnologias de comunicação e de informação, entre os fluxos globais de informação e os meios de comunicação social globais, por um lado, e, por outro, as redes transnacionais de comunicação independente e os *media* independentes alternativos.[38]

Das ausências e das emergências ao trabalho da tradução

A multiplicação e a diversificação das experiências disponíveis e possíveis levantam dois problemas complexos: o problema da extrema

---

[32] Ver Santos (2019).

[33] Os estudos sobre a democracia participativa podem ser lidos em Santos (2002b). Para uma discussão mais ampla dos sentidos do alargamento do cânone democrático, ver Santos; Avritzer (2005).

[34] Ver Fedozzi (1997); Santos (1998b; 2002a); Abers (1998); Baiocchi (2001), Baierle (2002).

[35] Ver Heller (2000); Desai (2001).

[36] Ver Ayittey (1991); Ake (1996); Stavenhagen (1996); Van Cott (1996; 2000); Eyoh (2004); Gentili (2005).

[37] Ver Gonçalves (2000); Fischer (2000); Kleinman (2000); Callon; Lascoumes; Barthe (2001).

[38] Ver Ryan (1991); Bagdikian (1992); Hamelink (1994); Herman; McChesney (1997); McChesney *et al.* (1998); McChesney (1999); Shaw (2001).

fragmentação ou atomização do real e o problema, derivado do primeiro, da impossibilidade de conferir sentido à transformação social. Esses problemas foram resolvidos, como vimos, pela razão metonímica e pela razão proléptica através do conceito de totalidade e da concepção de que a história tem um sentido e uma direção. Essas soluções, como também vimos, conduziram a um excessivo desperdício da experiência e estão, por isso, hoje desacreditadas. O descrédito das soluções não acarreta consigo o descrédito dos problemas, e por isso há que dar resposta a estes últimos. É certo que, para certas correntes, que designo como pós-modernismo celebratório (SANTOS, 1998b; 1999), são os problemas em si que estão desacreditados.[39] Para essas correntes, a fragmentação e a atomização sociais não são um problema, são antes uma solução, e o próprio conceito de sociedade suscetível de fornecer o cimento capaz de dar coerência a essa fragmentação é de pouca utilidade. Por outro lado, segundo as mesmas correntes, a transformação social não tem nem sentido nem direção, uma vez que ou ocorre caoticamente ou o que se transforma não é a sociedade, mas o nosso discurso sobre ela.

Penso que essas posições estejam mais vinculadas à razão metonímica e à razão proléptica do que imaginam, uma vez que partilham com elas a ideia de que fornecem respostas universais a questões universais. Do ponto de vista da razão cosmopolita que aqui proponho, a tarefa diante de nós não é tanto a de identificar novas totalidades, ou de adotar outros sentidos gerais para a transformação social, como de propor novas formas de pensar essas totalidades e esses sentidos e novos processos de realizar convergências éticas e políticas.

Em causa estão duas tarefas autônomas, mas intrinsecamente ligadas. A primeira consiste em responder à seguinte questão: como dar conta teoricamente da diversidade inesgotável do mundo? Se o mundo é uma totalidade inesgotável,[40] cabem nele muitas totalidades, todas necessariamente parciais, o que significa que todas as totalidades podem ser vistas como partes, e todas as partes como totalidades. Isso significa que os termos de uma dicotomia qualquer têm potencialmente outra

---

[39] Ver a Introdução.

[40] A ideia de uma totalidade inesgotável é obviamente uma *contradictio in adjecto* para a razão indolente, já que a totalidade, segundo ela, esgota tudo o que comporta e nada existe para além dela.

vida para além da vida dicotômica. Do ponto de vista dessa concepção do mundo, faz pouco sentido tentar captá-lo por uma grande teoria, uma teoria geral, porque esta pressupõe sempre a monocultura de uma dada totalidade e a homogeneidade das suas partes. A pergunta é, pois: qual é a alternativa à teoria geral?

A segunda tarefa consiste em responder à seguinte questão: se o sentido e a direção da transformação social não estão predefinidos, se, em outras palavras, não sabemos ao certo se um mundo melhor é possível, o que nos legitima e motiva a agir como se soubéssemos? E, se estamos legitimados e motivados, como definir esse mundo melhor e como lutar por ele? Em outras palavras, qual é o sentido das lutas pela emancipação social?

Começo por responder à primeira pergunta. Em minha opinião, a alternativa à teoria geral é o trabalho da tradução. A tradução é o procedimento que permite criar inteligibilidade recíproca entre as experiências do mundo, tanto as disponíveis como as possíveis, reveladas pela sociologia das ausências e a sociologia das emergências. Trata-se de um procedimento que não atribui a nenhum conjunto de experiências nem o estatuto de totalidade exclusiva nem o estatuto de parte homogênea. As experiências do mundo são vistas em momentos diferentes do trabalho de tradução como totalidades ou partes e como realidades que se não esgotam nessas totalidades ou partes. Por exemplo, ver o subalterno tanto dentro como fora da relação de subalternidade.

Como afirma Banuri (1990), o que mais negativamente afetou o Sul a partir do início do colonialismo foi ter de concentrar as suas energias na adaptação e resistência às imposições do Norte.[41] Com a mesma preocupação, Serequeberhan (1991, p. 22) identifica os dois desafios hoje propostos à filosofia africana. O primeiro, um desafio desconstrutivo, consiste em identificar os resíduos eurocêntricos herdados do colonialismo e presentes nos mais diversos setores da vida coletiva,

---

[41] Banuri argumenta que o projeto capitalista e colonial do desenvolvimento do Sul foi negativo para este, "não por causa de mau aconselhamento ou de uma intenção malévola por parte dos conselheiros ou consultores do desenvolvimento [...] mas sim porque o projeto forçou continuamente as populações coloniais a desviar as suas energias da busca *positiva* de uma transformação social definida por elas próprias e a concentrá-las no objetivo *negativo* de resistir ao domínio cultural, político e econômico do Ocidente" (BANURI, 1990, p. 66, grifo do original).

da educação à política, do direito às culturas. O segundo desafio, um desafio reconstrutivo, consiste em revitalizar as possibilidades histórico-culturais da herança africana interrompida pelo colonialismo e pelo neocolonialismo. O trabalho de tradução procura captar esses dois momentos: a relação hegemônica entre as experiências e o que nestas está para além dessa relação. É nesse duplo movimento que as experiências sociais, reveladas pela sociologia das ausências e pela sociologia das emergências, oferecem-se a relações de inteligibilidade recíproca que não redundem na canibalização de umas por outras.

O trabalho de tradução incide tanto sobre os saberes como sobre as práticas (e os seus agentes).

A tradução entre saberes assume a forma de uma hermenêutica diatópica. Consiste no trabalho de interpretação entre duas ou mais culturas com vista a identificar preocupações isomórficas entre elas e as diferentes respostas que fornecem para elas. Tenho proposto um exercício de hermenêutica diatópica a respeito da preocupação isomórfica com a dignidade humana entre o conceito ocidental de direitos humanos, o conceito islâmico de *umma* e o conceito hindu de *dharma* (SANTOS, 1995, p. 337-347; 2003b, p. 444-451).[42] Dois outros exercícios de hermenêutica diatópica parecem-me importantes. O primeiro consiste na tradução entre diferentes concepções de vida produtiva, entre as concepções de desenvolvimento capitalista e, por exemplo, a concepção do *swadeshi* proposta por Gandhi.[43] As concepções de desenvolvimento capitalista têm sido reproduzidas pela ciência econômica convencional e pela razão metonímica e a razão proléptica que lhe subjazem. Essas concepções assentam-se na ideia de crescimento infinito obtido através da sujeição progressiva das práticas e dos saberes à lógica mercantil. Por sua vez, o *swadeshi* assenta-se na ideia de sustentabilidade e de reciprocidade, que Gandhi definiu, em 1916, do seguinte modo:

> Swadeshi é aquele espírito em nós que nos restringe ao uso e serviço do que nos cerca diretamente, com exclusão do que está mais

---

[42] Sobre esses conceitos, ver a reconstrução intercultural dos direitos humanos proposta no Capítulo 13. Ver ainda Santos (2021g, p. 251-280).

[43] Ver Gandhi (1941; 1967). Sobre o *swadeshi*, ver também, entre outros, Bipinchandra (1954); Nandy (1987b); Krishna (1994).

distante. Assim, no que toca à religião, para satisfazer os requisitos da definição eu devo limitar-me à minha religião ancestral. Se lhe encontrar imperfeições, devo servi-la expurgando-a dos seus defeitos. No domínio da política, eu devo fazer uso das instituições indígenas e servi-las resgatando-as dos seus defeitos patentes. No da economia, devo usar apenas coisas produzidas pelos meus vizinhos diretos e servir essas indústrias tornando-as mais eficientes e completas naquilo em que possam revelar-se em falta (GANDHI, 1941, p. 4-5).

O segundo exercício de hermenêutica diatópica consiste na tradução entre várias concepções de sabedoria e diferentes visões do mundo. Tem lugar, por exemplo, entre a filosofia ocidental e o conceito africano de sageza filosófica. Este último é uma contribuição inovadora da filosofia africana proposta por Odera Oruka (1990a; 1990b; 1998), entre outros.[44] Assenta-se numa reflexão crítica sobre o mundo protagonizada pelos *sages*, como os designa Odera Oruka, sejam eles poetas, médicos tradicionais, contadores de histórias, músicos ou autoridades tradicionais. Segundo Odera Oruka, a filosofia da sageza

> consiste nos pensamentos expressos por homens e mulheres de sabedoria numa comunidade determinada e é um modo de pensar e de explicar o mundo que oscila entre a sabedoria popular (máximas correntes na comunidade, aforismos e verdades gerais do senso comum) e a sabedoria didática, uma sabedoria e um pensamento racional explanados por determinados indivíduos dentro de uma comunidade. Enquanto a sabedoria popular é frequentemente conformista, a sabedoria didática é, por vezes, crítica relativamente ao contexto coletivo e à sabedoria popular. Os pensamentos podem exprimir-se através da escrita ou da oralidade, como ditos, provérbios, máximas e argumentos associados a certos indivíduos. Na África tradicional, muito do que poderia considerar-se filosofia da sageza não está escrito, por razões que devem presentemente ser óbvias para todos. Algumas dessas pessoas talvez tenham sido influenciadas em parte pela inevitável cultura moral e tecnológica do Ocidente, todavia, a sua aparência exterior e a sua forma cultural de estar permanecem basicamente as da África rural tradicional. Excetuando um punhado deles, a maioria é "analfabeta" ou "semianalfabeta" (ORUKA, 1990a, p. 28).

---

[44] Sobre a filosofia da sageza, ver também Oseghare (1992); Presbey (1997).

A hermenêutica diatópica parte da ideia de que todas as culturas são incompletas e, portanto, podem ser enriquecidas pelo diálogo e pelo confronto com outras culturas. Admitir a relatividade das culturas não implica adotar sem mais o relativismo como atitude filosófica. Implica, sim, conceber o universalismo como uma particularidade ocidental cuja supremacia como ideia não reside em si mesma, mas antes na supremacia dos interesses que a sustentam. A crítica do universalismo decorre da crítica da possibilidade da teoria geral. A hermenêutica diatópica pressupõe, pelo contrário, o que designo como universalismo negativo, a ideia da impossibilidade da completude cultural. No período de transição que atravessamos, ainda dominado pela razão metonímica e pela razão proléptica, a melhor formulação para o universalismo negativo talvez seja designá-lo como uma teoria geral residual: uma teoria geral sobre a impossibilidade de uma teoria geral.

A ideia e a sensação da carência e da incompletude criam a motivação para o trabalho de tradução, a qual, para frutificar, tem de ser o cruzamento de motivações convergentes originadas em diferentes culturas. O sociólogo indiano Shiv Visvanathan formulou de maneira incisiva a noção de carência e a motivação que eu aqui designo como motivação para o trabalho de tradução: "o meu problema é como ir buscar o melhor que tem a civilização indiana e, ao mesmo tempo, manter viva a minha imaginação moderna e democrática" (VISVANATHAN, 2000, p. 12). Se, imaginariamente, um exercício de hermenêutica diatópica fosse conduzido entre Visvanathan e um cientista europeu ou norte-americano, é possível imaginar que a motivação para o diálogo, por parte deste último, fosse formulada assim: "como posso manter vivo em mim o melhor da cultura ocidental moderna e democrática e, ao mesmo tempo, reconhecer o valor da diversidade do mundo que ela designou autoritariamente como não civilizado, ignorante, residual, inferior ou improdutivo?". E como se realizaria a hermenêutica diatópica entre qualquer um deles e uma cientista (branca, negra, indígena) da América Latina?

O trabalho de tradução tanto pode ocorrer entre saberes hegemônicos e saberes não hegemônicos como pode ocorrer entre diferentes saberes não hegemônicos. A importância deste último trabalho de tradução reside em que só através da inteligibilidade recíproca e da consequente possibilidade de agregação entre saberes não hegemônicos é possível construir a contra-hegemonia.

O segundo tipo de trabalho de tradução tem lugar entre práticas sociais e seus agentes. É evidente que todas as práticas sociais envolvem conhecimentos e, nesse sentido, são também práticas de saber. Quando incide sobre as práticas, contudo, o trabalho de tradução visa criar inteligibilidade recíproca entre formas de organização e entre objetivos de ação. Em outras palavras, nesse caso, o trabalho de tradução incide sobre os saberes enquanto saberes aplicados, transformados em práticas e materialidades. O trabalho de tradução entre a biomedicina moderna e a medicina tradicional ilustra bem o modo como a tradução deve incidir simultaneamente sobre os saberes e sobre as práticas em que eles se traduzem. Os dois tipos de trabalho de tradução distinguem-se, no fundo, pela perspectiva que os informa. A especificidade do trabalho de tradução entre práticas e seus agentes torna-se mais evidente nas situações em que os saberes que informam diferentes práticas são menos distintos do que as práticas em si mesmas. É, sobretudo, o que acontece quando as práticas ocorrem no interior do mesmo universo cultural, como quando se tenta traduzir as formas de organização e os objetivos de ação de dois movimentos sociais, por exemplo, o movimento feminista e o movimento operário num país europeu, latino-americano ou africano.

A importância do trabalho de tradução entre práticas decorre de uma dupla circunstância. Por um lado, a sociologia das ausências e a sociologia das emergências permitem aumentar enormemente o estoque disponível e o estoque possível de experiências sociais. Por outro lado, como não há um princípio único de transformação social, não é possível determinar em abstrato articulações e hierarquias entre as diferentes experiências sociais, as suas concepções de transformação social e as suas opções estratégicas para levá-las à prática. Só através da inteligibilidade recíproca das práticas é possível avaliá-las e definir possíveis alianças entre elas. Tal como sucede com o trabalho de tradução de saberes, o trabalho de tradução das práticas é particularmente importante entre práticas não hegemônicas, uma vez que a inteligibilidade entre elas é uma condição da sua articulação recíproca. Essa é, por sua vez, uma condição da conversão das práticas não hegemônicas em práticas contra-hegemônicas. O potencial antissistêmico ou contra-hegemônico de qualquer movimento social reside na sua capacidade de articulação com outros movimentos, com as suas formas de organização e os seus objetivos. Para que essa articulação seja possível, é necessário que os movimentos sejam reciprocamente inteligíveis.

O trabalho de tradução visa esclarecer o que une e o que separa os diferentes movimentos e as diferentes práticas, de modo a determinar as possibilidades e os limites da articulação ou agregação entre eles. Dado que não há uma prática social ou um sujeito coletivo privilegiado em abstrato para conferir sentido e direção à história, o trabalho de tradução é decisivo para definir, em concreto, em cada momento e contexto histórico, quais as constelações de práticas com maior potencial contra-hegemônico. Para dar apenas um exemplo, em março de 2001, no México, o movimento indígena zapatista, ao se dirigir à Cidade do México com forte apoio da população mexicana, foi protagonista de uma prática contra-hegemônica privilegiada e o foi tanto mais quanto soube realizar o trabalho de tradução entre os seus objetivos e práticas e os objetivos e práticas de outros movimentos sociais mexicanos, como os movimentos cívicos, o movimento operário autônomo e o movimento feminista. Desse trabalho de tradução resultou, por exemplo, que o comandante zapatista escolhido para se dirigir ao Congresso mexicano tenha sido a comandante Esther. Os zapatistas pretenderam com essa escolha significar a articulação entre o movimento indígena e o movimento de libertação das mulheres e, por essa via, aprofundar o potencial contra-hegemônico de ambos.

O trabalho de tradução tornou-se, em tempos recentes, ainda mais importante à medida que foi se configurando um novo movimento contra-hegemônico ou antissistêmico. Esse movimento tem proposto uma globalização alternativa à globalização neoliberal a partir de redes transnacionais de movimentos locais. Tendo chamado a atenção dos *media* em novembro de 1999, em Seattle, adquiriu a sua primeira forma organizativa global no Fórum Social Mundial, realizado em Porto Alegre, em janeiro de 2001.[45] O movimento da globalização

---

[45] Sobre a globalização contra-hegemônica existe uma bibliografia crescente. Ver, entre outros: Santos (1995, p. 250-377; 2002c; 2005b); Keck; Sikkink (1998); Brecher *et al.* (2000); Cohen; Rai (2000).

contra-hegemônica revela, a cada vez, maior visibilidade e diversidade das práticas sociais que, nos mais diversos cantos do globo, resistem à globalização neoliberal. Ele é uma constelação de movimentos muito diversificados. Trata-se, por um lado, de movimentos e organizações locais, não só muito diversos nas suas práticas e objetivos como também, além disso, ancorados em diferentes culturas. Trata-se, por outro, de organizações transnacionais, umas originárias do Sul, outras do Norte, igualmente muito diversas entre si. A articulação e a agregação entre esses diferentes movimentos e organizações e a criação de redes transfronteiriças exigem um gigantesco esforço de tradução. O que há de comum entre o orçamento participativo, hoje em prática em muitas cidades latino-americanas e europeias, o planejamento democrático participativo dos *panchayats*, em Kerala e Bengala Ocidental, na Índia, e as formas de gestão comunitária dos povos indígenas da América Latina e das populações rurais da África? O que podem aprender uns com os outros? Em que tipos de atividade global contra-hegemônica podem cooperar? As mesmas perguntas podem ser feitas a respeito do movimento pacifista e do movimento anarquista, ou do movimento indígena e do movimento gay, do movimento zapatista, da organização ATTAC,[46] do Movimento Sem Terra, no Brasil, e do movimento do rio Narmada, na Índia, e assim por diante.

São essas as questões a que o trabalho de tradução pretende responder. Trata-se de um trabalho muito complexo, não só pelo número e pela diversidade de movimentos e organizações envolvidos, como também, sobretudo, pelo fato de uns e outras estarem ancorados em culturas e saberes muito diversos. Ou seja, esse é um campo onde o trabalho de tradução incide simultaneamente sobre os saberes e as culturas, por um lado, e sobre as práticas e os agentes, por outro. Além disso, esse trabalho tem de identificar o que os une e o que os separa. Os pontos em comum representam a possibilidade de uma agregação ou combinação a partir de baixo, a única alternativa possível a uma agregação a partir de cima imposta por uma grande teoria geral ou por um ator social privilegiado.

---

[46] Acrônimo de Association pour la Taxation des Transactions Financières pour l'Aide aux Citoyens (em português, Ação pela Taxação das Transações Financeiras em Apoio aos Cidadãos).

Condições e procedimentos da tradução

O trabalho de tradução é complementar da sociologia das ausências e da sociologia das emergências. Se estas últimas aumentam enormemente o número e a diversidade das experiências disponíveis e possíveis, o trabalho de tradução visa criar inteligibilidade, coerência e articulação num mundo enriquecido por tal multiplicidade e diversidade. A tradução não se reduz aos componentes técnicos que obviamente tem, uma vez que esses componentes e o modo como são aplicados ao longo do processo de tradução têm de ser objeto de deliberação democrática. A tradução é, simultaneamente, um trabalho intelectual e um trabalho político. E é também um trabalho emocional, porque pressupõe o inconformismo perante uma carência decorrente do caráter incompleto ou deficiente de um dado conhecimento ou de uma dada prática. Por essas razões, é claro que as ciências sociais convencionais são de pouca utilidade para o trabalho de tradução.[47] Para além disso, o fechamento disciplinar significou o fechamento da inteligibilidade da realidade investigada, e esse fechamento foi responsável pela redução da realidade às realidades hegemônicas ou canônicas. Por exemplo, analisar ou avaliar o *swadeshi* a partir da economia convencional seria torná-lo ininteligível, portanto intraduzível, uma vez que se perderiam em tal análise e avaliação as dimensões religiosa e política que o *swadeshi* tem e que estão bem patentes no trecho de Gandhi anteriormente citado. Tal como sucede com a sociologia das ausências e a sociologia das emergências, o trabalho de tradução é um trabalho transgressivo que, como o poeta nos ensinou, vai fazendo seu caminho caminhando.

Já referi que o trabalho de tradução assenta-se num pressuposto sobre o qual deve ser criado consenso transcultural: a teoria geral da impossibilidade de uma teoria geral. Sem esse universalismo negativo, a tradução é um trabalho colonial, por mais pós-colonial que se afirme. Uma vez garantido esse pressuposto, as condições e os procedimentos

---

[47] É importante ter em mente que o trabalho de tradução aqui proposto é recíproco ou de dois sentidos. De outro modo transformar-se-á num instrumento de apropriação e de canibalização. Por isso o acervo teórico e metodológico da tradução linguística deve ser usado com cautela, dado que esta tem sido tradicionalmente unilateral na medida em que tem estado ao serviço das línguas e dos interesses de difusão cultural hegemônicos.

do trabalho de tradução podem ser elucidados a partir das respostas às seguintes questões: o que traduzir? Entre o que traduzir? Quem traduz? Quando traduzir? Traduzir com que objetivos?

O que traduzir? O conceito fulcral na resposta a essa questão é o conceito de *zona de contato*.[48] Zonas de contato são campos sociais onde diferentes mundos da vida normativos, práticas e conhecimentos se encontram, chocam-se e interagem. As duas zonas de contato constitutivas da modernidade ocidental são a zona epistemológica, onde se confrontaram a ciência moderna e os saberes leigos, tradicionais, dos camponeses, e a zona colonial, onde se defrontaram o colonizador e o colonizado. São duas zonas caracterizadas pela extrema disparidade entre as realidades em contato e pela extrema desigualdade das relações de poder entre elas.

É a partir dessas duas zonas e por contraposição a elas que se devem construir as zonas de contato reclamadas pela razão cosmopolita. A zona de contato cosmopolita parte do princípio de que cabe a cada saber ou prática decidir o que é posto em contato e com quem é posto em contato. As zonas de contato são sempre seletivas, porque os saberes e as práticas excedem o que de uns e outras é posto em contato. O que é posto em contato não é necessariamente o que é mais relevante ou central. Pelo contrário, as zonas de contato são zonas de fronteira, terras de ninguém onde as periferias ou margens dos saberes e das práticas são, em geral, as primeiras a emergir. Só o aprofundamento do trabalho de tradução permite ir trazendo para a zona de contato os aspectos que cada saber ou cada prática consideram mais centrais ou relevantes.

---

[48] O conceito de zona de contato foi usado por diferentes autores em sentidos diferentes. Por exemplo, Mary Louise Pratt (1992, p. 4) define as zonas de contato como "espaços sociais em que culturas distintas se encontram, chocam-se entre si e se envolvem umas com as outras, muitas vezes em relações de dominação e subordinação altamente assimétricas – tais como o colonialismo, a escravatura ou as suas sequelas que sobrevivem hoje pelo mundo fora". Nessa formulação, as zonas de contato parecem implicar encontros entre totalidades culturais. Não tem de ser esse o caso. A zona de contato pode envolver diferenças culturais selecionadas e parciais, as diferenças que, num espaço-tempo determinado, encontram-se em concorrência para dar sentido a uma determinada linha de ação. Além disso, as trocas desiguais vão hoje muito além do colonialismo e das suas sequelas, embora o colonialismo continue a desempenhar um papel muito mais importante do que as ciências sociais convencionais estão dispostas a admitir.

Nas zonas de contato interculturais, cabe a cada prática cultural decidir os aspectos que devem ser selecionados para confronto multicultural. Em cada cultura há aspectos considerados demasiadamente centrais para poderem ser postos em risco pelo confronto que a zona de contato pode representar ou aspectos que se considera serem inerentemente intraduzíveis em outra cultura. Essas decisões fazem parte da própria dinâmica do trabalho de tradução e estão sujeitas a revisão à medida que o trabalho avança. Se o trabalho de tradução avançar, é de esperar que mais e mais aspectos sejam trazidos à zona de contato, o que, por sua vez, contribuirá para novos avanços da tradução. Em muitos países da América Latina, sobretudo naqueles em que está consagrado o constitucionalismo multicultural, os povos indígenas têm travado uma luta no sentido de controlarem a decisão sobre o que dos seus saberes e das suas práticas deve ser objeto do trabalho de tradução para saberes e práticas da "*sociedad mayor*".

A questão do que é traduzível não se limita ao critério de seletividade que cada prática ou saber decide adotar na zona de contato. Para além da seletividade ativa, há o que poderíamos designar como seletividade passiva. Esta consiste naquilo que numa dada cultura se tornou impronunciável devido à opressão extrema de que foi vítima durante longos períodos. Trata-se de ausências profundas, de vazios sem possibilidade de preenchimento, vazios que dão forma à identidade imperscrutável dos saberes e das práticas em questão. No caso de ausências de longa duração, é provável que nem a sociologia das ausências possa torná-las presentes. Os silêncios que produzem são demasiadamente insondáveis para serem objeto de trabalho de tradução.

O problema de o que traduzir suscita ainda outra questão, que é sobretudo importante em zonas de contato entre diferentes universos culturais. As culturas só são monolíticas quando vistas de fora ou de longe. Quando vistas de dentro ou de perto, é fácil ver que são constituídas por várias e por vezes conflituais versões da mesma cultura. No exemplo que referi de um possível diálogo multicultural sobre concepções de dignidade humana, é fácil ver que na cultura ocidental não existe apenas uma concepção de direitos humanos. Poderemos distinguir pelo menos duas: uma, de origem liberal, que privilegia os direitos cívicos e políticos em relação aos direitos econômicos e sociais, e outra, de origem marxista ou socialista, que privilegia os direitos sociais e econômicos como condição necessária para todos os demais. Do mesmo modo, no islã, é possível distinguir várias concepções de *umma*, umas mais inclusivas, reconduzíveis ao período em que o profeta viveu em Meca, e outras menos inclusivas, desenvolvidas a partir da construção do Estado islâmico em Medina. E, semelhantemente, são muitas as concepções de *dharma* no hinduísmo (SANTOS, 2003b, p. 445-446).

As versões mais inclusivas, aquelas que contêm um círculo mais amplo de reciprocidade, são as que geram as zonas de contato mais promissoras, as mais adequadas para aprofundar o trabalho de tradução e a hermenêutica diatópica.

Entre o que traduzir? A seleção dos saberes e das práticas entre os quais se realiza o trabalho de tradução é sempre resultado de uma convergência ou conjugação de sensações de experiências de carência, de inconformismo, e da motivação para superá-las de uma forma específica. Pode surgir como reação a uma zona de contato colonial ou imperial. Por exemplo, a biodiversidade é hoje uma zona de contato imperial entre o conhecimento biotecnológico e o conhecimento dos xamãs, médicos tradicionais ou curandeiros em comunidades indígenas ou rurais da América Latina, da África, da Ásia e mesmo da Europa.[49] Os movimentos indígenas e os movimentos sociais transnacionais, seus aliados, têm contestado essa zona de contato e os poderes que a constituem e lutado pela construção de outras zonas de contato não imperiais onde as relações entre os diferentes saberes e práticas sejam mais horizontais. Essa luta deu à tradução entre saberes biomédicos e saberes médicos tradicionais uma acuidade que não tinha antes. Para dar um exemplo de um campo social totalmente distinto, o movimento operário, confrontado com uma crise sem precedentes, tem se aberto a zonas de contato com outros movimentos sociais, nomeadamente com movimentos cívicos, feministas, ecológicos e de imigrantes e de desempregados. Nessa zona de contato, tem sido realizado um trabalho de tradução entre as práticas, reivindicações e aspirações operárias e os objetivos de cidadania, de proteção do meio ambiente e de

---

[49] Sobre esse tema, ver, por exemplo, Xaba (2005) e Meneses (2005).

antidiscriminação contra mulheres, minorias étnicas ou imigrantes. Tais traduções têm transformado lentamente o movimento operário e os outros movimentos sociais ao mesmo tempo que têm tornado possíveis alianças e coligações de lutas que há alguns anos seriam impensáveis.

Quando traduzir? Também aqui a zona de contato cosmopolita tem de ser o resultado de uma conjugação de tempos, ritmos e oportunidades. Sem tal conjugação, a zona de contato torna-se imperial, e o trabalho de tradução torna-se uma forma de canibalização. Nas três últimas décadas, a modernidade ocidental descobriu as possibilidades e as virtudes do multiculturalismo. Habituada à rotina da sua hegemonia, pressupôs que, estando a cultura ocidental disposta a dialogar com as culturas que antes oprimira, estas últimas estariam *naturalmente* prontas e disponíveis para esse diálogo e, de fato, ansiosas por ele. Esse pressuposto tem redundado em novas formas de imperialismo cultural, mesmo quando assume a forma de multiculturalismo (é o que designo como multiculturalismo reacionário).

No domínio das zonas de contato multiculturais, há ainda a considerar as diferentes temporalidades que nelas intervêm. Como afirmei anteriormente, um dos procedimentos da sociologia das ausências consiste em contrapor à lógica da monocultura do tempo linear uma constelação pluralista de tempos e durações de modo a libertar as práticas e os saberes que nunca se pautaram pelo tempo linear do seu estatuto residual. O objetivo é, tanto quanto possível, converter em contemporaneidade a simultaneidade que a zona de contato proporciona. Isso não significa que a contemporaneidade anule a história. Essa consideração é importante, sobretudo nas zonas de contato entre saberes e práticas em que as relações de poder, por serem extremamente desiguais, conduziram à produção maciça de ausências. É que, nessas situações, uma vez tornados presentes um dado saber ou uma dada prática antes ausentes, há o perigo de se pensar que a história desse saber ou dessa prática começa com a sua presença na zona de contato. Esse perigo tem estado presente em muitos diálogos multiculturais, sobretudo naqueles em que têm intervindo os povos indígenas depois das políticas de reconhecimento que se desenvolveram a partir da década de 1980. A zona de contato tem de ser vigiada para que a simultaneidade do contato não signifique o colapso da história.

Quem traduz? Os saberes e as práticas só existem na medida em que são usados ou exercidos por grupos sociais. Por isso, o trabalho de tradução é sempre realizado entre representantes desses grupos sociais. O trabalho de tradução, como trabalho argumentativo, exige capacidade intelectual. Os intelectuais cosmopolitas terão de ter um perfil semelhante ao do sábio filosófico identificado por Odera Oruka na busca da sageza africana. Trata-se de intelectuais fortemente enraizados nas práticas e nos saberes que representam, tendo de uns e de outras uma compreensão profunda e crítica. Essa dimensão crítica, que Oruka designa como "sabedoria didática", funda a carência, o sentimento de incompletude e a motivação para buscar em outros saberes ou em outras práticas as respostas que não se encontram dentro dos limites de um dado saber ou de uma dada prática. Os tradutores de culturas devem ser intelectuais cosmopolitas. Podem encontrar-se tanto entre os dirigentes de movimentos sociais como entre os ativistas das bases. No futuro próximo, a decisão sobre quem traduz irá, provavelmente, tornar-se uma das mais decisivas deliberações democráticas na construção da globalização contra-hegemônica.

Como traduzir? O trabalho de tradução é, basicamente, um trabalho argumentativo, assente na emoção cosmopolita de partilhar o mundo com quem não partilha o nosso saber ou a nossa experiência. As dificuldades do trabalho de tradução são múltiplas. A primeira dificuldade diz respeito às premissas da argumentação. Toda argumentação assenta-se em postulados, axiomas, regras, ideias que não são objeto de argumentação, porque são aceitas como evidentes por todos os que participam no círculo argumentativo. Designam-se, em geral, como *topoi* ou lugares-comuns e constituem o consenso básico que torna possível o dissenso argumentativo.[50] O trabalho de tradução não dispõe, em princípio, de *topoi*, porque os *topoi* que estão disponíveis são os que são próprios de um dado saber ou de uma dada cultura e, como tal, não são aceitos como evidentes por outro saber ou outra cultura. Em outras palavras, os *topoi* que cada saber ou prática traz para a zona de contato deixam de ser premissas da argumentação e transformam-se em argumentos. À medida que o trabalho de tradução avança, vai

---

[50] Sobre os *topoi* e a retórica em geral, ver Santos (1995, p. 7-55).

construindo os *topoi* que são adequados à zona de contato e à situação de tradução. É um trabalho exigente, sem seguros contra riscos e sempre à beira de colapsar. A capacidade de construir *topoi* é uma das marcas mais distintivas da qualidade do intelectual ou *sage* cosmopolita.

A segunda dificuldade diz respeito à língua em que a argumentação é conduzida. É pouco vulgar que os saberes e as práticas em presença nas zonas de contato tenham uma língua comum ou dominem do mesmo modo a língua comum. Acresce-se que, quando a zona de contato cosmopolita é multicultural, uma das línguas em presença é frequentemente a que dominou a zona de contato imperial ou colonial. A substituição desta por uma zona de contato cosmopolita pode, assim, ser boicotada pelo uso da língua anteriormente dominante. Não se trata apenas de os diferentes participantes no discurso argumentativo poderem ter um domínio desigual dessa língua. Trata-se outrossim do fato de a língua em questão ser responsável pela própria impronunciabilidade de algumas aspirações centrais dos saberes e das práticas que foram oprimidos na zona colonial.

A terceira dificuldade reside nos silêncios. Não se trata do impronunciável, mas dos diferentes ritmos com que os diferentes saberes e práticas sociais articulam as palavras com os silêncios e da diferente eloquência (ou significado) que é atribuída ao silêncio por parte das diferentes culturas. A gestão do silêncio e a tradução do silêncio são das tarefas mais exigentes do trabalho de tradução.

Conclusão: Para que traduzir?

Esta última pergunta compreende todas as outras. Faz sentido, por conseguinte, responder-lhe na forma de conclusão da argumentação expendida neste capítulo. Muito sucintamente, essa argumentação consiste em que a sociologia das ausências e a sociologia das emergências, juntamente ao trabalho de tradução, permitem-nos desenvolver uma alternativa à razão indolente, na forma daquilo a que chamo razão cosmopolita. Essa alternativa baseia-se na ideia de que a justiça social global não é possível sem uma justiça cognitiva global.

O trabalho de tradução é o procedimento que nos resta para dar sentido ao mundo depois de ele ter perdido o sentido e a direção automáticos que a modernidade ocidental pretendeu conferir-lhes ao planificar a história, a sociedade e a natureza. A resposta à pergunta "para quê traduzir?" responde à segunda questão que deixei anteriormente formulada: se não sabemos que um mundo melhor é possível, o que nos legitima ou motiva a agir como se soubéssemos? A necessidade da tradução reside em que os problemas que o paradigma da modernidade ocidental procurou solucionar continuam por resolver, e a sua resolução parece mesmo cada vez mais urgente. Não dispomos, no entanto, das soluções que esse paradigma propôs, e é essa, aliás, a razão da crise profunda em que ele se encontra. Em outras palavras, na fase de transição em que nos encontramos, confrontamo-nos com problemas modernos para os quais não temos soluções modernas.

O trabalho de tradução feito com base na sociologia das ausências e na sociologia das emergências é um trabalho de imaginação epistemológica e de imaginação democrática com o objetivo de construir novas e plurais concepções de emancipação social sobre as ruínas da emancipação social automática do projeto moderno. Não há nenhuma garantia de que um mundo melhor seja possível, e muito menos de que todos os que não desistiram de lutar por ele o concebam do mesmo modo. A oscilação entre banalidade e horror, que tanto angustiou Adorno e Horkheimer, [51] transformou-se hoje na banalidade do horror. A possibilidade do desastre começa hoje a ser tão evidente que paradoxalmente se "naturaliza" e banaliza.

A situação de bifurcação de que falam Prigogine e Wallerstein é a situação estrutural em que ocorre o trabalho de tradução. O objetivo do trabalho de tradução é criar constelações de saberes e de práticas suficientemente fortes para fornecer alternativas credíveis ao que hoje se designa como globalização neoliberal e que não é mais do que um novo passo do capitalismo global, no sentido de sujeitar a totalidade inesgotável do mundo à lógica mercantil. Sabemos que nunca conseguirá atingir integralmente esse objetivo, e essa é talvez a única certeza que retiramos do colapso do projeto da modernidade. Isso, no entanto, nada nos diz sobre se um mundo melhor é possível e que perfil terá. Daí que a razão cosmopolita prefira imaginar o mundo melhor a partir

---

[51] Ver Horkheimer e Adorno, 1972, e Adorno, 1985.

do presente. Por isso propõe a dilatação do presente e a contração do futuro. Aumentando o campo das experiências, é possível avaliar melhor as alternativas que são hoje possíveis e disponíveis. Essa diversificação das experiências visa recriar a tensão entre experiências e expectativas, mas de tal modo que umas e outras aconteçam no presente. O novo inconformismo é o que resulta da verificação de que hoje e não amanhã seria possível viver num mundo muito melhor. Afinal, como se interroga Bloch, referido anteriormente, se só vivemos o presente, não se compreende que seja tão passageiro.

As expectativas são as possibilidades de reinventar a nossa experiência, confrontando as experiências hegemônicas que nos são impostas com a imensa variedade das experiências cuja ausência é produzida ativamente pela razão metonímica ou cuja emergência é reprimida pela razão proléptica. A possibilidade de um futuro melhor não está, assim, num futuro distante, mas na reinvenção do presente, ampliado pela sociologia das ausências e pela sociologia das emergências e tornado coerente pelo trabalho de tradução.

O trabalho de tradução permite criar sentidos e direções precários, mas concretos, de curto alcance, mas radicais nos seus objetivos, incertos, mas partilhados. O objetivo da tradução entre saberes é criar justiça cognitiva a partir da imaginação epistemológica. O objetivo da tradução entre práticas e seus agentes é criar as condições para uma justiça social global a partir da imaginação democrática.

O trabalho de tradução cria as condições para emancipações sociais concretas de grupos sociais concretos num presente cuja injustiça é legitimada com base num maciço desperdício de experiência. O trabalho de tradução, assente na sociologia das ausências e na sociologia das emergências, apenas permite revelar ou denunciar a dimensão desse desperdício. O tipo de transformação social que a partir dele pode-se construir exige que as constelações de sentido criadas pelo trabalho de tradução se transformem em práticas transformadoras e novos manifestos.

CAPÍTULO 3

A ecologia de saberes

Introdução

O conhecimento científico é hoje a forma oficialmente privilegiada de conhecimento, e a sua importância para a vida das sociedades contemporâneas não oferece contestação. Na medida das suas possibilidades, todos os países se dedicam à promoção da ciência, esperando benefícios do investimento nela. Pode-se dizer que, desde sempre, as formas privilegiadas de conhecimento, quaisquer que elas tenham sido, num dado momento histórico e numa dada sociedade, foram objeto de debate sobre a sua natureza, as suas potencialidades, os seus limites e o seu contributo para o bem-estar da sociedade. De uma forma ou de outra, a razão última do debate tem sido sempre o fato de as formas privilegiadas do conhecimento conferirem privilégios extracognitivos (sociais, políticos, culturais) a quem as detém. Assim não seria somente se o conhecimento não tivesse qualquer impacto na sociedade, ou, tendo-o, se ele estivesse equitativamente distribuído na sociedade. Mas não é assim.

Por um lado, só existe conhecimento em sociedade, e, portanto, quanto maior for o seu reconhecimento, maior será a sua capacidade para conformar a sociedade, para conferir inteligibilidade ao seu presente e ao seu passado e dar sentido e direção ao seu futuro. Isso é verdade qualquer que seja o tipo e o objeto de conhecimento. Mesmo que a natureza não existisse em sociedade – e existe –, o conhecimento sobre ela existiria. Por outro lado, o conhecimento, em suas múltiplas formas, não está equitativamente distribuído na sociedade e tende a estar tanto menos quanto maior for o seu privilégio epistemológico. Quaisquer que sejam as relações entre o privilégio epistemológico e o privilégio sociológico de uma dada forma de conhecimento – certamente complexas e, elas próprias, parte do debate –, a verdade é que os dois privilégios tendem a convergir na mesma forma de conhecimento. Essa convergência faz com que a justificação ou contestação de uma dada forma de conhecimento envolvam sempre, de uma maneira mais ou menos explícita, a justificação ou contestação do seu impacto social.

Desde o século XVII, as sociedades ocidentais têm privilegiado epistemológica e sociologicamente a forma de conhecimento que designamos como ciência moderna (SANTOS, 1995, 2003e). Quaisquer que sejam as relações entre essa ciência e outras ciências anteriores – ocidentais e orientais –, a verdade é que essa nova forma de conhecimento se autoconcebeu como um novo começo, uma ruptura em relação ao passado, uma revolução científica, como mais tarde viria a ser caracterizada. Desde então, o debate sobre o conhecimento centrou-se no interior da ciência moderna, nos fundamentos da validade privilegiada do conhecimento científico, nas relações deste com outras formas de conhecimento (filosófico, artístico, religioso, literário etc.), nos processos (instituições, organizações, metodologias) de produção da ciência e no impacto da sua aplicação. O que distingue o debate moderno sobre o conhecimento dos debates anteriores é o fato de a ciência moderna ter assumido a sua inserção no mundo mais profundamente do que qualquer outra forma de conhecimento anterior ou contemporânea: propôs-se não apenas compreender o mundo ou explicá-lo, mas também transformá-lo. Contudo, paradoxalmente, para maximizar a sua capacidade de transformar o mundo, pretendeu-se imune às transformações do mundo.

Nos termos da consciência de si próprios que a ciência e os cientistas tenderam, dominantemente, a formar desde os tempos da revolução científica até um período muito recente, o privilégio epistemológico que a ciência moderna se arroga pressupõe que a ciência seja feita no mundo, mas não é feita de mundo. A ciência intervém tanto mais eficazmente no mundo quanto mais independente é dele. A ciência opera autonomamente segundo as suas próprias regras e lógicas para produzir um conhecimento verdadeiro ou tão próximo da verdade quanto é humanamente possível. A verdade consiste na representação fiel ou, pelo menos, o mais aproximada possível da realidade que existe, independentemente das formas que assume e dos processos através dos quais é produzido o conhecimento que se tem dela. Uma vez criadas e estabilizadas as condições institucionais que garantem a autonomia da ciência, tal verdade e tal representação não estariam sujeitas ao condicionamento ou à manipulação por parte do mundo não científico.

Ao longo dos últimos três séculos, os debates sobre a ciência tiveram sempre estas duas vertentes: a natureza e o sentido das transformações do mundo operadas pela ciência; a natureza e a validade do conhecimento científico que produz e legitima essas transformações. Em alguns períodos, dominou uma das vertentes, e em outros, a outra. Os debates começaram por ser entre cientistas e titulares de outros conhecimentos – filósofos, teólogos, artistas etc. –, mas, à medida que a ciência se expandiu e se diversificou, passaram a se travar igualmente entre cientistas, ainda que, por vezes, o debate tenha sido sobre o que é ser cientista e sobre quem o é.

A evolução dos debates tem a ver com uma pluralidade de fatores: com o crescimento exponencial da produção científica e a consequente proliferação das comunidades científicas; com o extraordinário aumento da eficácia tecnológica propiciada pela ciência, uma eficácia posta ao serviço tanto da guerra como da paz; com as transformações na prática científica à medida que o conhecimento científico foi transformado em força produtiva de primeira ordem e a questão das relações entre a ciência e o mercado se transmutou na questão da ciência como mercado; com a crescente visibilidade de conhecimentos não científicos cujas relações epistemológica e pragmática com a ciência moderna são complexas, relações que podem ir da complementaridade à confrontação e à incomensurabilidade. Esse último fator está muito presente neste capítulo.

Em *Um discurso sobre as ciências* (2003e),[1] defendi que estávamos entrando num período de transição paradigmática que designei como de transição entre a ciência moderna – que identifiquei com a mecânica clássica, cartesiana e newtoniana, positivista (determinista, reducionista e dualista) – e uma ciência emergente que designei como ciência pós-moderna. Com base na reflexão epistemológica da nova física ou

---

[1] Publicado em Portugal inicialmente em 1987.

física pós-clássica, defendi que caminhávamos para um conhecimento pós-dualista assente na superação das dicotomias que dominavam a ciência moderna clássica: natureza/cultura, natural/artificial, vivo/inanimado, mente/matéria, observador/observado, subjetivo/objetivo etc. Esse colapso não só contribuiria para abalar as disciplinas como também produziria, com o tempo, a superação entre as ciências naturais e as ciências sociais. Quanto ao sentido dessa superação, apesar de reconhecer a emergência de um novo naturalismo (a sociobiologia), que pretendia reduzir as ciências sociais às ciências naturais, previa que a tendência dominante ia no sentido da aproximação das ciências naturais às ciências sociais. Justificava-o com o fato de a ciência pós-clássica – qualquer que seja a sua designação: as novas ciências, ciências da complexidade, sistemas auto-organizados, teorias do caos – se centrar em conceitos e modelos explicativos similares aos dominantes nas ciências sociais: auto-organização, criatividade, potencialidade organizada, emergência, irreversibilidade, historicidade. Defendia também que os valores cognitivos não podiam se separar totalmente de valores éticos e políticos, que a cultura era constitutiva da ciência e que, por isso, sendo diversas as culturas, haveria de se reconhecer a existência de outras explicações, não científicas, da realidade. Afirmei-o em termos que causaram a ira dos positivistas. Disse:

> A ciência moderna não é a única explicação possível da realidade e não há sequer qualquer razão científica para a considerar melhor que as explicações alternativas da metafísica, da astrologia, da religião, da arte ou da poesia. A razão por que privilegiamos hoje uma forma de conhecimento assente na previsão e no controle dos fenômenos nada tem de científico. É um juízo de valor (Santos, 2003e, p. 83).

Escapou aos meus críticos o que me parece uma evidência: se aceitarmos que há uma pluralidade de explicações ou concepções da realidade – o que me parece consensual –, a preferência por uma delas depende dos critérios epistemológicos que adotarmos. Se eles forem os que sustentam a validade do conhecimento científico, eles não podem deixar de considerar este melhor. O importante é, pois, averiguar por que preferimos esses critérios epistemológicos e não outros. E essa preferência só se pode fundar metaepistemologicamente, ou seja, por considerações culturais, políticas ou éticas. É um juízo de valor, o que só sublinha a importância das novas decisões. O que os positivistas – fechados como estão num universo determinista, reducionista e dualista – consideram irracionalismo é, de fato, uma racionalidade mais ampla, aquilo que alguns autores designam como polirracionalidades (Masolo, 2003, p. 23).

É debatível em que medida as minhas previsões se realizaram. Em minha opinião, as diferentes tendências que assinalei vincaram-se nas duas últimas décadas, e o seu peso relativo talvez tenha se alterado. Por exemplo, a sociobiologia e, portanto, a ideia da redução das ciências sociais às ciências naturais fortaleceram-se muito nas três últimas décadas. Os desenvolvimentos nas neurociências e na biologia da evolução levam alguns protagonistas da sociobiologia, como Edward O. Wilson (1998a; 1998b), a preverem que as ciências naturais estão cada vez mais próximas de identificar os processos materiais, físico-químicos, que geram os fenômenos mentais e culturais. A mente é o cérebro em ação, e este pode ser inteiramente compreendido como um fenômeno biológico. O pensamento consciente consiste em circuitos de neurônios e em fluxos neurotransmissores que começam a ser concebidos, com a visualização do cérebro através de técnicas como a tomografia por emissão de positrões (*Positron Emission Tomography* – PET). Com isso, crê-se que será possível resolver, com o tempo, o problema central da ciência tal como é vista por essa corrente, o problema da relação mente-cérebro e, por implicação, o problema da interação entre a evolução genética e a evolução cultural A biologia é, assim, concebida como a disciplina fundacional das ciências sociais.

O reducionismo e a premissa da unidade que caracterizam a epistemologia da ciência moderna são aqui levados ao extremo. Seja qual for o nível de organização da vida, a explicação de novos fenômenos deve ser buscada no nível de organização inferior. É assim que a biologia da evolução se explica pela biologia ecológica, esta, pela biologia do organismo, esta, pela biologia celular, e esta, finalmente, pela biologia molecular. Para esses pesquisadores, no momento em que se descobrir a interação entre a evolução cultural e a evolução genética, as leis gerais a que se chegar terão vigência em todas as disciplinas. A essa perspectiva Edward O. Wilson dá o nome de *consilience* (1998a; 1998b). Confirmar-se-á então que todos os fenômenos vivos obedecem às mesmas leis da física e da química, já que os níveis mais altos da organização da vida (incluindo a cultura e a sociedade) decorrem de fenômenos de agregação que ocorrem nos níveis mais baixos (biológicos e físico-químicos). A crença cultural ocidental na unidade da ciência, o que Gerald Holton chama o "encantamento iônico", atinge aqui a sua formulação mais extrema (HOLTON, 1995; 1998).

Essa corrente, hoje muito mais forte que há 20 anos, prevê, pois, uma evolução nos antípodas da que eu previ. As ciências sociais serão, com o tempo, uma disciplina das ciências naturais. A aversão à biologia que as ciências sociais hoje manifestam é, segundo Wilson, irracional e tem, quando muito, uma explicação sociológica: os cientistas sociais querem manter a sua independência em parte devido à extrema complexidade do tema da coevolução genético-cultural e em parte por medo de que se abuse da biologia para sustentar ideologias racistas (WILSON, 1998b, p. 145).

Em contraposição com essa corrente, outra desenvolveu-se nos últimos anos, essa sim em linha com o que eu tinha previsto, ou seja, no sentido de que está em curso um processo de indiferenciação entre as ciências naturais e as ciências sociais sob a égide destas últimas. Curiosamente, essa corrente nutre-se, em parte, dos avanços nas disciplinas focadas pela corrente anterior, como as neurociências, a biologia molecular, mas os integra num contexto científico e epistemológico mais amplo que inviabilize o reducionismo. Esse contexto é constituído pelo que se designa como novas ciências, onde se incluem a cibernética, as ciências da computação, a teoria do caos, a teoria dos jogos, a teoria dos sistemas complexos e autorreguladores ou autopoiese, a inteligência artificial, as ciências cognitivas, a nova matemática. As novas ciências, que se desenvolveram dramaticamente a partir de meados do século XX, são antirreducionistas. Em vez do simples, o complexo; em vez da reversibilidade, a irreversibilidade; em vez do tempo linear, os tempos não lineares; em vez da continuidade, a descontinuidade; em vez da realidade constituída ou criada, os processos de criação e as qualidades emergentes; em vez da ordem, a desordem; em vez da certeza, a incerteza; em vez do equilíbrio, a instabilidade e as ramificações (*branching*); em vez do determinismo e dos sistemas lineares, o caos e o caos determinista e a teoria das catástrofes; em vez da prioridade da investigação da relação causa-efeito, a prioridade da investigação dos meios para atingir objetivos; em vez da separação entre sujeito e objeto, o objeto que é sujeito; em vez da separação entre observador e observado, o observador *na* observação; em vez da separação entre o pensar e o agir, a interatividade entre ambos no processo de investigação.

Essa corrente comporta uma enorme variedade interna. Em geral, pode-se dizer que o antirreducionismo e o antideterminismo convivem com a aspiração da unidade da ciência, a possibilidade de investigar a matéria, a vida e a sociedade com instrumentos analíticos e teóricos comuns. Algumas dessas convergências vão no sentido da aproximação entre as ciências sociais e as ciências da vida (a biologia), ainda que entendida de modo diferente da proposta pela sociobiologia e com o objetivo de contrapô-la ao "imperialismo da física mecânica como paradigma das chamadas 'ciências duras' ou 'ciências exatas'" (GONZÁLEZ CASANOVA, 2004, p. 81).

Para Pablo González Casanova, por exemplo, a aproximação crescente das ciências sociais e da biologia só será possível se se estabelecer um vínculo entre sistemas complexos e sistemas dialéticos, um vínculo que tem sido tabu no campo epistêmico das ciências da complexidade e da tecnociência. Tal vínculo permitiria ver nas relações interativas e complexas a presença de relações de exploração e de dominação. A superação da clivagem entre as duas culturas – a cultura científica e a cultura humanista – exige que a complexidade seja plenamente assumida pelas ciências sociais e especificamente pelas ciências sociais críticas. Segundo González Casanova, as ciências da complexidade e as tecnociências permitiram prolongar a vida do capitalismo em termos que um marxismo reducionista e determinista está longe de compreender e muito menos de combater. Esse quadro não se alterará enquanto as ciências da complexidade deixarem de fora as relações de exploração e de apropriação, e o marxismo não incorporar os sistemas complexos, autorregulados, adaptativos, autopoiéticos, morfogenéticos que tanto têm contribuído para ampliar e consolidar o capitalismo (GONZÁLEZ CASANOVA, 2004, p. 81-82).

A aspiração de unificação da ciência, o encantamento iônico, é bem visível nas ciências da complexidade, e a ela não estive eu próprio imune quando escrevi *Um discurso sobre as ciências* (SANTOS, 2003e).

É certo que, como referi, chamo a atenção para a pluralidade dos saberes, mas, no fundo, a ideia de ciência pós-moderna, apesar de centrada na fragmentação e na heterogeneidade, deixa trair certa saudade da unidade. Talvez por isso eu pense hoje que a ideia de pós-modernidade, mesmo a de pós-modernidade de oposição, seja talvez ainda excessivamente moderna para nos guiar na transição paradigmática.[2]

Dois outros desenvolvimentos, entrevistos em *Um discurso sobre as ciências*, tiveram uma enorme expansão nos últimos 30 anos e são eles que alimentam a perspectiva epistemológica que designo por ecologia de saberes. São eles a *pluralidade interna* da ciência e a *pluralidade externa* da ciência.[3]

As condições da diversidade epistemológica do mundo

O reconhecimento da diversidade epistemológica do mundo sugere que a diversidade é também cultural e, em última instância, ontológica, traduzindo-se em múltiplas concepções de ser e estar no mundo.[4] Esse reconhecimento da diversidade e da diferenciação é um dos dois componentes da *Weltauschaung* com que imaginamos o século XXI. O outro só aparentemente contraditório é o que se designa vulgarmente como globalização, como processos concretos, reais e virtuais, mobilidade translocal de ideias e concepções. Essa *Weltauschaung* diverge radicalmente daquela com que os países centrais inauguraram o século passado. Duas diferenças são de salientar. A primeira é que a imaginação epistemológica no início do século XX era dominada pela ideia de unidade. Foi esse o contexto cultural que condicionou as opções teóricas de Albert Einstein (HOLTON, 1998). A premissa da unidade do mundo e da sua explicação presidiu aos pressupostos que orientaram toda a sua investigação, a simplicidade, a simetria, a

---

[2] Ver a Introdução. Talvez uma concepção de transmodernidade, como a avançada por Enrique Dussel (2000; 2001), seja a mais adequada.

[3] Sobre o lugar da ciência moderna nas ecologias de saberes, ver Santos (2019, p. 76-79).

[4] Existe hoje uma extensa e diversificada reflexão sobre sistemas de conhecimento e sobre as diferentes concepções epistemológicas a eles associados. Contudo, tem sido menos visível a importância da reflexão sobre as diferentes concepções de conhecimento que são imanentes a esses sistemas.

causalidade newtoniana, a completude, o *continuum*, e explicam, em parte, a sua recusa em aceitar a mecânica quântica. Segundo Holton, a atmosfera cultural de então, sobretudo na Alemanha, atribuía superioridade à ideia de unidade, uma ideia que tivera em Goethe a sua formulação mais brilhante com a noção de unidade orgânica do ser humano e da natureza, a totalidade articulada e interconectiva de todas as partes da natureza. Foi a mesma ideia que levou cientistas e filósofos a redigirem, em 1912, o manifesto para a criação de uma nova sociedade com o objetivo de desenvolver um conjunto de ideia unificadoras e de conceitos unitários, aplicáveis a todos os ramos do conhecimento (HOLTON, 1998, p. 26).

Apesar de a premissa da unidade estar ainda hoje vigente em algumas das tendências epistemológicas do nosso tempo, penso que ela não colha hoje a unanimidade que antes colheu e, pelo contrário, é cada vez mais confrontada com a premissa alternativa da pluralidade, da diversidade, da fragmentação e da heterogeneidade. Essa transformação cultural está articulada com outra que se pode descrever como a passagem do universalismo para a globalização. No início do século XX, o correlato da premissa da unidade era a premissa do universalismo, herdada do Iluminismo. Tratava-se de um universalismo abstrato, negador das diferenças e que atribuía prioridade ao conhecimento supostamente válido, independentemente do contexto da sua produção. Por isso, também o fato de se tratar de um pressuposto cultural ocidental em nada afetava o seu universalismo. Afinal, estávamos num tempo em que o mundo que contava era basicamente a Europa, à qual estavam submetidas vastas regiões do mundo, especialmente na África e na Ásia. A invisibilidade das colônias e das suas culturas era o outro lado da universalidade do conhecimento produzido pela Europa colonizadora. Hoje o universalismo tem sido confrontado pelo reconhecimento da diversidade epistemológica, ontológica e cultural. Ao contrário do que sucedia no início do século XX, não há uma separação entre os processos de exclusão característicos da dominação colonial e os que ocorrem no interior das antigas potências coloniais. Essa indistinção vigora hoje sob a forma da globalização.[5]

---

[5] Discuto esse tema com mais detalhe e com enfoques específicos nos Capítulos 5, 8 e 13.

Tal como o universalismo é constituído pela hierarquia entre o universal e o particular, a globalização é constituída pela hierarquia entre o global e o local. No entanto, ao contrário do universalismo, a globalização é um processo de translocalização concreto, protagonizado por forças econômicas, políticas e culturais concretas. É um processo contraditório no qual se confrontam o capitalismo global e os grupos sociais que lhe resistem, as lógicas homogeneizadas e as diferenciadoras, a americanização da cultura popular e as culturas locais vernáculas, a globalização hegemônica e a contra-hegemônica (SANTOS, 2002c). Ao contrário do universalismo, a globalização é a expressão de uma hierarquia entre o centro e a periferia do sistema mundial num contexto em que a invisibilidade das colônias entregues "à guarda" do centro deu lugar à proliferação de atores estatais e não estatais, constituídos no âmbito das relações desiguais entre o centro e a periferia, entre o Norte global e o Sul global, entre incluídos e excluídos.

O contexto cultural em que hoje nos encontramos é, pois, dominado pelas ideias aparentemente contraditórias de diversidade, pluralismo e de globalização. Qual é o seu impacto nas práticas de conhecimento e na nossa imaginação epistemológica? Essa pergunta não permite uma resposta conclusiva, porque é feita num momento de transição paradigmática, em que diferentes epistemologias se confrontam e em que tudo está em aberto. A resposta não pode, pois, deixar de assumir um tom normativo e seletivo que valoriza certas tendências em detrimento de outras.

A primeira ideia é que a diversidade e a pluralidade não têm ainda hoje uma expressão epistemológica adequada. Ou seja, a diversidade epistemológica do mundo não tem ainda uma forma. E isso é assim porque nos subterrâneos da diversidade e da pluralidade ainda corre o imperativo da unidade. Esse palimpsesto de extratos culturais diversos e até contraditórios pode vir a se sedimentar de muitas maneiras.[6] Do meu ponto de vista, assumir a diversidade epistemológica do mundo implica renunciar a uma epistemologia geral. Ou seja, não há apenas conhecimentos muito diversos no mundo sobre a matéria, a vida e a sociedade; há também muitas e muito diversas concepções sobre o que

---

[6] Desenvolvo o conceito de palimpsesto em Santos (2000, p. 238).

conta como conhecimento e os critérios da sua validade. Nem todas são incomensuráveis entre si.

O debate sobre a diversidade epistemológica do mundo apresenta hoje duas vertentes: uma, que poderíamos designar como *interna*, questiona o caráter monolítico do cânone epistemológico e interroga-se sobre a relevância epistemológica, sociológica e política da diversidade interna das práticas científicas, dos diferentes modos de fazer ciência, da pluralidade interna da ciência; a outra vertente interroga-se sobre o exclusivismo epistemológico da ciência e centra-se nas relações entre a ciência e outros conhecimentos, no que podemos designar como pluralidade *externa* da ciência. Trata-se, pois, de dois conjuntos de epistemologias setoriais ou regionais que procuram, a partir de diferentes perspectivas, responder às premissas culturais da diversidade e da globalização.

Pluralidade interna das práticas científicas

Nesse conjunto, identifico, entre outras, as perspectivas feministas, pós-coloniais, multiculturais e pragmáticas. Em geral, podemos designá-las como epistemologias das práticas científicas. Procuram uma terceira via entre a epistemologia convencional da ciência moderna e outros sistemas de conhecimento alternativos à ciência. Quanto à primeira, e apesar da emergência das chamadas novas ciências, ela continua fortemente devedora do positivismo, com a sua crença na neutralidade da ciência moderna, na sua indiferença à cultura, no seu monopólio do conhecimento válido, na sua capacidade excepcional para gerar o progresso da humanidade. No polo oposto, estão os críticos radicais da ciência moderna com uma visão distópica desta, salientando o seu caráter destrutivo e antidemocrático, a sua pseudoneutralidade posta a serviço dos interesses dominantes e uma disjunção total entre os dramáticos avanços tecnológicos e a estagnação, se não mesmo regressão, no desenvolvimento ético da humanidade. A terceira via parte da ideia de que essas duas posições, apesar de polarizadoras, partilham no fundo a mesma concepção de ciência: o essencialismo científico, o excepcionalismo, a autorreferencialidade, a tese da unidade da ciência, o representacionismo. E é em oposição a essa concepção que se constrói a terceira via, tentando resgatar tudo que de positivo foi produzido pela ciência moderna (HARDING, 1998, p. 92).

A questão da pluralidade interna da ciência foi suscitada sobretudo pelas epistemologias feministas, pelos estudos sociais e culturais da ciência e pelas correntes da história e da filosofia das ciências por estes influenciadas.[7] Tratou-se, no fundo, de questionar a neutralidade da ciência, tornando explícita a dependência da atividade de investigação científica de escolhas sobre os temas, os problemas, os modelos teóricos, as metodologias, as linguagens e imagens e as formas de argumentação; de caracterizar, por via da investigação histórica e etnográfica, as culturas materiais das ciências;[8] de reconstruir os diferentes modos de relacionamento dos cientistas com contextos institucionais, com os seus pares, o Estado, as entidades financiadoras, os interesses econômicos ou o interesse público; e, finalmente, de interrogar as condições e os limites da autonomia das atividades científicas, tornando explícita a sua relação com o contexto social e cultural em que ocorrem. Ao analisar a heterogeneidade das práticas e das narrativas científicas, as novas abordagens epistemológicas, sociológicas e históricas pulverizaram a pretensa unidade epistemológica da ciência e transformaram a oposição entre as "duas culturas" – a científica e a humanística –, enquanto estruturante do campo dos saberes, numa pluralidade pouco estável de culturas científicas e de configurações de conhecimentos.[9]

É interessante lembrar que nas suas origens, nos séculos XVI e XVII – e apesar de já então serem identificáveis posições distintas sobre o que era a ciência e como se determinavam os fatos científicos[10] –, as

---

[7] Esse tema é tratado detalhadamente em Santos; Meneses; Nunes (2005). Devido à importância de que esse tema se reveste, tem conhecido uma ampla discussão, sendo de destacar Knorr-Cetina (1981; 1999); Keller (1985); Harding (1986; 1998; 2006); Schiebinger (1989; 1999); Haraway (1989; 1992; 1997); Pickering (1992); Lynch (1993); Jasanoff *et al.* (1995); Stengers (1996-1997; 1997; 2004); Galison; Stump (1996); Nunes (1998-1999; 2003); Latour (1999); Kleinman (2000); Gardey; Lowy (2000); Nunes; Gonçalves (2001). Ver também o capítulo anterior.

[8] A título de exemplo dessas realizações, é de referir, no campo da física, Galison (1997); sobre a biomedicina, Keating; Cambrosio (2003); sobre a bioquímica, Rheinberger (1997); no campo da biologia, Kohler (1994; 2002) e Creager (2002).

[9] Esse tema é discutido, a partir de perspectivas distintas, em Galison; Stump (1996); Stengers (1996-1997; 1997); Nunes (1998-1999; 2001); assim como em vários dos capítulos em Santos (2004b).

[10] Esse tema tem sido objeto de especial atenção entre os autores que se dedicam à historiografia da Revolução Científica (por exemplo, Shapin [1996]; Osler [2000]). As

formas de inquirição que viriam a ser identificadas com a ciência moderna não só incidiam sobre um leque muito alargado de temas e de objetos que não estavam ainda associados a disciplinas, subdisciplinas ou especialidades distintas, como também admitiam o uso de procedimentos diversos, que iam da observação naturalista, da descrição e classificação de espécimens vivos ou de minerais à observação e experimentação controladas, passando pelo uso de recursos matemáticos e pela especulação filosófica. A diferenciação e a especialização dentro das ciências são, pois, resultado de um processo histórico, que não pode ser compreendido sem o associarmos à demarcação entre ciência e tecnologia que, ainda hoje, é frequentemente invocada para afirmar a neutralidade intrínseca da ciência e atribuir as consequências da investigação científica, desejáveis ou indesejáveis, boas ou más, construtivas ou destrutivas, às suas aplicações. As transformações das últimas décadas na organização da investigação científica e da sua relação com a inovação e o desenvolvimento tecnológico, a estreita interdependência de alguns dos principais domínios da investigação científica e da atividade tecnológica que está na origem de novos equipamentos, materiais e objetos – como acontece em domínios como a física das altas energias ou a biologia molecular, por exemplo – levaram, contudo, a importantes revisões do registro histórico dessa separação, mostrando como a inovação e o desenvolvimento tecnológicos foram, em muitas situações do passado, inseparáveis da condução da própria investigação científica. A expressão "tecnociência", hoje muito utilizada, foi proposta precisamente para designar essa impossibilidade de diferenciação radical entre ciência e tecnologia e a sua implicação mútua.[11]

---

historiadoras feministas da ciência, como Londa Schiebinger (1989) ou Paula Findlen (1995), mostraram como a diversidade de temas, métodos e concepções do saber nos séculos XVI e XVII incluía saberes protagonizados por mulheres. Com a institucionalização das ciências, muitos desses saberes viriam a ser ou apropriados por uma comunidade científica constituída sobretudo por homens, ou remetidos para posições marginais ou subordinadas, ou simplesmente negados enquanto saberes.

[11] Sobre a relação entre ciência e tecnologia, ver as discussões em Latour (1987) e Stengers (1996-1997; 1997), bem como os estudos referidos na nota 8 sobre a cultura material das ciências. As contribuições incluídas em Santos (2003d) mostram como a indissociabilidade da ciência e da tecnologia é um fator crucial para a compreensão das dinâmicas globais do conhecimento e das desigualdades, tensões e conflitos que a atravessam.

À redução da ciência a um modelo epistemológico único – o da física newtoniana –, erigindo a matematização em ideal de cientificidade, respondeu a própria história das ciências com uma diversificação que viria a dar origem a uma multiplicidade de "ecologias de práticas científicas" (STENGERS, 1996-1997), organizadas em relação com modelos epistemológicos distintos, mas também associadas a práticas situadas, vinculadas a espaços e tempos específicos. Ao longo de mais de três décadas, os estudos sociais da ciência produziram um conjunto vasto de estudos empíricos e de reflexões teóricas e epistemológicas sobre as características situadas do trabalho de produção do conhecimento científico moderno. Os princípios de legitimação das várias práticas constituídas como ciências tornaram-se, assim, plurais e levaram não só a que diferentes ciências invocassem diferentes modelos de cientificidade, mas também a que fossem atravessadas por tensões entre esses modelos de cientificidade. A inescapável relação da atividade científica com as condições situadas da sua produção não implica, contudo, a defesa de posições relativistas. Conhecer as circunstâncias e condições particulares em que se produz o conhecimento é fundamental para poder aferir a diferença que esse conhecimento faz. Defender as fronteiras significou, em muitos casos, a diferença entre a consolidação ou a fragilização de novas disciplinas ou domínios científicos.

Outra dinâmica, de sentido oposto, marcou, contudo, essa história. Muitas das áreas mais inovadoras do conhecimento científico – incluindo a psicanálise, a bioquímica ou, mais recentemente, a biologia molecular – surgiriam precisamente nesses territórios de "passagem" que são as fronteiras. Não estamos falando aqui de "interdisciplinaridade", uma forma de colaboração que pressupõe um respeito pelas fronteiras entre disciplinas tais como elas existem. Contrariamente à relação policiada que define a interdisciplinaridade, esse "trabalho de fronteira" pode, no seu melhor, gerar novos objetos, novas interrogações e novos problemas, e, no seu pior, levar à "colonização" de novos espaços abertos ao conhecimento pelos "velhos" modelos.

Um exemplo particularmente interessante desse processo é o da história da biologia ao longo do último século e, em particular, da genética (após a redescoberta das leis de Mendel, no início do século), da biologia molecular e da sua posterior convergência com a genética, da biologia do desenvolvimento e da biologia da evolução, e das relações entre esses diferentes domínios das ciências da vida.[12]

Mas será essa "desunidade" e diversidade das ciências apenas um efeito de um pluralismo epistemológico, associado a maneiras diferentes de olhar e de manipular um mundo que é, de fato, único e homogêneo? Ou existirão também causas ontológicas dessa diversidade, associadas à própria heterogeneidade do mundo e das entidades e relações que o povoam? Esta última posição tem sido defendida por alguns filósofos da ciência e é compatível com o que também é postulado por aqueles que consideram que a diversidade epistemológica encontrada no mundo – incluindo outras formas de conhecimento para além do conhecimento científico – é a expressão, ela própria, de maneiras diferentes de conceber o mundo e as suas divisões e, consequentemente, de intervir sobre este para conhecê-lo, conservá-lo ou transformá-lo.[13] Ela permite sublinhar uma característica fundamental das ciências na atualidade, que já foi referida, que é a sua indissociabilidade da tecnologia, do desenvolvimento de instrumentos e de procedimentos para a intervenção no mundo, com vista à sua transformação, nomeadamente através da criação de novas entidades.

Como argumento em vários capítulos deste livro, a diversidade epistemológica não é um mero reflexo ou epifenômeno da diversidade ou heterogeneidade ontológica. Ela se assenta na impossibilidade de identificar uma forma essencial ou definitiva de descrever, ordenar e classificar processos, entidades e relações no mundo. O próprio ato de conhecer, como não se cansaram de nos lembrar os filósofos ligados ao pragmatismo, é uma intervenção sobre o mundo, que nos coloca neste

---

[12] Sobre essa história e as suas implicações epistemológicas e teóricas, ver, por exemplo, Lewontin (2000); Keller (1995; 2000); Oyama (2000); Oyama *et al.* (2001); Nunes (2001); Singh *et al.* (2001); Robert (2004). Sobre os desafios teóricos e as práticas científicas no domínio da biologia, ver J. Ramalho-Santos (2003) e M. Ramalho-Santos (2003).

[13] Ver, em particular, a proposta de John Dupré de um "realismo promíscuo", que postula, ao mesmo tempo, uma pluralidade ontológica do mundo e a inexistência de modos "essenciais" de descrever, ordenar, classificar e explicar as diferentes entidades existentes no mundo (DUPRÉ, 1993; 2001; 2002; 2003). A posição defendida por Dupré sugere uma aproximação à filosofia pragmática, em especial à obra de John Dewey, que já havia sido explorada por mim (SANTOS, 1989).

e aumenta a sua heterogeneidade. Diferentes modos de conhecer, sendo necessariamente parciais e situados, terão consequências diferentes e efeitos distintos sobre o mundo. A própria capacidade das ciências modernas de criar entidades novas e, dessa forma, de promover uma política ontológica (MOL, 1999; 2002) – com o efeito, intencional ou não, de ampliar a heterogeneidade do mundo – parece apoiar essa concepção. Ela configura um realismo robusto e uma objetividade forte, uma consciência clara da necessidade de identificar com precisão as condições em que o conhecimento é produzido e a avaliação deste pelas suas consequências observadas ou esperadas. Essa caracterização vale para todos os modos de conhecimento e permite caracterizar com rigor o caráter situado e parcial de todo conhecimento, rejeitando ao mesmo tempo o relativismo.

O conceito de *construção* é aqui um recurso central para a caracterização do processo de produção tanto do conhecimento como dos objetos tecnológicos. Construir, nessa perspectiva, significa pôr em relação e em interação, no quadro de práticas socialmente organizadas, materiais, instrumentos, maneiras de fazer, competências, de modo a criar algo que não existia antes, com propriedades novas e que não pode ser reduzido à soma dos elementos heterogêneos mobilizados para a sua criação. Não faz sentido, assim, a oposição entre o real e o construído, tantas vezes invocada para atacar os estudos sociais e culturais da ciência e da tecnologia. O que existe – conhecimento, objetos tecnológicos, edifícios, estradas, obras culturais – existe *porque* é construído. A distinção pertinente, como lembra Latour, não é entre o real e o construído, mas entre aquilo que é bem construído, que resiste às situações em que a sua consistência, solidez e robustez são postas à prova, e aquilo que é mal construído, vulnerável à crítica ou à erosão. É essa diferença que permite distinguir entre fatos (bem construídos) e artefatos (mal construídos).[14]

Nessa perspectiva, as práticas de produção de conhecimento envolvem um trabalho sobre os objetos, seja no sentido de transformá-los

---

[14] Sobre esse tema, ver as contribuições incluídas em Santos (2004b). Sobre o conceito de construção tal como ele é usado nos estudos sociais e culturais da ciência existe já uma volumosa bibliografia. Para duas esclarecedoras discussões, ver Taylor (1995) e Latour (1999).

em objetos de conhecimento reconhecíveis no quadro do que já existe, seja no sentido da sua redefinição enquanto parte de uma redefinição mais geral dos espaços de conhecimento. Alguns objetos transformam-se quando colocados em novas situações, seja adquirindo novas propriedades sem perder as que os caracterizavam, seja assumindo identidades novas que permitem a sua reapropriação em novas condições. Outros, embora mantendo a sua identidade e estabilidade, são apropriados de modo distinto em diferentes situações ou contextos – é o caso, por exemplo, de certos objetos "partilhados" pela investigação biomédica e pela prática clínica. Mas, ao lidar com o desconhecido e com a ignorância em relação às propriedades e ao comportamento futuro de novos objetos – como os organismos geneticamente modificados, os príons ou as transformações climáticas –, a relação com o desconhecido e com a ignorância no modo da conquista e da redução ao que já se sabe ou ao que se pode dizer com base no que se sabe contrasta com a posição cautelar e edificante de interrogar e respeitar o que não se conhece, procurar produzir conhecimento novo na base de um reconhecimento do que não se sabe e do que se pode aprender de novo na relação com esses novos objetos (Santos, 1989).[15] A invocação do princípio da precaução – de que voltarei a falar adiante – na relação com os fenômenos que não se conhece ou se conhece mal e na ação sobre eles não constitui, por isso, uma renúncia ao saber ou à intervenção, mas, pelo contrário, a assunção de um risco específico, o de pôr à prova as nossas convicções e a nossa ignorância sem reduzir o que se desconhece ao que já se sabe e sem proclamar a irrelevância do que não podemos descrever por o desconhecermos.

A definição do que é um objeto e a distinção entre sujeito e objeto aparecem como outro fator de diferenciação interna das ciências. Algumas práticas científicas são obrigadas a lidar diretamente com as dificuldades próprias da distinção entre sujeitos e objetos e da constituição de sujeitos em objetos e, por isso, oferecem-nos um ponto de entrada privilegiado para a abordagem desse tema. Da biomedicina às ciências sociais, passando pela psicanálise, a definição dos objetos do conhecimento é indistinguível de uma relação com os sujeitos que são

---

[15] Analisei esse tema em detalhe no capítulo anterior.

constituídos como os seus objetos. Estabelecer a fronteira entre sujeito e objeto torna-se, nessas circunstâncias, uma operação que nos obriga, simultaneamente, a trabalhar sobre várias das fronteiras que desenham os territórios dos saberes e a sua história: por um lado, não podemos prescindir da passagem pela relação intersubjetiva e pelo uso "vulgar" da linguagem e das competências interacionais partilhadas entre cientistas e leigos enquanto membros de coletivos ou de sociedades para constituir a "matéria-prima" das operações de produção de conhecimento, e, por outro, procedemos à objetivação daquilo a que essa relação nos permite aceder, como a "estrutura" e a "ação", o "normal" e o "patológico".[16] E é também pela definição da fronteira entre sujeitos e objetos que passam as tensões internas que caracterizam a história das ciências humanas – entendidas aqui num sentido lato que abrange a medicina e a psicanálise. Outras oposições, como explicação/compreensão, procuraram fundar uma dualidade epistemológica que, como hoje sabemos, lida mal com os híbridos sujeitos/objetos das ciências humanas.

Sandra Harding (1998; 2006) distingue, dentro da terceira via entre a epistemologia convencional da ciência moderna e outros sistemas de conhecimento alternativos à ciência, duas perspectivas de estudos de ciência e tecnologia: a perspectiva pós-kuhniana dos estudos produzidos no Norte e os estudos pós-coloniais, muitos deles realizados no Sul global. A primeira perspectiva pode ser caracterizada a partir dos seguintes temas: postulados históricos e culturais têm conformado a história da ciência moderna ocidental; a ciência progride através de discontinuidades conceptuais; o núcleo cognitivo e técnico da ciência moderna não pode ser isolado da cultura ou da política; as ciências são e devem ser desunificadas; conceber a ciência como um conjunto de representações obscurece a dinâmica da intervenção e da interação; cada momento da história da ciência moderna partilha os postulados sobre a diferença sexual da sua época. Por sua vez, a perspectiva pós-colonial[17] partilha as características da perspectiva, mas lhe acrescenta duas mais: no Norte, a ciência aí produzida é tida como se fosse toda a ciência produzida no

---

[16] Para uma análise mais aprofundada do debate sobre a igualdade e a diferença, ver o Capítulo 8.

[17] Ver a Introdução.

mundo; a expansão europeia e o desenvolvimento da ciência moderna estão causalmente ligados. Essas duas perspectivas concebem a ciência de modo não essencialista, admitindo serem ambíguas as fronteiras que a separam de outros sistemas de conhecimento; consideram que todos os sistemas de conhecimento são sistemas de conhecimento local; valorizam a diversidade cognitiva da ciência que concebem mais em termos de virtualidade tecnológica do que em termos representacionais; por último, entendem que o sujeito do conhecimento científico, longe de ser um sujeito abstrato, homogêneo, culturalmente indiferente, é um conjunto muito diversificado de sujeitos com diferentes histórias, trajetórias e culturas, produzindo conhecimento científico com objetivos igualmente diferenciados (HARDING, 1998, p. 104).

Esse conjunto de perspectivas que designei como as epistemologias plurais das práticas científicas está embebido na *Weltanschauung* da diversidade e da pluralidade que caracteriza parcialmente a transição paradigmática. Em meu entender, porém, não vai suficientemente longe no reconhecimento da diversidade e da pluralidade. Com a exceção parcial das perspectivas pós-coloniais, essas epistemologias confinaram-se à ciência e, quando se referem a outros sistemas de conhecimento, fazem-no sempre a partir da perspectiva da ciência moderna. Isso ocorre porque o outro componente sociocultural da transição paradigmática, a globalização, não é devidamente levada em conta. Ora, tal como na ciência clássica, a unidade da realidade e de conhecimento foi de par com o universalismo, hoje a diversidade e a pluralidade vão de par com a globalização.

A globalização é hoje simultaneamente o referente da mobilidade e da desigualdade no mundo, da diversidade e das hierarquias na diversidade, da afirmação e da negação da própria diversidade, da imposição, da indiferenciação e da resistência diferenciadora, em suma, a globalização dá por vezes a ideia de ser tudo o que afirma e o seu contrário, é globalização e antiglobalização. Ao contrário do universalismo, que era a força de uma ideia que se autorrepresentava como imposta sem a ideia de força, a globalização é a força da ideia de força contida nos processos de translocalização e mobilidade desigualitários. Isso significa que a diversidade e a pluralidade, longe de florescerem de modo indiferente nos processos materiais, econômicos, políticos, sociais e culturais, estão alojadas neles, como sinais tanto de cumplicidade quanto de confronto, tanto como parceiros quanto como antagonistas. Ou seja, as relações de poder, de resistência, de dominação e de alternativas de hegemonia e de contra-hegemonia são constitutivas da globalização. Isso é assim porque a globalização é hoje o marcador hegemônico dos termos do conflito social histórico criado pelo capitalismo. A globalização é simultaneamente o conflito (a ideia da força) e os termos do conflito (a força da ideia). O capitalismo global, por um lado, e a diversidade e a globalização, pelo outro.

Enquanto, no final do século XIX e no início do século XX, a luta contra o capitalismo nos países centrais podia ser conduzida com a aceitação acrítica da unidade do conhecimento e do universalismo – foi exatamente isso o que sucedeu com o marxismo –, hoje a luta contra o capitalismo coenvolve a disputa sobre os termos do conflito, a diversidade e a globalização, e, portanto, sobre a contraditoriedade interna de cada uma delas e sobre os processos de constituição mútua entre uma e outra. O avanço da luta anticapitalista mede-se pela intensidade da mudança dos termos do conflito. Há, pois, uma diversidade ou pluralidade capitalista e outra anticapitalista, uma globalização capitalista e outra anticapitalista. A marca dos conflitos entre umas e outras percorre todas as disputas epistemológicas do nosso tempo.[18] Por isso, é hoje inviável uma epistemologia geral. Tal como tenho defendido no domínio teórico,[19] no domínio epistemológico é quando muito possível uma epistemologia geral sobre a impossibilidade da epistemologia geral. Daí a importância de passar da pluralidade interna à pluralidade externa, da diferenciação interna das práticas científicas à diferenciação entre saberes científicos e não científicos.

Pluralidade externa: outros saberes

As perspectivas interculturais têm permitido o reconhecimento da existência de sistemas de saberes plurais, alternativos à ciência moderna ou que com esta se articulam em novas configurações de conhecimentos.

---

[18] Estão presentes de formas e perspectivas diferentes em virtualmente todos os capítulos deste livro.

[19] Ver o Capítulo 2.

Analisando de forma crítica a ciência como garantia da permanência do estatuto hegemônico do atual sistema econômico capitalista, os autores que perfilham essa crítica têm lutado por uma maior abertura epistêmica, no sentido de tornar visíveis campos de saber que o privilégio epistemológico da ciência tendeu a neutralizar, e mesmo ocultar, ao longo de séculos. A abertura a uma pluralidade de modos de conhecimento e a novas formas de relacionamento entre estes e a ciência tem sido conduzida, com resultados profícuos, especialmente nas áreas mais periféricas do sistema mundial moderno, onde o encontro entre saberes hegemônicos e não hegemônicos é mais desigual e violento. Não por acaso, é nessas áreas que os saberes não hegemônicos e os seus titulares têm mais necessidade de fundar a sua resistência em processos de autoconhecimento que mobilizam o contexto social, cultural e histórico mais amplo que explica a desigualdade, ao mesmo tempo que gera energias de resistência contra ela.[20]

Essa autorreflexividade subalterna permite um duplo questionamento: por que são todos os conhecimentos não científicos considerados locais, tradicionais, alternativos ou periféricos? Por que permanece a relação de dominação apesar de mudarem as ideologias que a justificam (progresso, civilização, desenvolvimento, modernização, globalização, governação)? As metamorfoses da hierarquia entre o científico e o não científico têm sido, pois, variadas e incluem as dicotomias monocultural/multicultural; moderno/tradicional; global/local; desenvolvido/subdesenvolvido; avançado/atrasado etc. Cada uma delas revela uma dimensão da dominação. Como referi anteriormente, a dicotomia saber moderno/saber tradicional assenta-se na ideia de que o conhecimento tradicional é prático, coletivo, fortemente implantado no local, refletindo experiências exóticas. Mas se se assumir, como faz a epistemologia crítica, que todo conhecimento é parcial e situado, é mais correto comparar todos os conhecimentos (incluindo o científico) em função das suas capacidades para a realização de determinadas tarefas em contextos sociais delineados por lógicas particulares (incluindo as que presidem

---

[20] Os debates epistêmicos em torno da produção de conhecimentos são extremamente diversos e profícuos. Vejam-se as análises de Mudimbe (1988); Alvares (1992); Hountondji (1983; 2002); Dussel (2000; 2001); Visvanathan (1997; 2004); Mignolo (2000; 2003); Chakrabarty (2000); Lacey (2002); Meneses (2004); Xaba (2004).

ao conhecimento científico). Essa é uma perspectiva que, já desde os finais do século XIX, enformava a filosofia pragmática e que parece especialmente adequada ao desenvolvimento de aplicações edificantes do conhecimento, incluindo o conhecimento científico.[21]

A atual reorganização global da economia capitalista assenta-se, entre outras coisas, na produção contínua e persistente de uma diferença epistemológica, que não reconhece a existência, em pé de igualdade, de outros saberes e que por isso se constitui, de fato, em hierarquia epistemológica, geradora de marginalizações, silenciamentos, exclusões ou liquidações de outros conhecimentos. Essa diferença epistemológica inclui outras diferenças – a diferença capitalista, a diferença colonial, a diferença sexista –, ainda que não se esgote nelas. A luta contra ela, sendo epistemológica, é também anticapitalista, anticolonialista e antissexista. É uma luta cultural. A cultura cosmopolita e pós-colonial aposta na reinvenção das culturas, para além da homogeneização imposta pela globalização hegemônica. Nega a tutela do princípio da *mímesis* – entendido como a imitação servil da cultura da metrópole – como mecanismo central na constituição da cultura (SAID, 1978; 1980), ao mesmo tempo que desenvolve um pensamento antifundacionalista baseado na recriação constante dos discursos identitários. O multiculturalismo emancipatório[22] parte do reconhecimento da presença de uma pluralidade de conhecimentos e de concepções distintas sobre a dignidade humana e sobre o mundo. A avaliação do mérito ou das validades dos diferentes conhecimentos e concepções deve ter obviamente lugar, mas não na base da desqualificação *a priori* de alguns deles ou delas.

Ao longo dos séculos, as constelações de saberes foram desenvolvendo formas de articulação entre si, e hoje, mais do que nunca,

---

[21] Sobre esse ponto, ver Santos (1989), onde defendo uma ciência orientada para aplicações edificantes, por oposição a aplicações técnicas, inspirada no pragmatismo de William James e John Dewey. Toulmin (2001; 2003) propõe uma posição próxima. Pratt (2002) tem defendido a origem multicultural e a capacidade de incorporação de contribuições culturais e cognitivas diversas como características da filosofia pragmática. É possível que a partir dessa filosofia se possa gerar um âmbito de reciprocidade mais amplo para o pensamento filosófico e epistemológico ocidental. Discuto esse tema no Capítulo 13, dedicado à questão dos direitos humanos numa perspectiva intercultural.

[22] Esse tema é tratado no capítulo anterior. Ver igualmente o conjunto de textos que integra a coleção Reinventar a Emancipação Social, especialmente Santos (2003d).

importa construir um modo verdadeiramente dialógico de engajamento permanente, articulando as estruturas do saber moderno/científico/ocidental às formações nativas/locais/tradicionais de conhecimento. O desafio é, pois, de luta contra uma monocultura do saber, não apenas na teoria, mas também como uma prática constante do processo de estudo, de pesquisa-ação. Como Nandy (1987b) defende, o futuro não está no retorno a velhas tradições, pois nenhuma tecnologia é neutra: cada tecnologia carrega consigo o peso do modo de ver e estar com a natureza e com os outros. O futuro encontra-se, assim, na encruzilhada dos saberes e das tecnologias.

Em suma, pode-se afirmar que a diversidade epistêmica do mundo é potencialmente infinita, pois todos os conhecimentos são contextuais e parciais. Não há nem conhecimentos puros nem conhecimentos completos; há constelações de conhecimentos. Consequentemente, é cada vez mais evidente que a reivindicação do caráter universal da ciência moderna é apenas uma forma de particularismo, cuja particularidade consiste em ter poder para definir como particulares, locais, contextuais e situacionais todos os conhecimentos que com ela rivalizam. Daí a minha proposta de uma ecologia de saberes ou de uma ecologia de práticas de saberes.[23]

A ecologia de saberes

A ecologia de saberes é um conjunto de epistemologias que partem da possibilidade da diversidade e da globalização contra-hegemônicas e pretendem contribuir para credibilizá-las e fortalecê-las. Assentam-se em dois pressupostos: 1) não há epistemologias neutras, e as que clamam sê-lo são as menos neutras; 2) a reflexão epistemológica deve incidir não nos conhecimentos em abstrato, mas nas práticas de conhecimento e seus impactos em outras práticas sociais. Quando falo de ecologia de saberes, entendo-a como ecologia de práticas de saberes.[24]

---

[23] Ver Santos (2014; 2019; 2021g).

[24] Vou, pois, além de Stengers (1996-1997; 2004), uma vez que ela restringe as ecologias aos saberes científicos.

O meu ponto de partida é que a modernidade ocidental se constituiu na base de duas epistemologias que tenho designado como conhecimento-regulação e conhecimento-emancipação (Santos, 2000, p. 74-77). Ao longo deste livro voltarei várias vezes a essa concepção. Aqui basta recordar que, enquanto no conhecimento-regulação a ignorância é concebida como caos, e o saber, como ordem; no conhecimento-emancipação, a ignorância é concebida como colonialismo, e o saber, como solidariedade. À medida que a modernidade ocidental, enquanto paradigma sociocultural, reduziu as possibilidades de emancipação às compatíveis com o capitalismo, o conhecimento-regulação adquiriu uma total preponderância sobre o conhecimento-emancipação e neutralizou-o, convertendo a solidariedade numa forma de caos e, portanto, de ignorância, e o colonialismo numa forma de saber e, portanto, de ordem. Nesse processo, a ciência moderna, inicialmente um tipo de conhecimento entre outros, assumiu uma preponderância total, reclamando para si o monopólio do conhecimento válido e rigoroso, o que ocorreu com a consagração da epistemologia positivista e a descredibilização de todas as epistemologias alternativas. Convertida em conhecimento uno e universal, a ciência moderna ocidental, ao mesmo tempo que se constituiu em vibrante e inesgotável fonte de progresso tecnológico e desenvolvimento capitalista, arrasou, marginalizou ou descredibilizou todos os conhecimentos não científicos que lhe eram alternativos, tanto no Norte como no Sul. Tenho designado esse processo como epistemicídio (Santos, 1998c, p. 208). Foi um processo histórico complexo e contraditório. A hegemonia da unidade e da universalidade da ciência fez com que a credibilidade do projeto socialista de Marx e Engels se assentasse no seu caráter científico em contraposição aos projetos de socialismo utópico. O desenvolvimento tecnológico, ao mesmo tempo que prolongou a vida do capitalismo, permitiu transformações sociais que beneficiaram a humanidade no seu conjunto. Não partilho, pois, nem a concepção utópica-positivista da ciência moderna como o demiurgo da abundância nem a concepção distópica-antipositivista da ciência moderna como a tecnologia do mal. Situo-me, pois, no âmbito das epistemologias da terceira via anteriormente mencionadas.

A minha diferença em relação a elas é que, em minha opinião, depois de dois séculos de vinculação estrita da ciência moderna ocidental ao projeto de desenvolvimento capitalista, não é possível imaginar horizontes não capitalistas no marco exclusivo da ciência, por mais convincentes que sejam as epistemologias da diversidade e da pluralidade adotadas. Com recurso exclusivo à ciência moderna ocidental, a diversidade e a pluralidade possíveis ou credíveis serão sempre as que são compatíveis com o desenvolvimento capitalista. Tal como, a partir exclusivamente da ciência moderna ocidental, a globalização hegemônica neoliberal se converte facilmente na única forma de globalização.

No início do século XXI, pensar e promover a diversidade e a pluralidade para além do capitalismo e a globalização para além da globalização neoliberal exigem que a ciência moderna seja não negligenciada ou muito menos recusada, mas reconfigurada numa constelação mais ampla de saberes em que coexista com práticas de saberes não científicos que sobreviveram ao epistemicídio ou que, apesar da sua invisibilidade epistemológica, têm emergido e florescido nas lutas contra a desigualdade a discriminação, tenham ou não por referência um horizonte não capitalista.[25]

O contexto cultural em que se situa a ecologia de saberes é ambíguo. Por um lado, o reconhecimento da diversidade sociocultural do mundo favorece o reconhecimento da diversidade epistemológica de saberes no mundo. Por outro lado, se todas as epistemologias partilham as premissas culturais do seu tempo, talvez uma das mais consolidadas no nosso tempo seja a da crença na ciência como única forma de conhecimento válido e rigoroso. Ortega y Gasset (1942) propôs uma distinção radical entre crença e ideias, entendendo por estas últimas a ciência ou a filosofia. A distinção reside em que as crenças são parte integrante da nossa identidade e subjetividade, enquanto as ideias são algo que nos é exterior. Enquanto as nossas ideias nascem da dúvida e permanecem nela, as nossas crenças nascem da ausência dela. No fundo, a distinção é entre ser e ter: somos as nossas crenças, temos ideias. O que é característico do início do século XXI é o fato de a ciência moderna pertencer simultaneamente ao campo das ideias e ao campo das crenças. A crença na ciência excede em muito o que as ideias científicas nos

---

[25] Esse tema atravessa vários dos estudos realizados no âmbito do projeto que já mencionei, Reinventar a Emancipação Social. Ver especialmente Santos (2003d; 2005d).

permitem realizar. Assim, a relativa perda de confiança epistemológica na ciência, que percorre toda a segunda metade do século XX, ocorre de par com a crescente crença popular na ciência. A relação entre crenças e ciência deixa de ser uma relação entre duas entidades distintas para passar a ser uma relação entre duas formas de experienciar socialmente a ciência. Essa duplicidade faz com que o reconhecimento da diversidade cultural do mundo não signifique necessariamente o reconhecimento da diversidade epistemológica do mundo.

A ecologia de saberes é, assim, simultaneamente uma epistemologia da corrente e da contracorrente. As suas condições de possibilidade são também as da sua dificuldade. O impulso básico para a sua emergência decorre de duas constelações. A primeira é que as resistências ao capitalismo global têm proliferado na periferia do sistema mundial, num conjunto de sociedades onde a crença na ciência moderna é mais tênue, onde é mais visível a vinculação da ciência moderna aos desígnios da dominação colonial e imperial, e onde outros conhecimentos não científicos e não ocidentais prevalecem nas práticas cotidianas da resistência. A segunda é que nunca foi tão grande a discrepância entre a vitalidade das resistências e a insipiência na execução e consolidação das alternativas. Em termos de práticas de saberes isso significa que as práticas de saber crítico estão menos dominadas pelas práticas hegemônicas da ciência moderna do que as práticas de saber prospectivo.

A ecologia de saberes procura dar consistência epistemológica ao saber propositivo. Trata-se de uma ecologia porque se assenta no reconhecimento da pluralidade de saberes heterogêneos, da autonomia de cada um deles e da articulação sistêmica, dinâmica e horizontal entre eles. A ecologia de saberes se assenta na independência complexa entre os diferentes saberes que constituem o sistema aberto do conhecimento, em processo constante da criação e renovação. O conhecimento é interconhecimento, é reconhecimento, é autoconhecimento.

Na ecologia de saberes cruzam-se conhecimentos e, portanto, também ignorâncias. Como não há ignorância em geral, as ignorâncias são tão heterogêneas, autônomas e interdependentes quanto os saberes. Dada essa interdependência, a aprendizagem de certos conhecimentos pode envolver o esquecimento e a ocultação de outros e, em última instância, a ignorância destes. Ou seja, na ecologia de saberes, a ignorância não é necessariamente um estado original ou ponto de partida. Pode resultar de esquecimentos ou desaprendizagens implícitos nas aprendizagens recíprocas através das quais se realiza a interdependência. Daí que na ecologia de saberes seja crucial perguntar a cada momento se o que se aprende vale o que se esquece ou desaprende. A ignorância só é uma forma desqualificada de ser e de fazer quando o que se aprende vale mais que o que se esquece. A utopia do interconhecimento é aprender outros conhecimentos sem esquecer os próprios. É essa a tecnologia de prudência que subjaz à ecologia de saberes.

A ecologia de saberes parte do pressuposto de que em todas as práticas de relação entre seres humanos e entre eles e a natureza participa mais de uma forma de saber e, portanto, de ignorância. Epistemologicamente, a sociedade capitalista moderna caracteriza-se pelo privilégio que concede às práticas nas quais domina o conhecimento científico. Isso significa que só a ignorância deste é verdadeiramente desqualificadora. O privilégio concedido às práticas científicas significa o privilégio das intervenções no real humano e natural tornadas possíveis por elas. As crises e as catástrofes que decorrem eventualmente de tais práticas são socialmente aceitas como custos sociais inevitáveis, e a sua superação reside em novas práticas científicas.

Como o conhecimento científico não está distribuído socialmente de forma equitativa, as intervenções no real que privilegia tendem a ser aquelas que fornecem os grupos sociais que detêm o acesso ao conhecimento científico (Santos; Meneses; Nunes, 2005). A injustiça social assenta-se na injustiça cognitiva. A ecologia de saberes é a epistemologia da luta contra a injustiça cognitiva e se baseia nas seguintes ideias, que apresento sob a forma de teses:

1. *A luta pela justiça cognitiva não terá êxito se se assentar exclusivamente na ideia da distribuição mais equitativa do saber científico.* Para além de não ser possível tal distribuição na constância do capitalismo, esse conhecimento tem limites intrínsecos no que diz respeito aos tipos de intervenção no real que torna possível. Esses limites decorrem da ignorância científica e da sua incapacidade para reconhecer saber alternativos e se articular com eles numa base igualitária.

2. *As crises e as catástrofes produzidas pelo uso imprudente e exclusivista da ciência são bem mais sérias do que a epistemologia científica*

dominante pretende. São evitáveis por duas vias: na medida em que se valorizam os saberes não científicos, que circulam de forma subordinada dentro e fora das práticas científicas, e na medida em que se valorizam as práticas sociais em que predominam saberes não científicos. Na ecologia de saberes a credibilização de saberes não científicos não envolve a descredibilização do saber científico. Envolve tão somente o uso contra-hegemônico deste. Consiste, por um lado, em explorar práticas científicas alternativas tornadas visíveis pelas epistemologias plurais das práticas científicas e, por outro, em valorizar a interdependência entre saberes (científicos e não científicos).

3. *Não há conhecimento que não seja conhecido por alguém para alguns objetivos. Todos os conhecimentos sustentam práticas e constituem sujeitos.* Todos os conhecimentos são testemunhais, porque o que conhecem sobre o real (a sua dimensão ativa) é sempre dobrado pelo que dão a conhecer sobre o sujeito do conhecimento (a sua dimensão subjetiva). As ciências da complexidade, ao problematizarem a distinção sujeito/objeto, dão conta desse fenômeno, mas o confiam às práticas científicas. É preciso ir para além delas.

4. *Todos os conhecimentos têm limites internos e limites externos.* Os internos dizem respeito aos limites das intervenções no real que permitem. Os externos decorrem do reconhecimento de intervenções alternativas tornadas possíveis por outros conhecimentos e práticas. É próprio dos conhecimentos hegemônicos só conhecerem os limites internos. O uso contra-hegemônico da ciência moderna consiste na exploração paralela dos limites internos e dos limites externos. É por isso que o uso contra-hegemônico da ciência não pode se limitar à ciência. Só faz sentido no âmbito de uma ecologia de saberes.

5. *A ecologia de saberes tem de ser produzida ecologicamente: com a participação de diferentes saberes e seus sujeitos.* Há práticas de saber dominantes, assentes na ciência moderna ocidental, e práticas de saber subalternas, assentes em saberes não científicos, ocidentais e não ocidentais, e essa hierarquia produz e reproduz a desigualdade social no mundo. As práticas de saber dominante são as que se assentam na ciência moderna. Como esta não está distribuída equitativamente no mundo, nem como sistema de produção nem como sistema de consumo, as desigualdades no acesso, controle e uso da ciência são o

resultado de desigualdades sociais e as reforçaram-nas. A ecologia de saberes parte da ideia de que a eliminação dessas desigualdades não é possível através da democratização do acesso à produção e ao consumo da ciência moderna. Embora esta deva ser prosseguida, não bastaria por si própria, devido aos limites intrínsecos da intervenção científica no real. O uso contra-hegemônico da ciência assenta-se no reconhecimento desses limites e, por isso, na necessidade de, para superá-los, recorrer a outros conhecimentos.

6. *A ecologia de saberes é uma epistemologia simultaneamente construtivista e realista.* Não temos acesso direto ao real enquanto seres de saber, já que não conhecemos o real senão através dos conceitos, teorias e da própria linguagem que utilizamos. Mas, por outro lado, o conhecimento que construímos sobre o real intervém nele e tem consequências. O conhecimento como intervenção no real – não o conhecimento como representação do real – é a medida do realismo. A credibilidade da construção cognitiva mede-se pelo tipo de intervenção no mundo que proporciona, ajuda ou impede. Como a avaliação dessa intervenção combina sempre o cognitivo com o ético-político, a ecologia de saberes parte da compatibilidade entre valores cognitivos e valores ético-políticos.

Ninguém questiona hoje o valor geral das intervenções no real tornadas possíveis pela ciência moderna através da sua produtividade tecnológica. O que se questiona são muitas das opções concretas, sejam elas a bomba de Hiroshima e Nagasaki ou a exploração destrutiva dos recursos da natureza. O que se questiona é também a possibilidade de valorizar outras intervenções no real tornadas possíveis por outras formas de conhecimento. Por exemplo, ninguém questiona a capacidade da ciência moderna para transportar homens e mulheres à Lua, ainda que se possa questionar o valor social de tal empreendimento. Nesse domínio a ciência moderna mostra uma superioridade indiscutível em relação a outras formas de conhecimento. Há, no entanto, outras formas de intervenção no real que nos são hoje valiosas, para as quais a ciência moderna nada contribuiu e que, pelo contrário, são o produto de outras formas de conhecimento. Por exemplo, a preservação da biodiversidade tornada possível pelos conhecimentos camponeses e indígenas e que, paradoxalmente, está hoje ameaçada pela intervenção crescente da ciência moderna. E não deverá nos espantar a riqueza dos conhecimentos que conseguiram preservar, modos de vida, universos simbólicos e informações vitais para a sobrevivência com base exclusivamente na tradição oral? Dirá algo sobre a ciência o fato de que através dela tal nunca teria sido possível? A ecologia de saberes assenta-se na ideia pragmática de que é preciso fazer uma reavaliação das relações concretas na sociedade e na natureza que os diferentes conhecimentos proporcionam.

7. *A ecologia de saberes centra-se nas relações entre saberes, nas hierarquias e nos poderes que se geram entre eles.* O objetivo de criar relações horizontais entre saberes não é incompatível com a existência de hierarquias concretas e fixas no contexto de práticas de saber concretas. Aliás, nenhuma prática concreta seria possível sem tais hierarquias. O que a ecologia de saberes combate são as hierarquias e os poderes universais e abstratos, naturalizados pela história e por epistemologias reducionistas. Ao contrário das epistemologias modernas, a ecologia de saberes não só admite a exigência de muitas formas de conhecimento, como também parte da dignidade e validade epistemológica de todos eles e propõe que as desigualdades e hierarquias entre eles resultem dos resultados que se pretendem atingir com uma dada prática de saber. É a partir da valoração de uma dada intervenção no real em confronto com outras intervenções alternativas que devem emergir hierarquias concretas e situadas entre os saberes. Entre os diferentes tipos de intervenção pode haver complementaridade ou contradição, e, em qualquer caso, a discussão entre eles pauta-se menos por juízos cognitivos do que por juízos éticos e políticos. A prevalência dos juízos cognitivos na construção de uma dada prática de saber é, assim, derivativa, deriva de um contexto prévio de decisão sobre produção do real onde dominam juízos políticos e éticos. A objetividade que preside ao momento cognitivo não colide com a não neutralidade que preside ao momento ético-político.

8. *A ecologia dos saberes pauta-se pelo princípio da precaução.* Sempre que há intervenções no real que podem, em teoria, ser levadas a cabo por diferentes sistemas de conhecimento, as escolhas concretas das formas de conhecimento a privilegiar devem ser informadas pelo princípio de precaução. No âmbito da ecologia de saberes esse princípio deve ser formulado assim: em igualdade de circunstâncias deve-se preferir a forma

de conhecimento que garanta a maior participação dos grupos sociais envolvidos na concepção, execução, controle e fruição da intervenção.

No caso de substituição de intervenções por outras paralelas, mas informadas por outros conhecimentos, o princípio da precaução exige que a substituição não resulte de juízos assentes em hierarquias abstratas entre saberes, mas de deliberações democráticas sobre ganhos e perdas. O exemplo seguinte ilustra bem a importância desse princípio. Nos anos 1960, os sistemas milenares de irrigação dos campos de arroz em vários países da Ásia foram substituídos por sistemas científicos de irrigação, promovidos pelos prosélitos da Revolução Verde. No caso de Bali, uma ilha da Indonésia, os sistemas tradicionais de irrigação assentavam-se em conhecimentos hidrológicos, agrícolas e religiosos ancestrais, e eram administrados por sacerdotes de Dewi-Danu, a deusa hindu da água (CALLICOTT, 2001, p. 89-90). Foram substituídos precisamente por serem considerados supersticiosos, derivados do que os antropólogos designaram como "culto do arroz". Acontece que a substituição teve resultados desastrosos para a cultura do arroz, tão desastrosos que os sistemas científicos tiveram de ser abandonados, e os sistemas tradicionais, restaurados (CALLICOTT, 2001, p. 89). O mais trágico, contudo, é que a suposta incompatibilidade entre dois sistemas de conhecimento para a realização da mesma intervenção – a irrigação dos campos de arroz – foi o resultado de uma má avaliação provocada precisamente por juízos abstratos (a partir do "universo" da ciência moderna) sobre o valor relativo dos conhecimentos. Anos mais tarde, a modelação computacional – uma área das novas ciências ou ciências da complexidade – demonstrou que as sequências da água geridas pelos sacerdotes da deusa Dewi-Danu eram os mais eficientes possível, mais eficientes, portanto, que as do sistema científico de irrigação (CALLICOTT, 2001, p. 94).

9. *A centralidade das relações entre saberes, que caracteriza a ecologia de saberes, impele-a para a busca da diversidade de conhecimentos.* Essa busca ocorre tanto dentro do conhecimento científico quanto dentro do conhecimento não científico, tanto dentro do conhecimento ocidental quanto dentro do conhecimento não ocidental. Aliás, as práticas de saber não têm de ser linguísticas e incluem outros tipos de expressão e de comunicação. A ecologia de saberes convoca a uma epistemologia polifônica e prismática. Polifônica porque os diferentes saberes são

simultaneamente partes e totalidades e, tal como numa peça musical, têm desenvolvimentos autônomos, ainda que convergentes. Prismática porque se cruzam nela múltiplas epistemologias cuja configuração muda consoante a "disposição" dos diferentes saberes numa dada prática de saberes.

10. *A ecologia dos saberes exerce-se pela busca de convergências entre conhecimentos múltiplos.* Para haver relações entre saberes, são necessárias duas condições que, à luz de uma epistemologia monocultural, são aporéticas. A primeira é que está presente ou pode estar presente mais de uma forma de saber. Dada a hegemonia da epistemologia convencional, monocultural, a identificação da presença de vários saberes obriga a que, no nível epistemológico, proceda-se ao que, no nível sociológico, designo como sociologia das ausências e das emergências.[26] Trata-se, por um lado, de averiguar em que medida a ausência de outros saberes é o resultado de uma ocultação produzida pela epistemologia que consagra o conhecimento hegemônico como único. Trata-se, por outro lado, de averiguar e ampliar os sinais de saberes apenas emergentes nas práticas de saberes.

A segunda condição é que, entre os diferentes saberes presentes, seja possível identificar algo comum que permita falar de relações existentes ou futuras. Por exemplo, é possível estabelecer um diálogo entre a filosofia ocidental e a filosofia africana? Formulada assim, a pergunta parece só permitir uma resposta positiva, uma vez que partilham algo em comum: são ambas filosofia.[27] Acontece que, para muitos filósofos ocidentais e mesmo africanos, não se pode falar de uma filosofia africana, porque só há uma filosofia, a universal, que não deixa de sê-lo por, até agora, ter tido maior desenvolvimento no Ocidente.[28] Na África, são esses os chamados filósofos modernistas. Para outros filósofos africanos, há filosofia africana, mas, como ela está embebida na cultura africana, é incomensurável com a filosofia ocidental e deve seguir o seu desenvolvimento autônomo. São esses os chamados filósofos tradicionalistas. Entre essas duas posições há aquelas que defendem a existência das

---

[26] Ver o Capítulo 2.

[27] O mesmo argumento se pode usar no diálogo das religiões.

[28] Trata-se de um debate muito rico e intenso. Ver Oladipo (1989); Oruka (1990a); Wiredu (1990); Hountondji (1983; 2000); Masolo (2003).

duas filosofias e acham possível o diálogo e o enriquecimento entre elas. São essas que se defrontam muitas vezes com os problemas da incomensurabilidade ou de inteligibilidade recíproca. Nesse domínio, os problemas têm muitas vezes a ver com a língua. E, de fato, a língua é um dispositivo central na ecologia de saberes. Um exemplo ilustra o que digo. O filósofo ganês Kwasi Wiredu afirma que na cultura e língua Akan, do Gana (grupo étnico a que pertence), não é possível traduzir o preceito cartesiano *cogito ergo sum*. A razão é que não há palavras para exprimir tal ideia. Pensar em Akan significa "medir algo", o que não faz sentido quando acoplado à ideia de ser. Por outro lado, ser de "*sum*" tampouco é exprimível em Akan, porque o mais próximo é algo como "estou aí". Segundo Wiredu (1990, p. 6), o locativo "aí" seria suicida do ponto de vista da epistemologia e da metafísica do "*cogito*". Ou seja, a língua permite exprimir certas ideias e não outras. Isso não significa que nesse caso a relação entre a filosofia africana e a filosofia ocidental tenha de ficar por aqui. É possível desenvolver argumentos autônomos a partir da filosofia africana, não só sobre o porquê de esta não poder exprimir o *cogito ergo sum*, mas também sobre as muitas ideias que ela pode exprimir e que a filosofia ocidental não pode.

11. *A questão da incomensurabilidade põe-se também no interior da mesma cultura.* No caso das culturas ocidentais, além do conhecimento hegemônico da ciência, há muitos outros conhecimentos. Um dos temas mais controversos tem sido o da demarcação da ciência em relação a outros modos de relacionamento com o mundo, tidos por não científicos ou irracionais, incluindo as artes, as humanidades, a religião e muitas outras versões da relação "não reflexiva" com o mundo, que, parafraseando Marx, confunde a essência e a aparência das coisas, ou, como diria Durkheim, permite fazer assentar a vida coletiva em "ilusões bem-fundadas", e a que se costuma chamar senso comum. Mesmo as visões que criticam a concepção de uma progressiva purificação do conhecimento dos elementos "irracionais" que impediriam o seu acesso à condição de ciência, como as teses de Kuhn (1970; 1977), Bachelard (1971; 1972; 1975; 1981), Canguilhem (1988) ou (até certo ponto) Foucault (1980), não deixaram de fazer assentar os seus paradigmas ou *epistemes* em descontinuidades entre o conhecimento científico "corrente" e as versões deste remetidas para o passado e defi-

nitivamente ultrapassadas. A afirmação dessas descontinuidades exige, como mostra Gieryn (1999), um trabalho permanente de demarcação (*boundary-work*), que envolve um policiamento incessante de fronteiras e uma vigilância epistemológica persistente, a fim de conter e repelir os insistentes e sempre iminentes assaltos da irracionalidade.

Restringindo-nos ao campo dos saberes especializados, podemos perguntar pelo tipo de relações possíveis entre a poesia e a ciência. Não me refiro à ciência como poesia, mas ao valor epistemológico da poesia e a uma possível epistemologia polifônica entre a poesia e a ciência. Do mesmo modo, o saber teológico tem a sua epistemologia própria e, com base nela, pode ser considerado como incomensurável com o saber científico. Basta pensar que a teologia cristã assenta-se na revelação, um fato insuscetível de prova científica. Se passarmos ao saber geral que corresponde ao saber teológico, o saber religioso, a questão da relação entre saberes assume uma grande importância, dado que, por exemplo, muitos movimentos sociais que lutam hoje contra a desigualdade, a exclusão e a opressão assentam a sua militância e a sua ação em saber religioso combinado com vários saberes laicos, incluindo o saber científico.

12. *A ecologia de saberes visa ser uma luta não ignorante contra a ignorância.* Somos ignorantes porque não sabemos ou porque o que sabemos não conta como conhecimento? Entre conhecer e ignorar há uma terceira categoria: conhecer erradamente. Conhecer erradamente é a ignorância não assumida. Por isso, todo ato de conhecimento contém em si a possibilidade de ser ignorante sem saber. Ou seja, a ignorância nunca é superada totalmente pelo saber. Quanto mais plurais são as ignorâncias, menor é seu impacto negativo na vida e na sociedade. E isso é assim porque os erros de conhecimento não se repercutem apenas nos cientistas ou, em geral, nos sujeitos de conhecimento. Se tal fosse o caso, não era necessário o princípio da precaução.

A característica distintiva do conhecimento hegemônico é poder impor a sua ignorância aos restantes conhecimentos. Trata-se de uma ignorância dupla: a do conhecimento hegemônico e a dos conhecimentos não hegemônicos, incapacitados de progredir contra as suas próprias ignorâncias. Para obviar a essa ignorância, a ciência moderna tem de sair de si enquanto monocultura de saber para voltar a si enquanto componente da ecologia de saberes. A ecologia de saberes permite-nos ter uma visão mais ampla tanto do que conhecemos como do que desconhecemos. O importante é darmos conta do que não conhecemos como nossa ignorância, e não como ignorância em geral.

13. *A ecologia de saberes ocupa-se da fenomenologia dos momentos ou tipos de relação.* Esses momentos podem ser de isolamento e ignorância; de indiferença e desprezo; de recusa e conquista; de coexistência e comunicação; de reconhecimento e diálogo. Este último momento é o que é próprio da ecologia de saberes. Mas nenhum exercício no seio desta deve desconhecer os momentos anteriores e o que neles ocorre. Na ecologia de saberes a história faz parte constitutiva do presente. A história é o presente em ação.

14. *A construção epistemológica da ecologia de saberes suscita três questionamentos sobre a identificação dos saberes, sobre os procedimentos para o relacionamento entre eles, sobre a natureza e a avaliação das intervenções no real.* O primeiro tem a ver com a identificação dos diferentes saberes que a integram. Esse questionamento desdobra-se numa série de questões cuja centralidade ilustra a especificidade e a novidade epistemológica da ecologia de saberes. As seguintes questões parecem-me fundamentais: como se distingue conhecimento científico de conhecimento não científico? Será que há interconhecimentos? Como distinguir entre vários conhecimentos não científicos? Há um conhecimento não ocidental? Caso haja, em que se distingue do conhecimento ocidental? Se há vários conhecimentos ocidentais, como distingui-los entre si? Se há vários conhecimentos não ocidentais, como distingui-los entre si? Como identificar as hierarquias entre formas de conhecimento?

O segundo questionamento desdobra-se nas seguintes questões: a partir de que perspectiva se identificam os diferentes conhecimentos? Quais as possibilidades e os limites de, a partir de um dado conhecimento, reconhecer outro? Que tipos de relacionamento ou articulação são possíveis entre os diferentes conhecimentos? Com que procedimentos é possível levar à prática esse relacionamento?

Por último, o terceiro questionamento diz respeito à natureza e à avaliação das intervenções no real: como identificar a perspectiva do oprimido nas intervenções no real ou na resistência a eles? Como traduzir essa perspectiva em práticas de saber? Na busca de alternativas à dominação e à opressão, como distinguir alternativas ao sistema de opressão ou dominação de alternativas dentro do sistema ou, mais especificamente, como distinguir alternativas ao capitalismo de alternativas dentro do capitalismo?

Nenhuma dessas perguntas tem respostas inequívocas. É próprio da ecologia de saberes constituir-se através de perguntas constantes e respostas incompletas. Aí reside a sua característica de conhecimento prudente.

15. *É próprio da epistemologia da ecologia de saberes não conceber os conhecimentos fora das práticas de saberes e estas fora das intervenções no real que elas permitem ou impedem.* Por essa razão, as práticas sociais e os agentes em que se plasmam as práticas de saber têm também de caber no espectro do perguntar epistemológico. A pragmática da epistemologia justifica-se porque aos oprimidos interessa sobretudo uma epistemologia de consequências. São elas que determinam a necessidade ou até a conveniência de complementá-la com uma epistemologia de causas.

16. *A ecologia de saberes visa facilitar a constituição de sujeitos individuais e coletivos que combinam a maior sobriedade na análise dos fatos com a intensificação da vontade da luta contra a opressão.* A sobriedade advém da multiplicidade de perspectivas cognitivas sobre a realidade da opressão. Não basta uma perspectiva, não basta uma forma de saber, por mais convincente ou esclarecedora que seja. A opressão é sempre o produto de uma constelação de saberes e de poderes. Também as hierarquias atuam em rede. Por sua vez, a intensificação da vontade resulta de um conhecimento mais profundo das possibilidades humanas com base nos saberes que, ao contrário do científico, privilegiam a força interior em vez da força exterior, a *natura naturans* em vez da *natura naturata*.[29] Nesses saberes é possível alimentar um valor espiritual, uma imaginação da vontade que é incompreensível para o mecanicismo clássico da ciência moderna.[30]

A ecologia de saberes não ocorre apenas no nível do *logos*. Ocorre também no nível do *mythos*, no nível dos pressupostos tácitos que tornam possível o horizonte de possibilidades de cada saber e do diálogo entre eles. A ideia de fermento é aqui fundamental – ligada à de "elã vital" –, o campo de forças da energia humana que James e Bergson chamam espontaneidade tecnológica (BLOCH, 1995). A intensificação da vontade

---

[29] Sobre a tecnologia da vontade, ver Bloch (1995, v. 2, p. 675).

[30] Sobre a imaginação e o cruzamento entre saberes, ver Visvanathan (1997; 2004).

decorre da leitura polifônica da realidade, própria da ecologia de saberes. Essa leitura torna possível a emergência de um fator subjetivo que, aliado às tendências objetivas, ganha força para confrontar o destino e fazer emergir uma possibilidade auspiciosa, mesmo que débil.[31]

O que está em causa é a formação de uma espontaneidade que incide sobre a realidade constituída com o objetivo de fundar uma vontade desconstituinte e reconstituinte. Não se trata de passar por cima das barreiras da "natureza das coisas" ou da "natureza humana". Trata-se antes de identificar nessa natureza uma força criadora à espera de ser identificada. Trata-se, em suma, de repor a harmonia que o médico Paracelso, na primeira Renascença, identificou entre "Archeus", o elemento da vontade na semente e no corpo, e "Vulcanus", a força natural da matéria.

A ecologia de saberes coloca-se, assim, nos antípodas do dualismo natureza/sociedade e do reducionismo mecanicista que domina a epistemologia da ciência moderna ocidental. A intensificação da vontade decorre da ativação de um potencial adormecido na natureza humana, um potencial que não conhece a sua força. Essa força só é conhecível e utilizável a partir das concepções de outros saberes a que subjazem concepções não reducionistas do mundo.

17. *Na ecologia dos saberes a intensificação da vontade exercita-se na luta contra a desorientação.* Na ecologia de saberes a vontade é guiada por várias bússolas com múltiplas orientações. Não há critérios absolutos nem monopólios de verdade. Cada saber é portador da sua epistemologia pessoal. Nessas condições não é possível seguir uma só bússola. É preciso avaliar a possível contribuição de cada uma em diferentes áreas, ou momentos, ou para diferentes objetivos. A distância relativa em relação aos guias é um fator de consolidação da vontade. As escolhas permanentes resultam de que nenhuma intervenção no real, a partir de um só tipo de conhecimento, tem acesso à realidade toda.

A existência de múltiplas bússolas faz com que a vigilância epistemológica se converta no mais profundo ato de autorreflexividade. Num contexto quiçá semelhante àquele em que Santo Agostinho confessou: "converti-me numa questão para mim".

---

[31] Ver no Capítulo 1 a análise das subjetividades desestabilizadoras.

PARTE II
A construção de mundos pós-coloniais

CAPÍTULO 4
O fim das descobertas imperiais

Apesar de ser verdade que não há descoberta sem descobridores e descobertos, o que há de mais intrigante na descoberta é que em abstrato não é possível saber quem é quem. Ou seja, o ato da descoberta é necessariamente recíproco: quem descobre é também descoberto, e vice-versa.[1] Por que é então tão fácil, em concreto, saber quem é descobridor e quem é descoberto? Porque, sendo a descoberta uma relação de poder e de saber, é descobridor quem tem mais poder e mais saber e, com isso, a capacidade para declarar o outro como descoberto. É a desigualdade de poder e de saber que transforma a reciprocidade da descoberta na apropriação do descoberto. Toda descoberta tem, assim, algo de imperial, uma ação de controle e de submissão. O segundo milênio foi o milênio das descobertas imperiais. Foram muitos os descobridores, mas o mais importante foi, sem dúvida, o Ocidente, nas suas múltiplas incarnações. O "Outro" do Ocidente, o descoberto, assumiu três formas principais: o Oriente, o selvagem e a natureza.

Antes de me referir a cada uma das descobertas imperiais e às suas vicissitudes até o presente, é importante ter em mente as características principais da descoberta imperial. A descoberta imperial é constituída

---

[1] Vitorino Magalhães Godinho, apesar de criticar os que questionam o conceito de descobrimento no contexto da expansão europeia, reconhece que descoberta em sentido pleno só existiu no caso da descoberta das ilhas desertas: Madeira, Açores, Ilhas de Cabo Verde, São Tomé e Príncipe, Ascensão, Santa Helena, Ilhas de Tristão da Cunha (GODINHO, 1998).

por duas dimensões: uma empírica, o ato de descobrir, e outra conceptual, a ideia do que se descobre. Ao contrário do que pode parecer, a dimensão conceptual precede a empírica: a ideia que se tem do que se descobre comanda o ato da descoberta e o que se lhe segue. O que há de específico na dimensão conceptual da descoberta imperial é a ideia da inferioridade do outro, que se transforma num alvo de violência física e epistêmica. A descoberta não se limita a se assentar nessa inferioridade, legitima-a e aprofunda-a.[2] O que é descoberto está longe, abaixo e nas margens, e essa "localização" é a chave para justificar as relações entre o descobridor e o descoberto após a descoberta; ou seja, o descoberto não tem saberes, ou, se os tem, estes apenas têm valor enquanto recurso.

A produção da inferioridade é, assim, crucial para sustentar a noção de descoberta imperial. Para isso, é necessário recorrer a múltiplas estratégias de inferiorização. Nesse domínio pode-se dizer que não tem faltado imaginação ao Ocidente. Entre tais estratégias podemos mencionar a guerra, a escravatura, o genocídio, o racismo, a desqualificação, a transformação do outro em objeto ou recurso natural e uma vasta sucessão de mecanismos de imposição econômica (tributação, colonialismo, neocolonialismo e, por último, globalização neoliberal), de imposição política (cruzadas, império, Estado colonial, ditadura e, por último, democracia) e de imposição cultural (epistemicídio, missionação, assimilacionismo e, por último, indústrias culturais e cultura de massas).

O Oriente

Do ponto de vista do Ocidente, o Oriente foi a descoberta primordial do segundo milênio. O Ocidente não existe fora do contraste com o não Ocidente. O Oriente foi o primeiro espelho da diferença no segundo milênio. O Oriente é o lugar cuja descoberta descobre o lugar do Ocidente: o centro da história que começa a ser entendida como universal. É uma descoberta imperial que em tempos diferentes assume conteúdos diferentes. O Oriente é, antes de mais, a civilização alternativa ao Ocidente – tal como o Sol nasce a oriente, também aí

---

[2] Esse tema é debatido em detalhe na coleção Reinventar a Emancipação Social. Ver Santos (2003d; 2005d).

nasceram as civilizações e os impérios. Esse mito das origens tem tantas leituras quantas as que o Ocidente tem de si próprio, ainda que estas, por seu lado, também não existam senão em termos da comparação com o que não é ocidental. Um Ocidente decadente vê no Oriente a Idade do Ouro; um Ocidente exaltante vê no Oriente a infância do progresso civilizacional.

As duas leituras estiveram vigentes no segundo milênio, mas, à medida que este avançou, a segunda leitura tomou a primazia sobre a primeira e assumiu a sua formulação mais extrema em Hegel (1970), para quem "a história universal vai de Oriente para Ocidente". Como analisei no Capítulo 2, a Ásia é o princípio, enquanto a Europa é o fim absoluto da história universal, o lugar da consumação da trajetória civilizacional da humanidade. A ideia bíblica e medieval da sucessão dos impérios (*translatio imperii*) transforma-se, em Hegel, no caminho triunfante da Ideia Universal dos povos asiáticos para a Grécia, desta para Roma e finalmente de Roma para a Alemanha (HEGEL, 1970). Assim, esse eixo Oriente-Ocidente contém, simultaneamente, uma sucessão e uma rivalidade civilizacional e, por isso, é muito mais conflitual do que o eixo Norte-Sul. Este último é constituído pela relação entre a civilização e o seu oposto, a natureza e o selvagem. Aqui não há verdadeiramente conflito, porque a civilização tem uma primazia natural sobre tudo que não é civilizado. Segundo Hegel (1970), a África nem sequer faz parte da história universal. Para o Ocidente, o Oriente é sempre uma ameaça, enquanto o Sul é apenas um recurso. A superioridade do Ocidente reside em ele ser simultaneamente o Ocidente e o Norte.

As mudanças, ao longo do milênio, na construção simbólica do Oriente têm alguma correspondência nas transformações da economia mundial. Até o século XV, podemos dizer que a Europa, e, portanto, o Ocidente, é a periferia de um sistema-mundo cujo centro está localizado na Ásia Central e na Índia. Só a partir de meados do milênio, com os descobrimentos, é que esse sistema-mundo começa a ser substituído por outro, capitalista e planetário, cujo centro é a Europa.[3]

---

[3] É hoje debatível se a mudança do centro da economia mundial do Oriente (fundamentalmente China) para a Europa ocorreu no século XV-XVI (WALLERSTEIN, 1974) ou apenas no século XIX, com a revolução industrial (FRANK, 1998). Ver igualmente Dussel (2000).

Logo no início do milênio as cruzadas são a primeira grande confirmação do Oriente como ameaça. A conquista de Jerusalém pelos turcos e a crescente vulnerabilidade dos cristãos de Constantinopla ao avanço do islã foram os motivos da guerra santa. Insuflada pelo papa Urbano II, uma onda de zelo religioso avassalou a Europa, reivindicando para os cristãos o direito inalienável à terra prometida. As peregrinações à Terra Santa e ao Santo Sepulcro, que nessa altura mobilizavam multidões – 30 anos antes da primeira cruzada, alguns bispos organizaram uma peregrinação de 7 mil pessoas, uma jornada laboriosa do Reno ao Jordão (GIBBON, 1928, v. 6, p. 31) –, foram o prelúdio da guerra contra o infiel. Uma guerra santa que recrutou os seus soldados com a concessão papal, a todos os que se alistassem sob a bandeira da cruz, de uma indulgência plena (absolvição de todos os pecados e quitação das penitências devidas) e também com a miragem dos paraísos orientais, os seus tesouros e as minas de ouro e diamante, palácios de mármore e quartzo e rios de leite e mel. Como qualquer outra guerra santa, também esta soube multiplicar os inimigos da fé para exercitar o seu vigor, e, por isso, muito antes de Jerusalém, em plena Alemanha, a cruzada satisfez pela primeira vez a sua sede de sangue e de pilhagem contra os judeus.

As sucessivas cruzadas e as suas vicissitudes selaram a concepção do Oriente que dominou durante todo o milênio: o Oriente como civilização temível e temida e como recurso a ser explorado pela guerra e pelo comércio. Foi essa concepção que presidiu às descobertas planejadas na Escola de Sagres. Mas os portugueses não deixaram de retocar essa concepção. Talvez devido à sua posição periférica no Ocidente, viram o Oriente com menos rigidez: a civilização temida, mas também a civilização admirada. O exercício da rejeição violenta foi de par com a admiração veneranda, e os interesses do comércio acabaram por ditar o predomínio de uma ou outra. Aliás, a descoberta do caminho marítimo para a Índia é a mais "ocidental" de todas as descobertas, uma vez que as costas da África oriental e da bacia do oceano Índico eram há muito conhecidas das frotas árabes, indianas e suaílis (AHMAD, 1971; PEARSON, 1998, p. 101-154).

A concepção do Oriente que predominou no milênio ocidental teve a sua consagração científica no século XIX, com o chamado orientalismo. Orientalismo é a concepção do Oriente que domina nas ciências e as humanidades europeias a partir do final do século XVIII. Segundo Said

(1978, p. 300), essa concepção assenta-se nos seguintes dogmas: uma distinção total entre "nós", os ocidentais, e "eles", os orientais; o Ocidente é racional, desenvolvido, humano, superior, enquanto o Oriente é aberrante, subdesenvolvido e inferior; o Ocidente é dinâmico, diverso, capaz de autotransformação e de autodefinição, enquanto o Oriente é estático, eterno, uniforme, incapaz de se autorrepresentar; o Oriente é temível (seja ele o perigo amarelo, as hordas mongóis ou os fundamentalistas islâmicos) e tem de ser controlado pelo Ocidente (por meio da guerra, ocupação, pacificação, investigação científica, ajuda ao desenvolvimento etc.).

O outro lado do orientalismo foi a ideia da superioridade intrínseca do Ocidente, a conjunção nesta zona do mundo de uma série de características peculiares que tornaram possível, aqui e só aqui, um desenvolvimento científico, cultural, econômico e político sem precedentes. Max Weber (1958) foi um dos grandes teorizadores do predomínio inevitável do Ocidente. O fato de Joseph Needham (1954) e outros terem demonstrado que, pelo menos até ao século XV, a civilização chinesa não era em nada inferior à civilização ocidental não abalou até hoje o senso comum ocidental sobre a superioridade, por assim dizer, genética do Ocidente.

No início do terceiro milênio continuamos prisioneiros da mesma concepção do Oriente. Aliás, deve-se salientar que as concepções que se assentam em contrastes dicotômicos têm sempre uma forte componente especular: cada um dos termos da distinção vê-se ao espelho do outro. Se é verdade que as cruzadas selaram a concepção do Oriente que prevaleceu até hoje no Ocidente, não é menos verdade que, para o mundo muçulmano, as cruzadas – por eles designadas como guerras e invasões francas – compuseram a imagem do Ocidente – um mundo bárbaro, arrogante, intolerante, pouco honrado nos compromissos – que igualmente até hoje dominou (MAALOUF, 1983).

As referências empíricas da concepção do Oriente por parte do Ocidente mudaram ao longo do segundo milênio, mas a estrutura que lhes dá sentido manteve-se intacta. Numa economia globalizada, o Oriente, enquanto recurso, foi profundamente reelaborado. É hoje, sobretudo, um imenso mercado a explorar, e, para o imaginário ocidental, a China é o corpo material e simbólico desse Oriente. Por mais algum tempo, o Oriente será ainda um recurso petrolífero, e as várias guerras do Golfo desde o início da década de 1990 são a expressão do valor que ele detém na estratégia do Ocidente hegemônico. Mas, acima de tudo, o Oriente continua a ser uma civilização temível e temida. Sob duas formas principais, uma de matriz política – o chamado "despotismo oriental" – e outra de matriz religiosa – o chamado "fundamentalismo islâmico" –, o Oriente continua a ser o Outro civilizacional do Ocidente, uma ameaça permanente contra a qual se exige uma vigilância incansável. O Oriente continua a ser um lugar perigoso cuja periculosidade cresce com a sua geometria.

A mão que traça as linhas do perigo é a mão do medo, e, por isso, o tamanho da fortaleza que o exorciza varia com a percepção da vulnerabilidade. Quanto maior for a percepção da vulnerabilidade do Ocidente, maior é o tamanho do Oriente. Daí que os defensores da alta vulnerabilidade não se contentem com uma concepção restrita de Oriente, tipo "fundamentalismo islâmico", e apontem para uma concepção muito mais ampla, a "aliança confucionista-islâmica" de que fala Samuel Huntington (1993, p. 3; 1997). Trata-se, afinal, da luta do Ocidente contra o Resto do Mundo. Ao contrário do que pode parecer, a percepção da alta vulnerabilidade, longe de ser uma manifestação de fraqueza, é uma manifestação de força e traduz-se na potenciação da agressividade. Só quem é forte pode justificar com a vulnerabilidade o exercício da força.

Um Ocidente sitiado, altamente vulnerável, não se limita a ampliar o tamanho do Oriente, restringe o seu próprio tamanho. Essa restrição tem um efeito perverso: a criação de Orientes dentro do Ocidente. Foi esse o significado da Guerra de Kosovo: o Ocidente eslavo transformado numa forma de despotismo oriental. Foi por isso que os kosovares, para estarem do lado "certo" da história, não puderam ser islâmicos durante o conflito. Tiveram de ser apenas minorias étnicas. E hoje novos Orientes, cada vez mais íntimos, estão sendo criados sob a forma dos imigrantes, cuja ameaça é suficientemente forte para justificar a promulgação de leis antiterroristas que põem em risco os direitos cívicos e políticos dos cidadãos em geral.

O selvagem

Se o Oriente é para o Ocidente o lugar da alteridade, o selvagem é o lugar da inferioridade. O selvagem é a diferença incapaz de se constituir em alteridade. Não é o outro, porque não é nem sequer plenamente humano.[4] A sua diferença é a medida da sua inferioridade. Por isso, longe de constituir uma ameaça civilizacional, é tão somente a ameaça do irracional. O seu valor é o valor da sua utilidade. Só vale a pena confrontá-lo na medida em que ele é um recurso ou a via de acesso a um recurso. A incondicionalidade dos fins – a acumulação dos metais preciosos, a expansão da fé – justifica o total pragmatismo dos meios: escravatura, genocídio, apropriação, conversão, assimilação.

Os jesuítas, despachados quase ao mesmo tempo, a serviço de D. João III, para o Japão e para o Brasil, foram os primeiros a testemunhar a diferença entre o Oriente e o selvagem:

> Entre o Brasil e esse vasto Oriente, a disparidade era imensa. Lá, povos de requintada civilização... Aqui florestas virgens e selvagens nus. Para o aproveitamento da terra pouco se poderia contar com sua rarefeita população indígena cuja cultura não ultrapassava a idade da pedra. Era necessário povoá-la, estabelecer na terra inculta a verdadeira "colonização". Não assim no Oriente, superpovoado, onde a Índia, o Japão e, sobretudo, a China haviam deslumbrado, em plena idade média, os olhos e a imaginação de Marco Pólo (Viotti, 1984, p. 14).

A ideia do selvagem passou por várias metamorfoses ao longo do milênio. O seu antecedente conceptual está na teoria da "escravatura natural" de Aristóteles. Segundo essa teoria, a natureza criou duas partes, uma superior, destinada a mandar, e outra inferior, destinada a obedecer. Assim, é natural que o homem livre mande no escravo, o marido, na mulher, o pai, no filho. Em qualquer desses casos quem obedecer está total ou parcialmente privado da razão e da vontade, e, por isso, é do seu interesse ser tutelado por quem tem uma e outra em pleno. No caso do selvagem, essa dualidade atinge uma expressão extrema na medida em que o selvagem não é nem sequer plenamente humano; meio animal, meio homem, monstro, demônio etc. Essa matriz conceptual variou ao longo do milênio, e, tal como sucedeu com o Oriente, foi a economia política e simbólica da definição do "Nós" que determinou a definição do

---

[4] Num dos relatos recolhidos por Ana Barradas, os índios são descritos como "verdadeiros seres inumanos, bestas da floresta incapazes de compreender a fé católica [...], esquálidos selvagens, ferozes e vis, parecendo-se mais animais selvagens em tudo menos na forma humana" (BARRADAS, 1992, p. 34).

"Eles". Se é verdade que dominaram as visões negativas do selvagem, não é menos verdade que as concepções pessimistas do "Nós", de Montaigne a Rousseau, do frei Bartolomeu de las Casas ao padre Antônio Vieira, estiveram na base das visões positivas do selvagem, o "bom selvagem".[5]

No segundo milênio a América e a África, enquanto "descobertas" ocidentais, foram o lugar por excelência do selvagem. E a América talvez mais que a África, dado o modelo de conquista e colonização no "Novo Mundo", como significativamente foi designado por Américo Vespúcio, o continente que rompia com a geografia do mundo antigo, confinado à Europa, à Ásia e à África. É a propósito da América e dos povos indígenas submetidos ao jugo europeu que se suscita o debate fundador sobre a concepção do selvagem no segundo milênio. Esse debate que, contrariamente às aparências, está hoje tão em aberto como há 500 anos inicia-se com as descobertas de Cristóvão Colombo e Pedro Álvares Cabral e atinge o seu primeiro clímax na "Disputa de Valladolid", convocada em 1550 por Carlos V, em que se confrontaram dois discursos paradigmáticos sobre os povos indígenas e a sua dominação, protagonizados por Juan Ginés de Sepúlveda e Bartolomeu de las Casas. Para Sepúlveda (1979), fundado em Aristóteles, é justa a guerra contra os índios, porque estes são os "escravos naturais", seres inferiores, animalescos, homúnculos, pecadores graves e inveterados, que devem ser integrados na comunidade cristã, pela força, se for o caso, a qual, se necessário, pode levar à sua eliminação. Ditado por uma moral superior, o amor do próximo pode, assim, sem qualquer contradição, justificar a destruição dos povos indígenas: na medida em que resistem à dominação "natural e justa" dos seres superiores, os índios tornam-se culpados da sua própria destruição. É para seu próprio benefício que são integrados ou destruídos.

A esse paradigma da descoberta imperial, fundado na violência civilizadora do Ocidente,[6] contrapôs Las Casas (1992) a sua luta pela libertação e emancipação dos povos indígenas das Américas, que considerava seres racionais e livres, dotados de cultura e instituições próprias,

---

[5] Rousseau, no seu *Discurso sobre a origem da desigualdade entre os homens*, publicado em 1755, defende que o homem nasce bom e sem vícios – o bom selvagem –, mas é pervertido pela sociedade civilizada (ROUSSEAU, [1755] 1971).

[6] Num trabalho anterior, frei Bartolomeu de las Casas denuncia a "destruição de África" (1996), através do roubo, do comércio de escravos etc.

com os quais a única relação legítima era a do diálogo construtivo assente em razões persuasivas "suavemente atrativas e exortativas da vontade". Fustigando a hipocrisia dos conquistadores, como mais tarde fará o padre Antônio Vieira, Las Casas denuncia a declaração da inferioridade dos índios como um artifício para compatibilizar a mais brutal exploração com o imaculado cumprimento dos ditames da fé e dos bons costumes. Pese embora o brilho de Las Casas, foi o paradigma de Sepúlveda que prevaleceu, porque só este era compatível com as necessidades do novo sistema mundial capitalista e colonial, centrado na Europa.

No terreno concreto da missionação, dominaram quase sempre as ambiguidades e os compromissos entre os dois paradigmas. O padre José Anchieta é talvez um dos primeiros exemplos. Tendo repugnância pela antropofagia e pela concupiscência dos brasis, "gente bestial e carniceira", o padre Anchieta acha legítimo sujeitar os gentios ao jugo de Cristo, que "assim [...] serão obrigados a fazer, por força, aquilo a que não é possível levá-los por amor",[7] ao mesmo tempo que de Roma os seus superiores lhe recomendam que evite atritos com os portugueses, "pelo que importa mantê-los benévolos".[8] Mas, por outro lado, tal como Las Casas, Anchieta embrenha-se no conhecimento dos costumes e das línguas indígenas e vê nos ataques dos índios aos portugueses o castigo divino "pelas muitas sem-razões que têm feito a esta nação, que dantes eram nossos amigos, salteando-os, cativando-os, e matando-os, muitas vezes com muitas mentiras e enganos".[9] Quase 20 anos depois, haveria Anchieta de se lamentar que a "maior parte dos índios, naturais do Brasil, está consumida, e alguns poucos, que se hão conservado com a diligência e trabalhos da Companhia, são tão oprimidos que em pouco tempo se gastarão".[10]

Com matizes vários, é o paradigma de Sepúlveda que ainda hoje prevalece na posição ocidental sobre os povos ameríndios e os povos africanos. Apesar de expulsa das declarações universais e dos discursos oficiais, é, contudo, a posição que domina as conversas privadas dos agentes do Ocidente no Terceiro Mundo, sejam eles embaixadores,

---

[7] Carta de 1º de outubro de 1554 (ANCHIETA, 1986-1992, v. 6, p. 79).
[8] Carta do general Everardo para o padre José Anchieta, de 19 de agosto de 1579 (ANCHIETA, 1986-1992, v. 6, p. 299).
[9] Carta de 8 de janeiro de 1565 (ANCHIETA, 1986-1992, v. 6, p. 210).
[10] Carta de 7 de agosto de 1583 (ANCHIETA, 1986-1992, v. 6, p. 338).

funcionários da ONU, do Banco Mundial ou do Fundo Monetário Internacional, cooperantes, empresários etc. É esse discurso privado sobre pretos e índios que mobiliza subterraneamente os projetos de desenvolvimento depois enfeitados publicamente com declarações de solidariedade e direitos humanos.

A natureza

A natureza é a terceira grande descoberta do segundo milênio, aliás, concomitante à descoberta do selvagem ameríndio. Se o selvagem é, por excelência, o lugar da inferioridade, a natureza é, por excelência, o lugar da exterioridade. Mas como o que é exterior não pertence e o que não pertence não é reconhecido como igual, o lugar de exterioridade é também um lugar de inferioridade. Tal como para o caso do selvagem, a "criação" da natureza permite tratá-la simultaneamente como uma ameaça e um recurso. É uma ameaça tão irracional quanto a do selvagem, mas a irracionalidade deriva, no caso da natureza, da falta de conhecimento sobre ela, um conhecimento que permita dominá-la e usá-la plenamente como recurso. A violência civilizatória que, no caso dos selvagens, exerce-se por via da destruição dos conhecimentos nativos tradicionais e pela inculcação do conhecimento e fé "verdadeiros" exerce-se, no caso da natureza, pela produção de um conhecimento que permita transformá-la em recurso natural. Em ambos os casos, porém, as estratégias de conhecimento são basicamente estratégias de poder e dominação. O selvagem e natureza são, de fato, as duas faces do mesmo desígnio: domesticar a "natureza selvagem", convertendo-a num recurso natural. É essa vontade única de domesticar que torna a distinção entre recursos naturais e recursos humanos tão ambígua e frágil no século XVI como hoje.

Tal como a construção do selvagem, também a construção da natureza obedeceu às exigências da constituição do novo sistema econômico mundial centrado na Europa. No caso da natureza, essa construção foi sustentada por uma portentosa revolução científica que trouxe no seu bojo a ciência tal como hoje a conhecemos, a ciência moderna. De Galileu a Newton, de Descartes a Bacon, um novo paradigma científico emerge, que separa a natureza da cultura e da sociedade e submete a primeira a um guião determinístico de leis de base matemática.

O Deus que justifica a submissão dos índios e dos negros tem, no caso da natureza, o seu equivalente funcional nas leis que fazem coincidir previsões com acontecimentos e transformam essa coincidência na prova da submissão da natureza. Tão estúpida e imprevisível enquanto interlocutor quanto o selvagem, a natureza não pode ser compreendida; pode apenas ser explicada, e explicá-la é a tarefa da ciência moderna. Para ser convincente e eficaz, essa descoberta da natureza não pode questionar a natureza da descoberta. Com o tempo, o que não pode ser questionado deixa de ser uma questão, isto é, torna-se evidente.

Esse paradigma de construção da natureza, apesar de apresentar alguns sinais de crise, é ainda hoje o paradigma dominante.[11] Duas das suas consequências assumem uma especial preeminência no final do milênio: a crise ambiental e a questão da biodiversidade. Transformada em recurso, a natureza não tem outra lógica senão a de ser explorada até a exaustão. Separada a natureza do homem e da sociedade, não é possível pensar retroações mútuas. Essa ocultação não permite formular equilíbrios nem limites, e é por isso que a ecologia não se afirma senão por via da crise ambiental.

Por outro lado, a questão da biodiversidade vem repor num novo plano a sobreposição matricial entre a descoberta do selvagem e a descoberta da natureza. Não é por acaso que no início do terceiro milênio boa parte da biodiversidade do planeta está na posse de povos indígenas, de comunidades camponesas. Para eles, a natureza nunca foi um recurso natural, foi sempre parte da sua própria natureza e assim a preservaram, preservando-se também eles, sempre que conseguiram escapar à destruição que o encontro colonial com o ocidente produziu. Hoje, à semelhança do que ocorreu nos alvores do sistema mundial capitalista, as empresas multinacionais da indústria farmacêutica, da biotecnologia e da engenharia genética procuram transformar os indígenas em recursos, agora não em recursos de trabalho, mas antes em recursos genéticos, em instrumentos de acesso, não ao ouro e à prata, mas, por via do conhecimento tradicional, à flora e à fauna, sobre a forma de biodiversidade.[12]

---

[11] Sobre esse tema, ver Santos (2000; 2003e; 2003b) e Santos; Meneses; Nunes (2005).
[12] Sobre o tema da biodiversidade, ver Santos (2005d).

Os lugares fora do lugar

Identifiquei as três grandes descobertas matriciais do segundo milênio: o Oriente, enquanto lugar da alteridade; o selvagem, enquanto lugar da inferioridade; a natureza, enquanto lugar de exterioridade. São descobertas matriciais porque acompanharam todo o milênio, ou boa parte dele. No início do terceiro milênio, e apesar de alguns questionamentos, permanecem intactas na sua capacidade para alimentar o modo como o Ocidente vê a si próprio e a tudo que não identifica consigo.

A descoberta imperial não reconhece a igualdade da diferença e, portanto, a dignidade do que descobre. O Oriente é inimigo, o selvagem é inferior, a natureza é um recurso à mercê dos humanos. Como relação de poder, a descoberta imperial é uma relação desigual e conflitual. É também uma relação dinâmica. Por quanto tempo o lugar descoberto mantém o estatuto de descoberto? Por quanto tempo o lugar descoberto permanece no lugar da descoberta? Qual o impacto do descoberto no descobridor? Pode o descoberto descobrir o descobridor? Pode o descobridor descobrir-se? São possíveis e necessárias redescobertas?

O início do novo milênio é um tempo propício às interrogações. Na orla do tempo, a perplexidade parece ser a forma menos insana de conviver com a dramatização das opções ou da falta delas. O sentimento de urgência é o resultado da acumulação de múltiplas questões na mesma hora ou lugar. Sob o peso da urgência, as horas perdem minutos, e os lugares comprimem-se.

É sob o efeito dessa urgência e da desordem que ela provoca que os lugares descobertos pelo milênio ocidental dão sinais de inconformismo. Esse inconformismo vai se reproduzindo sob a forma do autoquestionamento e da autorreflexividade do Ocidente. É possível substituir o Oriente pela convivência multicultural? É possível substituir o selvagem pela igualdade na diferença e pela autodeterminação?[13] É possível substituir a natureza por uma humanidade que a inclua? Essas são algumas das perguntas a que o terceiro milênio procurará responder se finalmente assumir por inteiro a importância do debate sobre o pós-colonialismo

---

[13] Este tema é debatido em mais detalhes no Capítulo 13. Ver também Santos (2021g, p. 251-280).

CAPÍTULO 5

Nuestra América: reinventar um paradigma subalterno de reconhecimento e redistribuição

O século americano-europeu

Segundo Hegel, a história universal desloca-se do Oriente para o Ocidente. A Ásia é o princípio, enquanto a Europa é o fim último da história universal, o lugar onde a trajetória civilizacional da humanidade é consumada. A ideia bíblica e medieval da sucessão dos impérios (*translatio imperii*) transforma-se, em Hegel, no percurso triunfante da "Ideia Universal". Em cada era, um povo assume a responsabilidade de conduzir a Ideia Universal, tornando-se, assim, o povo histórico universal, privilégio que passou sucessivamente dos asiáticos para os gregos, depois para os romanos e, finalmente, para os povos germânicos. Para Hegel, a América, ou, antes, a América do Norte, transporta um futuro ambíguo, na medida em que não colide com a realização absoluta da história universal na Europa (HEGEL, 1970). O futuro da América (do Norte) é ainda um futuro europeu, formado pelos restos da população europeia.

Essa perspectiva hegeliana subjaz à concepção dominante do século XX como o "século americano": o século americano-europeu. Está aqui contida a noção de que a americanização do mundo, iniciada com a americanização da própria Europa, não é senão um efeito da astúcia universal da Razão, que, tendo atingido o extremo do Ocidente e mostrando-se irreconciliada com o exílio a que Hegel a condenou, foi forçada a voltar atrás, a percorrer de novo o seu trajeto anterior e, uma vez mais, a traçar o caminho para a sua hegemonia sobre o Oriente. A americanização, enquanto forma hegemônica da globalização, é, pois, o terceiro ato do drama milenar da supremacia ocidental. O primeiro ato – em grande medida um ato falhado – correspondeu às cruzadas, que deram início ao segundo milênio da era cristã; o segundo ato, situado a meio do milênio, foi a expansão europeia; o terceiro ato foi o século americano-europeu. Nessa concepção milenar, este último ato acarretou pouca novidade: nada mais foi do que mais um século europeu, o último do milênio. Ao fim e ao cabo, a Europa sempre conteve muitas Europas, umas dominantes, outras dominadas. Os Estados Unidos da América são a última Europa dominante e, como as outras, exerce o seu poder incontestado sobre as Europas dominadas. Os senhores feudais da Europa do século XI tiveram e desejaram uma autonomia tão escassa em face do papa Urbano II, que os recrutou para as cruzadas, como a que hoje os países da União Europeia têm e desejam em face dos Estados Unidos da América, que os recrutam para as guerras dos Balcãs e do Oriente Médio.[1]

Nesse quadro histórico, torna-se difícil pensar em qualquer alternativa à fase atual do capitalismo global, liderado pelos Estados Unidos, que eu chamo globalização hegemônica (SANTOS, 1995, 2000, 2002c, 2005b). Contudo, tal alternativa é não só necessária, mas também urgente, dado que o regime de dominação global atual, à medida que perde coerência,[2] mostra-se cada vez mais violento e imprevisível, aumentando desse modo a vulnerabilidade das regiões, das nações e dos grupos sociais subordinados e oprimidos. O perigo real, tanto nas relações internas dos países que compõem o sistema mundial como nas relações internacionais, é a emergência daquilo a que chamo fascismo social. Fugindo ao nazismo, poucos meses antes da sua morte (1940), Walter Benjamin escreveu as suas *Teses sobre a filosofia da história* (1980),

---

[1] Sobre as relações entre o papa e os senhores feudais no que diz respeito às cruzadas, ver Gibbon (1928, v. 6, p. 31).

[2] O sistema mundial moderno, em vigor desde o século XV, parece estar entrando num período de transição que em outro lugar identifico como sendo caracterizado pela coexistência de dois sistemas de hierarquização não necessariamente congruentes entre si: a hierarquização centro/semiperiferia/periferia e a hierarquização global/local (SANTOS, 2002c, p. 49-71).

impulsionadas pela ideia de que a sociedade europeia vivia, naquela altura, um momento de perigo. Como defendi no Capítulo 1, penso que atualmente vivemos também um momento de perigo. Na época de Benjamin, o perigo era a ascensão do fascismo como regime político. No nosso tempo, o perigo é a ascensão do fascismo como regime social. Contrariamente ao fascismo político, o fascismo social é pluralista, coexiste facilmente com o Estado democrático, e o seu espaço-tempo privilegiado, em vez de ser nacional, é simultaneamente local e global.[3]

O fascismo social é um conjunto de processos sociais mediante os quais grandes setores da população são irreversivelmente mantidos no exterior ou expulsos de qualquer tipo de contrato social. São rejeitados, excluídos ou lançados para uma espécie de estado de natureza hobbesiano, quer porque nunca integraram – e provavelmente nunca integrarão – qualquer contrato social (refiro-me às subclasses pré-contratuais que hoje proliferam no mundo, das quais talvez o melhor exemplo sejam os jovens dos guetos urbanos das grandes cidades), quer por terem sido excluídos ou expulsos de algum tipo de contrato social que haviam integrado antes (e aqui me refiro às subclasses pós-contratuais, milhões de trabalhadores relegados ao trabalho precário, sem direitos, camponeses depois do colapso de projetos de reforma agrária ou de outros megaprojetos de "desenvolvimento"). Conforme mostrarei no Capítulo 9, não é o Estado que poderá tornar-se fascista, mas sim as relações sociais – locais, nacionais e internacionais.

Um futuro possível é, pois, a expansão do fascismo social. Há muitos sinais de que isso é uma possibilidade real. Se se permitir que a lógica do mercado transborde da economia para todas as áreas da vida social e se torne o único critério para a interação social e política de sucesso, a sociedade tornar-se-á ingovernável e eticamente repugnante, e, seja qual for a ordem que venha a se efetivar, ela será de tipo fascista, como de fato Schumpeter ([1942] 1962) e Polanyi ([1944] 1957) previram décadas atrás.

Neste capítulo, defendo que a alternativa à expansão do fascismo social é a construção de um novo padrão de relações locais, nacionais e transnacionais, fundadas simultaneamente no princípio da redistribuição

---

[3] No Capítulo 9 analiso detalhadamente esse fenômeno.

(igualdade) e no princípio do reconhecimento (diferença).[4] Num mundo globalizado, tais relações devem emergir como globalizações contra-hegemônicas. O padrão que as sustentar deverá ser muito mais do que um conjunto de instituições. Esse padrão implica uma nova cultura política transnacional, inscrita em novas formas de sociabilidade e de subjetividade (Capítulo 1) e mesmo em uma nova epistemologia (Capítulos 2 e 3). Em última análise, implica um novo direito "natural" revolucionário, tão revolucionário como as concepções de direito natural do século XVII.

Defendo neste capítulo que o embrião desse outro padrão tem estado presente, há um século, nas margens do século americano-europeu. Trata-se de outro século americano, a que chamo *Nuestra América*. Enquanto o primeiro traz consigo a globalização hegemônica, o segundo contém em si o potencial para globalizações contra-hegemônicas. Dado que esse potencial compromete o futuro, o século americano *Nuestra América* poderá bem ser o nome do século em que acabamos de entrar. Neste capítulo explicarei o que entendo por globalização, particularmente a globalização contra-hegemônica. Depois, especificarei, com algum detalhe, os aspectos mais relevantes da ideia de *Nuestra América*, tal como a concebo ao espelho do século americano-europeu. Seguidamente, analisarei o *ethos* barroco, encarado como o arquétipo cultural da subjetividade e da sociabilidade de *Nuestra América*. A minha análise destaca algum potencial emancipatório da cultura social e política de grupos sociais cuja vida cotidiana é intensificada pela necessidade de transformar estratégias de sobrevivência em fontes de inovação, de criatividade, de transgressão e de subversão. Nas últimas seções deste capítulo, tentarei mostrar como esse potencial contra-hegemônico e emancipatório de *Nuestra América* não foi, até agora, realizado, e como poderá ser realizado no século XXI. Por fim, identificarei cinco áreas, todas elas inscritas profundamente na experiência secular de *Nuestra América*, que, em meu entender, serão os principais terrenos de confrontação entre a globalização hegemônica e a globalização contra-hegemônica nas próximas décadas. Em cada um desses terrenos de confrontação, o potencial emancipatório das lutas baseia-se na ideia

---

[4] Voltarei a esse tema no Capítulo 8.

de que uma política de igualdade centrada na redistribuição social da riqueza não pode ser conduzida com sucesso sem uma política de reconhecimento da diferença racial, étnica, cultural ou sexual, e vice-versa.

Sobre as globalizações contra-hegemônicas

Muitos autores concebem apenas uma forma de globalização e rejeitam a distinção entre globalização hegemônica e globalização contra-hegemônica.[5] Uma vez que se conceba a globalização como sendo apenas de um só tipo, a resistência contra ela por parte das suas vítimas – pressupondo que seja possível resistir-lhe – só pode assumir a forma da localização. Jerry Mander (1996, p. 18), por exemplo, fala de "ideias sobre a viabilidade de economias de pequena escala, localizadas e diversificadas, relacionadas com forças exteriores, mas não dominadas por elas". De modo semelhante, Douthwaite (1999, p. 171) afirma que

> dado que uma insustentabilidade local não pode impedir a sustentabilidade local em outro sítio, um mundo sustentável consistiria num número de territórios onde cada um seria sustentável independentemente dos outros. Em outras palavras, em vez de uma única economia global que prejudicaria todo mundo se sofresse um colapso, um mundo sustentável conteria uma pletora de economias regionais (subnacionais), produzindo todos os bens essenciais da vida a partir dos recursos dos seus territórios e, por conseguinte, largamente independentes umas das outras.

Segundo essa perspectiva, a transição para o local é obrigatória. É a única maneira de garantir a sustentabilidade.

Parto do pressuposto de que aquilo que habitualmente designamos como globalização são conjuntos de relações sociais. À medida que esses conjuntos se transformam, assim se transforma a globalização. Existem, portanto, globalizações, e deveríamos usar esse termo apenas no plural. Por outro lado, se as globalizações são feixes de relações sociais, estas envolvem inevitavelmente conflitos e, portanto, vencedores e vencidos.

---

[5] Sobre isso convergem, a partir de diferentes perspectivas, Robertson (1992); Castells (1996); Mander; Goldsmith (1996); Hopkins; Wallerstein (1996); Ritzer (1996).

Frequentemente, o discurso da globalização é a história dos vencedores contada por estes. Na verdade, a vitória é, aparentemente, tão absoluta que os derrotados acabam por desaparecer completamente do cenário.

Como propus no Capítulo 1, podemos definir globalização hegemônica como o processo através do qual um dado fenômeno ou entidade local consegue difundir-se globalmente e, ao fazê-lo, adquire a capacidade de designar um fenômeno ou uma entidade rival como local (Santos, 2002c, p. 63). São várias as implicações dessa definição. Em primeiro lugar, nas condições do sistema mundial, capitalista e ocidental, não há uma globalização genuína. O que chamamos globalização é sempre a globalização bem-sucedida de um determinado localismo. Em outras palavras, não há uma condição global para a qual seja impossível encontrar uma raiz local, uma inscrição cultural específica. A segunda implicação é que a globalização envolve a localização, isto é, a localização é a globalização dos vencidos. Com efeito, vivemos num mundo de localização, tanto quanto vivemos num mundo de globalização. Por conseguinte, seria igualmente correto, em termos analíticos, se definíssemos a situação atual e os nossos tópicos de investigação em termos de localização, em vez de globalização. A razão que nos leva a preferir o último termo é, basicamente, porque o discurso científico hegemônico tende a preferir a história do mundo contada pelos vencedores. A fim de dar conta das relações de poder assimétricas no interior do que chamamos globalização, sugeri em outro lugar a distinção entre quatro modos de produção da globalização: localismos globalizados, globalismos localizados, cosmopolitismo e patrimônio comum da humanidade (Santos, 1995, p. 252-377; 2002c, p. 65-71). Segundo essa concepção, os dois primeiros modos constituem o que designo como globalização hegemônica. São conduzidos por forças do capitalismo global e caracterizados pela natureza radical da integração global que possibilitam, quer através da exclusão, quer através da inclusão. Os excluídos, pessoas de países ou até mesmo de continentes como África, são integrados na economia global pelas formas específicas como são excluídos dela. Isso explica por que há muito mais em comum do que o que estamos dispostos a admitir entre milhões de pessoas que vivem nas ruas, em guetos urbanos, em reservas, nos campos de morte de Urabá, de Ruanda ou de Darfur, nas montanhas dos Andes ou na fronteira da Amazônia, em campos de refugiados, nos territórios ocupados da Palestina, em *sweatshops*, em regime de trabalho escravo.

As outras duas formas de globalização – o cosmopolitismo e o patrimônio comum da humanidade – são o que chamo globalização contra-hegemônica. Em todo o mundo, os processos hegemônicos de exclusão estão sendo enfrentados por diferentes formas de resistência – iniciativas populares de organização local, articuladas com redes de solidariedade transnacional – que reagem contra a exclusão social, abrindo espaços para a participação democrática, para a construção da comunidade, para alternativas a formas dominantes de desenvolvimento e de conhecimento, em suma, para novas formas de inclusão social. Essas articulações locais/globais e esse ativismo transfronteiriço constituem um novo movimento democrático transnacional que tem hoje no Fórum Social Mundial a sua melhor expressão (GONZÁLEZ CASANOVA, 1998; KECK; SIKKINK, 1998; TARROW, 1999; EVANS, 2000; BRYSK, 2000; SANTOS, 2002e, 2005b, 2006c).

Esse novo ativismo transfronteiriço constitui um paradigma emergente, o paradigma da globalização contra-hegemônica. A credibilidade deste paradigma ainda está por estabelecer e a sua sustentabilidade é uma questão em aberto. Se medirmos a influência dos movimentos que lutam pela globalização contra-hegemônica em função de quatro níveis de impacto – identificação ou nomeação de novas questões (de exclusão, discriminação etc.) e sua introdução na agenda política nacional ou internacional; mudanças na retórica dos decisores políticos; transformações institucionais para enfrentar tais questões; impacto efetivo nas políticas concretas –, há razões para pensar que eles têm tido êxito em confrontar a globalização hegemônica nos dois primeiros níveis de impacto (SANTOS, 2005b, 2006c). Resta saber quão bem-sucedidos serão, e quanto tempo levarão a sê-lo, nos dois últimos e mais exigentes níveis de impacto.

Para os objetivos analíticos deste capítulo, realço duas características da globalização contra-hegemônica. A primeira, uma característica positiva, é que, contrariamente aos paradigmas ocidentais modernos de transformação social progressista (revolução, socialismo, social-democracia), a globalização contra-hegemônica está tão envolvida numa política da igualdade (redistribuição) como numa política da diferença (reconhecimento). Isso não significa que esses dois tipos de política estejam presentes com a mesma proporção nas diferentes formas de luta, de campanhas e de movimentos. Algumas lutas poderão privilegiar uma política da igualdade: é o caso das campanhas contra as *sweatshops* ou dos novos movimentos de internacionalismo operário. Outras lutas, pelo contrário, poderão privilegiar uma política da diferença, como acontece com as lutas feministas e pelos direitos sexuais, as campanhas contra o racismo a xenofobia ou a pilhagem da biodiversidade, os movimentos dos povos indígenas da América Latina, Austrália, Nova Zelândia e Índia. Mas as lutas que formulam as suas reivindicações em termos de política de diferença combinam-na explicitamente com a política da igualdade. A articulação entre redistribuição e reconhecimento torna-se muito mais visível quando encaramos esses movimentos, iniciativas e campanhas como uma nova constelação de significados emancipatórios, políticos e culturais, num mundo desigualmente globalizado. Até agora, esses significados ainda não conquistaram a sua autorreflexividade. O percurso epistemológico feito nos capítulos anteriores visou precisamente criar as condições para a emergência de tal autorreflexividade. É esse mesmo percurso que prossigo no presente capítulo a partir de outra perspectiva.

Refletindo a condição intelectual e política analisada nos Capítulos 1 e 2, a outra característica negativa da globalização contra-hegemônica é a prevalência das teorias da separação sobre as teorias da união na concepção das relações entre movimentos, associações, campanhas e iniciativas. Empenhada como está em mantê-los separados e mutuamente ininteligíveis, só a lógica da globalização hegemônica tem sido, de fato, credivelmente global. Por essa razão, a ideia de uma globalização contra-hegemônica tem uma forte componente utópica, e o seu sentido pleno só pode ser apreendido mediante procedimentos indiretos. Dois desses procedimentos foram analisados no Capítulo 2, a sociologia das ausências e a teoria da tradução. O terceiro procedimento, as práticas de manifesto, será analisado na última seção deste capítulo e na Parte III deste livro.

Como vimos, a *sociologia das ausências* é o procedimento através do qual aquilo que não existe, ou cuja existência é socialmente inapreensível e inexprimível, é concebido como o resultado ativo de um determinado processo social. A sociologia das ausências visa revelar as experiências, iniciativas e concepções que tenham sido eficazmente suprimidas enquanto expressão de necessidades ou aspirações emancipatórias pelos instrumentos hegemônicos de globalização. No caso específico da globalização contra-hegemônica, a sociologia das ausências permite identificar as condições que criam a aparente fatalidade da inadequação das lutas contra-hegemônicas locais num mundo globalizado. Essa inadequação deriva da suposta impossibilidade de ligações que poderiam articular essas lutas com outras lutas em outros lugares do mundo, reforçando assim o seu potencial para construir alternativas contra-hegemônicas credíveis. Compete à sociologia das ausências desvelar que essa impossibilidade é o resultado de políticas hegemônicas no sentido de suprimir, inviabilizar ou desacreditar tais ligações ou articulações. De qualquer modo, e como salientei no Capítulo 2, o universal e o global construídos pela sociologia das ausências, longe de negarem ou de eliminarem o particular e o local, encorajam-nos a pressentir o que existe para além deles como condição para o êxito da sua resistência.

Na sociologia das ausências aparece como central a noção de que a experiência social é feita de inexperiência social. Isso constitui um tabu para as classes dominantes que promovem a globalização capitalista hegemônica e o seu paradigma cultural legitimador, a modernidade eurocêntrica, que Scott Lash (1999) designa como alta modernidade, ou aquilo que eu chamo pós-modernidade celebratória (SANTOS, 1999). As classes dominantes sempre consideraram um dado adquirido terem de passar pela experiência específica de sofrer as consequências da ignorância, da baixeza ou da periculosidade das classes dominadas. Mas esteve sempre ausente das autoconstruções simbólicas da sua dominação a sua própria inexperiência do sofrimento, da morte, da pilhagem impostos como experiência às classes, grupos ou povos oprimidos.[6] Para estes, contudo, é fundamental que incorporem na sua experiência a inexperiência dos opressores relativamente ao sofrimento, à humilhação e à exploração impostos aos oprimidos. A prática da sociologia das ausências torna possível que os oprimidos assumam a sua experiência

---

[6] Uma denúncia brilhante dessa inexperiência é o ensaio de Montaigne sobre "Os canibais" ([1580] 1958), escrito no início mesmo da modernidade eurocêntrica.

da inexperiência dos opressores e que, com base nisso, logrem um conhecimento mais esclarecido dos mecanismos mais profundos da dominação e uma capacidade acrescida para lutar contra eles. Esse é o tipo de conhecimento que Retamar tem em mente quando afirma: "Só há um tipo de homem que conhece realmente, no seu conjunto, a literatura europeia: o colonial" (RETAMAR, 1971, p. 60). É esse conhecimento que torna possível o cosmopolitismo subalterno e insurgente.

Como defendi no Capítulo 2, a construção desse cosmopolitismo assenta-se no segundo procedimento: a *teoria da tradução*. Uma determinada luta, particular ou local (por exemplo, uma luta indígena ou feminista), só reconhece outra (por exemplo, uma luta ambiental ou laboral) na medida em que ambas percam parte do seu particularismo e localismo. Isso acontece quando é criada a inteligibilidade mútua entre as lutas. A inteligibilidade mútua é um pré-requisito do que eu chamaria a mistura, autorreflexiva e interna, da política da igualdade e da política da diferença no seio dos movimentos, das iniciativas, das campanhas ou das redes. A falta de autorreflexividade interna é que tem permitido que as teorias da separação prevaleçam sobre as teorias da união. Alguns movimentos, iniciativas e campanhas reúnem-se em torno do princípio da igualdade, outros em torno do princípio da diferença. A teoria da tradução é o procedimento que possibilita a sua mútua inteligibilidade. Tornar mutuamente inteligível significa identificar o que une e é comum a entidades que estão separadas pelas suas diferenças recíprocas.[7]

Os objetivos comuns e que unem as diferentes lutas contra-hegemônicas, quando identificados, só se tornam um princípio de ação na medida em que forem concebidos como solução para a inadequação das lutas que permanecem confinadas aos seus particularismos e localismos. Esse passo ocorre graças às *práticas de manifesto*. Refiro-me aos programas claros e inequívocos de alianças que são possíveis porque baseadas em denominadores comuns, e que são mobilizadoras porque produzem uma soma positiva, isto é, porque conferem vantagens específicas a todos os que participam nelas em função do seu grau de participação.

---

[7] Sobre a tradução intercultural, ver Santos (2014, p. 212-235; 2019, p. 59-60).

Assim concebida, a globalização contra-hegemônica tem condições exigentes. O que se espera dela é um equilíbrio tenso e dinâmico entre diferença e igualdade, entre identidade e solidariedade, entre autonomia e cooperação, entre reconhecimento e redistribuição de riqueza. O sucesso dos procedimentos atrás mencionados depende de fatores culturais, econômicos e políticos.[8] Na década de 1980, a "virada cultural" contribuiu decisivamente para realçar os polos da diferença, da identidade, da autonomia e do reconhecimento, mas o fez frequentemente de uma forma culturalista, isto é, menosprezando os fatores econômicos e políticos. Desse modo, os polos da igualdade, da solidariedade, da cooperação e da redistribuição foram negligenciados. No início do novo século, após 30 anos de uma globalização neoliberal selvagem, há que recuperar o equilíbrio entre os dois polos. Na perspectiva aqui defendida, é crucial a ideia de que não há reconhecimento sem redistribuição (SANTOS, 1998c).[9] Talvez a melhor maneira de se formular hoje essa ideia seja a de recorrer à noção de um metadireito fundamental: o direito de ter direitos. Temos o direito a ser iguais sempre que a diferença nos inferioriza; temos o direito a ser diferentes sempre que a igualdade nos descaracteriza.[10] Trata-se de recorrer a um dispositivo modernista de tal modo que ele subverta a si próprio: formulado em termos de um universalismo abstrato que nega a si próprio à medida que se realiza (incorporando o reconhecimento da diferença que o nega).

Como já afirmei, há ainda um longo caminho a percorrer para que as novas constelações de sentido que acionam a política emancipatória transnacional da globalização contra-hegemônica se transformem numa autorreflexividade densa e eficaz no seio dos movimentos e organizações. Para que esse processo se acelere, é essencial reinventar no novo século e no novo milênio a cultura política emancipatória. A meu ver, o século americano *Nuestra América*, que foi ativamente produzido como ausente pelas forças hegemônicas do *século* americano-europeu, apontou de modo convincente para essa nova cultura política ao fazer

---

[8] Ver a Introdução.
[9] Voltarei a esse tema no Capítulo 8.
[10] Esse metadireito é exemplificado no Capítulo 13, tendo em vista a problemática dos direitos humanos.

assentar a ideia de emancipação social no equilíbrio dinâmico entre o reconhecimento da diferença e a exigência de igualdade da redistribuição social. E também mostrou, de forma eloquente, a dificuldade de, nessa base, construir com sucesso práticas emancipatórias.

O século americano da *Nuestra América*

"Nuestra América" é o título de um pequeno ensaio de José Martí, publicado no jornal mexicano *El Partido Liberal*, em 30 de janeiro de 1891. Nesse artigo, um excelente resumo do pensamento do autor que se encontra disperso em diversos jornais latino-americanos da época, Martí exprime o conjunto de ideias que creio presidirem ao século americano *Nuestra América*, um conjunto de ideias que mais tarde foram prosseguidas, entre muitos outros, por Mariátegui e Oswald de Andrade, Fernando Ortiz e Darcy Ribeiro.

Passo a referir as principais ideias do texto de Martí. A primeira ideia é que a *Nuestra América* está nos antípodas da América europeia. É a América mestiça fundada no cruzamento, tantas vezes violento, de muito sangue europeu, indígena e africano. É a América capaz de sondar profundamente as suas próprias raízes e de, nessa base, edificar um conhecimento e uma forma de governo que não sejam importados, mas antes adequados à sua realidade. As suas raízes mais profundas estão na luta dos povos ameríndios contra os seus invasores, luta em que encontramos os verdadeiros precursores dos independentistas latino-americanos (RETAMAR, 1989, p. 20). Martí pergunta: "Não é evidente que a América foi paralisada pelo mesmo golpe que paralisou os índios?". E responde: "Até que o Índio seja posto a caminhar, a América não começará a caminhar bem" (MARTÍ, 1963, v. VIII, p. 336-337). Embora em "Nuestra América" Martí aborde, sobretudo, o racismo anti-indígena, em outros textos também se refere aos negros: "O homem é mais do que branco, mais do que mulato, mais do que negro. O cubano é mais do que branco, mais do que mulato, mais do que negro […]. De racismo seriam igualmente culpados: o racista branco e o racista negro" (MARTÍ, 1963, v. II, p. 299-300).

A segunda ideia da *Nuestra América* é a noção de que nas suas raízes mistas reside a sua complexidade infinita, a sua nova forma de universalismo que enriqueceu o mundo. Martí (1963, v. VI, p. 22) afirma: "Não há ódio racial, porque não há raças". Nessa frase ecoa o mesmo liberalismo radical que havia encorajado Simon Bolívar a proclamar que a América Latina era "uma pequena humanidade", uma "humanidade em miniatura". Esse tipo de universalismo situado e contextualizado iria tornar-se um dos fios condutores mais consistentes de "Nuestra América".

Em 1928, o poeta brasileiro Oswald de Andrade publicou o seu *Manifesto antropófago*. Por antropofagia ele entendia a capacidade americana de devorar tudo o que lhe fosse estranho e de tudo incorporar, de modo a criar uma identidade complexa, uma identidade nova e constantemente mutável:

> Só me interessa o que não é meu. Lei do homem. Lei do antropófago [...] Contra todos os importadores de consciência enlatada. A existência palpável da vida. E a mentalidade pré-lógica para o Sr. Lévy-Bruhl estudar [...] Perguntei a um homem o que era o Direito. Ele me respondeu que era a garantia do exercício da possibilidade. Esse homem chamava-se Galli Mathias. Comi-o [...] Antropofagia. Absorção do inimigo sacro. Para transformá-lo em totem. A humana aventura. A terrena finalidade. Porém, só as puras elites conseguiram realizar a antropofagia carnal, que traz em si o mais alto sentido da vida e evita todos os males identificados por Freud, males catequistas (ANDRADE, 1990, p. 47-51).

Esse conceito de antropofagia, ele próprio irônico relativamente à representação europeia do "instinto caraíba", aproxima-se bastante do conceito de transculturação desenvolvido em Cuba, um pouco mais tarde, por Fernando Ortiz [1940] (1973). No mesmo sentido e mais recentemente o antropólogo brasileiro Darcy Ribeiro afirma, numa explosão brilhante de humor:

> É muito fácil fazer uma Austrália: pega meia dúzia de franceses, ingleses, irlandeses e italianos, joga numa ilha deserta, eles matam os índios e fazem uma Inglaterra de segunda, porra, ou de terceira, aquela merda. O Brasil precisa aprender que aquilo é uma merda, que o Canadá é uma merda, porque repete a Europa. É para ver que nós temos a aventura de fazer o gênero humano novo, a mestiçagem na carne e no espírito. Mestiço é que é bom (RIBEIRO, 1996, p. 104).

A terceira ideia fundadora de *Nuestra América* é que, para que *Nuestra América* possa ser construída sobre as suas fundações mais genuínas, tem de se dotar de um conhecimento genuíno. Para Martí (1963, v. VI, p. 15), as "trincheiras de ideias valem mais do que trincheiras de pedra". Mas, para que isso se realize, as ideias têm de ser enraizadas nas aspirações dos povos oprimidos. Tal como "o mestiço autônomo venceu o crioulo exótico [...], o livro importado foi vencido, na América, pelo homem natural" (MARTÍ, 1963, v. VI, p. 17). Daí o apelo de Martí (1963, v. VI, p. 18):

> A universidade europeia tem de ceder à universidade americana. A história da América, desde os Incas até o presente, deve ser ensinada na perfeição, ainda que não se ensine a dos arcontes da Grécia. A nossa Grécia é preferível à Grécia que não é nossa. É-nos mais necessária. Os políticos exóticos hão de ser substituídos pelos políticos nacionais. Enxerte-se o mundo nas nossas repúblicas, mas o tronco há de ser das nossas repúblicas. E que o pedante vencido se cale, pois não há pátria de que o homem possa ter mais orgulho do que as nossas dolorosas repúblicas americanas.

Esse conhecimento situado, que exige uma atenção contínua à identidade, ao comportamento e ao envolvimento na vida pública, é o que verdadeiramente distingue um país, e não a atribuição imperial de níveis de civilização. Martí estabelece uma destrinça entre o intelectual e o homem que a experiência vivida tornou sensato. Diz ele que "não há batalha entre a civilização e a barbárie, mas sim entre a falsa erudição e a natureza" (MARTÍ, 1963, v. VI, p. 17).

Nuestra América possui assim uma forte componente epistemológica. Em vez de se importarem ideias estrangeiras, deve-se investigar as realidades específicas do continente a partir de uma perspectiva latino-americana. Ignorar ou desdenhar estas últimas ajudou os tiranos a acederem ao poder, e também consolidou a arrogância dos Estados Unidos em face do restante continente:

> O desdém do formidável vizinho, que não a conhece, é o perigo maior da nossa América; e urge, pois o dia da visita está próximo, que o vizinho a conheça, que a conheça bem depressa, para que não a desdenhe. Por ignorância chegaria, talvez, a cobiçá-la. Por

respeito, assim que a conhecesse, tiraria as mãos dela (Martí, 1963, v. VI, p. 17).

Um conhecimento situado é, portanto, a condição para um governo situado. Como Martí afirma em outro lugar, não se pode "dirigir povos novos, de composição singular e violenta, com leis herdadas de quatro séculos de prática livre nos Estados Unidos, de 19 séculos de monarquia em França. Não se para o golpe no potro do *llanero* com um decreto de Hamilton. Não se limpa o sangue coalhado da raça índia com uma frase de Sieyes" (Martí, 1963, v. VI, p. 16-17). E Martí (1963, v. VI, p. 21) acrescenta: "Os governadores, na república dos Índios, aprendem índio".

Uma quarta ideia fundadora de *Nuestra América* é que essa é a América de Caliban, e não a de Próspero.[11] A América de Próspero reside no Norte, mas também subsiste no Sul através dessas elites intelectuais e políticas que rejeitam as raízes índias e negras, encarando a Europa e os Estados Unidos da América como modelos a imitar, e encarando os seus próprios países com antolhos etnocêntricos que distinguem entre a civilização, por um lado, e a selvageria bárbara, por outro. Martí pensa particularmente numa das primeiras formulações "sulistas" da América de Próspero, o trabalho do argentino Domingo Sarmiento, intitulado *Facundo, civilización y barbarie* e publicado em 1845 (Sarmiento, 1966). É contra esse mundo de Próspero que Andrade arremete o seu "instinto caraíba":

> Mas não foram cruzados que vieram. Foram fugitivos de uma civilização que estamos comendo, porque somos fortes e vingativos como o Jabuti [...]. Não tivemos especulação. Mas tínhamos adivinhação. Tínhamos Política que é a ciência da distribuição. E um sistema social-planetário [...]. Antes dos portugueses descobrirem o Brasil, o Brasil tinha descoberto a felicidade (Andrade, 1990, p. 47-51).

A quinta ideia básica de *Nuestra América* é que o seu pensamento político, longe de ser nacionalista, é internacionalista e reforçado por

---

[11] Tal como acontece no capítulo seguinte, uso neste capítulo os nomes de Próspero e Caliban, da peça *The Tempest*, de Shakespeare (1611), para significar que a zona de contato colonial se constituiu como uma zona de contato entre o "civilizado" e o "selvagem".

uma atitude anticolonialista e anti-imperialista, que outrora visava à Europa e que agora visa aos Estados Unidos. Aqueles que pensam que a institucionalidade da globalização neoliberal, do NAFTA[12] à ALCA[13] e à Organização Mundial do Comércio, é algo de novo deveriam ler os relatórios de Martí sobre o Congresso Pan-Americano de 1889-1890 e a Comissão Monetária Internacional Americana de 1891. Nas notas de Martí sobre o Congresso Pan-Americano pode-se ler:

> Jamais houve na América, desde a independência até agora, assunto que exigisse mais sensatez, obrigasse a mais vigilância, e pedisse exame mais claro e minucioso, do que o convite que os poderosos Estados Unidos, repletos de produtos invendáveis e determinados a estender os seus domínios na América, fazem às nações americanas com menos poder, ligadas pelo comércio livre e útil aos povos europeus, para ajustar uma aliança contra a Europa e cortar as relações com o resto do mundo. A América espanhola pôde salvar-se da tirania de Espanha; e agora, depois de se ver, com olhos judiciosos, os antecedentes, as causas e os fatores desse convite, urge dizer, pois é a verdade, que chegou para a América espanhola a hora de declarar a sua segunda independência (MARTÍ, 1963, v. VI, p. 46).

Segundo Martí, as concepções dominantes nos Estados Unidos relativamente à América Latina devem incitar esta última a desconfiar de todas as propostas que venham do Norte. Escandalizado, Martí (1963, v. VI, p. 160) acusa:

> Acreditam na necessidade, no direito bárbaro, como sendo o único direito: "Isto será nosso, porque precisamos dele". Acreditam na superioridade incomparável da "raça anglo-saxônica contra a raça latina". Acreditam na inferioridade da raça negra, que ontem escravizaram e que hoje humilham, e da raça índia, que exterminam. Acreditam que os povos da América Hispânica são formados, principalmente, por índios e negros.

---

[12] Tratado de livre-comércio da América do Norte, que envolve Estados Unidos, México e Canadá. Entrou em vigor em 1994, na mesma data do levantamento do Exército Zapatista de Libertação Nacional de Chiapas.

[13] Área de Livre Comércio das Américas.

O fato de *Nuestra América* e da América europeia estarem geograficamente tão próximas, bem como a consciência, por parte da primeira, dos perigos decorrentes do desequilíbrio de poder entre ambas, rapidamente forçou *Nuestra América* a reclamar a sua autonomia sob a forma de um pensamento e de uma prática elaborados a partir do Sul: "É preciso ir saindo do Norte" (MARTÍ, 1963, v. II, p. 368). Essa advertência de Martí provém dos muitos anos do seu exílio em Nova York, durante os quais ficou bem familiarizado com "as entranhas do monstro":

> No Norte não há amparo nem raiz. No Norte os problemas agravam-se, e não existe a caridade e o patriotismo que os poderiam resolver. Aqui, os homens não aprendem a se amar, nem amam o solo onde nascem por acaso, e onde brigam sem tréguas na luta, animal e atribulada, pela existência. Aqui, montou-se uma máquina mais esfomeada do que a que pode satisfazer o universo necessitado de produtos. Aqui, repartiu-se mal a terra, e a produção, desigual e monstruosa, e a inércia do solo apropriado deixam o país sem a salvaguarda do cultivo distribuído, que dá de comer quando não dá para ganhar. Aqui, os ricos amontoam-se de um lado, e os desesperados do outro. O Norte fecha-se e está cheio de ódios. É preciso ir saindo do Norte (MARTÍ, 1963, v. II, p. 367-368).

Seria difícil encontrar uma antevisão mais clarividente do século americano-europeu e da necessidade de se criar uma alternativa a este último.

Segundo Martí, tal alternativa reside numa *Nuestra América* unida e na afirmação da sua autonomia em face dos Estados Unidos. Num texto datado de 1894, Martí (1963, v. VI, p. 26-27) escreve: "Pouco se sabe da nossa sociologia e de leis tão precisas como esta: quanto mais se afastam dos Estados Unidos, mais livres e prósperos são os povos da América". Mais ambiciosa e utópica é a alternativa de Oswald de Andrade (1990, p. 48): "Queremos a Revolução Caraíba. Maior que a Revolução Francesa. A unificação de todas as revoltas eficazes na direção do homem. Sem nós a Europa não teria sequer a sua pobre declaração dos direitos do homem".

Em suma, para Martí, a reivindicação da igualdade fundamenta a luta contra a diferença desigual, tanto quanto a reivindicação da diferença fundamenta a luta contra a igualdade desigual. A única canibalização legítima da diferença (a antropofagia de Andrade) é a que o subalterno pratica, pois só através dela Caliban consegue reconhecer a sua própria diferença em face das diferenças desiguais que lhe são impostas. Em outras palavras, a antropofagia de Andrade digere segundo o seu próprio estômago.

O otimismo trágico e transgressivo da subjetividade da *Nuestra América*

Nuestra América não foi uma simples construção intelectual para ser discutida nos salões que tanta vida deram à cultura latino-americana eurocêntrica nas primeiras décadas do século XX. É um projeto político, ou, antes, um conjunto de projetos políticos e um compromisso para com os objetivos neles contidos. Foi esse o compromisso que arrastou Martí para o exílio e, posteriormente, para a morte na luta pela independência de Cuba. Como Oswald de Andrade (1990, p. 49) viria a dizer epigramaticamente: "Contra as elites vegetais. Em comunicação com o solo". Mas, antes de se tornar um projeto político, *Nuestra América* é uma forma de subjetividade e de sociabilidade. É uma forma de ser e de viver permanentemente em trânsito e na transitoriedade, cruzando fronteiras, criando espaços de fronteira, habituada ao risco – com o qual viveu durante longos anos, muito antes de o Norte global ter inventado a "sociedade de risco" (BECK, 1992) –, habituada a viver com um nível baixo de estabilização das expectativas causado pelas brutais desigualdades sociais e pela arbitrariedade da colonialidade do poder.[14] Mas, paradoxalmente, também capaz de retirar do risco de viver a pulsão para um otimismo visceral perante a potencialidade coletiva. Esse otimismo levou Martí a afirmar, num período de pessimismo cultural vienense de fim de século: "Governante, num novo povo, quer dizer criador" (MARTÍ, 1963, v. VI, p. 17). O mesmo tipo de otimismo levou Andrade (1990, p. 51) a exclamar: "A alegria é a prova dos nove". Defino-o como otimismo trágico por se assentar, por um lado, na experiência dolorosa e na consciência lúcida dos obstáculos à emancipação, e, por outro, na crença inabalável na possibilidade de superá-los.

---

[14] Ver o Capítulo 2.

A subjetividade e a sociabilidade da *Nuestra América* não se sentem à vontade com o pensamento institucionalizado e legalista, mas se sentem à vontade com o pensamento utópico. Por utopia entendo a exploração, pela imaginação, de novos modos de possibilidade humana e de estilos de vontade fundada na recusa em aceitar a necessidade da realidade existente apenas porque existe e na antecipação de algo radicalmente melhor pelo qual vale a pena lutar e ao qual sente ter pleno direito (SANTOS, 1995, p. 479; 2000, p. 306-309). A esse estilo de subjetividade e de sociabilidade chamo, seguindo Echeverria (1994), *ethos* barroco.[15] Ele funda também as subjetividades desestabilizadoras a que me referi no Capítulo 1. Aí e em trabalhos anteriores (Santos, 2000) analisei detalhadamente esse *ethos* barroco. Retomo aqui parte dessa reflexão para mostrar o modo como ele se cruza com a *Nuestra América*.

Como estilo artístico ou como época histórica, o barroco é forma excêntrica de modernidade ocidental, com forte presença nos países ibéricos e nas suas colônias da América Latina. A sua excentricidade deriva, em grande medida, do fato de ter ocorrido em países e em momentos históricos onde o centro de poder era fraco, procurando esconder a sua fraqueza através da dramatização da sociabilidade conformista. A relativa falta de poder central confere ao barroco um caráter aberto e inacabado que permite a autonomia e a criatividade das margens e das periferias. Graças à sua excentricidade e ao seu exagero, o centro reproduz-se como se fosse margem. Suscita uma imaginação centrífuga que se torna mais forte à medida que passamos das periferias internas do poder europeu para as suas periferias externas na América Latina. Toda a América Latina foi colonizada por poderes colonialistas fracos quando comparados com os poderes europeus que protagonizaram o colonialismo do século XIX: Portugal e Espanha. Portugal foi um centro hegemônico durante um breve período, entre os séculos XV e XVI, e a Espanha começou a declinar um século mais tarde. Do século XVII em diante, as colônias ficaram mais ou menos entregues a si próprias, marginalização que possibilitou uma criatividade especificamente

---

[15] O *ethos* barroco que aqui apresento é muito diferente da "melancolia barroca" referida por Lash (1999, p. 330). Essa diferença deve-se, em parte, aos distintos *loci* do barroco em que baseamos as nossas análises: a Europa, no caso de Lash, a América Latina, no meu caso.

cultural e social, algumas vezes altamente codificada, outras vezes caótica, algumas vezes erudita, outras popular, algumas vezes oficial, outras ilegal. Tal mestiçagem está tão profundamente enraizada nas práticas sociais desses países que acabou por ser considerada como fundamento de um *ethos* cultural tipicamente latino-americano, que tem prevalecido desde o século XVII até os nossos dias. Essa forma de barroco, enquanto manifestação de um exemplo extremo de fraqueza do centro, constitui um campo privilegiado para o desenvolvimento de uma imaginação centrífuga, subversiva e blasfema.

Como época na história da Europa, o barroco é um tempo de crise e de transição, crise econômica, social e política, particularmente óbvia no caso das potências que fomentaram a primeira fase da expansão europeia. No caso de Portugal, a crise implica mesmo a perda da independência. Por questões de sucessão dinástica, Portugal foi anexado pela Espanha em 1580, e só recuperou a independência em 1640. A monarquia espanhola, sobretudo sob o reinado de Filipe IV (1621-1665), sofreu uma grave crise financeira que, na realidade, foi também uma crise política e cultural. Conforme afirma Maravall (1990, p. 57), começa com certa consciência de inquietação e desassossego, que "piora à medida que o tecido social vai ficando gravemente afetado". Por exemplo, os valores e os comportamentos são postos em causa, a estrutura de classes altera-se, o banditismo aumenta, como aumentam, em geral, os comportamentos desviantes, e as revoltas e os motins passam a ser ameaças permanentes. É, de fato, um tempo de crise, mas também um tempo de transição para novas formas de sociabilidade, possibilitadas pelo capitalismo emergente e pelo novo paradigma científico, e para novos modos de dominação política, fundados não só na coerção, mas também na assimilação cultural e ideológica. A cultura barroca é, em larga medida, um desses instrumentos de consolidação e de legitimação do poder. O que, apesar disso, parece-me inspirador na cultura barroca é o seu lado de subversão e de excentricidade, a fraqueza dos centros de poder que nela buscam legitimação, o espaço de criatividade e de imaginação que ela abre, a sociabilidade turbulenta que promove. A configuração da subjetividade barroca que pretendo avançar aqui é a colagem de diversos materiais, históricos e culturais, alguns dos quais não podem, de fato, considerar-se tecnicamente integrantes do período barroco.

A subjetividade barroca vive confortavelmente com a suspensão temporária da ordem e dos cânones. Enquanto subjetividade de transição, depende, em simultâneo, do esgotamento dos cânones e da aspiração a eles. A sua temporalidade privilegiada é a transitoriedade perene. Faltam-lhe as certezas óbvias das leis universais – do mesmo modo que falta ao estilo barroco o universalismo clássico do Renascimento. Por ser incapaz de planejar a sua própria repetição *ad infinitum*, a subjetividade barroca investe no local, no particular, no momentâneo, no efêmero e no transitório. Mas o local não é vivido de uma forma localista, ou seja, não é experienciado como ortotopia. O local aspira antes a inventar outro lugar, uma heterotopia, se não mesmo uma utopia. Fruto de uma profunda sensação de vazio e de desorientação, provocada pelo esgotamento dos cânones dominantes, o conforto que o local oferece não é o conforto do repouso, mas um sentido de direção. Mais uma vez, podemos observar aqui um contraste com o Renascimento, como Wölfflin (1979, p. 67) nos ensinou: "Ao contrário do Renascimento, que procurava permanência e repouso em tudo, o barroco teve, desde o primeiro instante, um claro *sentido de direção*".

A subjetividade barroca é contemporânea de todos os elementos que integra e, por isso, desdenhosa do evolucionismo modernista. Dir-se-ia, assim, que a temporalidade barroca é a temporalidade da interrupção. A interrupção é importante em dois níveis: permite a reflexividade e a surpresa. A reflexividade é a autorreflexividade exigida pela ausência de mapas (sem mapas para guiar os nossos passos, temos de caminhar com redobrada precaução). Sem autorreflexividade, num deserto de cânones, é o próprio deserto que se torna canônico. Por seu turno, a surpresa é realmente *suspense*: deriva da suspensão efetuada pela interrupção. Suspendendo-se momentaneamente, a subjetividade barroca intensifica a vontade e estimula a paixão. Maravall (1990, p. 445) afirma que a "técnica barroca" consiste em "suspender, seguindo os mais diversos meios, para provocar, a fim de que, após esse momento de paragem provisória e transitória, o ânimo se mova com mais eficácia, empurrado pelas forças retidas e concentradas".

A interrupção provoca espanto e novidade, e impede o fechamento e o acabamento. Daí o caráter inacabado e aberto da sociabilidade barroca. A capacidade de espanto, de surpresa e de novidade é a energia que facilita a luta por uma aspiração tanto mais convincente quanto nunca consegue ser totalmente preenchida. A finalidade do estilo barroco, diz Wölfflin (1979, p. 67), "não é representar um estado perfeito, mas sugerir um processo incompleto e um momento em direção ao seu acabamento".

A subjetividade barroca tem uma relação muito especial com as formas. A geometria da subjetividade barroca não é euclidiana: é fractal. A suspensão das formas resulta do uso extremo a que são sujeitas: a *extremosidad* de que fala Maravall (1990, p. 421). No que concerne à subjetividade barroca, as formas são, por excelência, o exercício da liberdade. A grande importância do exercício da liberdade justifica que as formas sejam tratadas com extrema seriedade, embora o extremismo possa redundar na destruição das próprias formas. O motivo pelo qual Michelangelo é justamente considerado um dos pioneiros do barroco deve-se a que, segundo Wölfflin (1979, p. 82), "ele tratou as formas com uma violência, uma seriedade terrível que só poderia ter encontrado expressão na amorfia". A isso os contemporâneos de Michelangelo chamaram *terribilità*. O extremismo no uso das formas baseia-se numa vontade de grandiosidade que é também vontade de surpreender, tão bem formulada por Bernini: "Que ninguém me fale do que é pequeno" (TAPIÉ, 1988, v. II, p. 188). O extremismo pode ser exercido de muitas maneiras diferentes: para fazer sobressair a simplicidade, bem como a exuberância e a extravagância, conforme Maravall (1990, p. 426) observou. O extremismo barroco é o dispositivo que permite criar rupturas a partir de aparentes continuidades e manter o devir das formas em estado de permanente bifurcação prigoginiana. Um dos exemplos mais eloquentes desse extremismo é o Êxtase de Santa *Teresa*. Nessa escultura de Bernini, a expressão de Teresa d'Ávila é de tal modo dramatizada que a representação de uma santa em transe místico se transmuta na representação de uma mulher gozando um orgasmo intenso. A representação do sagrado desliza sub-repticiamente para a representação do sacrílego. Essa mutação imprevista e imprevisível, ao mesmo tempo que retira o descanso às formas, torna impensável a forma do descanso. Só o extremismo das formas permite que a subjetividade barroca mantenha a turbulência e a excitação necessárias para continuar a luta pelas causas emancipatórias, num mundo onde a emancipação foi subjugada ou absorvida pela regulação. Falar de extremismo é falar de escavação arqueológica no magma regulatório a fim de recuperar a chama emancipatória, por muito enfraquecida que esteja.

O mesmo extremismo que produz as formas também as devora. Essa voracidade ocorre por dois processos: o *sfumato* e a *mestiçagem*. Na pintura barroca, o *sfumato* é uma técnica que consiste em esbater os contornos e as cores entre os objetos, como entre as nuvens e as montanhas, ou entre o céu e o mar. O *sfumato* permite à subjetividade barroca criar o próximo e o familiar entre inteligibilidades diferentes, tornando assim os diálogos interculturais possíveis e desejáveis. Por exemplo, só pelo recurso ao *sfumato* é possível dar forma a configurações que combinam os direitos humanos ocidentais com outras concepções de dignidade humana existentes em outras culturas.[16] A coerência das construções monolíticas desintegra-se, e os fragmentos que pairam livremente mantêm-se abertos a novas coerências e a invenções de novas formas multiculturais. O *sfumato* é como um ímã que atrai as formas fragmentárias para novas constelações e direções, apelando aos contornos mais vulneráveis, inacabados e abertos que essas formas apresentam. O *sfumato* é, em suma, uma militância antifortaleza.

A *mestiçagem*, por sua vez, é uma maneira de levar o *sfumato* ao extremo. Enquanto o *sfumato* opera através da desintegração das formas e da recuperação dos fragmentos, a mestiçagem opera através da criação de novas formas de constelações de sentido que, à luz dos seus fragmentos constitutivos, são verdadeiramente irreconhecíveis e blasfemas. A mestiçagem consiste na destruição da lógica que preside à formação de cada um dos seus fragmentos, e na construção de uma nova lógica. Esse processo produtivo-destrutivo tende a refletir as relações de poder entre as formas culturais originais (ou seja, entre os grupos sociais que as sustentam), e é por isso que a subjetividade barroca favorece as mestiçagens em que as relações de poder são substituídas pela autoridade partilhada (autoridade mestiça).

A América Latina tem fornecido um terreno particularmente fértil para a mestiçagem, sendo por isso um dos mais importantes locais de escavação para a construção da subjetividade barroca.[17]

---

[16] Ver o Capítulo 13.

[17] Ver, entre outros, Pastor *et al.* (1993) e Alberro (1992). Coutinho (1990, p. 16) fala de "uma complexa mestiçagem barroca". Ver também o conceito de "Atlântico Negro",

O *sfumato* e a mestiçagem são os dois elementos constitutivos daquilo a que Fernando Ortiz chama transculturação. No seu merecidamente famoso livro *Contrapunteo cubano*, originalmente publicado em 1940, Ortiz propôs o conceito de transculturação para definir a síntese dos processos, extremamente intrincados, de desculturação e de neoculturação que caracterizaram desde sempre a sociedade cubana. Segundo esse autor, as descobertas e os choques culturais recíprocos que, na Europa, ocorreram lentamente ao longo de mais de quatro milênios em Cuba ocorreram através de saltos repentinos em menos de quatro séculos (ORTIZ, 1973, p. 131). Às transculturações pré-colombianas entre os indígenas seguiram-se muitas outras, após o "furacão" europeu, entre várias culturas da Europa e entre estas e as diversas culturas africanas e asiáticas. Para Ortiz, o que distingue Cuba desde o século XVI é o fato de todos os seus povos e culturas terem sido igualmente invasores, exógenos, todos arrancados do seu berço de origem, marcados pela separação e pela transplantação para uma nova cultura em fase de criação (ORTIZ, 1973, p. 132).[18] Esse desajustamento e essa transitoriedade permanentes permitiram novas constelações culturais que não podem ser reduzidas à soma dos diferentes fragmentos que contribuíram para elas. O caráter positivo desse processo constante de transição entre culturas é o que Ortiz designa como transculturação.[19] Para reforçar esse caráter positivo e novo, prefiro falar de *sfumato*, em vez de desculturação, e de mestiçagem em lugar de neoculturação. A transculturação designa, pois, a voracidade e o extremismo com que as formas culturais são processadas pela sociabilidade barroca. Essa mesma voracidade e esse mesmo extremismo estão igualmente bem presentes no conceito de antropofagia, de Oswald de Andrade.

---

    usado por Gilroy (1993), para exprimir a mestiçagem característica da experiência cultural negra, uma experiência que não é especificamente africana, americana, caraíba ou britânica, mas tudo isso ao mesmo tempo. No espaço da língua portuguesa, o *Manifesto antropófago*, de Oswald de Andrade, permanece um dos mais notáveis exemplos de mestiçagem.

[18] Claro que foram diferentes os tipos de invasão: a invasão do negro escravo foi forçada pela invasão dos seus donos.

[19] De uma perspectiva pós-colonial, o conceito de transculturação é questionável, já que não valoriza suficientemente a reivindicação da diferença. Esse questionamento é hoje feito pelos emergentes movimentos negros cubanos.

O extremismo com que as formas são vividas pela subjetividade barroca acentua a artefatualidade retórica das práticas, dos discursos e dos modos de inteligibilidade. O artifício (*artificium*) é a base de uma subjetividade suspensa entre fragmentos. O artifício permite que a subjetividade barroca reinvente a si própria sempre que as sociabilidades a que conduz tendam a se transformar em micro-ortodoxias. Através do artifício, a subjetividade barroca é, ao mesmo tempo, lúdica e subversiva, como a festa barroca tão bem o ilustra. A importância da festa na cultura barroca, tanto na Europa como na América Latina, está bem documentada.[20] A festa converteu a cultura barroca no primeiro exemplo de cultura de massas da modernidade. O seu caráter ostentatório e celebratório era utilizado pelos poderes político e eclesiático para dramatizar a sua grandeza e para reforçar o seu controle sobre as massas. Contudo, através das suas três componentes básicas – a *desproporção*, o *riso* e a *subversão* –, a festa barroca está investida de um potencial emancipatório.

A reinvenção da emancipação social visa ao reencantamento do senso comum, que, em si mesmo, pressupõe certa carnavalização das próprias práticas sociais emancipatórias e o erotismo do riso e da ludicidade. Repito a ideia de Oswald de Andrade: "A alegria é a prova dos nove". A carnavalização das práticas sociais emancipatórias tem uma importante dimensão autorreflexiva: possibilita a descanonização e a subversão dessas práticas. Uma prática descanonizadora que não saiba como se descanonizar cai facilmente na ortodoxia. Do mesmo modo, uma atividade subversiva que são saiba como se subverter cai facilmente na rotina reguladora.

Ao carnavalizar as práticas sociais, a festa barroca revela um potencial subversivo que aumenta na medida em que a festa se distancia dos centros de poder, mas que está sempre presente, mesmo quando são os próprios centros do poder os promotores da festa. Não admira, portanto, que esse caráter subversivo fosse muito mais visível nas colônias. Escrevendo sobre o Carnaval nos anos 1920, o grande intelectual

---

[20] Sobre a festa barroca no México (Vera Cruz), ver León (1993); sobre a festa barroca no Brasil (Minas Gerais), ver Ávila (1994). A relação entre a festa, especialmente a festa barroca, com o pensamento utópico está ainda por explorar. Sobre a relação entre o fourierismo e a *société festive*, ver Desroche (1975).

peruano Mariátegui afirmava que, apesar de a burguesia se ter apropriado dele, o Carnaval era verdadeiramente revolucionário, porque, ao transformar o burguês em guarda-roupa, constituía uma impiedosa paródia do poder e do passado (MARIÁTEGUI, [1925-1927] 1974, p. 127). Garcia de León também descreve a dimensão subversiva das festas barrocas e das procissões religiosas do porto mexicano de Vera Cruz no século XVII. Na frente seguiam os mais altos dignitários do vice-reinado, com todas as suas insígnias – políticos, clérigos e militares –, no fim da procissão seguia a populaça, imitando os seus superiores em gestos e atavios, provocando desse modo o riso e a folia entre os espectadores (LEÓN, 1993). Essa inversão simétrica do princípio e do fim da procissão é uma metáfora cultural do mundo às avessas – *el mundo al revés* –, típica da sociabilidade de Vera Cruz nessa época: mulatas vestidas de rainhas, escravos com trajes de seda, prostitutas fingindo ser mulheres honradas e mulheres honradas fingindo ser prostitutas, portugueses africanizados e espanhóis indianizados.[21] No seu *Manifesto antropófago*, Oswald de Andrade (1990, p. 48-49) celebra o mesmo *mundo al revés*: "Mas nunca admitimos o nascimento da lógica entre nós […] Só não há determinismo onde há mistério. Mas que temos nós com isso? […] Nunca fomos catequizados. Vivemos através de um direito sonâmbulo. Fizemos Cristo nascer na Bahia. Ou em Belém do Pará".

Na festa, a subversão está codificada, na medida em que transgride a ordem conhecendo o lugar da ordem e não o questionando radicalmente, mas o próprio código é subvertido pelos *sfumatos* entre a festa e a sociabilidade cotidiana. Nas periferias, a transgressão é quase uma necessidade. É transgressora porque não sabe como ser ordem, ainda que saiba que a ordem existe. É por isso que a subjetividade barroca privilegia as margens e as periferias como campos para a reconstrução das energias emancipatórias.

Todas essas características transformam a sociabilidade gerada pela subjetividade barroca numa sociabilidade subcodificada: de algum

---

[21] No mesmo sentido, Ávila (1994, p. 56) salienta a mistura de motivos religiosos e motivos pagãos: "Entre negros tocando charamelas, caixas de guerra, pífaros, trombetas, aparecia, por exemplo, um exímio figurante alemão 'rompendo com sonoras vozes de hum clarim o silêncio dos ares' enquanto os fiéis piedosamente carregavam estandartes ou imagens religiosos".

modo caótico, inspirado por uma imaginação centrífuga, situado entre o desespero e a vertigem, esse é um tipo de sociabilidade que celebra a revolta e revoluciona a celebração. Tal sociabilidade não pode deixar de ser emotiva e apaixonada, a característica que mais distingue a subjetividade barroca em relação à alta modernidade ou primeira modernidade, nos termos de Lash (1999). A alta racionalidade moderna, sobretudo depois de Descartes, condena as emoções e as paixões enquanto obstáculos ao progresso do conhecimento e da verdade. A racionalidade cartesiana, escreve Toulmin (1990, p. 199), pretende ser "intelectualmente perfeccionista, moralmente rigorosa e humanamente impiedosa". Pouco da vida humana e da prática social se ajusta a tal concepção de racionalidade, mas ela é, mesmo assim, bastante atraente para os que prezam a estabilidade e a hierarquia das regras universais. Hirschman, por sua vez, mostrou claramente as afinidades eletivas entre essa forma de racionalidade e o capitalismo emergente (HIRSCHMAN, 1977, p. 32). Na medida em que os interesses das pessoas e dos grupos começaram a convergir em torno das vantagens econômicas, os interesses que antes haviam sido considerados paixões tornaram-se o oposto das paixões e até os domesticadores destas. A partir daí, afirma Hirschman (1977, p. 54), "esperou-se ou assumiu-se que os homens, na prossecução dos seus interesses, seriam firmes, decididos e metódicos, em contraste total com o comportamento estereotipado dos homens dominados e cegos pelas suas paixões". O objetivo era, evidentemente, criar uma personalidade humana "unidimensional". E Hirschman (1977, p. 132) conclui: "Em suma, supunha-se que o capitalismo realizasse exatamente o que em breve seria denunciado como a sua pior característica".

As receitas cartesianas e capitalistas de pouco servem para a reconstrução de uma personalidade humana com a capacidade e o desejo de emancipação social. O significado das lutas emancipatórias no início do século XXI não pode ser deduzido nem do conhecimento demonstrativo nem de uma estimativa de interesses. Assim, a escavação efetuada pela subjetividade barroca nesse domínio, mais do que em qualquer outro, deve concentrar-se na busca das tradições suprimidas ou excêntricas da modernidade, nas representações que ocorreram em periferias físicas ou simbólicas onde o controle das representações hegemônicas era mais fraco – as Vera Cruzes da modernidade –, ou nas representações mais antigas e mais caóticas da modernidade, surgidas antes do fechamento cartesiano. Por exemplo, a subjetividade barroca procura inspiração em Montaigne e na inteligibilidade concreta e erótica da sua vida. No seu ensaio "Sobre a experiência", depois de declarar que detesta remédios que incomodem mais do que a doença, Montaigne (1958, p. 370) prossegue:

> Ser vítima de uma cólica e sujeitar-me a prescindir do prazer de comer ostras são dois males em vez de um. A doença apunhala-nos de um lado, e a dieta, do outro. Já que corremos o risco de um engano, mais vale arriscarmo-nos pelos caminhos do prazer. O mundo faz o contrário e só acha útil o que é penoso: a facilidade levanta suspeitas.

Como Cassirer (1960; 1963) e Toulmin (1990) mostraram, respectivamente para o Renascimento e para o Iluminismo, cada época cria uma subjetividade que é congruente com os novos desafios intelectuais, sociais, políticos e culturais. O *ethos* barroco constitui os alicerces de um tipo de sociabilidade interessada em se confrontar com as formas hegemônicas de globalização e capaz de fazê-lo, abrindo assim um espaço para possibilidades contra-hegemônicas. Essas possibilidades não estão plenamente desenvolvidas e não podem, por si só, prometer uma nova era. Mas são suficientemente consistentes para dar uma base à ideia de que estamos entrando num período de transição paradigmática, numa era intermediária e, portanto, numa era ansiosa por seguir o impulso da mestiçagem, do *sfumato*, da hibridação e de todas as outras características que atribuí ao *ethos* barroco e à *Nuestra América*.

À luz dessa análise, tornam-se evidentes as afinidades eletivas entre a subjetividade da *Nuestra América* e a subjetividade desestabilizadora a que me referi no Capítulo 1, uma subjetividade dotada da imaginação e da capacidade de ação com *clinamen*. O novo tipo de ação rebelde que sabe acumular pequenos desvios ao conformismo para, com base neles, fundar uma subversão eficaz só pode ser levado a cabo por uma subjetividade que saiba combinar a interrupção e a festa, a *terribilità* e o *sfumato*, a descanonização e a mestiçagem.

A credibilidade conquistada pelas novas formas de subjetividade e de sociabilidade alimentadas por esse *ethos* vai traduzir-se gradualmente em novas normatividades intersticiais. Tanto Martí como Andrade tinham em mente um novo tipo de direito e um novo tipo de direitos. Para eles, o direito a ser igual envolve o direito a ser diferente, tal como o direito a ser diferente envolve o direito a ser igual. Em Andrade, a metáfora da antropofagia é um apelo a tal interlegalidade complexa.[22] O apelo é formulado na perspectiva da diferença subalterna, a única "outra" alta modernidade eurocêntrica que é reconhecida. Os fragmentos normativos intersticiais que colhemos em *Nuestra América* fornecerão as sementes de um novo direito "natural", um direito cosmopolita, um direito que vem de baixo, a serem encontradas nas ruas onde a sobrevivência e a transgressão criativa se fundem num padrão de vida cotidiano.

Seguidamente, vou refletir sobre essa nova normatividade em que a redistribuição e o reconhecimento se complementam para construir os novos programas emancipatórios, os *novos manifestos*. Mas, antes disso, quero demorar-me por um instante nas dificuldades que o projeto de *Nuestra América* enfrentou ao longo do século XX. Elas ajudarão a esclarecer as tarefas emancipatórias que nos esperam.

A contra-hegemonia no século XX

O século americano *Nuestra América* foi um século de possibilidades contra-hegemônicas, muitas delas seguindo a tradição de outras que ocorreram no século XIX, após a independência do Haiti, em 1804. Entre essas possibilidades, podemos incluir a Revolução Mexicana, de 1910; o movimento indígena encabeçado por Quintin Lame, na Colômbia, em 1914; o movimento sandinista na Nicarágua, nos anos 1920-1930, e o seu triunfo nos anos 1980; a democratização radical da Guatemala, em 1944; a ascensão do peronismo, em 1946; o triunfo da Revolução Cubana, em 1959; a chegada de Allende ao poder, em 1970; o movimento dos sem-terra no Brasil, desde os anos 1980; o movimento zapatista, desde 1994.

A esmagadora maioria dessas experiências emancipatórias foram conduzidas contra o século americano-europeu ou, pelo menos, tiveram por cenário de fundo as ambições políticas e as ideias hegemônicas deste último. Com efeito, a globalização hegemônica, norte-americana

---

[22] Sobre o conceito de interlegalidade, ver Santos (2000, p. 205).

e neoliberal, que nos dias de hoje se espalha pelo globo inteiro, teve o seu campo de treinos em *Nuestra América* desde o princípio do século XX. Não tendo sido autorizada a ser o Novo Mundo em pé de igualdade com a América europeia, *Nuestra América* viu-se forçada a ser o Mais Novo Mundo da América europeia. Esse privilégio envenenado converteu *Nuestra América* num terreno fértil para experiências contra-hegemônicas, cosmopolitas e emancipatórias tão radiantes nas suas promessas como frustrantes nas suas realizações.

O que falhou, e por que, no século americano *Nuestra América*? Seria ridículo propor um inventário diante de um futuro tão aberto como o nosso. Apesar disso, arriscarei algumas reflexões que, na verdade, pretendem dar conta mais do futuro do que do passado. Em primeiro lugar, não é fácil viver nas "entranhas do monstro". Permite um conhecimento profundo da besta, como Martí tão bem demonstrou, mas, por outro lado, torna bastante difícil regressar com vida, mesmo quando tomamos em atenção o conselho de Martí (1963, v. II, p. 368): "É preciso ir saindo do Norte". Em meu entender, *Nuestra América* tem vivido duplamente nas entranhas do monstro: porque partilha, com a América europeia, o continente que esta última sempre concebeu como seu espaço vital e zona privilegiada de influência; porque, como Martí (1963, v. VI, p. 23) afirma em *Nuestra América*, a "nossa América" é a "América trabalhadora", e, portanto, nas suas relações com a América europeia, ela partilha as mesmas contradições que impregnam as relações entre trabalhadores e capitalistas. Neste último sentido, *Nuestra América* não falhou nem mais nem menos do que os trabalhadores de todo o mundo na sua luta contra o capital.

A minha segunda reflexão é que *Nuestra América* não teve de lutar apenas contra as visitas imperiais do seu vizinho do Norte. Este conquistou o Sul e instalou-se nele, não se limitando a conviver com os nativos, mas se tornando, ele próprio, um nativo sob a forma das elites locais e das suas alianças transnacionais com os interesses dos Estados Unidos. O Próspero do Sul esteve presente no projeto político-cultural de Sarmiento, no colonialismo interno desde as independências, nos interesses da burguesia agrária e industrial, sobretudo após a Segunda Guerra Mundial, nas ditaduras militares dos anos 1960 e 1970, na luta contra a "ameaça comunista" e no drástico ajustamento estrutural neoliberal. Nesse sentido, *Nuestra América* teve de viver aprisionada na América europeia e sob a dependência desta, tal como Caliban relativamente a Próspero. O Próspero interno fez com que a violência na América Latina assumisse muito mais vezes a forma de uma guerra civil do que a forma de uma Baía dos Porcos.

A terceira reflexão diz respeito à ausência de hegemonia no campo contra-hegemônico. Movimentos e lutas de indígenas, de camponeses, de operários, de mulheres e de afrodescendentes ocorreram sempre sob forma isolada, antagonizando-se entre si, sem uma teoria da tradução e desprovidas das práticas de manifesto que referi atrás. Uma das debilidades de *Nuestra América*, bastante evidente, aliás, na obra de Martí, consistiu em sobrestimar o caráter comum dos interesses e as possibilidades de união em redor deles. Em vez de unir, *Nuestra América* sofreu um processo de balcanização. Em contraste com ele, a união da América europeia tornou-se mais eficaz. A América europeia uniu-se à volta da ideia de identidade nacional e de destino manifesto: uma terra prometida, destinada a cumprir as suas promessas a qualquer preço para os que dela fossem excluídos.

A minha última reflexão reporta-se ao projeto cultural da própria *Nuestra América*. A meu ver, contrariamente aos desejos de Martí, a universidade europeia e norte-americana nunca deu inteiramente lugar à universidade americana. Isso é testemunhado pelo

> patético bovarismo de escritores e de sábios [...] que leva alguns latino-americanos [...] a imaginarem-se como exilados da metrópole. Para eles, uma obra que seja produzida na órbita imediata em que habitam [...] só merece o seu interesse quando recebeu a aprovação da metrópole, uma aprovação que lhes faculta o olhar com que a vêem (RETAMAR, 1989, p. 82).

Contrariamente à afirmação de Ortiz, a transculturação nunca foi total, e, na realidade, foi minada por diferenças de poder entre os diversos componentes que contribuíram para ela. Durante muito tempo, e talvez ainda mais hoje, numa época de vertiginosa transculturação desterritorializada sob a forma de hibridação, as questões sobre a desigualdade de poder permaneceram sem resposta: quem hibrida quem e como? Com que resultados? E em benefício de quem? O que é que, no processo de transculturação, não foi além da desculturação ou do *sfumato*, e por quê? Se é, de fato, verdade que a maioria das culturas foi invasora, não é menos verdade que algumas invadiram como senhoras, e outras, como escravas. Hoje, passado quase um século, não será talvez arriscado pensar que o otimismo antropófago de Oswald de Andrade era exagerado: "Mas não foram cruzados que vieram. Foram fugitivos de uma civilização que estamos comendo, porque somos fortes e vingativos como o Jabuti" (ANDRADE, 1990, p. 50).

O século americano-europeu terminou em triunfo, protagonista da última encarnação do sistema mundial capitalista: a globalização hegemônica. O século americano *Nuestra América*, pelo contrário, terminou em desalento. A América Latina importou muitos dos males que Martí tinha observado nas entranhas do monstro, e a enorme criatividade emancipatória que demonstrou – confirmada pelos movimentos de Zapata e de Sandino, pelos movimentos de indígenas e de camponeses, por Fidel, em 1959, e por Allende, em 1970, pelos movimentos sociais, pelo movimento sindical do ABC, pelo orçamento participativo em muitas cidades brasileiras, pelo movimento dos sem-terra, pelo movimento zapatista – terminou em frustração ou enfrenta um futuro incerto. Essa incerteza é tanto maior quando se prevê que, a se manter a extrema polarização na distribuição da riqueza mundial verificada nas últimas décadas, tal exigirá um sistema mundial de repressão ainda mais despótico do que aquele que existe atualmente. Com antecipação admirável, Darcy Ribeiro escrevia em 1979 (p. 40): "Os requisitos de repressão necessários para manter esse sistema ameaçam impor a todos os povos e regimes uma rigidez e uma eficácia despótica sem paralelo na história da iniquidade". Não é de surpreender que o clima social e intelectual da América Latina tenha sido invadido, nas últimas décadas, por uma onda de razão cínica, um pessimismo cultural completamente irreconhecível do ponto de vista de *Nuestra América*.

Possibilidades contra-hegemônicas para o século XXI

À luz do que foi dito antes, deve-se perguntar se *Nuestra América* tem, de fato, condições para continuar a simbolizar uma vontade utópica de emancipação e de globalização contra-hegemônica, fundada na implicação mútua da igualdade e da diferença. A minha resposta é positiva, mas depende da seguinte condição: *Nuestra América* tem de ser desterritorializada e convertida na metáfora da luta das vítimas da globalização hegemônica, onde quer que se encontrem, no Norte ou no Sul, no Oriente ou no Ocidente. Se revisitarmos as ideias fundadoras de *Nuestra América*, verificamos que as transformações das últimas décadas criaram as condições para que, hoje, essas ideias possam ocorrer e florescer em outras partes do mundo. Examinemos algumas delas.

Primeiramente, o aumento exponencial das interações transfronteiriças – de migrantes, de estudantes, de refugiados, bem como de executivos e de turistas – tem gerado novas formas de mestiçagem, de antropofagia e de transculturação em todo o mundo. O mundo está se tornando, cada vez mais, um mundo de invasores que sofreram a experiência originária de serem invadidos. Há que dar mais atenção do que aquela que foi prestada no primeiro século de *Nuestra América* ao poder dos diferentes intervenientes nos processos de mestiçagem. Tais desigualdades explicam a perversão, quer da política da diferença (o reconhecimento que se torna uma forma de desconhecimento), quer da política da igualdade (a redistribuição que acaba por se converter nas novas formas de assistência à pobreza advogadas pelo Banco Mundial e pelo Fundo Monetário Internacional).

Em segundo lugar, a recente e violenta reemergência do racismo no Norte global aponta para uma defesa agressiva contra a construção imparável das múltiplas "pequenas humanidades", de que falava Bolívar, em que as raças se cruzam e se interpenetram nas margens da repressão e da discriminação. Tal como o cubano, segundo Martí, podia afirmar que era mais do que negro, mulato ou branco, também o sul-africano, o moçambicano, o nova-iorquino, o parisiense, o londrino podem, hoje, proclamar que são mais do que negros, brancos, mulatos, indianos, curdos, árabes etc.[23] Em terceiro lugar, a exigência de produzir ou de sustentar um conhecimento situado e contextualizado é, atualmente, uma reivindicação global contra a ignorância e o efeito silenciador produzidos pela ciência moderna, resultantes do modo como esta é usada pela globalização hegemônica.[24] Essa questão epistemológica adquiriu

---

[23] Em Martí, como em Bolívar, em consonância com os pressupostos iluministas, eliminar a diferença – em vez de assumi-la numa constelação de diferenças iguais – era o passo central para a emancipação. Mais tarde, os pan-africanistas fizeram da assunção da negritude uma condição para readquirir a igualdade: a diferença que não anula a história, a ferida colonial. É a questão do Brasil "mulato" que retomo mais adiante.

[24] Ver o Capítulo 2.

uma enorme relevância em tempos recentes, com os últimos desenvolvimentos da biotecnologia e da engenharia genética e a consequente luta para defender a biodiversidade da biopirataria. Nesse domínio, a América Latina, um dos maiores detentores da biodiversidade, continua a ser a residência de *Nuestra América*, juntamente com muitas outras regiões da África e da Ásia (SANTOS, MENESES; NUNES, 2005).

Em quarto lugar, à medida que a globalização hegemônica se aprofundou, as "entranhas do monstro" aproximaram-se de muitos outros povos em outros continentes. Atualmente, o efeito de proximidade é produzido pelo capitalismo da informação e da comunicação e pela sociedade de consumo. Daí que se tenham multiplicado, ao mesmo tempo, as bases da razão cínica e as do impulso pós-colonial. A nova *Nuestra América* tem hoje condições para ela própria se globalizar e, desse modo, propor novas alianças emancipatórias com a velha *Nuestra América* localizada desde há muito. A natureza contra-hegemônica de *Nuestra América* reside na sua capacidade de desenvolver uma cultura política transnacional progressista.[25] Essa cultura política deverá concentrar-se nas seguintes tarefas: identificar as múltiplas articulações locais/globais entre lutas, movimentos e iniciativas; promover os embates entre, por um lado, as tendências e pressões da globalização hegemônica e, por outro, as coligações transnacionais capazes de lhes oferecer resistência, abrindo assim possibilidades para as globalizações contra-hegemônicas; promover a autorreflexividade interna e externa, de modo a que as formas de redistribuição e de reconhecimento, estabelecidas no seio dos movimentos, reflitam as formas de redistribuição e de reconhecimento que as políticas emancipatórias transnacionais desejam ver implementadas no mundo.

Rumo a novos manifestos

O *Manifesto comunista* (1848) é um dos textos marcantes da modernidade ocidental. Em poucas páginas, e com uma claridade

---

[25] Não terá sido por coincidência que a manifestação mais consistente da globalização contra-hegemônica, na primeira década do século XXI, o Fórum Social Mundial, tenha nascido na América Latina (SANTOS, 2005b, 2006c).

insuperável, Marx e Engels fornecem uma visão global da sociedade do seu tempo, uma teoria geral do desenvolvimento histórico e um programa político de curto e de longo prazo. O *Manifesto* é um documento eurocêntrico que transmite uma fé inabalável no progresso, saúda a burguesia como a classe revolucionária que o tornou possível, e, por essa razão, profetiza a derrota da burguesia em face do proletariado como classe emergente capaz de garantir a continuidade do progresso para além dos limites burgueses.

Alguns dos temas, análises e apelos contidos no *Manifesto* mantêm ainda hoje a sua atualidade. Quem não reconhece, na passagem que se segue, uma descrição correta do que atualmente designamos como globalização hegemônica?

> A burguesia, pela sua exploração do mercado mundial, deu uma forma cosmopolita à produção e ao consumo de todos os países. Para grande pesar dos reaccionários, roubou à indústria a base nacional em que assentava. As primitivas indústrias nacionais foram aniquiladas, estão ainda dia a dia a ser aniquiladas. São desalojadas por novas indústrias cuja introdução se torna uma questão de vida ou de morte para todas as nações civilizadas, por indústrias que já não trabalham matérias-primas nacionais, mas matérias-primas oriundas das zonas mais afastadas, e cujos produtos são consumidos não só no próprio país mas em todos os continentes ao mesmo tempo. Em lugar das velhas necessidades, satisfeitas pelos produtos do país, surgem necessidades novas que exigem para a sua satisfação os produtos dos países e dos climas mais longínquos. Em lugar da velha autossuficiência e do velho isolamento locais e nacionais, surgem um intercâmbio generalizado e uma dependência generalizada das nações entre si (MARX; ENGELS, [1848] 1982, p. 110).

No entanto, as profecias de Marx não foram realizadas. O capitalismo não sucumbiu às mãos dos inimigos que ele mesmo criou, e a alternativa comunista falhou redondamente. O capitalismo globalizou-se de maneira muito mais eficaz do que o movimento operário, ao passo que o sucesso deste último, nomeadamente nos países mais desenvolvidos, consistiu não em superar o capitalismo, mas em humanizá-lo.

Apesar disso, os males sociais denunciados no *Manifesto* são atualmente tão graves como eram naquela altura. O progresso, entretanto conseguido, evoluiu em relação íntima com guerras que mataram e continuam a matar milhões de pessoas, e a distância entre ricos e pobres nunca foi tão grande como é hoje em dia. Conforme referi atrás, ao encarar essa realidade, creio ser necessário criar as condições para que possam emergir não apenas um, mas vários novos *Manifestos* capazes de mobilizar todas as forças progressistas do mundo. Por forças progressistas entendo todos os que permanecem irreconciliados com a expansão do fascismo social, o qual não veem como inevitável, e que, por isso, continuam a lutar por alternativas. A complexidade do mundo contemporâneo e a visibilidade crescente da sua grande diversidade e desigualdade impedem que os princípios de ação sejam traduzidos num único manifesto. Penso, pois, que são necessários vários manifestos, cada um deles abrindo caminhos para uma sociedade alternativa ao fascismo social.

Além disso, contrariamente ao *Manifesto comunista*, os novos manifestos não serão o produto de cientistas individuais que observam o mundo a partir de uma única perspectiva privilegiada. Em vez disso, serão muito mais interculturais e devedores de diferentes paradigmas do conhecimento (as ecologias de saberes),[26] e surgirão graças ao trabalho de tradução, às articulações em rede, à mestiçagem, em "conversas da humanidade" (DEWEY, 1960) entre cientistas sociais e ativistas que, em todo o mundo, estejam empenhados em lutas sociais.

Os novos manifestos deverão focar aqueles temas e alternativas que acarretem um maior potencial para construir globalizações contra-hegemônicas nas próximas décadas. A meu ver, os cinco temas que se seguem são, a esse respeito, dos mais importantes. Relativamente a cada um deles, *Nuestra América* fornece um vasto campo de experiência histórica. *Nuestra América* aparece, pois, como o lugar privilegiado para enfrentar os desafios colocados pela cultura política transnacional emergente. Passo a enumerar os cinco temas sem qualquer ordem de precedência[27]:

1. *Democracia participativa.* Paralelamente ao modelo hegemônico de democracia (democracia liberal, representativa), outros modelos subalternos de democracia coexistiram sempre, independentemente

---

[26] Ver o Capítulo 3.

[27] Cada um desses temas foi objeto de estudo sistemático no âmbito do projeto "A reinvenção da emancipação social", a que já fiz referência. Nas notas seguintes faço referência aos livros que resultaram desse projeto. Ver a nota 1 do Capítulo 2.

do seu grau de marginalização ou de descrédito. Vivemos em tempos paradoxais: no exato momento em que se verificam os seus triunfos mais convincentes por todo o mundo, a democracia liberal torna-se cada vez menos credível e convincente, não apenas nos "novos países democráticos", mas também nos países em que mergulha mais fundo as suas raízes. A dupla crise da representação e da participação é o sintoma mais visível desse déficit de credibilidade e, em última análise, de legitimidade. Por outro lado, comunidades locais, regionais e nacionais em diferentes partes do mundo estão levando a cabo experiências e iniciativas democráticas baseadas em modelos alternativos de democracia – a que chamo democracia de alta intensidade – em que a tensão entre capitalismo e democracia (por exemplo, sob a forma de orçamentos participativos municipais) e entre redistribuição e reconhecimento (por exemplo, sob várias formas de democracia multicultural em que se combinam a democracia representativa de raiz ocidental com formas ancestrais de governo nas comunidades indígenas/tradicionais) surgem renovadas e se transformam em energia positiva por detrás de novos contratos sociais, mais abrangentes e mais justos, mesmo se localmente circunscritos.[28] Em alguns países da África, da América Latina ou da Ásia, as formas tradicionais de autoridade e de autogoverno estão sendo revisitadas para se explorar a possibilidade de serem interiormente transformadas e articuladas com outras formas de governo democrático.[29]

2. *Sistemas de produção alternativos.* Uma economia de mercado é evidentemente possível e, dentro de certos limites, até mesmo desejável. Uma sociedade de mercado – ou seja, a redução de todo o valor social a um preço de mercado – é, pelo contrário, impossível e, se fosse viável, seria moralmente repugnante e, de fato, ingovernável. Nada menos do que o fascismo social. Os sistemas de produção alternativos são uma resposta possível a esse fascismo. As discussões sobre a globalização contra-hegemônica tendem a se concentrar nas iniciativas sociais, políticas e culturais, focando apenas raramente as econômicas, isto é, as iniciativas locais/globais que consistem na produção e na distribuição

---

[28] Estão, contudo, densificando-se as articulações globais entre as experiências locais em diferentes continentes, movimento de que é expressão eloquente o Fórum de Autoridades Locais, criado no âmbito do Fórum Social Mundial.

[29] Ver Santos (2002b).

não capitalistas de bens e de serviços, em contextos tanto rurais como urbanos: cooperativas, mutualidades, sistemas de crédito, cultivo de terras ocupadas por camponeses sem-terra, sistemas de microcrédito, sistemas de distribuição comunitária de água, comunidades piscatórias, exploração ecológica da floresta etc. Essas iniciativas são aquelas em que é mais difícil estabelecer articulações locais/globais, pois enfrentam mais diretamente a lógica do capitalismo global que está por detrás da globalização hegemônica, não só no nível da produção, mas também no nível da distribuição. Outra faceta importante dos sistemas de produção alternativos é que eles nunca são, por natureza, exclusivamente "econômicos", envolvendo atividades sociais, tais como educação popular, animação cultural, solidariedade local, regional ou global, relações democráticas na gestão do trabalho.[30]

3. *Multiculturalismo, justiças e cidadanias emancipatórias.* A crise da modernidade ocidental mostra que o fracasso dos projetos progressistas para a melhoria das oportunidades e condições de vida de grupos sociais excluídos, tanto dentro como fora do mundo ocidental, deveu-se, em parte, à falta de legitimidade cultural. Isso se aplica mesmo aos movimentos pelos direitos humanos, já que a universalidade dos direitos humanos não pode ser dada por adquirida. A ideia da dignidade humana pode ser formulada em diferentes "linguagens".[31] Em lugar de serem suprimidas em nome de universalismos abstratos, essas diferenças devem tornar-se mutuamente inteligíveis através da tradução e do que designo como hermenêutica diatópica.[32]

Dado que a construção das nações modernas foi realizada, na maior parte dos casos, através do esmagamento da identidade cultural e nacional de minorias (e, por vezes, mesmo de maiorias), o reconhecimento do multiculturalismo e da multinacionalidade transporta consigo a aspiração à autodeterminação. O caso dos povos indígenas é, a esse respeito, extremamente significativo. Apesar de as culturas serem relativas, o relativismo é errado enquanto posição filosófica. É, por isso, imperativo o desenvolvimento de critérios (transculturais?) para distinguir

---

[30] Ver Santos (2002d).

[31] Ver o Capítulo 13.

[32] Ver o Capítulo 2.

formas emancipatórias de formas regressivas de multiculturalismo e de autodeterminação.

A aspiração ao multiculturalismo e à autodeterminação assume, com frequência, a forma social de uma luta pela justiça e pela cidadania culturais, envolvendo exigências de formas alternativas de direito e de justiça e de novos regimes de cidadania. A pluralidade das ordens jurídicas, que se tornou mais visível com a crise do Estado-nação, transporta consigo, implícita ou explicitamente, a ideia de cidadanias múltiplas que coexistem no mesmo campo geopolítico e, consequentemente, a ideia de que existem cidadãos de primeira, segunda e terceira classes. A pluralidade de ordens jurídicas não é, pois, intrinsecamente progressista e pode, aliás, ser bem reacionária, como ilustram de modo dramático as formas de governo privado das máfias e do coronelismo. Contudo, as ordens jurídicas não estatais podem também ser o embrião de esferas públicas não estatais e a base institucional para a autodeterminação, como acontece com a justiça indígena ou com as justiças comunitárias africanas. Essas formas alternativas de justiça e de cidadania articulam-se com qualquer dos outros temas já mencionados. Por exemplo, a justiça popular ou comunitária como uma componente integral de iniciativas de democracia participativa, a justiça indígena como uma componente integral da autodeterminação ou da conservação da biodiversidade. O conceito de "cidadania multicultural" é o lugar privilegiado para fundamentar o tipo de implicação mútua da redistribuição e do reconhecimento que tenho advogado neste capítulo.[33]

4. *Biodiversidade, conhecimentos rivais e direitos de propriedade intelectual.* Devido aos avanços verificados, nas últimas décadas, nas ciências da vida, na biotecnologia e na microeletrônica, a biodiversidade é um dos "recursos naturais" mais preciosos e mais procurados. Para as empresas farmacêuticas e de biotecnologia, a biodiversidade aparece, cada vez mais, no centro dos desenvolvimentos mais espectaculares e mais lucrativos de produtos das próximas décadas. De modo geral, a biodiversidade está hoje concentrada nos países do Sul global e predominantemente em territórios que pertencem historicamente aos povos indígenas. Enquanto os países tecnologicamente avançados procuram alargar os direitos de propriedade intelectual e o direito das patentes

---

[33] Sobre esse tema, ver Santos (2003d).

à biodiversidade, alguns países periféricos, movimentos sociais e organizações não governamentais têm procurado garantir a conservação e reprodução da biodiversidade através da atribuição de um estatuto especial de proteção aos territórios modos de vida, e conhecimentos tradicionais das comunidades indígenas e camponesas. É cada vez mais evidente que as novas clivagens entre o Norte e o Sul se centrarão na questão do acesso à biodiversidade em escala global.

Embora todos os temas levantem problemas epistemológicos, na medida em que afirmam a validade de conhecimentos que foram rejeitados pelo conhecimento científico hegemônico, a biodiversidade é, possivelmente, o tópico em que o choque entre conhecimentos rivais é mais evidente e, provavelmente, mais desigual e violento.[34]

5. *Novo internacionalismo operário*. Como se sabe, o internacionalismo operário foi uma das previsões do *Manifesto comunista* mais flagrantemente desmentidas. O capital globalizou-se, mas não o movimento operário. Este se organizou em nível nacional e, pelo menos nos países do Norte, ficou cada vez mais dependente do Estado-Providência. É verdade que, no século XX, ligações e organizações internacionais mantiveram viva a ideia do internacionalismo operário, mas ficaram prisioneiras da Guerra Fria, e o seu destino acompanhou o destino desta.

No período do pós-Guerra Fria, e como resposta às disputas mais agressivas da globalização hegemônica, emergiram formas novas de internacionalismo operário, mas são, por enquanto, muito precárias. Pode-se citar, entre as mais consistentes: a luta internacional por padrões mínimos de trabalho; os movimentos anti-*sweatshops*; intercâmbios, acordos ou até associação institucional entre sindicatos de vários países que integram o mesmo bloco econômico regional (NAFTA, União Europeia, Mercosul); a articulação entre lutas, reivindicações e exigências dos sindicatos representantes dos trabalhadores que trabalham para a mesma empresa multinacional em diferentes países.

De modo ainda mais frontal do que os sistemas de produção alternativos, o novo internacionalismo operário enfrenta a lógica do capitalismo global no seu terreno privilegiado: a economia. O seu sucesso depende das articulações "extraeconômicas" que ele for capaz de construir com

---

[34] Sobre esse tema, ver Santos (2005d).

as lutas concentradas à volta de todos os outros cinco temas. Tais articulações serão fundamentais para transformar a política da igualdade, que dominou o velho internacionalismo operário, numa nova constelação política e cultural, de igualdade e de reconhecimento da diferença.[35]

Nenhum desses temas (ou as iniciativas temáticas que eles suscitam), tomado separadamente, conseguirá contribuir com êxito para a globalização contra-hegemônica. Para ser bem-sucedida, a luta contra a globalização neoliberal deve se assentar no conjunto dos movimentos e das iniciativas em redor de todos os temas e nas articulações e redes entre eles.

Conclusão: De que lado estás, Ariel?

Tendo começado com uma análise de *Nuestra América* enquanto visão subalterna do continente americano ao longo do século XX, identifiquei o potencial contra-hegemônico de *Nuestra América* e indiquei algumas das razões pelas quais ele não conseguiu realizar-se. Revisitando a trajetória histórica de *Nuestra América* e a sua consciência cultural, o *ethos* barroco, e prolongando a análise nessa base, reconstruí depois as formas de sociabilidade e de subjetividade que poderão enfrentar os desafios que a globalização contra-hegemônica coloca. A expansão simbólica, possibilitada por uma interpretação metafórica de *Nuestra América*, permitiu encarar esta última como a marca da nova cultura política transnacional convocada pelo novo século e pelo novo milênio. As exigências normativas dessa cultura política, por muito embrionárias e intersticiais que sejam, apontam para um novo tipo de cosmopolitismo, um cosmopolitismo subalterno e insurgente.

O fato de os cinco temas selecionados como bases para testar e exercer a nova cultura política terem raízes profundas na América Latina justifica, de um ponto de vista histórico e político, a expansão simbólica da ideia de *Nuestra América* proposta neste capítulo. Todavia, a fim de que as frustrações do último século não se repitam, essa expansão simbólica deve ir mais além e incluir a metáfora mais negligenciada no mito de *Nuestra América*: Ariel, o espírito do ar na peça *A tempestade*, de Shakespeare. Como Caliban, Ariel é o escravo de Próspero. Contudo, para além de não

---

[35] Sobre esse tema, ver Santos (2005e).

ser deformado como Caliban, recebe um tratamento muito melhor por parte de Próspero, que lhe promete a liberdade se ele o servir fielmente. Como mostrei, a *Nuestra América* viu predominantemente a si própria como Caliban, em luta constante e desigual contra Próspero. É esse o modo como Oswald Andrade, Aimé Césaire ([1968] 1997), Edward Brathwhite (1973), George Lamming (1953), Retamar (1971; 1989) e muitos outros a viram. Embora essa seja a perspectiva dominante, não é a única. Em 1898, por exemplo, o escritor franco-argentino Paul Groussac falava da necessidade de se defender a velha Europa e a civilização latino-americana contra o "Ianque Calibanesco" (RETAMAR, 1971, p. 22). Por outro lado, a figura ambígua de Ariel inspirou interpretações diversas. Em 1900, o escritor José Enrique Rodó publicou o seu próprio *Ariel* (1935), no qual identifica a América Latina com Ariel, enquanto a América do Norte é implicitamente identificada com Caliban. Em 1935, o argentino Anibal Ponce vê em Ariel o intelectual, amarrado a Próspero de um modo menos brutal do que Caliban, mas, mesmo assim, colocado ao seu serviço, bem de acordo com o modelo que o humanismo renascentista concebeu para os intelectuais: uma mistura de escravo e de mercenário, indiferente à ação e conformista perante a ordem estabelecida (RETAMAR, 1989, p. 12). Esse é o Ariel intelectual que Aimé Césaire reinventou na sua peça de final dos anos 1960: *Une Tempête: adaptation de "la Tempête" de Shakespeare pour un théâtre nègre*. Transformado aí em mulato, Ariel é o intelectual permanentemente em crise.

Em meu entender, chegou a hora de darmos a Ariel uma nova identificação simbólica e de averiguarmos que uso pode ele ter para a promoção do ideal emancipatório de *Nuestra América*. Para isso é necessário submetê-lo, qual anjo barroco, a três transfigurações.

A primeira transfiguração é o Ariel mulato de Césaire. Contra o racismo e a xenofobia, Ariel representa a transculturação e o multiculturalismo, a mestiçagem da carne e do espírito, como diria Darcy Ribeiro. Nessa mestiçagem, inscreve-se a possibilidade de uma tolerância inter-racial e de um diálogo intercultural. O Ariel mulato é a metáfora de uma síntese possível entre a reivindicação do reconhecimento da diferença e a reivindicação da igualdade.

A segunda transfiguração de Ariel é o intelectual de Gramsci, que exerce a autorreflexividade de modo a conhecer de que lado está e qual a sua utilidade. Esse Ariel está, inequivocamente, do lado de Caliban, do lado de todos os povos e grupos oprimidos do mundo, e mantém uma constante vigilância epistemológica e política sobre si próprio, para evitar que o seu auxílio se torne inútil ou mesmo contraprodutivo. Esse Ariel é um intelectual treinado na universidade de Martí.

A terceira e última transfiguração é mais complexa. Enquanto mulato e intelectual orgânico, Ariel é uma figura de intermediação. Apesar das transformações mais recentes da economia mundial, ainda existem países (ou regiões e setores) de desenvolvimento intermédio que desempenham a função de intermediação entre o centro e a periferia do sistema mundial. A esse respeito, são particularmente importantes países como o Brasil, o México, a Índia e a África do Sul. Os dois primeiros só no final do século XX reconheceram o seu caráter multicultural e pluriétnico. Esse reconhecimento deu-se no termo de um processo histórico doloroso, no decurso do qual a supressão da diferença (por exemplo, na "democracia racial" do Brasil, no "assimilacionismo" mexicano e no *mestizo* como "raça cósmica"), em lugar de abrir espaço para a igualdade republicana, conduziu às formas mais abjetas de desigualdade. Tal como o Ariel da peça de Shakespeare, em vez de se unirem entre si e com outras nações "calibanescas", esses países de intermediação utilizaram o seu peso econômico e populacional para tentar adquirir um tratamento privilegiado por parte de Próspero. Atuaram isoladamente na esperança de maximizarem apenas as suas próprias possibilidades de sucesso.[36]

Conforme defendi neste capítulo, a capacidade de os indivíduos e os grupos sociais se empenharem em políticas emancipatórias com vista à construção de uma globalização contra-hegemônica depende da disponibilidade para se assumirem como Caliban, tal como *Nuestra América*, ou transfigurarem a si mesmos num Ariel inequivocamente solidário com Caliban. Nessa transfiguração simbólica reside a tarefa política mais importante das próximas décadas. Delas depende a possibilidade de um segundo século de *Nuestra América* com maior sucesso do que o anterior.

---

[36] Só muito recentemente e muito timidamente começaram a tomar iniciativas conjuntas e a planejar acções concertadas no plano internacional. Assim se deve interpretar a articulação política entre o Brasil, a Índia e a África do Sul no seio da Organização Mundial de Comércio.

CAPÍTULO 6
Entre Próspero e Caliban:
colonialismo, pós-colonialismo e interidentidade

Introdução

Neste capítulo pretendo dar mais um passo numa investigação em curso sobre os processos identitários no espaço-tempo da língua portuguesa, ou seja, numa vasta e multissecular zona de contato que envolveu portugueses e outros povos da América, da Ásia e da África.[1] As hipóteses de trabalho que orientam essa investigação foram formuladas em trabalhos anteriores (SANTOS, [1995] 2013a).[2] Relembro-as aqui de modo muito sumário. Portugal é, desde o século XVII, um país semiperiférico no sistema mundial capitalista moderno. Essa condição, sendo a que melhor caracteriza a longa duração moderna da sociedade portuguesa, evoluiu ao longo dos séculos, mas manteve os seus traços fundamentais: um desenvolvimento econômico intermédio e uma posição de intermediação entre o centro e a periferia da economia-mundo; um Estado que, por ser simultaneamente produto e produtor dessa posição intermédia e intermediária, nunca assumiu plenamente as características do Estado moderno dos países centrais,

---

[1] No âmbito deste programa de investigação, acabo de realizar, juntamente com Maria Paula Meneses, um projeto intitulado "Identidades, colonizadores e colonizados: Portugal e Moçambique", sobre os processos identitários nas relações Portugal-Moçambique no período entre 1890 e 1930. Os resultados serão publicados proximamente.

[2] Publicado pela primeira vez no Brasil em 1995. A 14ª edição revista e aumentada foi publicada em 2013 (SANTOS, 2013a).

sobretudo as que se cristalizaram no Estado liberal a partir de meados do século XIX; processos culturais e sistemas de representação que, por se enquadrarem mal nos binarismos próprios da modernidade ocidental[3] – cultura/natureza; civilizado/selvagem; moderno/tradicional –, podem considerar-se originariamente híbridos, ainda que, no fundo, sejam apenas diferentes, uma diferença que, contudo, não pode ser captada nos seus próprios termos.

A segunda hipótese de trabalho é que essa complexa condição semiperiférica se reproduziu até bem recentemente com base no sistema colonial e reproduz-se, há duas décadas, no modo como Portugal está inserido na União Europeia. Dessa hipótese decorrem três sub-hipóteses. A primeira é que o colonialismo português, sendo protagonizado por um país semiperiférico, foi, ele próprio, semiperiférico, um colonialismo com características subalternas, o que fez com que as colônias fossem colônias incertas de um colonialismo certo. Essa incerteza decorreu tanto de um déficit de colonização – a incapacidade de Portugal para colonizar segundo os critérios dos países centrais – como de um excesso de colonização, o fato de as colônias terem estado submetidas, especialmente a partir do século XVIII, a uma dupla colonização: por parte de Portugal e, indiretamente, por parte dos países centrais (sobretudo a Inglaterra) de que Portugal foi dependente (por vezes de modo quase colonial).

A segunda sub-hipótese é que, pelas suas características e duração histórica, a relação colonial protagonizada por Portugal impregnou de modo muito particular e intenso as configurações de poder social, político e cultural, não só nas colônias, como também no seio da própria sociedade portuguesa. Se o poder capitalista moderno foi sempre colonial, em Portugal e suas colônias ele foi sempre mais colonial do que capitalista. Essa impregnação colonial do poder, longe de ter terminado com o colonialismo, continuou e continua a se reproduzir. Em outras palavras, talvez mais do que em qualquer outro colonialismo europeu, o fim do colonialismo político não determinou o fim do colonialismo social, nem nas ex-colônias nem na ex-potência colonial. A terceira sub-hipótese é que o processo de integração na União Europeia, apesar

---

[3] Desenvolvo esse tema nos Capítulos 2 e 4.

da sua curtíssima duração quando comparado com o período colonial, parece destinado a ter um impacto tão dramático na sociedade portuguesa quanto o que o colonialismo teve. Em aberto está a questão do sentido e do conteúdo desse impacto. Por agora, parece ir no sentido da reprodução, em novos termos, da condição semiperiférica, o que significa que, durante muitas décadas, Portugal acompanhará o desenvolvimento médio europeu a alguma distância. Os problemas teóricos e analíticos são nesse domínio muito complexos. É legítimo continuar a designar como semiperiférico um país que se integra de pleno direito num bloco regional de países centrais? Em que medida e sob que condições é que tal integração pode reproduzir a condição semiperiférica mesmo que "enxertando-a" de características centrais? Pode doravante Portugal ser considerado para certos efeitos semiperiférico e para outros central ou, pelo contrário, periférico? O alargamento e aprofundamento da União Europeia fará com que as relações no seu interior sejam mais importantes para os países integrantes do que a posição deles no sistema mundial? E se tais relações produzirem hierarquias do tipo das que vigoram no sistema mundial (centro, semiperiferia e periferia), qual será a posição de Portugal nelas?

A terceira hipótese geral, que, em tempos mais recentes, vem informando a minha investigação, diz respeito a estas últimas perguntas e, especificamente, ao valor analítico da teoria do sistema mundial nas condições de globalização em que hoje vivemos. Esse tema foi tratado por mim em outro lugar (SANTOS, 2002c), pelo que aqui me limito a enunciar a hipótese de trabalho que sobre ele desenvolvi.

Vários autores (como Manuel Castells [1996]) têm questionado a existência de um sistema mundial nas novas condições estabelecidas pela globalização hegemônica. Segundo eles, a teoria do sistema mundial pressupunha a coerência interna das economias e sociedades nacionais integrantes do sistema e uma grande estabilidade, se não mesmo rigidez, das relações de hierarquia entre elas (centro, periferia e semiperiferia). De acordo com esses autores, a globalização destruiu a coerência interna das economias nacionais e é tão dinâmica nos fluxos de interdependência que cria que deixou de haver hierarquias rígidas, muito menos entre países. Contra essa posição, defendo, como hipótese de trabalho, que nos encontramos numa fase instável caracterizada pela sobreposição entre duas formas de hierarquização: uma mais rígida, que constitui o sistema mundial desde o seu início, entre o centro, a periferia e a semiperiferia; e outra mais flexível, entre o que no sistema mundial é produzido ou definido como local e o que é produzido ou definido como global (como Appadurai [1997]). Enquanto a primeira hierarquia continua a vigorar nas relações entre sociedades ou economias nacionais, a segunda hierarquia ocorre entre domínios de atividade, práticas, conhecimentos, narrativas, sejam eles econômicos, políticos ou culturais. A sobreposição dessas duas formas de hierarquia e as interferências recíprocas que geram explicam a situação paradoxal em que nos encontramos: as desigualdades dentro do sistema mundial (e dentro de cada uma das sociedades que o compõem) agravam-se, e, no entanto, os fatores que as causam e as ações que podem eventualmente reduzi-las são cada vez mais difíceis de identificar.

Finalmente, a quarta hipótese geral de trabalho é que a cultura portuguesa é uma cultura de fronteira. Não tem conteúdo. Tem sobretudo forma, e essa forma é a fronteira, a zona fronteiriça. As culturas nacionais, enquanto substâncias, são uma criação do século XIX, o produto histórico de uma tensão entre universalismo e particularismo gerido pelo Estado. O papel do Estado foi difícil: por um lado, diferenciou a cultura do território nacional relativamente ao exterior; por outro lado, promoveu a homogeneidade cultural no interior do território nacional, muitas vezes à custa da destruição de culturas mais refratárias à homogeneização. A minha hipótese de trabalho é que, no espaço europeu de Portugal,[4] o Estado nunca desempenhou cabalmente nenhum desses papéis, pelo que, como consequência, a cultura portuguesa teve sempre uma grande dificuldade em se diferenciar de outras culturas nacionais ou, se preferirmos, uma grande capacidade para não se diferenciar de outras culturas nacionais, e, por outro lado, manteve até hoje uma forte heterogeneidade interna (SANTOS, 2013a).

Neste capítulo, pretendo definir um programa de investigação num campo analítico específico: as práticas e os discursos que caracterizam o colonialismo português e o modo como eles impregnaram os regimes identitários nas sociedades que dele participaram, tanto durante

---

[4] Essa questão não se põe no espaço não europeu, colonial.

o período colonial como depois da independência das colônias, com especial incidência na África e na América.[5] Esse programa de investigação traduz-se no deslindar analítico de uma série de proposições que apresento a seguir.

O colonialismo português e o pós-colonialismo

A especificidade do colonialismo português

Formular a caracterização do colonialismo português como "especificidade" exprime as relações de hierarquia entre os diferentes colonialismos europeus. A especificidade é a afirmação de um desvio em relação a uma norma geral. Nesse caso, a norma é dada pelo colonialismo britânico, e é em relação a ele que se define o perfil do colonialismo português, enquanto colonialismo periférico, isto é, enquanto colonialismo subalterno em relação ao colonialismo hegemônico da Inglaterra. A perifericidade do colonialismo português é dupla, porque ocorre tanto no domínio das práticas coloniais como no dos discursos coloniais. No domínio das práticas, a perifericidade está no fato de Portugal, enquanto país semiperiférico no sistema mundial, ter sido ele próprio, durante um longo período, um país dependente da Inglaterra, e, em certos momentos, quase uma "colônia informal" da Inglaterra. Tal como aconteceu com o colonialismo espanhol, a conjunção do colonialismo português com o capitalismo foi muito menos direta do que a que caracterizou o colonialismo britânico. Em muitos casos, essa conjunção ocorreu por delegação, ou seja, pelo impacto da pressão da Inglaterra sobre Portugal através de mecanismos como condições de crédito e tratados internacionais desiguais. Assim, enquanto o Império Britânico assentou-se num equilíbrio dinâmico entre colonialismo e capitalismo, o Império Português assentou-se num desequilíbrio, igualmente dinâmico, entre um excesso de colonialismo e um déficit de capitalismo.

---

[5] Os territórios da chamada "Índia Portuguesa" (Goa, Damão e Diu) foram incorporados à Índia em 1962. Timor-Leste foi ocupado pela Indonésia em 1975, quando o processo de descolonização estava começando, e só se tornou independente em 2002. Macau, onde os portugueses se estabeleceram em 1557, foi devolvido à China em 31 de dezembro de 1999.

No domínio dos discursos coloniais, o caráter periférico do colonialismo português reside no fato de, a partir do século XVII, a história do colonialismo ter sido escrita em inglês e não em português. Isso significa que o colonizador português tem um problema de autorrepresentação algo semelhante ao do colonizado pelo colonialismo britânico, o problema da prevalência de uma heterorrepresentação que confirma a sua subalternidade.[6] Esse problema, referido ao colonizado, consiste, como é sabido, na impossibilidade ou dificuldade de o colonizado ou o chamado Terceiro Mundo ex-colonizado representar a si próprio em termos que não confirmem a posição de subalternidade que a representação colonial lhe atribuiu. O caráter quase dilemático desse problema está em que a inversão dessa posição pode sub-repticiamente confirmar a subalternidade no próprio processo de superá-la. Assim terá, quiçá, acontecido com o movimento da negritude, lançado por Leopold Senghor e Aimé Césaire, que às conotações racistas negativas do "negro" contrapôs a celebração do orgulho e da dignidade e a exaltação das origens africanas da raça negra.

Aplicado ao colonizador português, esse problema traduz-se na necessidade de definir o colonialismo português em termos de especificidade em relação ao colonialismo hegemônico, o que significa a impossibilidade ou dificuldade em defini-lo em termos que não reflitam essa perifericidade ou subalternidade, ou seja, em termos do que foi, e não em termos do que não foi. Um tema de investigação particularmente complexo é o de saber em que medida esse problema do colonizador português se repercute no colonizado por Portugal. Será que o colonizado por Portugal tem um duplo problema de autorrepresentação, em relação ao colonizador que o colonizou e em relação ao colonizador que, não o tendo colonizado, escreveu, no entanto, a história da sua sujeição colonial? Ou, será que, pelo contrário, o problema de autorrepresentação do colonizador português cria uma disjunção caótica entre o sujeito e o objeto de representação colonial, que, por sua vez, cria um campo aparentemente vazio de representações (mas, de fato, cheio de representações subcodificadas) que, do ponto de vista do colonizado,

---

[6] O tema da caracterização das relações coloniais tem conhecido um grande relevo. Ver, por exemplo, Elkins; Pedersen (2005).

constitui um espaço de manobra adicional para tentar a sua autorrepresentação para além ou fora da representação da sua subalternidade? Em outras palavras, a questão é saber se o colonizado por um colonialismo subalterno é subcolonizado ou sobrecolonizado.

A especificidade do colonialismo português assenta-se, pois, basicamente em razões de economia política – a sua condição semiperiférica[7] –, o que não significa que esta tenha se manifestado apenas no plano econômico. Pelo contrário, manifestou-se igualmente nos planos social, político, jurídico, cultural, no plano das práticas cotidianas de convivência e de sobrevivência, de opressão e de resistência, de proximidade e de distância, no plano dos discursos e narrativas, no plano do senso comum e dos outros saberes, das emoções e dos afetos, dos sentimentos e das ideologias. Cada um desses planos criou a sua materialidade própria, uma institucionalidade e uma lógica de desenvolvimento próprias, e estas retroagiram sobre a condição semiperiférica, conferindo-lhe a espessura sociológica que ela não teria enquanto referida apenas a uma posição no sistema mundial. Com isso, a semiperiferia deixou de ser o elo de uma hierarquia global para se tornar um modo de ser e estar na Europa e Além-Mar. A captação dessa realidade sociológica, psicológica, intersubjetiva, emocional e das escalas em que se cristalizou (local, nacional, global) está por fazer. A dificuldade, como referi, está em estudá-la de modo a captar o que ela foi, e não o que ela não foi. Mas, para além das razões que aduzi anteriormente, há outra, o fato de o ciclo colonial português ter sido, de todos os colonialismos europeus, o mais longo, tendo precedido em três séculos o colonialismo capitalista central do século XIX. Este último, uma vez consolidado, definiu as regras da prática colonial – dramaticamente afirmadas na Conferência de Berlim (1884) e no *Ultimatum*[8] – e do discurso colonial – a

---

[7] Sobre a inserção de Portugal no ciclo colonial africano, ver, por exemplo, Boxer (1963); Alexandre (1979; 2000); Fortuna (1993); Chabal (2002).

[8] O conceito colonial assente na historicidade de uma "longa" presença na África, defendido por Portugal, contrastava, em meados do século XIX, com a ocupação agressiva do continente africano pelas potências europeias imperiais. Em 1890, e no auge de uma crise de disputa de espaços coloniais na região oriental de África, a Inglaterra formulou um *Ultimatum* a Portugal. Reconhecendo a fragilidade da sua situação periférica, Portugal, perante as pressões inglesas, retirou a sua pretensão sobre vários territórios.

ciência racista, o progresso e "o fardo do homem branco",[9] etc. – e o colonialismo português adotou-as segundo modos e graus que em boa medida estão por investigar.

A verdade, porém, é que, no caso do colonialismo português (tal como no do colonialismo espanhol), havia uma realidade multissecular precedente, que, ao ser sujeita retrospectivamente aos novos critérios de análise e avaliação, foi reduzida a um particularismo desviante (colonialismo predador, mercantilista, informal[10] etc.). A historiografia de Charles Boxer (1963; 1969) simboliza melhor do que qualquer outra esse processo. A grande assimetria entre o colonialismo inglês e o português foi o fato de o primeiro não ter de romper com um passado descoincidente do seu presente. O colonialismo inglês foi sempre o colonialismo-norma desde a sua origem, porque protagonizado pelo país que impunha a normatividade do sistema mundial. No caso do colonialismo português, uma vez criada a possibilidade de um colonialismo retroativo, enquanto discurso de dessincronia e ruptura, este pôde ser manipulado ao sabor das exigências e conjunturas políticas. Ofereceu-se tanto a leituras inquietantes – por exemplo, a ideia de que o subdesenvolvimento do colonizador produziu o subdesenvolvimento do colonizado, uma dupla condição que só poderia ser superada por uma política colonialista desenvolvida – como a leituras reconfortantes, por exemplo, o luso-tropicalismo, "Portugal, do Minho a Timor", colonialismo cordial. Mas quase todas as leituras tiveram elementos inquietantes e reconfortantes. A negatividade relativa do colonialismo português foi sempre o subtexto da sua positividade relativa, e vice-versa.

Apesar de a inserção de Portugal no projeto da expansão europeia ter sido original, não pôde sustentar a seu respeito um discurso de

---

    Essa decisão do governo de Portugal foi muito contestada no país, suscitando um forte movimento nacionalista.

[9] Alusão ao poema de Kipling "The White Man's Burden" (O fardo do homem branco), publicado em 1899. Essa obra constitui um chamamento à intervenção imperial do Ocidente no mundo. Para Kipling, a expansão das conquistas da civilização ocidental era uma missão moral que todos os homens brancos deviam assumir, como um fardo, uma obrigação para com as regiões e os povos do mundo considerados selvagens ou bárbaros.

[10] Alguns historiadores, como Isaacman (1976), descrevem o sistema colonial português como um "Império informal", um imperialismo sem governo colonial específico.

originalidade a partir do momento em que o capitalismo industrial criou um vínculo mais estreito e direto com o colonialismo. A partir daí, a originalidade, no duplo sentido de prioridade temporal e de construção autônoma, deu lugar à derivação, ao particularismo e à especificidade. Assim, a densa e longa temporalidade do colonialismo português redundou numa estranha suspensão do tempo, numa anacronia que, aliás, havia de se revelar dupla: por ter existido antes e por ter continuado a existir depois do colonialismo hegemônico. Retroatividade, suspensão e anacronismo acabaram por se transformar na temporalidade própria de uma longa duração sujeita a critérios de temporalidade estranhos.

Esses jogos de temporalidades impregnaram as sociabilidades e identidades tanto do colonizador como dos colonizados, e impregnaram-nas aquém e além do vínculo político-jurídico colonial. Aquém do vínculo político-jurídico colonial, porque durante séculos em muitas regiões do Império as relações entre os portugueses e as populações locais não puderam, em termos práticos, reivindicar-se de qualquer vínculo jurídico-político exterior a elas ou aos encontros que as originaram ou que delas resultaram; além do vínculo político-jurídico colonial, porque a colonialidade das relações não terminou com o fim do colonialismo das relações. Essa questão suscita outra, mais ampla, sobre a natureza do binômio colonialismo/pós-colonialismo no espaço da língua oficial portuguesa.

O pós-colonialismo[11]

O pós-colonialismo deve ser entendido em duas acepções principais. A primeira é a de um período histórico, o que se sucede à independência das colônias. A segunda é de um conjunto de práticas (predominantemente performativas) e de discursos que desconstroem a narrativa colonial, escrita pelo colonizador, e procuram substituí-la por narrativas escritas do ponto de vista do colonizado. Na primeira acepção, o pós-colonialismo traduz-se num conjunto de análises econômicas, sociológicas e políticas sobre a construção dos novos Estados, a sua base social, a sua institucionalidade e a sua inserção no sistema mundial, as rupturas e as continuidades com o sistema colonial, as relações com a

---

[11] Ver a Introdução.

ex-potência colonial e a questão do neocolonialismo, as alianças regionais etc., etc. Na segunda acepção, o pós-colonialismo tem um recorte culturalista, insere-se nos estudos culturais, linguísticos e literários e usa privilegiadamente a exegese textual e as práticas performativas para analisar os sistemas de representação e os processos identitários. O pós-colonialismo na segunda acepção, sem todavia excluir muitos dos motivos da primeira acepção, contém uma crítica, implícita ou explícita, aos silêncios das análises pós-coloniais que a primeira acepção normalmente contém. Por me centrar neste texto nos sistemas de representação e processos identitários, reporto-me ao pós-colonialismo na segunda acepção, ainda que as análises próprias do pós-colonialismo na primeira acepção sejam trazidas recorrentemente à colação.

A hipótese de trabalho nesse domínio é que a diferença do colonialismo português não pode deixar de induzir a diferença do pós-colonialismo no espaço de língua oficial portuguesa. O pós-colonialismo toma, inicialmente, como realidade fundadora o colonialismo britânico. Pretende criar o espaço intelectual para o crítico pós-colonial, no entanto, o modo como o faz diverge de autor para autor, sendo, pois, identificáveis posições muito distintas no campo das análises que se reclamam do pós-colonialismo. Limito-me aqui a identificar o que de comum pode existir entre elas, já que só isso interessa para a tese que apresento.

O pós-colonialismo é um produto da "virada cultural" das ciências sociais na década de 1980, tendo como precursores Frantz Fanon (1961; 1971) e Albert Memmi (1965). Inspirado nos trabalhos pioneiros de Edward Said (1978) sobre o orientalismo, e de Richard Werbner (1996) e de Stuart Hall (1996a; 1996b) sobre as culturas diaspóricas, veio a se consolidar através dos trabalhos de Partha Chatterjee (1986), Paul Gilroy (1993), Homi Bhabha (1994) e Gayatri Spivak (1996), bem como dos debates que eles suscitaram. Se inicialmente foi considerada uma corrente animada fundamentalmente por intelectuais diaspóricos, com raízes nos países colonizados pelo Império Britânico e trabalhando no Ocidente, hoje em dia a perspectiva pós-colonial está presente em muitas das análises que incidem sobre o impacto das relações imperiais modernas. Os contributos decisivos dos estudos realizados nesses países no período pós-independência, como os *subaltern studies*, dirigidos por

Ranajit Guha (SANTOS, 1995, p. 506-518; 2000, p. 367-383), nem sempre são devidamente creditados pelos críticos pós-coloniais.

A ideia central do pós-colonialismo cultural é, precisamente, reclamar a presença e a voz do crítico pós-colonial, que, segundo Bhabha (1994, p. 26), foram usurpadas pelos críticos ocidentais. Ainda que correndo o risco de simplificar em excesso, julgo que dos debates pós-coloniais pode-se retirar as seguintes orientações temáticas e analíticas.

O intelectual pós-colonial. É necessário repensar a posição do intelectual e da crítica: os discursos pós-coloniais procuram superar a distinção entre crítica e política. O lugar do crítico pós-colonial tem de ser construído de modo a que possa interromper eficazmente os discursos hegemônicos ocidentais que, através do discurso da modernidade, racionalizaram ou normalizaram o desenvolvimento desigual e diferencial das histórias, das nações, raças, comunidades ou povos (BHABHA, 1994, p. 171). Essa mescla de crítica e política revelará uma prática e uma temporalidade discursivas marcadas pela negociação, tradução e articulação de elementos antagônicos e contraditórios. Aqui reside a "terceira via" ou o "terceiro espaço" ocupados pelo crítico pós-colonial, a via ou o espaço da cultura. Spivak considera que a função do crítico pós-colonial consiste em contribuir para destruir a subalternidade do colonizado. Dado que a condição do subalterno é o silêncio, a fala é a subversão da subalternidade. Tornar possível essa fala exige, porém, um trabalho político que vai além da discursividade acadêmica. Assim, segundo Spivak, a responsabilidade do crítico pós-colonial para com os subalternos é muito clara:

> trabalhar em prol dos subalternos consiste em trazê-los para dentro do circuito da democracia parlamentar, não através da benevolência cultural, mas antes através de trabalho extra-acadêmico. [...] Trabalhar em prol do subalterno contemporâneo significa investir tempo e capacidades [...] para que o subalterno seja integrado na cidadania, independentemente do que esta signifique, desfazendo assim o espaço subalterno (SPIVAK, 1996, p. 307).

Hibridação nos regimes identitários. Enquanto o discurso colonial construiu a polaridade entre o colonizador (Próspero) e o colonizado

(Caliban), o pós-colonialismo salienta a ambivalência e a hibridez entre ambos, já que não são independentes um do outro nem são pensáveis um sem o outro.[12] A influência de Fanon e Memmi é decisiva nesse ponto. Segundo Memmi, tal como segundo Fanon, influenciado por Freud,[13] o vínculo entre colonizador e colonizado é dialeticamente destrutivo e criativo. Destrói e recria os dois parceiros da colonização em o colonizador e o colonizado. O primeiro é desfigurado, convertido num ser opressivo, apenas preocupado com os seus privilégios e a defesa destes. O segundo é desfigurado, convertido numa criatura oprimida, cujo desenvolvimento é interrompido, e cuja derrota se manifesta nos compromissos que aceita (MEMMI, 1965, p. 89). A corrente que une o colonizador e o colonizado é o racismo, ainda que este seja para o colonizador uma forma de agressão, e para o colonizado, uma forma de defesa (MEMMI, 1965, p. 131). A construção da diferença exigiu a criação de um estereótipo do colonizado como selvagem, animal. Como escreve Fanon (1961, p. 54), acerca da situação colonial:

> Por vezes esse maniqueísmo leva a sua lógica até o ponto de desumanizar o colonizado. Mais propriamente, desumaniza-o. Com efeito, quando se refere ao colonizado, a linguagem do colonizador recorre à zoologia. Faz-se alusão ao rastejar do amarelo, às emanações da aldeia indígena, às hordas, aos cheiros fétidos, às pululações, aos alaridos, às gesticulações. Quando pretende a palavra adequada para bem descrever, o colonizador socorre-se constantemente do bestiário.

Para Bhabha, a ambiguidade das representações colonizador/colonizado evidencia-se bem no estereótipo. A construção das diferenças, sobretudo da diferença racial e sexual, encontra no estereótipo a estratégia discursiva colonialista mais destacada, uma forma

---

[12] Uso neste capítulo os nomes de Próspero e Caliban, da peça *The Tempest*, de Shakespeare (1611), para significar que a zona de contato colonial se constitui como uma zona de contato entre o "civilizado" e o "selvagem". A ideia da hibridação entre o colonizador e colonizado não é original dos estudos pós-coloniais. Foi formulada, talvez pela primeira vez, por Gandhi, que em muitos textos chamou a atenção para a continuidade entre o opressor e a vítima. Sobre essa questão, ver Santos (1995, p. 506-518; 2000, p. 340-354).

[13] Ver, por exemplo, Freud (1984a; 1984b).

profundamente ambivalente de conhecimento e representação que engloba elementos de fobia, medo e desejo (Bhabha, 1994, p. 67). A ambivalência mais notória do estereótipo é o fato de os reversos dos seus elementos negativos serem também seus elementos constitutivos: o preto é simultaneamente o selvagem e o criado mais digno e obediente; é a incarnação da sexualidade descontrolada, mas é também inocente como uma criança; é um místico, primitivo e pobre de espírito, e ao mesmo tempo é engenhoso, mentiroso e manipulador de forças sociais (Bhabha, 1994, p. 82).

A tradução, que possibilita a comunicação cultural, mina toda a ideia de essencialismo de uma cultura original e pura, e é por isso que o conceito de hibridez, inspirado em Bakhtin, assume uma posição tão central. O mesmo acontece com o conceito de imitação. A ambivalência da imitação está em que ela afirma a diferença no processo de identificação do outro. No contexto colonial, a raça é o símbolo dessa diferença e, no fundo, a causa do insucesso da imitação, já que não permite mais que uma presença incompleta. Como diz Bhabha (1994, p. 87), referindo-se à Índia, "ser anglicizado significa *enfaticamente* não ser inglês". No contexto português, poder-se-ia igualmente dizer que ser assimilado significa enfaticamente não ser português. De todo modo, ao subverter os essencialismos, a hibridez pode alterar as relações de poder entre os sentidos dominantes e os sentidos dominados. O espaço híbrido cria abertura pelo modo como descredibiliza as representações hegemônicas e, ao fazê-lo, desloca o antagonismo de tal modo que ele deixa de sustentar as polarizações puras que o constituíram.

Diferença cultural e multiculturalismo. A identidade pós-colonial, ao romper com a distinção clara entre a identidade do colonizador e a identidade do colonizado, tem de ser construída, para o centro hegemônico, a partir das margens das representações e através de um movimento que vai das margens para o centro. É esse o espaço privilegiado da cultura e do crítico pós-colonial, um espaço-entre, liminar. Trata-se de um espaço de fronteira, de extremidade ou de linha da frente onde só é possível a experiência da proximidade da diferença. É nesse espaço que é construída e negociada a diferença cultural. A diferença cultural subverte as ideias de homogeneidade e uniformidade culturais na medida em que se afirma através de práticas enunciativas que são vorazes em relação aos diferentes universos culturais de que se servem. A centralidade do elemento performativo da enunciação cultural e das disjunções e articulações que esta possibilita reflete a influência de Lacan, Derrida e Barthes no pensamento pós-colonial. A enunciação cultural cria uma temporalidade própria, e é ela que torna possível a emergência de modernidades alternativas à modernidade ocidental, precisamente através de "traduções pós-coloniais".[14] A própria luta de libertação anticolonial é híbrida e assente em tradução, não se sustentando nem em ancestralidades pré-coloniais nem na imitação pura e simples dos ideais liberais ocidentais.

O conceito de diferença cultural é contraposto por Bhabha ao conceito de multiculturalismo e ao seu correlato, diversidade cultural, de que é bastante crítico. Para Bhabha, o multiculturalismo pressupõe a ideia de uma cultura central que estabelece as normas em relação às quais devem posicionar-se as culturas menores (BHABHA, 1990b, p. 208). Como tais normas estabelecem os limites dentro dos quais as outras culturas – consideradas menores ou inferiores – podem legitimamente manifestar-se, a afirmação da diversidade multicultural implica sempre uma limitação na afirmação da diferença cultural. É por isso que os projetos multiculturais não têm impedido que o racismo e a discriminação étnica continuem a se propagar. Gayatri Spivak, numa posição menos extrema, ao mesmo tempo que reconhece a ampliação do cânone com o "cânone multicultural", preocupa-se sobretudo com o fato de os textos do Terceiro Mundo serem ensinados com total desconhecimento dos contextos históricos e políticos em que foram produzidos (SPIVAK, 1996, p. 237-266). No fundo, tanto a diversidade cultural como a diferença cultural se confrontam com os limites da ambivalência ante a possibilidade de incomensurabilidade e, portanto, de intraduzibilidade entre culturas.

Nacionalismo e pós-colonialismos. A questão do nacionalismo assume várias dimensões no discurso pós-colonial. A mais importante é a da resistência anticolonial. Os estudos pós-coloniais contemporâneos distanciam-se da concepção de estereótipo fechado que subjaz ao orientalismo de Said. Se o outro é tão profunda e completamente construído como um objeto desqualificado, não lhe é deixada qualquer

---

[14] Abordo esse tema no Capítulo 2.

possibilidade de se requalificar pela resistência. Bhabha e outros mostram que a colagem do estereótipo ao "nativo" nunca é completa, que a ambivalência está precisamente nas disjunções, zonas de sombra que criam espaços de manobra para contestar as relações hegemônicas em nome de outras mais justas. A resistência pós-colonial reside sobretudo na "descolonização da imaginação imperial" de que falam Ngũgĩ wa Thiong'o (1986), Valentin Mudimbe (1988) e Achille Mbembe (2000).

Partha Chatterjee (1986) mostra bem o caráter contraditório e ambivalente do nacionalismo nos países orientais que estiveram sujeitos nomeadamente ao colonialismo britânico. É que esses países são forçados a adotar uma "forma nacional" hostil às suas culturas para lutar contra o nacionalismo ocidental das potências coloniais. Nesse contexto, o conhecimento do "atraso" ou do "subdesenvolvimento" dos povos colonizados é sempre ameaçador, na medida em que superar esse atraso ou esse subdesenvolvimento significa necessariamente ter de adotar uma cultura estranha. Aliás, Chatterjee vê essa ambivalência no interior da própria ideia ocidental de nacionalismo e formula-a através do que designa como dilema liberal do nacionalismo: o nacionalismo como história de libertação e de progresso é o mesmo que conduziu aos regimes mais opressivos e irracionais (CHATTERJEE, 1986, p. 2). Essa questão é importante e aponta para outra mais ampla: o que distingue o nacionalismo ocidental dos nacionalismos anticoloniais? Em que medida a distinção pode oferecer pistas para uma concepção progressista do nacionalismo tanto no Ocidente como fora dele? A verdade é que no mundo não europeu a questão nacional está historicamente embebida na questão colonial, na medida em que a asserção da identidade nacional se transforma numa arma de luta contra a exploração colonial (CHATTERJEE, 1986, p. 18).[15] Mas não é menos verdade que frequentemente o discurso nacionalista (no caso da Índia e certamente em outros países que estiveram sujeitos à dominação colonial), ao mesmo tempo que desafia a dominação colonial, aceita as premissas intelectuais da modernidade em que a dominação colonial se funda.

---

[15] Sobre esse debate, ver também Mondlane (1969) e Cabral (1976). Para uma perspectiva crítica do tema do nacionalismo no contexto dos "novos" estados africanos, ver Mazrui; Tidy (1984).

Entre essas premissas está o próprio capitalismo, cujo impulso universal cria uma permanente tensão com o nacionalismo, agora sob a forma de Estado independente. É o Estado que medeia entre um projeto de nação e a realidade do capitalismo, mas tal mediação é um projeto fadado ao fracasso. Por um lado, a extraterritorialidade do capitalismo só reconhece o Estado na medida em que ele pode contribuir para a sua expansão, o que se tornou dramaticamente evidente nas duas últimas décadas por ação da globalização neoliberal. Por outro lado, movimentos "locais", separatistas ou autonomistas, contestam o projeto do Estado moderno, criticando a sua legitimidade e a sua ideologia modernista, defendendo o direito a identidades étnicas ou religiosas ancestrais, que não encontram espaço de representação no Estado-nação reproduzido a partir da matriz ocidental. Mas não foram só as premissas intelectuais da modernidade ocidental que foram aceitas pelos movimentos nacionalistas. Foram aceitas também as premissas territoriais, as fronteiras estabelecidas arbitrariamente pela potência colonial. A antinomia está em que a contestação das fronteiras poderia ter tido o efeito contraproducente de perpetuar o colonialismo.

Os estudos pós-coloniais, ao contestarem a ideia da homogeneidade das culturas, contestam, implícita ou explicitamente, a ideia de nação ou de nacionalismo, já que uma e outra pressupõem certa homogeneidade cultural, assente numa identidade forjada a partir de um conflito, que opunha os colonizados à situação de opressão colonial. O desafio é, em meu entender, o de encontrar uma dosagem equilibrada de homogeneidade e fragmentação, já que não há identidade sem diferença, e a diferença pressupõe certa homogeneidade que permite identificar o que é diferente nas diferenças. Foi esse o desafio que enfrentaram intelectuais como Leopold Senghor (1964; 1977), Aimé Césaire (1955; 1983), Frantz Fanon (1961), Kwame Nkrumah (1961; 1965), Julius Nyerere (1966), Eduardo Mondlane (1969), Amílcar Cabral (1974; 1976), apostados na construção de uma cultura nacional entendida como direito do colonizado à autossignificação. A literatura é, talvez, entre as criações culturais, aquela em que melhor se pode obter o equilíbrio dinâmico entre homogeneidade e fragmentação. Não admira que alguns desses intelectuais e, sobretudo, Fanon tenham atribuído à literatura o estatuto de instrumento privilegiado na construção da "consciência nacional". E aqui o papel dos estudos pós-coloniais pode ser decisivo no sentido de debater e ampliar essa "consciência nacional", preenchendo-a com múltiplas vozes que as elites nacionalistas (para já não falar do poder colonial) esqueceram ou excluíram. O Subaltern Studies Group foi constituído exatamente para dar voz às classes populares e ao papel destas na construção da nação.[16] Só assim o nacionalismo evita a tentação do racismo, uma tentação endêmica no Ocidente (BALIBAR; WALLERSTEIN, 1991), mas igualmente presente em outras regiões do globo. Só assim o nacionalismo evita projetar a identidade de um grupo étnico como identidade nacional, produzindo situações de colonização interna (CORNELL; HARTMANN, 1998). Só assim também o nacionalismo pode evitar a tentação da discriminação sexual. De fato, como mostra Nira Yuval-Davis, o discurso nacionalista tende a reproduzir as representações tradicionais da mulher: a mulher como reprodutora biológica dos membros da comunidade étnica; reprodutora das fronteiras entre grupos étnicos; transmissora da cultura; significante das diferenças étnicas e nacionais. Só excepcionalmente a mulher surge como participante ativa nas lutas nacionais, políticas, militares e econômicas (YUVAL-DAVIS; FLOYA, 1989, p. 116-117).[17]

Pós-colonialismo e diáspora. O tema das migrações e da diáspora tem ganhado crescente atualidade e põe novos desafios à problemática das identidades culturais e dos processos de autorrepresentação. Robin Cohen (1997) define a diáspora como o ato de viver num país e no seio de uma coletividade, mas com o olhar sempre perfurando o tempo e o espaço à procura de outro país ou lugar. As diásporas são quase sempre o resultado de migrações que já ocorreram há algum tempo, e cuja violência continua dolorosamente marcada no imaginário social (ANDERSON, 1983; HARRIS, 1993; LOVEJOY, 2000). Esse elemento de transnacionalidade nas comunidades diaspóricas é o tema central da análise do trânsito atlântico dos negros a partir da escravatura, a "*middle passage*", e o seu impacto tanto nas representações das comunidades negras como na ideia da homogeneidade étnica e racial do Ocidente

---

[16] Sobre o Subaltern Studies Group, ver Santos (1995, p. 515; 2000, p. 349-350).

[17] Deve-se, no entanto, ter em conta que as mulheres foram por vezes importantes atores econômicos e políticos. É esse o caso das donas da Zambézia (CAPELA, 1995). Ver também McClintock (1995; 1997).

(GILROY, 1993). Para Gilroy, o Atlântico negro e a metáfora do navio que o complementa dão conta de comunidades negras, móveis, transnacionais, dentro e fora do Ocidente, sempre em contato com comunidades diferentes, modernas, capazes de "solidariedade na diferença" forjada em posições diferentes que, no entanto, contestam formas de opressão comum (discursos colonialistas, nacionalistas e racistas).[18]

John McLeod (2000, p. 211) fala das diásporas como "comunidades compostas", espaços dinâmicos de construção e reconstrução de identidades que desafiam quer o modelo de identidade nacional, quer a noção de raízes. Identidades de diáspora caracterizam igualmente aquilo que Stuart Hall (1996a; 1996b) designa como "novas etnias". Trata-se de grupos diaspóricos que contestam a fixidez das representações que lhes são impostas (por exemplo, negros) em nome das suas diferentes experiências sociais e posições subjetivas, e buscam formas próprias de organização alternativas às comunidades étnicas apadrinhadas pela sociedade dominante, mais para sua legitimação do que para resolver os problemas reais dos imigrantes.[19]

Em verdade, a celebração da condição híbrida diaspórica como condição que permite uma infinita criatividade tem frequentemente sido utilizada para ocultar as realidades imediatas, econômicas, sociais, políticas e culturais dos imigrantes ou das comunidades diaspóricas. A aura pós-colonial, a celebração da diáspora e o enaltecimento da estética da hibridez tendem a ocultar os conflitos sociais reais em que os grupos imigrantes ou diaspóricos são envolvidos, e sempre em posições de poder que lhes são desfavoráveis, como é o caso tangente da diáspora muçulmana no Ocidente.[20]

Essa enumeração seletiva das ideias centrais do pós-colonialismo permite uma avaliação crítica dessa corrente de estudos para o tema

---

[18] Uma boa análise crítica da perspectiva de Gilroy pode-se ler em Almeida (2000, p. 234-237).

[19] Gilroy (2000) propõe uma abordagem mais abrangente da questão da diáspora. Para esse autor, a identidade da diáspora tem nas migrações uma dimensão crucial, responsável pela produção de uma "consciência dupla" que resulta do fato de a nova identidade não assimilar totalmente a cultura do país de imigração nem conseguir preservar na totalidade os referenciais culturais de origem.

[20] Sobre esse assunto, ver, por exemplo, Dirlik (1997).

de que me ocupo neste trabalho. Em trabalhos anteriores, explorei a relação entre o que designo por pós-modernismo de oposição e o pós-colonialismo (SANTOS, 1999).[21] De fato, algumas perspectivas pós-coloniais – com ênfase na textualidade ou discursividade, na hibridação, na fragmentação, na performatividade – têm afinidades significativas com certo tipo de pós-modernismo, e são os mesmos autores que servem de inspiração a ambos (Nietzsche, Bakthin, Lacan, Barthes, Derrida). A minha crítica ao pós-modernismo em sua acepção dominante, que designo como pós-modernismo celebratório, reside no fato de este retirar do diagnóstico da crise do paradigma da modernidade, que eu partilho, a conclusão de que as aspirações de transformação social modernas (liberdade, igualdade, solidariedade, dignidade) devem deixar de ser um problema central das ciências sociais. Dessa conclusão decorre uma série de orientações teóricas e epistemológicas: total descaso pelas questões de poder, pelas desigualdades estruturais e pela exclusão social nas sociedades capitalistas contemporâneas; redução da realidade social à sua discursividade, deixando de lado as práticas não discursivas, nomeadamente as práticas de silenciamento da discursividade das classes populares e dos grupos sociais oprimidos e silenciados; recurso obsessivo à desconstrução textual, de que resulta a impossibilidade de formulação da resistência por esta última estar também armadilhada na desconstrução do poder que constitui enquanto resistência ao poder.

De algum modo, servi-me do pós-colonialismo para criticar o pós-modernismo celebratório e oferecer uma alternativa: o pós-modernismo de oposição. O recurso ao pós-colonialismo justifica-se por ele colocar no centro do campo analítico uma relação de poder particularmente assimétrica – a relação colonial. Sendo assim, as suas análises poderiam ser relevantes para outros tipos de relação social assimétrica e para a sua análise fora do cânone analítico modernista. O cruzamento que busquei neste capítulo com a perspectiva pós-colonial visou precisamente fundar práticas e subjetividades emancipatórias utópicas fora do cânone modernista. Usando um recurso caro tanto ao pós-modernismo como ao pós-colonialismo, fundei as utopias emancipatórias em três metáforas: a fronteira, o barroco e o Sul (SANTOS, 1995, p. 475-519; 2000, p. 329-383).

---

[21] Ver também a Introdução a este livro.

Usei o conceito de fronteira mais no sentido de extremidade (*frontier*) do que no sentido de zona de contato (*borderland*), mas, em todo caso, procurei com o conceito de fronteira significar a deslocação do discurso e das práticas do centro para as margens. Propus uma fenomenologia da marginalidade assente no uso seletivo e instrumental das tradições;[22] na invenção de novas formas de sociabilidade; nas hierarquias fracas; na pluralidade de poderes e ordens jurídicas; na fluidez das relações sociais; na promiscuidade entre estranhos e íntimos; entre herança e invenção.[23] Em suma, "viver na fronteira é viver nas margens sem viver uma vida marginal" (SANTOS, 1995, p. 496; 2000, p. 326).

O conceito de barroco, para além de outras virtualidades analíticas para o espaço colonial ibérico, permitiu-me aprofundar o conceito de mestiçagem, com um significado semelhante ao de hibridação, entendido como a "criação de novas constelações de sentido que, à luz dos seus fragmentos constitutivos, são verdadeiramente irreconhecíveis e blasfemas" (SANTOS, 1995, p. 503; 2000, p. 362).[24] A metáfora do barroco permitiu-me ainda discutir a construção da subjetividade utópica a partir da *extremosidad* barroca, sobretudo do extremismo da festa barroca assente na desproporção, no riso e na subversão (MARAVALL, 1990, p. 421). Finalmente, recorri à metáfora do Sul como metáfora do sofrimento humano sistêmico causado pelo capitalismo global. Com essa metáfora quis significar, por um lado, a dimensão e o caráter multifacetado da opressão nas sociedades contemporâneas, e, por outro, a capacidade de criação e inovação e de resistência dos oprimidos quando se libertam do estatuto de vítimas. Nessa capacidade estão latentes possibilidades insuspeitas de emancipação. Daí que tenha proposto uma epistemologia do Sul assente em três orientações: aprender que existe o Sul; aprender a ir para o Sul; aprender a partir do Sul e com o Sul (SANTOS, 1995, p. 508; 2000, p. 369).[25]

---

[22] O caráter instrumental da tradição tem sido objeto de vários estudos. A título de exemplo, ver Nandy (1987b), Ranger (1988; 1993) e Bazin (1990).

[23] Usei, no entanto, o conceito de fronteira no sentido de zona de contato ou *borderland* quando defini a cultura portuguesa como cultura de fronteira. Para uma análise dessa forma cultural, ver Santos (2013a).

[24] Esse tema é abordado, em mais detalhe, no Capítulo 5.

[25] Ver o Capítulo 2.

A minha relação crítica com o pós-colonialismo é pautada por três ideias. Por um lado, concebo a relação colonial como uma das relações de poder desigual fundantes do capitalismo moderno, mas não como a única, não se podendo ter uma compreensão plena dela sem articulá-la com outras relações de poder, tais como a exploração de classe, o sexismo e o racismo (o que o pós-colonialismo apenas em parte tem considerado). Por outro lado, pretendo reforçar a ideia de que a análise da cultura ou do discurso não dispensa a análise da economia política.[26] Na segunda metade da década de 1990, os silêncios do pós-colonialismo tornaram-se mais estridentes. McClintock (1995), uma das autoras que têm se destacado na reflexão sobre o sentido do pós-colonialismo, chama a atenção para as aporias do conceito. Distinguindo entre a teoria pós-colonial e o termo que a designa (pós-colonial), McClintock adverte para o fato de que embora "a *teoria* pós-colonial tenha procurado pôr em causa a grande marcha do historicismo ocidental e as suas oposições binárias (nós/outros; metrópole/colônia; centro/periferia), o *termo* pós-colonialismo continua a reorientar o globo à volta de uma única oposição binária: colonial/pós-colonial". O termo "pós-colonial", insiste McClintock, se bem que concebido para se opor à noção de tempo linear, está afinal "assombrado" por ela e confere ao colonialismo o prestígio de marca predominante da história. Para a definição histórica dos colonizados resta apenas uma concepção "preposicional", o pré- ou o pós-colonial. (McClintock, 1995, p. 10-12). Também Stuart Hall, que foi um dos inspiradores do pós-colonialismo, teme que o prefixo "pós-" possa induzir a ideia de ruptura com o colonialismo em detrimento da ideia de continuidade, que, no entanto, parece merecedora de atenção redobrada, dada a notória persistência dos efeitos da colonização e a difícil deslocalização das representações que ela cristalizou (Hall, 1996b). Do mesmo modo, McLeod problematiza as confusões a que o prefixo pode dar azo: depois do colonialismo; depois da independência; depois do fim do império (McLeod, 2000, p. 5). Outros autores questionam o verdadeiro sentido da experiência vivida por inúmeros países na

---

[26] Nesse mesmo sentido, consulte-se a interpelação que Miguel Vale de Almeida faz ao pós-colonialismo a partir da antropologia (ALMEIDA, 2000, p. 230 e segs.). Do meu ponto de vista, a interpelação não será diferente quando feita a partir da sociologia.

África. Patrick Chabal, por exemplo, faz isso recorrendo à metáfora dos espelhos:

> Se é verdade que as palavras que empregamos [nós, os ocidentais] para descrever o atraso de África ecoam as usadas há 100 anos, o significado que lhes atribuímos hoje é completamente diferente. O entendimento de que a "escuridão" de África é reconhecidamente exótica, outra e distante desapareceu hoje no mundo globalizado. A "escuridão" de África está hoje aqui conosco todos os dias nas nossas televisões. Ela é também a nossa "escuridão" e alimenta muitos dos nossos indizíveis pesadelos – da mesma forma como alimenta a chamada ameaça islâmica. Do mesmo modo, as nossas certezas imperiais e a nossa presunção de superioridade foram gravemente afetadas pelos acontecimentos do século XX. O debate sobre o pós-moderno e o pós-colonial é, assim, uma das muitas maneiras que temos de procurar ajustar contas com a estrutura contingente e relativa da nossa existência contemporânea. [...] Olhamos para a África não tanto porque nos interesse compreender a África, mas porque olhar para a África é uma das formas de definirnos a nós próprios (CHABAL, 1997).[27]

Como já referi, negligenciar a economia política, o poder econômico e classista é endêmico nos estudos culturalistas. Como diz Ahmad, o pós-colonialismo carece de uma posição sobre o capitalismo mundial e por isso passa em claro as transformações recentes do capitalismo que vieram aprofundar ou criar novas situações de neocolonialismo. Segundo ele, a ausência gritante dos problemas de classe na crítica pós-colonial deriva do fato de os estudos pós-coloniais serem produto de uma classe intelectual e acadêmica que ignora os problemas sociais reais ou não está interessada neles (AHMAD, 1995). Em meu entender, o esquecimento do neocolonialismo é uma das limitações mais incapacitantes do pós-colonialismo.

Finalmente, a minha relação crítica com o pós-colonialismo assenta-se na ideia de que o pós-colonialismo, apesar de tão prosélito na crítica da homogeneização e na apologia da fragmentação e da

---

[27] CHABAL, Patrick. Apocalypse Now? A Post-Colonial Journey into Africa. Palestra inaugural em 12 março 1997, no King's College, Londres, 1997.

diferença, acabou por homogeneizar a relação colonial, tal foi a falta de perspectiva histórica e comparativa. Mesmo dentro do Império Britânico, foram enormes as diferenças entre as experiências indiana, irlandesa, australiana, queniana, sul-africana etc. Isso para não falar dos outros colonialismos, nomeadamente o português e o espanhol. Esta última observação traz-me ao tema da próxima seção.

O colonialismo português e os silêncios do pós-colonialismo

Como referi atrás, a minha hipótese de trabalho é que a diferença do colonialismo português deve repercutir na diferença do pós-colonialismo no espaço da língua oficial portuguesa, nomeadamente em relação ao pós-colonialismo anglo-saxônico. Por comodidade e por paralelismo com a designação "colonialismo anglo-saxônico", uso a expressão "pós-colonialismo português" para designar o pós-colonialismo no espaço-tempo de língua oficial portuguesa.

A primeira diferença é que a experiência da ambivalência e da hibridação entre colonizador e colonizado, longe de ser uma reivindicação pós-colonial, foi a experiência do colonialismo português durante longos períodos. Analisarei com mais detalhe essa questão adiante. Por agora, há que salientar que a prática da ambivalência, da interdependência e da hibridação foi uma necessidade da relação colonial portuguesa. Por isso, no contexto do pós-colonialismo de língua oficial portuguesa, o importante é distinguir entre vários tipos de ambivalência e de hibridação, nomeadamente entre aquelas que reforçam as desigualdades de poder da relação colonial e as que as atenuam ou até subvertem.

O pós-colonialismo anglo-saxônico parte de uma relação colonial assente na polarização extrema entre colonizador e colonizado, entre Próspero e Caliban, uma polarização que é tanto uma prática de representação como a representação de uma prática; é contra ela que a subversão da crítica pós-colonial se dirige e faz sentido. Onde ancorar a subversão quando essa polarização – precisamente no domínio cultural e especificamente no domínio das práticas culturais como vivência cotidiana de que fala Bhabha – está, pelo menos durante largos períodos, fortemente atenuada ou matizada? Penso que o pós-colonialismo em língua oficial portuguesa tem de se centrar bem mais na crítica da ambivalência do que na reivindicação desta, e a crítica residirá em fazer a distinção entre formas de ambivalência e de hibridação que dão efetivamente voz ao subalterno (as hibridações emancipatórias) e aquelas que usam a voz do subalterno para silenciá-lo (as hibridações reacionárias).

A segunda diferença do pós-colonialismo de língua oficial portuguesa reside na questão racial sob a forma da cor da pele. Para os críticos pós-coloniais anglo-saxônicos, a cor da pele é um limite incontornável às práticas de imitação e de assimilação, porque, consoante os casos, ou nega por fora da enunciação o que a enunciação afirma, ou, pelo contrário, afirma o que ela nega. No caso do pós-colonialismo português, há que contar com a ambivalência e a hibridação na própria cor da pele, o mulato e a mulata. Ou seja, o espaço-entre, a zona intelectual que o crítico pós-colonial reivindica para si, incarna no mulato como corpo e zona corporal. O desejo do outro em que Bhabha (1994, p. 50) funda a ambivalência da representação do colonizador não é um artefato psicanalítico nem é duplicado pela linguagem. É físico, criador e multiplica-se em criaturas. Longe de ser uma imitação falhada, a mulata e o mulato são a negação da imitação. É a afirmação *a posteriori* de um limite, um limite que só se afirma depois de ultrapassado. É a afirmação do branco e do negro no ponto de uma elisão recíproca. A miscigenação não é a consequência da ausência de racismo, como pretende a razão luso-colonialista ou luso-tropicalista, mas é certamente a causa de um racismo de tipo diferente. Por essa razão, também a existência da ambivalência ou hibridação é trivial no contexto do pós-colonialismo português. Importante será dilucidar as regras sexistas da sexualidade segundo as quais quase sempre deitam na cama o homem branco e a mulher negra, e não a mulher branca e o homem negro. Ou seja, o pós-colonialismo português exige uma articulação densa com a questão da discriminação sexual e o feminismo.

A terceira diferença do pós-colonialismo português reside numa dimensão de ambivalência e hibridação insuspeitável no pós-colonialismo anglo-saxônico. Ao contrário do que sucede neste último, a ambivalência das representações não decorre apenas de não haver uma distinção clara entre a identidade do colonizador e a do colonizado. Decorre também de essa distinção estar inscrita na própria identidade do colonizador. A identidade do colonizador português não se limita a conter em si a identidade do outro, o colonizado por ele. Contém ela própria a identidade do colonizador enquanto colonizado por outrem. Como mostrarei a seguir, o Próspero português, quando visto da perspectiva dos Super-Prósperos europeus, é um Caliban. A identidade do colonizador português é, assim, duplamente dupla. É constituída pela conjunção de dois outros: o outro que é o colonizado e o outro que é o próprio colonizador enquanto colonizado. Foi essa duplicidade de alta intensidade que permitiu ao português ser, muitas vezes, tratado mais como emigrante do que como colono, nas "suas" próprias colônias. Haverá mesmo que averiguar se a identidade como colonizado precede a identidade como colonizador na genealogia dos espelhos em que se reveem os portugueses.

Pode-se, pois, concluir que a disjunção da diferença (BHABHA, 1994) é bem mais complexa no caso do pós-colonialismo português, uma complexidade que, paradoxalmente, pode redundar em conjunções ou cumplicidades insuspeitas entre o colonizador e o colonizado. O "outro" colonizado pelo colonizador não é totalmente outro em relação ao "outro" colonizado do colonizador. Ao contrário do pós-colonialismo anglo-saxônico, não há um outro. Há dois que nem se juntam nem se separam. Apenas interferem no impacto de cada um deles na identidade do colonizador e do colonizado. O outro-outro (o colonizado) e o outro-próprio (o colonizador enquanto ele próprio colonizado) disputam na identidade do colonizador a demarcação das margens de alteridade, mas, por assim dizer, a alteridade está, nesse caso, dos dois lados da margem. Isso tem consequências para dois dos procedimentos centrais do discurso pós-colonial: a imitação e o estereótipo.

A *imitação* colonial é sempre mentirosa, porque, como diz Bhabha, ocorre sempre numa encruzilhada entre o que é conhecido e permissível e o que não é conhecido e deve ser ocultado (BHABHA, 1994, p. 89). No plano geopolítico, é essa a imitação que, segundo Benedict Anderson (1983), torna possível a compatibilidade do império com a nação. Subjacente a essa concepção está a ideia, que se pressupõe ser óbvia, de que na imitação colonial o que está em causa é a imitação do colonizador por parte do colonizado. Ora, no caso do pós-colonialismo português, tal não pode ser pressuposto e deve, pelo contrário, ser objeto de investigação. Os jogos de imitação foram aqui muito mais complexos e recíprocos e, mais uma vez, por razões de sobrevivência. O colonizador imitou o colonizado e não necessariamente para se aproximar dele. Ou seja, as práticas de imitação foram muito mais caóticas, porque, longe de serem sempre o instrumento de um desígnio de dominação imperial, foram as mais das vezes contingências intersubjetivas em contextos de sobrevivência difícil (difícil, por vezes, apenas para o colonizador, outras vezes, para ambos, o colonizador e o colonizado). Foram um kit de primeiros socorros em situações de que não se podia ser evacuado pelo braço ágil e longo do império.

Por essa razão, a "mentira do império", que, segundo Bhabha (1994, p. 138), decorre da pretensão de integridade e completude na incorporação do conhecimento cultural nativo, não se põe do mesmo modo no caso do império português. A mentira deste foi em muitas circunstâncias a de pretender ser império "como os outros" e esconder o medo de ser absorvido ou incorporado pelas colônias, como sucedeu no período em que a coroa portuguesa fugiu para o Brasil e estabeleceu a capital do Império no Rio, um ato de ruptura representacional com a ideia imperial de império sem paralelo na modernidade ocidental.

É por isso também que o *estereótipo* do colonizado não teve nunca o fechamento que é atribuído ao estereótipo no Império Britânico, ou, pelo menos, o seu fechamento foi sempre mais inconsequente e transitório. A penetração sexual convertida em penetração territorial e interpenetração racial deu origem a significantes flutuantes que sufragaram, com o mesmo grau de cristalização, estereótipos contrários consoante a origem e a intenção da enunciação. Sufragaram o racismo sem raça ou, pelo menos, um racismo mais "puro" do que a sua base racial. Sufragaram também o sexismo sob o pretexto do antirracismo. Por essa razão, a cama sexista e interracial pôde ser a unidade de base da administração do Império, e a democracia racial pôde ser agitada como um troféu antirracista sustentado pelas mãos brancas, pardas e negras do racismo e do sexismo.

O fato de o colonizador ter a vivência de ser colonizado não significa que se identifique mais ou melhor com o *seu* colonizado. Tampouco significa que o colonizado por um colonizador-colonizado seja menos colonizado que outro colonizado por um colonizador-colonizador. Significa apenas que a ambivalência e a hibridação detectadas pelo pós-colonialismo anglo-saxônico estão, no caso do pós-colonialismo português, muito além das representações, dos olhares, dos discursos e das práticas de enunciação.

São corpos e incarnações, vivências e sobrevivências cotidianas ao longo de séculos, sustentadas por formas de reciprocidade entre o colonizador e o colonizado insuspeitáveis no espaço do Império Britânico.

Para explicar essa diferença, é necessário introduzir outra sobre os jogos de autoridade. Nos estudos pós-coloniais, o colonizador surge sempre como um sujeito soberano, a incarnação metafórica do império. Ora, no colonialismo português tal não se pode pressupor sem mais. Só durante um curto período – na África, a partir do final do século XIX – é que o colonizador incarna o império, e mesmo assim só em circunstâncias muito seletivas. Fora disso, o colonizador apenas representa a si próprio. É um autoimpério e, como tal, tão livre para o máximo excesso como para o máximo defeito da colonização. Mas, precisamente porque essa identidade imperial não lhe é outorgada por ninguém para além dele, ele é de fato um sujeito tão desprovido de soberania quanto o colonizado. Por isso, a autoridade não existe para além da força ou da negociação que é possível mobilizar na zona de encontro.[28]

Essa dupla ambivalência das representações afeta não apenas a identidade do colonizador, como também a do colonizado. É possível que o excesso de alteridade que identifiquei no colonizador português seja igualmente identificável no colonizado pelo colonialismo português. Sobretudo no Brasil é possível, como hipótese, imaginar que a identidade do colonizado tenha sido, em alguns períodos, pelo menos, construída a partir de um duplo outro, o outro do colonizador direto português e o outro do colonizador indireto britânico. Essa duplicidade transformou-se mesmo em elemento constitutivo do mito das origens e das possibilidades de desenvolvimento do Brasil, como veremos adiante. Essa duplicidade instaurou uma fratura que até hoje é tema de debate e divide os brasileiros entre os que se sentem vergados pelo excesso de passado e os que se sentem vergados pelo excesso de futuro.

O colonialismo português carrega consigo o estigma de uma indecidibilidade que deve ser objeto primordial do pós-colonialismo português. A colonização por parte de um Próspero incompetente, relutante, originariamente híbrido redundou em subcolonização ou

---

[28] Ver o projeto sobre os jogos identitários entre Portugal e Moçambique referido na nota 1 deste capítulo.

em hipercolonização? Uma colonização particularmente capacitante ou incapacitante para o colonizado? Um Próspero caótico e absentista não terá aberto o espaço para a emergência de Prósperos de substituição no seio dos Calibans? Não será por isso que, no contexto do pós-colonialismo português, a questão do neocolonialismo é menos importante do que a do colonialismo interno? Não deixa de ser significativo que as independências, quer do Brasil, quer dos países africanos, tenham ocorrido no contexto de transformações políticas importantes e de sinal progressista na metrópole colonial: a revolução liberal de 1820 e a Revolução de 25 de Abril de 1974. Esse fato, combinado com a posição semiperiférica do país no sistema mundial, contribuiu para que o neocolonialismo não seguisse de modo significativo os trilhos deixados pelo colonialismo, ao contrário do que sucedeu, especificamente, com o colonialismo britânico ou francês. Isso não significa que não tenha havido (ou venha a haver) neocolonialismo. Mas parece que até hoje ele só existe em relação aos países em que é viável um neocolonialismo à medida das insuficiências do ex-colonizador, os pequenos países de Cabo Verde, Guiné-Bissau, São Tomé e Príncipe e Timor. O excesso pós-colonial das grandes ex-colônias não deixa de estar relacionado com o déficit do colonialismo de que se libertaram.

Esse déficit de colonialismo e de neocolonialismo ajuda a explicar a especificidade das formas políticas que emergiram com a independência das grandes colônias. Em sentidos opostos, essas formas divergiram da norma de descolonização estabelecida pelo colonialismo hegemônico. No caso do Brasil, teve lugar uma das independências mais conservadoras e oligárquicas do continente latino-americano e a única sob a forma de monarquia. Com ela estavam criadas as condições para ao colonialismo externo suceder o colonialismo interno, para ao poder colonial suceder a colonialidade do poder. No caso de Angola e Moçambique, pelo contrário, o desvio da norma foi no sentido de os novos países independentes adotarem regimes revolucionários que, no contexto da Guerra Fria, colocavam-nos do lado oposto àquele em que Portugal os tinha mantido enquanto colônias. As vicissitudes por que passaram esses países nos últimos 30 anos (fim da Guerra Fria, guerra civil, processos de paz) não nos permitem avaliar em que medida o colonialismo interno irá caracterizar os novos países.

A indecidibilidade e a fuga a padrões que caracterizam o colonialismo português suscitam ainda outra questão que devia ser fonte de reflexão para um *pós-colonialismo situado*. A pergunta é: por que durou tanto, muito além do colonialismo hegemônico, e por que razão, no caso das colônias mais importantes, o seu fim exigiu uma prolongada guerra de libertação? A minha hipótese de trabalho é que aqui também operou o outro colonizador, o colonialismo central que, a partir do século XIX, acompanhou de perto o colonizador português. Tanto na Conferência de Berlim como no fim da Segunda Guerra Mundial, foram os conflitos e as conveniências recíprocas entre os países capitalistas centrais que ditaram a continuidade do Império colonial português. No último caso, o do pós-guerra, a Guerra Fria, combinada com o fato de a África ter sido um continente não partilhado pelos Acordos de Ialta, permitiu aos países capitalistas centrais usar o colonialismo português como tampão contra o perigo soviético. Dadas as debilidades do Próspero português, puderam usá-lo para controlar a África e, sobretudo, proteger a África do Sul do *apartheid* sem o ônus do colonialismo. Assim, sob nova forma, a identidade colonizador-colonizado pôde reproduzir-se até o final do Império. O problema é agora o de saber se e sob que bases ou formas essa identidade continua a se reproduzir, agora que Portugal passou a ser de pleno direito a periferia da Europa, ou seja, uma periferia com o direito à imaginação do centro.[29]

A indecidibilidade do colonialismo português constitui uma mina de investigação para um pós-colonialismo situado, contextualizado, ou seja, para um pós-colonialismo que não se deixe armadilhar pelo jogo de semelhanças e diferenças do colonialismo português em relação ao colonialismo hegemônico. Caso contrário, uns apenas verão semelhanças, e outros, diferenças, e entre uns e outros a indecidibilidade escapar-se-á como um derradeiro objeto incomensurável, invisível para si próprio como o olhar. No atual contexto, o pós-colonialismo situado pressupõe cuidadosas análises históricas e comparadas dos colonialismos e do que se lhes seguiu. É crucial responder à pergunta sobre quem descoloniza o quê e como. Só assim o discurso pós-colonial pode fazer jus à disseminação que Bhabha (1990a, p. 293)

---

[29] Sobre o conceito de imaginação do centro, ver Santos (2013a).

propõe, um discurso que se move entre diferentes formações culturais e processos sociais sem uma causa lógica central. Sem tal especificação histórica e comparativa, o pós-colonialismo será mais uma forma de imperialismo cultural, e uma forma particularmente insidiosa, porque credivelmente anti-imperalista.

Jogos de espelhos, I: um Caliban na Europa

As identidades são o produto de jogos de espelhos entre entidades que, por razões contingentes, definem as relações entre si como relações de diferença e atribuem relevância a tais relações. As identidades são sempre relacionais, mas raramente são recíprocas. A relação de diferenciação é uma relação de desigualdade que se oculta na pretensa incomensurabilidade das diferenças. Na história do capitalismo, quem tem tido poder para declarar a diferença tem tido poder para declará-la superior às outras diferenças em que se espelha. A identidade é originariamente um modo de dominação assente num modo de produção de poder que designo como diferenciação desigual (SANTOS, 1995, p. 424-428; 2000, p. 264-269). As identidades subalternas são sempre derivadas e correspondem a situações em que o poder de declarar a diferença se combina com o poder para resistir ao poder que a declara inferior. Na identidade subalterna, a declaração da diferença é sempre uma tentativa de apropriar uma diferença declarada inferior de modo a reduzir ou a eliminar a sua inferioridade. Sem resistência não há identidade subalterna, há apenas subalternidade.

A identidade dominante reproduz-se assim por dois processos distintos: pela negação total do outro e pela disputa com a identidade subalterna do outro. Quase sempre o primeiro conduz ao segundo. Por exemplo, a identidade dominante e mesmo matricial da modernidade ocidental – Próspero/Caliban, civilizado/selvagem, negro/branco, homem/mulher – reproduziu-se inicialmente pelo primeiro processo e depois pelo segundo. Em diferentes jogos de espelhos, os dois processos continuam a vigorar. No entanto, do ponto de vista do diferente superior, a identidade dominante só se transforma em fato político na medida em que entra em disputa com identidades subalternas. É esse o fato político que hoje designamos como multiculturalismo.

Em qualquer dos seus modos de reprodução, a identidade dominante é sempre ambivalente, pois mesmo a negação total do outro só é possível através da produção ativa da inexistência do outro. Essa produção implica sempre o desejo do outro na forma de uma ausência abissal, de uma carência insaciável. Essa ambivalência está bem patente na representação das Américas no início da expansão europeia. A maioria dos relatos da descoberta e das narrativas de viagens às Américas refletem uma peculiar fusão de imagens idílicas, utópicas e paradisíacas do novo continente com as práticas cruéis e canibalísticas dos nativos. De um lado, a natureza luxuriante e benevolente, do outro, a antropofagia repulsiva. Segundo Mário Klarer, essa "estranha interdependência" entre canibalismo e utopia, que caracteriza as primeiras imagens da América, tem raízes antigas, na Antiguidade clássica e na Idade Média, e está presente na própria teologia cristã, em que a Eucaristia representa a união de princípios irreconciliáveis: "[E]nquanto os canibais devoram os estranhos para restabelecer a unidade do sujeito e do objeto, os cristãos comem o 'corpo' de Jesus enquanto unidade utópica entre os homens e o seu Deus" (KLARER, 1999, p. 395).

No seu ensaio "Des Cannibales", de 1580, Montaigne (1965) foi o primeiro a analisar essas duas imagens, a da utopia e a do canibalismo, aparentemente contraditórias, como mecanismos interdependentes. A partir de Bakhtin, é possível ver a articulação entre os jogos de contradições e inversões e a celebração do corpo no Carnaval europeu medieval, por um lado, e a imagética do novo continente, por outro (KLARER, 1999, p. 401). O "realismo grotesco" que Bakhtin identificou no Carnaval medieval – as desfigurações físicas e a verdade carnavalesca como potencialidade de um mundo acolhedor e uma idade de ouro – está bem visível na inversão utópica do social e do político na América da antropofagia. O novo continente é o Carnaval diaspórico dos europeus. Por isso, a repulsão do canibalismo é o outro lado do desejo de unidade com a natureza e o cosmos, a unidade que os europeus tinham perdido e que, a seus olhos, os índios conservavam.

Sobre os jogos de identidade no espaço-tempo português, adianto as seguintes hipóteses. Em primeiro lugar, esses jogos são particularmente complexos pelo fato de os portugueses terem estado ao longo da história dos dois lados do espelho, enquanto Próspero visto ao espelho de Caliban, e enquanto Caliban visto ao espelho de Próspero. A segunda hipótese, decorrente da anterior, é que a ambivalência é potenciada nesse espaço-tempo pelo fato de o sujeito de desejo ter sido também objeto de desejo. A terceira hipótese é que a identidade dominante nesse espaço-tempo produziu apenas muito tardiamente (e nunca de modo consequente) a negação total do outro e talvez por isso tampouco soube confrontar-se politicamente com as identidades subalternas. Nesta seção e nas seguintes aduzirei alguma prova dessas hipóteses.

As características com que os portugueses foram construindo, a partir do século XV, a imagem dos povos primitivos e selvagens das suas colônias são muito semelhantes às que lhes são atribuídas, a partir da mesma época, por viajantes, comerciantes e religiosos vindos da Europa do Norte[30]: do subdesenvolvimento à precariedade das condições de vida, da indolência à sensualidade, da violência à afabilidade, da falta de higiene à ignorância, da superstição à irracionalidade. O contraste entre a Europa do Norte e Portugal está bem patente no relato do frade Claude de Bronseval, secretário do abade de Clairvaux, sobre a viagem que fizeram a Portugal e à Espanha, entre 1531 e 1533. Queixam-se recorrentemente das péssimas estradas, do caráter rústico das pessoas, do alojamento e do tratamento paupérrimos, bem "à maneira do país" (BRONSEVAL, 1970, v. II, p. 577), dos hábitos estranhos, como o de os nobres ou homens honrados reservarem para albergar os estrangeiros as casas mais miseráveis para não serem vistos como estalajadeiros (BRONSEVAL, 1970, v. I, p. 431). Quanto à educação dos frades, "são poucos os que nestes reinos hispânicos gostam de latim. Eles não gostam senão da sua língua vulgar" (BRONSEVAL, 1970, v. I, p. 461). A descrição de Lisboa não poderia ser mais significativa da atitude geral dos viajantes:

> [E]sta cidade densamente povoada é um antro de judeus, alimento de uma multidão de indianos, uma masmorra dos filhos da Agar, um reservatório de mercadorias, uma fornalha de agiotas, um estábulo de luxúria, um caos de avareza, uma montanha de orgulho,

---

[30] Por "Europa do Norte" entendem-se aqui os países da Europa considerada "civilizada" – a Inglaterra, a França e a Alemanha –, que mais tarde terão um papel decisivo na colonização.

um refúgio para fugitivos, um porto para franceses cadastrados (BRONSEVAL, 1970, v. I, p. 329).

Castelo Branco Chaves reuniu, em *O Portugal de D. João V visto por três forasteiros*, três relatos de estrangeiros escritos entre 1720 e 1730. Segundo ele,

> o conspecto geral do país que se apreende é o de uma terra fértil, rica mas desaproveitada, vivendo quase exclusivamente do oiro do Brasil. Parte do que comia, do que vestia, as madeiras para as construções urbanas e navais, a maioria do necessário à vida, tudo vinha de fora, da Inglaterra e da Holanda, particularmente comprado com o oiro brasileiro. O português é mandrião, nada industrioso, não aproveita as riquezas da sua terra, nem sabe fazer vender as das suas colónias (CHAVES, 1983, p. 20).

Com exceção da referência final às colônias, essa caracterização corresponde ponto por ponto ao que então e há dois séculos se dizia dos povos indígenas ou nativos da América e da África. Os portugueses são ciumentos até às maiores crueldades, vingativos, dissimulados, motejadores, frívolos e tolos. Crueldade, espírito de vingança, dissimulação, frivolidade e tolice são parte constitutiva do estereótipo dos europeus a respeito dos africanos ou dos povos ameríndios. Essa assimilação está muitas vezes implícita nos próprios relatos quando a cor da pele dos portugueses é invocada para confirmar a veracidade do estereótipo. Segundo um dos relatos, os portugueses são "altos, bem parecidos e robustos, na sua maior parte muito morenos, o que resulta do clima e ainda mais do cruzamento com negros" (CHAVES, 1983, p. 24). Ao mesmo tempo que os portugueses proclamavam a miscigenação como um triunfo humanista ou um expediente colonialista engenhoso, a mesma miscigenação era-lhes inscrita na pele como um ônus pelo olhar do Próspero europeu.

Nesse jogo de espelhos, é ainda relevante lembrar que muitos dos relatos a época estranham a profusão de óculos em Portugal e zombam dela: "A nação parece falta na vista [...] os padres beneditinos em Coimbra fazem-se reparáveis por nenhum deixar de trazer óculos [...] *propter farsolam*" (CHAVES, 1983, p. 112-113). A relevância dessa característica na composição do estereótipo sobre os portugueses está no fato de ela ser simétrica da que foi atribuída aos negros africanos a partir do século XIX como sendo sinal de uma pretensão de assimilação inconsequente e tola.

Mas, como afirma Castelo Branco Chaves, é a partir da segunda metade do século XVIII, e por invenção sobretudo dos ingleses, que a "lenda negra" de Portugal e dos portugueses como povo decaído, degenerado e imbecilizado mais se aprofunda. Em dezembro de 1780, Richard Crocker, capitão inglês, escreve de Lisboa:

> Os homens portugueses são, sem dúvida, a raça mais feia da Europa. Bem podem eles considerar a denominação de "ombre blanco" – homem branco – como uma distinção. Os Portugueses descendem de uma mistura de Judeus, Mouros, Negros e Franceses, pela sua aparência e qualidade parecem ter reservado para si as piores partes de cada um destes povos. Tal como os Judeus, são mesquinhos, enganadores e avarentos. Tal como os Mouros, são ciumentos, cruéis e vingativos. Tal como os povos de cor, são servis, pouco dóceis e falsos e parecem-se com os Franceses na vaidade, artifício e gabarolice (*apud* PIRES, 1981, p. 112).

No mesmo tom escrevia de Lisboa a um amigo, a 11 de setembro de 1808, o oficial da Marinha inglesa Charles Adam: "[V]ou fazer o possível para arranjar os teus livros espanhóis, dizem-me que não há livros portugueses que valha a pena ter" (*apud* PIRES, 1981, p. 85).

No estudo que fez sobre as impressões colhidas pelo comissário alemão alistado no exército inglês August Schaumann durante a sua estadia em Portugal entre 1808 e 1814, Maria Teresa Byrne descreve como os portugueses são em geral descritos como camponeses, algo primitivos. "De todo o meu coração tenho pena destes pobres diabos", escreve Schaumann, ao lamentar a situação de um povo que se vê invadido não por um, mas por dois países, um que o ataca (a França) e outro que o defende (a Inglaterra) (*apud* BYRNE, 1998, p. 108). Pela mesma época, Lord Byron visita Portugal (1809) e escreve o seu famoso poema *Peregrinação de Childe Harold*: "Nação impando de ignorância e orgulho. [...] Palácio e cabana são igualmente imundos; seus morenos habitantes educados sem asseio; e ninguém, fidalgo ou plebeu, cuida da limpeza do casaco ou da camisa [...] os cabelos por pentear, mal asseados, indiferentes" (BYRON, 1881, p. 30-31).

E, para não restarem dúvidas, eis a comparação que Byron faz com os espanhóis: "[P]orquanto o camponês espanhol é tão soberbo como o duque mais nobre e conhece bem a distância que vai dele ao escravo português, o último dos escravos" (BYRON, 1881, p. 37).

No final do século XVII, o reverendo anglicano John Colbatch, que ocupou o posto de capelão da British Factory, em Lisboa, tinha uma opinião em geral mais favorável dos portugueses (povo pouco "dado à embriaguês"), não deixando ao mesmo tempo de denunciar o "ódio mortal" que "[alimentavam] pelos estrangeiros" e de lamentar a sua pouca gratidão para com os ingleses, que tantas vezes foram seus "salvadores" (*apud* MACAULAY, 1946, p. 224-225). Um século e meio mais tarde, o reverendo J. M. Neale, que viajou amplamente pelo país, dá uma imagem confrangedora das miseráveis condições de vida em Portugal na época e avisa que, "quando exaltados, os portugueses se tornam perigosos" (*apud* MACAULAY, 1946, p. 207-208). Robert Southey, que Zulmira Castanheira considera ser o primeiro lusófilo inglês, visitou Portugal pela primeira vez em 1796 e, apesar de pretender mostrar admiração pelos portugueses, não deixa de os zurzir como povo retrógrado, supersticioso, sujo, preguiçoso, ciumento, vaidoso, ignorante, desonesto, tolhido pela tirania do Estado e da Igreja, ambos corruptos e ignaros, e servido por instituições insólitas e chocantes como a justiça, "geralmente inoperante ou precipitada, que deixava impunes os muitos assaltantes e assassinos", ou a medicina, "exercida por médicos que nada sabiam do ofício e desacreditados pelos doentes que preferiam considerar as melhoras que sentiam como obra de Deus e não como resultado da eficiência dos clínicos" (*apud* CASTANHEIRA, 1996, p. 83). E, para compor a simetria com os estereótipos europeus sobre os povos nativos da África ou da América, afirma Southey: "A sensualidade é sem dúvida o vício dos portugueses. As imagens debochadas de Camões, a sua ilha dos amores e Vénus protectora do Gama demonstram que eles se vangloriam de deboches deste tipo" (*apud* CASTANHEIRA, 1996, p. 92).

A simetria entre os estereótipos dos portugueses, por parte dos europeus do Norte, e os estereótipos dos povos nativos da América e da África, por parte dos europeus do Norte e do Sul, torna-se particularmente consistente no que diz repeito à ambivalência com que a estigmatização do outro é penetrada pelo desejo radical do outro. Vimos atrás como as primeiras imagens e narrativas da América combinam a exaltação da natureza idílica e da vida simples com a condenação veemente das práticas cruéis e repulsivas do canibalismo. Esse contraste tem um paralelo intrigante nas imagens dos portugueses nos relatos de viajantes europeus no nosso país a partir do século XVIII. A formulação mais vincada do contraste pertence a Lord Byron (1881, p. 31): "Porque desbarataste, ó natureza, as tuas maravilhas com semelhante gente? Eis que em vário labirinto de montes e vales surge o glorioso éden de Sintra".

Mas o contraste está presente em muitos outros relatos. A beleza das paisagens, a terra fértil, o clima ameno são recorrentemente contrapostos à rudeza e à brutalidade dos portugueses. Robert Southey, que, como referi anteriormente, avalia severamente os portugueses, é o mesmo que exalta as belezas naturais do país e exclama: "Daria um dos meus olhos à cega Fortuna se ela me deixasse olhar o Tejo com o outro" (*apud* Castanheira, 1996, p. 75). A terra rica, fértil, mas desaproveitada, é um *topos* recorrente dos relatos. Carlos de Merveilleux, médico naturalista francês a quem D. João V convidou para escrever "a história natural destes reinos", escrevia assim: "[A]s terras produzem quase sem trabalho e indemnizam abundantemente os cuidados com o seu cultivo. [...] Que riquezas não extrairia Sua Majestade dos seus estados se eles fossem povoados por anabaptistas e outras gentes laboriosas" (*apud* CHAVES, 1983, p. 20).

A dialética de estranheza/desejo e repulsão/atração, presente na descrição dos animais do continente americano, e da relação dos índios com eles é também identificável nos relatos dos viajantes estrangeiros em Portugal. Eis o que escreve uma viajante inglesa na década de 1890:

> Embora o nosso porco mascote fosse um porco muito bonito – um chinês estranho – os porcos desta região são terrivelmente feios. São uns animais enormes com grandes orelhas compridas, lombos imensos, erguendo-se no centro como um arco, costados ocos e cobertos de uma espécie de pelos curtos e macios, mas tão ralos, que se vê distintamente a pele preta por baixo. Apesar disso, os

aldeões consideram estas criaturas como animais domésticos que respondem aos nomes que lhes põem e vêm quando os chamam, como os cães, e gostam muito que lhes falem e acariciem (*apud* PIRES, 1981, p. 40).

A dialética da representação do colonizado faz deste, como vimos, um ser simultaneamente atrativo e repulsivo, um ser dócil e ameaçador, leal e traiçoeiro, um ser utópico e diabólico. Daí que os estereótipos não sejam unívocos nem consistentes. Consoante as necessidades de representação do colonizador, predominam estereótipos negativos ou, pelo contrário, estereótipos positivos, ainda que uns e outros se pertençam mutuamente. Essa dialética tem igualmente paralelo nas representações dos estrangeiros a respeito dos portugueses. Ao lado das representações "negativas", que ilustrei antes, há igualmente representações "positivas". Aliás, tal como aconteceu com as narrativas coloniais a respeito do colonizado, a disputa sobre "o perfil do português" foi por vezes acesa entre os observadores estrangeiros. Os estereótipos negativos passam a dominar na segunda metade do século XVIII, à medida que se aprofunda o domínio da Inglaterra sobre Portugal, mas, ao longo de toda a época moderna, são frequentes as narrativas que procuram pôr em causa e oferecer alternativas a narrativas anteriores consideradas falsas. Alguns prosélitos da representação procuram mesmo reconstruir a história das representações dos portugueses de modo a fazer salientar a sua face positiva, como é o caso de Rose Macaulay (1946; 1990) em dois livros sobre relatos de viagem a Portugal. O estereótipo dos brandos costumes é talvez o mais consistente de todos os estereótipos positivos, apesar de ser muito recente. Está na base de outro ainda mais recente, o do luso-tropicalismo.

O que pretendo mostrar é que tanto a carga positiva como a carga negativa dos estereótipos têm paralelos por vezes surpreendentes com os estereótipos coloniais. Num trabalho importante sobre o sistema de representações sociais identitárias dos portugueses, Pereira Bastos reconstrói assim o perfil do português saído dos estudos do sociólogo francês Paul Descamps, que fez investigação em Portugal nos anos de 1930 a convite de Salazar: predomínio do amor sobre os interesses materiais; saudosismo e propensão para a melancolia; exagerada moleza do caráter; desvirilização e hipersensibilidade; temperamento nervoso, emotividade e compaixão; espírito poético; amabilidade e docilidade; "alma feminina"; amabilidade e simpatia; propensão para a simulação; desejos ilimitados, ilusão e apelo ao irreal; espírito aventureiro; falta de perseverança, de capacidade empresarial e de chefia; ausência da noção de importância do tempo e da pontualidade; incompreensão das consequências sociais das ações (BASTOS, 1995, v. I, p. 144-147).[31] Nessa lista, é importante a complexa ambivalência de atração e repulsão. Mas mais importante ainda é que, em pleno século XX, muitas das características atribuídas aos portugueses têm semelhanças surpreendentes com as que as narrativas colonialistas, inclusive as portuguesas, atribuíam ao negro africano, ao escravo americano ou ao índio americano.

Jogos de espelhos, II: um Próspero calibanizado

Mostrei na seção anterior que os portugueses nunca puderam instalar-se comodamente no espaço-tempo originário do Próspero europeu. Viveram nesse espaço-tempo como que internamente deslocados em regiões simbólicas que não lhes pertenciam e onde não se sentiam à vontade. Foram objeto de humilhação e de celebração, de estigmatização e de complacência, mas sempre com a distância de quem não é plenamente contemporâneo do espaço-tempo que ocupa. Forçados a jogar o jogo dos binarismos modernos, tiveram dificuldades em saber de que lado estavam. Nem Próspero nem Caliban, restaram-lhes a liminaridade e a fronteira, a interidentidade como identidade originária.

Acontece que, em aparente contradição com tudo isso, Portugal foi a primeira potência europeia ocidental a se lançar na expansão ultramarina e foi a que manteve por mais tempo o seu Império. Se o colonialismo desempenhou um papel central no sistema de representações da modernidade ocidental, Portugal teve uma participação pioneira na construção desse sistema e, portanto, no jogo de espelhos fundador entre Próspero e Caliban. O enigma é, pois: como é que o Caliban europeu pôde ser Próspero Além-Mar? Ou será que, porque nunca assumiu nenhuma dessas identidades em pleno e exclusivamente, pôde assumir as duas simultaneamente? A hegemonia de Portugal no

---
[31] Ver Descamps (1935).

sistema mundial moderno foi de curta duração, e no final do século XVI os significantes de Próspero e Caliban circulavam fora do controle dos portugueses. As inscrições desses significantes nos sistemas de representação dos portugueses foram de tal modo complexas e fizeram-se durante um período tão longo que acabaram por dar origem a estereótipos e mitos contraditórios, cada um deles sobrecarregado de meias-verdades. Até hoje, a construção histórica das descobertas e do colonialismo portugueses está assombrada por mitos que se pertencem e se anulam mutuamente. De um lado, a construção de Charles Boxer (1963; 1969): os portugueses como um Próspero incompetente com todos os defeitos de Próspero e com poucas das suas virtudes. De outro lado, a construção de Gilberto Freyre (1940; 1947; 1953; 1958): os portugueses como um Próspero benevolente e cosmopolita capaz de se aliar a Caliban para criar uma realidade nova. Duas construções credíveis à luz do desconcerto e do caos das práticas a que quiseram pôr ordem. Essa indecidibilidade é o sinal da vigência reiterada de um regime de interidentidades. Os portugueses, sempre em trânsito entre Próspero e Caliban (e, portanto, imobilizados nesse trânsito), tanto foram racistas, tantas vezes violentos e corruptos, mais dados à pilhagem do que ao desenvolvimento, como foram miscigenadores natos, literalmente pais da democracia racial, do que ela revela e do que ela esconde, melhores do que nenhum outro povo europeu na adaptação aos trópicos.

Na África, na Ásia e no Brasil, esse regime de interidentidades teve infinitas manifestações. Entre elas avultam a "cafrealização" e a miscigenação. Os dois fenômenos estão ligados, mas se referem a processos sociais distintos. A cafrealização é uma designação oitocentista utilizada para caracterizar de uma maneira estigmatizante os portugueses que, sobretudo na África Oriental, desvinculavam-se da sua cultura e do seu estatuto civilizado para adotarem os modos de viver e pensar dos cafres, os negros agora transformados em primitivos e selvagens. Trata-se, pois, de portugueses apanhados nas malhas de Caliban e de fato calibanizados, vivendo com mulheres e filhos Calibans, segundo os costumes e as línguas locais e em total ruptura com a sua cultura de origem.

Essa designação surge com essa conotação num momento preciso da história do colonialismo português, um momento que adiante designarei como "momento de Próspero". A relevância dessa designação para a argumentação desenvolvida nesta seção é que, com ela, o discurso colonial pretende ressignificar uma prática anterior que se difundiu entre o século XVI e o século XIX, sobretudo na costa oriental da África. Consistiu na interação prolongada dos portugueses com as culturas e os poderes locais, uma interação em que os interesses do comércio não podiam ser respaldados por qualquer poder imperial digno do nome e que, por isso, tendia a ser caracterizada pela reciprocidade e pela horizontalidade, quando não mesmo pela subordinação e prestação de vassalagem aos reis e às autoridades locais. A reiteração dessas interações levou a que elas extravasassem da atividade comercial para esferas de relacionamento mais profundo que envolviam frequentemente a constituição de família, a aprendizagem das línguas e dos costumes locais, em suma, a adoção da prática cafreal. A designação "cafre"[32] não tinha, até os séculos XVIII-XIX, a conotação negativa que passou a ter depois dessa data. Servia apenas para distinguir os negros (cafres) dos negros que falavam árabe e estavam, por isso, envolvidos no comércio que os povos de tradição islâmica e suaíli mantinham há séculos nessas paragens. Essa imersão nas redes sociais locais, essa interação fácil entre os portugueses e as populações locais e as práticas culturais híbridas a que deu azo estão documentadas desde o século XVII (PRESTHOLDT, 2001). Os relatos, muitas vezes de religiosos, criticam essas práticas, ainda que por vezes mostrem compreensão para com as dificuldades enfrentadas naquelas paragens por quem não tinha o poder colonial a defendê-lo. Escreve frei João dos Santos em 1609 na *Etiópia Oriental*:

> Um português chamado Rodrigo Lobo, era senhor da mor desta ilha,[33] da qual lhe fez mercê o Quiteve [rei], por ser muito seu amigo, e juntamente lhe deu o titulo de sua mulher, nome que o Rei chamava ao Capitão de Moçambique, e ao de Sofala, e aos mais portugueses que muito estima, significando com tal nome que os

---

[32] O termo "cafre" deriva do árabe "*kafir*", termo que designa o não muçulmano, o não crente em Allah. "Em Melinde [antigo porto da costa oriental de África] saõ os Mouros mais amigos dos Portugueses e naõ diferem nada nas condiçoes e feiçaõ do rosto dos noshos, e fallaõ muitos muito bem Portugues, por ser aqui o principal trato nosho co elles, e ashento do Capitaõ. Os Mouros daqui confinaõ pella terra dentro com uma terra de Cafres estranha dos outros de toda a costa (PADRE MONCLARO, 1899, p. 167).

[33] Localizada na atual região de Sofala, no centro de Moçambique.

ama, e que quer que todos lhe façam cortesia, como a sua mulher, e realmente é assi, que todos os cafres veneram muito os portugueses que têm titulos de mulheres de el-Rei (SANTOS, 1999, p. 139).

Em 1766 escreve António Pinto Miranda:

[Os europeus em Moçambique] desprezaõ os Seus officiaes quando com eles podiaõ passar alegremente a vida; Cazão com alguãs Senhoras naturais e outras q de Goa descendem. [...] Tambem Se esqueçem muito da Criaçaõ Christám q nos Seus prinçipios tiveraõ, razaõ por q nem aos proprios filhos a costumaõ dar, pelo que ficaõ estes com os pêssimos proçedimentos que dos Patriçios rellatey. [...] Allem das proprias mulheres naõ deixaõ de procurarem outras. [...] Andam de contino de manxila / q tem a Semelhança das Redes da América [...] Desta Sorte Ociozos passaõ os dias da vida athé que a morte chega a qual ignoraõ havela por falta de Lembrança (MIRANDA, 1954, p. 64).

Em 1844, João Julião da Silva escreveu a sua *Memoria sobre Sofalla*, em que refere:

A Civilizaçáo nesta Villa [*Sofala*] em nada se tem avançado do seu primitivo estado por que desde aquelles tempos em que tinha a denominação de Prezidio, seus habitantes eraõ do numero dos maiores Criminozos, e immoraes, que eraõ remettidos para cumprirem suas Centenças por toda a vida, e aqui se estabeleciaõ, e como o Paiz era prospero aquirindo cabedais, eraõ dos primeiros somente em reprezentação: estes taes individuos logo procuravão familiarem-se, em tudo e por tudo com os Custumes, e modo de proceder dos Cafres, que os rodeavão, e para acharem apoio nestes, e mais latitude para as suas perversidades, se Cazavão Cafrialmente com as pretas dos Certoens, e geravão mulatos: estes Criados na mesma liberdade e custumes Cafriaies, seguião o mesmo modo de proceder de seus Pais, e ate o prezente são raros os que sabem ler, e escrever: esta he a cauza principal por que as superstições, os prejuizos e Custumes barbaros estão arreigados nelles, que he impossivel dezaluja-los; ignorando ate os primeiros rudimentos da nossa Santa Religião, o Idioma Portugues, e os Custumes Europeos (*apud* FELICIANO; NICOLAU, 1998, p. 36).

Do mesmo teor é o lamento de Ignacio Caetano Xavier em meados do século XVIII: "Fallando em geral posso dizer sem faltar á verdade, que mais paressem [os moradores sujeitos à Coroa] féras do que homens, por serem opóstos á vida civil e sugeição á politica, omitindo falar na Religião, por que tendo o nome de Christáos, parece que ainda estaõ por escolher a Ley" (XAVIER, 1954, p. 174).

A desqualificação dos indígenas como primitivos e selvagens é uma constante desses relatos e, com ela, a desqualificação dos portugueses que se misturam com eles e adotam os seus modos de vida. Ao longo de um vasto período, o estereótipo português que domina não é o de Próspero, é antes a de um proto-Caliban, um cafrealizado. À medida que se forem conhecendo as narrativas desses portugueses cafrealizados, será possível obter uma ideia mais complexa dos processos de hibridação e certamente diferente da que nos é dada pelas narrativas dos que os visitavam em aparições meteóricas do poder imperial, da Igreja e da Coroa, de resto sempre ausentes.

Para a desqualificação e estigmatização do Próspero cafrealizado contribuiu também a origem dos portugueses que povoaram os territórios. Como diz Marc Ferro (1996, p. 179), "os portugueses foram os primeiros que quiseram livrar-se dos criminosos, dos delinquentes, mandando-os cumprir pena para longe – exemplo que a Inglaterra imitou em escala gigantesca com os *convicts* que a partir de 1797 foram povoar a Austrália". A partir de 1415, cada navio que partia a explorar a costa da África levava seu contingente de degredados. Muitos dos portugueses de que falam os relatos eram degredados. Ao se referir a eles do modo mais depreciativo, Xavier denuncia em seu relato de 1758-1762:

> Chega ainda mais avante a insolencia destes moradores [...] porque depois de atropelarem os respeitos humanos, tambem se tem atrevido muitas vezes a perderem o decoro das Cazas de Deos com sacrilegios insultos, de morte, feridas, bulhas, etc., chegando a extremo a sua barbara cegueira a cometer os mesmos desacatos diante do Sacramento exposto, como sucedeo há poucos annos na Igreja dos Dominicanos em Senna, que hoje está reduzida a cinzas. E este parece que he o motivo porque tem cido castigados, e o saõ repetidas vezes do Ceo, pois por meyo dos Cafres que dominavaõ, e podiam dominar, tem sido constrangida a sua orgulhóza vaidade, pois além

de terem perdido em muitas occazioes o credito, vidas e fazendas, perderaó [...] ricas povoaçoes [...] e ainda os seus filhos servem de escravos do dito Rey [Changamira], e estes talvez saó os nossos mayores inimigos na guerra e na páz (XAVIER, 1954, p. 175-176).[34]

O subtexto desses relatos é que a origem social dos portugueses na África reclamava uma presença mais forte e estruturada da autoridade colonial. Ora, como vimos, esta era tão fraca e tão inconsistente que melhor poderia caracterizar-se como um poder aparicional.[35]

O caráter aparicional do poder colonial é, em meu entender, fundamental para entendermos os caminhos das interidentidades na África durante esse período. O fato de o colonialismo português na África ter estado durante vários séculos mais interessado em controlar o comércio marítimo do que em ocupar territórios, combinado com a debilidade político-administrativa do Estado colonial, fez com que os portugueses que comerciavam nessas paragens fossem colonizadores sem Estado colonial e por isso fossem forçados a praticar uma forma de autogestão colonial. Essa autogestão colonial, se, por um lado, permitia a identificação discricionária de cada um com o poder do Império, por outro lado, não lhes facultava desse Império senão o poder que pudessem mobilizar com meios próprios. Como esses meios eram exíguos, o português teve de negociar tudo, não só o seu comércio, como também a própria sobrevivência. Foi um "colonizador" que se viu frequentemente na contingência de prestar vassalagem como qualquer nativo às estruturas políticas (reinos) locais. Como o colonialismo quase não existia como relação institucional,[36] a disjunção entre colono, por um

---

[34] No mesmo sentido, Marc Ferro (1996, p. 179) afirma que o governador de Angola tinha tal desconfiança em relação aos degradados que "não [lhes] queria confiar armas em caso de guerra com os indígenas – a ponto de preferir servir-se de tropas africanas tanto para dar combate às tribos insubmissas como para, eventualmente, manter a boa distância os delinquentes. De qualquer modo, estes desertavam assim que se apanhavam com armas".

[35] Um aparato administrativo colonial, sob a forma de Estado, surgiria apenas em finais do século XIX, inícios do século XX, nos espaços coloniais de Portugal na África, situação que contrasta com a presença de estrutura estatais organizadas no Brasil e na Índia Portuguesa.

[36] Nas regiões costeiras havia quando muito um regime de soberania partilhada entre a administração portuguesa e os reinos locais.

lado, e Estado colonial e Império, por outro, era total. É ainda Xavier quem relata a esse respeito:

> [Os habitantes da zona da ilha Moçambique querem] hé o ver como haõ de embaraçar o Governo, e dominalo sobre maneira. [...] São todos inimigos do Governador. Tam envelhecido he este costume nelles, que ainda os primeiros habitadores Portuguezes, por naõ quererem viver dominados de hum Governo, e sugeitaremse ás justiças, nunca quizeraõ estar fechados em lugares, nem consentiraõ se fizessem Praças, ou se murassem as povoações, para assim á redea solta poderem continuar as suas atrocidades, que morando dispersos em lugares abertos, não era facil atalhalas o Governo, e conhecer dellas a Justiça como athe agora sucede. Esta vida dissoluta, e sem subordinaçaõ, que elles tiveraõ por liberdade, e tem os que ao presente habitaõ estas terras por felicidade, tem concorrido antes, e condus agora para a sua total ruina, porque apenas se acha em Mossambique [ilha] quatro moradores que possão ter nome de ricos, e da mesma maneira nos rios de Senna, Sofala, Inhambane, e Ilhas Quirimba (Xavier, 1954, p. 174-175).

A mesma ausência do Estado colonial fez com que as tarefas de soberania, como a defesa das fronteiras, fossem frequentemente "subcontratadas" às populações locais. É isso mesmo o que é narrado em "Notícias das Ilhas de Cabo Delgado",[37] do século XVIII: "ficando estas terras somente habitadas pelos Mouros nacionaes, que vivem na maior obediencia, e saõ toda a força que defendem as nossas fronteiras dos insultos dos Cafres Macuas, sendo a Mossambique impossivel naquele tempo o mandar socorros pela falta de tropa que experimentava" (Portugal, 1954, p. 276).

Também a legalidade colonial, não dispondo de um Estado colonial forte para impô-la, ficou menos nas mãos de quem a emitia do que nas de quem lhe devia obediência. A autogestão colonial levou à constituição de uma legalidade paralela que combinava a aplicação altamente seletiva, e apenas quando conveniente, da legalidade oficial com outras legalidades locais ou adaptadas às condições locais. Terá sido esse

---

[37] Essas ilhas, situadas no extremo-norte de Moçambique, são hoje geograficamente conhecidas como "Arquipélago das Quirimbas".

o primeiro exemplo moderno de pluralismo jurídico.[38] Do ponto de vista dos portugueses nas colônias, a condição jurídica das suas atividades não era nem legal nem ilegal, era alegal. Do ponto de vista da Coroa, tratava-se de um sistema de desobediência que não podia ser assumido como tal por ninguém. Tratava-se de um sistema semelhante ao que vigorou na América espanhola e que ficou conhecido por "obedeço, mas não cumpro". Era um sistema jurídico de torna-viagem. As leis eram expedidas de Lisboa, nem sempre chegavam, quando chegavam a sua chegada era ignorada, e quando reconhecida, bastante mais tarde, as condições tinham se alterado de tal modo que se justificava o seu não cumprimento. As leis e a justificação eram enviadas para Lisboa com o voto de obediência em apêndice final: "Ficamos aguardando instruções".

Essas características da economia política tiveram naturalmente impacto no regime de interidentidades, no modo como os portugueses se cafrealizaram, hibridizaram-se com as culturas e as práticas com que tinham de conviver. Mas, se esse impacto é evidente, o seu sentido preciso é um dos fatores de indecidibilidade do sistema de representações identitárias no espaço-tempo do colonialismo português. A cafrealização foi um produto da facilidade ou da necessidade? Foi a facilidade que a tornou necessária, ou, pelo contrário, a necessidade que a tornou fácil? A leitura da facilidade tende a desestigmatizar a cafrealização e a torná-la uma condição capacitante. A análise de Jorge Dias é uma versão paradigmática dessa leitura:

> A composição heterogénea do povo português e a estrutura tradicional comunitária e patriarcal permitiram-lhe uma perfeita assimilação do espírito cristão de fraternidade, inteiramente coerente, mesmo quando posto à prova em situações de grandes contrastes raciais e culturais. E, o que é de transcendente importância, a política da Nação e o comportamento dos indivíduos formavam um todo completamente harmonioso. Os portugueses não chegavam com atitudes de conquistadores, antes procuravam estabelecer relações de amizade com as populações de vários continentes, e só quando as situações o exigiam eram levados a servir-se das armas e a lutar. [...] A nossa acção assimiladora não se exerceu de maneira violenta,

---

[38] Sobre o pluralismo jurídico, ver Santos (1995, p. 112-122; 2002e; 2006b).

antes pelo contrário, procurámos adaptar-nos aos ambientes naturais e sociais, respeitando os estilos de vida tradicionais. Por outro lado, íamos, pelo exemplo e convívio, despertando nas populações indígenas o respeito por certos princípios da nossa civilização ocidental (DIAS, 1961, p. 155-156).

Nessa leitura, a cafrealização é o não dito que sustenta um processo contrário, que marcará indelevelmente a situação colonial nos espaços de língua oficial portuguesa – a assimilação.[39] Ela é um duplo não dito. É um não dito da assimilação, porque é uma assimilação invertida, assimilação de Próspero por Caliban. Mas é também o não dito da imposição cultural que caracteriza a colonização, seja ela assimilacionista ou não, porque é uma identidade negociada. Curiosamente, em mais um jogo de espelhos, essa leitura é consonante com algumas das leituras dos viajantes estrangeiros em Portugal a partir do século XVIII a quem a porosidade das práticas identitárias dos portugueses não passou despercebida.

O capitão Costigan, irlandês, que esteve em Portugal em 1778-1779 e para quem, como nota Rose Macaulay, a perversidade dos portugueses era uma obsessão, declarava-se espantado com a familiaridade agradável dos portugueses para com os seus criados, algo inimaginável na Inglaterra (MACAULAY, 1990, p. 193).

Pelo contrário, a leitura da necessidade tende a ver na cafrealização a debilidade e a incompetência de um Próspero que não pôde ou não soube escapar a ela. A estigmatização da cafrealização – quando

---

[39] Em Moçambique, a política de assimilação é associada ao sistema de administração colonial efetiva desde inícios do século XX. A partir de então, a divisão entre nativos e não nativos é reforçada. Como cidadãos de estatuto inferior, os assimilados – aqueles que desejavam "assimilar" os valores da civilização portuguesa (negros, asiáticos, mistos) e ser considerados cidadãos – tinham cartões de identidade que os diferenciavam da massa dos trabalhadores não assimilados, os indígenas. Estes últimos, a maioria da população, não possuíam cidadania, não tinham direito algum, sendo mal pagos, explorados, sujeitos a um ensino rudimentar, ao trabalho forçado, a regimes penais de deportação etc. Por exemplo, quando, em 1950, Eduardo Mondlane chegou a Lisboa para se matricular na universidade, a aceitação da sua candidatura não foi imediata. O seu grande problema consistia no fato de, sendo "indígena" natural de Moçambique, não ter o estatuto de assimilado, o que impossibilitava a sua identificação como cidadão português (MANGHEZI, 1999).

assumida como incapacidade colonial – é expressão da degenerescência que arrastou no seu atraso o atraso dos colonizados. É essa, em boa medida, a leitura de Charles Boxer. É também a leitura que subjaz às políticas coloniais do final do século XIX em diante, embora nesse caso a leitura vise exclusivamente justificar a ruptura com as políticas coloniais anteriores, a que farei referência na próxima seção.

A miscigenação é a outra manifestação da porosidade dos regimes identitários dos portugueses. Trata-se de um fenômeno diferente da cafrealização e pode ocorrer sem esta. Mas a verdade é que nos momentos de intensificação dos discursos colonialistas e racistas, os momentos de Próspero, que mencionarei adiante, a estigmatização da cafrealização arrastou consigo a da miscigenação (a miscigenação como cafrealização do corpo). Não é possível tratar essa questão no âmbito deste capítulo. Que a miscigenação foi a "exceção portuguesa" no colonialismo europeu (Ferro, 1996, p. 177) tende hoje a ser consensual, embora também o seja o fato de não ter sido o colonialismo português o único a praticá-la.

A porosidade de fronteiras entre Próspero e Caliban atingiu a sua expressão identitária máxima na figura do mulato e da mulata. A ambivalência das representações a seu respeito é bem elucidativa da natureza de um pacto colonial tão aberto quanto desprovido de garantias. Ora vistos como seres degradados geneticamente, expressão viva de uma traição a Caliban, ora vistos como seres superiores, combinando o que de melhor havia em Próspero e em Caliban, os mulatos foram, ao longo dos séculos, uma mercadoria simbólica cuja cotação variou com as vicissitudes dos pactos e das lutas coloniais. Em momentos em que Próspero quis se afirmar como tal ou em que Caliban tomou consciência da sua opressão e se dispôs a lutar contra ela, a cotação social dos mulatos baixou. E, pelo contrário, subiu nos momentos, imensamente mais duradouros, em que nem Próspero nem Caliban sentiram necessidade ou tiveram a possibilidade de se afirmar como tais. Expressão da "democracia racial", os mulatos contribuíram, sem querer e contra os seus interesses, para legitimar a desigualdade social racista. Ao desracializar as relações sociais, permitiram ao colonialismo desculpabilizar-se do seu modo próprio de produzir iniquidades sociais: "É preto porque é pobre" passou a ser o álibi credível para quem atuava no pressuposto de que "é pobre porque é preto".

Pode-se, pois, concluir que o debate sobre o valor sociológico, político e cultural da miscigenação é indecidível nos seus próprios termos, já que ele é um dos debates-*erzatz* do ajuste de contas histórico entre Próspero e Caliban, entre o colonialismo europeu e os colonizados por ele, que por muito tempo ainda vai ficar adiado.

Nesse contexto, quero apenas registrar mais uma das astúcias do regime identitário dos portugueses, uma armadilha adicional para os que pensem que os jogos de espelhos refletem algo que esteja para além deles. Trata-se da possibilidade de o português miscigeneador ser ele próprio miscigenado; ser ele próprio originalmente mulato e não poder por isso gerar senão mulatos e mulatas, mesmo quando uns e outras são brancos e brancas. Vimos na seção anterior que a cor da pele dos portugueses foi, para os estrangeiros que visitaram o país ao longo dos séculos, um significante recorrente de distanciação e de desqualificação. É como significante racista que a cor da pele passa a integrar a narrativa científica das identidades a partir de finais do século XIX. É então que o debate sobre a compleição étnica e racial dos portugueses emerge, um debate, tal como os anteriores, indecidível. Tal como os outros debates, o que esteve em causa não foi uma verificação, mas uma justificação. Aqueles que quiseram fazer dos portugueses um Próspero de pleno direito atribuíram-lhes ancestralidade lusitana, romana e germânica. Ao contrário, os que os viram como um Próspero relutante, inconsequente e calibanizado atribuíram-lhes ancestralidade judaica, moura e negra. A polêmica é a demonstração da flutuação dos significantes ao sabor das justificações em debate. A versatilidade e a ductilidade das flutuações assinalam a possibilidade de uma hibridação original, uma automiscigenação autofágica que precede e torna possível todas as outras.

A miscigenação originária, na forma de significantes racistas inscritos na cor da pele, mas também na compleição física e mesmo nos costumes, perseguiu os portugueses para onde quer que fossem.[40] Fora das suas colônias, e sobretudo nas colônias ou ex-colônias das outras potências europeias, muito especialmente no mundo anglo-saxônico, foram frequentemente motivo de perplexidade. Tão incredíveis como

---

[40] Ver o Capítulo 7.

Próspero quanto como Caliban, foram objeto de classificações extravagantes que não são mais do que manifestações da interidentidade. Em 1946, o reverendo J. W. Purves perguntava, na revista *Bermuda Historical Quarterly*, referindo-se aos emigrantes dos Açores, para essa pequena colônia britânica: "Mas quem são os portugueses? A que grupo racial pertencem?". E respondia, definindo-os como um "dos povos latinos, os brancos-escuros que habitam a margem norte do Mediterrâneo" (*apud* HARNEY, 1990, p. 113). No Caribe, nos Estados Unidos e no Havaí os portugueses foram sempre considerados um grupo étnico diferente dos brancos e dos europeus, com um estatuto intermédio entre estes e os negros ou nativos.[41] No Caribe e no Havaí eram designados por "*Portygees*" ou "*Potogees*", trabalhadores com contratos a prazo que vieram substituir os escravos depois do fim da escravatura e que, por isso, não eram brancos, eram apenas mais um tipo de "*coolie men*", tal como os asiáticos. Para o historiador afro-caribenho Eric Williams, não há nada de estranho em descrever os grupos étnicos que apoiaram o Movimento Nacional Popular de Trinidad e Tobago como "africanos, indianos, chineses, portugueses, europeus, sírios..." (*apud* HARNEY, 1990, p. 115). Do mesmo modo, V. S. Naipul descreveu a luta pós-independência na Guiana como tendo lugar entre seis raças: indianos, africanos, portugueses, brancos, mestiços e ameríndios (*apud* HARNEY, 1990, p. 114). Miguel Vale de Almeida, na sua passagem por Trinidad, recolhe o seguinte testemunho de descendentes de portugueses (os "*potogees*"): "[A]s elites não os consideravam brancos, quando muito Trinidad-white e os não brancos não os tratavam como superiores" (ALMEIDA, 2000, p. 7).

Esse estatuto intermédio ajuda a explicar o papel desempenhado por Albert Gomes, de descendência portuguesa, enquanto líder político dos afro- e indo-caribenhos de Trinidad dos anos 1960, numa época em que os partidos políticos ainda correspondiam a divisões étnicas (HARNEY, 1990, p. 115). Os antepassados de Albert Gomes eram os "portugueses africanizados" do porto negreiro de Vera Cruz, onde,

---

[41] Esse estatuto social e étnico intermédio é identificável em outros continentes. Por exemplo, na África do Sul, os afrikaans designavam pejorativamente os portugueses como *wit-kaffirs* (negros brancos) (HARNEY, 1990, p. 116).

segundo António Garcia de Leon (1993), faziam a intermediação (inclusivamente linguística) entre os escravos recém-chegados e os que os compravam.

Maria Ioannis Baganha, no seu estudo sobre os fluxos migratórios dos portugueses entre 1820 e 1830, verifica que no Havaí os portugueses eram vistos como um grupo étnico superior aos orientais, mas inferior aos brancos caucasianos (*haole*), um grupo social intermédio (BAGANHA, 1990, p. 288). Efetivamente, entre 1910 e 1914, o censo do Havaí distinguia entre "*Portygees*" e "Outros caucasianos". Esse status intermédio, sendo estruturalmente ambíguo, era bem preciso quando acionado nas práticas locais. No local de trabalho, os portugueses eram capatazes, mas nunca diretores, uma posição reservada aos escoceses. Do mesmo modo, o salário dos carpinteiros portugueses era superior ao dos carpinteiros japoneses, mas um ferreiro português ganhava metade do que auferia um ferreiro escocês (HARNEY, 1990, p. 115).

Esse caráter intermédio e de intermediação (como no caso dos capatazes, os *lunas*) estava inscrito nos portugueses muito além das relações de trabalho. Robert Harney refere um caso em que o estatuto intermédio dos portugueses foi decisivo para se atingir um compromisso num importante julgamento de um crime de violação. Como os acusados eram asiáticos e nativos havaianos, se o júri fosse constituído por brancos (*haoles*), os réus seriam certamente considerados culpados, mas se, pelo contrário, os jurados fossem asiáticos ou nativos, os réus seriam absolvidos. A solução foi encontrada, tendo sido aprovada a seguinte composição do júri: seis brancos, um português, dois japoneses, dois chineses e um havaiano (HARNEY, 1990, p. 115).

Também nos Estados Unidos, ainda em 1976, a *Harvard Encyclopedia of American Ethnic Groups* lamentava que, naquela data, a cidade de Barnstable, no Cape Cod, continuasse a classificar os grupos étnicos que a constituíam em duas listas e sequências separadas: de um lado, finlandeses, gregos, irlandeses e judeus; do outro, negros, portugueses e wampanoags. Ou seja, um grupo de inequivocamente brancos e um grupo de outros não brancos (HARNEY, 1990, p. 117). Na mesma lógica, em 1972, o Ethnic Heritage Program norte-americano considerava os portugueses como uma das sete minorias étnicas/raciais do país: negro, índio americano, hispânico, oriental, português, havaiano nativo, nativo do Alasca. Ou seja, os portugueses são o único grupo de emigrantes de um país europeu a que é recusada a origem europeia.[42]

Originalmente mestiço, calibanizado em casa pelos estrangeiros que o visitavam, cafrealizado nas suas colônias, semicalibanizado nas colônias e ex-colônias das outras potências europeias por onde andou, como pôde esse Próspero ser colonizador e colonizar prosperamente?

E será possível ser consistentemente pós-colonial em relação a um colonizador tão desconcertante e exasperantemente desclassificado e incompetente?

Jogos de espelhos, III: os momentos de Próspero

Uma união de contrários sem ser una parece ser o traço mais vincado da identidade dos portugueses nos registros especulares de dois outros significantes: o estrangeiro e o colonizado. Essa falta de unidade na união de contrários tem duas vertentes distintas. A primeira diz respeito às diferenças regionais que são recorrentemente mencionadas e vincadas em muitos relatos. No final do *ancien régime*, Adrien Balbi, ao mesmo tempo que refere a união de contrários: – "[o português] une a fleuma e a paciência dos povos do Norte à brilhante imaginação dos povos meridionais" –, salienta as diferenças regionais: "os camponeses da Estremadura e do Alentejo são preguiçosos; os habitantes da Estremadura são os mais polidos, os do Algarve os mais vivos, os da Beira muito laboriosos, os do Minho plenos de espírito e indústria, os de Trás-os-Montes, embora grosseiros, muito activos" (*apud* BETHENCOURT, 1991, p. 500-501). Essas diferenças são ainda mais vincadas quando os portugueses são vistos por portugueses. Vistos por si próprios, os portugueses só muito tarde se assumem como portugueses. Refiro-me

---

[42] Maria Ioannis Baganha, embora não ponha em causa esses dados e a existência de racismo contra os portugueses nos Estados Unidos, considera que algum desse racismo se dirige a outros grupos de europeus, por exemplo, aos europeus de Leste. Não deixa, porém, de assinalar que o *Johnson Act*, de 1924, e o *National Origins System*, de 1927, restringiam a entrada nos Estados Unidos dos grupos "não assimiláveis", e desses grupos faziam parte os portugueses (BAGANHA, 1991, p. 448). Importa ter em conta que, naquela altura, parte significativa do contingente migrante português nos Estados Unidos era composto de cidadãos mulatos, oriundos do arquipélago de Cabo Verde, então colônia de Portugal.

naturalmente às classes populares, não às elites. Como analisei em outro lugar, o Estado português só muito recentemente pôde desempenhar o papel duplo de onde emergiram historicamente as identidades nacionais: diferenciar a cultura do território nacional em face do exterior; promover a homogeneidade cultural no interior do território nacional (SANTOS, 1994, p. 133). Esse fato é igualmente assinalado por José Mattoso, que, a propósito, refere a anedota "perfeitamente verossímil" que se conta do rei D. Luís, quando, já bem adiantado o século XIX, perguntava do seu iate a uns pescadores, com quem cruzou, se eram portugueses. A resposta foi bem clara: "Nós outros? Não, meu Senhor! Nós somos da Póvoa de Varzim" (MATTOSO, 1998, p. 14).

A ideia da união de contrários sem ser una tem outra vertente, e é essa que neste contexto mais me interessa. Trata-se da possibilidade de, em certos momentos históricos e sob pressões específicas, ser possível aos portugueses assumirem um dos contrários, ainda que não de modo necessariamente verossimilhante. Sendo os portugueses uma união de contrários, de Próspero e Caliban, é possível que em certos momentos ou contextos sejam sobretudo Próspero ou, ao contrário, sobretudo Caliban. Nesta seção incido sobre a primeira possibilidade, o momento de Próspero.

Distingo dois momentos de Próspero: o final do século XIX, primeiras décadas do século XX; e o 25 de Abril e a adesão à União Europeia. Em qualquer desses momentos, a ascensão de Próspero no magma identitário português faz-se sob a pressão de fatores externos, sempre sob a forma da Europa capitalista desenvolvida. O primeiro momento de Próspero ocorre no período pós-Conferência de Berlim, em que a ocupação efetiva dos territórios sob domínio colonial se torna uma condição da manutenção desse domínio.[43] Feita a partilha da África, os países industrializados dão à empresa colonial uma feição imperial que vincula estreitamente as colônias ao desenvolvimento capitalista. A exploração capitalista das colônias, que pressupõe um controle político e administrativo apertado, torna-se o outro lado da

---

[43] Entre outras disposições, a Conferência de Berlim decidiu que um Estado-nação só poderia ter direito a determinada parcela ultramarina desde que a ocupasse efetivamente e a administrasse de forma a nela garantir os direitos individuais, a liberdade de comércio e de religião e o estabelecimento de estações civilizadoras.

missão civilizadora. Para garantir a sua presença na África, Portugal vê-se obrigado a agir como as restantes potências imperiais, como se o desenvolvimento interno do capitalismo português fizesse exigências comparáveis, o que não era o caso. Esse fato não escapa à historiografia inglesa, a serviço do imperialismo britânico e, portanto, hostil ao imperialismo português. Thomas Pakenham, no seu livro *The Scramble for Africa, 1876-1912*, é exemplar a esse respeito: "E havia Portugal, meio senil e ainda mais arruinado, agarrado às suas possessões na África, em Angola e em Moçambique, mais por soberba do que na esperança do lucro" (*apud* FURTADO, 1997, p. 77).

Não é minha pretensão analisar aqui esse período.[44] Pretendo apenas apontar as metamorfoses identitárias que nele ocorrem. A mais importante delas é a polarização entre Próspero e Caliban. É verdadeiramente nesse momento que surge o indígena primitivo e, em contraponto, o português colonizador, representante ou metáfora do Estado colonial. O processo que faz descer o indígena ao estatuto que justifica a sua colonização é o mesmo que faz subir o português ao estatuto de colonizador europeu. A dicotomia entre os portugueses e a Coroa desaparece. O império portátil que os portugueses a partir de agora transportam não é um autoimpério, sujeito às fraquezas e às forças de quem o transporta, é antes a emanação de uma força transcendente, o Estado colonial.

O português branco e o indígena primitivo surgem, simultaneamente, divididos e unidos por dois poderosos instrumentos da racionalidade ocidental: o Estado e o racismo. Através do Estado procura-se garantir a exploração sistemática da riqueza, convertendo-a em missão civilizatória por meio da transladação para as colônias dos modos de vida civilizados metropolitanos, a criação mimética de "pequena Europa" na África de que fala Edward Said (1980, p. 78). Através do racismo, obtém-se a justificação científica da hierarquia das raças, para o que são mobilizadas tanto as ciências sociais como a antropologia física. A ocupação territorial, de que é bom exemplo a campanha levada a cabo por Portugal contra Ngungunane, visa reduzir os africanos, a começar pelos seus reis, à condição de subordinados dóceis, ao mesmo tempo que as sucessivas missões de exploração científica – como as oito missões

---

[44] Ver a nota 1 e o projeto aí citado.

de Santos Júnior nas décadas de 1930-1950 – visam estabelecer e petrificar a inferioridade dos negros.⁴⁵ Num contexto de prosperização do colono português, não admira que as formas de hibridação anteriormente referidas – a cafrealização e a miscigenação – sejam estigmatizadas com particular violência. No final do século XIX, diz António Ennes ([1873] 1946, p. 192) que "a cafrealização é uma espécie de reversão do homem civilizado ao estado selvagem". Do mesmo modo, Norton de Matos, que foi governador-geral de Angola e era paladino do assimilacionismo, insurge-se contra a assimilação invertida: "[N]o meio dos indígenas circulavam [em 1912] alguns europeus, em número felizmente reduzido, que, por tristes circunstâncias se tinham integrado na vida dos indígenas não civilizados e adaptados por completo aos seus usos e costumes" (*apud* BARRADAS, 1992, p. 54).

Enquanto o português passa de criminoso degredado, propenso a se cafrealizar, à condição de agente civilizatório, os indígenas passam de reis e de servos de reis à condição da mais baixa animalidade. O português é agora "o branco valoroso, uma garantia de posse da terra africana [...]. É uma afirmação de presença, necessária" (RODRIGUES JÚNIOR, 1955, p. 19). Uma tarefa ingente, dado o caráter desprezível da matéria-prima. O negro surge agora animalizado e apenas suscetível de ser domesticado por via do gesto imperial. A violência desse gesto, a brutalidade do trabalho forçado, é o outro lado da animalidade do negro, e é esta última que justifica a primeira.⁴⁶ Sobre as dificuldades de levar os negros a trabalhar, lê-se numa publicação oficial do Ministério das Colônias de 1912: "[É] o indígena dado à embriaguez por atavismo de muitas gerações; é rebelde ao trabalho manual, ao qual acorrenta a

---

[45] Por exemplo, num trabalho escrito em coautoria com F. Barros, Santos Júnior afirma categoricamente a insensibilidade dos pretos à dor (SANTOS JÚNIOR; BARROS, 1950, p. 619).

[46] Segundo Rodrigues Júnior, "não há dúvida que o branco não pode exercer, na África, determinadas funções. A sua resistência física não suporta, por exemplo, a violência do trabalho da enxada" (RODRIGUES JÚNIOR, 1955, p. 22-23). Citando Marcelo Caetano, o autor afirma que "o preto tem condições de resistência natural e uma adaptação ao meio que lhe permitem trabalhar nos climas tropicais em certas atividades em muito melhores condições que o europeu [...]. É necessário forçar [o negro] à contribuição que deve dar para o desenvolvimento da riqueza pública; é preciso obrigá-lo a produzir [...]. Trata-se de proteger o negro, de integrá-lo no sistema econômico de Moçambique" (RODRIGUES JÚNIOR, 1955, p. 22-23).

mulher; é cruel e sanguinário, porque assim o educou o meio em que vive; não tem enraizado na alma o amor da família e dos seus semelhantes" (*apud* BARRADAS, 1992, p. 124). Mas a demonização do colonizado atinge o paroxismo quando referida à mulher. É que esta é considerada responsável pela miscigenação, que agora é estigmatizada como sendo o grande fator de degeneração da raça. Em 1873, António Ennes escreve:

> A África encarregou a preta de a vingar dos europeus, e ela, a hedionda negra, – porque não há negra que não seja hedionda – conquista para a sensualidade dos macacos, para os ciúmes ferozes dos tigres, para os costumes torpes e desumanos dos escravistas, para os delírios do alcoolismo, para todos os embrutecimentos das raças inferiores, e até para os dentes das quizumbas [*hienas*] que escavam os cemitérios, os altivos conquistadores do Continente Negro (ENNES, 1946, p. 192).

Entre o homem branco e o homem negro, ergue-se uma barreira intransponível que é ao mesmo tempo o traço da união entre ambos. Nesse jogo de espelhos, o negro é selvagem, e porque é selvagem tende a pensar que "nós" é que somos selvagens. Em 1911, escreve José Firmino Sant'Anna, um médico que trabalhava no vale do rio Zambeze:

> O seu carácter [do indígena] desconfiado e egoista não lhe permitte comprehender o interesse que o europeu tem em cuidar da sua saude sem lhe fazer quaesquer exigências, e então aventa a este respeito as hypotheses mais inverosimeis. Nos para elles somos os selvagens, attribuem-nos os peiores instinctos e tratam de acautelar, tanto quanto lhes permitte a sua estupidez preguiçosa, avida, mulheres e haveres. Estes prejuizos sobre o caracter do europeu são a principal razão da desconfiança com que acolhem o medico. O indígena não comprehende os motivos de ordem abstracta nem razões altruistas; assim, não podendo explicar por outra forma a colheita de amostras de sangue destinadas a exame, suppõe que é para comer. O médico que procede a este serviço é olhado pela maioria como anthropofago e é curioso que até os indivíduos que de perto me serviam supunham ser sangue o vinho que eu consumia (SANT'ANNA, 1911, p. 22).

O canibalismo é um tema recorrente em momentos de espelhos polarizados entre Próspero e Caliban. E também aqui o vínculo que separa abissalmente é também o que permite a mais íntima reciprocidade. Por isso, a atribuição de canibalismo aos africanos surge frequentemente articulada com a atribuição de canibalismo aos colonizadores por parte dos africanos. Em inícios do século XX, Henry Junod recolheu no sul de Moçambique, entre os povos que estudou, a seguinte narrativa acerca do canibalismo dos portugueses:

> – O Gungunhana (Nghunghunyane) morreu. Os portugueses comeram-no!
> – Que é que tu dizes?
> – Com certeza. Os portugueses comem carne humana. Toda a gente o sabe. Não têm pernas, são peixes. Têm cauda, em vez de pernas. E vivem na água.
> – Então, se eles são peixes e não têm pernas, como é que podem combater convosco e vencer-vos?
> – Oh! Os que vêm combater conosco são novos, esses têm pernas. Agarram-nos e metem-nos num navio a vapor que vai para longe, para muito longe. Este navio acaba por chegar a um rochedo todo cercado de água. É o país deles. Tiram-nos do navio e metem-nos numa ilha, enquanto os soldados disparam as espingardas, para anunciar aos grandes Brancos-peixes que chegámos. Escolhem um de nós e dão-lhe um golpe no dedo mínimo, para verem se está bastante gordo. Se não, fecham-no num grande cesto cheio de amendoins e dão-lhe ordem de os comer, para engordar; quando ganhou bastante gordura, deitam-no numa grande panela alongada do comprimento de um homem, e aquecida ao rubro. Conhecemos estes pormenores, porque um dos nossos, Ngomogomo, nos explicou tudo isto. Tinha sido feito prisioneiro, mas durante a viagem, os seus antepassados-deuses foram em seu auxílio: ele cobriu-se de uma erupção de borbulhas tão repugnantes que o deixaram na ilha e o trouxeram de novo para cá. Ele viu tudo. Ao princípio não queríamos acreditar. Agora, sabemos que é verdade (JUNOD, 1996, v. 2, p. 299-300).

Em face da polarização, a colonização efetiva é um direito-dever. Para Hegel, a África não é uma parte histórica do mundo: "Tanto quanto podemos remontar na história, a África propriamente dita permaneceu fechada a todas as relações com o resto do mundo; ela é a terra do ouro assente sobre si própria, a terra da infância, oculta no escuro da noite para além do dia da história consciente de si própria" (1970, p. 120).

Noutro passo, Hegel conclui:

> Deixamos assim a África e não voltaremos a mencioná-la. É que ela não é parte do mundo histórico, não revela qualquer movimento ou evolução, e o que nela, isto é, na sua parte norte, possa ter acontecido pertence ao mundo asiático e europeu. [...] O que verdadeiramente entendemos por África é o a-histórico e o fechado, ainda preso por inteiro no espírito da natureza [...]. (1970, p. 129)

Por isso, a colonização constitui para os Estados civilizados um dever de intervenção. É também nestes termos que Ruy Ennes Ulrich a justifica em 1909:

> A colonização constitui para os Estados civilizados um dever de intervenção. Não lhes é lícito acumularem num espaço exíguo todas as maravilhas da civilização e deixarem talvez metade do mundo entregue a populações selvagens ou abandonadas dos homens. A própria natureza impõe aos povos superiores a função de guiarem e instruírem os povos atrasados, em que a civilização parece não poder brotar espontaneamente e que, portanto, entregues a si mesmos, ficariam eternamente no seu estado natural (ULRICH, 1909, p. 698).

No mesmo espírito, afirma Henry Junod (1946, p. 18): "[P]ertenço àquele grupo de homens que, como os administradores e os coloniais de espírito largo, sentem que têm um dever a cumprir para com as raças mais fracas". No entanto, para os administradores coloniais, este dever não pode ser cumprido sem violência. Escreve Alberto d'Almeida Teixeira num *Relatório das operações realizadas com o fim de prolongar a ocupação até ao rio Cuilo*, datado de 1907:

> É convicção minha que, sendo a ideia de independência intuitiva nos povos selvagens, como é inato neles o ódio à raça superior, os processos de persuasão e de catequese serão de princípio quase sempre estéreis e necessitarão do apoio e da manifestação prévia da força para produzirem frutos (apud BARRADAS, 1992, p. 128).

A partir da polarização dicotômica entre o homem branco e o negro selvagem, essa missão civilizadora impõe ao colonizado uma dupla dinâmica identitária: a antropologia colonial e o assimilacionismo.

A antropologia colonial visa conhecer os usos e costumes dos indígenas de modo a melhor controlá-los politicamente, administrá-los e extrair-lhes impostos e trabalhos forçados. As diferentes formas de "governo indireto" que foram adotadas no final do século XIX na África assentam-se na antropologia colonial. O assimilacionismo é uma construção identitária assente num jogo de distância e de proximidade do colonizado em relação ao colonizador nos termos do qual o colonizado – mediante procedimentos que têm alguma semelhança com os da naturalização – abandona o estágio selvagem. A sua subordinação deixa de estar inscrita num estatuto jurídico especial (como o Estatuto do Indigenato[47]) e passa a ser regulada pelas leis gerais do Estado colonial. O assimilado é, assim, o protótipo da identidade bloqueada, uma identidade entre as raízes africanas a que deixa de ter acesso direto e as opções de vida europeia a que só tem um acesso muito restrito. O assimilado é, assim, uma identidade construída sobre uma dupla desidentificação.

O assimilacionismo, combinado com a miscigenação, é o que confere à sociedade africana a sua distinta heterogeneidade. Em 1952, questiona Alexandre Lobato:

> E que se observa na população de Moçambique? Uns milhões de pretos em estado primitivo, uns milhares de brancos civilizados à europeia, alguns milhares de mulatos semieuropeus e semi-indígenas na maior, uns milhares de indianos divididos em dois grupos muito diferenciados por motivos ancestrais e uns quantos pretos assimilados, civilizados, europeizados. [...] não há povo moçambicano no sentido em que se fala do povo português [...]. Não há em Moçambique um pensar colectivo (LOBATO, 1952, p. 116-17).

O máximo de consciência possível do pensamento colonial é lamentar que os povos colonizados sejam aquilo em que as políticas coloniais os transformaram.

---

[47] Ver o *Estatuto Político, Civil e Criminal dos Indígenas de Angola, Moçambique e Guiné* (promulgado pelo Decreto nº 12.533, de 23 de outubro de 1926) e o *Estatuto Politico, Civil e Criminal dos Indígenas das Colónias Portuguesas de África* (Decreto n.º 16.473, de 6 de fevereiro de 1929), que estendia o regime segregacionista do indigenato a todo o espaço africano do Império Português.

O momento de Próspero dos portugueses no virar do século XIX para o século XX foi um momento excessivo em relação às suas condições de possibilidade. Fortemente condicionado pelas pressões internacionais do pós-partilha de África, o colonizador português não podia, contudo, romper inteiramente com a longa duração histórica da interidentidade entre Próspero e Caliban. Revelou-se, assim, um Próspero inconsequente e subdesenvolvido. Com arrepiante frieza colonialista, escreve Norton de Matos, então governador-geral demissionário, em relatório confidencial, datado de 6 de março de 1915:

> Não temos sabido ocupar e dominar Angola. As nossas campanhas têm-se limitado aqui à organização de colunas que infligem ao gentio revoltado, ou que se quer ocupar, castigo mais ou menos severo e que, terminada a sua missão militar, ganhos alguns combates, feitos alguns prisioneiros, mortos ou fuzilados alguns indígenas, retiram e se dissolvem deixando aqui e além um pequeno forte mal artilhado e pior guarnecido, que o gentio em breve considera como inofensivo. A ocupação militar intensa durante um longo período (cinco anos pelo menos) a seguir à acção violenta e indispensável do combate, da destruição de culturas e povoações, do aprisionamento e do fuzilamento dos chefes indígenas, tendo por fim a escolha e a manutenção de chefes novos que saibamos transformar em criaturas absolutamente nossas, o desarmamento geral, a obrigação de trabalhos remunerados em obras do Estado, a facilitação do recrutamento de trabalhadores, bem pagos, para trabalhos particulares e o recrutamento militar, o desenvolvimento agrícola e comercial da região ocupada, a cobrança de impostos de cubata e a transformação necessária do regime de administração militar ou de capitania-mor no regime de circunscrição civil, – constitui um sistema racional de ocupação apenas iniciado nos últimos anos (*apud* BARRADAS, 1992, p. 132).

Alguns anos antes, Oliveira Martins manifestara a mesma preocupação, sublinhando que "[c]om liberdade, com humanidade, jamais se fizeram colónias fazendas" (Martins, 1904, p. 234). O desânimo de Oliveira Martins perante a falta de condições do colonizador português para colonizar com competência é notório numa outra passagem:

> Estar de arma – sem gatilho – ao hombro, sobre os muros de uma fortaleza arruinada, com uma alfandega e um Palácio onde vegetam

maus empregados mal pagos, a assistir de braços cruzados ao commercio que os estranhos fazem e nós não podemos fazer; a esperar todos os dias os ataques dos negros, e a ouvir o escarnio e o desdém com que fallam de nós todos os que viajam na África – *não vale, sinceramente, a pena* (MARTINS, 1904, p. 286).

Essa incapacidade de Próspero para se assumir como tal é testemunhada não só pelos administradores coloniais, mas também pelos estrangeiros e pelos assimilados. Em 1809, o capitão Tomkinson informa o vice-almirante Albermarble Bertie sobre os portugueses de Moçambique:

> Subi até ao continente por um braço de mar cerca de 10 milhas a noroeste da Ilha de Moçambique. O solo parecia fértil, com abundante fruta tropical. [...] As casas bem construídas e bem adaptadas ao clima, mas as plantações mais parecem pertencer a pobres nativos não civilizados do que a europeus. Embora a terra seja boa para o cultivo do açúcar, do café e do algodão, eles apenas tratam da fruta e cultivam milho e arroz que bastem para o seu sustento. [...] Cada plantação tem um número incrível de escravos tão mal vigiados que a sua principal atividade é arranjar mantimentos para uso próprio (TOMKINSON, 1964, p. 4-5).

Outro testemunho interessante no mesmo sentido surge, anos mais tarde, em 1823, numa carta do capitão W. F. W. Owen a respeito dos portugueses presentes ao longo da costa de Moçambique. Depois de estigmatizar os portugueses com a indolência, Owen conclui:

> Que a decadência persiga os portugueses para onde quer que vão é consequência natural da sua política estreita e mesquinha, os seus mercadores armados de autoridade militar e arbitrária, os estrangeiros que com eles desejam comércio sujeitos a toda a espécie de grosseira indignidade e impertinência (OWEN, 1964, p. 34).

Pela mesma época, em 1815, os naturalistas alemães Spix e Martius, em visita ao Brasil, contrastam os europeus com os portugueses, estes mais vulneráveis à "degeneração moral" do colono nos trópicos, revelando "falta de diligência e indisposição para o trabalho" e manifestando uma decadência geral, decorrente da "falta de educação e respeito no trato dos escravos da casa, não estando habituados a eles na Europa" (LISBOA, 1995, p. 182-183).

Igualmente cáustica é a avaliação do colonizador em momento de Próspero feita pelos assimilados. João Albasini escreve em 1913 sobre o branco dos subúrbios:

> N'um casebre escuro e mal-cheiroso, um balcão sebento, alguns barris do tal, latas de sardinha, bancos escuros, moscas voejando e [...] lixo, muito lixo. Para lá do balcão, um ser cabeludo e barbado mexe-se com alguma dificuldade, dando aqui e além um olhar distraído à sordidez das coisas que lhe garantem a ele a bem-aventurança, o bago, a massa. É o mulungu [branco]; é a alma gentil da colonização (ALBASINI, 1913).

Como uma maldição, o Caliban português persegue o Próspero português, segue-lhe as pisadas, carnavalizando a sua postura como sendo uma imitação rasca do que pretende ser.

O segundo momento de Próspero ocorre no contexto da Revolução de 25 de Abril, com o fim da guerra colonial, o reconhecimento dos movimentos de libertação e a independência das colônias, e prolonga-se no estabelecimento de relações de cooperação com os novos países de língua oficial portuguesa e na criação da Comunidade dos Países de Língua Portuguesa (CPLP), em 1996. Trata-se do momento de Próspero anticolonial ou descolonizador, um momento semelhante ao das outras potências europeias coloniais, quase três décadas antes. O fim do colonialismo europeu foi um momento de Próspero na medida em que as potências coloniais, perante os custos políticos excessivos da manutenção das colônias, buscaram no reconhecimento da independência das colônias uma nova e mais eficiente forma de reproduzir a dominação sobre elas, que ficou conhecida por neocolonialismo. O Caliban colonizado transmutou-se no país subdesenvolvido ou em desenvolvimento. Com isso, o regime identitário alterou-se significativamente, mas a economia política subjacente quase nunca se alterou com igual intensidade. Pelo contrário, a vinculação econômico-política às antigas potências coloniais continuou a ser decisiva para os países agora independentes. Paradoxalmente deixou de haver Caliban para que Próspero sobrevivesse.

Mais uma vez, o momento de Próspero descolonizador português distingue-se em aspectos significativos do equivalente momento de Próspero europeu. Antes de mais, os dois processos históricos de descolonização, a independência do Brasil e a independência das colônias africanas, tiveram lugar concomitantemente com profundas transformações de sinal progressista na sociedade portuguesa, a revolução liberal, no primeiro caso, e a Revolução de 25 de Abril, no segundo caso. Isso significa que há em ambos os processos de descolonização um sentido partilhado de libertação, tanto para o colonizador como para o colonizado. Essa partilha de sentido criou alguma cumplicidade entre a nova classe política portuguesa e a classe política dos novos países, sobretudo no caso das independências africanas.

A consequência mais decisiva das rupturas simultâneas foi que, combinadas com a posição semiperiférica de Portugal no sistema mundial, elas permitiram minimizar as sequelas neocolonialistas no período pós-independência. No caso do Brasil, a incapacidade neocolonialista do Próspero português manifesta-se no pânico ante as consequências da perda do Brasil. Aliás, o Brasil desempenhou o papel de "colônia colonizadora", como lhe chama Marc Ferro (1996, p. 179), ao enviar para Angola fortes contingentes de imigrantes brancos. Angola, de resto, estava há muito na dependência econômica dos brasileiros. Como refere ainda Marc Ferro, o ministro português Martinho de Melo e Castro queixava-se já em 1781 de que o comércio e a navegação estavam escapando inteiramente a Portugal, "pois o que os Brasileiros não dominam está nas mãos dos estrangeiros" (FERRO, 1996, p. 180).[48]

---

[48] Por sua vez, Moçambique esteve, até o século XVIII, dependente do vice-rei da Índia. Como consequência, o sistema econômico era largamente dominado por indianos, conforme reclama António Lobo da Silva em 1679: "estes canarins da India tem sido cauza de muitas ruínas nestas terras, e no contrato, porque aonde chegão tudo danão, e tem danado [...] e não souberam mais que roubarnos nossas fazendas, que lhe davamos fiados e mandarem o dinheiro para a India; Eu, Sr., era de parecer, pois não são de prestimo nenhum, salvo milhor juízo, que os mandasse V. Exa. botar a todos fora dos Rios, porque aquilo que lhes agenceam, e acquirem no contrato, o agenciarão e acquirirão os portugueses que o Príncipe nosso Sr manda para povoarem estas terras de sua real coroa, e de suas conquistas, porque quiz Deos que o príncipe nosso Sr. se alembrasse della sem mandar a V. Exª ver o miserável estado em que ellas estão e permita o mesmo Sr. conservar lhe a V. Exa a vida e saúde e trazello com muito boa viagem a salvamento aos Rios para que lhe seja presente o miserável estado em que

A debilidade e a incompetência do Próspero colonial português, se, por um lado, inviabilizaram o neocolonialismo, por outro, facilitaram, sobretudo no caso do Brasil, a reprodução de relações de tipo colonial depois do fim do colonialismo, o colonialismo interno. Ao fazê-lo, suscitou entre as elites, que continuaram a exercer a dominação em nome próprio, uma divisão sobre as suas responsabilidades históricas e o modo como partilhá-las com o colonizador entretanto saído de cena. Foi, no fundo, uma divisão sobre se a incompetência das elites para desenvolver o país era ou não um produto de incompetência de Próspero de que se tinham libertado. Seria a incompetência de Próspero uma pesada herança, um constrangimento incontornável das possibilidades de desenvolvimento pós-colonial, ou, pelo contrário, constituiria uma oportunidade insuspeitada para formas de desenvolvimento alternativo?

Assim deve ser lida a polêmica entre iberistas e americanistas no Brasil (por exemplo, entre Oliveira Vianna e Tavares Bastos). Para os iberistas, o atraso do Brasil poderia ser convertido numa vantagem, na possibilidade de um desenvolvimento não individualista e não utilitarista assente numa ética comunitária de que o mundo rural podia dar testemunho. Segundo Oliveira Vianna, na análise de Luis Werneck Vianna (1997), a singularidade brasileira era menos um produto da historicidade da metrópole do que da especificidade das relações sociais prevalecentes no mundo agrário, onde uma classe aristocrática rural funcionava como um poder agregador particular (VIANNA, 1997, p. 162). Pelo contrário, Tavares Bastos via na herança da cultura política ibérica e o seu atávico anti-individualismo o fundamento do obscurantismo, autoritarismo e burocratismo do Estado brasileiro, sendo preciso romper com ela e criar um modelo social novo, *yankee* hispano-americano, tendo como referência a sociedade norte-americana, a indústria e a educação. Aliás, a incompetência do Próspero ibérico é explicitada por Tavares Bastos quando afirma que, por não deter a força característica dos países do Norte, Portugal permitiu que "a geral depravação e bárbara aspereza dos costumes brasileiros [acabassem] por vingar face à imposição cultural

---

elles estão, e quando isto assim não fosse entendo que em pouco tempo acabarião de estalar de todo" (*Carta de António Lobo da Silva para o vice rei [da India], escrita no Zimbaboé em 15 de Dezembro de 1679*. Lisboa: Arquivo Histórico Ultramarino, Caixa 3 (Documento 77)).

portuguesa" (*apud* VIANNA, 1997, p. 157). Em outras palavras, foram as deficiências de Próspero que tornaram possíveis os excessos de Caliban.

No caso da África, está ainda por fazer o julgamento histórico do Próspero colonial português. Por outro lado, não é ainda possível ajuizar da força e da persistência das sequelas neocolonialistas, sobretudo depois da adesão de Portugal à União Europeia. As vicissitudes por que tem passado a Comunidade de Países de Língua Portuguesa são ilustrativas das debilidades do Próspero colonial português. De fato, este último não tem conseguido impor a sua hegemonia, ao contrário dos Prósperos inglês e francês em suas respectivas *commonwealths*. Não só tem disputado a hegemonia com a sua ex-colônia, o Brasil, como não tem podido impedir que alguns países integrem outras comunidades "rivais", como é o caso de Moçambique, em relação à inglesa, e de Guiné-Bissau, em relação à francesa. Como a hegemonia nesse tipo de comunidade tem significado a legitimação do neocolonialismo, a debilidade do Próspero português abre potencialidades enormes para relacionamentos democráticos e verdadeiramente pós-coloniais. É, no entanto, uma questão em aberto saber se o antigo colonizador é capaz de transformar essa fraqueza em força (ultrapassando a persistência da colonialidade das relações) e se os ex-colonizados estão sequer interessados nisso.

CAPÍTULO 7

A política da cor: o racismo e o colorismo

As epistemologias do Sul são procedimentos que visam identificar e validar os conhecimentos nascidos ou usados nas lutas sociais contra o capitalismo, o colonialismo e o patriarcado, as três dimensões principais da dominação moderna eurocêntrica (Santos, 2019). Contrapõem-se às epistemologias do Norte, que, desde o século de XVII, e em ruptura com experiências e saberes desenvolvidos em vários contextos do mundo, têm procurado validar tais dominações ao lhes conferir legitimidade científica e exclusividade na regulação das relações sociais e ao dispersá-las por múltiplos dispositivos de poder-saber, das instituições à política, à economia e às relações interpessoais. Para as epistemologias do Sul, o capitalismo não existe sem colonialismo e patriarcado. Isso significa três coisas. Primeiro, o conceito de trabalho livre e assalariado que subjaz à dominação capitalista não se sustenta socialmente sem a existência de trabalho muitíssimo desvalorizado ou mesmo não pago. Estas duas últimas formas de trabalho são fornecidas por corpos racializados e/ou sexualizados, ou seja, por corpos sujeitos à dominação colonial e patriarcal. Segundo, o colonialismo e o patriarcado existiram antes do capitalismo, mas foram reconfigurados pelo capitalismo, de modo a serem postos a serviço da dominação moderna eurocêntrica sob as várias formas identificadas de colonialismo moderno (Santos; Meneses, 2019; Bhambra; Holmwood, 2021). Terceiro, foi uma ilusão pensar que o colonialismo terminaria com a independência política das colônias europeias. Apenas terminou (e não totalmente, basta ver os casos do povo saaraui e da Palestina)[1] uma forma específica de colonialismo caracterizada pela ocupação estrangeira do território colonial nos planos político, institucional e militar. Mas o colonialismo continuou até os nossos dias sob formas tão diferentes como o neocolonialismo, o colonialismo interno, o racismo, a xenofobia, a segregação espacial, a concentração de terra, o saque das riquezas naturais, o roubo de terras, a grilagem, a expulsão de povos indígenas e camponeses e afrodescendentes dos seus territórios para darem lugar a megaprojetos industriais, mineiros, hidroelétricos, portuários etc. As diferentes formas de que se reveste o moderno colonialismo manifestam-se de forma variável nas diferentes regiões do mundo e podem ser reforçadas por outros modos de dominação, como as castas e/ou a religião como arma política. Uma das expressões mais violentas do colonialismo é o racismo. Juntamente ao sexismo, o racismo integra o bloco de construtores modernos da linha abissal que separa radical e invisivelmente os seres plenamente humanos (a zona metropolitana) e os seres sub-humanos (a zona colonial).[2]

---

[1] "Fomos todos tão socializados na ideia de que as lutas de libertação contra o colonialismo do século XX puseram fim ao colonialismo que é quase uma heresia pensar que afinal o colonialismo não acabou, apenas mudou de forma ou de roupagem, e que a nossa dificuldade é sobretudo a de nomear adequadamente este complexo processo de continuidade e mudança. É certo que os analistas e os políticos mais avisados dos últimos cinquenta anos tiveram a percepção aguda desta complexidade, mas as suas vozes não foram suficientemente fortes para pôr em causa a ideia convencional de que o colonialismo propriamente dito acabara, com exceção de alguns poucos casos, os mais dramáticos sendo possivelmente o Sahara Ocidental, a colônia hispano-marroquina que continua subjugando o povo saharaui e a ocupação da Palestina por Israel" (SANTOS, 2018b). Uma das principais tarefas da ONU tem sido a emancipação política dos territórios coloniais (ver Declaração 1514 sobre a concessão da independência aos países e povos coloniais, de dezembro de 1960). Desde o nascimento da ONU, mais de 80 antigas colônias, correspondendo a cerca de 750 milhões de pessoas, conquistaram a independência. Atualmente, 17 territórios não autônomos, onde vivem mais de 2 milhões de pessoas, permanecem na lista da ONU de territórios que reivindicam a descolonização. Por exemplo, de acordo com o Direito Internacional e as resoluções da ONU, o Saara Ocidental é ainda um território não autônomo, pendente de descolonização. Para criar as condições para um referendo, foi criada, em 1991, a Missão das Nações Unidas para o Referendo no Saara Ocidental. Embora essa missão se mantenha no terreno, o referendo nunca se concretizou. O povo saaraui continua dividido por um muro fortemente minado e policiado entre um território sob ocupação marroquina e um pequeno território sob administração da Frente Polisário. Por sua vez, a Palestina não é reconhecida, pela ONU, como um território sob colonização. Sobre a questão da Palestina, ver Santos (2021c).

[2] Esse tema é analisado em detalhe por último em Santos (2021g).

A lógica colonial moderna procurou legitimar a naturalização da diferença, que torna, "legítimo" que os sub-humanos não sejam tratados como plenamente humanos. Neste capítulo debruço-me especificamente sobre algumas das características do racismo.

A pele é o nosso maior invólucro protetor natural. Por que é que a cor da pele tem um significado social infinitamente maior do que a cor da pupila dos olhos? Tanto na tradição cristã (incluindo o secularismo em que ela se prolongou) como na tradição budista, a escuridão e a claridade foram metáforas conceptuais que pretenderam dar conta do aperfeiçoamento da pessoa humana nas suas relações com poderes que a transcendem. Referem-se a movimentos do conhecimento e da vida interior. Nessas religiões, a trajetória da escuridão para a claridade está aberta a todos os seres humanos. E, aliás, a máxima claridade (por exemplo, na presença da divindade) pode converter-se na máxima escuridão, sendo disso exemplo o horror divino de George Bataille (1981), ou no máximo silêncio do universo, no caso do José Saramago (1998). Porém, com a moderna expansão colonial europeia, sobretudo a partir do século XVI, a escuridão e a claridade foram sendo progressivamente disseminados como critérios fundamentais para distinguir entre seres humanos, para classificá-los e hierarquizá-los.[3] Foi então que a escuridão e a claridade foram mobilizadas como fatores identitários, para definir as cores da pele dos humanos, transferindo para essa definição significados antigos.[4] Se antes tais significados partiam da

---

[3] "No mundo europeu moderno os processos de secularização trouxeram consigo para a epistemologia as imagens binárias da luz e das trevas. O conhecimento e a verdade passaram a ser a luz, a claridade, enquanto a ignorância e a falsidade passaram a ser as trevas, a escuridão. A máxima expressão desse transplante ocorreu, na cultural ocidental, com o Iluminismo do século das Luzes. O nome diz tudo. [...] muitos dos binarismos que continuam a assombrar a vida contemporânea (homem/mulher, branco /negro/, humanidade/natureza, razão/emoção, forma/conteúdo) têm uma longa tradição no binarismo claridade/escuridão. [...] Entre a luz e as trevas, entre a claridade e a escuridão, Giordano Bruno (1548-1600) introduz uma mediação entre os opostos, a sombra. Contrariamente à tradição platónica, Bruno atribui um valor positivo à sombra já que esta é a medida da verdade que é acessível aos humanos. Esta é para mim uma das novidades mais intrigantes e mais duradouras do pensamento renascentista ocidental, prova convincente de que é nos períodos inaugurais, que a criatividade humana mais se afirma" (SANTOS, 2021a). Ver ainda Santos (2018c; 2021e).

[4] "A religião cristã está saturada de associações da luz com a divindade e bondade, ideias que foram transmutadas em narrativas emergentes que alimentaram a mudança

ideia da condição comum dos humanos, a partir de então a cor da pele vai constituir um dos vetores fundamentais da linha abissal[5] que distingue entre humanos e sub-humanos, a distinção que subjaz ao racismo. Uma vez aplicada à pele humana como fator determinante, a cor passou a designar características "naturais" que definem de início trânsitos sociais permitidos e proibidos. O "natural" passou a ser uma construção social concebida como fator extrassocial da legitimidade da hierarquia social definida a partir das metrópoles coloniais. Os sérios debates em torno das origens monogenistas ou poligenistas da espécie humana[6] que marcam o panorama científico europeu a partir, sobretudo, de finais do século XVIII deram azo à consagração de hipóteses racializadas sobre a origem da diversidade humana.[7] O "escuro" passou

---

transcendente da ignorância medieval para a racionalidade e ciência. O Iluminismo, como o termo indica, iria 'iluminar todas as coisas' na busca da 'verdade, pureza, revelação e conhecimento'" (EDENSOR, 2015, p. 560). Chinua Achebe (1978) tem criticado a presença desses estereótipos na literatura, em que as alusões às trevas caracterizaram também representações espaciais, nomeadamente a designação da África como o "Continente Negro", símbolo de atraso no discurso colonial britânico. Diz Achebe que a representação de África como a antítese da Europa e da civilização (Iluminismo) perpetua uma imagem preconceituosa da África que despersonaliza uma parte da raça humana. Embora essa reflexão persistente tenha sido amenizada, associações negativas continuam a permear entendimentos e valores contemporâneos em frases comuns, como a "Idade das Trevas", "forças das trevas", "negócios escuros", *dark net* e o "lado negro" (EDENSOR, 2015).

[5] Sobre a linha abissal, ver Santos (2007b; 2014, p. 118-135; 2019, p. 48; 2021g, p. 101-104).

[6] A definição inicial de raça associada a contextos geográficos e climáticos, assim como a fatores culturais, é atribuída a Immanuel Kant ([1775] 1968, p. 429-443), na tentativa de explicar as diferenças externas entre seres humanos que integravam a humanidade. A definição de raça avançada por Kant, ele próprio um monogenista, foi "suficiente para que os utilizadores subsequentes acreditassem que se tratava de algo cujo estatuto científico poderia, pelo menos, ser debatido" (BERNASCONI, 2001, p. 11).

[7] Gobineau ([1853-1855] 1967), cuja obra procurou, a par e passo de outras reflexões de então, estabelecer os fundamentos supostamente científicos do racismo, é também fruto do pensamento iluminista erudito europeu de meados do século XIX. Para esse autor o destino das civilizações é determinado pela composição racial, defendendo que as sociedades brancas floresceriam enquanto permanecessem livres da miscigenação com grupos que considerava inferiores, como os negros e amarelos. Afirmava ainda que quanto maior fosse a miscigenação racial de uma civilização, mais provável seria a perda da sua vitalidade e criatividade, correndo o risco de cair na corrupção. Por outro lado, Firmin (1885), embora aceitando, no espírito da época, a noção de raça, expôs a imprecisão das definições e a falta de bases da teoria da hierarquização das raças proposta por Gobineau, sublinhando, em paralelo, o legado negro ao longo da

a ser "cor", símbolo do negativo, e o "branco", "a ausência de cor", símbolo do positivo. É nesse contexto que surge o racismo moderno, um dos principais e mais destrutivos preconceitos da modernidade eurocêntrica. A diferença cultural assumia agora a tonalidade da diferença hierárquica racial, concepção desenvolvida a partir da articulação entre o evolucionismo, o positivismo e o racismo, explicitamente referidos nos trabalhos de Charles Darwin:

> dentro de pouco tempo, de alguns séculos, as raças civilizadas da humanidade deverão quase de certeza ter exterminado e substituído as raças selvagens no mundo. [...] A separação entre o Homem e os seus semelhantes mais próximos será maior, pois que separará o Homem, num estágio mais civilizado como esperamos, mais ainda do que o Caucasiano, de algum símio inferior como o babuíno, em vez de ser, como agora, entre o Negro ou o Australiano e o gorila (DARWIN, 1874, p. 178).

A moderna colonização significava, nas palavras dos defensores da moderna colonização, não apenas a ocupação de um território, mas, e principalmente, "uma ação civilizadora sobre as pessoas e as cousas" (SOUSA, 1906, p. 8). Assim se procurava explicar a missão messiânica de "salvar o mundo", o "fardo do homem branco". Essa expressão deve-se a um poema de Rudyard Kipling (1899) em que debatia a presença colonial dos Estados Unidos nas Filipinas. Kipling defendia que a raça branca na Europa e nos Estados Unidos tinha a responsabilidade de educar e de cristianizar as populações "selvagens" e "primitivas" do mundo. O termo "fardo" acrescentava à missão política e científica da colonização a dimensão cristã, atribuindo-lhe uma racionalidade moral que procurava justificar as intervenções imperiais no mundo nos finais do século XIX, inícios do século XX (MENESES, 2019). Como preconizou, no contexto colonial português, um dos defensores do racismo estruturante da política colonial:

---

história, numa reflexão anterior a Anta Diop. Enquanto no contexto europeu o final do século XIX ficou marcado pela intensificação das propostas que procuravam justificar cientificamente a hierarquia racial, motivada pelo radicalizar das exigências da matriz colonial dos projetos imperiais, a obra de Firmin foi uma declaração importante a favor da igualdade das raças.

> Raças não só diferentes, mas cientificamente inferiores à nossa [caucasiana], com um modo de pensar e de sentir proveniente é claro da sua organização social tão diversa, da sua própria organização física tão diferente, com uma moral e uma religião opostas até à nossa, absolutamente incapazes, cientificamente falando, de adaptar aos seus cérebros rudimentares e de curto período de desenvolvimento, às nossas complicadas teorias e às nossas elevadas concepções, raças em tal estado social, foram metidas num molde que quase um século de experiência tem mostrado não ser o mais favorável possível ao habitante da mãe pátria (ORNELLAS, 1903, p. 13).

Albert Memmi (2000), que dedicou parte do seu trabalho analítico à caracterização do racismo, identifica três aspectos centrais que operam em conjunto: a exclusão institucional, o preconceito pessoal e um sentido de pertença identitária. Sublinha que a ambiguidade do conceito de uma raça pura implica que o racismo não seja uma teoria científica, mas sim um conjunto de opiniões bastante divergentes entre si (BERNASCONI; LOTT, 2000). Em suma, para Memmi, o racismo é uma definição generalizante que valoriza as diferenças biológicas, sejam reais ou imaginárias, em benefício de quem as define e desdobra, e em detrimento daquele que está sujeito a esse ato de definição, para o fim de justificar hostilidade e agressão (social ou física) (MEMMI, 2000, p. 184).

Analisando a íntima relação entre colonialismo e racismo, Memmi (1965, p. 74) destaca que o racismo é um elemento consubstancial ao colonialismo, pois "não se limita a estabelecer uma discriminação fundamental entre colonizador e colonizado, condição *sine qua non* da vida colonial, estabelecendo também as bases que fundamentam a sua imutabilidade". Nessa senda, e como bem sublinha Francisco Bethencourt (2015), o racismo, não sendo um exclusivo ocidental, assumiu com a expansão colonial europeia um papel central na classificação hierárquica das populações.[8]

Apesar de ter passado por muitas mutações, o preconceito racial tem mantido uma notável estabilidade. Por um lado, a imensa diversidade de traços fisiológicos e de tonalidades de cor de pele não impede que o preconceito se adapte e reconstitua incessantemente segundo os

---

[8] Ver também Smedley (2012).

contextos, ora parecendo um resíduo do passado, ora reemergindo com renovada virulência. Por outro lado, o seu caráter insidioso decorre da sua "disponibilidade" para ser interiorizado por aqueles e aquelas que são vítimas dele, caso em que uns e outras passam a avaliar a sua existência e o seu papel na sociedade em função do cânone da hierarquia racial. Finalmente, a lógica racial da cor insinua-se tão profundamente na cultura e na língua que está presente em contextos tão naturalizados que parecem nada ter a ver com o preconceito. Por exemplo, no espaço de língua portuguesa (pelo menos no Brasil e em Portugal), as crianças aprendem que o lápis de cor bege é o lápis cor de pele.

A primazia dada à visão na análise eurocêntrica do mundo faz com que a cor da pele seja uma das variações mais visíveis entre os humanos. Está relacionada com as respostas à radiação de raios ultravioletas, ou seja, a pigmentação da melanina é adaptativa e foi mantida pela seleção natural. A pele mais escura, com mais melanina, protege as populações originárias de regiões próximas do equador. É, pois, na sua origem uma resposta físico-biológica ao meio ambiente. Porém, devido à sua instabilidade evolutiva, o fenótipo da cor da pele é inútil como marcador único de identidade genética, como destaca Nina Jablonski (2004).

Como é que, apesar de a origem da humanidade ter ocorrido em regiões com maior radiação ultravioleta, a cor da pele acabou por se converter em marcador de desumanização? Foi um processo histórico longo que, em alguns contextos, foi evoluindo para converter a pele clara e a pele escura em conotação de rígida hierarquia social, o que designamos como racismo e como colorismo. A percepção da cor deixou de ser uma característica física da pele para se tornar um marcador de poder e uma construção cultural que afirma a superioridade do capitalismo-colonial e do patriarcado. Na sua análise da condição das populações negras norte-americanas no contexto pós-abolição, Du Bois (1903; 1995) expõe com nitidez a violenta segregação racial dessa sociedade, que exige uma dupla consciência, característica fundacional da íntima ligação entre capitalismo e colonialismo:

> É um sentimento peculiar, essa dupla consciência, essa sensação de olhar sempre para cada um através dos olhos de outros, de medir cada alma com a régua de um mundo que o observa com divertido

desprezo e piedade. Essa dualidade é constantemente sentida – um americano, um negro; duas almas, dois pensamentos, dois esforços inconciliáveis; dois ideais em guerra num só corpo escuro, cuja força tenaz apenas é o que o impede de se dilacerar (Du Bois, 1903, p. 3).

Como já sublinhei anteriormente, essa argumentação é fundamental para compreender como a exploração econômica capitalista contemporânea não é compreensível sem a emergência do outro como sujeito racializado, sub-humano. Sobretudo o século XIX e as primeiras décadas do século XX foram o tempo do apogeu da explicação científica natural das diferenças raciais, das quais resultavam logicamente a hierarquia social e a recomendação da não miscigenação, da eugenia, do *apartheid* e da eliminação do que se considerava serem raças inferiores (Stepan, 1982).[9] O conceito de "*under man*" (sub-homem) tornou-se popular com o livro do norte-americano Lothrop Stoddard *The Revolt against Civilization: the Menace of the Underman*, publicado em 1922, que viria a ser a cartilha dos nazistas.[10] Depois da Segunda Guerra Mundial e ante a catástrofe genocida do nazismo e do fascismo, o paradigma da ciência racista foi sendo desmontado. Hoje os estudos genéticos mostram que, como as classificações raciais não se traduzem em diferenças genéticas importantes, não faz sentido falar de raça enquanto categoria biológica.[11] Aliás, a variação genética entre grupos raciais é

---

[9] Ver em Saini (2019) como, apesar da sua falta de rigor científico ou reprodutibilidade, a ideia da raça como um conceito biológico persiste em todos os campos da ciência. As consequências variam de justificações para a segregação escolar e habitacional ao apoio ao comércio de escravos no Atlântico dos séculos XVI a XIX, políticas genocidas contra comunidades indígenas em todo o mundo, o Holocausto etc.

[10] Em 1929, Stoddard – que também era membro do Ku Klux Klan – enfrentou W. E. B. Du Bois, um dos principais intelectuais negros e defensor dos direitos civis da América, num debate público no Chicago Forum Council. Os dois abordaram a questão: "Deve o negro ser encorajado a buscar a igualdade cultural?". No decorrer do debate, Stoddard declarou sua oposição à "mistura de raças" e tentou defender a segregação racial nos Estados Unidos (DU BOIS; STODDARD, 1929). As opiniões de Stoddard sobre raça e eugenia eram bem conhecidas na Europa. Cientistas raciais alemães e funcionários do Partido Nazista elogiaram o seu trabalho sobre raça, eugenia e política de imigração (KÜHL, 1994). Pouco depois do início da Segunda Guerra Mundial, em 1939, Stoddard viajou para a Europa para fazer uma turnê e escrever sobre a Alemanha nazista. Durante a sua estadia foi recebido pelas autoridades nazistas, incluindo Adolf Hitler e Heinrich Himmler, bem como por proeminentes "cientistas raciais" nazistas.

[11] Ver Lévi-Strauss (1952).

pequena quando comparada com as diferenças genéticas no interior do mesmo grupo. Ou seja, a ideologia racista sobrevive ao desmonte das "bases científicas" do racismo.

Apesar do descrédito da base científica do racismo, o racismo como ideologia permanece e tem mesmo se acentuado nos tempos mais recentes. Traços morfológicos do rosto, do cabelo ou da cor da pele continuam a ser usados como marcadores da discriminação racial, e em muitos países determinam as variações na discriminação que têm por alvo vários grupos sociais racializados, sejam eles negros, asiáticos, indígenas, ciganos ou latinos, para não falar, dependendo do tempo e do contexto, em judeus, irlandeses, portugueses, espanhóis, italianos, eslavos. A cor da pele, em especial, tem assumido um significado particularmente insidioso ao determinar diferenças sistemáticas de tratamento dentro de grupos que partilham a mesma "identidade racializada" ou "comunidade de cor". Nas Américas, esse fenômeno levou à formulação do conceito de colorismo[12] para designar esse tratamento diferencial. Não há colorismo sem racismo, mas o colorismo potencia a complexidade e a gravidade das narrativas e das práticas racistas.[13] Sobretudo no contexto norte-americano, o código colorista estabelece que quanto mais "branca" é a cor da pele, maior é a probabilidade de alguém ser candidato aos privilégios da branquitude. Tal como acontece com a identidade racial, a definição da cor da pele é uma construção social, cultural, econômica e política. Os estudos sociais da cor de pele mostram que a identificação e a classificação da cor de pele variam de sociedade para sociedade e mesmo dentro da mesma sociedade. Vem a propósito recordar que Bethencourt (2015) decidiu estudar a história do racismo para poder responder a esta pergunta: como é possível que a mesma pessoa seja considerada negra nos Estados Unidos, de cor no Caribe ou na África do Sul e branca no Brasil? Eu acrescentaria duas outras perguntas. Por que é que a classificação varia dentro do mesmo

---

[12] O termo "colorismo", introduzido pela vencedora do Prêmio Pulitzer Alice Walker no ensaio "If the Present Looks Like the Past, What Does the Future Look Like?" (1982), que foi publicado no livro *In Search of Our Mothers' Garden* (1983, p. 290-312), foi por ela definido como "tratamento preconceituoso ou preferencial de pessoas da mesma raça com base apenas na sua cor".

[13] Para uma distinção entre colorismo e racismo, ver Jones (2000, p. 1493-1499).

país? No caso da sociedade brasileira, quem é considerado branco na Bahia pode ser considerado negro em São Paulo. Por que é que a classificação varia no tempo? Tal é o caso dos imigrantes europeus nos Estados Unidos, cuja cor da pele foi branqueando à medida que foram sendo assimilados no suposto *melting pot*.

Quando se fala criticamente de racismo, é grande a tendência para salientar os danos, a violência e a destruição que ele causa nas populações racializadas.[14] Mas, dessa forma, a cor dos que causam o racismo torna-se invisível. A pele de quem exerce a atitude racista não tem cor, sobretudo em contextos em que a "cor branca" está associada à manutenção de privilégios herdados do escravagismo e do colonialismo,[15] como destacou Florestan Fernandes no seu livro sobre *A integração do negro na sociedade de classes* (2008). No atual contexto brasileiro, Sílvio Almeida (2019) considera que o racismo é estrutural, um processo em que as condições de organização da sociedade reproduzem a subalternidade de determinados grupos que são identificados racialmente. Falar de racismo estrutural no caso brasileiro ou norte-americano obriga a lembrar as questões históricas na origem do processo de desigualdade entre brancos, por um lado, e indígenas e negros, por outro. São essas questões

---

[14] Grada Kilomba (2019) discute a realidade brasileira do racismo cotidiano (o conceito de "*everyday racism*", introduzido por Philomena Essed [1990]) através de narrativas de histórias de vida de mulheres negras que experimentam os traumas do passado no presente. "O racismo cotidiano refere-se a todo vocabulário, discursos, imagens, gestos, ações e olhares que colocam o sujeito negro e as Pessoas de Cor não só como 'Outra/o' – a diferença contra a qual o sujeito branco é medido – mas também como Outridade, isto é, como a personificação dos aspectos reprimidos na sociedade branca" (KILOMBA, 2019, p. 78).

[15] Em 1921 um grupo de negros norte-americanos tencionava estabelecer-se no Brasil, com o intento de fugir às leis segregacionistas dos Estados Unidos. A reação da imprensa e do próprio governo não se fez esperar num país onde "não há preconceito de cor porque o negro conhece o seu lugar". Seguem-se as palavras de Afrânio Peixoto em resposta ao debate lançado por Fidélis Reis no Congresso Nacional: "Muitos dos nossos males nacionais veem daí; a escravidão abolida civilmente em 1888 continuará por alguns séculos nos nossos costumes, porque está no nosso sangue. Trezentos anos talvez levaremos para mudar de alma e alvejar a pele, e, se não branco, ao menos disfarçados, perdemos o caráter mestiço. Já purgamos outros tantos anos. É neste momento que a América pretende desembaraçar-se do seu núcleo de 15 milhões de negros no Brasil. Quantos séculos serão precisos para depurar-se todo esse mascavo humano? Teremos albumina bastante para refinar toda essa escória? Não bastou a Libéria, descobriram o Brasil?" (LOBO, 1926, p. 143-144).

que se desdobram hoje no genocídio de pessoas negras e indígenas, no encarceramento em massa, na pobreza e na violência contra mulheres. A pandemia do novo coronavírus tornou mais visível e explícita a linha abissal que simboliza o racismo estrutural vivido no Brasil, onde os mais afetados pela maior crise sanitária do século XXI são, além das pessoas em situação de vulnerabilidade social, a população negra, indígena (SANTOS, 2021g).

Situações similares encontram-se em outros contextos, sendo disso exemplo a relação dos árabes sauditas em face dos paquistaneses, filipinos ou bangladeshianos ou dos chineses em relação a africanos. Tornam-se assim invisíveis quer a cor da pele, quer os privilégios que ela justifica. Porque é que a análise crítica do racismo incide sobretudo nas discriminações sofridas por corpos racializados e negligencia os privilégios dos corpos não racializados? Afinal, quando se fala de "supremacia branca" não se fala da qualidade da cor, mas do poder e dos privilégios que ela invoca. Muito para além dos contextos da supremacia branca (a branquitude – MULLER; CARDOSO, 2017), o uso racista da cor e da ausência de cor está sempre ligado à instrumentalização do poder e dos privilégios. Referi anteriormente o racismo dos chineses na China contra os "negros" africanos. A verdade é que o tribunal superior da África do Sul considerou, em 2008, que, para efeito de acesso às ações afirmativas em vigor para promover o "empoderamento econômico dos negros", os chineses nascidos na África do Sul eram considerados... negros.[16]

A conclusão urgente parece ser esta: só razões políticas e lutas de poder podem explicar a instrumentalização social da cor da pele; e, do mesmo modo, só elas explicam que o provável incremento da multiplicidade de tonalidades de cor de pele decorrente da miscigenação ou crioulização não se traduza no fim do racismo e da violência e injustiça que ele causa. Apesar da diversidade de contextos já referida, historicamente o problema tem assumido particular acuidade nos países onde há população considerada branca, por menor que seja, mas em posições de poder, e assume contornos diferentes em contextos diferentes. A investigação tem incidido sobretudo no modo como as diferenças de cor

---

[16] África do Sul dá status de cidadão negro a chineses. *BBC*, 18 jun. 2008. Disponível em: https://bbc.in/2Vtqa4w. Acesso em: 29 jun. 2021.

de pele entre pessoas consideradas da "mesma raça" determinam diferenças de tratamento. O caso mais tratado é o dos países herdeiros da violência da escravatura, sobretudo em contexto americano.[17] As análises mostram consistentemente que, apesar de ter havido avanços muito significativos no acesso a cargos públicos e privados por parte de pessoas classificadas como de raça negra (ou de qualquer outra raça que não a branca), em resultado das lutas contra a discriminação racial, sobretudo dos últimos 50 anos, a verdade é que as pessoas racializadas que acederam a esses lugares têm, em geral, uma cor de pele mais clara (ALMEIDA, 2019). Apesar da imensa diversidade dos tons de pele, a cor de pele marcou e marca não só diferenças raciais, como também diferenças de tratamento no interior da mesma identidade racial.[18] Por exemplo, nos Estados Unidos, os escravizados negros de cor mais clara eram mais caros, e eram procurados para o trabalho doméstico nas casas da plantação, enquanto aos escravizados de cor mais escura estava destinado o trabalho árduo nos campos (HOCHSCHILD; POWELL, 2008; REECE, 2016). Aliás, os escravocratas usavam as diferenças de cor de pele para provocar a divisão entre os escravos. Muito depois da abolição da escravatura,[19] o racismo e colorismo não só se mantiveram como também se estenderam a novas categorias de população, por exemplo, os imigrantes europeus. Nos Estados Unidos do início do século XX, irlandeses, italianos e portugueses[20] foram considerados

---

[17] Ver, para o caso brasileiro, Cardoso (1962), Alencastro (2000) e Schwarcz; Machado (2018); para o caso dos Estados Unidos, entre muitos, Eltis (2000), Gates; Appiah (2005), Scanlan (2016) e Mamdani (2020).

[18] A definição de raça como categoria jurídica deve ser levada em consideração, tanto no que diz respeito à "pureza do sangue" (ex. Brasil, Estados Unidos, África do Sul) como na justificação da jurisdição da escravatura. Para esta última situação ver Higginbotham (1980) e Morris (1996).

[19] Um dos mais entusiásticos abolicionistas brasileiros, Joaquim Nabuco, escrevia em 1883: "Compare-se com o Brasil atual da escravidão o ideal de Pátria que nós, Abolicionistas, sustentamos: um país onde todos sejam livres; onde, atraída pela franqueza das nossas instituições e pela liberdade do nosso regímen, a imigração européia traga, sem cessar, para os trópicos uma corrente de sangue caucásico vivaz, enérgico e sadio, que possamos absorver sem perigo, em vez dessa onda chinesa, com que a grande propriedade aspira a viciar e corromper ainda mais a nossa raça; um país que de alguma forma trabalhe originalmente para a obra da humanidade e para o adiantamento da América do Sul". Disponível em: https://bit.ly/3lFswZt. Acesso em: 25 jun. 2021.

[20] Ver o Capítulo 6.

"brancos escuros", e só gradualmente (e completamente?) a cor da sua pele foi sendo branqueada, à medida da sua ascensão social.

A persistência do racismo e do colorismo está bem patente neste instantâneo fotográfico do Brasil. No dia 22 de março de 2018, o conhecido jornal norte-americano *Wall Street Journal* publicava uma reportagem intitulada "A procura de esperma americano aumenta exponencialmente no Brasil".[21] Relatava que nos sete anos anteriores a importação de sêmen norte-americano por parte de mulheres brasileiras ricas, solteiras e lésbicas tinha aumentado extraordinariamente. As preferências iam para doadores de pele clara e com olhos azuis. Segundo a Fairfax Cryobank, o maior exportador de esperma para o Brasil, este país era o mercado de sêmen em maior aumento. Enquanto em 2011 apenas 11 tubos de sêmen tinham sido importados, em 2017, o número subira para 500 tubos. Segundo o jornalista, a preferência por doadores brancos reflete a preocupação com o racismo "num país onde a classe social e a cor da pele estão intimamente ligadas". Para as consumidoras, "as crianças de pele clara terão a expectativa de melhores salários e de um tratamento mais justo por parte da polícia". Nos Estados Unidos as mulheres negras com tom de pele mais claro e traços europeus tendem, em igualdade de outras circunstâncias, a ter mais êxito na obtenção de emprego, na carreira profissional, nos concursos de beleza ou nos vídeos musicais. No caso do Brasil o testemunho de Blanca Santana reflete bem essa dimensão do racismo estrutural: "Minha pele não é retinta. Tenho a cor da miscigenação brasileira, que tantas vezes foi utilizada para reafirmar o mito da democracia social... Poder ser vista como branca, ou melhor, como não negra, me permitiu oportunidades que provavelmente eu não teria se tivesse a pele mais escura, como ocupar um cargo de coordenação em um colégio europeu, de elite, onde um dia precisei argumentar fervorosamente que era uma mulher negra e que essa era uma afirmação importante".[22]

O colorismo também tem existido no interior do mesmo grupo racial, quando, por exemplo, no século XIX e início do século XX, os clubes das elites negras dos Estados Unidos recusavam o acesso a pessoas

---

[21] Disponível em: https://on.wsj.com/3ijyU6f. Acesso em: 16 jun. 2021.
[22] SANTANA, Bianca. Quem é mulher negra no Brasil? Colorismo e o mito da democracia racial. *Cult*, 8 maio 2018. Disponível em: https://bit.ly/2WSpWEX. Acesso em: 16 jun. 2021.

com a cor mais escura. A interiorização do colorismo levou e continua levando a práticas de branqueamento de pele, e a procura de produtos de branqueamento tem crescido enormemente (THOMAS, 2020). Mas, por outro lado, o colorismo também pode operar em sentido inverso, em contextos de comunidades altamente racializadas e como reação de ressentimento: discriminar as pessoas de pele mais clara consideradas fracas ou inferiores por serem o produto de mistura de raças.

A cor, a contracor e o arco-íris

A cor da pele é um marcador essencialista nas nossas sociedades desiguais e discriminadoras e, como fenômeno político, pode ser utilizada com diferentes orientações políticas e até como forma de compensação histórica. Em 1903, o grande intelectual negro norte-americano W. E. B. Du Bois escreveu profeticamente que o problema do século XX seria *"the color line"*, a "linha da divisão racial pela cor".[23] Assim foi e assim parece continuar sendo já bem dentro do século XXI. Em meados do século passado,[24] Franz Fanon ([1952] 2008) mostrava eloquentemente como o racismo atuava por via de uma fratura dialética entre o corpo e o mundo, entre o "esquema corporal" e o "esquema racial epidérmico". O fenótipo epidérmico seria trivial se não existisse o racismo fenotípico.[25]

---

[23] Para uma dimensão visual da linha de cor e uma estimulante e cuidadosa análise desta, ver em Smith (2004) as fotografias reunidas por Du Bois para a American Negro Exhibit na Exposição de Paris de 1900.

[24] Nesse livro Fanon mostra como a ideologia da suposta igualdade racial e a indiferença ao racismo em sociedades multirraciais em que as relações são marcadas por uma assimetria de poder entre grupos étnicos equivale a dar poder aos detentores da hegemonia, ou seja, aos brancos. Considera também incoerente comparar racismos de diferentes sociedades, porque, apesar das diferentes formas como se manifesta, o racismo funciona sempre como um mecanismo de exclusão dos negros (FANON, 2008, p. 84-86). Deve-se, no entanto, ter em mente que no contexto africano a questão racial foi alvo de uma grande discussão, como mostram os trabalhos de João Dias (1952), Memmi (1965; 2000) Cabral (1979), Eduardo Mondlane (1962; [1964] 1972), Patrice Lumumba (1972), Mário Pinto de Andrade (1997), que, entre muitos outros, fazem uma denúncia violenta do racismo. Ver ainda o conjunto de documentação reunida sobre o tema por Chilcote (1972). No contexto brasileiro, ver Manoel Bomfim (um autor esquecido por mais de meio século; ver Alves Filho [2008]).

[25] A melhor formulação sobre a existência do racismo fenotípico de longa duração deve-se a Cheikh Anta Diop (1981).

A lógica racial e colorista é usada tanto para excluir os "outros" como para unir o "nós". Reside aí um dos fios com que se tece a extrema-direita do nosso tempo. No polo oposto, o movimento Black Is Beautiful dos afro-americanos na década de 1960, que depois se espalhou por outros países (por exemplo, na África do Sul), consistiu em reclamar a cor e mudar a sua conotação. Sempre que a cor é politizada contra o racismo para unir a luta antirracial e a luta anticapitalista, a cor da pele tende a perder o essencialismo e a ser relativizada. Intensamente politizado, o movimento Black Panther Party foi notável, sobretudo nos anos 1970-1980, no esforço de abolir a relevância das diferenças de cor da pele entre a comunidade negra. E ontem, como hoje, continua em aberto a questão de saber em que medida grupos de várias raças, etnias e cores de pele podem se unir nas lutas contra o capitalismo, o colonialismo, o racismo e o sexismo, para dessa forma aumentar as possibilidades de êxito das lutas por uma sociedade mais justa. Períodos de maior otimismo têm sido seguidos por períodos de maior pessimismo com inquietante circularidade. Duas coisas parecem certas. Por um lado, os essencialismos identitários tendem a tornar mais difícil a articulação das lutas sociais contra a desigualdade e a discriminação. Por outro lado, não se pode confundir a mudança da cor do poder com a mudança da natureza do poder. Afinal, a burguesia negra norte-americana tem se preocupado em chegar ao poder capitalista, e não em mudá-lo (*vide* Barack Obama). E não será diferente em outros lugares.

Escreveu Wittgenstein (1996, p. 17) que um povo de daltônicos teria outros conceitos sobre as cores. Seria essa uma solução para o racismo assente na cor da pele? Se estiver certa a minha proposta de que o racismo não reside na cor em si, mas na política da cor centrada na desigualdade de poder e na concentração excludente de privilégios, a resposta é não. Mantendo-se a estrutura de poder, o preconceito não desapareceria, apenas se expressaria de outra forma e com outra justificação.

PARTE III

Uma nova teoria política crítica: reinventar o Estado, a democracia e os direitos humanos

CAPÍTULO 8

A construção intercultural da igualdade e da diferença

Introdução

A desigualdade e a exclusão têm na modernidade ocidental[1] um significado totalmente distinto do que tiveram nas sociedades do antigo regime. Pela primeira vez na história, a igualdade, a liberdade e a cidadania são reconhecidas como princípios emancipatórios da vida social. A desigualdade e a exclusão têm, pois, de ser justificadas como exceções ou incidentes de um processo societal que lhes não reconhece legitimidade, em princípio. E, perante elas, a única política social legítima é a que define os meios para minimizar uma e outra. Nada disso, como sabemos, vale para as sociedades sujeitas ao colonialismo europeu. Aí vigoraram a desigualdade e a exclusão como princípios de regulação cuja validade não implicou qualquer relação dialética com a emancipação. Durante o longo tempo do ciclo colonial, a "opção" para essas sociedades foi, quando muito, entre a violência da coerção e a violência da assimilação. A importância da perspectiva pós-colonial reside hoje em mostrar que o "outro" da modernidade europeia, a

---

[1] Resulta evidente dos capítulos anteriores que não subscrevo a ideia da modernidade ocidental como um projeto único e monolítico. No mesmo sentido, veja-se Paul Gilroy (1993), Ahiwa Ong (1996) ou Arjun Appadurai (1997).

"exterioridade colonial", foi, de fato, um elemento constitutivo originário da modernidade e que a sua exclusão do círculo da dialética regulação/emancipação codeterminou o fracasso desta no âmbito em que foi confinada, as sociedades europeias. Continua, no entanto, a ser importante analisar a trajetória desse fracasso, um fracasso que se desenrolou como se o colonialismo não fosse um fator, o que igualmente escapou aos mais acérrimos críticos desse fracasso.

A partir do momento em que o paradigma da modernidade ocidental reduziu as suas possibilidades de desenvolvimento às do desenvolvimento capitalista e este passou a pressupor a disponibilidade das matérias-primas e os mercados coloniais, as sociedades modernas ocidentais passaram a viver de uma dupla contradição: da contradição entre princípios ditos universais, mas confinados na sua vigência às sociedades metropolitanas, e, no seio destas, da contradição entre os princípios de emancipação, que continuaram a apontar para a igualdade e a inclusão social e os princípios da regulação, que passaram a gerir os processos de desigualdade e de exclusão produzidos pelo próprio desenvolvimento capitalista. É dessa segunda contradição que me ocuparei neste capítulo.

A desigualdade e a exclusão na modernidade ocidental

A desigualdade e a exclusão são dois sistemas de pertença hierarquizada. No sistema de desigualdade, a pertença dá-se pela integração subordinada, enquanto no sistema de exclusão a pertença dá-se pela exclusão.[2] A desigualdade implica um sistema hierárquico de integração social. Quem está em baixo está dentro, e a sua presença é indispensável. Ao contrário, a exclusão assenta-se num sistema igualmente hierárquico, mas dominado pelo princípio da segregação: pertence-se pela forma como se é excluído. Quem está em baixo está fora. Esses dois sistemas

---

[2] O conceito de exclusão que uso neste capítulo é distinto do conceito de exclusão social que emergiu nas ciências sociais e nas políticas sociais dos países centrais nas duas últimas décadas. A exclusão social insere-se no sistema de desigualdade e visa deslocar o debate da desigualdade centrado no conceito de pobreza para os conceitos de capital social, de comunidades ativas, de políticas ativas. Atendendo às condições estruturais da exclusão social, procura capacitar os indivíduos para as novas exigências do sistema produtivo (flexibilidade; mobilidade; aprendizagem ao longo da vida etc.).

de hierarquização social, assim formulados, são tipos ideais, pois, na prática, os grupos sociais inserem-se simultaneamente nos dois sistemas, em combinações complexas.

Como é no século XIX que se consuma a convergência da modernidade e do capitalismo, é nesse século que melhor se podem analisar os sistemas de desigualdade e de exclusão. O grande teorizador da desigualdade na modernidade capitalista é, sem dúvida, Karl Marx (1970). Segundo ele, a relação capital-trabalho é o grande princípio da integração social na sociedade capitalista, uma integração que se assenta na desigualdade entre o capital e o trabalho, uma desigualdade classista baseada na exploração. O sistema de desigualdade é mais bem conhecido de todos nós, pelo que não exige mais elaboração neste momento.

Se Marx é o grande teorizador da desigualdade, Foucault (1977; 1980) é o grande teorizador da exclusão. Se a desigualdade é um fenômeno socioeconômico, a exclusão é sobretudo um fenômeno cultural e social, um fenômeno de civilização. Trata-se de um processo histórico através do qual uma cultura, por via de um discurso de verdade, cria o interdito e o rejeita. Estabelece um limite para além do qual só há transgressão, um lugar que atira para outro lugar, a heterotopia, todos os grupos sociais que são atingidos pelo interdito social, sejam eles a delinquência, a orientação sexual, a loucura ou o crime. Através das ciências humanas, transformadas em disciplinas, cria-se um enorme dispositivo de normalização que, como tal, é simultaneamente qualificador e desqualificador. A desqualificação como inferior, louco, criminoso ou pervertido consolida a exclusão, e é a periculosidade pessoal que justifica a exclusão. A exclusão da normalidade é traduzida em regras jurídicas que vincam, elas próprias, a exclusão. Na base da exclusão está uma pertença que se afirma pela não pertença, um modo específico de dominar a dissidência. Assenta-se num discurso de fronteiras e limites que justificam grandes fraturas, grandes rejeições e segregações. Sendo culturais e civilizacionais, tais fraturas têm também consequências sociais e econômicas, ainda que se não definam primordialmente por elas. Aqui a integração não vai além do controle da periculosidade.

Como disse, esses dois sistemas de pertença hierarquizada, assim formulados, são dois tipos ideais. Por exemplo, na modernidade capitalista são importantes duas outras formas de hierarquização que são, de algum modo, híbridas, uma vez que contêm elementos próprios da desigualdade e da exclusão: o racismo e o sexismo. Assentam-se ambos nos dispositivos de verdade que criam os excluídos foucaultianos, o "eu" e o "outro", simétricos numa partilha que rejeita ou interdita tudo o que cai no lado errado da partilha. No entanto, em ambas as formas de hierarquização se pretende uma integração subordinada pelo trabalho. No caso do racismo, o princípio da exclusão se assenta na hierarquia das raças, e a integração desigual ocorre, primeiramente, através da exploração colonial (escravatura, trabalho forçado), e depois, através da imigração. No caso do sexismo, o princípio da exclusão se assenta na distinção entre o espaço público e o espaço privado, e o princípio da integração desigual, no papel da mulher na reprodução da força do trabalho no seio da família e, mais tarde, tal como o racismo, pela integração em formas desvalorizadas de força do trabalho. Por um lado, a etnicização/racialização da força de trabalho,[3] por outro, a sexização da força de trabalho. O racismo e o sexismo são, pois, dispositivos de hierarquização que combinam a desigualdade de Marx e a exclusão de Foucault.[4]

Enquanto o sistema da desigualdade se assenta paradoxalmente no essencialismo da igualdade, sendo por isso que o contrato de trabalho é um contrato entre partes livres e iguais, o sistema da exclusão se assenta no essencialismo da diferença, seja ele a cientifização da normalidade e, portanto, do interdito, seja o determinismo biológico da desigualdade racial ou sexual. As práticas sociais, as ideologias e as atitudes combinam a desigualdade e a exclusão, a pertença subordinada e a rejeição e o interdito. Um sistema de desigualdade pode estar, no limite, acoplado a um sistema de exclusão. É o caso do sistema das castas na Índia, com a exclusão dos *dalits* (ditos intocáveis).[5] Quer a desigualdade, quer a exclusão permitem diferentes graus. O grau extremo de exclusão é o extermínio: o extermínio dos índios na Conquista, dos congoleses no "Estado Livre do Congo" de Leopoldo da Bélgica, dos armênios no final do Império Otomano, dos judeus e dos ciganos no nazismo, bem

---

[3] Esse tema é analisado em detalhe em Santos; Rodríguez-Garavito (2005).

[4] A bibliografia sobre o sexismo e o racismo é extensa. Ver, por exemplo, Banton (1987); Gordon (1990); McClintock (1995); Cornell; Hartmann (1998); Anderson; Sumit (1998); Pratt (2004); George (2005).

[5] Sobre esse tema, ver Nandy (1987b); Bhargava (1999); Duncan (1999) e Kumar (2000).

como as limpezas étnicas dos nossos dias nos Balcãs, em Ruanda ou em Darfur. O grau extremo da desigualdade é a escravatura.[6]

A desigualdade entre o capital e o trabalho, a exclusão do interdito, o racismo e o sexismo foram construídos socialmente enquanto princípios de hierarquização social no âmbito das sociedades nacionais metropolitanas, e de algum modo foi nesse espaço-tempo que foram acolhidos nas ciências sociais.[7] Mas, desde o início da expansão capitalista, esses princípios de hierarquização e discriminação têm outro espaço-tempo: o sistema mundial onde também desde sempre se misturaram os princípios da desigualdade e da exclusão. Por um lado, a desigualdade pelo trabalho escravo; por outro, a exclusão pelo genocídio dos povos e comunidades indígenas. No sistema mundial cruzam-se, assim, os dois eixos: o eixo socioeconômico da desigualdade e o eixo cultural, civilizacional da exclusão/segregação. Se o imperialismo – e a sua mais recente manifestação, a globalização neoliberal – é a expressão mais evidente do eixo socioeconômico, o orientalismo – e sua mais recente incarnação, a guerra das civilizações – é a expressão mais evidente do eixo cultural, civilizacional.

A regulação social da modernidade capitalista, se, por um lado, é constituída por processos que geram desigualdade e exclusão, por outro, estabelece mecanismos que permitem controlar ou manter dentro de certos limites esses processos. Mecanismos que, pelo menos, impedem que se caia com demasiada frequência na desigualdade extrema ou na exclusão/segregação extrema. Esses mecanismos visam a uma gestão controlada do sistema de desigualdade e de exclusão e, com isso, à redução das possibilidades de emancipação social às que são possíveis na vigência do capitalismo. No campo social, tiveram sempre de se defrontar com os movimentos antissistêmicos e as suas propostas de radical igualdade e inclusão. No início, os movimentos centraram-se na desigualdade, sobretudo na desigualdade entre patrão e operário e entre senhor e escravo. Aos poucos foram emergindo as lutas contra a exclusão, e as

---

[6] O tema da persistência de situações de escravatura (nos múltiplos matizes que adquire atualmente – sob a forma de trabalho forçado, de trabalho dependente, endividamento infinito etc.) tem sido alvo de inúmeros estudos. Ver, por exemplo, Cooper (1996); Centro de Estudos Africanos (1998); Barelli; Vilela (2000) e Figueira (2004).

[7] Com exceção da antropologia colonial, desde o início centrada no "outro" colonial (selvagem, primitivo).

primeiras foram certamente a luta feminista, a luta antirracista e a luta anticolonialista. Todos esses movimentos tenderam a se centrar numa forma privilegiada de desigualdade ou de exclusão, negligenciando as demais. Essa concentração assentou-se quase sempre na ideia de que, entre as diferentes formas de desigualdade e de exclusão, haveria uma, principal, e, de tal modo que o ataque dirigido a ela acabaria por repercutir nas demais. Por exemplo, o marxismo concentrou-se na desigualdade classista e teve pouco a dizer sobre a exclusão foucaultiana, o racismo ou sexismo. Ou seja, situado no marco monocultural da racionalidade ocidental, o marxismo pôde denunciar as desigualdades no eixo Norte-Sul, mas sucumbiu ao orientalismo em sua concepção do eixo Ocidente-Oriente.[8] Pela mesma razão, Foucault não deu atenção às formas de exclusão mais vinculadas ao colonialismo, para além de ter negligenciado a desigualdade de classe.

Os universalismos da desigualdade e da exclusão

A gestão moderna e capitalista da desigualdade e da exclusão é um processo político multidimensional. A sua complexidade não cessa de aumentar nos nossos dias e aumenta na exata medida em que se agravam as desigualdades e as exclusões. A complexidade, que já foi preço da eficácia relativa, transformou-se nos últimos 40 anos na cortina de opacidade que oculta a ineficácia.

O dispositivo ideológico da gestão da desigualdade e da exclusão é o universalismo, uma forma de caracterização essencialista que, paradoxalmente, pode assumir duas formas na aparência contraditórias: o universalismo antidiferencialista, que opera pela negação das diferenças, e o universalismo diferencialista, que opera pela absolutização das diferenças.[9] A negação das diferenças opera segundo a norma da

---

[8] Ver o Capítulo 2.

[9] No seu fundamento, o universalismo antidiferencialista implica a absolutização de uma dada diferença ou identidade, por exemplo, a identidade enquanto indivíduos autônomos e iguais. A diferença que estabelece o menor denominador comum transforma-se no critério supostamente universal da negação das diferenças. Na colonização, o privilégio absoluto concedido à identidade cristã criou o universalismo antidiferencialista da conversão geral.

homogeneização, que só permite comparações simples, unidimensionais (por exemplo, entre cidadãos), impedindo comparações mais densas ou contextuais (por exemplo, diferenças culturais), pela negação dos termos de comparação. Pelo contrário, a absolutização das diferenças opera segundo a norma do relativismo, que torna incomparáveis as diferenças pela ausência de critérios transculturais. Quer um, quer outro processo permitem a aplicação de critérios abstratos de normalização, sempre fundados numa diferença que tem poder social para negar todas as demais ou para declará-las incomparáveis e, portanto, inassimiláveis. O universalismo antidiferencialista opera pela descaracterização das diferenças e identidades, absolutizando uma delas e ignorando as demais; por essa via, reproduz e intensifica as hierarquias que existem entre a diferença que é absolutizada e todas as outras. O universalismo diferencialista opera pela intensificação abstrata de várias diferenças ou identidades, perdendo de vista os fluxos desiguais entre elas. Se o primeiro universalismo permite a desigualdade e a exclusão pelo excesso de semelhança, o segundo permite-as pelo excesso de diferença.

A teoria política liberal – o máximo de consciência teórica da modernidade capitalista – sempre privilegiou, como dispositivo ideológico, o universalismo antidiferencialista que acionou politicamente através das ideias da cidadania e dos direitos humanos.[10] O universalismo diferencialista foi sempre acionado em situações de recurso e quase sempre perante os fracassos mais óbvios do universalismo antidiferencialista. Por exemplo, o multiculturalismo conservador de guetos segregados quando a assimilação foi julgada impossível ou inaceitável.

O universalismo antidiferencialista confrontou a desigualdade através das políticas sociais do Estado-Providência nos países centrais, através das políticas desenvolvimentalistas nos países periféricos e semiperiféricos e, em uns e outros, através das políticas assimilacionistas em relação às culturas e etnias minoritárias (e, por vezes, maioritárias). O assimilacionismo[11] – assente no reconhecimento exclusivo da

---

[10] Analiso esse tema em detalhe no Capítulo 13.

[11] Um dos pilares da política do Estado moderno europeu em relação às colônias, o assimilacionismo, foi uma das formas de intervenção política desenvolvida para responder à "questão indígena". Ao eliminar o diferencialismo, a política assimilacionista veicula uma ideologia colonial, em que o progresso, sinônimo de civilização, faz tábula rasa das

identidade dos indivíduos autônomos e formalmente iguais – reproduz, no século XX, sob a forma secularizada, algumas das formas originárias do universalismo antidiferencialista teológico da expansão europeia (o exclusivo reconhecimento da identidade religiosa cristã, igualmente acessível a todos).

Essas políticas representam o máximo de consciência possível da modernidade capitalista na luta contra a desigualdade e a exclusão/segregação. Os princípios abstratos da cidadania, dos direitos e do assimilacionismo têm no Estado a sua instituição privilegiada. Ampliando o argumento de Poulantzas (1978), que considerava ser a função geral do Estado assegurar a coesão social numa sociedade dividida por classes, entendo que o Estado capitalista moderno tenha como função geral manter a coesão social numa sociedade atravessada pelos sistemas de desigualdade e de exclusão (SANTOS, 1995).[12]

No que diz repeito à desigualdade, a função consiste em manter a desigualdade dentro dos limites que não inviabilizem a integração subordinada, designada de inclusão social pelas políticas estatais. Os direitos sociais e econômicos universais, o rendimento mínimo de inserção social e as políticas compensatórias ("fome zero", bolsa-escola, abono de família, assistência social) são os mecanismos modernos (muito diferentes entre si) para manter a desigualdade em níveis toleráveis. Obviamente, tais níveis variam segundo a intensidade das lutas políticas e a capacidade do Estado e dos *media* para trivializar a desigualdade. No que diz respeito à exclusão, a função consiste em distinguir, entre as diferentes formas de exclusão, aquelas que devem ser objeto de assimilação ou, pelo contrário, objeto de segregação, expulsão ou extermínio. Essa distinção é feita segundo critérios através dos quais o Estado tenta

---

diferenças históricas, e impõe aos "indígenas primitivos" a adoção dos valores culturais superiores do Ocidente como único meio de vencer o seu atraso secular.

[12] Durante o ciclo colonial, a duplicidade do Estado moderno europeu consistiu em produzir e intensificar o sistema de desigualdade e de exclusão nas colônias enquanto procurava geri-lo nas sociedades metropolitanas segundo uma lógica de coesão social assente em princípios de cidadania e igualdade formal. Porque a intensificação da desigualdade e da exclusão, para além de certos limites, tornava impossível a própria exploração colonial, o Estado colonial procedeu a alguma gestão da desigualdade e da exclusão, mas sempre com o único e exclusivo objetivo de permitir a continuidade do sistema colonial.

validar socialmente as diferenças entre o louco ou criminoso perigoso e o não perigoso; entre o bom e o mau imigrante; entre o povo indígena bárbaro e o assimilável; entre o opositor e o comunista ou, mais recentemente, o terrorista; entre o desviante sexual tolerável e o intolerável; entre o muçulmano fundamentalista e o não fundamentalista etc., etc. Enfim, critérios que distinguem entre os civilizáveis e os incivilizáveis; entre as exclusões demonizadas e as apenas estigmatizadas; entre aquelas em relação às quais é total a "mixofobia" e aquelas em que se admite hibridação a partir da cultura dominante; entre as que se constituem inimigos absolutos ou apenas relativos. Nos últimos tempos, a chamada luta antiterrorista tem mudado significativamente os critérios de inclusão e de exclusão política. A exclusão gere-se por via de uma sociologia, antropologia e história diferencialista imaginária que opera por sucessivas especificações do mesmo universalismo diferencialista.

A gestão da desigualdade e da diferença e a sua crise

Esse modelo de regulação social que, por um lado, produz a desigualdade e a exclusão e, por outro, procura mantê-las dentro de limites funcionais está hoje em crise. Deve-se, no entanto, ter em mente que esse modelo apenas vigorou plenamente numa pequena minoria dos Estados que compõem o sistema mundial. Apenas no Atlântico Norte e, sobretudo, na Europa ocidental, encontramos tentativas sérias de produzir uma gestão controlada das desigualdades e das exclusões, nomeadamente através da social-democracia e do Estado-Providência, que é a sua forma política, tema que abordo em mais detalhe nos Capítulos 9 e 10.[13] No Estado-Providência as políticas sociais e econômicas centram-se na desigualdade, e as políticas culturais e educacionais, na exclusão e segregação. Uma breve referência a cada um deles.

O Estado-Providência e, em especial, as políticas sociais assentam-se em dois principais fatores. Por um lado, um processo de acumulação capitalista que, a partir de certa altura, passou a exigir a integração pelo consumo dos trabalhadores e das classes populares, até então apenas integrados pelo trabalho. A integração pelo trabalho e a pelo consumo

---

[13] Ver igualmente Santos (1990; 2000; 2013a).

passam a ser os dois lados da inclusão subordinada. Por outro lado, a confrontação no campo social com uma proposta alternativa, potencialmente muito mais igualitária e muito menos excludente, o socialismo.[14]

A social-democracia assenta-se num pacto social em que os trabalhadores, organizados no movimento operário, renunciam às suas reivindicações mais radicais, as da eliminação do capitalismo e da construção do socialismo, e os patrões renunciam a alguns dos seus lucros, aceitando ser tributados com o fim de se promover uma distribuição mínima da riqueza e se conseguir alguma proteção e segurança social para as classes trabalhadoras. Esse pacto foi realizado sob a égide do Estado, que, para isso, assumiu a forma política do Estado-Providência. Dentro dos limites estabelecidos por esse pacto, o conflito social foi bem-vindo e foi institucionalizado. A greve e a negociação coletiva são as duas faces do conflito social-democrático.

Esse modelo assenta-se em vários pressupostos básicos. Em primeiro lugar, é formulado à escala das sociedades nacionais. Os seus protagonistas e os interesses que eles representam estão organizados em nível nacional: sindicatos nacionais, burguesia nacional, Estado nacional (SANTOS, 1995; 2013a). Ainda que o capitalismo, enquanto modo de produção, seja transnacional, a produção da sociedade tem lugar privilegiadamente em nível nacional. O espaço-tempo nacional tem uma primazia total sobre os espaços-tempo regionais, locais ou supranacionais. Por sua vez, o Estado nacional tem uma primazia total na regulação desse espaço-tempo. O objeto-alvo da providência estatal é a população nacional, as famílias e os indivíduos, e a maioria das políticas tem por objetivo garantir a reprodução estável de famílias estáveis biparentais em que o homem ganha o salário familiar num emprego com segurança.

A integração social dá-se basicamente por via de uma política de pleno emprego e de uma política fiscal redistributiva. A cidadania assim aprofundada é conquistada e consolidada através de uma luta de classes institucionalizada a cargo das organizações de interesses setoriais corporativos e das relações continuadas que entre elas se estabelecem. Por último, é importante salientar o pressuposto de que a social-democracia

---

[14] Desenvolvo esse tema com mais detalhe nos capítulos seguintes.

se constitui em alternativa social ao modelo socialista soviético e a todos os outros modelos socialistas que tentaram a terceira via.

A crise atual da social-democracia decorre, em larga medida, da crise desses dois pressupostos. Em primeiro lugar, as transformações recentes no capitalismo mundial alteraram substancialmente as condições nacionais de produção da sociedade. Essas condições tornaram-se elas próprias cada vez mais transnacionais, muitas vezes em articulação com novas condições de âmbito subnacional, regionais ou locais. Em ambos os casos contribuíram para tirar centralidade ao espaço-tempo nacional.[15] Embora volte a esse tema nos capítulos seguintes, não deixo de referir aqui algumas das principais transformações da economia capitalista: a transnacionalização da economia protagonizada por empresas multinacionais que convertem as economias nacionais em economias locais e dificultam, se não mesmo inviabilizam, os mecanismos de regulação nacional, sejam eles predominantemente estatais, sindicais ou patronais; a descida vertiginosa na quantidade de trabalho vivo necessário à produção das mercadorias, fazendo com que seja possível algum crescimento sem aumento de emprego; o aumento do desemprego estrutural gerador de processos de exclusão social agravados pela crise do Estado-Providência; a enorme mobilidade dos fatores de produção e a consequente deslocalização dos processos produtivos tornadas possíveis pela revolução tecnológica e pelo fato de o trabalho se ter transformado num recurso global sem que se tenha criado um mercado global de trabalho; o aumento da segmentação dos mercados de trabalho, de tal modo que nos segmentos degradados os trabalhadores empregados permanecem, apesar do salário, abaixo do nível de pobreza, enquanto nos segmentos protegidos a identificação como trabalhador desaparece, dado o nível de vida e a autonomia de trabalho e o fato de os ciclos de trabalho e de formação se sobreporem inteiramente; a saturação da procura de muitos dos bens de consumo de massa que caracterizaram a civilização industrial, de par com a queda vertical da oferta pública de bens coletivos, tais como a saúde, o ensino e a habitação; a destruição ambiental, que paradoxalmente alimenta as novas indústrias e serviços ecológicos, ao mesmo tempo que degrada a qualidade de vida dos cidadãos

---

[15] Sobre os processos da globalização, ver Santos (2002c).

em geral; o desenvolvimento de uma cultura de massas dominada pela ideologia consumista e pelo crédito ao consumo, que aprisiona as famílias endividadas à prática ou, pelo menos, ao desejo da prática do consumo; as alterações constantes nos processos produtivos, que, para vastas camadas de trabalhadores, tornam o trabalho mais duro, penoso e fragmentado e, por isso, insuscetível de ser motivo de autoestima ou gerador de identidade operária ou de lealdade empresarial; o aumento considerável dos riscos contra os quais os seguros adequados são inacessíveis à grande maioria dos trabalhadores.

Trata-se de transformações que desestruturam os protagonistas e os interesses nacionais do pacto social-democrático. Na Europa, a crise do movimento sindical é evidente.[16] É hoje reconhecido que, nos países centrais, o movimento sindical emergiu da década de 1980 no meio de três crises distintas, ainda que interligadas. A crise da capacidade de agregação de interesses em face da crescente desagregação da classe operária, da descentralização da produção, da precarização da relação salarial e da segmentação dos mercados de trabalho; a crise da lealdade dos seus militantes em face da emergência contraditória do individualismo e de sentimentos de pertença muito mais amplos que os sindicais, que levou ao desinteresse pela ação sindical, à redução drástica do número de filiados e ao enfraquecimento da autoridade das lideranças sindicais; e, finalmente, a crise de representatividade resultante, afinal, dos processos que originaram as duas outras crises. Quanto à burguesia nacional, é aceso o debate na sociologia sobre a sua constituição (SANTOS, 1995, p. 251-301). Para muitos, a burguesia nacional é hoje o efeito local ou o efeito das ligações locais da burguesia transnacional. Por fim, quanto ao Estado nacional, é hoje evidente a erosão dos seus poderes de regulação social, ainda que tal erosão seja mais seletiva do que aquilo que se pensa.[17] Enquanto Estado repressivo, o Estado nacional continua *well and alive*, talvez agora mais do que nunca, como demonstra a emergência do novo Estado de exceção.[18] Enquanto

---

[16] Esse tema é debatido em detalhe no volume 5 do projeto Reinventar a Emancipação Social. Ver Santos (2005e).

[17] Sobre esse tema, ver o Capítulo 10.

[18] Sobre esse tema, ver o Capítulo 9.

Estado-Providência das empresas também não é evidente qualquer crise. A crise é sobretudo do Estado-Providência para as classes populares. Ela o é sobretudo porque o Estado deixa claramente de poder prosseguir políticas que simultaneamente assegurem o crescimento econômico, preços estáveis e uma balança de pagamentos controlada. Por outro lado, a crise da política fiscal inviabiliza a expansão da providência estatal e o faz precisamente nos momentos em que, devido à crise econômica e ao aumento do desemprego, ela é mais necessária. Essa transformação do Estado não ocorre apenas nas sociais-democracias. Ocorre também em outros regimes políticos em que por outras vias – corporativismo autoritário, populismo ou perpetuação da situação colonial – foram surgindo formas de regulação social com uma maior ou menor incidência de políticas de bem-estar protagonizadas pelo Estado.

Essa transformação tem duas características que conjuntamente afetam o papel do Estado no controle da desigualdade classista. Como vimos, essa desigualdade se assenta num princípio de integração pelo trabalho, e a sua gestão controlada, sobretudo na versão social-democrática, consiste numa correção protagonizada pelo Estado ao promover o pleno emprego e uma política fiscal que marginalmente assegura alguma redistribuição. Essa forma de regulação está sendo posta em causa por qualquer das duas características de transformação do Estado. Por um lado, a *desnacionalização do Estado*, certo esvaziamento da capacidade de regulação do Estado sobre a economia política nacional. Dada a dominância das condições transnacionais, por um lado, e locais, por outro, a função do Estado parece ser mais a de mediar entre elas do que, acima delas, impor condições nacionais. Mais do que o pleno emprego e a redistribuição fiscal, o Estado tem de assegurar a competitividade e as condições que a tornam possível, sejam elas inovação tecnológica, a garantia da flexibilidade dos mercados de trabalho ou a subordinação geral da política social à política econômica. Acresce que muitas dessas funções são exercidas pelo Estado não isoladamente, mas no âmbito de associações regionais supraestatais, sejam elas a União Europeia, a Área de Livre Comércio das Américas (ALCA) ou o Mercosul nas Américas, ou as associações regionais asiáticas (Associação das Nações do Sudeste Asiático – ASEAN) e africanas (Comunidade para o Desenvolvimento da África Austral – SADC) etc. Essa desnacionalização "para cima" altera o padrão e as condições de eficácia da intervenção do Estado. Ele passa a ser o executor, sem grande iniciativa, de políticas de regulação decididas transnacionalmente com ou sem a sua participação. O papel do Estado é aqui crucial, não como iniciador, e sim como executor de políticas.

Mas essa desnacionalização do Estado nacional também ocorre pelo papel crescentemente mais forte atribuído às economias subnacionais, locais e regionais. As economias locais e regionais estão hoje se convertendo em nódulos de uma rede global de trocas e de sistemas produtivos transnacionais. Os governos locais competem entre si para transformar as suas cidades ou regiões em agentes de competitividade muito além da economia nacional. Os parques científicos, os centros de inovação, os programas de formação profissional, os mercados de trabalho regional, a cultura local, as novas infraestruturas no domínio da telemática, sistemas de transmissão por cabo, transportes urbanos rápidos, redes eletrônicas, qualidade de vida urbana: tudo isso são investimentos locais que colocam o espaço subnacional em elemento de redes transnacionais. Essa desnacionalização do Estado nacional "para baixo" também provoca outra alteração na intervenção do Estado. É que aumenta o seu particularismo e a sua variedade em função das condições locais ou regionais. Exigem-se uma maior descentralização e uma maior responsabilização política dos governos regionais e locais e, em geral, uma maior coordenação entre espaços-tempo globais, nacionais, regionais e locais.

A outra grande transformação do Estado é a *desestatização do Estado nacional*. Consiste numa nova articulação entre a regulação estatal e não estatal, entre o público e o privado, uma nova divisão do trabalho regulatório entre o Estado, o mercado e a comunidade.[19] Isso ocorre tanto no domínio das políticas econômicas como sobretudo no domínio das políticas sociais, pela transformação da providência estatal (segurança social e saúde etc.) em providência residual e minimalista a que se juntam, sob diferentes formas de complementaridade, outras formas de providência societal, de serviços sociais produzidos no mercado – a proteção contratada no mercado – ou no chamado terceiro setor, privado mas não lucrativo, à proteção relacional comunitária.

---

[19] Ver os Capítulos 10 e 11.

Entre essas formas de regulação da proteção social criam-se vários tipos de relações contratuais ou outras em que o Estado por vezes é apenas um *primus inter pares*. Uma forma de regulação mais interdependente, menos hierárquica e mais descentralizada, mas também menos distributiva e mais precária. Fala-se de princípio de subsidiariedade, regulação autorregulada, governo privado, governação, autopoiese, emprego autônomo, novo setor informal etc., etc.

De tudo isso, o Estado keynesiano, com a sua ênfase na gestão centralizada, no pleno emprego, na redistribuição e na primazia da política social, parece estar dando lugar a um Estado schumpeteriano, menos centralizado e menos monopolista, centrado na inovação e na competitividade, dando primazia à política econômica em detrimento da política social. Nisso consiste o movimento do *welfare state* para o *workfare state*.

Como disse, essas transformações ocorrem sob diferentes formas, quer nas sociais-democracias, quer nas sociedades de desenvolvimento intermédio ou semiperiférico onde o Estado assumiu no passado alguma responsabilidade social. Nas sociedades periféricas, os imperativos do modelo neoliberal são de tal maneira fortes e tão desproporcionais em relação às resistências que lhes podem ser feitas que, mais do que a transformações do Estado, assistimos ou ao virtual colapso do Estado – à situação de falência e de inviabilidade estatal, apenas adiada através de assistência internacional ou das ajudas humanitárias – ou à intervenção crescente de outros atores não estatais na gestão nacional, como é o caso das autoridades tradicionais na África.

No caso específico da social-democracia, há ainda que referir que outro dos seus pressupostos políticos ruiu com a queda do muro de Berlim. Para a direita – cuja "consciência econômica" é hoje o neoliberalismo, tal como no passado foi o protecionismo –, se já não há o perigo do socialismo, não é necessário partilhar lucros e ter um Estado que assegure tal partilha.

As transformações do Estado anteriormente referidas são causa da crise da social-democracia, mas, por outro lado, alimentam-se dela. A crise é muito complexa, porque, entretanto, surgiram novos protagonistas e novos interesses (os novos movimentos sociais), alguns deles com capacidade para se organizar internacionalmente (por exemplo, os movimentos feministas, ecologistas, de direitos humanos etc.) e construir o que eu chamo globalização contra-hegemônica. Por outro lado, a crise é sempre mais dramática nos discursos do que na prática, dado o travão produzido pela luta democrática. Há, por enquanto, uma situação de inércia que torna muito evidente a crise desse modelo sem que, no entanto, vislumbre-se uma alternativa.

Em meu entender, pelo menos na Europa, é preciso regressar às origens e verificar que o modelo de regulação social da modernidade não se assenta em dois pilares como hoje se crê – Estado e mercado –, mas sim em três pilares: Estado, mercado e comunidade. A sociedade civil inclui tanto o mercado como a comunidade.[20] Portanto, quando se privatiza ou se desregulamenta uma determinada área social, não é obrigatório que ela passe a ser regulada pelo mercado. Pode passar a ser regulada pela comunidade, o chamado terceiro setor privado, mas não sujeito à lógica do lucro. É ao longo dessa opção que vai se dar a luta social pela reinvenção do Estado-Providência nos próximos anos. A esquerda e a direita vão ter aqui um campo privilegiado de confronto.

Como referi anteriormente, o modelo social democrático só foi realizado até agora num pequeno número de países desenvolvidos. Nos países de desenvolvimento intermédio, como Portugal e Brasil, nunca houve um pacto social democrático. E, pelo menos em Portugal, não há um Estado-Providência. Há o que designo como um quase Estado-Providência ou um *lumpen*-Estado-Providência (SANTOS, 1993). Por isso, Portugal encontra-se numa situação paradoxal: vive uma crise do Estado-Providência sem nunca ter tido um Estado-Providência. As condições para a construção tardia do pacto social democrático são muito complexas e difíceis. O caso de Portugal é mais complexo, dado estar integrado na União Europeia: será um país na periferia da social-democracia ou será um país de social-democracia periférica? A crise virá tão só do modelo ou também da sua aplicação periférica? A grande condicionante é o padrão de desigualdade social de que se parte. Se esse padrão for de acentuada desigualdade, parece estar inviabilizado qualquer processo social democratizante, tanto mais que este, se tiver lugar, será certamente, nas condições vigentes, de muito baixa intensidade.[21]

---

[20] Sobre os três pilares, ver Santos (2002e).
[21] Ver o Capítulo 10.

À luz do que fica dito, parece evidente o fracasso do modelo ocidental de modernidade capitalista na gestão controlada da desigualdade através da integração pelo trabalho, assente na política de pleno emprego e nas políticas redistributivas do Estado-Providência. Esse fracasso é tanto mais evidente quanto às velhas desigualdades se juntam outras novas, a que me referirei adiante. Do mesmo modo, parece ter fracassado a gestão controlada dos processos de exclusão. No Estado moderno dominou a ideologia do universalismo antidiferencialista, e em alguns Estados, como na França, ele foi levado ao extremo. A cidadania política tem sido concebida como justificando a negação dos particularismos, das especificidades culturais, das necessidades e das aspirações vinculadas a microclimas culturais, regionais, étnicos, raciais ou religiosos.[22] A gestão da exclusão deu-se, pois, por via da assimilação prosseguida por uma ampla política cultural orientada para a homogeneização. A homogeneização começa desde logo na assimilação linguística, não só porque a língua nacional é, pelo menos, a língua veicular, como também porque a perda da memória linguística acarreta a perda da memória cultural.[23]

Dessa política, as peças centrais foram a escola (o sistema educativo nacional), o direito e as Forças Armadas, através do serviço militar obrigatório. O papel central do Estado na construção desse universalismo antidiferencialista fez com que a identidade nacional sobrepujasse todas as demais identidades.[24] O Estado dispunha de recursos que tornaram essa identidade mais atrativa, suplantando todas as que com ela poderiam

---

[22] Essa concepção antidiferencialista está presente na abordagem de Wallerstein (1991), que constrói de forma hierárquica as distintas categorias de pertença identitária. Para esse autor, o termo "grupo étnico" é usado para fazer menção a povos ou comunidades que se crê terem partilhado um antepassado comum, condição que encontra reflexo na partilha de atributos culturais; já o termo "nação" é aplicado para fazer referência a um só povo, a um grupo étnico com aspirações quanto à sua autodeterminação. Para Wallerstein, a nação está assente em princípios de pertença territorial física, que originam identidades culturais. Ora, a etnicidade – a expressão do sentido de pertença de uma dada comunidade ou grupo étnico – pode estar na origem de uma aspiração nacional que, de resto, não tem de se expressar territorialmente e muito menos na forma de Estado.

[23] Nas colônias as políticas linguísticas tiveram perfis distintos e variaram no tempo e no espaço.

[24] As perspectivas pós-coloniais contestam a ideia da imposição da homogeneização cultural e, com ela, a ideia de nação enquanto expressão da unidade cultural interna do Estado. O desafio consiste assim, em encontrar um equilíbrio entre a homogeneidade e a fragmentação, entre a igualdade e a diferença, pois não existe identidade sem diferença, e

competir. As leis de nacionalidade tornadas mais importantes com o crescimento dos fluxos migratórios favoreceram essa forma de integração por via da assimilação. Em vez do direito à diferença, a política da homogeneidade cultural impôs o direito à indiferença. As especificidades ou diferenças na execução das políticas foram determinadas exclusivamente por critérios territoriais ou socioeconômicos, e nunca de outra ordem.

Os camponeses, os povos indígenas e os imigrantes estrangeiros[25] foram os grupos sociais mais diretamente atingidos pela homogeneização cultural, descaracterizadora das suas diferenças. Para além deles, outros grupos sociais discriminados por via de processos de exclusão, como as mulheres, os homossexuais, os loucos, os toxicodependentes foram objeto de várias políticas, todas elas vinculadas ao universalismo antidiferencialista, nesse caso sob a forma de normatividades nacionais e abstratas quase sempre traduzidas em lei. A gestão controlada da exclusão inclui, nesse caso, diferentes formas de substituição da segregação por reintegração ou reinserção social através de programas de reeducação, de devolução à comunidade, de extensão da cidadania e, no caso das mulheres, com acesso ao mercado de trabalho ou, no caso dos migrantes, na atribuição de cidadania através de políticas assimilacionistas. Em nenhuma dessas políticas se tratou de eliminar a exclusão, mas tão só de fazer a sua gestão controlada. Tratou-se de diferenciar entre as diferenças, entre as diferentes formas de exclusão, permitindo que algumas delas passassem por formas de integração subordinada, e outras fossem confirmadas no seu interdito. No caso das exclusões que foram objeto de reinserção/assimilação, significou que os grupos sociais por elas atingidos foram socialmente transferidos do sistema de exclusão para o sistema de desigualdade. Foi o caso específico, nos países do centro e da semiperiferia, dos imigrantes e das mulheres. À medida que os direitos de cidadania foram sendo conferidos às mulheres e elas foram entrando no mercado de trabalho, foram passando do sistema de exclusão para o

---

a diferença pressupõe a presença de certa homogeneidade que permita detectar o que é diferente nas diferenças.

[25] Ou ainda os "estrangeiros" internos, nos casos dos refugiados de conflitos no mundo, ou os deslocados e migrantes internos, no caso de Estados multiculturais, onde determinados grupos étnicos no poder, ao perpetuar a não inclusão de grupos subalternos, (re)produzem situações de colonialismo interno.

da desigualdade. Foram integradas pelo trabalho, mas os seus salários continuaram até o presente a ser inferiores aos dos homens.

Por outro lado, as políticas de assimilação nunca impediram a continuação das diferenças culturais religiosas ou outras. Apenas impuseram que elas se manifestassem no espaço familiar, agora assumido como privado, ou, quando muito, no espaço local do lazer, do folclore, da festa. Necessidades e aspirações culturais e emocionais ou comunicativas específicas, fossem elas religiosas, étnicas, de orientação sexual etc., puderam manifestar-se em espaços híbridos entre o espaço privado e o espaço público. Ou seja, o universalismo antidiferencialista permitiu que nas suas margens ou nos seus interstícios operasse o universalismo diferencialista.

Por último, no que diz respeito às políticas de reeducação e de reinserção social ou de devolução à comunidade, a gestão da exclusão se assentou sempre num juízo de periculosidade, segundo critérios cognitivos e normativos pretensamente universais. Os grupos que ficaram além dos máximos de periculosidade aceitável ou tolerável foram segregados, quer em guetos – quando não eram sentidos como ameaça à coesão da comunidade política nacional, quer em instituições totais reguladas pelo exercício total da exclusão. Nas colônias, o sistema de "administração indireta" universalizou, por assim dizer, a exclusão, ao impedir populações inteiras da inclusão no projeto de cidadania nacional.[26] Nas sociedades metropolitanas, as políticas sociais do Estado-Providência articularam muitas vezes o sistema da desigualdade com o sistema da exclusão. Por exemplo, a prestação da segurança social às famílias pressupôs durante muito tempo a família heterossexual, monogâmica e legalmente casada, excluindo as famílias de casais homossexuais, bígamos ou simplesmente sem base em casamento.

Pelos três mecanismos anteriormente identificados – transferência do sistema de exclusão para o sistema de desigualdade, divisão do trabalho social de exclusão entre o espaço público e o espaço privado; diferenciação entre diferentes formas de exclusão segundo a periculosidade e a consequente estigmatização e demonização – o Estado moderno capitalista, longe de procurar a eliminação da exclusão, pois

---

[26] Sobre esse assunto, ver, por exemplo, Young (1994); Mamdani (1996); Chanock (1998) e Herbst (2000).

que se assenta nela, tem se proposto apenas geri-la de modo a que ela se mantenha dentro de níveis tensionais socialmente aceitáveis.

Mas essa política é ainda excludente num nível mais profundo. É que o universalismo antidiferencialista que lhe subjaz é muito menos universal e antidiferencialista do que à primeira vista pode parecer. É que, no Estado nacional moderno, o que passa por universalismo é, de fato, na sua gênese, uma especificidade, um particularismo, a diferença de um grupo social, de classe ou étnico, que consegue impor-se, muitas vezes pela violência, a outras diferenças de outros grupos sociais e, com isso, universalizar-se. Na maior parte dos casos, a identidade nacional se assenta na identidade da etnia ou grupo social dominante. As políticas culturais, educativas, de saúde e outras do Estado visam naturalizar essas diferenças enquanto universalismo e consequentemente transmutar o ato de violência impositiva em princípio de legitimidade e de consenso social. A maioria dos nacionalismos e das identidades nacionais do Estado nacional foram construídos nessa base e, portanto, com base na supressão de identidades rivais. Quanto mais vincado é esse processo, mais distintamente estamos perante um nacionalismo racializado ou, melhor, perante um racismo nacionalizado. De fato, nesses contextos, qualquer expressão de identidade cultural é denunciada como episódio de neocolonialismo, tribalismo, racismo, ou ainda como um atentado à identidade nacional. Em suma, no Estado moderno capitalista a luta contra a exclusão se assenta na afirmação do dispositivo de subalternização e da segregação. Da antiga conversão religiosa às modernas assimilação, integração e reinserção, a redução da exclusão se assenta na afirmação da exclusão.

Tal como acontece com as políticas de gestão controlada da desigualdade, as políticas de gestão controlada da exclusão atravessam hoje uma grande crise, e as causas de uma e de outra são, em parte, muito semelhantes. As políticas de imigração são exemplares a esse respeito. Foram sempre determinadas em função da integração pelo trabalho e, portanto, sempre vulneráveis às variações do mercado de trabalho. Daqui resultou uma ambiguidade entre as políticas de emigração e as políticas de nacionalidade e, portanto, de cidadania. Mesmo quando se acolheram os emigrantes, variou a disponibilidade para a reunião de família, para o acesso ao sistema escolar por parte dos filhos, variaram, acima de tudo, os critérios e as exigências concretas para atribuição da nacionalidade.

As crises do emprego levaram, por vezes, à expulsão dos imigrantes, no melhor dos casos, sob a forma benigna de organizar o seu regresso ao país de origem. Mas a crise da gestão da exclusão tem outras causas que são próprias desse sistema de pertença pela rejeição. A política de homogeneidade cultural assentou-se em grandes instituições, nomeadamente a escola, que entretanto foi atingida por bloqueamentos financeiros e outros que levaram a que a oferta de capital escolar ficasse aquém do desenvolvimento exigível em face da crescente massificação da educação. Por outro lado, em sociedades de consumo dominadas pela cultura de massas e pela televisão, a escola deixou de ter o papel privilegiado que antes tivera na socialização das gerações mais jovens. Acresce-se que, devido à intensificação dos fluxos migratórios, as sociedades nacionais foram tomando consciência das suas crescentes características multinacionais e multiculturais, o que colocou novas dificuldades à política de homogeneidade cultural, tanto mais que muitos dos grupos sociais "diferentes", minorias étnicas e outros, começaram a ter recursos organizativos suficientemente importantes para colocar na agenda política as suas necessidades e aspirações específicas. Por último, a gestão controlada da exclusão sempre se assentou no princípio da cidadania, como princípio político de integração nacional. A eficácia desse princípio está estritamente vinculada aos princípios de representação e de participação que fundamentam os regimes democráticos. A crise hoje reconhecida desses princípios acarreta a relativa irrelevância da cidadania, que, em qualquer caso, já aponta, na sua versão liberal, para uma integração de baixa intensidade, formal e abstrata. O esvaziamento político do conceito de cidadania é sobretudo evidente nos grupos sociais que ocupam os escalões inferiores do sistema da desigualdade ou o lado da rejeição, no sistema de exclusão. O laço nacional que cimenta a obrigação política vertical do cidadão ao Estado é consequentemente fragilizado.

As metamorfoses do sistema de desigualdade e do sistema de exclusão

A situação presente é muito complexa, em virtude das metamorfoses por que estão passando tanto o sistema de desigualdade como o sistema de exclusão. Tais metamorfoses são, em grande medida, produzidas ou condicionadas pela intensificação dos processos de globalização hegemônica e contra-hegemônica em curso, tanto no domínio da economia como no domínio da cultura.

Comecei por dizer que quer o sistema de desigualdade, quer o sistema de exclusão atuam na modernidade capitalista segundo dois espaços-tempo distintos: o nacional e o transnacional. E disse também em relação a este último que, se o eixo Norte-Sul foi construído predominantemente sob a égide do sistema de desigualdade, o eixo Ocidente-Oriente o foi predominantemente sob a égide do sistema de exclusão. De fato, tanto o Oriente como o Sul partilharam posições de inferioridade, tanto num sistema como no outro. Em relação a este último, o sistema mundial e a economia-mundo modernos procuraram integrar todas as regiões do mundo numa só divisão de trabalho, e nessa medida o sistema de pertença pela integração subordinada, ou seja, o sistema da desigualdade, dominou o espaço não europeu enquanto espaço global.[27]

No entanto, a divisão das relações imperiais organizou-se desigualmente ao longo dos dois eixos. O eixo Norte-Sul envolveu vastas zonas do mundo onde a cultura ocidental começou por se impor pela destruição inicial de culturas rivais e pelo genocídio dos povos que as protagonizavam. A modernidade europeia foi aí imposta pelos colonos e, mais tarde, pelas independências proclamadas por eles e pelos seus descendentes ideológicos. Assim, o sistema de exclusão começou por dominar, e pela forma mais extrema, a do extermínio das culturas que não adotavam as referências europeias. Depois do extermínio, foi fácil segregar em reservas, sob a forma de tribos, ou assimilar as populações indígenas sobreviventes e iniciar um processo de integração e, portanto, um sistema de desigualdade, ele próprio também incluindo formas extremas de desigualdade, como foi a escravatura, uma instituição social híbrida, tal como a imigração hoje, subsidiária dos dois sistemas de iniquidade. Isso significa que o interdito cultural da exclusão teve talvez tanto peso como a integração pelo trabalho escravo colonial. Depois do extermínio inicial, o racismo foi sobretudo de exploração e, portanto, parte integrante do sistema de desigualdade.

---

[27] Estou consciente das mudanças que têm se operado, nos últimos anos, nas relações econômicas no Oriente, onde a economia da China e a da Índia se constituem, cada vez mais, como o novo polo de desenvolvimento econômico global (ver Frank [1998]).

No eixo Ocidente-Oriente, ao contrário, a colonização europeia foi mais fragmentária, e a modernidade capitalista teve mais dificuldade para se impor como paradigma cultural. Penetrou muitas vezes quando lhe foi dada entrada seletiva, por elites locais modernizadoras, como foi o caso do Japão e da Turquia. O que significa que a integração no sistema mundial do Oriente coexistiu sempre com uma forte componente de interdição e de exclusão cultural. Essa componente foi sucessivamente alimentada e conheceu no século XX duas formulações principais. Por um lado, o comunismo do Leste Europeu, que, apesar de pertencer à modernidade ocidental, que, embora não capitalista, alimentou o interdito da exclusão, nomeadamente por via das referências míticas ao despotismo oriental. Por outro lado, o fundamentalismo islâmico, ao qual, desde as últimas décadas do século passado, simboliza a demonização e estigmatização do Oriente.

Tanto o eixo Norte-Sul como o eixo Ocidente-Oriente relevam do espaço-tempo transnacional e é nele que atuam os fenômenos de globalização, ainda que estes, como veremos, repercutam-se tanto no espaço-tempo nacional como no espaço-tempo local. Na forma que hoje assume, a globalização hegemônica neoliberal assenta-se numa nova divisão internacional do trabalho, que se caracteriza pela globalização da produção conduzida por empresas multinacionais cuja participação no comércio internacional cresce exponencialmente. A economia global que daqui emerge tem as seguintes características principais: a utilização global de todos os fatores de produção, incluindo a força de trabalho; sistemas flexíveis de produção e baixos custos de transporte; um novo paradigma técnico-econômico que faz assentarem os ganhos de produtividade em incessantes revoluções tecnológicas; a emergência de blocos comerciais regionais, como a União Europeia, a Alca, o Mercosul ou a SADC; a ascendência crescente dos mercados e dos serviços financeiros internacionais; a criação de zonas de processamento para a exportação, de sistemas bancários *offshore* e de cidades globais.

Essa nova economia-mundo duplica-se no modelo neoliberal, imposto pelos países centrais aos países periféricos e semiperiféricos do sistema mundial, fundamentalmente através das instituições financeiras dominadas pelos primeiros, e em que se destacam o Fundo Monetário Internacional e o Banco Mundial. Nos termos dessa nova economia política, as economias nacionais devem ser abertas ao comércio internacional, e os preços domésticos devem conformar-se aos preços de mercado internacional; as políticas fiscais e monetárias devem ser orientadas para o controle da inflação e do déficit público e para a estabilidade da balança de pagamentos; os direitos de propriedade devem ser claramente protegidos contra as nacionalizações; as empresas nacionalizadas devem ser privatizadas; a legislação laboral deve ser flexibilizada; e, em geral, a regulação estatal da economia e do bem-estar social deve ser reduzida ao mínimo.

O impacto dessa economia política no sistema de desigualdade é devastador tanto no nível do espaço-tempo global como no nível do espaço-tempo nacional. No nível muito geral, o impacto consiste na metamorfose do sistema de desigualdade em sistema de exclusão. Podemos mesmo afirmar que, nesse domínio, a característica central do nosso tempo reside no fato de o sistema de desigualdade estar se transformando num duplo do sistema de exclusão. Como referi anteriormente, o sistema de desigualdade se assenta num princípio de pertença pela integração hierarquizada. Na modernidade capitalista ocidental essa integração é feita fundamentalmente por via do trabalho. É a integração pelo trabalho que fundamenta as políticas redistributivas através das quais se procura minorar as desigualdades mais chocantes geradas por vulnerabilidades que ocorrem quase sempre ligadas ao trabalho (doença, acidente ou velhice). Ora, no presente, estamos assistindo ao aumento do desemprego estrutural em virtude de os aumentos de produtividade serem muito superiores ao aumento do emprego, com a consequência de o crescimento econômico ter lugar sem crescimento do emprego. À medida que se rarefaz o trabalho e mais ainda o trabalho seguro, a integração garantida por ele torna-se mais e mais precária. E, nessa medida, o trabalho passa a definir mais as situações de exclusão do que as situações de desigualdade. Acresce que a informalização, a segmentação e a precarização ou flexibilização da relação salarial faz com que o trabalho, longe de ser uma garantia contra a vulnerabilidade social, torne-se, ele próprio, a expressão dessa vulnerabilidade. A precariedade do emprego e do trabalho faz com que os direitos do trabalho, os direitos econômicos e os sociais, decorrentes da relação salarial e sede das políticas redistributivas do Estado-Providência dos países centrais, transformem-se numa miragem. O trabalho perde eficácia como mecanismo de integração num sistema de desigualdade para passar a ser um mecanismo de reinserção num sistema de exclusão. Deixa de ter virtualidades para gerar redistribuição e passa a ser uma forma precária de reinserção sempre à beira de deslizar para formas ainda mais gravosas de exclusão. De mecanismo de pertença pela integração passa a mecanismo de pertença pela exclusão.[28]

Essa transformação do trabalho está ocorrendo um pouco por toda parte, ainda que em diferentes graus e com diferentes consequências. A revolução tecnológica está criando uma nova e rígida segmentação dos mercados de trabalho em nível mundial, entre uma pequena fração de empregos altamente qualificados e bem remunerados e com alguma segurança, e a esmagadora maioria dos empregos pouco qualificados, mal remunerados e sem qualquer segurança ou direitos. Nesse processo, muitas qualificações, aptidões e quase todas as carreiras desaparecem, e com elas são lançados na inutilidade social grupos significativos de trabalhadores e os saberes de que eles são possuidores. Incapazes de reentrar no mercado do emprego, saem de um já cruel sistema de desigualdade para entrar no sistema de exclusão, quiçá mais cruel. Aliás, a qualificação profissional em mercados de trabalho globalizados, mas segmentados, deixa de ser ela mesma garantia do nível de rendimento e fonte de segurança. Técnicos de computação da Ásia ganham salários muito menores do que os seus pares na Europa ou na América do Norte, apesar de terem as mesmas qualificações, o que leva as grandes empresas multinacionais a transferirem para a Ásia muitos dos seus serviços. A inutilidade social de grandes camadas de trabalhadores é, sem dúvida, a nova face da exclusão, um interdito que não se assenta numa partilha cultural ou civilizacional à maneira de Foucault, a qual se mede pela distância e pela essencialização do outro, mas antes um interdito que se assenta numa partilha socioeconômica quase natural, que se mede pela proximidade e pela desessencialização do outro, na medida em que pode acontecer a qualquer um.

Essa metamorfose do sistema de desigualdade em sistema de exclusão ocorre tanto no nível nacional como no nível global. No nível

---

[28] Esse tema é retomado no capítulo seguinte, em que a crise do contrato social é vinculada à emergência do que chamo fascismo social.

global, o eixo Norte-Sul tem agravado a sua iniquidade quaisquer que sejam os indicadores utilizados para medir as assimetrias. A crise gerada pela dívida externa é talvez um dos aspectos que melhor exemplifica essa situação para o caso do continente africano. A pressão globalizadora que a África hoje conhece é talvez a mais intensiva e seletiva que o continente conheceu. A África tem sido submetida a várias formas de globalização com origem no Ocidente, incluindo a escravatura, o colonialismo, o imperialismo, o neocolonialismo ou as recentes políticas de reajustamento estrutural. A intensidade dessa forma mais recente de globalização neoliberal reside no fato de ser quase totalmente impossível resistir-lhe localmente. As políticas de reajustamento estrutural surgem como um imperativo incondicional e inultrapassável. É verdade que as pressões globais estão sujeitas a adaptações locais, mas estão, sobretudo nos países periféricos, menos abertas a possíveis negociações, predominando atitudes filantrópicas das agências internacionais ou dos países centrais, em particular em situações de quase colapso socioeconômico. É disso exemplo a iniciativa HIPIC,[29] coordenada pelo Banco Mundial e pelos países credores internacionais para aliviar a pressão da dívida externa dos países mais pobres do globo.

No nível nacional, especialmente nos países do centro e da semiperiferia, a exclusão é tanto mais séria quanto até agora não se inventou nenhum substituto para a integração pelo trabalho. Perante ela, o Estado-Providência, em profunda crise, está desarmado, dado que a sua atuação pressupõe a existência de uma relação salarial segura e estável, mesmo quando se trata de produzir assistencialismo para os que estão desprovidos temporária ou permanentemente dela.[30] Nesses países, os sindicatos fortemente vinculados ao Estado-Providência sofrem o mesmo desarme, tanto mais que foram criados para organizar os trabalhadores, e não para organizar os desempregados. Essa rarefação da proteção institucional é outro sintoma de como o trabalho está se metamorfoseando de mecanismo de integração em mecanismo de

---

[29] Highly Indebted Poor Countries – Países Pobres Altamente Endividados.

[30] Nos países da periferia, a exclusão tem fraturado igualmente o mercado de trabalho formal. Em face das pressões da globalização neoliberal, uma das estratégias desenvolvidas localmente tem sido a criação de redes nacionais e transnacionais de comércio e empreendimento "informal", que o Estado nacional é manifestamente incapaz de controlar.

exclusão. É, também, por isso que se começam a detectar no mundo do trabalho formas de darwinismo social e de eugenismo tecnológico típicas dos sistemas de exclusão. Ao velho racismo da superioridade da raça "branca" (e, na Europa, à superioridade da raça ariana) junta-se o novo racismo da superioridade da raça tecnológica. Se é verdade que essa estigmatização e demonização da raça inferior, tecnologicamente atrasada, não surge, como disse, assente em categorias essencialistas, na medida em que o outro pode ser cada um de nós, a verdade é que a probabilidade de que tal ocorra não está igualmente distribuída entre as várias sociedades que compõem o sistema mundial, ou, no interior da mesma sociedade, entre as diferentes classes, regiões, grupos etários ou grupos de capital escolar, cultural ou simbólico. Dessa desigualdade das distribuições, sedimentadas pelas práticas reiteradas da economia, emerge um novo tipo de essencialismo, um racismo antirracista e pró-tecnológico. Não é claro que a transformação da União Europeia em sociedade do conhecimento esteja sendo conduzida de modo a evitar que se torne uma variante do racismo tecnológico, com uma concepção ainda mais estreita de progresso, agora reduzido à criação de plataformas tecnológicas onde qualquer ideia de ecologia de saberes é anátema.

Esse essencialismo, em vez de criar a possibilidade de organização coletiva, contra-hegemônica, como foi típico dos movimentos nacionalistas anticoloniais, feministas e dos povos indígenas, traduz-se num individualismo extremo, oposto ao individualismo possessivo, um individualismo de despossessão, uma forma inabalável de destituição e de solidão. A erosão da proteção institucional, sendo uma causa, é também um efeito do novo darwinismo social. Os indivíduos são convocados a ser responsáveis pelo seu destino, pela sua sobrevivência e pela sua segurança, gestores individuais das suas trajetórias sociais, sem dependências nem planos predeterminados. No entanto, essa responsabilização ocorre de par com a eliminação das condições que poderiam transformá-la em energia de realização pessoal. O indivíduo é chamado a ser o senhor do seu destino quando tudo parece estar fora do seu controle. A sua responsabilização é a sua alienação; alienação que, ao contrário da alienação marxista, não resulta da exploração do trabalho assalariado, mas da ausência dela. Essa responsabilidade individual pela trajetória social é uma culpa por um passado que verdadeiramente só existe à luz de um presente sobre o qual o indivíduo não tem qualquer controle. A solidão que daqui resulta faz com que o interesse individual, qualquer que ele seja, não pareça suscetível de se poder congregar e organizar na sociedade capitalista e de poder reivindicar segundo as vias políticas e organizacionais próprias desse tipo de sociedade.[31]

As metamorfoses por que estão passando tanto o sistema de desigualdade como o sistema de exclusão são mais complexas do que o que resulta da análise precedente. É que se o sistema de desigualdade está se transformando, em parte, num sistema de exclusão, este último parece estar se transformando em sistema de desigualdade. Se, por um lado, aprofundam-se as exclusões, como é visível na nova onda de racismo e de xenofobia que atravessa a Europa, por outro lado, alguns grupos ou categorias sociais passam do sistema de exclusão para o sistema de desigualdade. A etnicização da força de trabalho como forma de desvalorizá-la é um exemplo dessa metamorfose. Ela ocorre mesmo no seio de blocos regionais, como no Nafta. Outro exemplo é o dos povos indígenas, que constituem por assim dizer o tipo ideal do sistema de exclusão que subjaz à modernidade capitalista e que, por via de um fenômeno que referirei a seguir – a biodiversidade e a biotecnologia –, estão transitando, até certo ponto, do sistema de exclusão para o sistema de desigualdade.

A globalização da cultura, tal como a globalização da economia, é um processo muito desigual e contraditório. As metamorfoses que a globalização da cultura está operando nos sistemas de desigualdade e de exclusão são parcialmente distintas das produzidas pela globalização da economia. Enquanto nesta, como vimos, domina a metamorfose do sistema de desigualdade em sistema de exclusão, no caso da globalização da cultura domina a metamorfose do sistema de exclusão em sistema de desigualdade. A globalização dos *media*, da cultura de massas, da iconografia norte-americana e da ideologia do consumismo neutraliza as culturas locais, descontextualizam-nas e assimilam-nas sempre que lhes reconhecem algum valor de troca no mercado global das indústrias culturais.[32]

---

[31] A questão da apatia social e da "razão indolente" é discutida em detalhe nos Capítulos 1 e 2.

[32] Sobre esse assunto, ver Bagdikian (1992); Hamelink (1994); Shohat; Stam (1994); Lowe; Lloyd (1997); McChesney; Wood; Foster (1998); McChesney (1999); Chakrabarty (2000); Barry (2001); Maldonado-Torres (2004).

Essa descontextualização opera por duas formas aparentemente contraditórias. Por um lado, pela desarticulação descaracterizadora e com vista a selecionar as características que permitem interfaces produtivas com a cultura hegemônica, um processo que tem a sua versão extrema na publicidade. Por outro lado, pela acentuação excessiva da sua integridade, isto é, pela sua vernaculização como valor acrescentado na sua integração nos circuitos culturais globais, um processo que tem talvez a sua versão extrema na indústria do turismo global. Por essa via, muitas das culturas não norte-atlânticas que, sobretudo a partir do século XIX, foram objeto do racismo cultural que aprofundou o sistema de exclusão são hoje recuperadas, quer por via da descaracterização, quer por via da vernaculização, enquanto suportes de globalização das culturas hegemônicas. Essa recuperação implica uma integração subordinada, uma valorização que, tal como a da força de trabalho, é parte integrante de um projeto imperial, nesse caso de imperialismo cultural (BHARUCHA, 2000; SANTOS, 2002c; SANTOS; NUNES, 2004). Nessa medida, podemos falar de uma metamorfose do sistema de exclusão em sistema de desigualdade.

Essa metamorfose é bem visível, mas não deve fazer-nos perder de vista o que fica fora dela, ou seja, todas as culturas que não são valorizáveis no mercado cultural global, ou porque não se deixam apropriar, ou porque a sua apropriação não suscita interesse. Essas culturas outras são fadadas a uma forma tão radical de exclusão quanto o extermínio, são apagadas da memória cultural hegemônica, são esquecidas ou ignoradas, ou, quando muito, subsistem pela caricatura que delas faz a cultura hegemônica. Ignoradas ou trivializadas, não têm nem sequer virtualidades para serem estigmatizadas ou demonizadas. Em qualquer caso, são vítimas de epistemicídio. Nas condições da globalização da cultura, a homogeneização cultural opera tanto pela recuperação descontextualizadora como pela eliminação cognitiva (SANTOS; MENESES; NUNES, 2005).

As metamorfoses por que estão passando os sistemas de desigualdade e de exclusão sob o impacto dos processos de globalização, tanto econômica como cultural, são talvez ainda mais evidentes à luz de novos fenômenos de pertença subordinada, em que se misturam cada vez mais intrincadamente a pertença pela integração e a pertença pela exclusão, com repercussões significativas na composição social dos grupos sociais neles envolvidos e nas lutas sociais que eles protagonizam. A título de exemplo, referirei dois desses fenômenos: a biodiversidade e o espaço eletrônico, incluindo neste último um fenômeno emergente com ele intimamente relacionado: as novas desigualdades entre cidades.

A biodiversidade e a biotecnologia

A questão da biodiversidade ilustra bem as antinomias do paradigma sociocultural e epistemológico da modernidade ocidental que tenho analisado ao longo deste livro e muito especificamente a vinculação da (des)ordem instituída ao colonialismo. A irracionalidade e a inferioridade dos povos não europeus foram em parte deduzidas da irracionalidade e da inferioridade dos seus conhecimentos quando comparados com o conhecimento científico ocidental. À luz disso é, pois, paradoxal que, em finais do século XX, início do século XXI, o conhecimento não científico dos povos indígenas e dos camponeses assuma uma importância crucial para a resolução de um problema, de repente, considerado decisivo para a sobrevivência da humanidade, o problema da biodiversidade.

Calcula-se que mais de 90% da diversidade biológica que subsiste no planeta se encontre nas regiões tropicais e subtropicais da África, da Ásia e da América do Sul (KLOPPENBURG; BALICK, 1995). O papel singular que os povos e as comunidades indígenas e camponesas têm desempenhado na sua preservação é hoje reconhecido com suspeita unanimidade. Aliás, o papel do conhecimento desses povos "inferiores" não se limita à conservação da diversidade biológica da terra. Para além disso, é hoje aceito estar na base de muitos dos nossos alimentos e medicamentos. Trata-se, pois, de conhecimento importante pelo passado que nos legou e pela utilidade que tem hoje. Mas, como mostro a seguir, nada disso tem servido para mudar o paradigma das relações entre conhecimentos ou entre povos. Pelo contrário, o "novo" reconhecimento do Outro transforma-se em mais uma versão do "velho" processo colonial de transformá-lo em recurso a ser explorado.

O interesse comercial sobre espécies biológicas não é novidade, mas o seu valor tem aumentado nas últimas décadas, devido à crescente procura de matérias-primas genéticas e bioquímicas para a indústria biotecnológica (MCCHESNEY, 1996). A bioprospecção inclui a procura não apenas de produtos agrícolas, cosméticos etc., mas também de remédios de origem botânica (TEN; LAIRD, 1999). Calcula-se que cerca de três quartos da população mundial continue a depender de conhecimentos de médicos tradicionais, xamãs etc. para resolver os seus problemas de saúde (FARNSWORTH et al., 1985). Os dados existentes indicam, por exemplo, que entre 1960 e 1982 foram recolhidas, por instituições de investigação norte-americanas, mais de 35 mil amostras de plantas medicinais com propriedades anticancerígenas (CRAGG et al., 1994; KURUK, 1999, p. 771). Não é pois surpresa que mais da metade dos remédios receitados no Ocidente sejam produzidos a partir de substâncias originariamente descobertas nas regiões de florestas tropicais, predominantemente localizadas na região equatorial e no hemisfério sul. É fácil concluir que, ao longo do último século, sobretudo as comunidades indígenas e camponesas contribuíram significativamente para a agricultura industrial,[33] para a indústria farmacêutica e, por último, para a indústria biotecnológica.[34]

Esta última e as novas biotecnologias em que se baseia têm produzido uma alteração qualitativa nesse domínio. Os avanços na microeletrônica tornam possível às empresas detectar muito mais rapidamente que antes a utilidade das plantas, pelo que a prospecção biológica se tornou muito mais rentável (MORAN; KING; CARLSON, 2001). Paralelamente, a separação entre alimentos e medicamentos desaparece, dando origem a uma nova gama de produtos designados por produtos nutracêuticos (HARMAN, 2003). Em resultado, as grandes empresas multinacionais farmacêuticas, alimentares e biotecnológicas têmse apropriado das plantas e dos conhecimentos indígenas, rurais e tradicionais com nenhuma ou mínima contrapartida para os povos

---

[33] Em 1994 a RAFI estimava que o valor do fluxo anual de germoplasma do Sul para o Norte através do Grupo Consultivo de Pesquisa Agrícola Internacional (CIGAR) ultrapassava os 4 bilhões de dólares norte-americanos por ano.

[34] Cálculos realizados apontam que essa indústria terá arrecadado mais de 5 milhões de dólares a partir do uso de germoplasma de plantas identificadas no hemisfério sul (SHIVA, 1993). Por exemplo, depois da descoberta das características anticancerígenas da *Catharanthus roseus*, o composto ativo foi patenteado e vendido por uma companhia farmacêutica, tendo rendido cerca de 100 milhões de dólares, 88% dos quais sob a forma de lucro direto para a companhia. Atualmente, e apesar de ter sido originariamente descoberta em Madagascar, o composto farmacêutico é produzido a partir de germoplasma de plantas criadas nas Filipinas e na Jamaica (GLOWKA, 1997).

autóctones,[35] processando depois essas substâncias e patenteando os processos e, portanto, os produtos que a partir delas lançam no mercado.

As consequências dessa autêntica pilhagem são avassaladoras. Em primeiro lugar, já hoje as comunidades indígenas e rurais não controlam o material genético de que necessitam para a sua sobrevivência. Muito desse material genético está já armazenado nos países centrais sob o controle de cientistas centrais. Quase 70% de todas as sementes coletadas nos países periféricos e semiperiféricos estão armazenadas nos países centrais ou em centros internacionais de investigação agrícola. A localização geográfica do Sul global, associada à situação política contemporânea, tem evitado que os projetos de conservação veiculados pelos países centrais exerçam um controle direto sobre os seus centros de biodiversidade. O controle através da exclusão dos saberes do Sul – agora reconhecidos como preciosa matéria-prima – tem levado os cientistas do Norte a defenderem um sistema de controle indireto, em que a tônica incide sobre a necessidade de proteção *ex situ* da biodiversidade, pelo recurso à identificação genética de todo o sistema biológico existente no planeta (HAMILTON, 1994; FRANKEL, BROWN; BURDON, 1995). Em simultâneo, a ciência ocidental tenta apresentar o decréscimo da biodiversidade como um problema inerentemente do Sul (GUHA; MARTÍNEZ-ALIER, 1997; GUHA, 2000; DWIVEDI, 2001). De acordo com a opinião predominante até há pouco, qualquer solução para o problema da diminuição da biodiversidade deverá surgir de instituições internacionais, a maioria das quais nem sempre tem os interesses locais em linha de conta. Essa abordagem tem sido criticada por muitos pesquisadores, que afirmam que se assiste a uma recriação do discurso das relações coloniais, chegando mesmo a apelidar esse discurso de "imperialismo ecológico" (CROSBY, 1986), "imperialismo verde" (GROVE, 1995) ou ainda "bioimperialismo" (SHIVA, 1996).[36]

---

[35] Em 1995, por exemplo, o Peru exportou 726 toneladas de unha-de-gato (*Uncaria tomentosa*), planta caracterizada por estimular o sistema imunológico. O preço pago aos produtores locais variou entre 0,30-0,65 cêntimos de dólar por quilo, enquanto nos Estados Unidos – um dos países destinatários dessa exportação – cada quilo de unha-de-gato não processado ronda os 11 dólares (DE JONG *et al.*, 1999).

[36] Essas noções de imperialismo são usadas para descrever o impacto biofísico da expansão colonial da Europa. A partir de uma análise detalhada da expansão europeia durante o

Em segundo lugar, a proteção da propriedade industrial protege o conhecimento produzido pelas empresas multinacionais, mas não reconhece o conhecimento indígena a partir do qual é obtida grande parte do saber que é apresentado como científico. Nesse contexto, a discussão sobre o significado e as implicações da imposição de um sistema de direitos de propriedade intelectual emerge no epicentro de um debate sobre as raízes do conhecimento científico moderno.

Esse problema relaciona-se diretamente com o debate sobre as condições de acesso aos medicamentos. De um lado, deparamos com os limites decorrentes das novas regras globais relativas às patentes e resultantes da aplicação do TRIPS.[37] Essa questão está na origem de lutas mais acesas entre o Norte e o Sul, especialmente em torno do problema da comercialização de genéricos utilizados contra o HIV/aids. Os acordos no âmbito do TRIPS, ao consolidar a proteção de patentes e favorecer o monopólio das empresas farmacêuticas transnacionais, conduziram a uma subida dos preços de medicamentos de marca e condicionaram a produção de medicamentos genéricos, proibindo aos países produtores destes (como a Índia e o Brasil) a sua exportação. É sabido que a grande maioria dos países (quase todos africanos) mais afetados pela epidemia do HIV/aids não têm capacidade para produzir genéricos. A mobilização mundial contra esse estado de coisas levou a Organização Mundial do Comércio a aplicar uma das cláusulas do TRIPS que permite aos Estados ultrapassar os direitos de patentes em situações de emergência no domínio da saúde pública, permitindo também a importação de genéricos. Essa medida, porém, não é suficiente para resolver o problema, dado que, apesar de os genéricos custarem

---

último milênio, Crosby defende que os fatores biogeográficos foram determinantes para a implantação do sistema imperialista europeu, particularmente devido ao controle sobre a circulação de plantas e animais nos espaços coloniais. Grove (1995, p. 486), através de uma análise detalhada do impacto da expansão territorial europeia, documenta a forma como o movimento ambientalista contemporâneo "emergiu como uma resposta direta em face da destruição social e ecológica perpetrada pela relação colonial". Para Vandana Shiva, a pirataria dos recursos genéticos "gratuitamente" cedidos pelo Sul é a expressão mais forte da perpetuação da exclusão dos saberes alternativos.

[37] TRIPS – Trade-Related Aspects of Intellectual Property Rights – é o acordo da Organização Mundial do Comércio (OMC) sobre aspectos relativos aos Direitos de Propriedade Intelectual.

uma fração do que custam os medicamentos de marca, eles são ainda demasiado caros para poder ser suportados pelas populações dos países que deles mais necessitam.[38]

Os direitos de propriedade intelectual que permitem e legitimam essas formas de apropriação dos conhecimentos indígenas e locais e de apropriação privada de bens fundamentais para a salvaguarda e a promoção da saúde pública assentam-se em concepções de propriedade privada radicadas na ordem jurídica do capitalismo. Essa é uma preocupação central associada à aplicação do TRIPS. Segundo esse acordo, todas as invenções no campo da tecnologia devem ser protegidas. O artigo 27.3b do TRIPS exige dos países membros da Organização Mundial do Comércio que outorguem patentes sobre matéria viva, com exceção de plantas e animais, se bem que fique pendente a obrigação de oferecer uma proteção *sui generis* efetiva das variedades de plantas (FLÓREZ-ALONSO; ROJAS, 2001).[39] Se para alguns essa oferta surge como solução para – dentro da fraca margem de manobra permitida por essa codificação legal de cariz ocidental – fortalecer os direitos coletivos dos povos indígenas e das comunidades camponesas, muitos são também aqueles que têm se oposto a qualquer forma de compromisso legal de proteção. Para estes últimos, qualquer imposição legal global é vista como uma ameaça à sobrevivência das comunidades, como um ataque às suas culturas e aos seus direitos. Em última análise, de fato, o que está em causa é a soberania de cada cultura, de cada comunidade, pois a imposição do TRIPS – e consequentemente o surgimento de monopólios sobre os bancos de sementes – põe em causa a possibilidade de se garantir a proteção da diversidade genética do mundo (CULLET, 2001), impondo um regime de monoculturas de saber e aumentando o risco de contaminação dos lugares em que existe maior diversidade biológica com plantas geneticamente modificadas (NAGEL, 2000).

O imperialismo biológico é, sem dúvida, uma das formas mais insidiosas e mais recentes do sistema de desigualdade que funda o eixo

---

[38] Sobre esse debate, ver também International Intellectual Property Institute (2000); Correa (2001; 2003); Shantharam (2005) e Klug (2005).

[39] Essas questões e o seu desenvolvimento em contexto de pandemia são analisadas em Santos (2021g).

Norte-Sul. Assenta-se numa luta desigual entre diferentes epistemologias, entre o conhecimento científico, hegemônico, das empresas multinacionais e o conhecimento tradicional, indígena. A metamorfose, que por via dela se dá entre o sistema de desigualdade e o sistema de exclusão, consiste, nesse caso, na transformação do sistema de exclusão em sistema de desigualdade. De fato, os povos indígenas representam a versão original do sistema de exclusão da modernidade capitalista e, certamente, uma das versões mais extremas, o genocídio aplicado depois a muitos outros povos do mundo. A chamada "revolução biotecnológica" e a engenharia genética têm conferido aos recursos biológicos das comunidades indígenas e rurais um valor estratégico cada vez maior e um potencial de valorização capitalista quase infinito.[40] Por essa via, os territórios e os conhecimentos indígenas/rurais/tradicionais vão sendo integrados no processo de acumulação capitalista à escala mundial, e nessa medida transitam de um sistema de pertença subordinada pela exclusão para um sistema de pertença subordinada pela integração. Não se trata tanto da integração pelo trabalho como da integração pelo conhecimento, cuja subordinação reside em não ser reconhecido como tal e tão só como matéria-prima para o exercício do conhecimento hegemônico, o conhecimento científico.

O espaço eletrônico

O espaço eletrônico, ou ciberspaço, é o novo espaço-tempo da comunicação e da informação, tornado possível pela revolução tecnológica da microeletrônica e da telemática, um espaço-tempo virtual de âmbito global e duração instantânea. É o espaço-tempo do hipertexto, do correio eletrônico, da internet, do vídeo e da realidade virtual. Ao contrário da biodiversidade e da biotecnologia, cuja novidade está no modo como mobiliza recursos naturais multimilenares e conhecimentos ancestrais, o ciberespaço é uma hipernovidade, um futuro que se alimenta do futuro. Também em contraste com a biodiversidade e a biotecnologia, cuja constituição atual não é pensável fora dos sistemas de desigualdade e de exclusão, o ciberespaço apresenta-se, para alguns, como um espaço

---

[40] O mercado de remédios de plantas naturais, nos Estados Unidos, por exemplo, cresceu de menos de 2 bilhões de dólares anuais antes da Cúpula do Rio, em 1990, para quase 4 bilhões em 1998 (GREENWALD, 1998, p. 49).

anárquico, de livre acesso, descentralizado, não hierárquico, localmente controlado, em que a igualdade e a identidade parecem coexistir sem atritos (Escobar, 2004a).[41] Segundo alguns, esse é o espaço-tempo da cidade sem muralhas, da rede que articula horizontalmente os indivíduos e os grupos sociais, o espaço do nomadismo infinito sem mudar de endereço, enfim, o espaço da cidade pós-moderna, a redópolis que sucede à metrópole, a cidade moderna (Taylor; Saarimen, 1994).

Em face disso, pode-se perguntar por que considerar o espaço eletrônico como o avatar de uma nova metamorfose do sistema da desigualdade e do sistema da exclusão. A questão está em saber se a redópolis é uma cidade sem muralhas ou uma cidade em que as muralhas assumem novas formas e em que as autoestradas da informação são marcas de um *apartheid* informático. É evidente que o espaço eletrônico é hoje um espaço aberto e anárquico, e viajar na internet parece ser possível com grande acessibilidade e liberdade. Se é verdade que os sistemas de desigualdade e de exclusão pressupõem a existência de um poder centralizado, não se vislumbra a existência de tal poder no espaço eletrônico.

Contudo, talvez isso não seja tudo. Antes de mais, não é indiferente que sejam os setores econômicos de ponta, a produção de serviços complexos e de mercadorias organizacionais, os grandes utilizadores do espaço eletrônico. Tal como aconteceu em outras áreas das telecomunicações, eles têm poder para produzir, num espaço aparentemente anárquico, estratificações segundo a envergadura do utilizador. E, de fato, começa já a se desenhar o sistema de desigualdade e de exclusão que virá possivelmente a caracterizar o espaço eletrônico.

Em primeiro lugar, no que diz respeito ao acesso ao espaço eletrônico, é já claro que as autoestradas da informação não vão servir por igual todos os países, todas as cidades, todas as regiões, todos os grupos sociais que constituem a sociedade civil global. Também aqui, e tal como sucedeu com a sociedade civil nacional, começa a se desenhar uma distinção entre a sociedade civil íntima, que será abundantemente-servida pelas autoestradas da informação, e uma sociedade civil incivil,

---

[41] Sobre o papel da internet neste século e a cibertura, ver Santos (2019).

que ficará fora delas.[42] Essa sociedade civil incivil será constituída por uma subclasse tecnológica excluída do acesso e de tudo o que ele torna possível. Socialmente, essa subclasse é constituída por muitos dos grupos sociais que hoje ocupam posições subordinadas no sistema de desigualdade, quer em nível nacional, quer em nível transnacional (o eixo Norte-Sul). A emergência do ciberespaço fará com que, para algumas das dimensões da sua reprodução social, esses grupos sociais subordinados transitem do sistema de desigualdade para o sistema de exclusão. Em segundo lugar, para além do acesso ao espaço eletrônico, há que questionar o acesso dentro do espaço eletrônico. E também aqui há diferenciações e estratificações iminentes. Uma estrutura de investimentos prolongadamente desequilibrada redundará por certo em novas estratificações e desigualdades. A própria estrutura organizativa altamente concentrada de um espaço que seduz pelo seu caráter aberto, anárquico e infinitamente acessível não pode deixar de levantar questões perturbadoras. Todos os endereços eletrônicos mundiais (IP – Internet Protocol) estão alojados em 13 servidores, 10 nos Estados Unidos, dois na Europa e um no Japão. Se esses servidores forem desligados, desaparece toda a internet. Por outro lado, é uma empresa privada sem fins lucrativos norte-americana, com sede em Los Angeles (Internet Corporation for Assigned Names and Numbers – ICANN), que, em articulação com o Departamento de Comércio dos Estados Unidos, gere todos os domínios de internet atribuídos no mundo inteiro (ou seja, gere o cadastro da internet mundial).

O que é fascinante, neste momento, a respeito do espaço eletrônico é que é um espaço contestado, um espaço onde os centros de poder já começam a se desenhar, mas onde ainda é muito grande a capacidade de subversão das margens. Nessa medida, o espaço eletrônico tanto pode vir a originar um novo sistema de desigualdade e de exclusão como pode vir a se constituir num espaço público de oposição. Duas manifestações desse espaço público oposicional são hoje visíveis. A primeira diz respeito ao espaço eletrônico como bem de consumo e está bem ilustrada pelo recurso à internet por parte do Exército Zapatista de Libertação

---

[42] Sobre os conceitos de sociedade civil íntima, sociedade civil estranha e sociedade civil incivil, ver Santos (2002e, p. 443-447).

Nacional de Chiapas, a partir de 1994, e, na última década, por parte dos movimentos e organizações que participam no Fórum Social Mundial. A internet, ao permitir a comunicação de muitos para muitos, contém um potencial revolucionário, na medida em que, através dela, os cidadãos e os movimentos sociais de todo o mundo podem pôr-se em contato e comunicar-se com autonomia em relação às mensagens oficiais dos governos, das organizações políticas tradicionais e dos grandes *media* globais.[43] A segunda manifestação diz respeito à própria produção do espaço eletrônico. Trata-se da luta empreendida contra o capitalismo informático, ou infocapitalismo, e os lucros fabulosos que tem gerado por parte de uma nova uma classe de operários ou cooperativistas do ciberespaço, os pro*net*ários, utilizadores capazes de produzir, difundir e vender produtos não proprietários e de potenciar um acesso gratuito à informação (além do tema do *software* livre) (ROSNAY, 2006).

Essas duas manifestações do uso oposicional do espaço eletrônico revelam em que medida ele pode se transformar num instrumento precioso na construção do cosmopolitismo subalterno e insurgente. É possível que as duas funções do espaço eletrônico, de produção de desigualdade e de exclusão, por um lado, e de subversão oposicional, por outro, possam, durante algum tempo, coexistir.

Mas a metamorfose entre sistema de desigualdade e de exclusão provocada pelo espaço eletrônico tem ainda um outro ponto de aplicação à volta do qual se tem gerado um grande debate. Trata-se da emergência das cidades globais impulsionada pela vinculação do espaço eletrônico às transformações da economia global. Num estudo sobre o impacto urbano da globalização da economia, Saskia Sassen (1991, 1994, 2001) argumenta que a emergência de cidades globais é um dos três lugares estratégicos em que se apoia a globalização da economia, sendo os outros dois as zonas de processamento para exportação e as zonas da banca *offshore*. As cidades globais originalmente estudadas em detalhe por Saskia Sassen foram Nova Iorque, Londres e Tóquio, mas outras foram mencionadas ou foram sendo integradas no clube das

---

[43] Sobre esse tema, ver Couldry; Curran (2003); Opel; Pompper (2003) e Van de Donk *et al.* (2004).

cidades globais, tais como, Frankfurt, Paris, São Paulo, Hong Kong, Toronto, Miami, Sydney.[44]

As cidades globais são os lugares estratégicos onde se concentram tanto os serviços complexos e especializados como as telecomunicações necessárias à gestão global da economia (SASSEN, 1994, p. 19). É também nelas que tendem a se concentrar as sedes das grandes empresas multinacionais. São cidades que acolhem as indústrias de ponta, de instrumentos financeiros e de serviços especializados e onde as empresas e os governos compram uns e outros. Por essa via, as cidades globais constituem um novo sistema urbano à escala global, nódulos cruciais da coordenação internacional das empresas, dos mercados e dos próprios Estados. Uma das características dessas cidades é a concentração nelas de grandes utilizações do espaço eletrônico. Os dados das Nações Unidas são claros quanto a esse aspecto. Em 2000, 79% dos utilizadores da internet pertenciam ao grupo de países da OCDE.[45] Em termos de largura de banda para comunicações, o continente africano é ultrapassado pela cidade de São Paulo. Por seu lado, a largura de banda utilizada em toda a América Latina é quase igual à disponível em Seul (UNDP, 2001, p. 3). Assim, as potencialidades contraditórias do espaço eletrônico referidas anteriormente verificam-se também aqui. Se, por um lado, o espaço eletrônico pode vir a conduzir à emergência das redópolis que minimizem as desigualdades entre cidades, por outro lado, pode potenciar essas desigualdades, criando um fosso entre as megametrópoles, as cidades globais e o restante tecido urbano dos países. Por enquanto, é este último efeito o que domina.[46]

Sendo certo que as cidades globais são em número muito reduzido, é legítimo perguntar pelo seu impacto na grande maioria das cidades

---

[44] Para Saskia Sassen, os anos 1980 conheceram um estreitamento da geografia econômica global, com um acentuado reforço do eixo Ocidente-Oriente. Apesar de a autora analisar em detalhe apenas Tóquio, outras cidades, como Xanghai, Nova Delhi, Seul ou Singapura representam hoje nós centrais da economia global.

[45] Organização para a Cooperação Econômica e para o Desenvolvimento, e que engloba os países do mundo com o maior PIB.

[46] A análise da Sassen suscitou uma grande polêmica sobre a natureza e a verdadeira dimensão da polarização social e espacial provocada pela emergência das cidades globais. Uma visão geral do debate pode-se ler na segunda edição do livro de 1991 (SASSEN, 2001, p. 344-363).

que não se globalizam. Segundo Sassen (1991), a emergência de cidades globais cria uma enorme segmentação social e espacial entre as cidades de um dado país. Por um lado, os recursos e os investimentos tendem a se concentrar exageradamente nas cidades globais, condenando as restantes cidades à marginalização e à dependência funcional. Por outro lado, as cidades globais integram-se privilegiadamente no sistema urbano transnacional, que lhes define as hierarquias relevantes e a lógica de desenvolvimento. Correspondentemente desintegram-se do seu *hinterland* e das demais cidades que compõem os sistemas urbanos nacionais.[47] Por essas duas vias, as cidades não globalizadas transitam de uma posição de integração subordinada no sistema urbano nacional para uma posição de exclusão no sistema urbano transnacional.

Qualquer desses fenômenos, e cada um à sua maneira, revela os processos de trânsito e de metamorfose recíproca entre os sistemas de desigualdade e o sistema de exclusão. E a sua análise conjunta permite-nos tirar algumas conclusões sobre a situação presente em cada um desses sistemas e nas relações entre eles.

A primeira conclusão é que os novos fenômenos de desigualdade/ exclusão têm uma forte vinculação ao conhecimento e à tecnologia. São cristalizações provisórias de lutas sociais, econômicas e culturais à volta de conhecimentos e de tecnologias rivais. Os conhecimentos e as tecnologias que saem vencedoras dessas lutas têm um efeito devastador sobre os demais e, consequentemente, sobre os grupos sociais que só dispõem deles. O conhecimento e a tecnologia vencedores não suportam partilhar o campo epistemológico com os vencidos, e é por isso que a estes não é dada a possibilidade de uma integração subordinada num sistema de desigualdade. Ao contrário, transitam para o sistema de exclusão, sendo excluídos pelo epistemicídio em suas múltiplas versões: extermínio, expulsão, esquecimento ou sobrevivência enquanto folclore ou atração turística.

Em segundo lugar, as transformações em curso ocorrem globalmente não no sentido de ocorrerem em todos os lugares do mundo, mas antes no sentido de, onde ocorrem – e ocorrem sempre localmente –,

---

[47] A Avenida Paulista, em São Paulo, está mais estreitamente ligada às outras cidades globais do que às ruas que lhe são adjacentes.

ocorrerem por via de processos cujo âmbito é global. Relacionada com essa, a terceira conclusão é que tais transformações nos sistemas de desigualdade e de exclusão são menos estatocêntricas do que as do período anterior. E porque o Estado tem sido sempre o grande gestor das desigualdades e das exclusões, o controle de umas e de outras é menos visível, se é que existe de todo. De algum modo, podemos dizer que está fragilizada, se não mesmo neutralizada, a ideia de gestão controlada. No domínio do sistema da desigualdade, os limites, mas também as virtualidades, da gestão estatal são agora mais evidentes, e o são particularmente no caso do Estado-Providência. É certo que a segurança e a redestribuição mínima asseguradas pelo Estado-Providência são obtidas à custa da dependência dos cidadãos convertidos em clientes de máquinas burocráticas muito pesadas, uma dependência descaracterizadora e, afinal, inferiorizadora, na medida em que é indiferente às necessidades e às aspirações específicas dos diferentes grupos de cidadãos. Ao contrário, os promotores do desmantelamento do Estado-Providência conclamam os cidadãos à autonomia, à independência e à responsabilização pessoal pela posição que se ocupa no sistema da desigualdade, mas o fazem descurando a segurança e a estabilidade mínimas que criam as condições que tornam possível o exercício efetivo da responsabilização. As desigualdades agravam-se, e algumas de tal modo que a possibilidade de integração deixa de existir, transmutando-se assim em exclusão.

Por sua vez, o sistema de exclusão parece muito mais subordinado que antes às exigências da acumulação capitalista, e de tal maneira que as especificidades civilizacionais, culturais, étnicas ou religiosas são acionadas na medida da sua congruência com as exigências da valorização das indústrias culturais e outras afins. A homogeneização cultural, na medida em que é tentada, quer por via da assimilação, quer por via do esquecimento das diferenças inapropriáveis, não é levada a cabo pelo Estado, e antes surge como produto automático de processos de hibridação cultural em curso na aldeia global. Enquanto as políticas culturais do Estado estavam a serviço dos projetos nacionais e, por vezes, nacionalistas da coesão da comunidade política da nação, a política cultural de hoje, se de tal se pode falar, não é mais que um sumário automático dos processos de globalização e de localização cultural que estão ocorrendo como parte dos processos de valorização industrial-cultural.

Enquanto no período anterior a descaracterização cultural ou étnica, mesmo que sempre combinada com segregação, expulsão e, às vezes, extermínio, estava ao serviço de um projeto político recaracterizador – a construção ou a consolidação da nação –, hoje em dia a descaracterização, tal como a vernaculização e o esquecimento, não parecem estar a serviço de um projeto político identificado. Em suma, a política dessas transformações parece ser a despolitização sob a forma da ideologia consumo ou do espectáculo mediático.

Uma quarta conclusão é que quer o sistema da desigualdade, quer o sistema da exclusão parecem ser hoje menos essencialistas. As escalas da hierarquização são talvez hoje mais rígidas do que nunca, mas a distribuição dos grupos sociais ou das regiões no seu interior é menos estável que antes, e é por isso menos previsível e menos controlável preventivamente. E, consequentemente, é mais difícil lutar contra ela. Funciona menos pela categorização essencialista do outro do que pela posição que este ocupa numa rede de relações que circunstancialmente reclamam ora a sua integração subordinada, ora a sua exclusão. Essa desessencialização é sobretudo visível no sistema de exclusão, que foi tradicionalmente o mais rígido. Parafraseando Ernst Gellner (1987), podemos dizer que, na modernidade capitalista, o sistema de exclusão foi sempre a jaula de ferro, enquanto o sistema de desigualdade foi a jaula de borracha. Hoje, ambos parecem ter a flexibilidade de jaula de borracha, e, se alguma diferença há entre eles, vai no sentido inverso daquela que os separou anteriormente. Ou seja, o sistema de desigualdade está hoje mais próximo da jaula de ferro, enquanto o sistema de exclusão está mais perto da jaula de borracha.

A articulação entre políticas de igualdade e políticas de identidade

Os sistemas de desigualdade e de exclusão não são o *deus ex-machina* da modernidade capitalista. A sua constituição, a sua consolidação e as suas metamorfoses ocorrem num campo de relações sociais conflituais, onde intervêm grupos sociais constituídos em função da classe, do sexo, da raça, da etnia, da religião, da região, da cidade, da língua, do capital escolar, cultural ou simbólico, do grau de desvio em face de critérios hegemônicos de normalidade e de legalidade etc. Cada um desses fatores tem tido uma eficácia discriminadora na hierarquia da pertença em qualquer dos sistemas. Não é possível em abstrato determinar o grau dessa eficácia, não só porque ela varia segundo o tempo histórico ou a sociedade, como também porque os diferentes fatores de discriminação atuam quase sempre em conjunção uns com os outros. Pode-se dizer, no entanto, que no sistema da desigualdade (e primordialmente no contexto dos países centrais e semiperiféricos) o fator classe tem tido um papel preponderante e continua a tê-lo ainda que crescentemente a sua eficácia discriminadora dependa de outros fatores, nomeadamente da raça, da etnia e do sexo. Pelo contrário, no sistema de exclusão têm preponderado estes e outros fatores de discriminação, cabendo à classe uma eficácia apenas complementar, potenciadora ou atenuadora da discriminação constituída pelos outros fatores.

A gestão controlada das desigualdades e da exclusão não foi, em nenhum momento, uma iniciativa ou uma concessão autônoma do Estado capitalista. Foi antes o produto de lutas sociais que impuseram ao Estado políticas redistributivas e formas menos extremas de exclusão. E, do mesmo modo, a crise atual dessa gestão controlada, protagonizada pelo Estado nacional, que anteriormente analisei, bem como as novas formas e metamorfoses do sistema de desigualdade e do sistema de exclusão, são produtos de lutas sociais, tal como o serão as possíveis evoluções futuras da situação em que nos encontramos.

A principal dificuldade com que nos defrontamos perante a acrescida virulência discriminatória dos sistemas de desigualdade e de exclusão diz respeito à articulação entre políticas de igualdade e políticas de identidade. A crise de gestão controlada dos sistemas de desigualdade e de exclusão na modernidade capitalista tem, pelo menos, o mérito de mostrar que o universalismo antidiferencialista que subjaz a tal gestão, além de não ser genuíno, também reduziu a um simplismo intolerável as complexas relações entre igualdade e identidade, entre desigualdade e diferença. Vimos anteriormente que quer as políticas redistributivas do Estado, quer as políticas assimilacionistas da homogeneização cultural partiram de uma dada norma de sociabilidade e de um dado campo de representações culturais que transformaram em universais, subordinando a uma e outras todas as normas e representações que com elas discrepassem.

Tal subordinação, além de falhar no seu objetivo igualitário, teve também um efeito descaracterizador e desqualificador sobre todas as diferenças culturais, étnicas, raciais, sexuais sobre as quais se sustentava, pela negação, a megaidentidade nacional sancionada pelo Estado.

Perante isso, há que buscar uma nova articulação entre políticas de igualdade e políticas de identidade. Antes de mais, há que reconhecer que nem toda diferença é inferiorizadora. E, por isso, a política de igualdade não tem de se reduzir a uma norma identitária única. Pelo contrário, sempre que estamos perante diferenças não inferiorizadoras, a política de igualdade que as desconhece ou descaracteriza converte-se contraditoriamente numa política de desigualdade. Uma política de igualdade que nega as diferenças não inferiorizadoras é, de fato, uma política racista. Como vimos, o racismo tanto se afirma pela absolutização das diferenças como pela negação absoluta das diferenças. Sempre que estamos perante diferenças não inferiorizadoras, uma política de igualdade genuína é a que permite a articulação horizontal entre identidades discrepantes e entre as diferenças em que elas se assentam.

Daí o novo metadireito intercultural que, em meu entender, deve presidir a uma articulação pós-colonial e multicultural[48] das políticas de igualdade e de identidade: temos o direito a ser iguais sempre que a diferença nos inferioriza; temos o direito a ser diferentes sempre que a igualdade nos descaracteriza.[49]

A realização desse imperativo tem de superar múltiplos e difíceis obstáculos. Em primeiro lugar, o peso da normalização antidiferencialista é tão grande na modernidade capitalista que a afirmação da diferença redunda quase sempre no reconhecimento de desigualdade, e, nessa

---

[48] Distingo entre perspectivas multiculturais emancipatórias, que promovem a tradução entre culturas, e as perspectivas multiculturais reacionárias, que cristalizam e essencializam a diferença, concebendo o "tradicional" como imutável no espaço e no tempo. Como discuto em maior detalhe na Introdução, as perspectivas pós-coloniais contestam, de forma implícita ou explícita, a ideia da homogeneização cultural das culturas, a ideia de Estado-nação e de unidade cultural nacional do Estado. O desafio consiste assim em encontrar um equilíbrio entre a homogeneidade e a fragmentação, entre a igualdade e a diferença, pois não existe identidade sem diferença, e a diferença pressupõe a presença de certa homogeneidade que permita detectar o que é diferente nas diferenças. Ver, em especial, os Capítulos 2 e 5.

[49] Voltarei a esse metadireito no Capítulo 13.

medida, a articulação horizontal entre as diferenças tende a deslizar para uma articulação vertical. Esse deslize está relacionado com outro obstáculo modernista, de recorte epistemológico, e que consiste em as diferenças serem conhecidas por uma forma de conhecimento que as não reconhece. Efetivamente, a ciência moderna é um paradigma epistemológico assente numa versão extrema de universalismo antidiferencialista cuja hegemonia foi obtida à custa de sucessivos epistemicídios cometidos contra os conhecimentos rivais. E, como esses conhecimentos foram sempre formas de racionalidade constitutivas de identidades e diferenças socialmente constituídas, os epistemicídios redundaram sempre em identicídios. Recorrer, nessas circunstâncias, ao conhecimento moderno para identificar as diferenças não pode deixar de redundar na descaracterização destas.

Isso significa que uma nova política de identidade e de diferença pressupõe um novo paradigma epistemológico, cujas linhas gerais enunciei nos Capítulos 2 e 3. O conhecimento e o reconhecimento das diferenças pressupõe a prevalência do conhecimento-emancipação e da ecologia dos saberes. De fato, só na trajetória do colonialismo para a solidariedade será possível reconhecer as diferenças e distinguir, entre elas, as que inferiorizam e as que não inferiorizam, na específica constelação social de desigualdades e de exclusões em que elas existem.

O terceiro obstáculo a vencer na realização do imperativo intercultural reside na complexidade própria de uma política de identidade. A identidade é sempre uma pausa transitória num processo de identificação. Os grupos sociais, tal como os indivíduos, acumulam, ao longo do tempo, diferentes identidades, e em cada momento podem dispor de várias identidades complementares ou contraditórias. Desse estoque identitário, uma das identidades assume, segundo as circunstâncias, a primazia, e a análise desse processo é de grande importância para compreender a política que tal identidade irá protagonizar ou caucionar.

Como salienta Therborn (1995), a política da identidade se assenta em três processos básicos: diferenciação, autorreferência e reconhecimento. Qualquer desses processos é difícil de concretizar nas condições em que têm operado os sistemas de desigualdade e de exclusão da modernidade capitalista. O processo de diferenciação é o processo de separação entre o eu e o outro, entre nós e o resto. É, por assim dizer, o reverso do processo de exclusão, ainda que partilhe com esse dispositivo da separação entre o eu e o outro. Só que, ao contrário do que sucede no processo de exclusão, o outro assume-se como eu, e a inversão da separação, longe de ser imposta, é uma conquista. Dada a virulência dos processos hegemônicos de exclusão, a diferenciação é uma conquista difícil; um ato de resistência que exige, para ter êxito, a mobilização de recursos e de energias organizativas.

O segundo processo, a autorreferência, é o momento especular da criação da identidade, a soma de partilhas originais, que justificam uma pertença específica e especificamente identitária. Os mitos de origem, os rituais e os símbolos, a orientação a valores, a história partilhada, tudo isso são elementos constitutivos de autorreferência. Também aqui existem sérias dificuldades, uma vez que esses motivos de partilha surgem constantemente desvalorizados à luz do universalismo antidiferencialista veiculado pela megaidentidade hegemônica.

Por último, a política de identidade se assenta num processo de reconhecimento. Ao contrário do que se passa com o sistema de exclusão, na identidade o eu necessita, para se constituir plenamente, do reconhecimento do outro. Ora, como referi anteriormente, o reconhecimento do outro é uma das fraquezas mais importantes da epistemologia moderna, sobretudo quando posta a serviço da gestão dos sistemas de desigualdade e de exclusão da modernidade capitalista.

A justeza do imperativo ou metadireito intercultural que preside à articulação pós-colonial da política de igualdade e da política de identidade não depende da exequibilidade prática das condições que lhe darão concretização. Aliás, no contexto histórico presente, esse imperativo tem uma forte dimensão utópica, que, longe de ser suprimida, deve ser promovida. Num período em que a crise da regulação modernista não abre espaço para o reforço da emancipação modernista e, ao contrário, esta parece entrar numa crise que tem por fonte, paradoxalmente, a própria crise da regulação, num período com essas características o pensamento alternativo das alternativas tem, por força, de ter uma tonalidade utópica. A criação de um mínimo de consenso em torno desse imperativo é a primeira condição de uma luta utópica, mas realista, contra a acrescida virulência dos sistemas de desigualdade e de exclusão.

A dificuldade da articulação entre políticas de igualdade e políticas de identidade ou de reconhecimentos da diferença não é a única com que nos defrontamos. Existem mais duas: por um lado, a reinvenção necessária do Estado para que ele se adeque à nova articulação entre políticas de igualdade e políticas de identidade; e, por outro lado, a definição do espaço-tempo privilegiado para organizar as lutas sociais dentro e fora do marco do Estado. A primeira dificuldade será analisada nos Capítulos 9 e 10, e a segunda, nos Capítulos 12 e 13.

Conclusão

É urgente revisitar a constituição dos sistemas de desigualdade e de exclusão da modernidade capitalista através dos quais esta organizou a pertença subordinada de classes e outros grupos sociais pelas vias só aparentemente opostas da integração e da exclusão. A gestão controlada das desigualdades e da exclusão a cargo do Estado e, no seu melhor momento, a cargo do Estado-Providência encontra-se hoje em crise, em virtude da erosão dos recursos redistributivos e assimilacionistas do Estado, ela própria ligada aos processos de globalização da economia e da cultura, responsáveis por sucessivas metamorfoses por que têm passado tanto o sistema de desigualdade como o sistema de exclusão.

As dificuldades principais que essa situação cria às forças sociais progressistas são enormes, e as vias de superação não estão claramente delineadas. No entanto, o metadireito para articulação horizontal entre política de igualdade e política de identidade aqui proposto fornece uma orientação segura. Contra o discurso neoliberal, deve-se defender que o Estado nacional não está em vias de extinção e continua a ser um campo de luta decisivo. A erosão da soberania e das capacidades de ação ocorre muito seletivamente e apenas nos domínios da providência para os cidadãos. Nos domínios repressivos e no domínio da providência para as empresas não se vislumbra o mínimo sinal de erosão das capacidades do Estado, ou, se existe, é muito tênue. Daí que o Estado não deva ser abandonado como campo de luta e aceite a fatalidade que o modelo neoliberal desenhou para ele. Para isso, porém, a luta contra-hegemônica tem de proceder a uma profunda reinvenção do Estado, não temendo a tonalidade utópica que algumas medidas podem assumir.[50]

---

[50] Ver o Capítulo 10.

Essa reinvenção tem um forte sinal anticapitalista e dificilmente poderá ser levada a cabo através dos mecanismos de democracia representativa. Convoca-nos, pelo contrário, a novas práticas democráticas. Por um lado, implica uma luta que extravasa do marco nacional em que vigora a democracia representativa. De fato, está fadada ao fracasso a luta que não tiver presente que o Estado nacional está sendo, ele próprio, transnacionalizado. Daí a importância da globalização contra-hegemônica geradora do novo cosmopolitismo subalterno e insurgente. Dado o espaço-tempo global em que se vaza, esse novo cosmopolitismo tem de articular diferentes formas democráticas, as quais terão elas próprias de ser multiculturais, se quiserem ser o instrumento propiciador de uma nova articulação entre políticas de igualdade e políticas de identidade segundo o imperativo que enunciei: temos o direito a ser iguais sempre que a diferença nos inferioriza; temos o direito a ser diferentes sempre que a igualdade nos descaracteriza.

CAPÍTULO 9

A crise do contrato social da modernidade e a emergência do fascismo social

O contrato social é a grande narrativa em que se funda a obrigação política moderna ocidental, uma obrigação complexa e contraditória, porque foi estabelecida entre homens livres e, pelo menos em Rousseau ([1762] 1973), para maximizar, e não para minimizar essa liberdade. O contrato social é assim a expressão de uma tensão dialética entre regulação social e emancipação social que se reproduz pela polarização constante entre vontade individual e vontade geral, coletiva, entre o interesse particular e o bem comum. O Estado nacional, o direito e a educação cívica são as garantias do desenrolar pacífico e democrático dessa polarização num campo social que se designou como sociedade civil.[1] O procedimento lógico que estabelece o caráter inovador da sociedade civil reside, como é sabido, na contraposição entre esta e o estado de natureza ou estado natural. Não surpreende, pois, que as diferenças bem conhecidas na concepção do contrato social entre Hobbes, Locke e Rousseau se espelhem em diferentes concepções do estado natural ou estado de natureza.[2] Quanto mais violento e anárquico é o estado de natureza, maiores são os poderes investidos no Estado saído do contrato social. As diferenças a esse respeito entre Hobbes (1946),

---

[1] Analiso em maior detalhe o tema da sociedade civil nos Capítulos 8 e 13.
[2] Analiso com grande detalhe as diferentes concepções do contrato social em Santos (1995, p. 63-71; 2000, p. 129-139).

por um lado, e Locke (1952) e Rousseau, por outro, são enormes. Comum a todos eles, no entanto, é a ideia de que a opção de abandonar o estado natural para constituir a sociedade civil e o Estado moderno é uma opção radical e irreversível. Segundo eles, a modernidade é problemática e plena de antinomias, entre coerção e consentimento, entre igualdade e liberdade, entre soberano e cidadão, entre direito natural e direito civil – mas deve resolvê-las pelos seus próprios meios, sem se munir de recursos pré-modernos ou contramodernos.

Como qualquer outro contrato, o contrato social assenta-se em critérios de inclusão que, portanto, são também critérios de exclusão.[3] São três os critérios principais. O primeiro é que o contrato social inclui apenas os indivíduos e suas associações. A natureza é assim excluída do contrato, e é significativo a esse respeito que o que está antes ou fora dele se designe por estado de natureza. A única natureza que conta é a humana, e mesmo esta apenas para ser domesticada pelas leis do Estado e pelas regras de convivência da sociedade civil. Toda a outra natureza ou é ameaça ou é recurso.[4] O segundo critério é o da cidadania territorialmente fundada, pelo que é fundamental distinguir dos cidadãos todos aqueles que, não sendo cidadãos, partilham com eles o mesmo espaço geopolítico. Só os cidadãos (homens) são parte no contrato social. Todos os outros – sejam eles mulheres, estrangeiros, imigrantes, minorias (e, às vezes, maiorias) étnicas – são dele excluídos. Vivem no estado de natureza mesmo quando vivem na casa dos cidadãos. Por último, o terceiro critério é o (do) comércio público dos interesses e, portanto, a separação entre espaço público e espaço privado. Só os interesses exprimíveis na sociedade civil são objeto do contrato. Estão, portanto, fora dele a vida privada, os interesses pessoais de que é feita a intimidade, o espaço doméstico, em suma, o espaço privado.

---

[3] O contrato social articula o sistema da desigualdade com o sistema da exclusão analisados no Capítulo 8, ainda que a sua filosofia o vincule exclusivamente ao sistema da exclusão. Como, segundo essa filosofia, toda inclusão garante a igualdade, o sistema de exclusão e o sistema de desigualdade sobrepõem-se. A verdade é que a igualdade que o contrato social garante é formal e não material, e por isso a inclusão no contrato tende a reproduzir o sistema de desigualdade.

[4] Esse tema é analisado em Santos (2003e) e Santos; Meneses; Nunes (2005).

O contrato social é a metáfora fundadora da racionalidade social e política da modernidade ocidental.[5] Os critérios de inclusão/exclusão que ele estabelece vão ser o fundamento da legitimidade da contratualização das interações econômicas, políticas, sociais e culturais. A abrangência das possibilidades de contratualização tem como contrapartida uma separação radical entre incluídos e excluídos. Embora a contratualização se assente numa lógica de inclusão/exclusão, ela só se legitima pela possibilidade de os excluídos virem a ser incluídos. Por isso os excluídos são declarados vivos em regime de morte civil. A lógica operativa do contrato social está, assim, em permanente tensão com a sua lógica de legitimação. As possibilidades imensas do contrato coexistem com a sua inerente fragilidade. Em cada momento ou corte sincrônico, a contratualização é simultaneamente abrangente e rígida. Diacronicamente, é um campo de lutas sobre os critérios e os termos da exclusão e da inclusão que pelos seus resultados vão refazendo os termos do contrato. Os excluídos de um momento emergem no momento seguinte como candidatos à inclusão e, quiçá, podem ser incluídos num momento posterior. Mas, em obediência à lógica operativa do contrato, a inclusão dos novos incluídos pode envolver a exclusão de setores até agora incluídos. O progresso da contratualização tem assim o seu quê de sisífico. Nessa perspectiva a flecha do tempo é, quando muito, uma espiral.

As tensões e antinomias que subjazem à contratualização social não são, em última instância, resolúveis por via contratual. A sua gestão controlada se assenta em três pressupostos metacontratuais: um regime geral de valores, um sistema comum de medidas, um espaço-tempo privilegiado. O *regime geral de valores* se assenta na ideia do bem comum e da vontade geral. Dessas ideias decorre uma série de valores que, por serem muito partilhados, permitem estabilizar as expectativas dos cidadãos quanto à vida em comum. São princípios agregadores de sociabilidade que tornam possível designar por sociedade as interações autônomas e contratuais entre sujeitos livres e iguais. Por esta via, a sociedade é um conjunto de expectativas estabilizadas.

---

[5] Ver o Capítulo 1, em que o contrato social é concebido como uma das raízes da modernidade ocidental.

O *sistema comum de medidas* baseia-se numa concepção de espaço e de tempo homogêneos, neutros, lineares, que servem de menor denominador comum a partir do qual se definem as diferenças relevantes. A técnica da perspectiva introduzida pela pintura renascentista é a primeira formulação moderna dessa concepção.[6] Importante também é o aperfeiçoamento da técnica das escalas e das projeções na cartografia moderna a partir de Mercator. Com base nessa concepção é possível, por um lado, separar a natureza da sociedade e, por outro, estabelecer um termo de comparação quantitativo entre interações sociais massivas e muito diferenciadas.[7] As diferenças qualitativas entre elas ou são ignoradas ou são reduzidas aos indicadores quantitativos que delas podem dar conta aproximativamente. O dinheiro e a mercadoria são as concretizações mais puras do sistema comum de medidas. Por via deles, o trabalho, o salário, os riscos e os danos são facilmente mensuráveis e comparáveis.

Mas o sistema comum de medidas vai muito além do dinheiro e das mercadorias. A perspectiva e a escala, combinadas com o sistema geral de valores, tornam possível a mensuração da gravidade dos crimes e da pena: a uma graduação das escalas de gravidade do crime corresponde uma graduação das escalas de privação da liberdade. A perspectiva e a escala aplicadas ao princípio de soberania popular tornam possível a democracia representativa: a um número X de habitantes corresponde um número Y de representantes. Por via das homogeneidades que cria, o sistema comum de medidas permite ainda estabelecer correspondências entre valores antinômicos. Por exemplo, entre liberdade e igualdade é possível definir critérios de justiça social, de redistribuição e de solidariedade. O pressuposto é que as medidas sejam comuns e procedam por correspondência e homogeneidade. É por isso que a única solidariedade possível é uma solidariedade entre iguais, seja ela a solidariedade dos cidadãos na guerra ou no serviço militar obrigatório, seja a solidariedade operária na greve.[8]

O *espaço-tempo privilegiado* é o espaço-tempo estatal, nacional. É nesse espaço-tempo que se consegue a máxima agregação de interesses

---

[6] Ver Santos (2000, p. 225-259).
[7] Sobre a cartografia, ver Santos (2000, p. 197-224).
[8] Ver o Capítulo 8.

e é ele que define as escalas e as perspectivas em que podem ser observadas e mensuradas as interações não estatais e não nacionais. É por isso, por exemplo, que o governo dos municípios se designa como governo local. É no espaço-tempo nacional estatal que a economia consegue a sua máxima agregação, integração e gestão, e é também nele que as famílias organizam a sua vida e estabelecem o horizonte de expectativas ou de ausência delas. É por referência ao espaço-tempo nacional estatal que se define a obrigação política dos cidadãos perante o Estado e deste perante os cidadãos, sendo essa também a escala das organizações e das lutas políticas, da violência legítima e da promoção do bem-estar social. O espaço-tempo nacional estatal não é apenas uma perspectiva e uma escala; é também um ritmo, uma duração, uma temporalidade e um território. O espaço-tempo nacional é assim também o espaço-tempo da deliberação política (os ciclos eleitorais), do processo judicial (o ritmo e os prazos dos processos judiciais) e, em geral, da ação burocrática do Estado (prazo médio da resposta dos serviços do Estado às solicitações dos cidadãos).

Finalmente, o espaço-tempo nacional estatal é o espaço-tempo privilegiado da cultura enquanto conjunto de dispositivos identitários que estabelecem um regime de pertença e legitimam a normatividade que serve de referência às relações sociais confinadas no território nacional: do sistema educativo à história nacional oficial, das cerimônias oficiais aos feriados nacionais.[9]

Esses princípios reguladores são congruentes entre si. Se, por um lado, o regime geral de valores é a garantia última dos horizontes de expectativas dos cidadãos, por outro, o campo de percepção do horizonte das expectativas e das suas convulsões é possível por via do sistema comum de medidas. Perspectiva e escala são, entre outras coisas, dispositivos visuais que criam um campo de visão e, portanto, também uma área de ocultação. A visibilidade de certos riscos, danos, desvios, vulnerabilidades tem correspondência na identificação das certas causas, inimigos e agressores. Uns e outros são geríveis privilegiadamente pelo espaço-tempo nacional e estatal, pelas formas de conflitualidade, negociação e administração que lhe são próprias.

---

[9] Sobre o espaço-tempo das epistemologias do Sul, ver Santos (2019, p. 373).

A ideia do contrato social e os seus princípios reguladores são o fundamento ideológico e político da contratualidade real que organiza a sociabilidade e a política nas sociedades modernas. Saliento as seguintes características dessa organização contratualizada. O contrato social visa criar um paradigma sociopolítico que produz de maneira normal, constante e consistente quatro bens públicos: legitimidade da governação, bem-estar econômico e social, segurança e identidade cultural nacional. Esses bens públicos só são realizáveis em conjunto: são, no fundo, modos diferentes, mas convergentes de realizar o bem comum e a vontade geral. A prossecução desses bens públicos desdobrou-se numa vasta constelação de lutas sociais, sendo as lutas de classes as que melhor exprimiam a divergência fundamental de interesses gerados pelas relações sociais de produção capitalista.[10] Por via dessa divergência e das antinomias inerentes ao contrato social entre autonomia individual e justiça social, entre liberdade e igualdade, as lutas pela prossecução do bem comum foram sempre lutas por definições alternativas do bem comum. Essas lutas foram se cristalizando em contratualizações parcelares – mediante a institucionalização dos conflitos, a concertação social, a negociação coletiva etc. –, incidindo sobre menores denominadores comuns entretanto acordados. Essas contratualizações foram, por sua vez, traduzindo-se numa materialidade de instituições que asseguraram o respeito e a continuidade do acordado.

Da prossecução contraditória dos bens públicos assim referida e das contratualizações e compromissos a que foi dando azo resultaram três grandes constelações institucionais, todas elas vazadas no espaço-tempo nacional estatal: a socialização da economia, a politização do Estado, a nacionalização da identidade cultural.

A *socialização da economia* deu-se por via do reconhecimento progressivo da luta de classes enquanto instrumento não de superação do capitalismo, mas de transformação do capitalismo. A regulação do tempo de trabalho, das condições de trabalho e do salário, a criação de seguros sociais obrigatórios e de segurança social, o reconhecimento da greve,

---

[10] Outros tipos de luta de grupos sociais excluídos do contrato social, como as revoltas de escravos, dos povos colonizados, das mulheres etc., vieram a assumir grande importância e têm sido alvo de análise nas últimas décadas. Sobre esses temas, ver os Capítulos 7 e 8.

dos sindicatos e da negociação e contratação coletiva são momentos decisivos do longo percurso histórico da socialização da economia.[11] Por ele se foi reconhecendo que a economia capitalista não era apenas constituída por capital, fatores de produção e mercado, mas também por trabalhadores, pessoas e classes com necessidades básicas, interesses próprios e legítimos e, em suma, direitos de cidadania. Nesse percurso, os sindicatos tiveram um papel decisivo, o de reduzir a concorrência entre trabalhadores, fonte primacial da sobre exploração a que estavam inicialmente sujeitos.

A materialidade normativa e institucional em que se traduziu a socialização da economia esteve a cargo do Estado, regulando a economia, mediando os conflitos, reprimindo os trabalhadores até o ponto de lhes extorquir consensos repressivos. A centralidade do Estado na socialização da economia foi um fator decisivo na outra constelação institucional: *a politização do Estado*. Esta ocorreu pela própria expansão da capacidade reguladora do Estado.

A expansão da capacidade reguladora do Estado nas sociedades capitalistas assumiu duas formas principais: o Estado-Providência, no centro do sistema mundial, e o Estado desenvolvimentista, na periferia e semiperiferia do sistema mundial.[12] À medida que estatizou a regulação, o Estado fez dela um campo de luta política, e nessa medida ele próprio se politizou. Tal como a cidadania se constituiu a partir do trabalho, a democracia esteve desde o início vinculada à socialização da economia. Ou seja, a tensão entre capitalismo e democracia é constitutiva do Estado moderno metropolitano, e a legitimidade deste, maior ou menor, esteve sempre vinculada ao modo mais ou menos equilibrado como resolveu essa tensão. O grau zero da legitimidade do Estado moderno é o fascismo, a rendição total da democracia perante as necessidades de acumulação do capitalismo. O grau máximo da legitimidade do Estado moderno reside na conversão, sempre problemática, da tensão entre democracia e capitalismo num círculo virtuoso em que cada um deles prospera aparentemente na medida em que os dois prosperam

---

[11] Ver Santos (2005e).

[12] Ver o Capítulo 10. Desenvolvo esse tema igualmente em Santos (2006b) e em Santos; García Villegas (2001).

conjuntamente. Nas sociedades capitalistas esse grau máximo foi obtido nos Estados-Providência declarados "desenvolvidos" da Europa do Norte e no Canadá.

Por último, a *nacionalização da identidade cultural* é o processo pelo qual as identidades móveis e parcelares dos diferentes grupos sociais são territorializadas e temporalizadas no espaço-tempo nacional. A nacionalização da identidade cultural reforça os critérios de inclusão/exclusão que subjazem à socialização da economia e à politização do Estado, conferindo-lhes uma duração histórica mais longa e uma maior estabilidade.

Esse vasto processo de contratualização social política e cultural e os critérios de inclusão/exclusão em que se assenta têm três limites que passo a assinalar. O primeiro decorre do caráter colonialista da modernidade ocidental, já que os espaços coloniais sempre foram concebidos como permanecendo no estado de natureza, de onde só poderiam sair não por via de contrato, uma vez que este pressupõe a igualdade dos contratantes, mas por via da ocupação e da usurpação. O segundo é inerente aos próprios critérios. A inclusão tem sempre por limite aquilo que exclui. A socialização da economia foi obtida à custa de uma dupla dessocialização, a da natureza e a dos grupos sociais aos quais o trabalho não deu acesso a cidadania. Sendo uma solidariedade entre iguais, a solidariedade entre trabalhadores não teve de se aplicar ao que extravasava do círculo da igualdade. Por isso, as organizações operárias nunca se deram conta, em alguns casos até hoje, de que o local de trabalho e de produção é frequentemente o cenário de crimes ecológicos, de graves discriminações sexuais, étnicas e raciais. Por outro lado, a politização e a publicização do Estado tiveram como contrapartida a despolitização e a privatização de toda a esfera declarada pelo Estado como não estatal. A democracia pôde expandir-se na medida em que o seu espaço se restringiu ao Estado e à política que ele passou a sintetizar. Finalmente, a nacionalização da identidade cultural assentou-se frequentemente no etnocídio e no epistemicídio. Conhecimentos, memórias, universos simbólicos e tradições diferentes daqueles que foram eleitos para ser incluídos e convertidos em nacionais foram suprimidos, marginalizados ou descaracterizados, e com eles os grupos sociais que os sustentavam.

O terceiro limite tem a ver com as desigualdades articuladas pelo sistema mundial moderno constituído por países centrais, periféricos e semiperiféricos.[13] A contratualização das formas de sociabilidade teve diferentes âmbitos e diferentes formas consoante a posição do país no sistema mundial: foi mais ou menos inclusiva, mais ou menos estável, mais ou menos democrática, mais ou menos detalhada. Na periferia e na semiperiferia, a contratualização tendeu a ser mais limitada e ainda mais precária que no centro. O contrato conviveu sempre com o status; os compromissos foram sempre momentos evanescentes entre os pré-compromissos e os pós-compromissos; a economia foi socializada em pequenas ilhas de inclusão[14] que passaram a existir em vastos arquipélagos de exclusão; a politização do Estado cedeu frequentemente à privatização do Estado e à patrimonialização da dominação política; a identidade cultural nacionalizou muitas vezes apenas a caricatura de si mesma. E mesmo nos países centrais a contratualização variou imensamente entre, por exemplo, países de forte tradição contratualista, como a Alemanha ou a Suécia, e países subcontratualistas, como o Reino Unido e os Estados Unidos da América.

A crise do contrato social

Com todas essas variações, o contrato social, os seus critérios de inclusão e de exclusão e os seus princípios metacontratuais têm presidido à organização da sociabilidade econômica, política e cultural das sociedades modernas. Esse paradigma social, político e cultural atravessa há mais de uma década um período de grande turbulência que incide não apenas nos seus dispositivos operativos, mas também nos seus pressupostos, uma turbulência tão profunda que aponta para uma convulsão epocal e uma transição paradigmática.

No nível dos pressupostos, o regime geral de valores parece não resistir à crescente fragmentação da sociedade, dividida em múltiplos *apartheids*, polarizada ao longo dos eixos econômicos, sociais, políticos, culturais e religiosos. Não só perde sentido a luta pelo bem comum,

---

[13] O trabalho fundador dessa proposta é Wallerstein (1974), com base na historiografia de Fernand Braudel.

[14] Nos espaços coloniais, as ilhas de inclusão eram ainda mais diminutas, uma vez que os benefícios do contrato estavam reservados aos colonos e a uma minoria de autóctones.

como também parece perder sentido a luta por definições alternativas de bem comum. A vontade geral parece ter se transformado numa proposição absurda. Nessas condições, alguns autores falam mesmo do fim da sociedade. A verdade é que nos encontramos num mundo pós-foucaultiano, o que, aliás, faz-nos pensar retrospectivamente quão organizado era o mundo anarquista de Foucault (1977; 1980).[15] Segundo ele, coexistiriam de modo complexo dois grandes modos de exercício de poder, o poder disciplinar dominante, centrado nas ciências, e o poder jurídico, em declínio, centrado no Estado e no direito.[16] Hoje, esses poderes coexistem com muitos outros, e eles próprios estão fragmentados e desorganizados. O poder disciplinar é hoje um poder crescentemente indisciplinar, à medida que as ciências perdem a confiança epistemológica e se veem forçadas a partilhar o campo do saber com conhecimentos rivais, eles próprios capazes de gerar formas diferentes de poder. Por outro lado, o Estado perde centralidade, e o direito oficial desorganiza-se, passando a coexistir com o direito não oficial de múltiplos legisladores fácticos, que, pelo poder econômico que comandam, transformam a facticidade em norma, disputando ao Estado o monopólio da violência e do direito.[17] A proliferação caótica dos poderes torna difícil a identificação dos inimigos e, por vezes, a própria identificação das vítimas.[18]

Os valores da modernidade ocidental – a liberdade, a igualdade, a autonomia, a subjetividade, a justiça, a solidariedade – e as antinomias entre eles permanecem, mas estão sujeitos a uma crescente sobrecarga simbólica, ou seja, significam coisas cada vez mais díspares para pessoas ou grupos sociais diferentes, e de tal modo que o excesso de sentido se transforma em paralisia da eficácia e, portanto, em neutralização.

---

[15] Ver o Capítulo 8.

[16] Analiso criticamente a proposta de Foucault em Santos (2000, p. 245-252).

[17] Nos Estados periféricos e semiperiféricos a situação é mais visível, pois coexistem vários sistemas de regulação social, com quem o próprio Estado dialoga. Esse tema é analisado por mim em Santos (2006b) e Santos; Garcia Villegas (2001). Ver igualmente os textos que integram o volume 3 da coleção Reinventar a Emancipação Social, em Santos (2003d).

[18] Sobre todo esse tema, ver Santos (2002e; 2014).

A turbulência do tempo presente nota-se sobretudo no sistema comum de medidas. O tempo e o espaço neutros, lineares e homogêneos, que sempre dominaram apenas num pequeno canto do mundo,[19] estão desaparecendo das ciências, mas o seu desaparecimento no nível das rotinas institucionais do Estado, do cotidiano e das relações sociais é bastante mais problemático. Tenho me referido à turbulência por que passam atualmente as escalas em que nos habituamos a ver e a identificar os fenômenos, os conflitos e as relações. Como cada um destes é o produto da escala em que os observamos, a turbulência nas escalas cria estranhamento, desfamiliarização, surpresa, perplexidade e invisibilização. Tenho dado o exemplo da violência urbana como paradigmático da turbulência de escalas.[20] Uma disputa relativamente circunscrita pode desencadear uma onda de violência que atinge toda a cidade ou todo o país: uma explosão imprevisível da escala do conflito. Assim, um fenômeno aparentemente trivial e sem consequências é posto em equação com outro, dramático e com consequências fatais para a sociedade. Essa mudança abrupta e imprevisível da escala dos fenômenos ocorre hoje nos mais diversos domínios da prática social. Na esteira de Prigogine (1979; 1980; 1997), penso que as nossas sociedades atravessam um período de bifurcação, ou seja, uma situação de instabilidade sistêmica em que uma mudança mínima pode produzir, de modo imprevisível e caótico, transformações qualitativas. A turbulência das escalas destrói sequências e termos de comparação, e, ao fazê-lo, reduz alternativas e cria impotência ou promove passividade.

A estabilidade das escalas parece estar reduzida ao mercado e ao consumo, e, mesmo aí, com mutações radicais de ritmo e explosões de âmbito que obrigam a transformações constantes da perspectiva sobre os atos de comércio, as mercadorias e os objetos, a ponto de a intersubjetividade se transmutar facilmente em interobjetualidade. A mesma transformação constante de perspectiva está ocorrendo nas tecnologias de informação e de comunicação, em que, aliás, a turbulência das escalas é o ato originário e condição de funcionalidade.[21]

---

[19] Ver o Capítulo 2.
[20] Ver o Capítulo 1 e Santos (2000, p. 225-253).
[21] Ver o Capítulo 1.

Aí a crescente interatividade das tecnologias dispensa cada vez mais a dos utilizadores, e por essa via a interatividade desliza sub-repticiamente para a interpassividade.

Finalmente o espaço-tempo nacional estatal está perdendo a primazia, convulsionado pela importância crescente dos espaços-tempo global e local que com ele competem. A desestruturação do espaço-tempo nacional estatal ocorre também no nível dos ritmos, das durações e das temporalidades. O espaço-tempo nacional estatal é feito de ritmos e de temporalidades diferentes, mas compatíveis e articuláveis: a temporalidade eleitoral, a temporalidade da contratação coletiva, a temporalidade judicial, a temporalidade da segurança social, a temporalidade da memória histórica nacional etc. A coerência entre essas temporalidades é o que dá configuração própria ao espaço-tempo nacional estatal. Ora essa coerência é hoje cada vez mais problemática, porque é diferente o impacto produzido em cada uma das temporalidades pelo espaço-tempo global e local.

Acresce-se que vão crescendo de importância temporalidades ou ritmos totalmente incompatíveis com a temporalidade estatal nacional no seu conjunto. Duas delas merecem referência especial. O tempo instantâneo do ciberespaço, próprio das globalizações,[22] por um lado, e o tempo glacial da degradação ecológica, da questão indígena ou da biodiversidade, por outro. Qualquer dessas temporalidades colide frontalmente com a temporalidade política e burocrática do Estado. O tempo instantâneo dos mercados financeiros inviabiliza qualquer deliberação ou regulação por parte do Estado. A desaceleração dessa temporalidade só pode ser obtida no nível da escala em que ocorre, a escala global, e, portanto, através da atuação internacional.[23] Por outro lado, o tempo glacial é um tempo demasiado lento e denso para poder se compatibilizar adequadamente com quaisquer das temporalidades estatais nacionais. Aliás, as aproximações recentes entre o tempo estatal e o tempo glacial têm se traduzido em pouco mais do que tentativas por parte do tempo estatal de canibalizar e descaracterizar o tempo

---

[22] Ver o Capítulo 8.
[23] Sobre a centralidade dessa questão no Fórum Social Mundial, ver Santos (2005b; 2006c) e a bibliografia aí citada.

glacial. Basta ver como tem sido tratada em muitos países a questão indígena, a questão étnica ou a onda global de leis nacionais de patentes e de propriedade intelectual com impacto decisivo na questão da biodiversidade em resultado do acordo do TRIPS com que foi concluído o Uruguay Round.[24]

Como o espaço-tempo nacional estatal tem sido até agora o espaço-tempo hegemônico, ele conforma não apenas a ação do Estado, mas também as práticas sociais em geral, e é também nestas que se repercute a concorrência do tempo instantâneo e do tempo glacial. Tal como sucede com a turbulência das escalas, esses dois tempos convergem, por vias diversas, na redução das alternativas, na criação de impotência e na promoção da passividade. O tempo instantâneo colapsa as sequências num presente infinito que trivializa as alternativas pela sua multiplicação tecno-lúdica, fundindo-as em variações do mesmo. Ao contrário, o tempo glacial cria uma distância tão grande entre as alternativas que elas deixam de ser comensuráveis e contraponíveis, vagueando em sistemas de referência incomunicáveis. Por essa razão é cada vez mais difícil visualizar e optar entre modelos alternativos à noção hegemônica de desenvolvimento.[25]

É, todavia, no nível dos dispositivos operacionais da contratualização social que são mais visíveis os sinais de crise desse paradigma. No entanto, à primeira vista, a situação atual, longe de configurar uma crise do contratualismo social, caracteriza-se pela sua consagração sem precedentes. Nunca se falou tanto de contratualização das relações sociais, das relações de trabalho, das relações políticas do Estado com organizações sociais. Mas essa nova contratualização tem pouco a ver com a que foi fundada na ideia moderna e ocidental do contrato social. Em primeiro lugar, trata-se de uma contratualização liberal individualista, moldada na ideia do contrato de direito civil, entre indivíduos, e não na ideia do contrato social entre agregações coletivas de interesses

---

[24] Ver o Capítulo 8. Ver também Brush; Stabinsky (1996); Shiva (1997); Kuruk (1999); Villareal; Helfrich; Calvillo (2005).

[25] O tema do impacto das concepções eurocêntricas de desenvolvimento no chamado Terceiro Mundo é debatido por vários autores, sendo de destacar as obras de Gandhi (1938); Rodney (1972); Alvares (1992); Escobar (1995); Visvanathan (1997); Crewe; Harrison (2002).

sociais divergentes. O Estado, ao contrário do que se passa no contrato social, tem uma intervenção mínima, de assegurar o cumprimento do contrato enquanto ele não for denunciado, sem, no entanto, poder interferir nas condições e nos termos do acordado. Em segundo lugar, ao contrário do contrato social, a nova contratualização não tem qualquer estabilidade, podendo ser denunciada a qualquer momento por qualquer das partes. Não se trata de uma opção radical, mas antes de uma opção trivial. Em terceiro lugar, a contratualização liberal não reconhece o conflito e a luta como elementos estruturais do combate. Pelo contrário, substitui-os pelo assentimento passivo a condições supostamente universais consideradas incontornáveis.[26] Assim, o chamado Consenso de Washington configura-se como um contrato social ocorrendo em nível internacional entre os países capitalistas centrais. Para todas as outras sociedades nacionais, ele se apresenta como um conjunto de condições inexoráveis de aceitação acrítica sob pena de implacável exclusão. São essas condições inelutáveis globais que depois sustentam os contratos individuais de direito civil.

Por todas essas razões a nova contratualização é, enquanto contratualização social, um falso contrato, uma mera aparência de compromisso constituído por condições impostas sem discussão ao parceiro mais fraco no contrato, condições tão onerosas quanto inescapáveis. Sob a aparência do contrato, a nova contratualização configura a reemergência do status, ou seja, dos princípios de ordenação hierárquica pré-moderna, em que as condições das relações sociais estavam diretamente ligadas às posições das partes na hierarquia social. De fato, não se trata de um regresso ao passado. O status é agora apenas o efeito da enorme desigualdade de poder econômico entre as partes no contrato individual e na capacidade que tal desigualdade dá à parte mais forte para impor sem discussão as condições que lhe são mais favoráveis. O status pós-moderno manifesta-se como contrato abusivo, leonino.

A crise da contratualização moderna consiste na predominância estrutural dos processos de exclusão sobre os processos de inclusão. Estes últimos ainda vigoram e até em formas avançadas que permitem a

---

[26] Essa nova forma de contratualização está na base da governação neoliberal analisada no Capítulo 11.

compatibilização virtuosa dos valores da modernidade, mas se confinam a grupos cada vez mais restritos que impõem a grupos muito mais amplos formas de exclusão abissais. A predominância dos processos de exclusão apresenta-se sob duas formas, na aparência, contraditórias: o pós-contratualismo e o pré-contratualismo. O pós-contratualismo é o processo pelo qual grupos e interesses sociais até agora incluídos no contrato social são dele excluídos sem qualquer perspectiva de regresso.[27] Os direitos de cidadania, antes considerados inalienáveis, são-lhes confiscados, e, sem estes, os excluídos passam da condição de cidadãos à condição de servos. O pré-contratualismo consiste no bloqueamento do acesso à cidadania por parte de grupos sociais que anteriormente se consideravam candidatos à cidadania e tinham a expectativa fundada de a ela aceder.

    A diferença estrutural entre pós-contratualismo e pré-contratualismo é clara, e os processos políticos que promovem um e outro são distintos. No entanto, surgem frequentemente confundidos, tanto no discurso político dominante como nas vivências e inteligibilidades pessoais dos grupos atingidos por eles. No nível do discurso político, é frequentemente apresentado como pós-contratualismo o que é estruturalmente pré-contratualismo. Fala-se de pactos sociais e de compromissos anteriormente assumidos que agora se torna impossível continuar a honrar, quando, de fato, a situação anterior nunca passou de contratos-promessas e de pré-compromissos que em verdade nunca se realizaram. Passa-se assim do pré-contratualismo ao pós-contratualismo sem nunca se ter passado pelo contratualismo. Assim tem sucedido sobretudo nos quase-Estados-Providência que têm vigorado em muitos países semiperiféricos ou de desenvolvimento intermédio. Do mesmo modo, no nível das vivências e percepções das pessoas e grupos sociais atingidos, é frequente que, ante a perda súbita da estabilização mínima das expectativas, as pessoas se deem conta de que anteriormente eram afinal cidadãos, sem saberem nem terem exercido os direitos de que eram titulares. Nesse caso, o pré-contratualismo é vivido subjetivamente como pós-contratualismo, como aconteceu recentemente na Argentina.

---

[27] Nos espaços coloniais essas situações sempre ocorreram e de modo muito abrupto. Por exemplo, as populações autóctones, que Portugal, até finais do século XIX, considerava como "portugueses", passaram a ser declaradas, a partir de inícios do século XX e por um mero ato legislativo, como indígenas ou assimiladas. Abordo esse tema no Capítulo 6.

As exclusões produzidas tanto pelo pós-contratualismo como pelo pré-contratualismo são radicais e inelutáveis, e a tal ponto que os que as sofrem, apesar de formalmente cidadãos, são de fato excluídos da sociedade civil e lançados num estado de natureza. Na sociedade do início do século XXI, o estado de natureza é a ansiedade permanente em relação ao presente e ao futuro, o desgoverno iminente das expectativas, o caos permanente nos atos mais simples de sobrevivência ou de convivência.

O pós-contratualismo e o pré-contratualismo são o produto de transformações profundas por que estão passando os três dispositivos operacionais do contrato social anteriormente analisados: a sociabilização da economia, a politização do Estado, a nacionalização da identidade cultural. As transformações são diferentes em cada um deles mas, direta ou indiretamente, decorrem do que podemos designar como consenso liberal, que se desdobra em quatro consensos principais.

Em primeiro lugar, *o consenso econômico neoliberal*, também conhecido por Consenso de Washington (SANTOS, 1995, p. 276, 313, 356; 2002e). O Consenso de Washington, apesar de hoje bastante desgastado pelas suas próprias contradições e pelas lutas dos que se lhe têm oposto, conformou as grandes transformações político-econômicas do capitalismo mundial nas três últimas décadas. Diz respeito à organização da economia global, incluindo a produção, os mercados de produtos e serviços, os mercados financeiros, e se assenta na liberalização dos mercados, desregulamentação, privatização, minimalismo estatal, controle da inflação, primazia das exportações, cortes nas despesas sociais, redução do déficit público, concentração do poder mercantil nas grandes empresas multinacionais e do poder financeiro nos grandes bancos transnacionais. As grandes inovações institucionais do consenso econômico neoliberal são as novas restrições à regulamentação estatal, os novos direitos internacionais de propriedade para investidores estrangeiros e criadores intelectuais e a subordinação dos Estados nacionais a agências multilaterais, como o Banco Mundial, o Fundo Monetário Internacional e a Organização Mundial do Comércio.

O segundo consenso é o *consenso do Estado fraco*. Relacionado com o consenso anterior, tem, contudo, outras implicações, pois ultrapassa o domínio econômico e mesmo social. Nele o Estado deixa de ser o espelho da sociedade civil para passar a ser o seu oposto, e a força do Estado passa a ser a causa da fraqueza e da desorganização da sociedade civil. O Estado, mesmo o Estado formalmente democrático, é considerado inerentemente opressivo, ineficiente e predador, pelo que o seu enfraquecimento é precondição para o fortalecimento da sociedade civil. Esse consenso é, todavia, atravessado pelo seguinte dilema: já que apenas o Estado pode produzir a sua própria fraqueza, é necessário um Estado forte para produzir essa fraqueza eficientemente e sustentá-la coerentemente. Assim, o enfraquecimento do Estado produz efeitos perversos que colocam em causa as próprias tarefas atribuídas ao Estado fraco: o Estado fraco não pode controlar a sua fraqueza.[28]

O terceiro consenso é o *consenso democrático liberal* e consiste na promoção internacional de concepções minimalistas de democracia como condição de acesso dos Estados nacionais aos recursos financeiros internacionais. A convergência entre esse consenso e os anteriores tem sido reconhecida como estando ancorada na própria origem da modernidade política. A verdade é que, enquanto a teoria democrática do século XIX estava tão preocupada em justificar a soberania do poder estatal, enquanto capacidade reguladora e coercitiva, quanto em justificar os limites do poder do Estado, o consenso democrático liberal não está minimamente preocupado com a soberania do poder estatal, sobretudo na periferia e semiperiferia do sistema mundial, e as funções reguladoras do Estado são vistas mais como incapacidades do que como capacidades do Estado.

Por último, o consenso liberal integra ainda o *consenso do primado do direito e dos tribunais*, que deriva do modelo de desenvolvimento promovido pelos três consensos anteriores. Esse modelo dá total prioridade à propriedade privada, às relações mercantis e ao setor privado, cuja operacionalidade assenta-se em transações seguras e previsíveis, garantidas contra os riscos de violações unilaterais. Tudo isso exige um novo quadro jurídico e atribui aos tribunais um novo papel, bastante mais central, enquanto garantias do comércio jurídico e instâncias de resolução de litígios. O marco político da contratualização social deve, pois, ceder o lugar ao marco jurídico e judicial da contratualização

---

[28] Voltarei a esse tema no Capítulo 10. O conceito de Estado fraco tem sido muito questionado. Ver, por exemplo, para o caso africano, Abrahamsen (2000) e Hill (2005).

individual. Essa é uma das dimensões principais da judicialização da política, tema a que tenho dedicado vários trabalhos (SANTOS *et al.*, 1996; SANTOS; VILLEGAS, 2001; SANTOS; TRINDADE, 2003; SANTOS, 2006b). O consenso liberal em suas múltiplas vertentes tem um impacto profundo nos três dispositivos operacionais do contrato social. O impacto mais decisivo reside no processo de dessocialização da economia, na redução desta à instrumentalidade do mercado e das transações. É esse o campo privilegiado do pós-contratualismo e do pré-contratualismo. Como vimos, no modelo da contratualização social da modernidade capitalista, o trabalho foi a via de acesso à cidadania, quer pela extensão aos trabalhadores dos direitos cívicos e políticos, quer pela conquista de direitos novos específicos ou tendencialmente específicos do coletivo de trabalhadores, como o direito do trabalho e os direitos econômicos e sociais. A erosão crescente desses direitos, combinada com o aumento do desemprego estrutural, conduz à passagem dos trabalhadores de um estatuto de cidadania para um estatuto de *lumpen*-cidadania. Para a grande maioria desses trabalhadores, trata-se de uma passagem sem regresso do contratualismo para o pós-contratualismo.

Aliás, como disse anteriormente, o estatuto de cidadania de que esses trabalhadores partiam era já de si tão precário e rarefeito que, em muitos casos, a passagem parece ser mais verdadeiramente uma passagem direta do pré-contratualismo ao pós-contratualismo, e só o manuseio retrospectivo das expectativas faz com que a passagem pareça ocorrer do contratualismo para o pós-contratualismo. Por outro lado, num contexto de mercados globais liberalizados, de controle generalizado da inflação e contenção do crescimento econômico,[29] combinados com novas tecnologias que permitem criar riqueza sem criar emprego, o aumento do nível de emprego num país é sempre obtido à custa da redução do nível de emprego em outro país. Aqui reside o aumento da concorrência internacional entre trabalhadores. A redução em nível nacional da concorrência entre trabalhadores foi o grande feito histórico do movimento sindical e quiçá constitui hoje em dia um

---

[29] Conforme refere Jean-Paul Fitoussi (1997, p. 102-103), é a própria preocupação com o controle da inflação, inerente à lógica dos mercados financeiros, que impede que o crescimento se instale de forma estável.

obstáculo à maior eficácia dos sindicatos no controle da concorrência internacional entre trabalhadores. Tal controle exigiria, por um lado, a internacionalização do movimento operário e, por outro, a criação de autoridades políticas supranacionais com poderes para impor o cumprimento dos novos contratos sociais globais.[30] Na ausência de uma e de outras, a concorrência internacional entre trabalhadores aumenta e, com ela, a lógica da exclusão que lhe é característica. Em muitos países, a maioria dos trabalhadores que entram de novo no mercado de trabalho fazem-no desprovidos de quaisquer direitos. São, pois, incluídos segundo uma lógica de exclusão, e a falta de expectativas de melhoria futura impede que se considerem sequer candidatos à cidadania. Muitos outros nem sequer conseguem entrar no mercado de trabalho, e essa impossibilidade, se para alguns é conjuntural e provisória, é para outros estrutural e permanente. De uma ou de outra forma, em todas essas situações predomina a lógica de exclusão. Estamos perante uma situação de pré-contratualismo sem qualquer possibilidade de transitar para uma situação de contratualismo.

Quer pela via do pós-contratualismo, quer pela do pré-contratualismo, o aprofundamento da lógica de exclusão cria novos estados de natureza: a precariedade de vida e a servidão engendradas pela ansiedade permanente do trabalhador assalariado quanto ao montante e à continuidade do trabalho, pela ansiedade do desempregado em busca de trabalho, ou daqueles que não têm nem sequer condições para procurar trabalho, pela ansiedade dos trabalhadores autônomos quanto à continuidade do mercado que eles próprios têm de criar todos os dias para assegurar a continuidade dos seus rendimentos e, ainda, pela dos trabalhadores clandestinos sem quaisquer direitos sociais. A estabilidade de que fala o consenso neoliberal é sempre a das expectativas dos mercados e dos investimentos, nunca é a das expectativas das pessoas. Aliás, a estabilidade dos primeiros só é obtenível à custa da instabilidade das segundas.

Por todas essas razões, o trabalho deixa cada vez mais de sustentar a cidadania, e, vice-versa, esta deixa cada vez mais de sustentar o trabalho. Ao perder o seu estatuto político de produto e produtor de cidadania, o

---

[30] Em Santos (2005e), são discutidos vários exemplos de cooperação nacional e transnacional no Sul global entre organizações de trabalhadores.

trabalho reduz-se à penosidade da existência, quer quando existe, quer quando falta. É por isso que o trabalho, apesar de dominar cada vez mais a vida das pessoas, está desaparecendo das referências éticas que sustentam a autonomia e a autoestima dos sujeitos.

Em termos sociais, o efeito cumulativo do pré-contratualismo e do pós-contratualismo é a emergência de uma subclasse de excluídos, maior ou menor consoante a posição periférica ou central da sociedade no sistema mundial, constituída quer por grupos sociais em mobilidade descendente estrutural (trabalhadores não qualificados, mulheres, desempregados, trabalhadores imigrantes, minorias étnicas), quer por grupos sociais para quem o trabalho deixou de ser uma expectativa realista ou nunca o foi (desempregados de longa duração, jovens incapazes de entrar no mercado de trabalho, pessoas com deficiência, largas massas de camponeses pobres na América Latina, na África e na Ásia). Essa classe de excluídos assume nos países centrais a forma de terceiro mundo interior, o chamado terço inferior na sociedade de dois terços. Nos Estados Unidos, a tese da *underclass* tem sido formulada por William Julius Wilson para caracterizar os negros dos guetos urbanos atingidos pelo declínio da indústria e pela desertificação econômica das *innercities* (WILSON, 1987). Wilson define a *underclass* segundo seis características principais: residência em espaços socialmente isolados das outras classes; ausência de emprego de longa duração; famílias monoparentais chefiadas por mulheres; ausência de qualificação ou de formação profissional; longos períodos de pobreza e de dependência da assistência social; tendência para entrar em atividades criminosas, do tipo *street crime*. Essa classe aumentou significativamente dos anos 1970 para os anos 1980 e juvenilizou-se tragicamente. A percentagem de pobres com menos de 18 anos era de 15% em 1970 e de 20% em 1987, sendo particularmente dramático o aumento da pobreza infantil. O caráter estrutural da exclusão e, portanto, dos obstáculos à inclusão a que essa classe está sujeita está bem patente no fato de, apesar de os negros norte-americanos demonstrarem uma melhoria educacional intergeracional notável, tal esforço não ter tido qualquer tradução na obtenção de emprego regular e a tempo inteiro. Segundo Lash e Urry (1996, p. 151), três fatores principais contribuíram para tal nos países centrais: o declínio do emprego industrial no conjunto da economia;

a fuga do emprego remanescente dos centros da cidade para os subúrbios; a redistribuição do emprego segundo diferentes tipos de áreas metropolitanas.[31]

Se passarmos do centro do sistema mundial para a periferia e a semiperiferia, a classe dos excluídos aumenta para metade ou mais da população dos países, e os fatores de exclusão são ainda mais tenazes na sua eficácia dessocializadora. O crescimento estrutural da exclusão social, quer por via do pré-contratualismo, quer por via do pós-contratualismo, e a consequente ampliação de estados de natureza – que sempre permaneceram como continuidades do período colonial –, de onde não se tem a opção individual ou coletiva de sair, configura uma crise de tipo paradigmática, epocal, que alguns designam como desmodernização ou contramodernização. Segundo o mais recente relatório do emprego em nível mundial publicado pela Organização Mundial do Trabalho (Ilo, 2005), 1,4 bilhões de empregados do mundo (metade do total) ganhavam, em 2005, menos de 2 dólares por dia (o limiar da pobreza), e cerca de 191,8 milhões pessoas estava desempregada, um aumento de 2,2 milhões em relação ao ano anterior. Particularmente preocupante é o fato de a taxa de desemprego entre os jovens (15-24 anos) ser mais de três vezes superior à dos adultos.

Mas o indicador mais perturbador do aumento da exclusão à escala global é o nível da desigualdade entre o Norte global e o Sul global, que não cessa de aumentar. Como aponta o Relatório do Desenvolvimento Humano da ONU de 2005, "os 500 indivíduos mais ricos do mundo têm um rendimento conjunto maior do que o rendimento dos 416 milhões de pessoas mais pobres. Para além desses extremos, os 2,5 milhões de pessoas que vivem com menos de 2 dólares por dia – 40%

---

[31] Para os autores que trabalham com o conceito de pobreza, é cada vez mais importante distinguir entre diferentes tipos (e não apenas graus) de pobreza, a fim de dar conta do crescimento dos excluídos do contrato social, aqueles que na minha proposta, estão a ser lançados no novo estado de natureza e vivem sujeitos ao regime de fascismo social. Por exemplo, Serge Paugam (2005) distingue entre pobreza integrada (característica dos países do Sul da Europa e colmatada pelas redes de solidariedade familiar e a economia paralela); pobreza marginal, que afeta uma minoria marcada por trajetórias de não inserção; e pobreza desqualificante, em crescimento numérico, dos que ficam totalmente à margem do sistema produtivo. Será esta última a que configura a exclusão do contrato social.

da população mundial – representam 5% do rendimento mundial. Os 10% mais ricos, que vivem quase todos em países de rendimento elevado, representam 54%" (UNDP, 2005).

Vivemos, pois, uma situação complexa, que comporta muitos riscos. A questão é saber se contém algumas oportunidades para a substituição virtuosa do velho contrato social da modernidade ocidental por outro, menos vulnerável à proliferação da lógica de exclusão.

A emergência do fascismo social

Analisemos antes de mais os riscos. Julgo que todos eles podem se resumir num só: a *emergência do fascismo social*.[32] Não se trata do regresso ao fascismo dos anos 1930 e 1940 do século passado. Ao contrário deste último, não se trata de um regime político, mas antes de um regime social e civilizacional. Em vez de sacrificar a democracia às exigências do capitalismo, promove a democracia até a ponto de não ser necessário, nem sequer conveniente, sacrificar a democracia para promover o capitalismo. Trata-se, pois, de um fascismo pluralista e, por isso, de uma forma de fascismo que nunca existiu. As formas fundamentais do tipo fascista de sociabilidade são as seguintes.

A primeira forma é o *fascismo do apartheid social*. Trata-se da segregação social dos excluídos através de uma cartografia urbana dividida em zonas selvagens e zonas civilizadas. As zonas selvagens são as zonas do estado de natureza hobbesiano. As zonas civilizadas são as zonas do contrato social e vivem sob a constante ameaça das zonas selvagens. Para se defenderem, transformam-se em castelos neofeudais, os enclaves fortificados que caracterizam as novas formas de segregação urbana (cidades privadas, condomínios fechados, *gated communities*). A divisão entre zonas selvagens e zonas civilizadas está se transformando num critério geral de sociabilidade, um novo espaço-tempo hegemônico que atravessa todas as relações sociais, econômicas, políticas e culturais e que por isso é comum à ação estatal e à ação não estatal. Está inscrito,

---

[32] Não analiso aqui a situação complexa dos países que estiveram sob domínio colonial até meados ou mesmo finais do século XX. Aí, os riscos residem na perpetuação do Estado colonial no período pós-independência. Sobre o conceito de fascismo social nas suas diferentes vertentes, ver Santos (2011a, p. 117-126).

hoje em dia, no coração do cotidiano. No domínio da ação estatal está dando origem a uma nova forma de Estado paralelo. Em trabalhos anteriores, tenho falado do Estado paralelo para caracterizar formas de ação estatal caracterizadas pela grande discrepância entre o direito escrito e a ação estatal prática.[33] Julgo que em tempos de fascismo social o Estado paralelo assume uma nova forma. Consiste num duplo padrão da ação estatal nas zonas selvagens e nas zonas civilizadas. Nas zonas civilizadas, o Estado age democraticamente, como Estado protetor, ainda que muitas vezes ineficaz ou não confiável. Nas zonas selvagens, o Estado age fascisticamente, como Estado predador, sem qualquer veleidade de observância, mesmo aparente, do direito. O polícia que ajuda o menino das zonas civilizadas a atravessar a rua é o mesmo que persegue e eventualmente mata o menino das zonas selvagens.

A segunda forma do fascismo social é o *fascismo paraestatal*. Trata-se da usurpação de prerrogativas estatais (de coerção e de regulação social) por parte de atores sociais muito poderosos, muitas vezes com a conivência do próprio Estado, que ora neutralizam, ora suplementam o controle social produzido pelo Estado. O fascismo paraestatal tem duas vertentes principais: o fascismo contratual e o fascismo territorial.

O fascismo contratual é o que ocorre nas situações atrás descritas em que a diferença de poder entre as partes no contrato de direito civil (seja ele um contrato de trabalho, seja um contrato de fornecimento de bens ou serviços) é de tal ordem que a parte mais fraca, vulnerabilizada por não ter alternativa ao contrato, aceita as condições que lhe são impostas pela parte mais poderosa, por mais onerosas e despóticas que sejam. O projeto neoliberal de transformar o contrato de trabalho num contrato de direito civil como qualquer outro configura uma situação de fascismo contratual. Essa forma de fascismo ocorre hoje frequentemente nas situações de privatização dos serviços públicos, da saúde, da segurança social,

---

[33] Essa forma de Estado traduz-se na não aplicação ou aplicação seletiva das leis, no adiamento da entrada em vigor de medidas já aprovadas por lei, na não punição da violação das leis, nos cortes nos orçamentos de funcionamento das instituições etc. Enfim, numa política estatal de distanciação em relação às próprias leis e instituições, em que as próprias instituições passam a atuar autonomamente como microestados, dotados de uma concepção própria do grau de aplicação da lei recomendável na sua esfera de ação (SANTOS, 1993, p. 31).

da electricidade, da água etc. As populações das *townships* em torno de Joanesburgo vivem hoje na contingência de perder o acesso à água potável por não terem meios de pagar as contas às empresas que controlam o fornecimento privado de água (DESAI, 2002). Nesses casos, o contrato social que presidiu a produção de serviços públicos no Estado-Providência e no Estado desenvolvimentista é reduzido ao contrato individual do consumo de serviços privatizados. Nessa redução passam a extravar do âmbito contratual aspectos decisivos da produção dos serviços, que, por essa razão, tornam-se extracontratuais. É nessas situações que melhor se revela a conivência entre o Estado democrático e o fascismo paraestatal. Ao assumir valências extracontratuais, o fascismo paraestatal assume funções de regulação social anteriormente exercidas pelo Estado. Este, implícita ou explicitamente, subcontrata a agentes paraestatais o desempenho dessas funções e, ao fazê-lo sem a participação nem o controle dos cidadãos, torna-se conivente com a produção social de fascismo paraestatal. Estamos perante uma nova forma de governo indireto, muito semelhante à que vigorou nas colônias onde o Estado colonial confiava às autoridades gentílicas a realização de certos serviços de controle das populações.

A segunda vertente de fascismo paraestatal é o *fascismo territorial*, que existe sempre que atores sociais com forte capital patrimonial retiram ao Estado o controle do território onde atuam ou neutralizam esse controle, cooptando ou violentando as instituições estatais e exercendo a regulação social sobre os habitantes do território sem a participação destes e contra os seus interesses. São territórios coloniais privados dentro de Estados quase sempre pós-coloniais.[34]

A terceira forma de fascismo social é o *fascismo da insegurança*. Trata-se da manipulação discricionária da insegurança das pessoas e grupos sociais vulnerabilizados pela precariedade do trabalho, ou por acidentes ou acontecimentos desestabilizadores, produzindo-lhes elevados níveis de ansiedade e de insegurança quanto ao presente e ao futuro de modo a fazer baixar o horizonte de expectativas e a criar a disponibilidade para suportar grandes encargos para obter reduções mínimas dos riscos e da insegurança. No domínio desse fascismo, o *Lebensraum* dos

---

[34] Para uma análise dessa situação na Colômbia, ver Santos; Villegas (2001). Para o caso de Moçambique, ver Santos; Trindade (2003).

novos *führers* é a intimidade das pessoas e a sua ansiedade e insegurança quanto ao presente e ao futuro de si próprias e de suas famílias nas áreas básicas da sobrevivência e da qualidade de vida. Opera pelo acionamento duplo de ilusões retrospectivas e de ilusões prospectivas e é hoje particularmente saliente no domínio da privatização das políticas sociais da saúde, da segurança social, da educação e da habitação. As ilusões retrospectivas consistem em acentuar a memória da insegurança e da ineficácia dos serviços públicos encarregados de executar essas políticas, o que em muitos países não é tarefa difícil, ainda que o desencadear dessa ilusão só seja possível através de comparações enviesadas entre condições reais de produção dos serviços e critérios ideais de avaliação dos serviços produzidos. Por sua vez, as ilusões prospectivas visam criar horizontes de segurança produzidos no setor privado inflacionados pela invisibilização de certos riscos e pela ocultação das condições de prestação de segurança. Tais ilusões prospectivas proliferam hoje sobretudo nos seguros de saúde e nos fundos de pensões privados.

A quarta forma de fascismo social é o *fascismo financeiro*. É talvez a forma mais virulenta de sociabilidade fascista. É o fascismo que comanda os mercados financeiros de valores e de moedas, a especulação financeira global, um conjunto hoje designado como economia de cassino. Essa forma de fascismo social é a mais pluralista na medida em que os movimentos financeiros são o produto de decisões de investidores individuais ou institucionais espalhados por todo o mundo e, aliás, sem nada em comum senão o desejo de rentabilizar os seus valores. Por ser o mais pluralista, é também o fascismo mais virulento, porque o seu tempo-espaço é o mais refractário a qualquer intervenção democrática. Significativa é, a esse respeito, a resposta do corretor da bolsa de valores quando lhe perguntavam o que era para ele o longo prazo: "longo prazo para mim são os próximos 10 minutos".[35] Esse espaço-tempo virtualmente instantâneo e global, combinado com a lógica de lucro especulativa que o sustenta, confere um imenso poder discricionário ao capital financeiro, praticamente incontrolável, apesar de suficientemente poderoso para abalar, em segundos, a economia real ou a estabilidade

---

[35] Essa é uma versão extrema, mas consequente, da monocultura do tempo linear analisada no Capítulo 2.

política de qualquer país. E não esqueçamos que, de cada 100 dólares que circulam diariamente no globo, 98 pertencem a essa economia de cassino, e apenas dois à economia real. A discricionaridade no exercício do poder financeiro é virtualmente total, e as consequências para os que são vítimas dele – por vezes, povos inteiros – podem ser arrasadoras.

A virulência do fascismo financeiro reside em que ele, sendo de todos o mais internacional, está servindo de modelo e de critério operacional a novas instituições de regulação global, crescentemente importantes, apesar de pouco conhecidas do público. O que hoje se discute na Organização Mundial de Comércio sobre o novo *round* de negociações para a liberalização na área dos serviços é extremamente preocupante. Por exemplo, na área da educação superior está em risco a própria sobrevivência das universidades públicas nacionais e seus projetos autônomos de abordagem dos problemas e aspirações nacionais. O objetivo é criar um capital universitário global que leve a cabo a mercantilização global da universidade com o mínimo de interferência nacional.[36] Trata-se de levar ao extremo o fim de qualquer ideia de desenvolvimento nacional e a intensificação da concorrência mercantil internacional, não já só entre trabalhadores e países, como também entre cientistas (cada vez mais proletarizados), planos de estudo, projetos de pesquisa, programas de extensão (cada vez menos solidários, cada vez mais vistos como fonte de receitas). O confisco da possibilidade de deliberação democrática na área da educação terá repercussões cujo caráter devastador, particularmente para o pensamento crítico e comprometido com a cidadania, dificilmente poderão ser exageradas. Se esse projeto for concretizado, as disposições sobre a educação em virtualmente todas as Constituições do mundo serão gradualmente substituídos pelo constitucionalismo global das universidades globais e do capital que as sustenta.

Uma segunda forma de fascismo financeiro ampliado, também ele muito pluralista, global e secreto, é o que decorre da avaliação dos Estados nacionais por parte das empresas de *rating*, ou seja, das empresas internacionalmente acreditadas para avaliar a situação financeira dos Estados e os consequentes riscos e oportunidades que eles oferecem aos

---

[36] Trato desse tema com algum detalhe em Santos (2004a). Para uma análise recente desse tema, ver Santos (2017a).

investidores internacionais. As notas atribuídas – que vão de AAA a D – são determinantes para as condições em que um país ou uma empresa de um país pode aceder ao crédito internacional. Quanto mais alta a nota, melhores as condições. Essas empresas têm um poder extraordinário. Segundo o jornalista do *New York Times* Thomas Friedman, "o mundo do pós-Guerra Fria tem duas superpotências, os Estados Unidos da América e a agência Moody's" – uma das seis agências de *rating*, junto da Securities and Exchange Commission; as outras são Standard and Poor's, Fitch Investors Services, Duff and Phelps, Thomas Bank Watch, IBCA – e justifica essa afirmação acrescentando que "se é verdade que os Estados Unidos da América podem aniquilar um inimigo utilizando o seu arsenal militar, a agência de qualificação financeira Moody's tem poder para estrangular financeiramente um país, atribuindo-lhe uma má nota" (*apud* WARDE, 1997, p. 10-11).

De fato, num momento em que os devedores públicos e privados entram numa batalha selvagem em escala mundial para atrair capitais, uma má nota e, portanto, a desconfiança dos credores pode significar o estrangulamento financeiro do país. Os critérios adotados pelas empresas de *rating* são em grande medida arbitrários, reforçam as desigualdades no sistema mundial e dão origem a efeitos perversos: o simples rumor de uma próxima desqualificação (baixa nota) pode provocar enorme convulsão no mercado de valores de um país. Aliás, o poder discricionário dessas empresas é tanto maior quanto lhes assiste a prerrogativa de atribuírem qualificações não solicitadas pelos países ou devedores visados.

O fascismo financeiro nas suas várias formas e âmbitos é exercido por empresas privadas cuja ação está legitimada pelas instituições financeiras internacionais e pelos Estados hegemônicos. São um fenômeno híbrido paraestatal e supraestatal. A sua virulência reside no seu potencial de destruição, na sua capacidade para lançar no estado de natureza da exclusão países pobres inteiros.

Sociabilidades alternativas

Os riscos que corremos em face da erosão do contrato social são demasiado sérios para que ante eles cruzemos os braços. Há, pois, que buscar alternativas de sociabilidade que neutralizem ou previnam esses riscos e abram o caminho a novas possibilidades democráticas. Não se trata de tarefa fácil, dado que a desregulação social provocada pela crise do contrato social é tão profunda que acaba por desregular as próprias resistências aos fatores de crise e as exigências emancipatórias que lhe dariam sentido.

Ante isso, há que definir de modo mais amplo os termos de uma exigência cosmopolita subalterna e insurgente capaz de interromper o círculo vicioso do pré-contratualismo e do pós-contratualismo. Em nível muito geral, essa exigência traduz-se na reconstrução ou reinvenção de um espaço-tempo que favoreça e promova a deliberação democrática. Começarei por identificar brevemente os princípios a que deve obedecer tal reinvenção.

Pensamento alternativo de alternativas. O primeiro princípio é que não basta pensar em alternativas, já que o pensamento moderno de alternativas tem se mostrado extremamente vulnerável à inanição, quer porque as alternativas são irrealistas e caem no descrédito por utópicas, quer porque as alternativas são realistas e são, por essa razão, facilmente cooptadas por aqueles cujos interesses seriam negativamente afetados por elas. Precisamos, pois, de um pensamento alternativo de alternativas. Tenho proposto uma epistemologia que, ao contrário da epistemologia moderna, promova ativamente esse pensamento, o que designo como uma epistemologia do Sul, com base no conhecimento-emancipação e na ecologia dos saberes.[37]

Ação com clinamen. O segundo princípio orientador da reinvenção da deliberação democrática exige que nos centremos na distinção entre ação conformista e ação rebelde, a ação que com base em Epicuro e Lucrécio designo como ação com *clinamen*.[38] A ação conformista é a ação que reduz o realismo ao que existe. Ao contrário, a ação rebelde é dotada do *clinamen*, o *quantum* que perturba as relações de causa e efeito e investe os movimentos os átomos de criatividade e de indeterminação. O conhecimento-emancipação e a ecologia de saberes – ao buscarem ativamente o que no real dado esconde o real suprimido – favorecem a ocorrência de ações com *clinamen*.

---

[37] Ver Capítulos 2 e 3.

[38] Sobre o conceito de ação com *clinamen*, ver o Capítulo 1.

Num período de turbulência de escalas não basta pensar a turbulência de escalas. É preciso que o pensamento que as pensa seja ele próprio turbulento. A ação com *clinamen* é a ação turbulenta de um pensamento em turbulência. O seu caráter pouco organizado permite redistribuir socialmente a ansiedade e a insegurança, criando condições para que a ansiedade dos excluídos se transforme em causa de ansiedade para os incluídos e se torne socialmente evidente que a redução da ansiedade de uns não é possível sem a redução da ansiedade dos outros. Sendo certo que cada sistema é tão forte quanto o seu elo mais fraco, penso que nas condições atuais o elo mais fraco do sistema de exclusão resida precisamente na capacidade deste para impor tão unilateral quanto impunemente a ansiedade e a insegurança a grandes massas de populações. Quando hoje os Estados hegemônicos e as instituições financeiras multilaterais elegem a ingovernabilidade como um dos problemas centrais das sociedades contemporâneas, nada mais fazem do que expressar a ansiedade e a insegurança quanto à possibilidade de a ansiedade e a insegurança serem redistribuídas pelos excluídos aos incluídos.

Espaços-tempo de deliberação democrática. O terceiro princípio é o de que, sendo certo que o fascismo social se alimenta basicamente da promoção de espaços-tempo que impedem, trivializam ou restringem os processos de deliberação democrática, a exigência cosmopolita do tempo presente tem como componente central a reinvenção de espaços-tempo que promovam a deliberação democrática. Em todas as sociedades e culturas está ocorrendo não só a compressão do espaço-tempo, como também a segmentação do espaço-tempo. A divisão entre zonas selvagens e zonas civilizadas é manifestação eloquente da segmentação do espaço-tempo como condição da compressão deste. Por outro lado, se é certo que a temporalidade da modernidade combina de modo complexo a flecha do tempo com a espiral do tempo, as transformações recentes do espaço-tempo estão desestruturando essa combinação. Se nas zonas civilizadas, onde se intensifica a inclusão dos incluídos, a flecha do tempo dispara impulsionada pela vertigem de um progresso sem precedentes, nas zonas selvagens dos excluídos sem remédio a espiral do tempo comprime-se até se transformar num tempo circular em que a sobrevivência não tem outros horizontes senão o de sobreviver à sempre iminente ruptura de si própria.

Com base nesses princípios, penso ser possível definir algumas das dimensões da exigência cosmopolita subalterna e insurgente da reconstrução do espaço-tempo da deliberação democrática. O sentido último dessa exigência é a construção de um contrato social de tipo novo, sobre pressupostos muito distintos daqueles que sustentaram o contrato social moderno ocidental. É antes de mais um contrato muito mais inclusivo, porque deve abranger não apenas o ser humano e os grupos sociais, mas também a natureza. Em segundo lugar, é um contrato intercultural, porque a inclusão se dá tanto por critérios de igualdade como por critérios de diferença. Em terceiro lugar, sendo certo que o objetivo último do contrato é reconstruir o espaço-tempo da deliberação democrática, este, ao contrário do que sucedeu no contrato social moderno, não pode confinar-se ao espaço-tempo nacional estatal e deve incluir igualmente os espaços-tempo local, regional e global. Por último, o novo contrato não se assenta em distinções rígidas entre Estado e sociedade civil, entre economia, política e cultura, entre público e privado. A deliberação democrática, enquanto exigência cosmopolita, não tem sede própria nem uma materialidade institucional específica.

Na presente fase de transição paradigmática, a construção do novo contrato social tem de passar pela neutralização da lógica de exclusão decorrente do pré-contratualismo e do pós-contratualismo nos domínios em que eles ocorrem com mais virulência. Uma das áreas de reflexão e intervenção que se me afigura mais importantes é a reinvenção solidária do Estado a partir da análise aprofundada da sua crise, a que dedico o capítulo seguinte.

CAPÍTULO 10

A reinvenção solidária e participativa do Estado

A questão da crise e da reforma do Estado moderno é uma questão intrigante. Dos dois paradigmas de transformação social da modernidade ocidental – a revolução e o reformismo –, o primeiro foi pensado para ser exercido contra o Estado, e o segundo para ser exercido pelo Estado. Para o reformismo,[1] o paradigma que acabou por dominar nos países centrais e que posteriormente veio a se estender a todo o sistema mundial, a sociedade é a entidade problemática e, como tal, objeto de reforma. O Estado, esse, é a solução do problema, o sujeito da reforma. A primeira observação a fazer é, pois, que quando, como hoje acontece, o Estado se torna ele próprio problemático e se transforma em objeto de reforma, o que está verdadeiramente em causa é a crise do reformismo. Ou seja, a reforma do Estado é o outro lado da crise do reformismo. Essa observação conduz a outra, formulável como questão: se, durante a vigência do reformismo, o Estado foi o sujeito da reforma, e a sociedade, o objeto, hoje, quando o Estado se constitui como objeto de reforma, quem é o sujeito da reforma? Será agora a vez da sociedade? E nesse caso quem na sociedade? Ou será o próprio Estado quem se autorreforma? E, nesse caso, quem no Estado é o sujeito da reforma de que o Estado é objeto? Ou, ainda, será que a reforma do Estado põe em causa a distinção entre Estado e sociedade que até agora tem vigorado? Neste capítulo começarei por analisar o contexto social e político do movimento para a reforma do

---

[1] Sobre reformismo e epistemologias do Sul, ver Santos (2019, p. 373 e p. 415-418).

Estado. Indicarei as diferentes alternativas de reforma e seus promotores. Dou especial atenção ao papel do chamado terceiro setor na reforma do Estado, especificando as condições que determinam o sentido político desse papel e da reforma em que ele se traduz. Mais em geral, formularei algumas propostas no sentido de fomentar, através da reinvenção do Estado, as sociabilidades alternativas que podem travar a proliferação do fascismo social analisada no capítulo anterior.

Depois de um breve período em que pretendeu ser a via gradual, pacífica e legal para o socialismo, o reformismo, no seu sentido mais amplo, foi o processo político através do qual o movimento operário e seus aliados resistiram à redução da vida social à lei do valor, à lógica da acumulação e às regras do mercado por via da incorporação de uma institucionalidade que garantiu a sustentabilidade de interdependências não mercantis, cooperativas, solidárias e voluntárias entre cidadãos e entre grupos e classes sociais. Essa institucionalidade significou a vigência possível do interesse geral ou do interesse público numa sociedade capitalista,[2] um interesse desdobrado em três grandes temas: a regulação do trabalho, a proteção social contra riscos sociais e a segurança contra a desordem e a violência. A institucionalidade reformista traduziu-se numa articulação específica entre os três princípios de regulação na modernidade: o princípio do Estado, o princípio do mercado e o princípio da comunidade.[3] Estabeleceu-se um círculo virtuoso entre o princípio do Estado e o princípio do mercado de que ambos saíram reforçados, enquanto o princípio da comunidade, assente na obrigação política horizontal cidadão a cidadão, foi totalmente descaracterizado na medida em que o reconhecimento político da cooperação e a solidariedade entre cidadãos foram restringidos às formas de cooperação e de solidariedade mediadas pelo Estado. Nessa nova articulação regulatória, o potencial caótico do mercado, que se manifestava sob a forma da questão social – anomia, exclusão social, desagregação familiar, violência –, é mantido

---

[2] No espaço colonial as regras de atuação do Estado eram distintas. Por um lado, aplicava, aos colonos e às elites locais, com algumas variações, a institucionalidade vigente na metrópole; por outro, reprimia e controlava os indígenas, considerados não cidadãos. A estes era aplicado o sistema de trabalho obrigatório, que o sistema colonial defendia como parte central do processo de civilização.

[3] Sobre os princípios da regulação, ver Santos (1995; 2000; 2002e).

sob controle na medida em que a questão social entra na agenda política pela mão da democracia e da cidadania. Nos países do centro e em vastas zonas da semiperiferia, politizar a questão social significou submetê-la a critérios não capitalistas, não para eliminá-la, mas tão só para minorá-la. Nessa medida, manter sob controle o capitalismo enquanto consequência (a questão social) significou legitimá-lo enquanto causa. O Estado moderno foi a arena política onde o capitalismo procurou realizar todas as suas potencialidades por via do reconhecimento dos seus limites.[4]

A forma política mais acabada do reformismo foi o Estado-Providência, nos países centrais do sistema mundial, e o Estado desenvolvimentista, nos países semiperiféricos e periféricos. O reformismo se assenta na ideia de que só é normal a mudança social que pode ser normalizada. A lógica da normalização deriva de uma simetria entre melhoria e repetição, e os dispositivos da normalização são, entre outros, o direito e o sistema educativo. A repetição é a condição da ordem, e a melhoria é a condição do progresso. As duas pertencem-se mutuamente, e o ritmo da mudança social normal é determinado pela sequência dos momentos de repetição e dos momentos de melhoria.[5]

Há algo de paradoxal no reformismo: na medida em que uma dada condição social se repete, não melhora, e na medida em que melhora, não se repete. Esse paradoxo, longe de paralisar a política reformista, é a sua grande fonte de energia. É assim por duas razões principais. Por um lado, o caráter fragmentário desigual e seletivo da mudança social normal confere-lhe grande opacidade, fazendo com que a mesma condição ou política seja por uns grupos sociais considerada repetição e, por outros, considerada melhoria; os conflitos entre esses grupos são o motor das reformas. Por outro lado, a ausência de uma direção global na mudança normal permite que os processos de mudança possam ser vistos quer como fenômenos de curto prazo, quer como manifestações de curto prazo de fenômenos de longo prazo. A indeterminação dessas temporalidades reforça a inevitabilidade da mudança e com ela a legitimidade desta.

---

[4] Esse papel do Estado foi desempenhado com autonomia apenas pelos Estados centrais do sistema mundial. Os Estados periféricos e semiperiféricos, muitos dos quais emergiram da ocupação colonial, integraram-se no sistema interestatal de modo subordinado, sujeitos a relações de poder desiguais com os Estados centrais.

[5] Sobre a mudança social normal, ver Santos (2000, p. 175-185).

A opacidade e a indeterminação da mudança social normal operam ainda em outros três níveis, ambos eles potenciadores da legitimidade do paradigma reformista. Em primeiro lugar, a articulação entre repetição e melhoria permite conceber a mudança social como um jogo de soma positiva em que os processos de inclusão social sobrepujam os da exclusão social; qualquer prova empírica em contrário, se, no limite, não puder ser refutada, tende a ser vista como um fenômeno transitório e reversível. Em segundo lugar, o caráter das medidas reformistas é intrinsecamente ambíguo, a natureza capitalista ou anticapitalista delas é, em princípio, contestável. Em terceiro lugar, a indeterminação e a opacidade das políticas reformistas conferem-lhes grande plasticidade e abstração, permitindo-lhe funcionar como modelos políticos credíveis em contextos sociais muito distintos; ao contrário das aparências e dos discursos, o paradigma da transformação reformista foi sempre mais internacional e transnacional que o paradigma da transformação revolucionária.

O papel central do Estado nacional na mudança social reformista desdobrou-se em três estratégias fundamentais: acumulação, hegemonia e confiança (Santos, 2000, p. 166-167). Através das estratégias de acumulação, o Estado garantiu a estabilidade da produção capitalista. Através das estratégias de hegemonia, o Estado garantiu a lealdade das diferentes classes sociais à gestão estatal das oportunidades e dos riscos e, nessa medida, garantiu a sua própria estabilidade, tanto enquanto entidade política como enquanto entidade administrativa. Através das estratégias da confiança, garantiu a estabilidade das expectativas aos cidadãos ameaçados pelos riscos decorrentes das externalidades da acumulação capitalista, e da distanciação das ações técnicas em relação às suas consequências e, portanto, ao contexto imediato das interações humanas.

Vejamos mais em detalhe o campo da intervenção social de cada uma das estratégias estatais, bem como o modo como em cada uma delas operam a simetria entre repetição e melhoria e os códigos binários de avaliação política. O campo de intervenção social da estratégia de acumulação é a mercantilização do trabalho de bens e serviços: o momento de repetição da mudança normal nesse campo é a sustentabilidade da acumulação, e o momento da melhoria, o crescimento econômico. A avaliação política pauta-se pelo código binário: promover o mercado/restringir o mercado. A estratégia da hegemonia abrange três campos sociais de intervenção. O primeiro campo é o da participação e da representação política, sendo o código binário: democrático/antidemocrático. Nela a repetição é a democracia liberal, e a melhoria, a expansão dos direitos. O segundo campo é o consumo social, sujeito ao código binário justo/injusto. A repetição é a paz social, a melhoria, a equidade social. O terceiro campo são o consumo cultural, a educação e a comunicação de massas, sujeitos ao código leal/desleal, em que o momento de repetição é a identidade cultural, e o momento de melhoria, a distribuição do conhecimento e da informação. Finalmente, a estratégia de confiança abrange igualmente três campos de intervenção social. O primeiro campo é o dos riscos nas relações internacionais avaliados segundo o código amigo/inimigo. O momento de repetição são a soberania e a segurança nacionais, e o momento de melhoria, a luta por melhorar a posição no sistema mundial. O segundo campo é o dos riscos das relações sociais (dos crimes aos acidentes), sujeito ao duplo código binário legal/ilegal, relevante/irrelevante. Nele a repetição é a ordem jurídica em vigor, e a melhoria, a prevenção dos riscos e o aumento da capacidade repressiva. Finalmente, o terceiro campo é o dos riscos da tecnologia e dos acidentes ambientais, sujeito ao código binário seguro/inseguro, previsível/imprevisível. O momento de repetição é o sistema de peritos, e o de melhoria, o avanço tecnológico.

O paradigma reformista assenta-se em três pressupostos. Primeiro, os mecanismos de repetição e de melhoria operam eficazmente no âmbito do território nacional sem grande interferência externa nem grande turbulência interna. Segundo, a capacidade financeira do Estado assenta-se na sua capacidade reguladora e vice-versa, já que a segurança e o bem-estar social são obtidos pela produção em massa de produtos e serviços que têm a forma de mercadoria, ainda que não sejam distribuídos através do mercado. Terceiro, os riscos e os perigos que o Estado gere através das estratégias de confiança não ocorrem com grande frequência e, quando ocorrem, ocorrem numa escala adequada à intervenção política e administrativa do Estado.

Esses três pressupostos dependem, contudo, de um metapressuposto. Enquanto mudança social normal, o reformismo não é pensável sem o contraponto da mudança social anormal, ou seja, da revolução. Aliás, o mesmo vale para a revolução. A análise das grandes revoluções modernas mostra que todas elas recorrem ao reformismo como condição do seu êxito e consolidação. De fato, uma vez ocorrida a ruptura revolucionária, as primeiras medidas dos novos poderes foram invariavelmente as de se protegerem contra a eclosão de novas revoluções, para o que recorreram à lógica reformista da repetição e melhoria. Retrospectivamente, as revoluções têm sido sempre o momento inaugural do reformismo, enquanto o reformismo só faz sentido político enquanto processo pós-revolucionário. Mesmo quando o seu objetivo é prevenir a eclosão da revolução, a sua lógica opera por antecipação da situação pós-revolucionária.

A crise do reformismo

Desde a década de 1980 temos assistido à crise do paradigma da mudança normal. A simetria entre repetição e melhoria perdeu-se; em vez dela, a repetição começou a ser vista como a única melhoria possível, e, com isso, o jogo de soma positiva foi substituído pelo jogo de soma zero, e os processos de exclusão social passaram a dominar sobre os de inclusão social.[6] Um a um, os pressupostos do reformismo foram postos em causa. O capitalismo global e o seu braço político, o Consenso de Washington, desestruturaram os espaços nacionais de conflito e negociação, minaram a capacidade financeira e reguladora do Estado, ao mesmo tempo que aumentaram a escala e a frequência dos riscos até uma e outra ultrapassarem os limiares de uma gestão nacional viável. A articulação entre as três estratégias do Estado – acumulação, hegemonia e confiança –, que presidem ao reformismo, entrou em processo de desagregação e foi paulatinamente substituída por outra dominada inteiramente pela estratégia de acumulação.

O Estado fraco, que emerge do Consenso de Washington, só é fraco no nível das estratégias de hegemonia e de confiança. No nível da estratégia de acumulação é mais forte do que nunca, na medida em que passa a competir ao Estado gerir e legitimar no espaço nacional as exigências do capitalismo global. Não se trata, pois, da crise do Estado em geral, mas de certo tipo de Estado. Não se trata do regresso puro e

---

[6] Ver o Capítulo 9, em que a crise do Estado é analisada através da perspectiva do contrato social.

simples do princípio do mercado, mas de uma nova articulação, mais direta e mais íntima, entre o princípio do Estado e o princípio do mercado. Na verdade, a fraqueza do Estado não foi o efeito secundário ou perverso da globalização neoliberal da economia. Foi um processo político muito preciso destinado a construir outro Estado forte, cuja força esteja mais finamente sintonizada com as exigências políticas do capitalismo global. A força do Estado, que no período do reformismo consistiu na capacidade do Estado em promover interdependências não mercantis, passou a consistir na capacidade do Estado em submeter todas as interdependências à lógica mercantil. O mercado por si só está longe de poder fazê-lo sem correr o risco de ingovernabilidade.

Contudo, a crise do reformismo decorreu, antes de mais, da crise do seu metapressuposto, a pós-revolução. Com a queda do muro de Berlim, passamos de um período pós-revolucionário para um período pós-pós-revolucionário. Fora do contexto político da pós-revolução, o reformismo deixou de fazer sentido. Deixou de ser possível porque deixou de ser necessário, e não o contrário. Enquanto não surgir no horizonte outro momento revolucionário, não será inaugurado um novo paradigma reformista. O colapso da tensão entre repetição e melhoria, enquanto paradigma de transformação social, e a conversão da repetição na única hipótese de melhoria possível significam, sem dúvida, exclusão social e degradação da qualidade de vida da maioria, mas não significa estagnação. Trata-se de um movimento intenso e caótico, feito de superinclusões e de superexclusões, que não se deixa controlar pelo ritmo da repetição e melhoria. Não se trata de mudança normal, tampouco de mudança anormal. A questão da reforma é substituída pela questão da governabilidade.[7] É o movimento de mudança social próprio de um período histórico que é demasiadamente prematuro para ser pré-revolucionário e demasiadamente tardio para ser pós-revolucinário. É esse o momento histórico em que nos encontramos.

Primeira fase: o Estado irreformável

O reformismo, tal como a revolução, visou à transformação da sociedade. No caso do reformismo, as forças sociais que o sustentaram

---

[7] Sobre esse tema, ver o Capítulo 11.

usaram o Estado como instrumento de transformação social. Como cada intervenção do Estado na sociedade é também uma intervenção no próprio Estado, o Estado transformou-se profundamente, sobretudo nos últimos 50 anos. O fim do reformismo social determinou o início do movimento para a reforma do Estado. Esse movimento conheceu duas fases principais. A primeira assentou-se paradoxalmente na ideia de que o Estado é irreformável. O Estado é inerentemente ineficaz, parasitário e predador, por isso a única reforma possível e legítima consiste em reduzir o Estado ao mínimo necessário ao funcionamento do mercado. O potencial de fracasso e de dano do Estado só pode ser reduzido reduzindo o tamanho e o âmbito do Estado. É nessa fase que se retoma um debate que vinha já do século XIX sobre as funções do Estado. Distinguem-se então as funções que são exclusivas do Estado das que o Estado foi tomando por usurpação ou concorrência de outras instâncias não estatais de regulação social, com a implicação de que o Estado deve ser confinado às suas funções exclusivas.

Essa fase do movimento da reforma do Estado prolongou-se até os primeiros anos da década de 1990. Tal como o reformismo social, foi um movimento global, dessa vez impulsionado pelas instituições financeiras multilaterais e pela ação concertada dos Estados centrais, com recurso a dispositivos normativos e institucionais muito poderosos pela sua abstração e unidimensionalidade, tais como dívida externa, ajustamento estrutural, controle do déficit público e da inflação, privatização, desregulamentação, ameaças de colapso iminente do Estado-Providência e sobretudo da segurança social e a consequente redução drástica do consumo coletivo, da proteção social etc., etc.

Essa primeira fase da reforma do Estado, a fase do Estado mínimo, atingiu o seu clímax com as convulsões políticas nos países comunistas da Europa Central e do Leste Europeu, mas foi aí também que os limites da sua lógica reformadora começaram a se manifestar. A emergência das máfias, a corrupção política generalizada e o colapso de alguns Estados do chamado Terceiro Mundo vieram mostrar os dilemas do consenso do Estado fraco. É que, como a reforma do Estado tem de ser levada a cabo pelo próprio Estado, só um Estado forte pode produzir eficazmente a sua fraqueza. Por outro lado, como toda a desregulamentação envolve regulamentação, o Estado, paradoxalmente, tem de intervir para deixar de intervir.[8]

Em face disso, começou a ser claro que o capitalismo global não pode dispensar a existência de Estados fortes, ainda que a força estatal tenha de ser de um tipo muito diferente daquele que vigorou no período do reformismo e se traduziu no Estado-Providência e no Estado desenvolvimentista. Há, pois, que reconstruir essa nova força estatal. A questão do Estado não se resolve pela redução da quantidade de Estado. Resolve-se, sim, pela construção de outra qualidade de Estado, e para isso há que, ao contrário do que sucedeu na primeira fase, partir da ideia de que o Estado é reformável. É esse o perfil geral da segunda fase do movimento da reforma do Estado, a fase em que nos encontramos. Só nessa fase o pêndulo do reformismo passa inequivocamente do reformismo social, a cargo do Estado, para o reformismo estatal, a cargo dos setores da sociedade com capacidade de intervenção no Estado. Essa oscilação, aparentemente simétrica, esconde uma profunda assimetria. Enquanto o reformismo social, sendo um movimento transnacional, foi um movimento transnacional de baixa intensidade, já que ocorreu no espaço-tempo nacional – a sociedade nacional e o Estado-nação –, propulsionado por forças sociais e políticas nacionais, o reformismo estatal é um movimento transnacional de alta intensidade, uma vez que as forças que o promovem com mais convição são elas próprias transnacionais. A sociedade nacional é agora o espaço-miniatura de uma arena social global. O Estado nacional, sobretudo na periferia do sistema mundial, é uma caixa de ressonância de forças que o transcendem.

Segunda fase: o Estado reformável

Essa segunda fase, de que passarei a me ocupar em seguida, é social e politicamente mais complexa do que a anterior. A primeira fase, a fase do Estado mínimo irreformável, foi uma fase totalmente dominada pela força e os interesses do capitalismo global. Foi a fase áurea do neoliberalismo (SANTOS, 2002e). Nos países centrais, o movimento sindical foi fustigado pela desagregação da legislação própria do contrato

---

[8] Essa questão é analisada em vários dos textos que integram um estudo sobre o direito e o Estado em Moçambique. Ver Santos; Trindade (2003).

social, e rápida e violentamente posto na defensiva, como mostra de modo paradigmático o caso inglês. A esquerda marxista, que desde a década de 1960 criticara o Estado-Providência pela sua insuficiência, sentiu-se desarmada para defendê-lo, e os novos movimentos sociais, ciosos da sua autonomia em relação ao Estado e interessados em áreas de intervenção social consideradas marginais pelo bloco corporativo que sustentava o Estado-Providência, não se sentiram mobilizados para defender o reformismo que este último protagonizava. Nos países semiperiféricos, o Estado desenvolvimentista tinha sido também, em muitos casos, um Estado autoritário e repressivo, e as forças progressistas concentraram-se nas tarefas da transição democrática.[9] Muitas das receitas neoliberais, porque desmantelavam o intervencionismo do Estado autoritário, passaram politicamente como contributos para o processo de democratização, beneficiando-se assim da legitimidade que este último granjeava, sobretudo entre o operariado industrial e as classes médias urbanas. Nos países periféricos, a desvalorização dos poucos produtos por eles colocados no comércio internacional, o protecionismo dos mercados por parte do Norte global, o peso da dívida externa (e o consequente peso das agências e dos países doadores/financiadores na definição do papel do Estado) e o ajustamento estrutural transformaram o Estado numa entidade quase inviável, um *lumpen*-Estado à mercê da benevolência internacional.

    A primeira fase do movimento de reforma do Estado foi, por essas razões, um período de pensamento único, de diagnósticos inequívocos e de terapias de choque. Os resultados "disfuncionais" que delas resultaram e as brechas que produziram no Consenso de Washington, a reorganização das forças progressistas que entretanto se verificou, e o fantasma da ingovernabilidade e o seu possível impacto nos países centrais por via da imigração, das pandemias ou do terrorismo, todos esses fatores contribuíram para que se abrisse uma segunda fase da reforma do Estado, e que nessa fase fosse muito mais amplo o espectro político, mais profundas as controvérsias e mais credíveis as alternativas. A medida da complexidade e conflitualidade dessa segunda fase é dada pelo fato de, sob a mesma designação, "reinvenção do Estado",

---

[9] Ver no Capítulo 9 os diferentes processos de emergência da sociedade civil nesse período.

acolherem-se duas concepções diametralmente opostas, que designarei como *Estado-empresário* e *Estado-novíssimo-movimento-social*.

A concepção do *Estado-empresário* é a concepção dominante. Tem muitas afinidades com a filosofia política que dominou a primeira fase da reforma do Estado, a fase do Estado irreformável, e traduz-se em duas recomendações básicas: privatizar todas as funções que o Estado não tem de desempenhar com exclusividade; submeter a administração pública a critérios de eficiência, eficácia, criatividade, competitividade e serviço aos consumidores próprios do mundo empresarial. A filosofia política que lhe subjaz consiste na busca de uma nova e mais íntima articulação entre o princípio do Estado e o princípio do mercado sob a égide deste último. A formulação mais conhecida e midiática dessa concepção é o livro *Reinventing Government*, de David Osborne e Ted Gaebler, publicado em 1992, que serviu de base à reforma da administração pública da Administração Clinton apresentada pelo vice-presidente Al Gore no "Gore Report", de 1993. Essa mesma concepção, com alguns matizes, subjaz às propostas de reforma do Estado avançadas pelo Banco Mundial ao longo da década de 1990. Como um dos mitos principais da cultura política norte-americana é o Estado ser um obstáculo à economia, não surpreende que as propostas do Estado-empresário, aparentemente destinadas a revigorar a administração pública, tenham redundado num ataque global a esta, fragilizando ainda mais a sua legitimidade na sociedade norte-americana. A noção de empresa ocupa hoje uma posição hegemônica no discurso contemporâneo sobre a reforma organizacional (Du Gay, 1996, p. 155) e, de par com ela, a noção de contratualização das relações institucionais. Não restam dúvidas de que a reconceptualização do governo e do serviço públicos em termos de formas empresariais envolve a reimaginação do social como uma forma do econômico (Du Gay, 1996, p. 156).

Como defendem Osborne e Gaebler, o governo deve ser uma empresa que promove a concorrência entre os serviços públicos; centrado em objetivos e resultados mais do que na obediência a regras, deve preocupar-se mais em obter recursos do que em gastá-los; deve transformar os cidadãos em consumidores, descentralizando o poder segundo mecanismos de mercado em vez de mecanismos burocráticos (Du Gay, 1996, p. 160). O modelo burocrático é considerado inadequado na era da informação, do mercado global, da economia baseada no conhecimento, e é, além disso, demasiado lento e impessoal no cumprimento dos seus objetivos.

Um dos temas que melhor condensa as diferenças políticas entre essa concepção e a que proponho adiante sob a designação de *Estado-novíssimo-movimento-social* é o papel do chamado terceiro setor na reforma do Estado. Daí que lhe dedique uma atenção mais detalhada antes de referir as linhas fundamentais da minha proposta.

A reforma do Estado e o terceiro setor

"Terceiro setor" é uma designação residual e vaga com que se pretende dar conta de um vastíssimo conjunto de organizações sociais que não são nem estatais nem mercantis, ou seja, organizações sociais que, por um lado, sendo privadas, não visam a fins lucrativos, e, por outro lado, sendo animadas por objetivos sociais, públicos ou coletivos, não são estatais. Entre tais organizações podem mencionar-se cooperativas, associações mutualistas, associações não lucrativas, organizações não governamentais, organizações quase não governamentais, organizações de voluntariado, organizações comunitárias ou de base etc. As designações vernáculas do terceiro setor variam de país para país, e as variações, longe de serem meramente terminológicas, refletem histórias e tradições diferentes, diferentes culturas e contextos políticos. Na França é tradicional a designação de economia social; nos países anglo-saxônicos fala-se de setor voluntário e de organizações não lucrativas, enquanto nos países do chamado Terceiro Mundo domina a designação de organizações não governamentais.

Nos países centrais e em especial na Europa, o terceiro setor surgiu no século XIX como alternativa ao capitalismo, tendo raízes ideológicas heterogêneas que vão do socialismo nas suas múltiplas faces ao cristianismo social e ao liberalismo, visando a novas formas de organização de produção e de consumo que ora desafiavam frontalmente os princípios da economia política burguesa em ascensão, ora buscavam tão só minimizar os custos humanos da Revolução Industrial, funcionando de modo compensatório e em contraciclo. Subjacente a todo esse movimento, em que boa parte do operariado e das classes populares se reviram durante algum tempo, estava o propósito de combater o isolamento do indivíduo em face do Estado e da organização capitalista da produção e da sociedade. A ideia de autonomia associativa é, pois, matricial nesse movimento. É ela que organiza e articula todos os outros vetores normativos do movimento, como sejam a ajuda mútua, a cooperação, a solidariedade, a confiança, a educação para formas alternativas de produção, de consumo e, afinal, de vida.

Não cabe aqui fazer a história da economia social desde inícios do século XX.[10] Se, por um lado, os movimentos socialista e comunista abandonaram cedo os preceitos e objetivos da economia social em favor de outros considerados mais avançados e mais eficazes na construção de uma alternativa ao capitalismo, por outro lado, em muitos países da Europa, as cooperativas e as mutualidades consolidaram intervenções importantes no domínio da proteção social. Importante para a minha análise é o fato de, desde finais da década de 1970, ter-se assistido nos países centrais à reemergência do terceiro setor ou da economia social, numa dimensão que já levou alguns autores a falarem de uma revolução associativa global (SALAMON; SOKOLOWSKI; LIST, 2004). Esse trabalho, que é o mais extenso estudo internacional sobre o terceiro setor, foi realizado por investigadores da Universidade de Johns Hopkins e aponta para os dados agregados de 35 países, apresentando-o como a sétima maior economia do mundo, representando 4,4% da população economicamente ativa. Nos países desenvolvidos o terceiro setor representa 7,4% da população economicamente ativa, e nos países em desenvolvimento e em transição, 1,9%. As áreas de atividade onde as organizações do terceiro setor têm mais peso dizem respeito a serviços sociais, educação, saúde e desenvolvimento, o que constitui 64% do setor. As áreas ditas de atividades expressivas representam 32%, com um peso elevado das organizações culturais (19%). Quanto ao financiamento, ele é, em grande medida, proveniente de pagamentos dos utilizadores, cotizações e vendas (53%), e, em segundo lugar, do Estado (35%). Existe uma tendência para o Estado ter mais peso no financiamento nas atividades de prestação serviços do que nas atividades expressivas (SALAMON; SOKOLOWSKI; LIST, 2004). Porém, esses números subavaliam o setor, se tivermos em conta a crítica dos estudiosos europeus da economia social a esse

---

[10] Sobre esse tema, ver Santos (2002d).

projeto, segundo a qual ele omite a quase totalidade das cooperativas e das mutualidades. Um estudo realizado nos países da União Europeia concluiu que o terceiro setor, incluindo cooperativas, mutualidades e associações, representava 6,6% do emprego no setor privado, com as cooperativas e as mutualidades representando um pouco menos de metade das associações (2% para 4,7%) (CIRIEC, 2000).

Não devemos interpretar o atual surgimento do terceiro setor como um mero regresso ao passado – alguns autores falam da "nova economia social" (DEFOURNY; FAVREAU; LAVILLE, 1998) e de "economia social e solidária" (LAVILLE *et al.*, 2005) –, mas são evidentes no novo terceiro setor os ecos, as memórias e a cultura institucional do velho terceiro setor. Antes de me debruçar sobre o significado político dessa reemergência, devo referir que uma das novidades mais notórias do novo terceiro setor é o fato de ele ter emergido com igual pujança nos países periféricos e semiperiféricos do sistema mundial sob a forma de organizações não governamentais, quer nacionais, quer transnacionais. Se em alguns desses países tais organizações resultaram da consolidação e, por vezes, do declínio dos novos movimentos sociais, em outros, sobretudo nos mais periféricos, o surto de tais organizações decorreu da mudança de estratégia dos países centrais no domínio da assistência e cooperação internacional, que passou a ser canalizada preferencialmente para atores não estatais.[11]

Não é fácil determinar o significado político da reemergência do terceiro setor. A heterogeneidade política que o caracteriza desde o século XIX é agora potenciada pelo fato de estar emergindo tanto nos países centrais como nos países periféricos e, portanto, em contextos sociais e políticos muito distintos. A própria unidade de análise desse fenômeno é problemática, pois, se nos países centrais o terceiro setor parece ser o resultado de forças endógenas identificáveis no espaço nacional, em alguns países periféricos, sobretudo nos menos desenvolvidos, o terceiro setor é o efeito local de induções, quando não de pressões ou de interferências internacionais.

---

[11] O tema do desenvolvimento dos países do chamado Terceiro Mundo e do papel dos atores não estatais (primordialmente organizações não governamentais) tem sido objeto de grande atenção crítica. Ver, por exemplo, Smillie (1995); Grillo; Stirrat (1997); Tucker (1999); Manji; O'Coill (2002); McMichael (2004).

Muito em geral se poderá dizer que a emergência do terceiro setor significa que, finalmente, o terceiro pilar da regulação social na modernidade ocidental, o princípio da comunidade, consegue destronar a hegemonia que os outros dois pilares, o princípio do Estado e o princípio do mercado, partilharam até agora com diferentes pesos relativos em diferentes períodos. O grande teorizador do princípio da comunidade foi Rousseau ([1775] 1971; [1762] 1973) que o concebeu como contraponto indispensável do princípio do Estado. Enquanto este último estabelecia a obrigação política vertical entre cidadãos e o Estado, o princípio da comunidade afirmava a obrigação política horizontal e solidária de cidadão a cidadão. Segundo ele, é essa a obrigação política originária, a que estabelece a inalienabilidade da soberania do povo de que deriva a obrigação política com o Estado.

A comunidade é assim concebida como um todo, e é isso que explica as reservas de Rousseau às associações e corporações, podendo, aliás, por isso, parecer estranho que o invoque como patrono do princípio da comunidade. A verdade é que, para Rousseau, a comunidade é um todo, e é como todo que deve ser salvaguardada. Para isso, é necessário eliminar todos os obstáculos às interações políticas entre cidadãos, uma vez que só destas pode emergir uma vontade geral não distorcida. Dada a sua concepção de soberania popular, Rousseau, ao contrário de Montesquieu, em *L'Esprit des lois* ([1748] 1950), não precisa conceber as associações e corporações como barreiras contra a tirania do Estado. Ao contrário, Rousseau preocupa-se com a possibilidade de as associações e corporações poderem se transformar, elas próprias, em grupos poderosos e privilegiados capazes de distorcer a vontade geral em favor dos seus interesses particulares. Por isso, propõe que, a haver associações, elas sejam pequenas, no maior número possível e que se evitem desigualdades de poder entre elas.[12] Essa posição de Rousseau tem hoje uma atualidade renovada. No momento em que, nos países centrais, o terceiro setor é crescentemente invocado como um antídoto contra a privatização do Estado-Providência por grupos de interesse corporativos, é importante reter a advertência de Rousseau de que o terceiro setor pode ser ele próprio uma fonte de corporativismo.

---

[12] Sobre esse tema, ver Santos (2000, p. 119-188) e a bibliografia aí citada.

O ressurgimento do terceiro setor no final do século XX pode ser lido como a oportunidade para o princípio da comunidade comprovar as suas vantagens comparativas em relação ao princípio do mercado e ao princípio do Estado, que terão falhado nas respectivas tentativas de hegemonizar a regulação social nos períodos anteriores, o princípio do mercado no período do capitalismo desorganizado ou capitalismo liberal, e o princípio do Estado no período do capitalismo organizado ou capitalismo fordista. Essa leitura peca, porém, por demasiado superficial. Em primeiro lugar, não é tão claro que estejamos perante uma dupla falha, do Estado e do mercado. Em segundo lugar, a existir tal falha, é ainda menos claro que o princípio da comunidade, depois de mais de um século de marginalização e de colonização por parte do Estado e do mercado, tenha ainda a autonomia e a energia necessárias para protagonizar uma nova proposta de regulação social, mais justa, capaz de repor a equação entre regulação social e emancipação social que constitui a matriz originária da modernidade ocidental. Em terceiro lugar, parece cada vez menos pertinente pensar uma relação entre Estado e terceiro setor que seja mutuamente exclusiva.

Quanto à primeira questão, não me parece que o princípio do mercado esteja passando por qualquer crise. Ao contrário, o período atual pode ser visto como um período de total hegemonia do mercado, identificável na *hubris* com que a lógica empresarial do lucro tem permeado áreas de sociedade civil até agora poupadas à incivilidade do mercado, como a cultura, a educação, a religião, a administração pública, a proteção social, a produção e gestão de sentimentos, atmosferas, emoções, ambientes, gostos, atrações, repulsas, impulsos.[13] A mercantilização do modo de estar no mundo está se convertendo no único modo racional de estar no mundo mercantil.

Quanto ao princípio do Estado, é evidente que a crise do reformismo social representa uma crise das formas políticas estatais que dominaram no período anterior, o Estado-Providência no centro do sistema mundial e o Estado desenvolvimentista na semiperiferia e periferia do sistema mundial. Mas não se trata de uma crise generalizada

---

[13] Analiso em detalhe o problema da privatização do ensino superior em Santos (2004a). Ver também Santos (2017a).

do Estado e muito menos de uma crise final, como pretendem as teses mais extremistas da globalização. O caráter repressivo do Estado, o seu protagonismo nos processos de regionalização supranacional e de liberalização da economia mundial, a sua função previdencial facilitadora e protetora em relação a empresas privadas que desempenham funções consideradas de interesse público, nada disso parece atravessar qualquer crise. O que está em crise no Estado é o seu papel na promoção de intermediações não mercantis entre cidadãos que o Estado tem desempenhado, nomeadamente através da política fiscal e das políticas sociais. A maior sintonia que tem sido exigida entre as estratégias de hegemonia e de confiança, por um lado, e as estratégias de acumulação, por outro, sob o domínio desta última, tem fortalecido todas as funções do Estado que contribuam para o fortalecimento do capitalismo global.

Como resulta de forma eloquente do *Relatório sobre o Desenvolvimento de 1997* do Banco Mundial – o relatório que marca a alteração da posição dessa agência sobre o Estado e, com isso, o início da fase do Estado reformável –, essas funções estatais são cada vez mais importantes e exigem um Estado forte para desempenhá-las. Trata-se, pois, é de saber do impacto dessa mudança de qualidade do Estado na produção dos quatro bens públicos que o Estado veio a assumir no período anterior, ou seja, a legitimidade, o bem-estar social e econômico, a segurança e a identidade cultural. Qualquer desses bens públicos se assentou num modelo de regulação social fundado numa articulação entre as diferentes estratégias estatais que entretanto colapsou. Quando se fala hoje de reforma do Estado, os problemas que se põem são basicamente dois: 1) se esses bens são incontornáveis, e, 2) no caso de o serem, como vão ser produzidos no novo modelo de regulação no horizonte e na nova forma política em que ele vai se traduzir. É na resposta a esses dois problemas que a questão do terceiro setor surge com toda acuidade. Portanto, ao abordá-lo, a primeira posição de partida é que o que está em causa é uma nova forma política do Estado.

Para determinar o contributo do terceiro setor nesse domínio, é necessário responder à outra questão prévia anteriormente referida: depois de décadas de marginalização e de colonização, de que recursos dispõe o terceiro setor para contribuir credivelmente para a reforma do Estado? Para responder a essa questão, é útil passar em revista os debates principais que o terceiro setor tem suscitado nas três últimas décadas. O Estado está sempre presente nesses debates, mas não com a centralidade que lhe atribuirei na parte final deste capítulo.

Antes de mais, e como já referi, é de salientar que os termos do debate divergem muito no espaço-tempo do sistema mundial. Nos países centrais, o contexto do debate a partir do final da década de 1970 é basicamente a crise do Estado-Providência. A leitura neoliberal dessa crise apontou para a privatização maciça dos serviços sociais do Estado, na segurança social, na saúde, na educação, na habitação. E, para além deles, dos próprios serviços de segurança pública e prisionais. A eficiência do mercado na gestão dos recursos foi considerada incontestável, em contraste com o funcionamento burocrático do Estado. A eficiência do mercado na gestão dos recursos colidia, no entanto, com a ineficiência (quando não total perversidade) do mercado no que diz respeito à equidade na distribuição dos recursos antes confiada ao Estado. Sobretudo as organizações sociais e políticas progressistas, ainda que desarmadas no que diz respeito à defesa da administração pública do Estado que elas próprias haviam contestado, conseguiram manter na agenda política a tensão entre eficiência e equidade. O terceiro setor surgiu então como o campo privilegiado para gerir essa tensão e gerar compromissos. O recurso ao terceiro setor num momento de grande turbulência institucional não deixa de ser surpreendente. É que, durante muito tempo, pensou-se que uma das limitações do terceiro setor era a rigidez institucional das organizações que nele cabiam, ao tempo sobretudo cooperativas e mutualidades, uma rigidez que se adequaria mal aos desafios da mudança social acelerada. Essa rigidez, de resto, contrastava com a flexibilidade do mercado e do próprio Estado, dada a ductilidade do sistema jurídico para cobrir novas áreas de intervenção social. A partir da década de 1970, a rigidez institucional do terceiro setor parece ter desaparecido ou deixado de ser relevante, e, segundo alguns autores, a popularidade do terceiro setor reside precisamente na sua plasticidade conceptual. Como dizem Seibel e Anheier (1990, p. 8): "O leque amplo de atributos sociais e econômicos, que cabem no termo 'terceiro setor', permite aos políticos servir-se daquelas partes ou aspectos do terceiro setor que apoiam a sua crítica e interpretação da crise do Estado de Bem-estar".

Essa ductilidade conceptual, que é politicamente útil, acaba por tornar difícil a sistematização da análise e as comparações internacionais e intersetoriais. Para Defourny (1992, p. 46),

> a variedade de soluções jurídicas, as dificuldades em encontrar termos equivalentes nas diferentes línguas, as diferentes tradições de associativismo e os diferentes contextos sociais, culturais e políticos [... tudo isso faz com que] o terceiro setor possa ser entendido internacionalmente como tendo ao mesmo tempo uma identidade bem definida e um modo flexível de dar expressão aos seus vários componentes dependendo das circunstâncias.

Qualquer que seja a ambiguidade conceptual do terceiro setor, a verdade é que nos países centrais o ressurgimento do terceiro setor está ligado à crise do Estado-Providência. Se bem que na década de 1970 tenham emergido numerosas organizações ligadas aos novos movimentos sociais, que questionaram o capitalismo organizado e o peso burocrático do Estado e das organizações tradicionais da economia social, o terceiro setor foi apropriado como agente compensador da crise do emprego da sociedade industrial (RIFKIN, 1995), quando não mesmo da redução do Estado de bem-estar. Isso significa que o terceiro setor não ressurge num contexto de lutas sociais e políticas avançadas que procuram substituir o Estado-Providência por formas de cooperação, solidariedade e participação mais desenvolvidas. Pelo contrário, ressurge no início de uma fase de retração de políticas progressistas em que os direitos humanos da segunda e terceira geração – os direitos econômicos, sociais e culturais – conquistados pelas classes trabalhadoras depois de 1945 começam a ser postos em causa, a sua sustentabilidade, questionada e a sua restrição, considerada inevitável.

Isso significa que nos países centrais o ressurgimento de um terceiro setor autônomo, capaz de cumprir melhor que o Estado a dimensão social, não é um processo político autônomo. É certo que as organizações do terceiro setor aproveitaram o momento político para reforçar as suas ações de *lobbying* junto do Estado e obter vantagens e concessões para o desenvolvimento da sua intervenção, mas a verdade é que muitas das novas iniciativas do terceiro setor resultaram inicialmente de cooperativas de trabalhadores desempregados, do controle operário de empresas falidas ou abandonadas, de iniciativas locais para promover a reinserção de trabalhadores e famílias afetadas pela desindustrialização e pela reestruturação industrial etc., etc.[14] A nova atração pelo terceiro setor resulta, pois, de um vazio ideológico provocado pela dupla crise da social-democracia, que sustentava o reformismo social e o Estado-Providência, e do socialismo que durante décadas serviu, simultaneamente, de alternativa à social-democracia e de travão ao desmantelamento desta por parte das forças conservadoras.

Podemos, pois, concluir que nos países centrais o terceiro setor surge num contexto de crise, de expectativas descendentes a respeito do desempenho, por parte do Estado, dos quatro bens públicos anteriormente referidos. Esse contexto sugere que é grande o risco de o terceiro setor ser chamado a ressurgir não pelo mérito próprio dos valores que subjazem ao princípio da comunidade – cooperação, solidariedade, participação, equidade, transparência, democracia interna –, mas para atuar como amortecedor das tensões produzidas pelos conflitos políticos decorrentes do ataque neoliberal às conquistas políticas dos setores progressistas e populares obtidas no período anterior. Se esse for o caso, o terceiro setor converte-se rapidamente na "solução" de um problema irresolúvel, e o mito do terceiro setor terá o mesmo destino que teve anteriormente o mito do Estado e, antes deste, o mito do mercado. Essa advertência, longe de minimizar as potencialidades do terceiro setor na construção de uma regulação social e política mais solidária e participativa, visa apenas significar que as oportunidades que se nos deparam nesse domínio acontecem num contexto de grandes riscos.

Nos países periféricos e semiperiféricos, o contexto dos debates sobre o terceiro setor é muito diferente. Antes de mais, sobressai, a partir da década de 1970, o crescimento sem precedentes do terceiro setor, que aqui é conhecido pelo nome bem mais corrente de organizações não governamentais. De se salientar também que esse crescimento se deve menos à iniciativa nos países periféricos – no caso dos países semiperiféricos a situação é mais complexa – do que à iniciativa dos países centrais que passaram a canalizar os seus fundos de ajuda ao

---

[14] Para uma descrição das novas iniciativas econômicas que se designou de empresas sociais, ver Borgaza; Defourny (2001).

desenvolvimento para atores sociais não estatais. O contexto político não é aqui a crise do Estado-Providência, o qual não existe, mas, antes, o objetivo de criar o mercado e a sociedade civil através do provimento de serviços básicos que o Estado não está, e muitas vezes nunca esteve, em condições de prestar. O crescimento exponencial das organizações não governamentais nesse período está bem documentado. Por exemplo, no Nepal, essas organizações passaram de 220 em 1990 para 1.210 em 1993, enquanto na Tunísia cresceram de 1.886 em 1988 para 5.186 em 1991 (HULME; EDWARDS, 1997, p. 4). Em meados da década de 1990, no Quênia, as organizações não governamentais controlavam entre 30 e 40% das despesas de desenvolvimento e 40% das despesas de saúde (NDEGWA, 1994, p. 23). Em Moçambique, os programas de emergência, a ajuda humanitária e outras atividades de desenvolvimento têm estado em larguíssima medida a cargo de organizações não governamentais internacionais que atuam em articulação com as nacionais. O desenvolvimento das organizações não governamentais foi, nesse país, tributário do papel desempenhado pelas organizações do Norte global (NEGRÃO, 2003). A visibilidade nacional e internacional das organizações não governamentais tem aumentado dramaticamente a partir da década de 1990, com as Conferências da ONU, da Cúpula da Terra, no Rio, em 1992, à Conferência de Mulheres, em Beijing, em 1995. As organizações não governamentais passaram a ser vistas por agências como o Banco Mundial ou a Organização de Cooperação e de Desenvolvimento Econômico como instituições fundamentais para o funcionamento do mercado e das instituições da democracia representativa (SALAMON; ANHEIER, 1997).

Sendo muito diferentes os contextos políticos e operacionais do terceiro setor no centro e na periferia do sistema mundial, não surpreende que sejam igualmente distintos os temas de debate que o terceiro setor tem suscitado em um e outro caso. Há, no entanto, alguns pontos em comum nessa discussão, e serão esses que eu privilegiarei. Quanto mais não seja, porque, por um lado, o ressurgimento do terceiro setor ocorre no contexto da expansão de uma ortodoxia transnacional, o neoliberalismo e o Consenso de Washington, e porque, por outro lado, uma parte do terceiro setor nos países centrais, as organizações não governamentais para o desenvolvimento, têm um papel decisivo na promoção, no financiamento e na operação das organizações não governamentais nos países periféricos e semiperiféricos. Uma breve referência aos temas em debate esclarecer-nos-á sobre as condições para uma refundação ou reinvenção solidária e participativa do Estado e o papel do terceiro setor nela. Refiro quatro debates principais: localização estrutural entre o público e o privado; organização interna, transparência responsabilização; redes nacionais e transnacionais; relações com o Estado.

O debate sobre a localização estrutural do terceiro setor centra-se à volta da questão de saber o que verdadeiramente o distingue dos setores tradicionais público e privado, sendo certo que a distinção do terceiro setor se constrói a partir da combinação de características tanto do setor público como do setor privado. A motivação e a iniciativa da ação coletiva aproximam o terceiro setor do setor privado, ainda que no primeiro o motor da ação seja a cooperação e a ajuda mútua, enquanto no segundo o motor da ação é o lucro. Esse fato leva a atribuir ao terceiro setor uma eficiência gerencial semelhante à do setor privado capitalista. Mas, por outro lado, a ausência de motivo de lucro, a orientação para um interesse coletivo distinto do interesse privado, quer de quem presta o serviço ou contribui para ele, quer de quem o recebe, a gestão democrática e independente, uma distribuição de recursos assente em valores humanos e não em valores de capital, todas essas características aproximam o terceiro setor do setor público estatal, e é com base nelas que o terceiro setor é usualmente creditado com a virtualidade de combinar eficiência com equidade.

Essas características são obviamente muito gerais e estão formuladas no nível de tipos ideais. No plano empírico, as distinções são mais complexas (EVERS, 1995; PESTOFF, 1998). Em primeiro lugar, há organizações do terceiro setor que, pelo tipo de serviços que prestam ou produtos que produzem, estão muito mais próximas do setor privado do que do setor público. Por exemplo, as cooperativas de trabalhadores.[15] Mas mesmo aqui há distinções a fazer. Enquanto as pequenas e médias cooperativas tendem a ser trabalho-intensivas, já que são muitas vezes o resultado do *downsizing* de empresas capitalistas, e a incentivar a participação dos trabalhadores na propriedade, na gestão e nos lucros,

---

[15] Alguns exemplos são discutidos em vários casos de estudo analisados durante o projeto Reinventar a Emancipação Social. Ver Santos (2002d; 2005e).

as grandes cooperativas são mais difíceis de distinguir das empresas capitalistas do mesmo tamanho, ainda que em geral pratiquem preços inferiores aos seus sócios e distribuam uma percentagem maior dos lucros.[16] Por exemplo, no caso de organizações mutualistas, a lógica de seguro que vigora é bastante distinta da do seguro privado. Para além de os gastos correntes tenderem a ser baixos, privilegia-se a solidariedade entre os segurados de modo a que os segurados de baixo risco contribuam para os seguros dos segurados de alto risco. Outro caso é o de algumas empresas sociais que, ainda que possuam a forma empresarial, não têm como objetivo principal a obtenção de lucro, mas a inserção de desempregados ou o desenvolvimento comunitário.

Outras organizações do terceiro setor dedicam-se a atividades ou prestam serviços que não podem ser adequadamente expressos em dinheiro, desde o trabalho humanitário e a ajuda de emergência à educação popular. Trata-se de organizações que no *continuum* entre os polos privado e público estão mais próximas do polo público. Nos países centrais e semiperiféricos, essas organizações tendem a prestar serviços anteriormente prestados pelo Estado, enquanto nos países periféricos prestam serviços que, anteriormente, ou não eram prestados ou eram prestados pelas comunidades. Nesse domínio é interessante o papel das associações de crédito, crédito informal ou crédito rotativo que, muitas vezes, não são mais que uma expressão organizativa, mais formal, de mecanismos de crédito mútuo entre classes populares, tanto rurais como urbanas.[17] Há ainda um grupo importante de organizações que, sobretudo nos países centrais, com Estados-Providência, desenvolveram um forte isomorfismo com o Estado, pois fornecem, em colaboração com este, bens e serviços de natureza quase pública, como é o caso de creches, lares de idosos, apoio aos sem-abrigo etc. Outras ainda mantêm um papel de vigilância relativamente aos serviços fornecidos pelo Estado, funcionando como inovadoras e como advogadas, iniciando serviços e pressionando o Estado para a universalização destes. Esses diferentes papéis reportam-se também a diferentes tipos de Estado-Providência (FERREIRA, 2006).

---

[16] Sobre este tema, ver Santos (2002d).

[17] Veja-se, a esse respeito, os textos de Teresa Cruz e Silva (2003), para o caso de Moçambique, e o de Mary Rusimbi e Marjorie Mbilinyi (2005), para o caso da Tanzânia.

A localização estrutural do terceiro setor torna-se ainda mais complexa no caso de organizações que, embora cumpram o formato legal do terceiro setor, nada têm a ver com a filosofia que lhe serve de base, porque se trata de organizações de fachada, cuja lógica é basicamente o lucro, mas que se organizam sob a forma de terceiro setor para facilitar aprovação, obter subsídios, ter acesso a crédito ou a benefícios fiscais. Há ainda organizações dualistas com seções que funcionam segundo uma lógica solidarista ou mutualista, e outras, segundo uma lógica capitalista. O debate acerca da localização estrutural do terceiro setor serve para especificar as condições sob as quais o terceiro setor pode contribuir para a reforma do Estado. O que está em causa na discussão sobre a localização estrutural do terceiro setor é a reformulação dos limites entre o público e o privado e com ele a estruturação da esfera pública e da qualidade democrática desta, sobretudo no que diz respeito às classes médias baixas e aos excluídos e marginalizados que tendem a ser grupos sociais abrangidos pelas ações das organizações do terceiro setor.

O segundo debate refere-se *à organização interna, à transparência e à responsabilização*. A variedade das organizações que cabem dentro do terceiro setor é enorme. Se algumas dispõem de uma organização altamente formalizada, outras são bastante informais; se umas dispõem de membros e restringem a sua atividade a estes, outras não têm membros ou, se os têm, não restringem a eles a sua atividade. A gênese da organização tem nesse domínio uma importância crucial. Nos países centrais é importante distinguir as organizações que se mantêm em atividade há muitas décadas das que surgiram no contexto político década de 1970. As primeiras, em geral, de origem operária e/ou filantrópica, têm estilos de atuação e de organização altamente formalizados, enquanto as segundas decorrem de reestruturações recentes da economia global e restringem a sua ação aos membros, ou são o resultado da evolução dos novos movimentos sociais e atuam para além dos seus membros através de estruturas leves e descentralizadas e modos de atuação informais.

A estrutura interna das organizações varia muito em termos de democracia interna, participação e transparência. A importância dos instrumentos de democracia interna está na base da própria legitimidade das organizações enquanto representantes de grupos sociais específicos e, portanto, da justificação do lugar que elas ocupam nos regimes democráticos (LAVILLE *et al.*, 2001). Nos países periféricos e semiperiféricos os padrões normativos de organização são decisivamente afetados pelas fontes de financiamento das suas atividades, quase sempre doadores estrangeiros, e pelas condições postas pelos doadores quanto à orientação, gestão e responsabilização da atividade das organizações. Nesses casos, tende-se a gerar um conflito que, pela sua pertinácia, podemos designar como estrutural, o conflito entre a chamada responsabilização ascendente e a responsabilização descendente. A primeira, a responsabilização ascendente, é a prestação de contas e a satisfação das exigências postas pelos doadores internacionais, que, por vezes, são eles próprios organizações não governamentais. Como a satisfação de tais exigências é normalmente condição da continuação de financiamento, a responsabilização ascendente converte-se num poderoso fator condicionante das prioridades e da orientação da atuação das organizações dependentes. A autonomia em relação aos Estados nacionais é muitas vezes obtida à custa da dependência em relação aos doadores estrangeiros.

A responsabilização ascendente choca-se frequentemente com a responsabilização descendente, ou seja, a consideração das aspirações, prioridades e orientações dos membros das organizações ou das populações por elas servidas perante as quais as organizações devem igualmente ser responsáveis. Sempre que há conflito, as organizações veem-se na contingência de buscar compromissos que ora privilegiam uma, ora privilegiam outra das responsabilizações. Em casos extremos, a sujeição aos doadores aliena a organização do seu público ou da sua base, e, vice-versa, uma prioridade total dada a estes últimos pode envolver a alienação do doador. Os conflitos de responsabilização acabam sempre, por uma ou outra via, por condicionar a democracia interna, a participação e a transparência das organizações.[18]

Nos países periféricos a questão da responsabilização descendente assume outra faceta muito importante, não diretamente vinculada a conflitos com a responsabilização ascendente. Trata-se da sobreposição das organizações formais às redes informais de solidariedade e de ajuda

---

[18] Sobre a colisão entre a responsabilização descendente das organizações nos países periféricos e as estratégias de intervenção das organizações não governamentais fundadas no Norte, assentes em perspectivas de desenvolvimento que privilegiam as práticas e os saberes dos seus locais de origem, ver Dwivedi (2001); Meneses (2003).

mútua que caracterizam ancestralmente as sociedades rurais. É que nesses países o terceiro setor representa um princípio da comunidade "derivado" relativamente artificial e débil em relação às vivências, estruturas e práticas comunitárias tradicionais. Nessas condições, é fácil criar-se distância entre as organizações e as comunidades, e, com ela, os recursos das primeiras transformarem-se em exercícios de benevolência repressiva mais ou menos paternalista sobre as segundas. Nos países centrais os conflitos de responsabilização também existem, mas surgem por outras vias. A responsabilização ascendente é aqui a responsabilização perante o Estado, perante as entidades religiosas, perante elites locais que se apropriaram formal ou informalmente das organizações.

Quando tais elites provêm de setores cristãos conservadores, como é o caso, em Portugal, de muitas instituições particulares de solidariedade social, é particularmente grande o perigo de a autonomia externa das organizações ser a outra face do autoritarismo interno. Nessas situações, os direitos dos membros ou das populações beneficiadas transformam-se em benevolência repressiva, a liberdade, em subversão, e a participação, em sujeição (HESPANHA et al., 2000). Por esses e outros mecanismos, se as exigências de democracia interna, participação e transparência não forem levadas muito a sério, o terceiro setor pode facilmente transformar-se numa forma de despotismo descentralizado. A transformação dos membros ou beneficiados das associações em clientes ou consumidores, sobretudo quando se trata de grupos sociais vulneráveis, não atenua o perigo do autoritarismo e pode até reforçá-lo. Nesse caso, a responsabilização perante o Estado torna-se crucial para garantir o acesso nos termos em que este supostamente deve ter lugar no quadro da natureza pública dos bens e serviços que muitas vezes fornecem. Mas, para tal, o Estado não pode instrumentalizar as organizações como um mecanismo de desresponsabilização, colocando-as entre si e as exigências dos cidadãos no que se refere à efetiva concretização dos direitos sociais, tornando-as uma extensão dos seus serviços, mas, ao mesmo tempo, não transferindo os fundos necessários para o desempenho desse papel.

O terceiro debate incide sobre *os tipos de relação entre as organizações do terceiro setor* e seu impacto no fortalecimento do setor no seu conjunto. Em geral, o que está em causa é a superação do quase dilema que atravessa o terceiro setor. É que, sendo os objetivos do terceiro setor de tipo universalista, público ou coletivo, o fato é que as interações cooperativas que instauram são sempre confinadas, quer em termos do setor e do âmbito da atividade, quer em termos da população ou base social abrangidas. O estabelecimento de uniões, associações, federações, confederações ou redes entre as organizações é uma forma de compatibilizar a vocação universalista com a prática particularista, maximizando a vocação sem descaracterizar a natureza da ação.

Também esse debate tem dois contextos principais, um nos países centrais e outro nos países periféricos e semiperiféricos. Nos países centrais, o debate principal incide nos modos de conquistar economias de escala, sobretudo nos setores que mais diretamente competem com o setor capitalista, sem descaracterizar a filosofia de base e a democracia interna nem eliminar a especificidade própria de cada uma das organizações e sua base social. Nos países periféricos e semiperiféricos, o debate principal tem incidido nas relações entre as organizações não governamentais desses países e as organizações não governamentais dos países centrais. Essas relações são cruciais, como referi anteriormente, e na medida em que se pautarem por regras que respeitem a autonomia e a integridade das diferentes organizações envolvidas são o cimento com que se constroem as formas de globalização contra-hegemônica. A globalização contra-hegemônica é fundamental para organizar e disseminar estratégias políticas eficazes, criar alternativas ao livre-comércio por via de iniciativas de comércio justo e garantir o acesso das organizações não governamentais dos países periféricos ao conhecimento técnico e científico disponível no Norte e às redes políticas onde emergem as políticas hegemônicas que afetam esses países. Essas relações têm mudado nos últimos anos devido a dois fatores: por um lado, o fato de a ajuda internacional ter perdido prioridade política nos países centrais, sobretudo a ajuda não emergencial, vocacionada para objetivos estruturais de investimento social e político; por outro lado, o fato de doadores estatais ou não estatais terem dispensado a intermediação das organizações não governamentais dos seus países nas suas relações com as organizações não governamentais dos países periféricos (HULME; EDWARDS, 1997).

Os debates a respeito das relações e redes no interior do terceiro setor, tanto de âmbito nacional como de âmbito internacional, são importantes porque neles se cruzam perspectivas contraditórias que ora transformam o terceiro setor numa força de combate e resistência contra as relações de poder autoritárias e desiguais que caracterizam o sistema mundial, ora fazem do terceiro setor um instrumento dócil, disfarçadamente benevolente, dessas mesmas relações.

O quarto e último debate diz respeito às *relações entre o terceiro setor e o Estado nacional*, o debate que mais me interessa no contexto analítico deste capítulo. Como já referi, historicamente o terceiro setor emergiu cioso da sua autonomia em relação ao Estado e cultivou uma postura política de distanciamento, quando não de hostilidade, perante o Estado. Nos países centrais, se, por um lado, a consolidação do Estado-Providência esvaziou ou bloqueou de algum modo as potencialidades de desenvolvimento do terceiro setor, por outro lado, os processos democráticos que sustentaram o Estado-Providência permitiram que o terceiro setor mantivesse a sua autonomia, ao mesmo tempo que tornaram possíveis relações de menor distância e de maior cooperação entre o Estado e o terceiro setor. Em muitos países, o terceiro setor, muitas vezes ligado aos sindicatos, foi objeto de políticas de diferenciação positiva e pôde consolidar parcerias significativas com o Estado no domínio das políticas sociais.

Nos países periféricos e semiperiféricos, as limitações do Estado desenvolvimentista, as vicissitudes da democracia – quase sempre de baixa intensidade e interrompida por períodos mais ou menos longos de ditadura – e os próprios processos que deram origem ao terceiro setor fizeram com que as relações entre este e o Estado fossem muito mais instáveis e problemáticas: da proibição ou forte limitação da atuação das organizações até a conversão destas em meros apêndices ou instrumentos da ação estatal. A questão central é a de determinar o papel do terceiro setor nas políticas públicas, e, como veremos a seguir, tal depende tanto do próprio terceiro setor como do Estado, como ainda do contexto internacional em que um e outro operam, da cultura política dominante e das formas e níveis de mobilização e de organização social.

Tal papel pode limitar-se à execução de políticas públicas, mas pode também envolver a escolha das políticas e, em última instância, a formação da própria agenda política (NAJAM, 1999) e pode ser exercido tanto por via da complementaridade como por via da confrontação com o Estado. Farrington *et al.* (1993) distinguem três tipos de relações possíveis: o terceiro setor enquanto instrumento do Estado; o terceiro setor enquanto amplificador de programas estatais; o terceiro setor enquanto parceiro nas estruturas de poder e de coordenação. Na última década, a situação nos países periféricos tem criado grandes turbulências nas relações entre o Estado e o terceiro setor. Se é verdade que tradicionalmente o problema principal foi o de preservar a autonomia e a integridade das organizações e o de lutar para que o seu papel não se limitasse à execução das políticas e pudessem ter uma voz na formulação destas, hoje o virtual colapso de alguns países faz com que o problema tenha se invertido e seja agora o de preservar a autonomia e mesmo a soberania do Estado em face das organizações não governamentais transnacionais, e o de garantir a participação do Estado não só na execução, como também na própria formulação das políticas sociais adotadas pelas organizações e agências no seu território.

Daqui decorre que as relações entre o Estado e o terceiro setor, além de variarem muito dentro do sistema mundial, são complexas e instáveis. Essa verificação é importante quando se indaga sobre a participação do terceiro setor na reforma solidária e participativa do Estado, ou seja, na reinvenção do Estado como novíssimo movimento social. Esse projeto político assenta-se num conjunto amplo de tarefas articuladas entre si: refundar democraticamente o terceiro setor implica refundar democraticamente a administração pública, e ambas implicam uma nova articulação entre democracia representativa e democracia participativa. Farei a seguir algumas breves referências a cada uma delas.

O Estado como novíssimo movimento social

A segunda concepção da necessária reforma do Estado – o *Estado-novíssimo-movimento-social* – assenta-se na ideia de que, perante a *hubris* avassaladora do princípio do mercado, nem o princípio do Estado nem o princípio da comunidade podem isoladamente garantir a sustentabilidade de interdependências não mercantis, sem as quais a vida em sociedade se converte numa forma de fascismo social.[19] Essa

---

[19] Sobre o fascismo social, ver o Capítulo 9 e Santos (2011a).

concepção propõe assim uma articulação privilegiada entre os princípios do Estado e da comunidade. Ao contrário da concepção do *Estado-empresário*, que explora os isomorfismos entre o mercado e o Estado, essa concepção explora os isomorfismos entre a comunidade e o Estado.

Pode causar estranheza conceber o Estado como um novíssimo movimento social. Quero, com isso, significar que as transformações por que está passando o Estado tornam obsoletas tanto a teoria liberal como a teoria marxista do Estado e a tal ponto que, transitoriamente pelo menos, o Estado pode ser mais adequadamente analisado a partir de perspectivas teóricas que antes foram utilizadas para analisar os processos de resistência ou de autonomia em relação ao Estado. A pretensa inevitabilidade dos imperativos neoliberais tem afetado de modo irreversível o âmbito e a forma do poder de regulação social do Estado. Não se trata de um regresso ao passado, uma vez que a desestabilização da regulação social pós-liberal só pode ser levada a cabo por um Estado pós-liberal. Por via dela, cria-se o antiestado dentro do próprio Estado. Em verdade, trata-se menos de desestabilizar a regulação social do que de despolitizar o Estado. Do meu ponto de vista, essas transformações são tão profundas que, sob a mesma designação de Estado, está emergindo uma nova forma de organização política mais vasta que o Estado, de que o Estado é o articulador e que integra um conjunto híbrido de fluxos, redes e organizações em que se combinam e interpenetram elementos estatais e não estatais, nacionais, locais e globais. Essa nova organização política não tem centro, e a coordenação do Estado funciona como imaginação do centro. A regulação social que emerge dessa nova forma política é muito mais ampla e férrea que a regulação protagonizada pelo Estado no período anterior, mas, como é também muito mais fragmentada e heterogênea, quer quanto às suas fontes, quer quanto à sua lógica, é facilmente dissimulada como desregulação social. Aliás, boa parte da nova regulação social ocorre por subcontratação política da prestação de serviços básicos, intimamente vinculados à qualidade da democracia e da cidadania, com diferentes grupos e agentes em competição, veiculando diferentes concepções dos bens públicos e do interesse geral. Nesse novo marco político, o Estado torna-se ele próprio uma relação política parcelar e fraturada, pouco coerente, do ponto de vista institucional e burocrático, campo de uma luta política menos codificada e regulada que a luta política convencional. Essa descentração do Estado significa menos o enfraquecimento do Estado do que a mudança da qualidade da sua força. Se é certo que o Estado perde o controle da regulação social, ganha o controle da metarregulação, ou seja, da seleção, coordenação, hierarquização e regulação dos agentes não estatais que, por subcontratação política, adquirem concessões de poder estatal. A natureza, o perfil e a orientação política do controle da metarregulação são agora os objetos principais da luta política, que ocorre num espaço público muito mais amplo que o espaço público estatal, um espaço público não estatal de que o Estado é apenas um componente, ainda que um componente privilegiado. As lutas pela democratização desse espaço público têm assim um duplo objetivo: a democratização da metarregulação e a democratização interna dos agentes não estatais de regulação.[20] Nessa nova configuração política, a máscara liberal do Estado como portador do interesse geral, ou seja, configurado como o Estado-nação igualitário,[21] cai definitivamente. O Estado é um interesse setorial *sui generis* cuja especificidade consiste em assegurar as regras do jogo entre interesses setoriais. Enquanto sujeito político, o Estado passa a se caracterizar mais pela sua emergência do que pela sua coerência. Daí o ser adequado concebê-lo como novíssimo movimento social.

Essa concepção traduz-se nas seguintes proposições fundamentais:

1. Os conflitos de interesse corporativos que configuram o espaço público, quer do Estado-Providência, quer do Estado desenvolvimentista, são hoje liliputianos quando comparados com os conflitos entre os interesses setoriais que competem agora pela conquista do espaço

---

[20] Em muitos países, sobretudo do Sul global, essas alterações na forma política do Estado levaram muito pensamento e prática de esquerda a concluir que o Estado deixara de ser um campo de luta importante. Embora as situações concretas variem muito, parece evidente que, longe de ter deixado de ter importância, o Estado é hoje cada vez mais importante, porque os recursos são mais escassos e a luta por eles conhece poucas regras e é hoje mais agressiva e menos regulada do que a que vigora no campo social. Por exemplo, a corrupção, longe de ser um desvio, é uma característica intrínseca dessa luta. A designação Estado enquanto *novíssimo-movimento-social* pretende salientar a importância que atribuo à participação das classes populares e suas organizações e movimentos nessa luta pelo controle democrático do Estado.

[21] O tema da relação entre os princípios da igualdade e da diferença é analisado no Capítulo 8.

público não estatal. O âmbito destes extravasa do espaço-tempo nacional, as desigualdades entre eles são enormes e as regras do jogo estão em constante turbulência;

2. A descentração do Estado na regulação social neutralizou as virtualidades distributivas da democracia representativa, e com isso esta passou a poder coexistir, mais ou menos pacificamente, com formas de sociabilidade fascista e colonialista que simultaneamente agravam as condições de vida da maioria e trivializam o agravamento em nome de imperativos transnacionais;

3. Nessas condições, o regime político democrático, porque confinado ao Estado, deixou de poder garantir a democraticidade das relações políticas no espaço público não estatal. A luta antifascista e contra a persistência da colonialidade de poder passa assim a ser parte integrante do combate político no Estado democrático, o que só é possível mediante a articulação entre democracia representativa e democracia participativa;

4. Nas novas condições, a luta consiste na estabilização mínima das expectativas das classes populares que o Estado deixou de poder garantir ao perder o controle da regulação social. Tal estabilização exige uma nova articulação entre o princípio do Estado e o princípio da comunidade que potencie os isomorfismos entre eles.

É nessa articulação que o terceiro setor emerge com uma potencial força de luta contra o fascismo social no espaço público não estatal. Seria, no entanto, inadequado pensar que o terceiro setor, por si só, transforme-se por essa via num agente de reforma democrática do Estado. Pelo contrário, entregue a si próprio, o terceiro setor pode contemporizar facilmente quer com o autoritarismo do Estado, quer com o autoritarismo do mercado. Mais, na ausência de uma ação política democrática, incidindo simultaneamente sobre o Estado e o terceiro setor, pode facilmente passar por transição democrática o que não é mais do que a passagem de um autoritarismo centralizado para um autoritarismo descentralizado. Só uma reforma simultânea do Estado e do terceiro setor, por via de articulação entre democracia representativa e democracia participativa, pode garantir a eficácia do potencial democratizante de cada um deles em face dos fascismos pluralistas que se pretendem apropriar do espaço público não estatal. Só assim os isomorfismos normativos entre o Estado e o terceiro setor – tais como a cooperação, a solidariedade, a democracia e a prioridade das pessoas sobre o capital – poderão ser credibilizados politicamente.

O que há de novo na situação atual é que a fragilização da obrigação política vertical entre Estado e cidadão faz com que ela não possa garantir, por si só, a realização dos valores, a qual, embora sempre precária nas sociedades capitalistas, foi, no entanto, suficiente para garantir a legitimidade mínima do Estado. Portanto, ao contrário do que aconteceu com o Estado-Providência, a obrigação política vertical, para se sustentar politicamente, não pode dispensar o concurso da obrigação política horizontal que subjaz ao princípio da comunidade. Mas, por outro lado, embora a obrigação política horizontal se reconheça em valores semelhantes ou isomórficos aos da obrigação política vertical, faz assentá-los, ao contrário desta última, não no conceito de cidadania, mas no conceito de comunidade. Ora, as mesmas condições que fragilizam o primeiro e a obrigação política que o sustenta fragilizam igualmente o segundo. De fato, a pujança avassaladora do princípio do mercado impulsionada pelo capitalismo global põe em perigo todas as interdependências não mercantis, sejam elas geradas no contexto da cidadania ou no contexto da comunidade. Por isso, para lhes fazer frente é necessário uma nova congruência entre cidadania e comunidade.[22]

A refundação democrática da administração pública e o terceiro setor

A refundação democrática da administração pública está nos antípodas da proposta do *Estado-empresário* referida anteriormente. Como vimos, segundo Osborne e Gaebler (1992), o modelo burocrático é considerado inadequado na era da informação, do mercado global, da economia baseada no conhecimento, e é, além disso, demasiado lento e impessoal no cumprimento dos seus objetivos.[23]

---

[22] Tal congruência não pode ser a que é proposta por Putnam (2000) através do conceito de "capital social", em muitas das suas dimensões, próximo do conceito de comunidade. Como refere Evers (2003), na sua crítica a Putnam, não é só preciso levar o capital social à política, mas também é preciso politizar o capital social.

[23] Sobre os profundos desafios que essa versão da reforma da administração pública coloca ao papel do terceiro setor nos países centrais, ver Matthies (2006).

É verdade que a crítica da burocracia não nasceu com a proposta do Estado-empresário e que há de certamente subsistir depois de esta ter deixado a ribalta. O que há de específico na crítica atual por parte dos adeptos do Estado-empresário é a recusa em reconhecer que muitos dos defeitos da burocracia resultaram de decisões que visavam atingir objetivos políticos democráticos, tais como a neutralização de poderes fáticos, a equidade, a probidade e a previsibilidade das decisões e dos decisores, a acessibilidade e a independência dos serviços etc., etc. O não reconhecimento desses objetivos dispensa a crítica de se posicionar perante eles e, consequentemente, de investigar a capacidade da gestão empresarial para realizá-los. Nessas condições, a crítica da burocracia, em vez de incidir na análise dos mecanismos que desviaram a administração pública desses objetivos, corre o risco de transformar estes últimos em custos de transação que é preciso minimizar ou mesmo eliminar em nome da eficiência, arvorada em critério último ou único de gestão do Estado.

Ficam assim por responder questões que, do ponto de vista da concepção que aqui perfilho, são fundamentais: como compatibilizar eficiência com equidade e democracia? Como garantir a independência de funcionários quando a qualidade do seu desempenho depende exclusivamente da avaliação dos consumidores dos seus serviços? Como neutralizar as diferenças de poder entre consumidores, especialmente em contextos multiculturais? Qual a sorte dos consumidores insolventes ou daqueles que não têm poder para se defenderem de maus desempenhos burocráticos? Quais os limites à concorrência entre serviços públicos? Onde é que a luta pelos resultados se transforma em novas formas de privatização do Estado, quando não de corrupção? Como é que, em clima de instabilidade, discricionariedade e concorrência, é possível estabilizar as expectativas dos cidadãos a respeito de cada um dos quatro bens públicos – legitimidade política, bem-estar social, segurança e identidade cultural?

É para responder a essas questões que se formula o objetivo da refundação democrática da administração pública. O papel do terceiro setor na prossecução desse objetivo é crucial, mas, ao contrário do que pode parecer, a nova articulação entre o Estado e o terceiro setor não implica necessariamente a complementaridade entre um e outro e, muito menos, a substituição de um pelo outro. Dependendo do contexto político, essa articulação pode consistir mesmo na confrontação ou oposição. Uma das ilustrações mais recentes e elucidativas é a luta que as organizações não governamentais do Quênia têm travado desde 1990 contra o governo queniano, apostado em promulgar legislação no sentido de sujeitar a atividade das organizações não governamentais ao controle político do Estado. Unidas em rede e com o apoio dos países doadores e de organizações transnacionais, obrigaram o Estado queniano a sucessivas revisões da lei, abrindo novos espaços para a atuação autônoma das organizações não governamentais, o que, no contexto político do Quênia, significa novos espaços de exercício democrático. Mas a articulação, por via da confrontação, não tem de se limitar aos casos de Estados autoritários, não democráticos. Mesmo nos Estados democráticos, a confrontação, sobretudo quando visa forçar a abertura de espaços de democracia participativa em situações de democracia representativa de baixa intensidade, pode ser a forma mais eficaz de o terceiro setor contribuir para a reforma solidária e participativa do Estado.

A complementaridade entre o terceiro setor e o Estado é nos países democráticos a outra grande via de criação de um espaço público não estatal. Para isso, no entanto, é necessário distinguir entre complementaridade e substituição. A substituição se assenta na distinção entre funções exclusivas e funções não exclusivas do Estado que, por vezes, designam-se como funções sociais do Estado. Por detrás dessa distinção está a ideia de que, sempre que o Estado não demonstre ter uma vantagem comparativa, deve ser substituído no exercício das funções não exclusivas por instituições privadas mercantis ou do terceiro setor. Essa distinção é altamente problemática, sobretudo porque a análise da gênese do Estado moderno revela que nenhuma das funções do Estado foi originariamente exclusiva dele; a exclusividade do exercício de funções foi sempre o resultado de uma luta política. Não havendo funções essencialmente exclusivas, não há, por implicação, funções essencialmente não exclusivas.

Em vez dessa distinção é preferível partir dos quatro bens públicos que tenho mencionado e investigar que tipo de articulações entre o Estado e o terceiro setor, que novas constelações políticas híbridas podem ser construídas em cada um deles. As condições divergem segundo os bens públicos, mas em nenhum deles a complementaridade ou a confrontação pode redundar em substituição, uma vez que só o princípio do Estado pode garantir um pacto político de inclusão assente na cidadania. Do ponto de vista da nova teoria democrática, é tão importante reconhecer os limites do Estado na sustentação efetiva desse pacto como a sua insubstitutibilidade na definição das regras de jogo e da lógica política que deve informá-lo. Na busca de uma articulação virtuosa entre a lógica da reciprocidade própria do princípio da comunidade e a lógica da cidadania própria do princípio do Estado desenham-se os caminhos de uma política progressista neste novo século. O Estado-novíssimo-movimento-social é o fundamento e a orientação de uma luta política que visa transformar a cidadania abstrata, facilmente falsificável e inconsequente, num exercício de reciprocidade concreta.

Mas, para que tal luta tenha alguma possibilidade de êxito, é necessário que a tarefa da refundação democrática da administração pública seja complementada pela tarefa da *refundação democrática do terceiro setor*.

A revisão breve dos debates principais sobre o terceiro setor, feita anteriormente, é reveladora de que o terceiro setor está sujeito aos mesmos vícios que ultimamente têm sido atribuídos ao Estado e cuja superação é esperada do terceiro setor. O primeiro debate, sobre a localização estrutural do terceiro setor, mostrou como é exigente a busca da genuinidade dos objetivos e grande a tentação de promiscuidade, quer com o Estado, quer com o mercado. O segundo debate, sobre a organização interna, democraticidade e responsabilização, mostrou como é fácil descaracterizar a participação, transformando-a em formas mais ou menos benevolentes de paternalismo e de autoritarismo. O terceiro debate, sobre as relações entre as organizações do terceiro setor, mostrou como é exigente a tarefa de realizar uma coerência mínima entre o universalismo dos objetivos e as escalas de ação e de organização. E, finalmente, o quarto debate, sobre as relações entre o terceiro setor e o Estado, mostrou que a potenciação da democracia, da solidariedade e da participação, que buscamos na nova articulação entre o princípio da comunidade e o princípio do Estado, é apenas um entre outros e nem sequer o mais óbvio resultado dessas relações. Pelo contrário, abundam experiências de promiscuidade antidemocrática entre o Estado e o terceiro setor, em que o autoritarismo centralizado do Estado se apoia no autoritarismo descentralizado do terceiro setor, e cada um deles usa o outro como álibi para se desresponsabilizar perante os respectivos constituintes, os cidadãos no caso do Estado, os membros ou as comunidades no caso do terceiro setor.

Sem uma profunda democratização do terceiro setor será um logro confiar-lhe a tarefa da democratização do Estado e, mais em geral, do espaço público não estatal. Aliás, em muitos países, a democratização do terceiro setor terá de ser um ato originário, já que o terceiro setor, tal como aqui o definimos, não existe nem se pode presumir que surja espontaneamente. Nessas situações, será o próprio Estado que terá de tomar a iniciativa de promover a criação do terceiro setor por via de políticas de diferenciação positiva em relação ao setor privado capitalista.

O que está em causa é a criação de um novo tipo de Estado-Providência.[24] Como defendi anteriormente, esse novo tipo atua na criação de condições para que possam ser experimentadas sociabilidades alternativas. Essa forma de Estado deverá criar as condições 1) para que, a partir do reconhecimento das diversas formas de saber, de poder e opressão, o poder seja efetivamente transformado em autoridade partilhada; 2) para que, a partir do reconhecimento de diversas formas de direito que não apenas o direito Estatal, o direito despótico (por exemplo, no interior da empresa) seja transformado em direitos partilhados; 3) para que, a partir do reconhecimento da ecologia de saberes, o conhecimento-regulação seja substituído pelo conhecimento-emancipação (SANTOS, 2000, p. 309-316); 4) para que, a partir de novas articulações entre democracia representativa e democracia participativa (dentro e fora das organizações do terceiro setor), fortaleça-se e se torne mais justa a redistribuição social; 5) para que, na formulação de tais políticas, esteja sempre presente que o princípio de igualdade e o princípio de reconhecimento da diferença devem ser prosseguidos conjuntamente; e, finalmente, 6) para que seja possível experimentar com diferentes soluções institucionais e organizacionais.

O perfil da reforma do Estado-Providência que aqui proponho é distinto do que, em meados da década de 1990, foi proposto por Rosanvallon (1995). Esse autor, tendo em vista particularmente o caso

---

[24] Pode eventualmente não se designar como Estado-Providência, e a sua distinção em relação ao Estado desenvolvimentista pode ser posta em novos termos.

francês, propôs que se passasse do Estado passivo de Providência para um Estado ativo de Providência, não assente na redistribuição social por via dos direitos do trabalho, mas antes num direito à integração ou à reinserção social fundado na pertença ao corpo social da nação. Enquanto os direitos do Estado-Providência, tal como o conhecemos, são direitos passivos de indemnização, que se aplicam sempre e da mesma forma quaisquer que sejam as circunstâncias, o direito de inserção social é um direito contratualizado e individualizado que garante as condições mínimas de participação no corpo nacional – já prefigurado em França desde 1988 no RMI, o rendimento mínimo de inserção –, mas que só é garantido em troca de uma participação concreta do titular desse direito, de uma contrapartida em termos de prestação de atividades de interesse social, formação profissional, animação local, assistência aos idosos, limpeza das cidades e outras atividades de qualidade de vida social. O direito de inserção é assim um direito individualizado e um direito condicional, um direito que, para ser exercido, exige um envolvimento pessoal do seu titular. É menos um direito substantivo que um direito processual.

Concordo com a ideia que fundamenta as formas mais avançadas de rendimento mínimo garantido ou rendimento de inserção, e Rosanvallon (1995) tem razão em questionar o princípio de uma redistribuição de riqueza assente nos direitos do trabalho quando este é cada vez mais raro e mais precário e quando o trabalho que serve de base às políticas redistributivas do Estado-Providência, o trabalho estável, seguro e formalizado, é cada vez mais um privilégio de poucos e precisamente daqueles que menos necessitariam de redistribuição estatal. No entanto, temo que a sua proposta explicitamente não redistributiva, e muito assente na especificidade do seu campo analítico, pouco contribua para atenuar a virulência do sistema de desigualdade e só o faça por via de um novo assistencialismo que transforma os cidadãos em trabalhadores sociais nas áreas de mercado de trabalho que não interessam ao capital.

Em meu entender, as linhas orientadoras da reinvenção do Estado-Providência devem ser outras. Ao contrário do que propõe Rosanvallon, as políticas redistributivas do novo Estado-Providência devem ser aprofundadas. Se no velho Estado-Providência o direito do trabalho foi o critério de redistribuição social, no novo Estado-Providência o trabalho deve ser ele próprio objeto de redistribuição social. Do direito do trabalho ao direito ao trabalho. Mas esse direito ao trabalho não pode circunscrever-se às áreas sociais não competitivas com o mercado de trabalho capitalista, deve, pelo contrário, penetrar no coração deste. Para ser redistributivo, o direito ao trabalho tem de envolver o direito à partilha do trabalho. Uma redução drástica do horário de trabalho sem redução de salário deve estar no centro das políticas redistributivas do novo Estado-Providência, associado à criação de apoios estruturais que assegurem um direito ao trabalho com equidade, e deve, por isso, ser um objetivo central das forças que lutam por ele, nomeadamente o movimento sindical. A não redução do salário é um princípio básico, mas as modalidades de pagamento podem ser várias em função da desagregação do salário em vários salários parciais ou subsalários.

A partilha do trabalho capitalista não é uma nova política de pleno emprego. Aliás, a continuar a se verificar e, provavelmente, a se aprofundar a discrepância entre o aumento da produtividade e a criação de emprego, é bem possível que o capitalismo deixe de ser a única fonte de trabalho social. Nesse caso, a partilha de trabalho, através da redução drástica do horário de trabalho, deve ser complementada pela criação de trabalho social, no chamado setor social de proximidade, segundo propostas semelhantes à de Rosanvallon, ou outras, como as de um novo regime de voluntariado do terceiro setor, com ou sem recompensas formais por parte do Estado ou das associações.

Mas na posição que aqui defendo essa proposta só será progressista se abrir espaço para uma nova articulação entre a política de identidade e a política de igualdade, na medida em que as prestações de trabalho, socialmente útil, devem ser decididas segundo as aspirações e as necessidades específicas dos diferentes grupos sociais, quer essas especificidades sejam étnicas, sexuais, raciais, culturais, regionais, religiosas ou outras.[25]

O perfil dessas políticas é um indicador seguro da natureza democrática ou clientelista dos pactos políticos entre o princípio da comunidade e o princípio do Estado que se pretendem constituir. Parece, pois, poder-se concluir que o isomorfismo entre os valores que subjazem a esses dois princípios – a cooperação, a solidariedade, a participação, a

---

[25] Ver o Capítulo 8.

democracia e a prioridade de distribuição sobre a acumulação – não é um dado de início, mas antes o resultado de uma luta política democrática exigente que só terá êxito na medida em que for capaz de denunciar os projetos de fascismo social e de persistência de uma colonialidade do poder que subrepticiamente se infiltram e escondem no seu seio.

Democracia participativa, fiscalidade participativa e Estado experimental

A refundação democrática da administração pública e do terceiro setor pressupõe uma nova articulação entre os princípios da democracia representativa e os princípios da democracia participativa. Analiso, em seguida, as características fundamentais dessa transformação.

Como mostrei atrás, no marco da organização política emergente compete ao Estado coordenar as diferentes organizações, interesses e fluxos que emergiram da desestatização da regulação social. A luta democrática é, assim, antes de mais, uma luta pela democratização das tarefas de coordenação. Enquanto antes se tratou de lutar por democratizar o monopólio regulador do Estado, hoje há sobretudo que lutar pela democratização da perda desse monopólio. Essa luta tem várias facetas. As tarefas de coordenação são antes de tudo de coordenação de interesses divergentes e até contraditórios. Enquanto o Estado moderno assumiu como sua e, portanto, como do interesse geral uma versão desses interesses ou da sua composição, hoje o Estado assume como sua apenas a tarefa de coordenação entre os interesses, e nestes contam-se tanto interesses nacionais como interesses globais ou transnacionais. Isso significa que hoje, e ao contrário das aparências, o Estado está ainda mais diretamente comprometido com os critérios de redistribuição e portanto com os critérios de inclusão e de exclusão. Por isso, a tensão entre democracia e capitalismo, que é urgente reconstruir, só pode sê-lo se a democracia for concebida como democracia redistributiva.

Num espaço público em que o Estado convive com interesses e organizações não estatais, cuja atuação coordena, a democracia redistributiva não pode confinar-se à democracia representativa, uma vez que esta foi desenhada apenas para ação política no marco do Estado. Aliás, reside aqui o misterioso desaparecimento da tensão entre democracia e capitalismo no final do século passado. É que nas condições da nova constelação política a democracia representativa perdeu as parcas virtualidades distributivas que alguma vez teve. Por isso, nessas novas condições a democracia redistributiva tem de ser democracia participativa, e a participação democrática tem de incidir tanto na atuação estatal de coordenação como na atuação dos agentes privados, empresas, organizações não governamentais, movimentos sociais cujos interesses e desempenho o Estado coordena. Em outras palavras, não faz sentido democratizar o Estado se simultaneamente não se democratizar a esfera não estatal. Só a convergência dos dois processos de democratização garante a reconstituição do espaço público de deliberação democrática.

O orçamento participativo. Há já hoje espalhadas pelo mundo muitas experiências políticas concretas da redistribuição democrática de recursos obtida por mecanismos de democracia participativa ou por combinações de democracia participativa e democracia representativa.[26] No Brasil, há que salientar as experiências do orçamento participativo nos municípios sob gestão do PT ou de outros partidos de esquerda, especialmente a que adquiriu fama mundial na década de 1990, no município de Porto Alegre.[27] Apesar de essas experiências serem, por enquanto, de âmbito local, não há nenhuma razão para não se estender a aplicação do orçamento participativo ao governo dos Estados ou mesmo ao governo da União. Aliás, é imperioso que tal ocorra, para que o objetivo de erradicar de vez a privatização patrimonialista do Estado se concretize.

A limitação das experiências do tipo da do orçamento participativo está em que elas incidem apenas sobre a utilização dos recursos estatais, deixando fora do seu alcance a obtenção de tais recursos. Julgo que a lógica participativa da democracia redistributiva deva incidir também na obtenção de recursos estatais e, portanto, basicamente na fiscalidade. Designo essa transformação do Estado como fiscalidade participativa.

A fiscalidade participativa. No nível da fiscalidade participativa, a democracia redistributiva afirma-se como solidariedade fiscal. A solidariedade fiscal do Estado moderno, na medida em que existe, é uma

---

[26] Esse é o tema central do volume 1 do projeto "A reinvenção da emancipação social". Ver Santos (2002b). Ver ainda Santos; Mendes (2018).
[27] Sobre esse tema, ver Oliveira; Pinto; Torres (1995); Abers (1998); Fedozzi (1997); Santos (1998b; 2002a); Baierle (2002); Baiocchi (2001).

solidariedade abstrata, e, no marco da nova organização política, e dada a miniaturização do Estado, tal solidariedade torna-se ainda mais abstrata, a ponto de ser ininteligível ao comum dos cidadãos. Daí as muitas *tax revolts* a que temos assistido nos últimos anos. Muitas dessas revoltas não são ativas, são passivas e manifestam-se pela massiva evasão fiscal. Tenho proposto uma alteração radical na lógica da fiscalidade adequada às novas condições de dominação política. Trata-se do que designo como *fiscalidade participativa*. Cabendo ao Estado mais funções de coordenação do que funções de produção direta de bem-estar, o controle da vinculação da obtenção de recursos a destinações específicas por via dos mecanismos da democracia representativa torna-se virtualmente impossível. Daí a necessidade de complementá-la com mecanismos de democracia participativa. A relativa maior passividade do Estado decorrente de perda do monopólio regulatório tem de ser compensada pela intensificação da cidadania ativa, sob pena de essa maior passividade ser ocupada e colonizada pelos fascismos sociais.

A fiscalidade participativa é uma via possível para recuperar a "capacidade extrativa" do Estado, vinculando-a à realização de objetivos sociais participativamente definidos. Fixados os níveis gerais de tributação, fixado, em nível nacional, e por mecanismos que combinem a democracia representativa e a democracia participativa, o elenco dos objetivos financiáveis pela despesa pública, aos cidadãos e às famílias deve ser dada a opção de, através do referendo, decidir onde e em que proporção devem ser gastos os seus impostos. Se alguns cidadãos desejarem que os seus impostos sejam gastos maioritariamente na saúde, outros preferirão a educação ou a segurança social etc., etc.[28] Os cidadãos cujos impostos são deduzidos na fonte – em muitos países, todos os assalariados por conta de outrem – devem poder indicar, nos montantes deduzidos, as diferentes parcelas e a proporção das aplicações sociais pretendidas.

Tanto o orçamento participativo como a fiscalidade participativa são peças fundamentais da nova democracia redistributiva. A sua lógica

---

[28] Aliás, em certas condições, são legítimas lógicas interculturais na decisão sobre os tipos de serviços preferidos (por exemplo, a possibilidade de decidir, no campo da saúde, entre biomedicina ou outras formas de medicina).

política é a da criação de um espaço público não estatal onde o Estado é o elemento crucial de articulação e de coordenação. A criação desse espaço público é, nas condições presentes, a única alternativa democrática à proliferação de espaços privados ratificados pela participação estatal ao serviço dos fascismos sociais. A nova luta democrática, enquanto luta por uma democracia redistributiva, é uma luta antifascista, ainda que ocorra num campo político formalmente democrático. Esse campo democrático, sendo formal, tem a materialidade das formas, e por isso a luta antifascista do final do século não tem de assumir as formas que assumiu a anterior, contra o fascismo (e, em muitos casos, contra a matriz colonial) do Estado. Mas também não pode limitar-se às formas de luta democrática que se consagraram no Estado democrático que emergiu dos escombros desse fascismo. Estamos, pois, na iminência de criar novas constelações de lutas democráticas que tornem possíveis mais e mais amplas deliberações democráticas sobre aspectos cada vez mais diferenciados da sociabilidade. É nesse sentido que tenho definido socialismo como democracia sem fim.

O Estado experimental. A democracia redistributiva é uma das condições da conversão do Estado em novíssimo movimento social. A outra é o que designo por Estado experimental. Numa fase de grandes mutações no papel do Estado na regulação social, é inevitável que a materialidade institucional do Estado, rígida como é, seja sujeita a grandes vibrações que a desestruturam, descaracterizam e tornam campo fértil de efeitos perversos. Acresce-se que essa materialidade institucional está inscrita num tempo-espaço nacional estatal que, como vimos, está sofrendo o impacto cruzado de espaços-tempo locais e globais, instantâneos e glaciais. Perante isso, torna-se cada vez mais evidente que a institucionalização do Estado-articulador está ainda por inventar. Está, aliás, ainda por ver se essa institucionalidade se traduzirá em organizações ou antes em redes e fluxos ou até em dispositivos híbridos, flexíveis e reprogramáveis. Não é, pois, difícil prever que as lutas democráticas dos próximos anos sejam fundamentalmente lutas por desenhos institucionais alternativos.

Como o que caracteriza as épocas de transição paradigmática é o coexistirem nela soluções do velho paradigma com soluções do novo paradigma, e de estas últimas serem por vezes tão contraditórias entre si quanto o são com as soluções do velho paradigma, penso que se deve fazer dessa condição um princípio de criação institucional. Sendo imprudente tomar nessa fase opções institucionais irreversíveis, deve-se transformar o Estado num campo de experimentação institucional, permitindo que diferentes soluções institucionais coexistam e compitam durante algum tempo, com caráter de experiências-piloto, sujeitas à monitorização permanente de coletivos de cidadãos com vista a proceder à avaliação comparada dos desempenhos. A prestação de bens públicos, sobretudo na área social, pode assim ter lugar sob várias formas, e a opção entre elas, tendo lugar, só deve ocorrer depois de as alternativas serem escrutinadas na sua eficácia e qualidade democrática por parte dos cidadãos.

Essa nova forma de um possível Estado democrático deve se assentar em dois princípios de experimentação política. O primeiro é que o Estado só é genuinamente experimental na medida em que às diferentes soluções institucionais multiculturais são dadas iguais condições para se desenvolverem segundo a sua lógica própria. Ou seja, o Estado experimental é democrático na medida em que confere igualdade de oportunidades às diferentes propostas de institucionalidade democrática. Só assim a luta democrática se converte verdadeiramente em luta por alternativas democráticas. Só assim é possível lutar democraticamente contra o dogmatismo democrático. Essa experimentação institucional que ocorre no interior do campo democrático não pode deixar de causar alguma instabilidade e incoerência na ação estatal, e pela fragmentação estatal que dela eventualmente resulte podem sub-repticiamente gerar-se novas exclusões. Trata-se de um risco sério, tanto mais que na nova organização política de que o Estado faz parte é ainda ao Estado democrático que compete estabilizar minimamente as expectativas dos cidadãos e criar padrões mínimos de segurança e de inclusão que reduzam a ansiedade até o patamar em que ela deixe de ser um fator de bloqueamento ao exercício da cidadania ativa.

Nessas circunstâncias o Estado experimental deve não só garantir a igualdade de oportunidades aos diferentes projetos de institucionalidade democrática, mas deve também – e é esse o segundo princípio de experimentação política – garantir padrões mínimos de inclusão, que tornem possível a cidadania ativa necessária a monitorar, acompanhar e avaliar o desempenho dos projetos alternativos. Esses padrões mínimos de inclusão são indispensáveis para transformar a instabilidade institucional em campo de deliberação democrática. O novo Estado de bem-estar é um Estado experimental e é a experimentação contínua com participação ativa dos cidadãos que garante a sustentabilidade do bem-estar.

O campo das lutas democráticas surge assim nessa fase como muito forte e amplo. Só assim estará à altura de confrontar a força e a amplitude dos fascismos que nos ameaçam. O Estado como novíssimo movimento social é um Estado articulador que, não tendo o monopólio da governação, retém contudo o monopólio da metagovernação, ou seja, o monopólio da articulação no interior da nova organização política. A experimentação externa do Estado nas novas funções de articulação social tem, como vimos, de ser acompanhada por experimentação interna, no nível do desenho institucional que assegura com ampla eficácia democrática essa articulação. Trata-se, pois, de um campo político de muita turbulência e instabilidade onde facilmente se instalam fascismos sociais, capitalizando nas inseguranças e ansiedades que essas instabilidades forçosamente criam. Daí que o campo da democracia participativa seja potencialmente vastíssimo, devendo exercer-se no interior do Estado, nas funções de articulação do Estado, no interior das organizações não estatais a quem é subcontratada a regulação social. Num contexto de Estado-novíssimo-movimento-social a democratização do Estado está na democratização social, e, vice-versa, a democratização social está na democratização do Estado.

As lutas democráticas não podem, todavia, como resulta do precedente, confinar-se ao espaço-tempo nacional.[29] Muitas das propostas para a redescoberta democrática do trabalho apresentadas atrás pressupõem uma coordenação internacional, a colaboração entre Estados no sentido de reduzir a concorrência internacional entre eles e com isso reduzir também a concorrência internacional dos trabalhadores seus nacionais. Tal como o fascismo social procura reduzir o Estado a um mecanismo através do qual são interiorizados no espaço-tempo nacional os imperativos hegemônicos do capital global, compete ao campo da democracia redistributiva transformar o Estado nacional em

---

[29] Ver os Capítulos 11 e 13.

elemento de uma rede internacional destinada a diminuir ou neutralizar o impacto destrutivo e excludente desses imperativos e se possível inverter o sentido destes na busca de uma redistribuição equitativa da riqueza globalmente produzida. Os Estados do Sul, sobretudo os grandes Estados semiperiféricos, como o Brasil, a Índia, a África do Sul, uma futura China democrática, a Rússia desmafializada, têm neste domínio um papel decisivo. O aumento da concorrência internacional entre eles será desastroso para a grande maioria dos seus habitantes e será fatal para as populações dos países periféricos. A luta por um novo direito internacional mais democrático e mais participativo é, assim, parte integrante da luta nacional por uma democracia redistributiva. O dilema neoliberal, referido anteriormente, reside em que só um Estado forte pode organizar com eficácia a sua fraqueza. É desse dilema que as forças democráticas devem partir para fortalecer o conteúdo democrático da articulação estatal no seio da nova organização política e o conteúdo democrático do espaço público não estatal que ele articula.

CAPÍTULO 11

A crítica da governação neoliberal: o Fórum Social Mundial como política e legalidade cosmopolita subalterna

Introdução

A governação é hoje apresentada como um novo paradigma de regulação social que veio suplantar o paradigma anteriormente em vigor, assente no conflito social e no papel privilegiado do Estado, enquanto ente soberano, para regular esse conflito por via do poder de comando e de coerção ao seu dispor. Neste capítulo, faço uma crítica radical a esse "novo" paradigma, concebendo-o como a matriz regulatória do neoliberalismo, entendido como a nova versão do capitalismo de *laissez faire*. Centrada na questão da governabilidade, essa matriz regulatória pressupõe uma política de direito e de direitos que tende a agravar a crise da legitimidade do Estado. Algumas das facetas da governação podem ser encontradas no movimento global de resistência contra a globalização neoliberal que tem hoje a sua melhor expressão no Fórum Social Mundial.[1] Ao contrário da governação hegemônica, esse movimento assenta-se na ideia de conflito e da luta contra a exclusão social, o que se torna manifesto nas concepções e políticas de direito que adota.

---

[1] Sobre o FSM, ver Santos (2005b; 2006c) e a bibliografia aí citada. Para uma análise recente sobre o FSM, ver Santos (2021g, p. 326-332).

Defendo, neste livro,[2] que existem quatro processos de globalização – localismos globalizados, globalismos localizados, cosmopolitismo e patrimônio comum da humanidade – que se traduzem em duas formas contraditórias de globalização: a globalização neoliberal e aquilo a que eu chamo uma globalização contra-hegemônica, que há algum tempo vem se opondo à primeira (SANTOS, 1995, p. 263; 2002e, p. 163-311, p. 439-493; 2002c). Designo como globalização contra-hegemônica o conjunto vasto de redes, iniciativas, organizações e movimentos que lutam contra as consequências econômicas, sociais, políticas e culturais da globalização hegemônica e que se opõem às concepções de desenvolvimento mundial a esta subjacentes, ao mesmo tempo que propõem concepções alternativas.

A globalização contra-hegemônica centra-se nas lutas contra a exclusão social. Considerando que a exclusão social é sempre produto de relações de poder desiguais, a globalização contra-hegemônica é animada por um *ethos* redistributivo no sentido mais amplo da expressão, o qual implica a redistribuição de recursos materiais, sociais, políticos, culturais e simbólicos. Nesse sentido, a redistribuição baseia-se, simultaneamente, no princípio da igualdade e no princípio do reconhecimento da diferença.[3] Em causa está a luta por trocas iguais e iguais relações de autoridade (mais do que relações de poder). Uma vez que as trocas e as relações de poder desiguais se cristalizam na política e no direito, a globalização contra-hegemônica desdobra-se em lutas políticas e lutas jurídicas orientadas pela ideia de que é possível pôr em causa as estruturas e as práticas político-jurídicas através de princípios político-jurídicos alternativos. A esses princípios alternativos e às lutas em sua defesa chamo política e legalidade cosmopolita subalterna e insurgente (SANTOS, 2002e, p. 465; 2003c). Neles se inclui um vasto campo confrontacional de política e direito, em que distingo dois processos fundamentais de globalização contra-hegemônica: a ação coletiva global, que opera através da articulação de redes transnacionais de ligações locais/nacionais/globais; e as lutas locais ou regionais/nacionais, cujo êxito induz a reprodução em

---

[2] Ver Capítulos 1, 5 e 13.
[3] O tema da igualdade e da diferença numa perspectiva intercultural é analisado em detalhe nos Capítulos 8 e 13.

outros lugares ou o funcionamento em rede com lutas paralelas em curso em outras paragens. No presente capítulo, debruçar-me-ei sobre o primeiro processo, analisando a política e o direito corporizados pelo Fórum Social Mundial (FSM) e estabelecendo o contraste com a política e o direito neoliberais. Para tal, dividirei o capítulo em três seções. Em primeiro lugar, debruçar-me-ei sobre algumas das inovações jurídicas trazidas pela globalização neoliberal, concretamente no que se refere à governação enquanto suposto modo de regulação social pós-estatal. Em seguida, analisarei o FSM enquanto expressão da globalização contra-hegemônica dentro da qual estão em vias de ser forjadas uma política e uma legalidade cosmopolita subalterna. Por fim, estabelecerei um contraste explícito entre formas de política e de direito hegemônicas e contra-hegemônicas.

Antes de prosseguir, e dada a visão estreita do direito e da política que atualmente domina os estudos sócio-jurídicos, importa clarificar a concepção de direito e de política de que farei uso ao longo deste capítulo. Subjacentes à globalização neoliberal e à globalização contra-hegemônica, encontram-se concepções diferentes de direito e de política do direito. Ambas, porém, exigem que se proceda a um alargamento radical daquilo que convencionalmente se entende por direito e política do direito. A meu ver, são precisos quatro alargamentos conceptuais para se captar a política do direito num contexto de globalização. O primeiro diz respeito ao âmbito das ações, lutas ou disputas jurídicas. No contexto de globalizações conflituantes entre si, as práticas jurídicas coletivas aliam a mobilização política à mobilização jurídica, podendo esta envolver ações tanto legais como ilegais e não legais ou alegais (SANTOS, 1995). O segundo alargamento tem a ver com a escala. A política do direito tem de ser conceptualizada em três escalas distintas – a local, a nacional e a global. Na maioria dos casos, todas as escalas envolvidas se interpenetram. As lutas de poder pela escala relevante do direito são, hoje em dia, travadas num contexto de predomínio crescente da escala global. O terceiro alargamento diz respeito ao saber jurídico e ao respectivo grau de especialização. A política do direito implica uma variedade de saberes jurídicos e um grau de especialização de que o saber jurídico profissional é apenas uma componente. Num campo jurídico cada vez mais fragmentado e transescalar e num contexto de predomínio crescente do saber econômico neoliberal, é frequente saberes jurídicos rivais (local ou nacional *vs* transnacional; profissional *vs* leigo; velha doutrina jurídica *vs* concepções emergentes) colidirem entre si.[4] Finalmente, a quarta dimensão de uma concepção alargada da política do direito é a dimensão temporal. Esse alargamento temporal tem duas vertentes. O direito estatal moderno está sujeito à moldura temporal da ação do Estado (como o tempo do processo judicial, o tempo do ciclo eleitoral e o tempo do processo legislativo e da burocracia). No entanto, a mobilização jurídica implica muitas vezes molduras temporais contrastantes. Por um lado, temos o tempo instantâneo do capital financeiro (para o qual o longo prazo são os próximos 10 minutos). Por outro lado, temos a *longue durée* do capitalismo e do colonialismo, ou mesmo a duração mais longa de todas (um tempo glacial), que é a da deterioração ecológica ou da exaustão dos recursos naturais (como nos conflitos jurídicos que envolveram os U'wa, povo indígena da Colômbia, em luta contra as companhias petrolíferas a operar nos respectivos territórios (RODRÍGUEZ-GARAVITO; ARENAS, 2005). Sucede muitas vezes de as batalhas jurídicas serem marcadas pela presença de concepções de tempo radicalmente diferentes, com os conflitos sendo travados num contexto em que a moldura temporal dominante parece se aproximar cada vez mais do tempo instantâneo do capital financeiro. A segunda vertente diz respeito ao contraste entre o tempo linear que preside à lógica de desenvolvimento do Ocidente – assente numa concepção unilinear de desenvolvimento, segundo a qual diferentes passados convergem para um único futuro – e uma concepção pluralista de tempo – assente na ideia de que existem vias alternativas de desenvolvimento e de que, por conseguinte, diferentes passados subjazem a diferentes presentes, podendo conduzir a diferentes futuros, como analiso no Capítulo 2 deste volume.

Tendo em mente uma tal reconceptualização, torna-se possível analisar os contornos do papel da política e do direito na globalização hegemônica e contra-hegemônica. E é nessa tarefa que me deterei em seguida.

---

[4] Esse tema é discutido em vários textos da coleção Reinventar a Emancipação Social: Santos (2003d; 2005d). Ver igualmente Santos; García Villegas (2001) e Santos; Trindade (2003).

A governação como legalidade neoliberal

Desde que há testemunhos históricos escritos, e até 1975, o catálogo da Biblioteca do Museu Britânico registra 47 títulos que contenham a palavra "governação" (*governance*). A partir de então, a palavra teve uma proliferação desenfreada em todas as disciplinas das ciências sociais. Essa presença avassaladora só encontra paralelo, durante o mesmo período, no termo "globalização". Essa convergência de trajetórias não é fruto do acaso. Como procurarei demonstrar, desde meados da década de 1990 a governação se tornou a matriz política da globalização neoliberal. Chamo-lhe matriz porque se trata de uma estrutura basilar, ou de engaste, e simultaneamente de um ambiente fomentador de toda uma rede de ideias pragmáticas e de padrões de comportamento cooperativo, partilhados por um grupo de atores selecionados e respectivos interesses; uma rede autoativada, destinada a lidar com o caos num contexto em que nem a ordem normativa exercida do topo para a base e gerada a partir do exterior (comando estatal) nem o ordenamento participativo autônomo feito da base para o topo e não pré-selecionado (democracia participativa) estão disponíveis, ou, se estão disponíveis, não são desejáveis. Decisiva para essa matriz é a ideia de que ela vê a si própria como sendo autogerada de uma forma cooperativa e, por isso, como sendo o mais inclusiva possível. Como qualquer outra matriz, ela se assenta num princípio de seletividade e, como tal, no binômio inclusão/exclusão. Nesse caso, contudo, os excluídos, em vez de estarem presentes como excluídos, estão completamente ausentes. A governação é, assim, uma matriz que alia a horizontalidade à verticalidade de uma maneira nova: ambas são autogeradas, aquela como oniexistente, esta como não existente. Ela funciona por meio de uma falsa dialética entre governação e desgovernação, em que o segundo termo, em vez de infirmar a governação, confrontando-a, não faz mais do que ratificá-la, devido a lhe faltar ora o objeto, ora o agente.

Bob Jessop (1998) chama "paradigma da governação" a esse fenômeno político-ideológico. Paradigma será talvez um conceito demasiado forte para caracterizar o fenômeno, especialmente se entendermos os paradigmas na formulação originariamente proposta por Kuhn (1970), ou seja, como concepções científicas universalmente reconhecidas e que, durante certo período, proporcionam problemas-modelo e soluções-modelo para uma comunidade de cientistas. Considerando que são muitas e diversas as concepções de governação existentes, diferentemente posicionadas ao longo do espectro político, prefiro uma designação mais branda e mais estreita – a matriz da governação.[5] É possível, assim, discernir a matriz da governação e a multidão da governação. Desse modo, uma ideologia esquiva e uma prática que de um modo geral ainda não foi testada funcionam como um apelo vago, capaz de mobilizar cientistas sociais, decisores políticos e juristas com os mais variados perfis intelectuais e filiações políticas.

Faço uma distinção entre a matriz da governação e a multidão da governação porque, por mais vaga que seja, a matriz é menos heterogênea do que os grupos que por ela reclamam. Encontramo-nos num estágio de desenvolvimento do conceito de governação muito semelhante ao que se verificava com o conceito de globalização em meados da década de 1990, momento em que as práticas sociais ainda não permitiam discernir completamente as clivagens e contradições geradas pelos próprios processos de globalização. Nas páginas que se seguem procurarei responder a três perguntas: 1) como surgiu a governação, e por quê?; 2) que significado político tem?; e 3) há outras histórias da governação?

Genealogia da governação

Para entender o surgimento da matriz da governação, temos de recuar ao início da década de 1970, e concretamente ao movimento estudantil e à crise de legitimidade a que este deu origem. Como mostraram Jürgen Habermas (1982) e Claus Offe (1985), a crise adveio do

---

[5] Existe uma vasta literatura alusiva à governação, podendo encontrar-se um bom panorama em Rodríguez-Garavito (2005b). Em que pesem as muitas diferenças entre os autores, é comum a ideia de teorizar e analisar empiricamente novas formas de gestão da sociedade e da economia assentes na colaboração entre atores não estatais (empresas, organizações cívicas, ONGs, sindicatos etc.) e opostas à regulação estatal, de cima para baixo. Por se tratar de uma corrente analítica e política basicamente anglo-saxônica menciono a seguir alguns dos seus nomes no original: "*responsive regulation*" (AYRES; BRAITHWAITE, 1992), "*post-regulatory law*" (TEUBNER, 1986), "*soft law*" (SNYDER, 1994; TRUBEK; MOSHER 2003), "*democratic experimentalism*" (DORF; SABEL, 1998; UNGER, 1998), "*collaborative governance*" (FREEMAN, 1997), "*outsourced regulation*" (O'ROURKE, 2003) ou simplesmente "*governance*" (MAC NEIL, SARGENT; SWAN, 2000; NYE; DONAHUE, 2000).

questionamento radical do conteúdo tanto social como democrático do contrato social subjacente aos Estados sociais-democráticos dos países centrais após o fim da Segunda Guerra Mundial. Para o movimento estudantil – a que logo viriam juntar-se os movimentos feminista e ecológico –, o contrato social, ao contrário daquilo que aparentava, visava, de fato, excluir, e não incluir. Excluía por completo grandes grupos sociais (como as minorias e os imigrantes) e questões sociais importantes (como a diversidade cultural e o ambiente), e incluía outros grupos, subordinando-os a formas de inclusão destituidoras de poder – como era o caso, muito flagrantemente, das mulheres. Por outro lado, tudo isso se tornara possível porque a democracia não conseguira cumprir a sua promessa de construção de sociedades livres e iguais. As ideias de soberania do povo e de participação popular haviam sido sequestradas por formas elitistas de governo democrático, graças à cumplicidade dos dois atores sociais historicamente encarregados da tarefa de aprofundar a democracia e de conduzir à emancipação social: os partidos operários e os sindicatos. Foi uma crise de legitimidade, porque foi uma crise do governo fundado no consenso, dominando a contestação política em todo o Norte global durante a primeira metade da década de 1970 (MONEDERO, 2003).

O ponto de viragem deu-se em 1975, quando a Comissão Trilateral publicou o seu relatório sobre a crise da democracia, da autoria de Crozier, Huntington e Watanuki (1975). Segundo eles, a democracia estava, de fato, em crise. Não, porém, por haver democracia a menos, mas, pelo contrário, por haver democracia a mais. As democracias estavam em crise porque se encontravam sobrecarregadas com direitos e reivindicações e porque o contrato social, em vez de excluir, era demasiadamente inclusivo, devido precisamente às pressões sobre ele exercidas pelos atores sociais históricos atacados pelos estudantes (os partidos operários e os sindicatos). Com essa análise e o poder social por detrás dela, a crise do governo fundado no consenso (crise de legitimidade) transformou-se numa crise do governo *tout court*, e, com isso, a crise de legitimidade transformou-se em crise de governabilidade.

A natureza da contestação política viu-se, dessa forma, profundamente alterada. O foco, antes centrado na incapacidade do Estado para fazer justiça aos novos movimentos sociais e às suas exigências, passou a se centrar na necessidade de conter e controlar as reivindicações da sociedade relativamente ao Estado. Em breve, o diagnóstico da crise enquanto crise de governabilidade passou a ser dominante, o mesmo se verificando com a terapia política proposta pela Comissão Trilateral: do Estado central para a devolução/descentralização; do político para o técnico; da participação popular para sistemas de peritos; do público para o privado; do Estado para o mercado (CROZIER; HUNTINGTON; WATANUKI, 1975). A década seguinte assistiu à construção de um novo regime político-social fundado nessas ideias e que em breve seria imposto à escala global sob a designação de Consenso de Washington. Foi uma década de profundas transformações político-ideológicas, que prepararam o caminho para o avanço da solução abrangente para a crise da governabilidade: a lei do mercado.

Enquanto a perspectiva da crise de legitimidade via a solução na transformação do Estado e no reforço da participação popular, através de movimentos sociais novos e autônomos, já sob o prisma da crise da governabilidade a solução estava na retração do Estado (arredado da esfera econômica e da prestação de serviços sociais) e na domesticação da participação popular (através de políticas restritivas de tal participação, por sua vez baseadas numa concepção individualista da sociedade civil dominada pelas organizações empresariais). Essas organizações, cuja pertença à sociedade civil se tornara problemática devido à crescente autonomia da sociedade civil republicana relativamente ao mercado, foram sub-repticiamente reintroduzidas na sociedade civil através de um processo de dupla identificação, simultaneamente como agentes do mercado e como atores sociais.

Por volta de 1986, tornou-se claro que todas as outras recomendações da Comissão Trilateral seriam aceitas como "naturais" a partir do momento em que fossem aplicadas três regras fundamentais: a privatização, a "mercantilização" e a liberalização. Essas três grandes regras tornaram-se os três pilares do neoliberalismo e da globalização neoliberal. A década seguinte (de 1986 a 1996) foi o ponto alto do neoliberalismo, com o Estado se retirando do setor social e da regulação econômica, com a lei do mercado presidindo à regulação econômica e social, e com a proliferação de organizações da sociedade civil, genericamente designadas por "terceiro setor", cuja finalidade consiste em satisfazer as necessidades humanas a que o mercado não consegue dar resposta e o Estado já não está em condições de satisfazer (SANTOS, 2002e, p. 439-495; SANTOS; JENSON, 2000). Esse é também o período em que os fracassos do mercado, enquanto grande princípio da regulação social, tornam-se evidentes. O enorme aumento da polarização dos rendimentos e dos níveis de riqueza, com o seu efeito devastador sobre a reprodução dos modos de subsistência de populações inteiras; o aumento generalizado da corrupção; os efeitos perversos da conjugação da lei do mercado com a democracia não distributiva, conducente à implosão de alguns Estados e a guerras civis por vezes interétnicas são, todos eles, fatos com uma disseminação demasiadamente ampla e profunda para poderem ser descartados como meros desvios anômalos. Foi nessa conjuntura que a governação surgiu, enquanto matriz social e política nova.

Os últimos 40 anos podem, assim, resumir-se na seguinte sequência de conceitos: da legitimidade à governabilidade; da governabilidade à governação. Transpondo para a terminologia hegeliana, podemos pensar na governação como sendo a síntese, que supera a tese (a legitimidade) e a antítese (a governabilidade). Na verdade, a governação procura aliar a exigência de participação e de inclusão – reivindicada pela perspectiva que encara a crise social pelo lado da legitimidade – com a exigência de autonomia e de autorregulação reivindicada pela perspectiva da governabilidade. Trata-se, todavia, de uma falsa síntese, uma vez que funciona totalmente dentro do quadro da governabilidade. Em vez de ressuscitar a procura de legitimidade que caracterizou a década de 1970, ela tenta reconstruir a governabilidade de forma monolítica para transformá-la numa concepção alternativa da legitimidade.

O significado político da governação neoliberal

Para identificar o significado político da governação neoliberal, temos de prestar atenção não apenas àquilo que ela diz, mas também àquilo que silencia. São os seguintes os silêncios mais importantes da matriz da governação: as transformações sociais, a participação popular, o contrato social, a justiça social, as relações de poder e a conflitualidade social. Foram esses os conceitos com que, na década de 1970, foi formulada a crise da legitimidade. Foram também os conceitos em que se alicerçou a teoria crítica moderna. Ao silenciá-los, sem para eles oferecer uma alternativa positiva, a governação assinala a derrota da teoria crítica tanto no plano social como no plano político. De fato, as alternativas aos conceitos silenciados propostas pela governação são, todas elas, negativas, no sentido em que se definem por oposição aos conceitos da legitimidade: em vez de transformações sociais, a resolução de problemas; em vez da participação popular, participação dos titulares de interesses reconhecidos (*stakeholders*); em vez do contrato social, a autorregulação; em vez da justiça social, jogos de soma positiva e políticas compensatórias; em vez de relações de poder, coordenação e parcerias; em vez de conflitualidade social, coesão social e estabilidade dos fluxos.

Esses conceitos alternativos não deixam de conter aspectos positivos. Com efeito, alguns deles refletem certas aspirações da democracia avançada. São negativos na medida em que são utilizados em oposição aos outros conceitos silenciados, e não como uma componente complementar da mesma constelação política. Desse modo, em vez de estarem a serviço de um projeto de inclusão social e de redistribuição social, estão, isso sim, a serviço da exclusão social e da polarização econômica.

No cerne da crise da legitimidade encontrava-se a ideia da soberania popular e da participação popular, alicerce da equação fundamental necessária a uma transformação social verdadeiramente capacitadora: não há benefício sem participação; e não há participação sem benefício. Tal equação decorre das seguintes premissas: o direito a determinar o benefício cabe a quem participa; a condição para tal autodeterminação é a autodeterminação da participação. A matriz da governação lida com essa equação de uma forma complexa. Ela aceita a equação na condição de substituir a participação autodeterminada por uma participação baseada num princípio de seleção segundo o qual apenas alguns atores, interesses ou vozes são admitidos a participar. A participação pode ser autônoma, mas não os critérios de escolha dos participantes. Pode haver benefício para os que são admitidos, mas sempre à custa da invisibilização dos preteridos. A equação é, assim, desenraizada e instrumentalizada. Se o princípio de seleção é posto em causa e os que não são admitidos ganham visibilidade, poderão eventualmente obter benefícios, mas sob a condição de não participarem. Se a natureza e o âmbito dos benefícios são postos em causa pelos participantes admitidos, estes poderão usufruir da possibilidade de continuar a participar, mas com a condição de não insistirem na autodeterminação dos respectivos benefícios. Em casos extremos, dir-se-á que o benefício reside na participação em si mesma.

Aplicando à governação a sociologia das ausências (SANTOS; RODRÍGUEZ-GARAVITO, 2005), é possível detectar dois atores não existentes: o Estado e os excluídos. No caso do Estado, não é ele propriamente que está ausente; estão, sim, ausentes o princípio da soberania e o poder coercivo que lhe estão associados. O Estado é, portanto, um parceiro legítimo da governação, desde que participe numa qualidade que não a de Estado soberano e que, ao fazê-lo, assuma, idealmente, um estatuto semelhante ao dos demais parceiros. Mas a questão tem mais que se lhe diga. A passagem da legitimidade à governabilidade foi provocada pela incapacitação do Estado enquanto regulador social. No entanto, o Estado não foi privado do seu papel de metarregulador, quer dizer, de entidade responsável por criar espaço para reguladores não estatais legítimos. Será desnecessário dizer que esse tipo de intervenção do Estado é bem diferente daquele que presidiu ao contrato social. No caso deste último, o Estado selecionou dois atores sociais bem definidos – o capital e o trabalho – e trouxe-os à mesa das negociações, controlada pelo próprio Estado, procurando chegar a acordos passíveis de serem acompanhados e, se tal se afigurasse necessário, aplicados através da coerção estatal. A formação política assim gerada era uma formação de conflitos institucionalizados, e não de fluxos estáveis; de coexistência pacífica, e não de objetivos comuns.

É diversa a maneira como os excluídos são remetidos à não existência. Não é possível obrigá-los simplesmente a ficar de fora, como sucedia no contrato social e no Estado-Providência, uma vez que, ao contrário deste, a matriz da governação não aceita o binômio dentro/fora. O que quer que fique de fora não é concebido como fonte de um poder capaz de transformar a exclusão em inclusão. Inclusão e exclusão são, desse modo, despolitizadas, não mais do que dimensões técnicas da coordenação. Na ausência de um comando soberano, a exclusão só existe como dilema da exclusão: como obter poder para lutar pela inclusão no círculo da governação, quando todo o poder que há decorre de se pertencer a esse círculo?

Algumas das vozes da teoria crítica do direito, incluindo eu próprio, vêm defendendo que a moderna juridificação da vida social – ou seja, a concepção segundo a qual as transformações sociais são uma luta por direitos cuja regulação é exercida pela democracia liberal e pelo Estado de direito – se traduziu num recuo da política, à medida que a proteção de um número crescente de interesses sociais foi passando a estar dependente de especialistas do direito dotados de uma mentalidade tecnicista, em vez de depender da mobilização e do peso político (SANTOS, 1995; 2000; 2002e). Numa comparação retrospectiva, o paradigma jurídico afigura-se agora como muito mais político do que a matriz da governação. Para os autores da área da teoria crítica, a despolitização provocada pelo direito foi uma opção altamente política, o mesmo se podendo dizer a propósito da governação.

É possível contestar a ideia, aqui defendida, de que a governação é a forma de governo do neoliberalismo assente no primado das leis do mercado, uma vez que todo o instrumentário conceptual, tanto ideológico como técnico, da governação vai contra aquele que subjaz à lógica do mercado. Em lugar de concorrência (mercado), coordenação e parceria (governação); em lugar de destruição criativa, problemas sociais; em lugar de rentabilidade, coesão social; em lugar de consequências imprevistas, consequências a tratar como se houvessem sido previstas; em lugar de mercado, sociedade civil. Em resumo, a matriz da governação surgiu para corrigir falhas do mercado, sendo dominada por uma lógica que não é uma lógica econômica, mas sim uma lógica social. De fato, o período áureo do neoliberalismo assistiu ao crescimento exponencial de organizações da sociedade civil e de ONGs, muitas delas apostadas em oferecer algum alívio a populações desamparadas em consequência da progressiva extinção das redes de segurança outrora proporcionadas pelo Estado-Providência ou pelos Estados desenvolvimentistas e agora incapazes de adquirir esse apoio no mercado.

O ressurgimento da sociedade civil durante as décadas de 1980 e 1990 é um fenômeno complexo, para o qual não existe uma explicação monocausal. A esse respeito, distinguirei três processos distintos. O primeiro é constituído pelas organizações da sociedade civil (OSCs) que surgiram na Europa Central e no Leste Europeu para reivindicar uma esfera pública não estatal autônoma a partir da qual pudessem lutar contra os regimes autoritários do Estado socialista. Essas organizações foram muito influentes no período de transição democrática que se seguiu à queda dos regimes comunistas. Um tipo semelhante de sociedade civil surgiu em muitos países da América Latina durante o período de transição democrática que se seguiu à queda das ditaduras militares que vigoraram desde meados das décadas de 1960 ou 1970 até finais da década de 1980. Esse tipo de sociedade civil surgiu ainda em vários países da Ásia e África no período pós-independência, com a contestação ao poder autoritário dos partidos nacionalistas.

Enquanto na Europa Central e no Leste Europeu as OSCs vieram pôr em causa o regime político e econômico, na América Latina – assim como na África e na Ásia – as OSCs puseram em causa o regime político autoritário, mas, de um modo geral, não se opuseram ao modelo econômico implantado em concomitância com a democracia, isto é, o neoliberalismo. Quando as transições democráticas foram dadas por findas, a maioria dessas OSCs desapareceram, fosse porque passaram a partidos políticos ou a empresas de consultoria ou de representação de lobbies, fosse porque se reconverteram, encaixando assim no terceiro tipo de OSCs a seguir referido.

O segundo processo é o que mais estreitamente se relaciona com a crise da governabilidade, e consiste em OSCs que não se opuseram nem ao regime político (a democracia liberal) nem ao modelo econômico (o capitalismo neoliberal), antes considerando a si próprias como organizações de solidariedade vocacionadas para satisfazer as necessidades humanas das vítimas da reestruturação econômica, da espoliação, da discriminação, da degradação ambiental, da guerra, das violações maciças dos direitos humanos etc. Elas formam a maior parte do terceiro setor, ou o campo das organizações não governamentais. Ocupam-se do privado, não do público; do social, não do político; do micro, não do macro (a democracia liberal e o capitalismo neoliberal).

Por último, há, subjacente ao ressurgimento da sociedade civil, um terceiro processo a considerar. Nele se incluem as OSCs – muitas delas com origem nos novos movimentos sociais, tanto do Norte como do Sul – que lutam contra a globalização neoliberal. Embora muitas dessas organizações prestem serviços similares aos das OSCs do segundo tipo, elas situam as suas ações num conceito de ativismo político mais alargado. Põem em causa o modelo hegemônico de democracia, advogando uma democracia participativa de base. Recusam a ideia de que não existe alternativa à globalização neoliberal, consideram-se anticapitalistas e advogam economias alternativas, modelos alternativos de desenvolvimento, ou alternativas ao próprio desenvolvimento. Não obstante terem, na sua maioria, uma implantação local, trabalham em rede com organizações semelhantes de outros espaços, bem como com organizações de âmbito global. São esses elos e toda essa ligação em rede, numa relação a um tempo local e global, que constituem a globalização contra-hegemônica.

A paisagem das OSCs é, por conseguinte, bastante rica e diversificada. Os diferentes processos que explicam o ressurgimento das OSCs nas décadas de 1980 e 1990 conduziram a dois tipos principais de sociedade civil: por um lado, a sociedade civil liberal, constituída pelas OSCs do primeiro tipo que descrevi anteriormente; por outro lado, um segundo tipo de sociedade civil, subalterna e contra-hegemônica, constituída pelos movimentos sociais e pelas OSCs que mantêm em equilíbrio instável o macro e o micro, o público e o privado, o social e o político, o formal e o informal, centrando-se, para tanto, nas causas profundas do sofrimento humano que se propõem minorar. Estão empenhadas em criar esferas públicas não estatais subalternas, tanto no nível local como no nível nacional e global.

Essa clivagem entre dois grandes tipos de sociedade civil explica a centralidade do princípio da seleção na matriz da governação. A sociedade civil admitida à participação na governação é a sociedade civil liberal, uma vez que só as suas organizações partilham os valores subjacentes à parceria e à coordenação autorregulada. Segundo a matriz da governação, a resolução de problemas e a coesão social são mais fáceis de atingir quando a política e a ideologia não interferem na prossecução de objetivos e de interesses comuns. De fato, só as concepções de interesses e de benefícios que se apresentem como abertas, fragmentárias e pragmáticas é que poderão ser inteligíveis para o mercado – esse mercado que é a mais flexível e esquiva de todas as instituições – e nele produzir impacto, contribuindo assim para que os mercados continuem florescentes, não obstante os seus gritantes fracassos.

À luz dessa realidade, a governação neoliberal procede àquilo a que De Angelis (2003, p. 23) chama "a inversão de Polanyi". Enquanto Polanyi defendia que a economia existe incrustada na sociedade, a matriz da governação tem por premissa a necessidade de incrustar a sociedade na economia. Como afirma o pacto global das Nações Unidas, "a ideia é que o empenhamento numa cidadania empresarial deverá partir da própria organização, através da incrustação de princípios e valores universais na sua visão empresarial estratégica, bem como na sua estrutura organizativa, iniciativas culturais, e funcionamento diário" (UNITED NATIONS, 2000, p. 3).

Em outras palavras, os "valores universais" são bons para o negócio, e nessa premissa reside o caráter voluntário do pacto (SHAMIR, 2005). Não existe qualquer possibilidade de esses valores ou princípios porem em perigo a perspectiva de lucro de que depende o florescimento das organizações econômicas – como sucedeu, por exemplo, com os impostos quando surgiram pela primeira vez. Por serem compulsórias, as políticas públicas relativas a impostos acabaram por selecionar as empresas capazes de sobreviver sob o regime de impostos. Na matriz da governação, pelo contrário, cabe às empresas selecionar os valores e princípios com os quais se sentem capazes de funcionar.

Mesmo quando as empresas, coagidas pela pressão de ativistas envolvidos em campanhas de publicidade negativa, concordam em se pautar por códigos de conduta básicos, fazem-no por calculismo econômico (e não por uma motivação social).

Em face de tudo isso, direi que a governação é uma forma geneticamente modificada de direito e de governo, que procura tornar-se resistente a duas perigosas pragas: por um lado, pressões populares, a partir de baixo, potencialmente caóticas; por outro lado, mudanças imprevisíveis das regras do jogo da acumulação de capital, causadas pela regulação estatal ou interestatal.

Lutas sociais no quadro da governação

A relação histórica entre democracia e capitalismo é uma relação não linear, quanto mais não seja porque, ao longo dos últimos 200 anos, vigoraram diferentes modelos de democracia (MACPHERSON, 1966; 1977; HELD, 1987; AKE, 1996; ABRAHAMSEN, 2000), bem como diferentes modelos de capitalismo (BOYER, 1986; BOYER; DRACHE, 1996; SANTOS, 2002e. Ao longo do século XX, a tensão entre democracia e capitalismo vivida no Norte girou em torno da questão da redistribuição social. Essa foi uma das grandes questões subjacentes à crise da legitimidade durante a década de 1970. A conversão da crise da legitimidade em crise da governabilidade foi a resposta capitalista às pressões no sentido de uma redistribuição social mais ampla e mais profunda. O neoliberalismo neutralizou, ou enfraqueceu grandemente, os mecanismos democráticos de redistribuição social – ou seja, os direitos socioeconômicos do Estado-Providência, ou as políticas redistributivas, não necessariamente assentes em direitos do Estado desenvolvimentista. Privada do seu potencial redistributivo, a democracia tornou-se completamente compatível com o capitalismo, e em tal grau que ambos se transformaram nos conceitos gêmeos que presidem ao novo modelo global das questões políticas e sociais, um modelo imposto em nível mundial pela globalização neoliberal, pelas políticas de ajustamento estrutural e também, mais recentemente, pela guerra neocolonial.

Passados 40 anos, a questão da redistribuição afigura-se mais séria do que nunca. Em alguns setores da produção e em algumas regiões do mundo, os índices de exploração atingiram níveis tão elevados que, a julgar também pelos mecanismos brutais utilizados para obtê-los, parece que estamos entrando numa nova época de acumulação primitiva do capital. Acresce-se que as populações não sujeitas à exploração ou insuscetíveis de sê-lo se encontram numa situação mais dramática ainda, porquanto as condições de manutenção dos respectivos modos de vida foram se deteriorando como resultado da reestruturação econômica e da degradação social e ambiental; foram, por isso, declaradas populações descartáveis. Finalmente, a receita triádica formada por privatização, mercantilização e liberalização desgastou aquilo que era propriedade comum tutelada pelo Estado, transformando-a numa nova geração de direitos privados. Surgiu uma nova forma de governo indireto (ecoando o "governo indireto" do colonialismo inglês), em que atores econômicos poderosos detêm um poder tremendo e desobrigado de qualquer responsabilidade, controlando desse modo os meios de subsistência básicos das pessoas, desde bens como a água até a energia, passando pelas sementes, pela segurança ou pela saúde.

A redistribuição social é o problema mais sério com que nos deparamos neste início do século XXI. Mas não é o único. Desde a década de 1980 que ao problema da redistribuição social veio juntar-se o problema do reconhecimento da diferença, tema que debato em detalhe no Capítulo 8. Hoje em dia, vivemos em sociedades que são tremendamente desiguais, contudo a igualdade não é o único valor que prezamos. Também prezamos a diferença, o reconhecimento das diferenças sem hierarquia entre elas, aspiração que não teve uma presença vincada quando da concepção da crise da legitimidade da década de 1970.

O verdadeiro teste para a governação é, por conseguinte, saber em que medida consegue fazer frente quer à questão da redistribuição social, quer à questão do reconhecimento da diferença. À luz do que afirmo atrás, não considero que na matriz da governação seja gerado qualquer potencial para uma redistribuição social significativa. A governação está em melhores condições de dar resposta à questão do reconhecimento da diferença do que à questão da redistribuição social, mas mesmo aí se tornarão patentes as suas limitações estruturais.

Tal não quer dizer que as disposições da governação não produzam alguns benefícios para os grupos mais desfavorecidos incluídos no círculo de parceria. Esses benefícios poderão até, eventualmente, extravasar para os excluídos. Mas daí não advém nenhum potencial propício a uma participação popular capacitadora, ou a uma redistribuição social entendida como um direito próprio. Dito de outro modo, aquilo que é benéfico não determina, por si só, aquilo que é emancipatório. Se a população dos sem-abrigo ou sem-teto aumenta exponencialmente, é bom que aqueles que possuem residência própria os deixem abrigar-se no alpendre das suas casas. Sempre é melhor do que nada. No entanto, devido ao caráter voluntário do gesto, a redistribuição assim obtida obedece à lógica da filantropia. Ou seja, ela não ocorre de uma forma capacitadora, em reconhecimento tanto do direito à habitação como do direito a reclamar a efetividade do direito à habitação de uma maneira autônoma e participativa.

Poder-se-á dizer que, em determinadas circunstâncias, o caráter voluntário do acatamento é mais virtual do que real, em face das pressões exercidas – muitas vezes a partir de fora – sobre o círculo da governação. Nesse caso, pode suceder que intervenham processos sociais diferentes, sendo, por isso, necessário fazer distinções analíticas e políticas. A título de ilustração, referir-me-ei sumariamente a dois exemplos de pressão externa provocada pelo Estado. O primeiro exemplo é retirado do estudo de César Rodríguez-Garavito (2005a) sobre o funcionamento de códigos de conduta nas fábricas de confecção da Guatemala, que laboravam em condições de grande exploração da mão de obra (conhecidas por "*maquilladoras*" ou "*sweatshops*"). Durante o processo de negociações do Acordo de Livre-Comércio entre Estados Unidos, América Central e República Dominicana (Cafta), o estado guatemalteco sofreu pressões do governo dos Estados Unidos da América no sentido de ser mais ativo na repressão das violações dos direitos humanos no local de trabalho. Em risco de se ver excluído do Cafta, o Estado guatemalteco, por sua vez, exerceu pressão sobre a marca de vestuário (Liz Claiborne) e o respectivo fornecedor no sentido de respeitar o código de conduta daquela, fato que acabaria por permitir a sindicalização dos operários da fábrica. Num segundo caso, e retomando um tema já debatido no Capítulo 8, o Estado sul-africano, pressionado por um forte movimento social que exigia medicamentos antirretrovirais gratuitos ou baratos para doentes com HIV/aids, conseguiu que, graças à sua própria pressão, as companhias farmacêuticas retirassem a queixa feita nos tribunais relativamente ao licenciamento obrigatório e à produção de genéricos e baixassem os preços dos seus produtos de marca (KLUG, 2005).

    Importa fazer notar que em ambos os casos o Estado, que havia se esquivado à regulação social, supostamente intervém a partir do exterior, usando – se não formalmente, pelo menos informalmente – da sua prerrogativa soberana de exercer pressão sobre o círculo da governação por forma a obter determinado resultado considerado politicamente importante. Mas, enquanto no caso da Guatemala o Estado intervém devido a uma pressão que vem de cima e os operários assim beneficiados não são chamados a participar na deliberação respeitante aos benefícios, no caso da África do Sul o Estado é pressionado a partir de baixo e cede à pressão das movimentações sociais. Com efeito, o Estado alia-se às movimentações sociais expressamente para essa finalidade. No primeiro caso, se os benefícios forem retirados aos operários, estes acabarão tão impotentes como estavam antes para poderem reivindicá-los. No segundo caso, a ação do Estado contribui para conferir poder ao movimento social em causa, para lhe reforçar o papel de alavanca da contestação social numa situação específica e eventualmente também em casos futuros, inclusivamente contra o próprio Estado. Os dois casos, em suma, mostram que o Estado é a estrutura presente-ausente da matriz da governação – fato especialmente patente em condições de estresse institucional –, o que significa que a matriz da governação funciona dentro da "autoexterioridade" do Estado. Os casos relatados mostram ainda que, não obstante as condições desfavoráveis do presente, a luta capacitadora pelo direito à redistribuição – pelo direito a ter direitos, no dizer de Hannah Arendt (1968, p. 177) – poderá ter algum êxito, não devido à governação, mas sim apesar dela.

Antes de dar por findo este exame da matriz da governação, importa sublinhar que, não obstante eu questionar o fato de a governação se autocaracterizar como sendo pós-estatal, não é minha intenção defender um regresso às velhas formas de regulação estadocêntrica, que, de qualquer modo, estiveram sempre confinadas a um pequeno número de países, sobretudo europeus. Pelo contrário, é minha intenção propor uma nova forma de regulação que, sem prescindir da energia da sociedade civil (seja na sua forma liberal, seja na sua forma contra-hegemônica),[6] atribui ao Estado nacional ou às instituições políticas democráticas supranacionais o papel estratégico de definir as desigualdades de poder existentes no interior do círculo da governação como problemas políticos que devem ser tratados em termos políticos. É sobre esse tipo de legalidade e de governação que me debruçarei a seguir.

Há outras histórias da governação?

Detive-me, até agora, na governação neoliberal. Pode até parecer que não há mais nada no horizonte. Mas há. Como ficou dito antes, recentemente, a globalização neoliberal, apesar de continuar a ser a forma dominante de globalização, foi confrontada com outra forma de globalização – a globalização contra-hegemônica, alternativa, solidária, "a partir de baixo". Nos últimos 20 anos, e de um modo mais evidente a partir do levante de Chiapas, em 1994, e dos protestos de Seattle, quando da reunião da Organização Mundial do Comércio (OMC) de 1999, tem-se assistido ao surgimento de outra forma de globalização resultante dos movimentos sociais e das organizações da sociedade civil que, através de ligações simultaneamente de tipo local e global, vêm

---

[6] Ver o Capítulo 13.

empreendendo uma luta global contra todas as formas de opressão geradas ou intensificadas pela globalização neoliberal. Centrar-me-ei agora sobre as condições políticas do surgimento de uma legalidade cosmopolita subalterna e insurgente decorrente das práticas dos movimentos sociais e das organizações não governamentais agrupados no FSM (Santos, 2005b; 2006c). A minha tese é de que no seio dessa globalização contra-hegemônica alternativa está sendo gerada outra matriz de governação: uma governação contra-hegemônica insurgente, que implica a articulação e a coordenação entre uma imensa variedade de movimentos sociais e de organizações da sociedade civil, com a finalidade de combinar estratégias e tácticas, de definir agendas, e ainda de planejar e levar a efeito ações coletivas.

Não deixa de ser surpreendente que os traços principais da governação neoliberal se encontrem também presentes na matriz da governação contra-hegemônica que subjaz ao Fórum Social Mundial: a participação voluntária, a horizontalidade, a coordenação, a parceria, a autorregulação etc. Diferentes percursos históricos levaram a essa surpreendente convergência. No que toca à governação neoliberal, o impulso dominante foi a rejeição do centralismo e da coerção estatais e a formulação de um novo modelo de regulação social fundado no reconhecimento seletivo e hegemônico dos interesses e na participação voluntária dos interessados. No que toca à governação contra-hegemônica, e como se mostra na seção a seguir, o impulso gerador foi, por um lado, a rejeição dos partidos operários e dos sindicatos como agentes históricos exclusivos e modos de organização privilegiados de uma transformação social de sentido progressista, e, por outro lado, a formulação de um novo modelo de emancipação social assente no reconhecimento da diversidade dos agentes da emancipação social e dos objetivos da transformação social.

Mais surpreendente ainda é o fato de a governação contra-hegemônica se defrontar com alguns dos desafios e dilemas que se colocam à governação neoliberal. Por exemplo, em ambos os casos funciona um princípio de seleção. No caso da governação contra-hegemônica, os grupos sociais mais excluídos, aqueles que seria de supor terem mais a lucrar com o êxito da luta contra a globalização neoliberal, não só não participam como também têm poucas probabilidades de verem contemplados os respectivos interesses e aspirações. A utopia negativa que agrega todos os movimentos e organizações não governamentais – e que consiste na recusa da ideia de que não há alternativa à atual desordem capitalista global – coexiste com os diferentes e até contraditórios interesses, estratégias e agendas que os dividem. A luta pelo alargamento do círculo da governação contra-hegemônica continua, e alguns dos movimentos e organizações não governamentais que nela participam são os mesmos que lutam pelo alargamento do círculo da governação neoliberal.

Será que a governação neoliberal e a governação contra-hegemônica alguma vez se fundirão numa síntese dialética da governação global? Como adiante direi, é muito improvável que tal suceda. Será que vão se influenciar mutuamente? Tal é possível e, na verdade, já está sucedendo, como resulta patente da análise do FSM, na seção que se segue.

O Fórum Social Mundial como política e legalidade cosmopolita subalterna e insurgente do Sul global[7]

O FSM constitui uma das mais consistentes manifestações de uma sociedade civil global contra-hegemônica e subalterna em vias de surgimento. Na sua definição mais ampla, o FSM é o conjunto de iniciativas de troca transnacional entre movimentos sociais e organizações não governamentais em que se articulam lutas sociais de âmbito local, nacional ou global, travadas (de acordo com a Carta de Princípios de Porto Alegre) contra todas as formas de opressão geradas ou agravadas pela globalização neoliberal.

Na prática, o FSM é o conjunto de fóruns – mundiais, temáticos, regionais, sub-regionais, nacionais, municipais e locais – que se organizam de acordo com a Carta de Princípios. O FSM não está confinado aos seis encontros que tiveram lugar em Porto Alegre (Brasil), em 2001, 2002, 2003 e 2005, em Mumbai (Índia), em 2004, e em Caracas, Bamako e Karachi, as cidades onde se realizou o Fórum Social

---

[7] A análise levada a cabo nesta secção está mais desenvolvida em Santos, 2005b e 2006c. Ver ainda para uma análise recente sobre o FSM, Santos, 2021g, p. 326-332.

Mundial policêntrico de 2006. Também inclui todos os outros fóruns que se reuniram paralelamente ao FSM. Em primeiro lugar, os fóruns temáticos, como o Fórum das Autoridades Locais (quatro edições); o Fórum Parlamentar Mundial (cinco edições); o Fórum Mundial da Educação (três edições); o Fórum Mundial dos Juízes (três edições); o Fórum Mundial da Juventude (três edições); o Fórum da Diversidade Sexual; o Fórum Mundial da Água (duas edições). Em segundo lugar, inclui todos os fóruns que realizaram por iniciativa própria na primeira década do século XXI – fóruns nacionais, regionais e temáticos. Estes são em número demasiado grande para incluir numa lista completa. Entre os regionais, destacaria o Fórum Pan-Amazônico (três edições), o Fórum Social Europeu (quatro edições), o Fórum Social Asiático (duas edições), o Fórum Social Africano (quatro edições) e o Fórum Social das Américas (três edições). Entre os fóruns temáticos, merecem uma menção especial o Fórum sobre "A crise do neoliberalismo na Argentina e os desafios para o movimento global", o primeiro fórum temático, organizado na Argentina, em agosto de 2002; o Fórum Temático Palestino sobre "Soluções negociadas para conflitos", em dezembro de 2002, na cidade de Ramallah; e o Fórum sobre "Democracia, direitos humanos, guerra e tráfico de drogas", realizado na Colômbia, em junho de 2003. Em terceiro lugar, devem também ser incluídas no FSM as reuniões, nacionais ou internacionais, de movimentos ou organizações com vista à preparação dos fóruns anteriormente citados. Finalmente, e apesar de a Carta de Princípios impedir o FSM de organizar ações coletivas em seu próprio nome, devem considerar-se como parte do processo do FSM as ações regionais ou globais levadas a cabo pelas redes de movimentos e organizações que integram o FSM, desde que essas iniciativas respeitem a Carta de Princípios. É o caso das ações aprovadas pela assembleia da Rede Global de Movimentos Sociais, que se reúne paralelamente ao FSM, e que, em meu entender, fazem parte do processo do FSM. Na assembleia que teve lugar durante o terceiro FSM, foi decidido convocar uma marcha global contra a guerra e pela paz em 15 de fevereiro de 2003; na assembleia reunida durante o quarto FSM, decidiu-se igualmente convocar uma marcha global contra a guerra e pela paz, dessa vez para 20 de março de 2004, data do primeiro aniversário da invasão do Iraque. Essas ações coletivas são parte integrante do FSM, ainda que não sejam concretizadas em nome do FSM.[8]

O FSM é um novo fenômeno político. Não é aquilo a que se chama um evento nem uma mera sucessão de eventos, ainda que procure conferir alguma dramatização às reuniões formais que promove. Não é um congresso acadêmico, ainda que para lá confluam os contributos de muitos acadêmicos. Não é um partido nem uma internacional de partidos, ainda que nele participem militantes e ativistas de muitos partidos de todo o mundo. Não é uma ONG nem uma confederação de organizações não governamentais, ainda que a sua origem e organização devam muito às organizações não governamentais. Não é um movimento social, ainda que muitos dos participantes lhe chamem o movimento dos movimentos. Apesar de se apresentar como agente da mudança social, o FSM rejeita o conceito de um sujeito histórico privilegiado, o que equivale a dizer que não confere prioridade a nenhum ator social específico nesse processo de mudança. Não obedece a nenhuma ideologia claramente definida, seja na definição do que rejeita, seja na daquilo que afirma.

As lutas sociais que encontram expressão no FSM não se encaixam propriamente em nenhuma das duas grandes vias da mudança social sancionadas pela modernidade ocidental: a via da reforma e a via da revolução. Para além do consenso relativo à não violência, as modalidades de luta a que recorre são extremamente diversas e perfilam-se ao longo de um eixo contínuo que vai desde a legalidade/institucionalismo até a ação direta/insurreição. O próprio conceito de não violência presta-se às interpretações mais díspares. Finalmente, o FSM não está estruturado segundo nenhum dos modelos da moderna organização política, quer se trate do centralismo democrático, da democracia representativa ou da democracia participativa. Ninguém o representa nem está autorizado a

---

[8] A inclusão dessas ações no processo do FSM não é aceito por todos. O Conselho Internacional (CI) integra organizações cujos representantes no Conselho rejeitam qualquer relação orgânica entre o FSM e as ações aprovadas pela Rede Global de Movimentos Sociais ou por qualquer outra rede de movimentos ou organizações. Segundo esses representantes – dos quais se destaca Francisco Whitaker, um dos fundadores do FSM (2003) –, a abrangência e a inclusividade do FSM só podem ser preservadas se nenhuma ação em particular for atribuída ao FSM como um todo. Um debate recente sobre essa questão entre Francisco Whitaker, Bernard Cassen e eu próprio pode ser lido no *Global Civil Society 2005/06*. Mais adiante, voltarei a essa questão.

falar – e muito menos a tomar decisões – em seu nome, se bem que veja a si próprio como um fórum que viabiliza as decisões dos movimentos e organizações nele participantes.[9]

Em seguida, começarei por dizer em que consiste a novidade política do FSM. Passarei depois a analisar os problemas e tensões criados por essa novidade, particularmente no que se refere à estratégia política e à ação política, bem como a sua relação com a ação institucional e o direito.

A novidade política do Fórum Social Mundial

As inovações políticas do FSM podem ser formuladas do seguinte modo:

Uma nova utopia crítica. O FSM pressupõe o ressurgimento de uma utopia crítica, quer dizer, de uma crítica radical da realidade vigente, e a aspiração a uma sociedade melhor. Quando surge, apresenta-se como alternativa ao predomínio da utopia conservadora do neoliberalismo – isto é, da crença utópica segundo a qual o mercado não regulado é a fonte do bem-estar socioeconômico e a bitola pela qual devem ser aferidas (ou melhor: descartadas) as demais alternativas. Como todas as utopias conservadoras, o neoliberalismo distingue-se das utopias críticas pelo fato de se identificar com a realidade atual, de maneira que a sua dimensão utópica consiste na radicalização ou no pleno cumprimento do presente (HINKELAMMERT, 2002, p. 278).

A dimensão utópica do FSM consiste em afirmar a possibilidade de uma globalização contra-hegemônica. Assim, a utopia do FSM afirma-se mais em termos negativos (a definição daquilo que critica) do que em termos positivos (a definição daquilo a que aspira). Primeira utopia crítica do século XXI, o FSM visa romper com a tradição das utopias críticas da modernidade ocidental, muitas das quais redundaram em utopias conservadoras. O caráter aberto da dimensão utópica do FSM é a sua tentativa de fugir a essa perversão. Para o FSM, a exigência de alternativas é uma exigência plural. A afirmação de alternativas anda a par com a afirmação de que há alternativas às alternativas.

---

[9] Para uma melhor compreensão do caráter político e dos objetivos do FSM, ver Sen *et al.* (2004). Ver também a Carta de Princípios do FSM em https://bit.ly/3nyR0m7. Acesso em: 26 out. 2021.

Acresce-se que a utopia do FSM é radicalmente democrática. O fato de o FSM se centrar nos processos de interação entre os movimentos (e não na avaliação das agendas políticas destes) é a razão principal da sua coesão interna. Desse modo, ele contribui para maximizar aquilo que une e minimizar aquilo que divide. Esse desígnio utópico, que de resto resulta claro da própria Carta de Princípios, visa promover consensos para além das clivagens ideológicas e políticas entre os movimentos e as organizações participantes.

Uma concepção muito ampla de poder e de opressão. A globalização neoliberal não se limita a submeter ao mercado um número crescente de interações nem a aumentar a taxa de exploração dos trabalhadores através, por um lado, da transformação da força de trabalho em recurso global e, por outro, dos obstáculos que cria à emergência de um mercado de trabalho global. A globalização neoliberal veio mostrar, com acrescida e brutal clareza, que a exploração está ligada a muitas outras formas de opressão que afetam mulheres, minorias étnicas (por vezes, maiorias), povos indígenas, camponeses, desempregados, trabalhadores do setor informal, imigrantes legais e ilegais, subclasses dos guetos urbanos, homossexuais e lésbicas, crianças e jovens sem futuro digno. Todas essas formas de poder e de opressão criam exclusão. Não se pode atribuir a uma delas, em abstrato, ou às práticas que lhe resistem, qualquer prioridade na reivindicação de que "outro mundo é possível". As prioridades políticas estão sempre situadas e dependentes do contexto. Dependem das condições sociais e políticas concretas de cada país num dado momento histórico. Para responder a essas condições e às suas flutuações, os movimentos e organizações devem dar prioridade às articulações entre si. Isso explica, em última instância, a novidade organizacional de um FSM sem líderes, a sua rejeição das hierarquias e a importância que atribui às redes possibilitadas pela internet (WATERMAN, 2003a; 2003b; ESCOBAR, 2004b).

Equivalência entre os princípios da igualdade e do reconhecimento da diferença. Vivemos em sociedades que são obscenamente desiguais, e, no entanto, não nos basta a igualdade como um ideal emancipatório. A igualdade, entendida como equivalência entre o mesmo, acaba por excluir o que é diferente. Tudo que é homogêneo no início tende a se converter mais tarde em violência excludente. É aqui que reside a base da novidade política e organizacional mencionada anteriormente. Aqui reside também a base para a opção a favor da democracia participativa, enquanto princípio regulador da emancipação social, em detrimento de modelos fechados como o do socialismo de Estado.

Privilegiar a revolta e o inconformismo em detrimento da revolução. Não há uma teoria única para guiar estrategicamente os movimentos, pois o objetivo não é tanto conquistar o poder, mas antes transformar as muitas faces do poder tal como se apresentam nas instituições e nas sociabilidades. Além disso, mesmo aqueles para quem a prioridade é conquistar o poder estão divididos quanto à estratégia. Uns preferem rupturas radicais de modo a realizar uma nova ordem (revolução), enquanto outros preferem mudanças graduais por meio do compromisso e do diálogo com o inimigo (reforma). Nesse nível, a novidade consiste na celebração da diversidade e do pluralismo, na experimentação e também na democracia radical.

Estratégia e ação política

Dada a novidade política que essa utopia comporta, a sua tradução em planejamento estratégico e em ação política não pode deixar de se apresentar difícil. Tal tarefa está marcada pela trajetória histórica da esquerda política ao longo do século XX. A realidade das divergências é, muitas vezes, uma realidade fantasmática na qual as divergências sobre opções políticas concretas se misturam com divergências sobre os códigos e as linguagens em que essas opções se exprimem.

O FSM tem conseguido, até agora, superar as divergências políticas. Contrariamente ao que sucedeu com o pensamento e a prática de esquerda na modernidade capitalista ocidental, o FSM conseguiu criar um estilo e uma atmosfera de inclusão e de respeito em relação às divergências, um estilo e uma atmosfera que tornam bastante difícil que as diferentes facções políticas se autoexcluam sob o pretexto de estarem sendo excluídas. Para isso contribuiu decisivamente o programa "minimalista" do FSM declarado na sua Carta de Princípios: afirmação enfática do respeito pela diversidade; acesso quase incondicional (só estão excluídos os movimentos ou grupos que advogam a violência); ausência de votações ou de deliberações no fórum enquanto tal; ausência de uma entidade representativa que fale em nome do fórum. É quase semelhante a uma "tábula rasa" onde têm lugar todas as formas de luta contra o neoliberalismo e por uma sociedade mais justa. Perante tal abertura, aqueles que optam pela autoexclusão sentem dificuldade em definir com rigor aquilo de que estão se excluindo.

Tudo isso contribuiu para tornar o poder de atração do FSM maior do que a sua capacidade de repelir. Mesmo os movimentos que dirigem as mais severas críticas ao FSM, como os anarquistas, não têm estado ausentes. Existe, em definitivo, algo de novo no ar, algo que é caótico, confuso, ambíguo e suficientemente indefinido para merecer o benefício da dúvida. Poucos quererão perder esse comboio, especialmente num tempo histórico em que os comboios deixaram de passar. Por todas essas razões, o desejo de salientar o que os movimentos e organizações têm em comum tem prevalecido sobre o desejo de sublinhar o que os separa. A manifestação de tensões ou de clivagens tem sido relativamente tênue e, acima de tudo, não tem resultado em exclusões mútuas. Teremos de esperar para ver quanto tempo irá durar essa vontade de convergência e essa partilha caótica de diferenças.

Nem os tipos de clivagem nem o modo como os movimentos se relacionam com eles estão aleatoriamente distribuídos dentro do FSM. Eles refletem, pelo contrário, uma metaclivagem entre as culturas políticas ocidentais e as "outras" tradições democráticas não ocidentais. Até certo ponto, essa metaclivagem existe igualmente entre o Norte e o Sul. Assim, dada a forte presença de movimentos e organizações do Atlântico Norte e da América Latina branca, em particular nas três primeiras edições do FSM, não é de surpreender que as clivagens mais salientes espelhem a cultura política e a trajetória histórica da esquerda nessa zona do mundo. Isso significa, por um lado, que muitos movimentos e organizações da África, da Ásia, das Américas indígena e negra, e da Europa dos imigrantes não se reconhecem nessas clivagens, e, por outro, que as clivagens alternativas que esses movimentos e organizações pretendem explicitar estão sendo ocultadas ou minimizadas pelas que são dominantes.

Depois dessa advertência, o meu próximo passo será identificar as principais clivagens manifestas. No seu conjunto, elas representam o horizonte em que se desenrolam as possibilidades e as limitações da legalidade cosmopolita subalterna.

Reforma ou revolução. Essa clivagem carrega o peso da tradição da esquerda ocidental, apesar de poder ser encontrada em outras latitudes. É a clivagem entre os que pensam que outro mundo é possível através da transformação gradual do mundo injusto em que vivemos, mediante reformas legais e mecanismos de democracia representativa, e os que pensam que o mundo em que vivemos é um mundo capitalista que nunca tolerará reformas capazes de questionar ou de perturbar a sua lógica de funcionamento, devendo, portanto, ser derrubado e substituído por um mundo socialista. Essa clivagem também é conhecida como dividindo moderados e radicais. Ambos os campos abrangem uma ampla variedade de posições. Entre os revolucionários, nomeadamente, há uma clivagem nítida entre a velha esquerda, que aspira a uma espécie de socialismo de Estado, os anarquistas, que são radicalmente antiestatistas, e alguma da nova esquerda bastante ambivalente quanto ao papel do Estado numa sociedade socialista. Embora correspondam a uma proporção ínfima do FSM, os anarquistas situam-se entre os críticos mais ferozes do reformismo, que, segundo eles, controla a liderança do FSM.

A clivagem anteriormente referida repercute-se, ainda que de forma não linear, nas opções estratégicas e nas escolhas de ação jurídica e política. No que à ação jurídica diz respeito, os reformistas mostram-se mais dispostos a incluir a mobilização jurídica e judicial nas suas lutas, desde que seja a mobilização política a definir o quadro da mobilização jurídica, e não o contrário, ao passo que os revolucionários nutrem uma grande desconfiança pela lei, incluindo o direito informal implantado da base para o topo ou os direitos humanos internacionalmente reconhecidos. Segundo a sua perspectiva, existe entre a mobilização política e a mobilização jurídica uma profunda brecha (estratégica, mas também ideológica) que torna a articulação entre uma e outra praticamente impossível. A ação jurídica tende a individualizar os conflitos, a dar prioridade ao saber jurídico profissional, a retirar aos movimentos o ritmo próprio da luta, a inflacionar as pequenas conquistas reversíveis, vendo-as como grandes vitórias irreversíveis – tende, em suma, a ter um efeito desmobilizador. No que diz respeito às opções políticas mais concretas, uma das que mais ressalta é a opção estratégica entre reformar/democratizar as instituições da globalização neoliberal (Organização Mundial do Comércio e instituições financeiras internacionais; Banco

Mundial, Fundo Monetário Internacional) ou lutar por eliminá-las e substitui-las.

O que é novo no FSM, enquanto entidade política, é o fato de a maioria dos movimentos e organizações que nele participam não se reconhecerem nessas clivagens e recusarem entrar nos debates sobre elas. Há uma enorme resistência a assumir rigidamente uma posição dada, e uma resistência ainda maior a rotulá-la de acordo com as ortodoxias taxonômicas do passado. A maioria dos movimentos e organizações têm experiências políticas nas quais momentos de confrontação alternam ou se combinam com momentos de diálogo e de compromisso, em que as visões de transformação social em longo prazo coexistem com as possibilidades táticas da conjuntura social e política nas quais as lutas se desenrolam, em que as denúncias radicais do capitalismo não paralisam a energia para as pequenas mudanças quando as grandes não são possíveis, em que o recurso aos tribunais é considerado ora útil, ora prejudicial.

Acima de tudo, essa clivagem, para muitos movimentos e organizações, é ocidentalcêntrica ou nortecêntrica, e é mais útil para compreender o passado da esquerda do que para construir o seu futuro. Na verdade, uma parte dos movimentos e das organizações nem sequer se reconhece, pelas mesmas razões, na dicotomia entre esquerda e direita.

Precisamente pelo fato de que, para muitos movimentos e organizações, a prioridade não é conquistar o poder, mas transformar as relações de poder nas múltiplas faces da opressão, as tarefas políticas, por muito radicais que sejam, devem ser concretizadas aqui e agora, na sociedade onde vivemos. Portanto, não faz sentido perguntar *a priori* se o seu sucesso é incompatível com o capitalismo. O conceito de hegemonia de Gramsci (1971) é útil para compreendermos as ações políticas dos movimentos. O que é necessário é criar visões contra-hegemônicas alternativas, capazes de sustentar as práticas cotidianas e as sociabilidades de cidadãos e grupos sociais. O trabalho das lideranças dos movimentos é, naturalmente, importante, mas não deve ser, de modo algum, concebido como o trabalho de uma vanguarda iluminada que abre o caminho para as massas, sempre vítimas da mistificação e da falsa consciência. Pelo contrário, conforme o subcomandante Marcos, do Exército Zapatista de Libertação Nacional, recomenda, cabe às lideranças "caminhar com aqueles que vão mais devagar". Para quem assim pense, a questão não é ter de escolher entre reforma ou revolução, mas antes como alimentar, de modo sustentado, o inconformismo e a rebelião enquanto atitude subjetiva e prática política. Há ainda aqueles para quem a questão é conceber a revolução em sentido não leninista, como uma questão de transformação civilizacional que se dilata por um longo período de tempo.

Socialismo ou emancipação social. Essa clivagem relaciona-se com a anterior, mas não há uma sobreposição total entre as duas. Independentemente da posição tomada em relação à clivagem anterior, ou da recusa em tomar posição, os movimentos e organizações divergem quanto à definição política do outro mundo possível. Para alguns, o socialismo ainda é uma designação adequada, por muitas e muito díspares que possam ser as concepções de socialismo. Para a maioria, porém, o socialismo transporta a ideia de um modelo fechado de sociedade futura e deve, por isso, ser rejeitado. Preferem outras designações, menos carregadas politicamente, sugestivas de abertura e de uma busca constante de alternativas. Por exemplo, a emancipação social como a aspiração a uma sociedade em que as diferentes relações de poder sejam substituídas por relações de autoridade partilhada. Essa é uma designação mais inclusiva e mais centrada em processos do que em estágios finais de transformação social. Aqueles que veem as respectivas lutas em termos de emancipação social tendem a ter uma visão mais positiva da legalidade cosmopolita subalterna e insurgente, baseada na circunstância de ao longo da história se registrarem vitórias jurídicas e judiciais, hoje recordadas como marcos da emancipação social.

Mas muitos movimentos do Sul global pensam que não é preciso colocar rótulos gerais nos objetivos e nas lutas. Os rótulos correm o risco de se afastar das práticas que os originaram, adquirindo uma vida própria e dando assim lugar a resultados perversos. Na realidade, segundo alguns, o conceito de socialismo é ocidentalcêntrico e nortecêntrico, estando o conceito de emancipação igualmente preso na tendência ocidental para criar falsos universalismos. Daí que muitos não se reconheçam em qualquer dos termos dessa dicotomia e nem sequer se preocupem em propor uma que lhe seja alternativa.

O Estado como inimigo ou como aliado potencial. Essa é também uma clivagem em que os movimentos do Norte se reconhecem mais facilmente do que os movimentos do Sul. Por um lado, há aqueles que pensam que o Estado, apesar de no passado ter sido uma arena de luta importante, foi transnacionalizado e transformado num mero agente da globalização neoliberal durante as últimas décadas. Ou o Estado se tornou irrelevante, ou é hoje o que sempre foi: a expressão dos interesses gerais do capitalismo. O alvo privilegiado das lutas contra-hegemônicas deve ser, portanto, o Estado. E, quando assim não seja, as lutas devem ser travadas com total autonomia em face do Estado. Por outro lado, há aqueles que pensam que o Estado constitui uma relação social e é, enquanto tal, intrinsecamente contraditório, podendo ser utilizado como aliado em algumas lutas contra a opressão. Para essa posição, o Estado continua a ser uma importante arena de luta. A globalização neoliberal não retirou ao Estado a sua centralidade, apenas a reorientou para servir melhor aos interesses do capital global. A desregulação é uma regulação social como qualquer outra e, portanto, um campo político onde se deve agir se houver condições para isso.[10]

A maioria dos movimentos, mesmo daqueles que reconhecem a existência de uma clivagem a esse respeito, recusa tomar uma posição rígida e de princípio. As suas experiências de luta mostram que o Estado, sendo por vezes o inimigo, pode ser também um aliado precioso na luta contra as imposições transnacionais. Nessas circunstâncias, a atitude mais adequada é, uma vez mais, o pragmatismo. Se em algumas situações a confrontação se justifica, em outras é aconselhável a colaboração. E em outras ainda é apropriada uma combinação das duas. O importante é que, em cada momento ou em cada luta, o movimento ou organização em questão seja claro e transparente nas razões para a opção adotada, a fim de salvaguardar a autonomia da ação.

Também aqui a clivagem se prolonga, através dos modos como a mobilização jurídica pode fazer parte – ou não – das lutas contra-hegemônicas. A atitude pragmática relativamente ao Estado tende a ir de par com uma visão mais positiva do potencial progressista da ação jurídica e judicial. Ainda que nunca considere o Estado um aliado incondicional, essa posição abre-se à possibilidade de, em casos concretos, a institucionalização das disposições que corporizam a convergência

---

[10] Esse tema é discutido nos Capítulos 9 e 10.

entre a ação do Estado e os movimentos contra-hegemônicos poder ser benéfica para estes.

Lutas nacionais ou lutas globais. Essa é a clivagem mais uniformemente distribuída na totalidade dos movimentos e organizações abrangidos pelo FSM. Por um lado, há movimentos que, embora participem no FSM, acreditam que este não é mais do que um ponto de encontro e um acontecimento cultural, pois as verdadeiras lutas, que são realmente importantes para o bem-estar das populações, são travadas em nível nacional contra o Estado ou contra a sociedade civil nacional dominante. Como exemplo, num relatório sobre o FSM preparado pelo Movimento para a Democracia Nacional nas Filipinas, pode-se ler:

> O Fórum Social Mundial continua a flutuar por cima, vendo e experimentando, mas sendo realmente incapaz de abordar as condições efetivas de pobreza e de privação de poder levadas a muitos países pela globalização imperialista. Se não encontrar formas definidas de traduzir ou até de transcender a sua "globalidade" em intervenções mais práticas que lidem com essas condições, poderá continuar a ser um fórum imenso, mas vazio, que constitui mais um evento cultural do que outra coisa qualquer. [...] As lutas nacionais contra a globalização são, e deveriam fornecer, a âncora para qualquer iniciativa de antiglobalização em nível internacional (Gobrin-Morante, 2002, p. 19).

Por outro lado, há movimentos para os quais o Estado está hoje transnacionalizado e, por conseguinte, deixou de ser o centro privilegiado da decisão política. Esse descentramento do Estado implicou também o descentramento da sociedade civil, que está hoje sujeita a muitos processos de globalização social, cultural e mesmo econômica.[11] Além disso, em algumas situações o objeto da luta (seja ele uma decisão da Organização Mundial do Comércio ou do Banco Mundial, a exploração de petróleo ou de recursos biológicos por empresas transnacionais) está fora do espaço nacional e inclui uma pluralidade de países em simultâneo. É por isso que a escala da luta deve ser cada vez mais global, um fato em que o FSM baseia a sua relevância.

---

[11] Basta ter em mente o financiamento das organizações não governamentais do Sul global por parte das organizações não governamentais do Norte global.

De acordo com a larga maioria dos movimentos, isso constitui, de novo, uma clivagem que não faz justiça às necessidades concretas das lutas concretas. O fato novo nas sociedades contemporâneas é que as escalas da sociabilidade – as escalas locais, nacionais e globais – estão cada vez mais interligadas. Na aldeia mais remota da Amazônia ou da Índia os efeitos da globalização hegemônica, e as formas como os Estados nacionais se comprometem com eles, são claramente sentidos. Se, em geral, isso acontece com as escalas da vida social e política, acontece ainda mais com as escalas das lutas contra-hegemônicas. No que aos movimentos participantes no FSM diz respeito, é evidente que, embora na organização de cada luta política ou social se privilegie uma determinada escala, seja ela local, nacional ou global, é condição para o êxito que as diversas escalas estejam envolvidas. A decisão que determina a escala a privilegiar é uma decisão política que deve ser tomada caso a caso.

O impacto dessa clivagem na política do direito torna-se patente no peso relativo dado ao direito internacional, aos direitos humanos internacionais e à militância jurídica transnacional quando se faz o enquadramento das ações políticas. Sempre que os movimentos ou as organizações não governamentais encaram a mobilização jurídica como parte integrante da mobilização política, tendem a recorrer a estratégias jurídicas em diferentes escalas. Esse caráter transescalar faz parte integrante da legalidade cosmopolita subalterna – ou seja, o tipo de mobilização jurídica que, ao visar o global no local e o local no global, faz avançar a globalização contra-hegemônica (SANTOS, 2002e, p. 468).

Ação direta ou ação institucional. Essa é a clivagem com o impacto mais imediato sobre a política do direito. É clara a sua ligação com as clivagens anteriormente referidas, relativas à reforma/revolução e ao papel do Estado. É, também, uma clivagem com uma longa tradição na esquerda ocidental. Aqueles para quem tal clivagem continua a ter uma grande importância são os mesmos que menosprezam a novidade da globalização neoliberal no processo histórico de dominação capitalista.

De um lado estão os movimentos que acreditam que as lutas legais, baseadas no diálogo e no compromisso com instituições do Estado ou agências internacionais, são ineficazes, porque o sistema jurídico e político do Estado e as instituições do capitalismo são impermeáveis a quaisquer medidas legais ou institucionais capazes de melhorar efetivamente as condições de vida das classes populares. As lutas institucionais apelam à intervenção dos partidos, e estes tendem a colocar essas lutas a serviço das suas clientelas e dos seus interesses partidários. O sucesso de uma luta institucional tem, pois, um preço elevado, o preço da cooptação, descaracterização e trivialização. Mas, mesmo nos casos raros em que uma luta institucional conduz a medidas legais e institucionais que correspondem aos objetivos dos movimentos, é quase certo que a aplicação concreta dessas medidas acaba por ficar sujeita à lógica jurídico-burocrática do Estado, frustrando assim as expectativas dos movimentos. É por isso que apenas a ação direta, o protesto de massa, as greves garantem o sucesso das lutas. As classes populares não têm mais armas senão a pressão exterior sobre o sistema. Se elas não se arriscam, estão condenadas à partida.

Os apoiantes das lutas institucionais, pelo contrário, assumem que o "sistema" é contraditório, uma relação social e política em que é possível lutar e onde o fracasso não é o único resultado possível. Na modernidade, o Estado – e, mais concretamente, o direito do Estado – foi o centro desse sistema. No decurso do século XX, as classes populares conquistaram espaços jurídico-institucionais importantes, dos quais o sistema do Estado-Providência é uma boa manifestação. O fato de o Estado-Providência estar hoje em crise,[12] e de a "abertura" que ofereceu às classes populares estar atualmente sendo fechada, não significa que esse processo seja irreversível. Na verdade, não o será se os movimentos e organizações continuarem a lutar dentro das instituições e do sistema jurídico e judicial.

Em geral, os movimentos e organizações mais fortes são aqueles que privilegiam mais frequentemente as lutas institucionais, ao passo que os menos fortes são os que privilegiam com maior frequência a ação direta. Essa clivagem é mais acentuada nos movimentos e organizações do Norte do que nos do Sul. Contudo, a grande maioria dos movimentos recusa tomar partido nessa clivagem. Segundo eles, as condições jurídicas e políticas concretas devem ditar o tipo de luta a ser privilegiado. As condições podem, efetivamente, aconselhar o uso sequencial ou simultâneo dos dois tipos de luta. Historicamente, a ação

---

[12] Analiso em detalhe esse tema nos Capítulos 9 e 10.

direta esteve na gênese de mudanças jurídico-institucionais de sentido progressista, e foi sempre necessário combater o aproveitamento ou mesmo a subversão dessas mudanças através da ação direta.

Apesar das diferenças, tanto os movimentos como as organizações não governamentais tendem, todos eles, a concordar que a mobilização jurídica exige um duplo investimento, um luxo a que a maioria deles não pode se dar. Por um lado, a escolha do fórum jurídico mais adequado requer, muitas vezes, recursos jurídico-financeiros com um custo proibitivo. Por outro lado, o tipo de ativismo jurídico exigido – em que num elevado nível de especialização jurídica há que aliar uma atitude política de sentido progressista, proporcionando o estímulo que procure ir além da decisão e da interpretação jurídica convencional – raramente se encontra disponível. Esse fato explica por que razão os movimentos e organizações não governamentais mais fortes, frequentemente dotados de departamentos jurídicos próprios, tendem a possuir uma visão mais positiva da ação jurídico-institucional.

O princípio da igualdade ou o princípio do respeito pela diferença. Como já afirmei, uma das novidades do FSM é o fato de a larga maioria dos seus movimentos e organizações acreditar que, apesar de vivermos em sociedades obscenamente desiguais, a igualdade não é suficiente como princípio orientador da emancipação social. Essa emancipação deve basear-se em dois princípios: o princípio da igualdade e o princípio do respeito pela diferença. A luta por qualquer um deles deve ser articulada com a luta pelo outro, pois a realização de um é condição da realização do outro. Ainda assim, há uma clivagem entre movimentos e, por vezes, dentro do mesmo movimento, em torno da questão de saber se deve ser dada prioridade a algum desses princípios, e, nesse caso, a qual deles. Nos que respondem afirmativamente à primeira questão, a clivagem dá-se entre os que atribuem prioridade ao princípio da igualdade – pois só a igualdade pode criar oportunidades reais para o reconhecimento da diferença – e os que dão prioridade ao princípio do reconhecimento da diferença, pois sem esse reconhecimento a igualdade oculta as exclusões e marginalidades em que se assenta, tornando-se assim duplamente opressiva (pelo que oculta e silencia e pelo que revela).

A clivagem ocorre entre movimentos e no interior do mesmo movimento. Atravessa, entre outros, os movimentos de trabalhadores, de negros, ambientalistas, feministas e indígenas. Por exemplo, enquanto o movimento dos trabalhadores tem privilegiado o princípio da igualdade em detrimento do princípio do reconhecimento da diferença, o movimento feminista tem privilegiado este último em detrimento do primeiro. Mas, de fato, a posição mais partilhada – e mais vivamente advogada pelos movimentos indígenas e ambientalistas – é que ambos os princípios têm prioridade em conjunto e que não é correto dar prioridade a um deles em abstrato. As condições políticas concretas indicarão a cada movimento qual dos princípios deve ser privilegiado numa determinada luta concreta. Qualquer luta concebida sob a égide de um desses princípios deve ser organizada de maneira a abrir o espaço ao outro princípio.

No movimento feminista do FSM, essa posição é atualmente dominante. Virginia Vargas [s.d.] expressa-o bem quando afirma:

> No Fórum Social Mundial, os feminismos começaram a [...] alimentar processos que integram a justiça de gênero com a justiça econômica, recuperando ao mesmo tempo a subversão cultural e a subjetividade como estratégia de transformação de âmbito maior. Confrontam assim duas expressões amplas de injustiça: a injustiça socioeconômica, enraizada nas estruturas políticas e econômicas da sociedade, e a injustiça cultural ou simbólica, enraizada nos padrões sociais de representação, interpretação e comunicação. Ambas as injustiças afetam as mulheres e as muitas outras vítimas de outras discriminações (por motivos raciais, étnicos, de orientação sexual, e até geográficos).

Vargas apela a novos feminismos – feminismos dos novos tempos – como um panorama discursivo, expansivo e heterogêneo, produzindo campos policêntricos de ação que se disseminam por um leque vasto de organizações da sociedade civil, muitas das quais não se dedicam exclusivamente à luta contra a discriminação sexual. E conclui: "A nossa presença no FSM, fazendo essas mesmas perguntas, é também uma expressão dessa mudança".

A coexistência dinâmica do princípio da igualdade e do princípio do reconhecimento da diferença tem um grande peso na definição da posição das políticas da legalidade nas lutas cosmopolitas subalternas. A crise tanto do reformismo demoliberal como do reformismo socialista teve o seu impacto mais direto no princípio da igualdade, que em verdade havia facultado toda a justificação para as lutas reformistas progressistas do século XX (Santos, 2002e, p. 441). A crise não atingiu do mesmo modo o princípio do reconhecimento da diferença, podendo-se até afirmar que, paralelamente ao agudizar da crise do princípio da igualdade, obtiveram-se importantes vitórias no que se refere à validação social do princípio do reconhecimento da diferença, como se pode ver sobretudo pelos movimentos feministas desencadeados a partir da década de 1970 e pelos movimentos indígenas verificados a partir da década de 1980. Essas vitórias vieram injetar uma credibilidade nova na política do direito tanto no Norte como no Sul, credibilidade propensa a extravasar para outras áreas da luta política.

Transconflitualidade. Muitas das tensões e clivagens anteriormente referidas não são exclusivas do FSM. De fato, fazem parte do legado histórico das forças sociais que, ao longo dos últimos 200 anos, lutaram contra o *status quo* por uma sociedade melhor. A especificidade do FSM reside na circunstância de no seu seio coexistirem todas essas clivagens sem que isso perturbe o seu poder agregador. A meu ver, três fatores contribuem para esse fato. Em primeiro lugar, as clivagens são importantes de maneiras diferentes para os diferentes movimentos e organizações, e nenhuma delas está presente nas práticas ou nos discursos da totalidade dos movimentos e organizações. Desse modo, ao mesmo tempo que tendem para o fracionismo, todos eles libertam um potencial para o consenso. Em outras palavras, todos os movimentos e organizações dispõem de um espaço para a ação e para o discurso que lhes permite pôr-se de acordo com todos os outros movimentos ou organizações, independentemente das clivagens que os atravessam. Em segundo lugar, não houve, até ao momento, qualquer exigência tática ou estratégica suscetível de radicalizar as posições, intensificando, dessa forma, as clivagens. Pelo contrário, as clivagens têm sido de baixa intensidade. No que aos movimentos e organizações em geral diz respeito, tem sido mais importante aquilo que une do que aquilo que divide. Em terceiro lugar, mesmo quando se admitem clivagens, os diferentes movimentos e organizações distribuem-se, nessas suas diferenças, de uma maneira não linear. Se um dado movimento se opõe a outro numa dada clivagem, pode bem suceder de se acharem ambos do mesmo lado a propósito de outra clivagem. Assim, as diferentes alianças estratégicas ou as ações comuns prosseguidas por cada movimento tendem a contar com parceiros diferentes. Desta forma, excluem-se de início a acumulação e o aprofundamento de divergências que poderiam resultar do fato de os movimentos se alinharem ao longo de clivagens múltiplas. Muito pelo contrário, as clivagens acabam, assim, por neutralizar umas às outras. E é nessa transconflitualidade que reside, a meu ver, o poder agregador do FSM.

A política do direito e da legalidade num contexto de globalizações em conflito

Descrevi o FSM como sendo uma utopia realista de tipo crítico. Chegados aqui, impõe-se perguntar que tipo de relação entre o direito e a política (ou seja, aquilo que designo como política do direito) será congruente com essa utopia e a que estratégias políticas tem dado origem. Será que engloba uma utopia jurídica? Em que será comparável à governação neoliberal, essa forma jurídica privilegiada da globalização hegemônica?

Sustentei, em outro local, que a transformação oitocentista da moderna ideia de progresso na ideia de uma repetição infinita e sempre crescente da sociedade burguesa confiou tanto à moderna ciência (e em particular às ciências sociais) como ao direito a tarefa de descobrir e assegurar as regularidades da vida social e da transformação social que tornavam possível a "mudança normal" (SANTOS, 2002e, p. 71-82). O direito, entretanto reduzido a direito do Estado, achava-se disponível quer como instrumento para o cumprimento dos imperativos da regulação social, quer como pré-compreensão do conhecimento científico da sociedade ainda a desenvolver.

Essa disponibilidade ilimitada para a engenharia social por parte do direito do Estado esteve na raiz da sua conversão numa utopia própria – uma utopia jurídica. Essa utopia jurídica foi o motor de impulsão da mudança normal – isto é, da ideia de que, através de uma dialética de melhoria e repetição, a mudança social era um processo contínuo que avançava por transformações graduais sancionadas pelo direito estatal, o qual, por sua vez, ia também mudando de forma contínua e gradual.

Esse padrão da mudança normal se assenta nos seguintes pressupostos. Em primeiro lugar, por mais diversa que seja a sua aplicação concreta de Estado para Estado, o padrão da mudança normal não é senão a lógica política transnacional do sistema interestatal. Em segundo lugar, os mecanismos de administração desenvolvidos e montados pelo Estado-nação encontram-se disponíveis e mostram-se eficazes em todo o território nacional, cujas fronteiras são igualmente garantidas pelo Estado. Em terceiro lugar, a capacidade financeira do Estado para pôr em prática todas as suas estratégias depende, acima de tudo, da sustentabilidade do crescimento econômico e, portanto, do êxito das estratégias de acumulação nacional. Em quarto lugar, as aspirações humanas e o bem-estar das pessoas podem ser satisfeitos ou assegurados por produtos e serviços produzidos em massa e concebidos como mercadorias, mesmo não sendo distribuídos através dos mercados das mercadorias. Em quinto lugar, os riscos e perigos dos quais o Estado é chamado a proteger os seus cidadãos têm uma ocorrência rara, além de que são, maioritariamente, de pequena ou média gravidade.

Essa utopia jurídica está atravessando uma crise profunda (e terminal?) que teve início nos primeiros anos da década de 1970 e se prolonga até os dias de hoje (Santos, 2002e, p. 71-82, p. 447-58). É na sombra (se não entre as ruínas) dessa utopia jurídica e da respectiva crise que tanto a governação neoliberal como a legalidade cosmopolita subalterna devem ser entendidas. Elas representam duas interpretações contrastantes das condições resultantes da crise da moderna utopia jurídica, oferecendo, consequentemente, duas leituras prospectivas igualmente contrastantes daquilo que é este nosso tempo. A governação neoliberal vê a crise da utopia jurídica não como problema, mas como solução. Segundo a matriz da governação, a moderna utopia jurídica é parte indissociável de uma ordem burocrática baseada "no comando e no controle", centrada no Estado e no aparelho judicial, e que, para além de autoritária, rígida e não participativa, está eivada de ineficácia e marcada pelo fosso entre a criação e a aplicação das leis (Simon, 2003). As características da governação anteriormente referidas visam, assim, oferecer a solução para os problemas gerados pela moderna utopia jurídica, não pela sua crise.

Para a legalidade cosmopolita subalterna, a moderna utopia jurídica constituía uma falsa solução para o problema muito real que era gerir as tensões entre a democracia e o capitalismo. De um lado, as lutas democráticas pela inclusão no contrato social, que tiveram como resultado o alargamento dos direitos, certa redistribuição social e o aumento das interações não mercantis entre os cidadãos, possibilitadas pelo Estado-Providência ou pelo Estado desenvolvimentista. Do outro lado, o capitalismo com a sua fixação no lucro e a sua visão da redistribuição social como uma forma de expropriação. A moderna utopia jurídica nunca achou maneira de resolver a contradição entre a democracia redistributiva e o capitalismo, no entanto manteve-a dentro de limites controláveis nas sociedades metroplitanas,[13] estabelecendo assim os alicerces para as políticas de consenso que governaram os países centrais desde o período posterior à segunda Guerra Mundial até os finais da década de 1960. A crise da utopia jurídica veio piorar o problema da redistribuição social. Paradoxalmente, ela o fez de maneira tal que as contradições entre democracia e capitalismo parecem ter se desvanecido. Privada do seu potencial redistributivo, a democracia é hoje globalmente promovida pelos mesmos agentes que promovem o capitalismo pelo mundo fora. A tensão dissolveu-se numa complementaridade.

A questão, porém, tem mais que se lhe diga, pois falta referir essa disjunção profunda entre regime político e regime social, a que chamei fascismo social (SANTOS, 2002e, p. 453; 2003c).[14] Trata-se de uma nova constelação sociopolítica caracterizada pelo confinamento da democracia a um campo político cada vez mais estreitamente definido e que coexiste (mais do que interfere) com certas formas de sociabilidade, em que os atores não estatais mais poderosos assumem o poder de veto sobre a vida e o bem-estar dos atores menos poderosos ou daqueles desprovidos de qualquer poder. É uma constelação política altamente instável, reproduzida, nos países centrais, por uma transformação até aqui eficaz das políticas de consenso em políticas de resignação e, nos países periféricos, pela imposição de políticas de ajustamento estrutural frequentemente associadas à colaboração de elites locais corruptas (AKE, 1996; SANTOS, 2006b). Fascismo social a uma escala global, eis o problema com que a legalidade cosmopolita subalterna se vê confrontada. De nada vale

---

[13] Nas colônias não foi necessário gerir essa contradição pela simples razão de que um dos termos da contradição (a democracia) estava ausente.

[14] Ver o Capítulo 9.

tentar reavivar a moderna utopia jurídica ou inventar uma nova. A solução está numa utopia realista crítica cujo evoluir pragmático possa envolver a mobilização jurídica enquanto parte de uma mobilização política de tipo mais amplo.

Para ser mobilizado com êxito num contexto contra-hegemônico, o direito tem de ser submetido a um profundo processo de revisão. Em causa está, antes de mais, a pergunta pela possibilidade do uso contra-hegemônico de um instrumento hegemônico como é o direito. Em segundo lugar, há que perguntar também pelas tradições contra-hegemônicas do direito e da legalidade e pela possibilidade da sua mobilização em lutas contra-hegemônicas. Como defendi de início, esse despensar do direito implica um alargamento da concepção da política do direito e da legalidade. As lutas jurídicas levadas a cabo pela ação combinada dos movimentos e organizações não governamentais pertencentes ao FSM dão testemunho da necessidade de tal alargamento. Fiz questão de sublinhar a diversidade interna do FSM salientando as principais clivagens existentes entre os diversos movimentos, o que por si só deveria bastar para nos pôr de sobreaviso quanto à ideia de que estamos assistindo ao surgimento de um novo paradigma. O que podemos afirmar é que, não obstante todas essas diferenças, eles têm em comum a procura do alargamento quádruplo da política da legalidade que é referido na seção introdutória.

Em primeiro lugar, a legalidade cosmopolita subalterna e insurgente nunca é formulada como sendo uma estratégia jurídica, mas antes como uma estratégia política que engloba uma componente jurídica. Além disso, as lutas não se centram exclusivamente no princípio da igualdade (a redistribuição social), como sucedia com a moderna utopia jurídica, mas se centram antes num equilíbrio complexo e dinâmico entre o princípio da igualdade e o princípio do reconhecimento da diferença.

Em segundo lugar, sempre que há o recurso ao direito, pode não ser necessariamente ao direito do Estado-nação; ou seja, pode-se também recorrer ao direito não oficial local, bem como ao direito internacional ou transnacional. Nisso reside a natureza transescalar da mobilização jurídica. A diferença da legalidade cosmopolita subalterna relativamente à moderna utopia jurídica resulta evidente, porquanto esta se centrava exclusivamente no direito estatal oficial.

Em terceiro lugar, os saberes jurídicos suscetíveis de ser mobilizados no âmbito das lutas jurídicas cosmopolitas subalternas são bastante variados. É raro as lutas apoiarem-se exclusivamente no saber jurídico profissional avalizado pelo Estado. Povos indígenas, habitantes de bairros de lata, sem-abrigo ou sem-teto, operários sobre-explorados em *sweatshops* ou *maquilladoras*, camponeses sem-terra e camponeses em luta por manter a posse tradicional da terra contra os regimes de propriedade ditados pelo mercado, mulheres discriminadas, minorias, grupos religiosos e castas inferiores, trabalhadores migrantes e trabalhadores da economia informal, ambientalistas e ativistas pela paz – todos agem no pressuposto de que o direito é coisa estranha, composta por ingredientes diferentes em diferentes porções, que há que transportar em recipientes diferentes e usar (ou descartar) de diferentes modos, ao longo da estrada que há de nos levar a uma sociedade mais justa.

Em quarto lugar, a prioridade da mobilização política sobre a mobilização jurídica e a diversidade de instrumentos políticos a que se recorre são consentâneas com uma concepção de luta social cujo quadro temporal é muito mais complexo do que aquele que presidiu à mobilização jurídica sob a égide da moderna utopia jurídica. Por um lado, os grupos sociais envolvidos nas lutas contra-hegemônicas recusam-se a ser vistos como residuais, inferiores, ignorantes, improdutivos, ou como tendo uma implantação apenas local. Por outro lado, recusam-se a esquecer que a longa duração do capitalismo e do colonialismo é um fator explicativo tanto das suas queixas como da sua resistência.

Em suma, o FSM está nos antípodas da utopia jurídica presente no cerne das sociedades capitalistas modernas. No entanto, as lutas da globalização contra-hegemônica, cientes do risco que seria deitar fora o bebê com a água do banho, não podem dar-se ao luxo de não fazer uso de todos os meios não violentos ao seu alcance para combater a modernidade capitalista, incluindo os que foram inventados pela modernidade capitalista para trair as suas próprias promessas de liberdade, igualdade e não discriminação. Nisso reside uma concepção transmoderna e intercultural do direito e da política.

CAPÍTULO 12

As concepções hegemônicas e contra-hegemônicas de democracia

A história da democracia ao longo do século XX foi em boa parte contada por aqueles que tinham um interesse, não necessariamente democrático, em promover certo tipo de democracia, a democracia liberal, e invisibilizar ou, quando impossível, demonizar outros tipos de democracia. Mesmo assim houve períodos, sobretudo no início do século XX e no imediato pós-Segunda Guerra mundial, em que os debates foram relativamente plurais, e a diversidade das aspirações democráticas, intensamente vivida. A partir de finais da década de 1980, o pluralismo e a diversidade foram desaparecendo, e o debate, ou o não debate, passou a se centrar na democracia liberal, enquanto esta sub-repticiamente se transformava em algo bem distinto, a democracia neoliberal.

Na primeira década do nosso século foram criadas na América Latina as condições políticas para repor o debate sobre o pluralismo e a diversidade democráticas e com isso restabelecer na prática o princípio da demodiversidade,[1] um conceito fundamental no meu trabalho teórico sobre a democracia. As condições foram, obviamente, as dos governos de esquerda que, no bojo de fortes movimentos sociais, chegaram ao poder em países como a Venezuela, o Brasil, a Argentina, o Equador, a Bolívia e o Uruguai. Infelizmente, perante as urgências da

---
[1] Ver Santos; Mendes (2018).

governação e os tipos de regime político em que elas se inseriram, o debate ou nunca teve lugar ou, quando teve, ficou muito aquém das expectativas. A segunda década do milênio esteve dominada, talvez como nunca, pelo monopólio de uma conceção de democracia de tão baixa intensidade que facilmente se confunde com a antidemocracia. Com cada vez mais infeliz convicção, vivemos em sociedades que são politicamente democráticas e socialmente fascistas, uma ideia que será desenvolvida adiante. Até quando o fascismo se mantém como regime social e não passa a fascismo político é uma questão em aberto. Daí a pergunta que formulei no prefácio: para onde vai a democracia? Vejamos com mais detalhe os caminhos teóricos que nos trouxeram até aqui.

Quando, no final da década de 1990, perguntaram a Amartya Sen qual tinha sido o acontecimento mais importante do século XX, respondeu sem hesitação: a emergência da democracia (SEN, 1999, p. 3). Com uma visão mais pessimista do século XX, também Immanuel Wallerstein (2001, p. 1) se perguntava, no início da primeira década deste século, como é que a democracia tinha passado de uma aspiração revolucionária, no século XIX, a um *slogan* adotado universalmente, mas vazio de conteúdo, no século XX. Essas duas posições, apesar de muito divergentes, convergem na constatação de que a democracia assumiu um lugar central no campo político durante o século XX. Se continuará a ocupar esse lugar neste século é uma questão em aberto.

O século XX foi efetivamente um século de intensa disputa em torno da questão democrática. Essa disputa, travada no final de cada uma das guerras mundiais e ao longo do período da Guerra Fria, envolveu dois debates principais. Na primeira metade do século, o debate centrou-se em torno da desejabilidade da democracia (WEBER, 1919; SCHMITT, 1926; KELSEN, 1929; MICHELS, 1949; SCHUMPETER, 1942).[2] Se, por um lado, tal debate foi resolvido em favor da desejabilidade da democracia como forma de governo, por outro lado, a proposta que se tornou hegemônica no final das duas guerras mundiais implicou uma

---

[2] Esse debate iniciara-se no século XIX, pois até então e por muitos séculos a democracia tinha sido considerada consensualmente perigosa e, por isso, indesejada. O seu perigo consistia em atribuir o poder de governar a quem estaria em piores condições para fazê-lo: a grande massa da população, iletrada, ignorante e social e politicamente inferior (MacPHERSON, 1966).

restrição das formas de participação e soberania ampliadas em favor de um consenso em torno de um procedimento eleitoral para a formação de governos (SCHUMPETER, 1942). Essa foi a forma hegemônica de prática da democracia no pós-guerra, em particular nos países que se tornaram democráticos após a segunda onda de democratização.[3]

Um segundo debate permeou a discussão em torno da democracia no pós-Segunda Guerra Mundial: trata-se do debate acerca das condições estruturais da democracia (MOORE, 1966; O'DONNELL, 1973; PRZEWORSKI, 1985), que foi também um debate sobre a compatibilidade ou incompatibilidade entre a democracia e o capitalismo (WOOD, 1996).[4] Barrington Moore inaugurou esse debate nos anos 1960 através da introdução de uma tipologia que permitia indicar os países com propensão democrática e os países sem propensão democrática. Para Moore, um conjunto de condições estruturais explicariam o fato de relativamente poucos países terem regimes democráticos no início da segunda metade do século XX: o papel do Estado no processo de modernização e sua relação com as classes agrárias; a relação entre os setores agrários e os setores urbanos e o nível de ruptura provocado pelo campesinato ao longo do processo de modernização (MOORE, 1966). O objetivo de Moore era explicar por que a maior parte dos países não eram democráticos nem poderiam vir a sê-lo senão pela mudança das condições que neles prevaleciam.

Esse debate sobre os requisitos estruturais da democracia articulava-se com o debate sobre as virtualidades redistributivas da democracia. Tal debate partia do pressuposto de que, na medida em que certos países venciam a batalha pela democracia, passavam a usufruir de certa propensão distributiva caracterizada pela chegada da social-democracia ao poder

---

[3] A ideia das ondas de democratização deve-se a Samuel Huntington (1991). A primeira onda teria ocorrido entre as primeiras décadas do século XIX e do século XX, a segunda onda, entre meados da década de 1940 e meados da década de 1960, com o fim do nazismo e a independência das colônias europeias, e a terceira onda, entre meados da década de 1970 e meados da década de 1990, com as transições democráticas no Sul da Europa, na América Latina e no Leste Europeu.

[4] Esse debate, como de resto quase todos os outros sobre a democracia, tinha sido antecipado por Rousseau ([1762] 1989), quando afirmava, no *Contrato social*, que só poderia ser democrática a sociedade onde não houvesse ninguém tão pobre que tivesse necessidade de se vender e ninguém tão rico que pudesse comprar alguém.

(PRZEWORSKI, 1985). Haveria, portanto, uma tensão entre capitalismo e democracia, tensão essa que, uma vez resolvida a favor da democracia, colocaria limites à propriedade e implicaria ganhos distributivos para os setores sociais desfavorecidos. Os marxistas, por seu lado, entendiam que essa solução exigia uma refundação da democracia, uma vez que nas sociedades capitalistas não era possível democratizar a relação fundamental em que se assentava a produção material – a relação entre o capital e o trabalho. Daí que, no âmbito desse debate, discutissem-se modelos de democracia alternativos ao modelo liberal: a democracia participativa, a democracia popular nos países do Leste Europeu, a democracia desenvolvimentista dos países recém-chegados à independência.

As concepções hegemônicas de democracia

A discussão democrática da última década do século XX mudou os termos do debate democrático do pós-guerra. A extensão do modelo hegemônico, liberal, para o Sul da Europa ainda nos anos 1970 e, posteriormente, para a América Latina e a Europa do Leste (O'DONNELL; SCHMITTER; WHITEHEAD, 1986) pareceu desatualizar as análises de Moore e de Przeworski. Tais análises pareciam obsoletas com as suas discussões sobre os impedimentos estruturais da democracia, na medida em que passamos a ter muitas dezenas de países em processo de democratização, países esses com enormes variações no papel do campesinato e nos seus respectivos processos de urbanização. Amartya Sen é um dos que celebra a perda de credibilidade da ideia das condições estruturais quando afirma que a questão não é a de saber se um dado país está preparado para a democracia, mas antes a de partir da ideia que qualquer país se prepara através da democracia (SEN, 1999, p. 4). Por outro lado, com o desmonte do Estado-Providência e com os cortes das políticas sociais a partir da década de 1980, também pareceram desconfirmadas as análises de autores como Przeworski acerca dos efeitos distributivos irreversíveis da democracia. Reabre-se, assim, a discussão sobre o significado estrutural da democracia, em particular para os chamados países em desenvolvimento, hoje, os países do Sul global.

À medida que o debate sobre o significado estrutural da democracia mudou os seus termos, outra questão veio à tona: o problema da forma da democracia e da sua variação. Essa questão recebeu a sua resposta mais influente na solução elitista proposta por Joseph Schumpeter, de acordo com a qual o problema da construção democrática em geral deveria derivar dos problemas enfrentados na construção da democracia na Europa no período de entre-guerras. A partir dessa resposta funda-se o que poderíamos chamar de conceção hegemônica da democracia. Os principais elementos dessa conceção seriam a tão apontada contradição entre mobilização e institucionalização (HUNTINGTON, 1969; GERMANI, 1971); a valorização positiva da apatia política (DOWNS, 1956), uma ideia muito salientada por Schumpeter (1942, p. 269), para quem o cidadão comum não tinha capacidade ou interesse político senão para escolher os líderes a quem incumbiria tomar as decisões; a concentração do debate democrático na questão dos desenhos eleitorais das democracias (LIJPHART, 1984); o tratamento do pluralismo como forma de incorporação partidária e disputa entre as elites (DAHL, 1956; 1971); e a solução minimalista ao problema da participação pela via da discussão das escalas e da complexidade (BOBBIO, 1986; DAHL, 1991). Todos esses elementos que poderiam ser apontados como constituintes de uma conceção hegemônica da democracia não conseguiram enfrentar adequadamente o problema da qualidade da democracia, que voltou à superfície com a chamada "terceira onda de democratização". Quanto mais se insistia na fórmula clássica da democracia liberal, de baixa intensidade, menos se conseguia explicar o paradoxo de a extensão da democracia ter trazido consigo uma enorme degradação das práticas democráticas. Aliás, a expansão global da democracia liberal coincidiu com uma crise grave desta nos países centrais onde mais tinha se consolidado, uma crise dramatizada pelo movimento de Maio de 68. Em termos de teoria democrática, a crise se assentava numa dupla patologia: a patologia da participação, sobretudo em vista do aumento dramático do abstencionismo: "para que participar, se qualquer que seja o meu voto nada muda?"; e a patologia da representação, o fato de os cidadãos se considerarem cada vez menos representados por aqueles que elegeram: "depois de eleitos, os deputados não servem aos interesses de quem os elegeu com base nos programas que apresentaram ao eleitorado; servem a interesses pessoais ou de grupos sociais ou econômicos poderosos". As "patologias" eram afinal o resultado esperado pelas teorias democráticas liberais elitistas que dominaram o debate ao longo do século XX, uma vez que desencorajavam a mobilização social em prol da ampliação e do aprofundamento dos processos democráticos.

As concepções contra-hegemônicas de democracia

Nas margens do discurso dominante sobre a democracia estiveram sempre presentes, ao longo do século XX, concepções contra-hegemônicas de democracia. A diversidade dessas concepções é enorme, mas, em geral, as "semelhanças de família" que existem entre elas são as seguintes: a indeterminação dos resultados nos processos democráticos é o melhor antídoto do totalitarismo; os limites da representação política são particularmente visíveis em sociedades socialmente muito desiguais e culturalmente muito diversas; se a representação resolve bem o problema da escala, resolve muito mal o da prestação de contas e o das identidades coletivas; assim, para certos grupos sociais (por exemplo, povos indígenas, populações afrodescendentes), a inclusão democrática pressupõe o questionamento da identidade que lhes foi atribuída externamente por um Estado colonial ou por um Estado autoritário e discriminatório; os limites da representação só são superáveis na medida em que a democracia representativa se articular com a democracia participativa; os movimentos sociais, pela intensidade que emprestam às reivindicações temáticas, têm sido fundamentais para renovar a agenda política e, desse modo, ampliar significativamente o campo do político,[5] pelo que os partidos e políticos e os movimentos sociais devem encontrar formas de articulação no respeito das respectivas autonomias;[6] a democracia não se reduz ao procedimentalismo, às igualdades formais e aos direitos cívicos e políticos, pois por via deles nunca foi possível estender as potencialidades distributivas, tanto simbólicas como materiais, da democracia às classes populares que mais poderiam se beneficiar delas; daí a necessidade de conceber a democracia

---

[5] Ver Alvarez; Dagnino; Escobar (1998); Jelin; Herschberg (1996) e Avritzer (2002).

[6] A experiência do Fórum Social Mundial veio dar um ímpeto muito específico à valorização do papel político dos movimentos sociais. Ver o capítulo anterior e Santos (2005b; 2006c; 2019).

como uma nova gramática social que rompa com o autoritarismo, o patrimonialismo, o monolitismo cultural, o não reconhecimento da diferença; tal gramática social implica um enorme investimento nos direitos econômicos, sociais e culturais.

Alguma vez formulei assim, em termos de direitos humanos, o metadireito que subjaz a uma conceção contra-hegemônica de democracia: temos o direito a ser iguais quando a diferença nos inferioriza; temos o direito a ser diferentes quando a igualdade nos descaracteriza.[7] Nas sociedades contemporâneas estruturadas pelos três grandes tipos de dominação moderna, capitalismo, colonialismo e patriarcado, a democracia contra-hegemônica tem de ter uma intencionalidade anticapitalista, anticolonialista e antipatriarcal.

As transições democráticas da "terceira onda", sobretudo no Sul da Europa e na América Latina, apesar de moldadas pelos princípios da democracia liberal, tiveram uma vocação contra-hegemônica que, no caso português, plasmou-se na ideia de um regime democrático como via para o socialismo, consagrada na Constituição de 1976. Em geral, os direitos econômicos e sociais adquiriram uma nova centralidade, bem como os mecanismos de participação, ainda que muitos deles nunca viessem a ser regulamentados. A Constituição brasileira de 1988 é um bom exemplo disso. Iniciou-se, assim, um período de renovação democrática e também de muitas contradições que viriam a redundar mais tarde em amargas frustrações. Entre os momentos mais luminosos desse período que se prolongou até o fim da primeira década de 2000 saliento três, muitos distintos entre si, mas igualmente significativos. Todos eles apontaram para um novo experimentalismo democrático em sociedades muito desiguais e muito heterogêneas, social e culturalmente. O primeiro foram as experiências de democracia participativa em nível local a partir da década de 1990, principalmente no Brasil, mas também na Índia. Essas experiências, sobretudo na forma de orçamentos participativos, difundiram-se por toda a América Latina e mais recentemente pela Europa.[8] O segundo foi o fim do *apartheid* na África do Sul e a

---

[7] Ver o Capítulo 13.
[8] No início da década dirigi um projeto internacional intitulado Reinventar a Emancipação Social: Para Novos Manifestos, em que, entre outros temas, analisei as experiências

consagração constitucional (Constituição de 1996) de uma nova relação entre o princípio da igualdade e o princípio do reconhecimento da diferença.[9] O terceiro momento foram os processos constituintes na Bolívia e no Equador, que vieram a dar origem às Constituições políticas mais desviantes da norma eurocêntrica do neoconstitucionalismo do pós-guerra, a Constituição do Equador de 2008 e a Constituição da Bolívia de 2009. Em ambas as Constituições misturam-se universos culturais eurocêntricos e indígenas, propõem-se formas avançadas de pluralismo econômico, social e cultural, desenham-se regimes de autonomia territorial e de participação sem precedentes no continente (o reconhecimento da plurinacionalidade como base material e política do reconhecimento da interculturalidade), defendem-se conceções não eurocêntricas de direitos humanos (o art. 71 da Constituição do Equador consagra os direitos da natureza) e, finalmente, atribui-se igual dignidade constitucional a diferentes tipos de democracia (o art. 95 da Constituição reconhece a democracia representativa, a participativa e a comunitária).[10]

Esses três momentos abriram caminho para um novo experimentalismo democrático que acabou por envolver a própria estrutura do Estado. Isso me levou a conceber o Estado como novíssimo movimento social[11] (Santos, 1998a, p. 59-74) e, nos casos da Bolívia e do Equador, a falar de uma autêntica refundação do Estado moderno.[12]

Onde estamos e o que fazer?

Entre 2011 e 2016, dirigi outro projeto internacional, intitulado "Alice – Espelhos estranhos, lições imprevistas: definindo para a Europa

---

de democracia participativa na África do Sul, Brasil, Colômbia, Índia, Moçambique e Portugal. Ver a nota 1 do Capítulo 2.

[9] Ver Klug (2000). De outra forma, a Colômbia, um país atravessado pela violência e pela guerra civil, assumira, no início da década de 1990, num raro momento de intensa negociação democrática (Constituição de 1991), um robusto reconhecimento da diversidade etnocultural do país. Esse reconhecimento deu origem a uma jurisprudência constitucional intercultural que serviria de modelo a outros países do continente nas décadas seguintes. Ver Santos; Villegas (2001).

[10] Ver Santos (2010a).

[11] Ver o Capítulo 10.

[12] Ver Santos; Rodríguez (2012; 2019) e Santos; Jiménez (2012).

um novo modo de partilhar as experiências o mundo".[13] Nesse projeto, que inclui os países estudados no projeto anterior (ver nota 8) e, além deles, a Bolívia e o Equador, procuro identificar e analisar experiências econômicas, sociais e políticas que possam ampliar e aprofundar o reconhecimento da diversidade do mundo e dessa forma constituam aprendizagens globais. Ou seja, aprendizagens que uma Europa arrogante e colonialista, viciada em ensinar o mundo e nunca em aprender com ele, deverá levar em conta. Trata-se de sinais de futuros emancipatórios pós-europeus, e não de um futuro emancipatório eurocêntrico, o futuro que foi se constituindo no passado hegemônico dos últimos cinco séculos.

Entre as experiências-aprendizagens está, obviamente, o vasto experimentalismo democrático a que me referi. Esse projeto terminou no final de 2016, num momento em que era evidente a frustração das elevadas expectativas que esse experimentalismo gerou. A esperança da nação arco-íris sonhada por Nelson Mandela tem sido traída perante as continuidades evidentes do antigo regime, tanto no domínio econômico como no cultural, uma situação que alguns dos investigadores que participam nesse projeto designam como *neoapartheid*. A democracia participativa perdeu muito do seu impulso contra-hegemônico inicial, em muitas situações foi instrumentalizada, cooptada, deixou-se burocratizar, não se renovou, nem em termos sociais nem em termos geracionais. No pior dos casos, conseguiu ter todos os defeitos da democracia representativa e nenhuma das suas virtudes. Por sua vez, as elevadas expectativas suscitadas pelos processos boliviano e equatoriano têm igualmente sido parcialmente frustradas, sobretudo no Equador, tendo em vista que o modelo de desenvolvimento econômico adotado, centrado na exploração intensiva dos recursos naturais, acabou por

---

[13] O projeto "ALICE – Espelhos estranhos, lições imprevistas: definindo para a Europa um novo modo de partilhar as experiências do mundo" esteve ativo entre 2011 e 2016 e foi herdeiro do projeto Reinvenção da Emancipação Social (EMANCIPA), coordenado por mim entre 1999 e 2001. Ambos os projetos foram conduzidos no Centro de Estudos Sociais da Universidade de Coimbra, em parceria com uma série de investigadores/as e centros de investigação internacionais. Em 2017, o projeto ALICE transformou-se no Programa de Investigação Alice-Epistemologias do Sul, igualmente baseado no CES, embora conte com a colaboração de muitas outras pessoas. Ver mais em https://alice.ces.uc.pt/. Acesso em: 26 out. 2021.

colidir com os princípios da interculturalidade e da plurinacionalidade e por prevalecer sobre eles.

Entretanto, em muitos dos países estudados, a própria democracia representativa sofreu um enorme desgaste. Ele se deveu a uma conjunção de fatores, todos eles convergindo na transformação da democracia liberal em democracia neoliberal, uma transformação sub-reptícia já que teve lugar sem qualquer suspensão ou revisão das constituições vigentes. Essa transformação ocorreu por via de dois processos convergentes. Por um lado, a prevalência crescente do capitalismo financeiro global corroeu a soberania dos Estados ao ponto de transformar Estados soberanos em presas fáceis de especuladores financeiros e de suas guardas avançadas, as agências de notação de crédito e o Fundo Monetário Internacional. A concentração de riqueza e a degradação dos direitos econômicos e sociais estão fazendo com que o círculo da reciprocidade cidadã se estreite, e mais e mais cidadãos passem a viver na dependência de grupos sociais poderosos que têm um direito de veto sobre os seus modos e expectativas de vida, sejam eles filantropos, narcotraficantes, latifundiários industriais, empresas de megaprojetos e de mineração. A isso chamo o fascismo social, um regime social que é o outro lado das democracias de baixa intensidade.[14]

Por outro lado, enquanto a democracia liberal reconhece a existência de dois mercados, a democracia neoliberal reconhece apenas um. Para a democracia liberal, há dois mercados de valores: o mercado político da pluralidade de ideias e convicções políticas, em que os valores não têm preço, precisamente porque são convicções ideológicas de que se alimenta a vida democrática; e o mercado econômico, que é o mercado dos valores que têm preço, o qual é precisamente determinado pelo mercado de bens e serviços. Esses dois mercados devem manter-se totalmente separados para que a democracia liberal possa funcionar de acordo com os seus princípios. Ao contrário, a democracia neoliberal dá total primazia ao mercado dos valores econômicos, e, por isso, o mercado dos valores políticos tem de funcionar como se fosse um mercado de ativos econômicos. Ou seja, mesmo no domínio das ideologias e das convicções políticas, tudo se compra e tudo se vende. Daí a corrupção

---

[14] Ver o Capítulo 9.

endêmica do sistema político, uma corrupção não só funcional, como também necessária. A democracia, enquanto gramática social e acordo de convivência cidadã, desaparece para dar lugar à democracia instrumental, a democracia tolerada enquanto serve aos interesses de quem tem poder econômico e social para pô-la a serviço dos seus interesses.

Vivemos, pois, uma conjuntura perigosa em que um a um foram desaparecendo ou sendo descaracterizados ao longo dos últimos 100 anos os vários imaginários de emancipação social que as classes populares foram gerando com as suas lutas contra a dominação capitalista, colonialista e patriarcal. O imaginário da revolução socialista foi dando lugar ao imaginário da social-democracia, e este, ao imaginário da democracia sem adjetivos e apenas com complementos de direitos humanos.

Isso nos leva a pensar que é preciso ter a coragem de avaliar com exigência crítica os processos e os conhecimentos que nos trouxeram até aqui e de enfrentar com serenidade a possibilidade de termos de começar tudo de novo. Este livro pretende ser um modesto contributo para isso.

CAPÍTULO 13

Para uma concepção intercultural dos direitos humanos

Introdução: As tensões da modernidade ocidental e os direitos humanos

A forma como os direitos humanos se transformaram, nas duas últimas décadas, na linguagem da política progressista e em quase sinônimo de emancipação social causa alguma perplexidade. De fato, durante muitos anos, após a Segunda Guerra Mundial, os direitos humanos foram parte integrante da política da Guerra Fria, e como tal foram considerados pelas forças políticas de esquerda. Duplos critérios na avaliação das violações dos direitos humanos, complacência para com ditadores amigos do Ocidente, defesa do sacrifício dos direitos humanos em nome dos objetivos do desenvolvimento – tudo isso tornou os direitos humanos suspeitos enquanto guião emancipatório. Quer nos países centrais, quer em todo o mundo em desenvolvimento, as forças progressistas preferiram a linguagem da revolução e do socialismo para formular uma política emancipatória. E, no entanto, perante a crise aparentemente irreversível desses projetos de emancipação, são essas mesmas forças que recorrem hoje aos direitos humanos para reinventar a linguagem da emancipação. É como se os direitos humanos fossem invocados para preencher o vazio deixado pelo socialismo ou, mais em geral, pelos projetos emancipatórios. Poderão realmente os direitos humanos preencher tal vazio? A minha resposta é um sim muito condicional. Isso só será possível se for adotada uma política de direitos humanos radicalmente diferente da liberal hegemônica, e se tal política for concebida como parte de uma constelação mais ampla de lutas pela emancipação social. Assim, o meu objetivo analítico neste capítulo é identificar as condições em que os direitos humanos podem ser colocados a serviço de uma política progressista e emancipatória. Tal tarefa exige que sejam claramente entendidas as tensões dialéticas que informam a modernidade ocidental.[1] A crise que hoje afeta essas tensões é o sintoma mais revelador dos problemas que a modernidade ocidental defronta no início do século XXI. Em minha opinião, a política de direitos humanos é atualmente um fator-chave para compreender tal crise.

Identifico três tensões dialéticas. A primeira ocorre entre regulação social e emancipação social. Tenho afirmado que o paradigma da modernidade ocidental se baseia numa tensão dialética entre regulação social e emancipação social, a qual está presente, mesmo que de modo diluído, na divisa positivista "ordem e progresso". Neste início de século, essa tensão parece ter desaparecido. A tensão entre a regulação social e a emancipação social baseava-se na discrepância entre as experiências sociais (o presente) e as expectativas sociais (o futuro), entre uma vida social e pessoal injusta, difícil e precária e um futuro melhor e mais justo, em suma, um futuro mais positivo. No entanto, desde que, em meados da década de 1980, o neoliberalismo começou a se impor globalmente como a nova versão de capitalismo *laissez faire*, a relação entre experiências e expectativas inverteu-se para vastas e crescentes camadas da população mundial. Por mais difícil que o presente se afigure, o futuro afigura-se ainda pior. Num contexto social e político de expectativas negativas, a emancipação deixou de ser o oposto da regulação para se tornar o duplo da regulação, na repetição de uma regulação social sempre em perigo de se precarizar.[2] Aqui residem as raízes profundas da crise das políticas modernas de esquerda. Estas sempre se basearam numa crítica do *status quo* em nome de um futuro melhor, ou seja, em nome de expectativas positivas. Por isso, as divergências no interior da esquerda centraram-se na aferição da medida da discrepância entre experiências e expectativas:

---

[1] Em outros trabalhos, analiso com mais detalhe as tensões dialéticas da modernidade ocidental (SANTOS, 1995; 2000).

[2] Ver o Capítulo 8.

uma discrepância maior, sustentando uma política revolucionária, e outra, menor, uma política reformista. Hoje, num contexto de expectativas sociais negativas, a esquerda encontra-se frequentemente na posição de defensora do *status quo*, tarefa para a qual não foi historicamente talhada.

A partir do momento em que a emancipação se transforma em repetição da regulação, a tensão criativa entre elas desaparece. Acontece que, no paradigma da modernidade ocidental, a regulação social e a emancipação social não são pensáveis uma sem a outra. Daí que o colapso das formas modernas de emancipação social pareça ter arrastado consigo o colapso das formas de regulação social a que se opunham e procuravam superar. Enquanto, até meados dos anos 1970, as crises de regulação social suscitavam o fortalecimento das políticas emancipatórias, hoje a crise da regulação social – simbolizada pela crise do Estado intervencionista e do Estado-Providência – e a crise da emancipação social – simbolizada pela crise da revolução, do reformismo social democrático e do socialismo enquanto paradigmas da transformação social – são simultâneas e alimentam-se uma da outra. A política dos direitos humanos, que pode ser simultaneamente uma política regulatória e uma política emancipatória, está armadilhada nessa dupla crise, ao mesmo tempo que é sinal do desejo de ultrapassá-la.

A segunda tensão dialética ocorre entre o Estado e a sociedade civil. Apesar de considerado o dualismo fundador da modernidade ocidental, a distinção entre Estado e sociedade civil e a relação entre ambos foram desde sempre problemáticas e mesmo contraditórias (SANTOS, 1995, p. 411-416). A diferença entre a espontaneidade da sociedade civil e a artificialidade do Estado, lapidarmente formulada por Hayek (1979, p. 140) – "as sociedades formam-se, os Estados são feitos" –, foi desde cedo desmentida pelo fato de o Estado e a sociedade civil serem "produzidos" pelos mesmos processos políticos. Como perceptivamente notou Dicey (1948, p. 306), ainda no século XIX, o Estado moderno, não obstante apresentar-se como um Estado minimalista, é potencialmente um Estado maximalista, pois a sociedade civil, enquanto o outro do Estado, autorreproduz-se através de leis e regulamentações que dimanam do Estado e para as quais não parecem existir limites, desde que as regras democráticas da produção de leis sejam respeitadas. Mas, por outro lado, a sociedade civil, uma vez politicamente organizada, pode usar as mesmas regras para impor ao Estado igualmente, sem limites aparentes e pela mesma via legislativa e regulamentar, que lhe devolva a capacidade de se autorregular e autoproduzir. Nessas condições não admira que o que, num dado momento histórico ou numa dada conjuntura política, é considerado como sendo domínio próprio do Estado possa, em outro momento ou conjuntura, ser considerado domínio próprio da sociedade civil. Nas três últimas décadas tornou-se ainda mais claro que, à luz disso, a distinção entre o Estado e a sociedade civil, longe de ser um pressuposto da luta política moderna, é o resultado dela. A tensão deixa, assim, de ser entre Estado e sociedade civil para ser entre interesses e grupos sociais que se reproduzem melhor sob a forma de Estado e interesses e grupos sociais que se reproduzem melhor sob a forma de sociedade civil. E, sendo assim, o âmbito efetivo dos direitos humanos torna-se inerentemente problemático. É certo que historicamente, nos países do Atlântico Norte, a primeira geração de direitos humanos (os direitos cívicos e políticos) foi concebida como uma luta da sociedade civil contra o Estado, considerado como o principal violador potencial dos direitos humanos, e a segunda e terceira gerações (direitos econômicos e sociais e direitos culturais, da qualidade de vida etc.) foram concebidas como atuações do Estado, considerado agora como a principal garantia dos direitos humanos. Contudo, a volatilidade dos domínios do Estado e a da sociedade civil mostram, por um lado, que não há nada de irreversível nessa sequência de gerações e, por outro lado, que não é de excluir que em outros contextos históricos a sequência possa ser diferente ou até oposta, ou não haja sequência, mas estagnação.

Prova disso mesmo é o fato de, ao longo do século XX, com a passagem da primeira para a segunda e terceira gerações de direitos humanos, a sociedade civil ter passado a ser vista como sendo inerentemente problemática, carecendo crescentemente da intervenção do Estado. Dessa forma, uma sociedade civil forte só seria pensável enquanto espelho de um Estado democraticamente forte. No entanto, por razões que não cabe aqui aprofundar, tudo isso se alterou a partir da década de 1980, com a ascensão do neoliberalismo.[3] O Estado passou rapidamente de fonte de infinitas soluções a fonte de infinitos problemas, a sociedade

---

[3] Esse tema é analisado nos Capítulos 9 e 10.

civil deixou de ser o espelho do Estado para se tornar no seu oposto, e, concomitantemente, uma sociedade civil forte passou a exigir um Estado fraco. As políticas de direitos humanos, tanto na sua versão hegemônica como na contra-hegemônica, foram apanhadas nessa rápida virada de concepções e ainda não se recuperaram dela.

Por fim, a terceira tensão ocorre entre o Estado-nação e o que designamos por globalização. O modelo político da modernidade ocidental é um modelo de Estados-nação soberanos, que coexistem num sistema internacional de Estados igualmente soberanos – o sistema interestatal. A unidade e a escala privilegiadas, quer da regulação social, quer da emancipação social, tem sido o Estado-nação. Por um lado, o sistema interestatal foi sempre concebido como relativamente anárquico, regulado por um direito não impositivo (o direito internacional). Por outro lado, as lutas emancipatórias internacionalistas, nomeadamente o internacionalismo operário, foram sempre mais uma aspiração do que uma realidade. Hoje, a erosão seletiva do Estado-nação, imputável à intensificação da globalização neoliberal, coloca a questão de saber se, quer a regulação social, quer a emancipação social, deverão ser deslocadas para o nível global. É nesse sentido que se começa a falar em sociedade civil global, governação global, equidade global e cidadania pós-nacional.

Nesse contexto, a política dos direitos humanos é posta perante novos desafios e novas tensões. A efetividade dos direitos humanos tem sido conquistada em processos políticos de âmbito nacional, e por isso a fragilização do Estado-nação pode acarretar consigo a fragilização dos direitos humanos. Assim está de fato sucedendo, sobretudo no nível dos direitos econômicos e sociais. Por outro lado, os direitos humanos aspiram hoje a um reconhecimento mundial e podem mesmo ser considerados como um dos pilares fundamentais de uma emergente política pós-nacional. Da década de 1990 em diante, a globalização neoliberal começou a ser confrontada com movimentos sociais e organizações não governamentais progressistas, de cujas lutas – que configuram uma globalização contra-hegemônica[4] – emergiram novas concepções de direitos humanos, oferecendo alternativas radicais à concepção liberal norte-cêntrica, que até então dominara com inquestionável supremacia.

---

[4] Sobre os processos de globalização, ver Santos (2002c).

Nos termos dessa concepção, o Sul global é intrinsecamente problemático no que toca ao respeito pelos direitos humanos, enquanto o Norte global é exemplo desse respeito e procura, com a ajuda internacional, melhorar a situação dos direitos humanos no Sul global. Com a emergência da globalização contra-hegemônica, o Sul global começou a poder questionar de modo crível essa concepção, mostrando que a fonte primária das mais massivas violações de direitos humanos – milhões e milhões de pessoas condenadas à fome e à malnutrição, a pandemias e à degradação ecológica dos seus meios de subsistência – reside na dominação do Norte global sobre o Sul global, agora intensificada pelo capitalismo neoliberal global.

Atravessado por concepções tão contraditórias e com violações ocorrendo em uma escala global, o campo dos direitos humanos tornou-se altamente controverso. E a controvérsia não cessa de se aprofundar à medida que o enfrentamento entre a globalização hegemônica e a globalização contra-hegemônica vai revelando que, em muitos aspectos cruciais, as políticas de direitos humanos são políticas culturais. De tal forma que hoje, no início do XXI, podemos pensar os direitos humanos como simbolizando o regresso do cultural e mesmo do religioso. Ora, falar de cultura e de religião é falar de diferença, de fronteiras, de particularismos. Como poderão os direitos humanos ser uma política simultaneamente cultural e global?

Nessa ordem de ideias, o meu objetivo é desenvolver um quadro analítico capaz de reforçar o potencial emancipatório da política dos direitos humanos no duplo contexto de globalizações conflituantes, por um lado, e da fragmentação cultural e da política de identidades, por outro. Pretendo apontar as condições que permitem conferir aos direitos humanos tanto o escopo global como a legitimidade local, para fundar uma política progressista de direitos humanos, direitos humanos concebidos como a energia e a linguagem de esferas públicas[5] locais,

---

[5] Defino a esfera pública como um campo de interação e de deliberação em que indivíduos, grupos e associações, através de retórica dialógica e regras procedimentais partilhadas, 1) estabelecem equivalências e hierarquias entre interesses, reivindicações e identidades; 2) aceitam que tais regras sejam contestadas ao longo do tempo, pelos mesmos indivíduos, grupos ou associações ou por outros, em nome de interesses, reivindicações e identidades que foram anteriormente excluídos, silenciados ou desacreditados.

nacionais e transnacionais, atuando em rede para garantir novas e mais intensas formas de inclusão social.

As globalizações em síntese

Como referi nos capítulos anteriores, aquilo que habitualmente designamos como globalização são, de fato, conjuntos diferenciados de relações sociais; diferentes conjuntos de relações sociais dão origem a diferentes fenômenos de globalização. Nesses termos, não existe estritamente uma entidade única chamada globalização; existem, em vez disso, globalizações. A rigor, esse termo só deveria ser usado no plural. Enquanto feixes de relações sociais, as globalizações envolvem conflitos e, por isso, vencedores e vencidos. Daí a definição de globalização por mim proposta: a globalização é o processo pelo qual determinada condição ou entidade local estende a sua influência a todo o globo e, ao fazê-lo, desenvolve a capacidade de designar como local outra condição social ou entidade rival.

Para dar conta dessas assimetrias, distingo quatro formas ou processos de globalização que dão origem a dois modos de produção de globalização. Esses processos são o localismo globalizado, o globalismo localizado, o cosmopolitismo insurgente e subalterno e o patrimônio comum da humanidade. O *localismo globalizado* é o processo pelo qual determinado fenômeno, entidade, condição ou conceito local é globalizado com sucesso, seja a transformação da língua inglesa em *língua franca*, o ajustamento estrutural, a globalização do *fast food* ou a adoção mundial das leis de propriedade intelectual dos Estados Unidos. Nesse processo de produção de globalização o que se globaliza é o vencedor de uma luta pela apropriação ou valorização de recursos, pelo reconhecimento hegemônico de uma dada diferença cultural, racial, sexual, étnica, religiosa ou regional, ou pela imposição de uma determinada (des)ordem internacional. Essa vitória traduz-se na capacidade de ditar os termos da integração, da competição/negociação e da inclusão/exclusão. Ao segundo processo de globalização chamo *globalismo localizado*. Consiste no impacto específico nas condições locais das práticas e imperativos transnacionais que emergem dos localismos globalizados. Para responder a esses imperativos transnacionais, as condições locais são desintegradas, marginalizadas, excluídas, desestruturadas e, eventualmente, reestruturadas sob a forma de inclusão subalterna. Tais globalismos localizados incluem: a eliminação do comércio tradicional e da agricultura de subsistência como parte do "ajustamento estrutural"; a criação de enclaves de livre-comércio ou zonas francas; desflorestamento e destruição maciça dos recursos naturais para pagamento da dívida externa; o uso turístico de tesouros históricos, lugares ou cerimônias religiosas, artesanato e "reservas naturais" à disposição da indústria global do turismo; desemprego provocado pela deslocalização das empresas.

Esses dois processos de globalização operam em conjunção e constituem o primeiro modo de produção de globalização, a globalização hegemônica, também denominada neoliberal, globalização de cima para baixo, em suma, a versão mais recente do capitalismo e do imperialismo globais. A produção sustentada de localismos globalizados e globalismos localizados determina ou condiciona de forma crescente as diferentes hierarquias que constituem o mundo capitalista global, convergindo numa divisão cada vez mais tenaz entre o Norte global e o Sul global. A divisão internacional da produção da globalização assume o seguinte padrão: os países centrais especializam-se em localismos globalizados, enquanto aos países periféricos cabe tão somente a escolha entre várias alternativas de globalismos localizados. O sistema-mundo é uma trama de globalismos localizados e localismos globalizados e das resistências que eles suscitam.

Tais resistências constituem o segundo modo de produção de globalização, a globalização contra-hegemônica, alternativa ou globalização "a partir de baixo". É constituído por dois processos de globalização: o cosmopolitismo insurgente e subalterno e o patrimônio comum da humanidade. O *cosmopolitismo subalterno insurgente* consiste na resistência transnacionalmente organizada contra os localismos globalizados e os globalismos localizados. Trata-se de um conjunto muito vasto e heterogêneo de iniciativas, movimentos e organizações que partilham a luta contra a exclusão e a discriminação sociais e a destruição ambiental produzidas pela globalização neoliberal, recorrendo a articulações transnacionais tornadas possíveis pela revolução das tecnologias de informação e de comunicação. As atividades cosmopolitas incluem, entre outras, diálogos e articulações Sul-Sul; redes transnacionais de movimentos antidiscriminação, pelos direitos interculturais, reprodutivos e sexuais; redes de movimentos e associações indígenas, ecológicas ou de desenvolvimento alternativo; redes transnacionais de assistência jurídica alternativa; organizações de desenvolvimento alternativo e em luta contra o regime hegemônico de propriedade intelectual que desqualifica os saberes tradicionais e destrói a diversidade de recursos da Terra; articulações entre sindicatos de países pertencentes ao mesmo bloco econômico regional; lutas transnacionais contra as *sweatshops*, práticas laborais discriminatórias e trabalho escravo; etc., etc.

Na modernidade ocidental, a ideia de cosmopolitismo está associada com as ideias de universalismo desenraizado, individualismo, cidadania mundial e negação de fronteiras territoriais ou culturais. Essas ideias têm uma longa tradição no Ocidente e aparecem expressas de várias formas no "direito cósmico" de Pitágoras, na *philallelia* de Demócrito, no "*Homo sum, humani nihil a me alienum puto*" de Terêncio, na ideia medieval de *res publica christiana*, no conceito renascentista de "humanitas", no dito de Voltaire de que "para sermos bons patriotas, necessitamos de ser inimigos do resto do mundo" e, finalmente, no novo internacionalismo operário. Essa tradição ideológica, que no passado esteve a serviço da expansão europeia, do colonialismo e do imperialismo, gera hoje, no desenvolvimento do mesmo processo histórico, os localismos globalizados e os globalismos localizados.

O cosmopolitismo subalterno e insurgente, pelo contrário, refere-se à aspiração por parte dos grupos oprimidos de organizarem a sua resistência e consolidarem as suas coligações à mesma escala em que a opressão crescentemente ocorre, ou seja, à escala global. Mas o cosmopolitismo subalterno e insurgente é também distinto do cosmopolitismo invocado por Marx, enquanto universalidade daqueles que, ao resistirem ao capitalismo, têm somente a perder os seus grilhões, a classe operária. Os grupos sociais subalternos e as classes oprimidas do mundo atual não são redutíveis à categoria de "classe-que-só-tem-a-perder-os-grilhões". Para além da classe operária descrita por Marx, o cosmopolitismo subalterno e insurgente inclui grupos sociais que são vítimas de exclusão social não diretamente classista (discriminação sexual, étnica, racial e religiosa), bem como vastas populações do mundo que nem sequer têm grilhões, ou seja, que não são suficientemente úteis ou aptas para ser diretamente exploradas pelo capital. Por essa razão, cosmopolitismo subalterno e insurgente não implica uniformização ou homogeneização nem se rege por uma teoria geral de emancipação social que neutralize as diferenças, autonomias e identidades ideológicas, regionais e culturais entre os movimentos ou as associações.[6] Dando um peso equivalente ao princípio da igualdade e ao princípio do reconhecimento da diferença, o cosmopolitismo insurgente não é mais que uma emergência global resultante das articulações/coligações transnacionais entre lutas locais por dignidade, inclusão social autônoma, autodeterminação, com o objetivo de maximizar o seu potencial emancipatório.

Esse caráter aberto é simultaneamente a força e a fraqueza do cosmopolitismo insurgente. Antes de mais, o caráter progressista e contra-hegemônico das coligações cosmopolitas é intrinsecamente instável e problemático. Exige uma autorreflexividade permanente por parte dos que nelas participam. Iniciativas cosmopolitas, concebidas com um caráter contra-hegemônico, podem vir a assumir posteriormente características hegemônicas, correndo mesmo o risco de se converterem em localismos globalizados. Basta pensar nas iniciativas de democracia participativa em nível local que durante anos tiveram de lutar contra o "absolutismo" da democracia representativa e a desconfiança por parte das elites políticas conservadoras, e que, há alguns anos, começaram a ser reconhecidas e mesmo apadrinhadas pelo Banco Mundial, seduzido pela eficácia técnica e pela ausência de corrupção com que os mecanismos da democracia participativa (por exemplo, o orçamento participativo) aplicam os empréstimos e a ajuda ao desenvolvimento. Nesse caso, a vigilância autorreflexiva é essencial para distinguir entre a concepção tecnocrática e a concepção democrática radical da democracia participativa. Só esta última concepção faz da democracia participativa um embrião de globalização contra-hegemônica.[7]

A instabilidade do caráter progressista ou contra-hegemônico decorre ainda de outro fator: as diferentes concepções de emancipação social por parte de iniciativas cosmopolitas em diferentes regiões do sistema mundial. Por exemplo, a luta pelos padrões mínimos da qualidade

---

[6] Ver o Capítulo 2.
[7] Discuto em detalhe esse tema em Santos (2002a).

de trabalho, os chamados *internacional labor standards* – luta conduzida por organizações sindicais e grupos de direitos humanos dos países mais desenvolvidos, no sentido de impedir que produtos produzidos segundo relações laborais que não atingem certos padrões mínimos (trabalho escravo, trabalho forçado, trabalho infantil etc.) possam circular no mercado mundial –, é certamente vista pelas organizações que a promovem como uma luta contra-hegemônica e emancipatória, uma vez que visa melhorar as condições de vida dos trabalhadores; mas pode eventualmente ser vista por organizações similares dos países periféricos como mais uma estratégia protecionista do Norte global, cujo efeito útil é tornar mais difícil a vida das populações do Sul global.

Apesar de todas essas dificuldades, o cosmopolitismo subalterno e insurgente tem tido êxito em demonstrar credivelmente a existência de alternativas à globalização hegemônica, neoliberal. Por essa razão, o que denominamos de global e globalização não pode ser concebido senão como o resultado provisório, parcial e reversível da luta permanente entre dois modos de produção de globalização, ou seja, entre duas globalizações rivais. As concepções e políticas conflituantes de direitos humanos, longe de se encontrarem acima dessa luta, são, de fato, um componente importante dela.

O outro processo de globalização contra-hegemônica consiste na emergência de lutas transnacionais por valores ou recursos que, pela sua natureza, são tão globais como o próprio planeta e aos quais eu chamo, recorrendo ao direito internacional, o *patrimônio comum da humanidade*.[8] Trata-se de valores ou recursos que apenas fazem sentido enquanto reportados ao globo na sua totalidade: a sustentabilidade da vida humana na Terra, por exemplo, ou os temas ambientais da proteção da camada de ozônio, da preservação da Antártida, da biodiversidade ou dos fundos marinhos. Todos esses temas referem-se a recursos que, pela sua natureza, deveriam ser geridos por fideicomissos da comunidade internacional em nome das gerações presentes e futuras. As lutas em defesa do patrimônio comum da humanidade podem ser igualmente parte integrante da globalização contra-hegemônica e também nelas se jogam concepções rivais de direitos humanos.

---

[8] Sobre esse tema, ver Santos (2002e, p. 301-312).

Reconstrução intercultural dos direitos humanos

A complexidade dos direitos humanos reside em que estes podem ser concebidos e praticados, quer como forma de localismo globalizado, quer como forma de cosmopolitismo subalterno e insurgente; em outras palavras, quer como globalização hegemônica, quer como globalização contra-hegemônica. O meu objetivo é especificar em que condições os direitos humanos constituem uma forma de globalização contra-hegemônica. Neste capítulo não tratarei de todas as condições necessárias, mas apenas das culturais. A minha tese é que, enquanto forem concebidos como direitos humanos universais em abstrato, os direitos humanos tenderão a operar como localismo globalizado e, portanto, como uma forma de globalização hegemônica. Para poderem operar como forma de cosmopolitismo insurgente, como globalização contra-hegemônica, os direitos humanos têm de ser reconceptualizados como interculturais. Concebidos como direitos universais, como tem sucedido, os direitos humanos tenderão sempre a ser um instrumento do "choque de civilizações", tal como o concebe Samuel Huntington (1993; 1997), ou seja, como arma do Ocidente contra o resto do mundo (*the West against the rest*), como cosmopolitismo do Ocidente imperial prevalecendo contra quaisquer concepções alternativas de dignidade humana. Por essa via a sua abrangência global será obtida à custa da sua legitimidade local. Pelo contrário, o multiculturalismo emancipatório, tal como eu o entendo e especificarei adiante, é a precondição de uma relação equilibrada e mutuamente potenciadora entre a competência global e a legitimidade local, os dois atributos de uma política contra-hegemônica de direitos humanos no nosso tempo.

É sabido que os direitos humanos não são universais na sua aplicação. Atualmente são consensualmente identificados quatro regimes internacionais de aplicação de direitos humanos: o europeu, o interamericano, o africano e o asiático.[9] No entanto, as vicissitudes da aplicação não predeterminam a questão da validade dos direitos humanos. E, de fato, um dos debates mais acesos sobre os direitos

---

[9] Para uma análise mais aprofundada dos quatro regimes internacionais de direitos humanos, ver Santos (1995, p. 330-37; 2002e, p. 280-311) e a bibliografia aí referida.

humanos gira em torno da questão de saber se os direitos humanos são universais ou, pelo contrário, um conceito culturalmente ocidental, e, concomitantemente, em torno da questão dos limites da sua validade. Embora estreitamente relacionadas, essas duas questões são autônomas. A primeira tem a ver com as origens históricas e culturais do conceito de direitos humanos, a segunda, com as suas reivindicações de validade num dado momento histórico. A gênese de uma reivindicação ética pode condicionar a sua validade, mas certamente não a determina. A origem ocidental dos direitos humanos pode ser congruente com a sua universalidade se, hipoteticamente, num dado momento histórico, forem universalmente aceitos como os padrões ideais da vida moral e política. As duas questões estão, no entanto, inter-relacionadas, porque a energia mobilizadora que pode ser gerada para tornar concreta e efetiva a vigência dos direitos humanos depende em parte da identificação cultural com os pressupostos que os fundamentam enquanto reivindicação ética. De uma perspectiva sociológica e política, o esclarecimento dessa articulação entre energia mobilizadora e identificação cultural é de longe mais importante que a discussão abstrata tanto da questão da ancoragem cultural como da validade filosófica.

Mas serão os direitos humanos universais enquanto artefato cultural, um tipo de invariante cultural ou transcultural, ou seja, parte de uma cultura global? A minha resposta é não. Em minha opinião, o único fato transcultural é a relatividade de todas as culturas. A relatividade cultural (não o relativismo) exprime também a incompletude e a diversidade cultural. Significa que todas as culturas tendem a definir como universal os valores que consideram fundamentais. O que é mais elevado ou importante é também o mais abrangentemente válido. Desse modo, a questão específica sobre as condições de universalidade numa dada cultura é, em si mesma, não universal. A questão da universalidade dos direitos humanos é uma questão cultural do Ocidente. Logo, os direitos humanos são universais apenas quando olhados de um ponto de vista ocidental. Por isso mesmo, a questão da universalidade dos direitos humanos trai a universalidade do que questiona ao questioná-lo.

Sendo a questão da universalidade a resposta a uma aspiração de completude, e porque cada cultura "situa" essa aspiração em torno dos seus valores fundamentais e da sua validade universal, aspirações diversas a diferentes valores fundamentais em diferentes culturas podem conduzir a preocupações isomórficas que, dados os procedimentos de tradução intercultural adequados,[10] podem se tornar mutuamente inteligíveis. Na melhor das hipóteses, será mesmo possível conseguir uma mestiçagem ou interpenetração de preocupações e concepções. Quanto mais igualitárias forem as relações de poder entre culturas, mais provável será a ocorrência dessa mestiçagem.[11]

Podemos, pois, concluir que, uma vez posta, a questão da universalidade nega a universalidade do que questiona, independentemente da resposta que lhe for dada. Talvez por essa razão, outras estratégias argumentativas têm sido propostas para defender a universalidade dos direitos humanos. É esse o caso dos autores para quem os direitos humanos são universais porque são pertença de todos os seres humanos enquanto seres humanos, ou seja, porque, independentemente do seu reconhecimento explícito, eles são inerentes à natureza humana.[12] Essa linha de pensamento evita a questão, "deslocando" o seu objeto. Uma vez que os seres humanos não detêm direitos humanos por serem seres – a maioria dos seres não detêm direitos –, mas porque são humanos, é a questão não respondida da universalidade da natureza – existe um conceito cultural invariante de natureza humana? – que torna possível a resposta fictícia à questão da universalidade dos direitos humanos.

O conceito de direitos humanos assenta-se num bem conhecido conjunto de pressupostos, todos eles tipicamente ocidentais, designadamente: existe uma natureza humana universal que pode ser conhecida racionalmente; a natureza humana é essencialmente diferente e superior à restante realidade; o indivíduo possui uma dignidade absoluta e irredutível que tem de ser defendida da sociedade ou do Estado; a autonomia do indivíduo exige que a sociedade esteja organizada de forma não hierárquica, como soma de indivíduos livres (PANIKKAR, 1984, p. 30).

Uma vez que todos esses pressupostos são claramente ocidentais e facilmente distinguíveis de outras concepções de dignidade humana

---

[10] Ver o Capítulo 2.

[11] Voltarei a esse tema nas seções seguintes.

[12] Para duas visões contrastantes, ver Donnely (1989) e Renteln (1990). Ver também Henkin (1979); Thompson (1980); Schwab; Pollis (1982); Ghai (2002); Mutua (2001).

em outras culturas, haverá que averiguar as razões pelas quais a universalidade se transformou numa das características marcantes dos direitos humanos. Tudo leva a crer que a universalidade sociológica da questão da universalidade dos direitos humanos tenha se sobreposto à sua universalidade filosófica. A marca ocidental, ou melhor, a marca ocidental liberal do discurso dominante dos direitos humanos pode ser facilmente identificada: na Declaração Universal de 1948, elaborada sem a participação da maioria dos povos do mundo; no reconhecimento exclusivo de direitos individuais, com a única exceção do direito coletivo à autodeterminação, que, no entanto, foi restringido aos povos subjugados pelo colonialismo europeu; na prioridade concedida aos direitos cívicos e políticos sobre os direitos econômicos, sociais e culturais; e no reconhecimento do direito de propriedade como o primeiro e, durante muitos anos, o único direito econômico.

Se observarmos a história dos direitos humanos no período imediatamente seguinte à Segunda Grande Guerra, não é difícil concluir que as políticas de direitos humanos estiveram em geral a serviço dos interesses econômicos e geopolíticos dos Estados capitalistas hegemônicos. Um discurso generoso e sedutor sobre os direitos humanos coexistiu com atrocidades indescritíveis, que foram avaliadas de acordo com revoltante duplicidade de critérios. Escrevendo em 1981 sobre a manipulação da temática dos direitos humanos nos Estados Unidos pelos meios de comunicação social, Richard Falk (1981, p. 4) denuncia a dualidade entre uma "política de invisibilidade" e uma "política de supervisibilidade". Como exemplos da política de invisibilidade Falk menciona a ocultação total, durante anos, das notícias sobre o trágico genocídio do povo maubere em Timor-Leste (que ceifou mais que 300 mil vidas) e a situação dos cerca de 100 milhões de "intocáveis" (*dalits*) na Índia. Como exemplos da política de supervisibilidade, Falk menciona a exuberância com que os atropelos pós-revolucionários dos direitos humanos no Irã e no Vietnã foram relatados nos Estados Unidos. E Falk (1981, p. 5) conclui: "os polos de invisibilidade e de supervisibilidade estão intimamente correlacionados com os imperativos da política externa norte-americana". A verdade é que o mesmo pode-se dizer dos países da União Europeia, sendo o exemplo mais gritante justamente o silêncio mantido sobre o genocídio do povo maubere, ocultado aos europeus durante uma década, para facilitar a continuação do próspero comércio com a Indonésia.

Mas essa não é toda a história das políticas dos direitos humanos. Em todo o mundo, muitos milhares de pessoas e de organizações não governamentais têm lutado pelos direitos humanos, muitas vezes correndo grandes riscos, em defesa de classes sociais e grupos oprimidos, vitimizados por Estados autoritários e por práticas econômicas excludentes ou por práticas políticas e culturais discriminatórias. Os objetivos políticos de tais lutas são emancipatórios e por vezes explicita ou implicitamente anticapitalistas. Isso quer dizer que, paralelamente aos discursos e às práticas que fazem dos direitos humanos um localismo globalizado, têm se desenvolvido discursos e práticas contra-hegemônicos que, além de verem nos direitos humanos uma arma de luta contra a opressão independente de condições geoestratégicas, avançam propostas de concepções não ocidentais de direitos humanos e organizam diálogos interculturais sobre os direitos humanos e outros princípios de dignidade humana. À luz desses desenvolvimentos, creio que a tarefa central da política emancipatória do nosso tempo consista em transformar a conceptualização e a prática dos direitos humanos de um localismo globalizado num projeto cosmopolita insurgente.[13]

Premissas de uma política contra-hegemônica de direitos humanos

Passo a identificar as premissas da transformação dos direitos humanos num projeto cosmopolita insurgente.

A *primeira premissa* é a superação do debate sobre universalismo e relativismo cultural. Trata-se de um debate intrinsecamente falso, cujos conceitos polares são igualmente prejudiciais para uma concepção emancipatória de direitos humanos. Todas as culturas são relativas, mas o relativismo cultural, enquanto posição filosófica, é incorreto.[14] Mesmo

---

[13] Como referi anteriormente, para ser emancipadora, uma política de direitos humanos deve ser sempre concebida e praticada como parte de um conjunto mais alargado de políticas de resistência e emancipação.

[14] Para uma recensão recente do debate do universalismo *versus* relativismo, ver Rajogopal (2004, p. 209-216). Ver também Mutua (1996).

que todas as culturas aspirem a preocupações e valores cuja validade depende do contexto da sua enunciação, o universalismo cultural, enquanto posição filosófica, é, precisamente por isso, incorreto. Contra o universalismo, há que propor diálogos interculturais sobre preocupações isomórficas, isto é, sobre preocupações convergentes, ainda que expressas em linguagens distintas e a partir de universos culturais diferentes. Contra o relativismo, há que desenvolver critérios que permitam distinguir uma política progressista de uma política conservadora de direitos humanos, uma política de capacitação de uma política de desarme, uma política emancipatória de uma política regulatória. Na medida em que o debate desencadeado pelos direitos humanos evoluir para um diálogo competitivo entre culturas diferentes sobre os princípios de dignidade humana, é imperioso que tal competição induza a formação de coligações transnacionais que lutem por valores ou exigências máximos, e não por valores ou exigências mínimos (quais são os critérios verdadeiramente mínimos? Os direitos humanos fundamentais? Os menores denominadores comuns?). A advertência frequentemente ouvida contra os inconvenientes de sobrecarregar a política de direitos humanos com novos direitos ou com concepções mais exigentes de direitos humanos (DONNELLY, 1989, p. 109-124) é uma manifestação tardia da redução do potencial emancipatório da modernidade ocidental à emancipação de baixa intensidade possibilitada ou tolerada pelo capitalismo mundial. Em outras palavras, direitos humanos de baixa intensidade como o correlato de democracia de baixa intensidade.

A *segunda premissa* da transformação cosmopolita dos direitos humanos é que todas as culturas possuem concepções de dignidade humana, mas nem todas elas a concebem em termos de direitos humanos. Torna-se, por isso, importante identificar preocupações isomórficas entre diferentes culturas. Designações, conceitos e *Weltanschaungen* diferentes podem transmitir preocupações ou aspirações semelhantes ou mutuamente inteligíveis.[15]

A *terceira premissa* é que todas as culturas são incompletas e problemáticas nas suas concepções de dignidade humana. A incompletude provém da própria existência de uma pluralidade de culturas, pois, se

---

[15] Nas seções seguintes darei alguns exemplos.

cada cultura fosse tão completa como se julga, existiria apenas uma só cultura. A ideia de completude está na origem de um excesso de sentido de que parecem enfermar todas as culturas, e é por isso que a incompletude é mais facilmente perceptível do exterior, a partir da perspectiva de outra cultura. Aumentar a consciência de incompletude cultural é uma das tarefas prévias à construção de uma concepção emancipadora e multicultural de direitos humanos.[16]

A *quarta premissa* é que nenhuma cultura é monolítica. Todas as culturas comportam versões diferentes de dignidade humana, algumas mais amplas do que outras, algumas com um círculo de reciprocidade mais largo do que outras, algumas mais abertas a outras culturas do que outras. Por exemplo, a modernidade ocidental desdobrou-se em duas concepções e práticas de direitos humanos profundamente divergentes – a liberal e a social-democrática[17] –, uma dando prioridade aos direitos cívicos e políticos, a outra dando prioridade aos direitos sociais e econômicos.[18] Há que definir qual delas propõe um círculo de reciprocidade mais amplo.

Por último, a *quinta premissa* é que todas as culturas tendem a distribuir as pessoas e os grupos sociais entre dois princípios competitivos de pertença hierárquica. Um – o princípio da igualdade – opera através de hierarquias entre unidades homogêneas (a hierarquia entre estratos socioeconômicos). O outro – o princípio da diferença – opera através da hierarquia entre identidades e diferenças consideradas únicas (a hierarquia entre etnias ou raças, entre sexos, entre religiões, entre orientações sexuais).[19] Os dois princípios não se sobrepõem necessariamente, e, por esse motivo, nem todas as igualdades são idênticas, nem todas as diferenças são desiguais. Daí que uma política emancipatória de direitos humanos deva saber distinguir entre a luta pela igualdade e a luta pelo reconhecimento igualitário das diferenças a fim de poder travar ambas as lutas eficazmente.

---

[16] Ver, por exemplo, Mutua (2001) e Obiora (1997).

[17] A concepção social democrática plasmou-se em versões marxistas e não marxistas.

[18] Ver, por exemplo, Pollis; Schwab (1979); Pollis (1982); Shivji (1989); An-na'aim (1992); Mutua (1996).

[19] Ver o Capítulo 8.

Essas são as premissas de um diálogo intercultural sobre a dignidade humana que pode levar, eventualmente, a uma concepção mestiça de direitos humanos, uma concepção que, em vez de recorrer a falsos universalismos, organiza-se como uma constelação de sentidos locais, mutuamente inteligíveis, e que se constitui em rede de referências normativas capacitantes. Mas isso é apenas um ponto de partida.

A hermenêutica diatópica

Num diálogo intercultural, a troca ocorre entre diferentes saberes que refletem diferentes culturas, ou seja, entre universos de sentido diferentes e, em grande medida, incomensuráveis. Tais universos de sentido consistem em constelações de *topoi* fortes. Os *topoi* são os lugares-comuns retóricos mais abrangentes de determinada cultura. Funcionam como premissas de argumentação que, por não se discutirem, dada a sua evidência, tornam possíveis a produção e a troca de argumentos. *Topoi* fortes tornam-se altamente vulneráveis e problemáticos quando "usados" numa cultura diferente.[20] O melhor que lhes pode acontecer é serem despromovidos de premissas de argumentação a meros argumentos. Compreender uma determinada cultura a partir dos *topoi* de outra cultura é uma tarefa muito difícil e, para alguns, mesmo impossível. Partindo do pressuposto de que não é uma tarefa impossível, proponho, para a levar a cabo, uma *hermenêutica diatópica*, um procedimento hermenêutico que julgo adequado para nos guiar nas dificuldades a enfrentar, ainda que não necessariamente para superá-las por inteiro.

A luta pelos direitos humanos e, em geral, pela defesa e promoção da dignidade humana não é um mero exercício intelectual, é uma prática que resulta de uma entrega moral, afetiva e emocional ancorada na incondicionalidade do inconformismo e da exigência de ação. Tal entrega só é possível a partir de uma identificação profunda com postulados culturais inscritos na personalidade e nas formas básicas de

---

[20] Nas trocas e nos diálogos interculturais experimentamos frequentemente a necessidade de explicar ou justificar ideias ou ações que na nossa cultura são evidentes e do senso comum.

socialização.[21] Por essa razão, a luta pelos direitos humanos ou pela dignidade humana nunca será eficaz se se assentar em canibalização ou mimetismo cultural. Daí a necessidade do diálogo intercultural e da hermenêutica diatópica.

A hermenêutica diatópica baseia-se na ideia de que os *topoi* de uma dada cultura, por mais fortes que sejam, são tão incompletos quanto a própria cultura a que pertencem. Tal incompletude não é visível a partir do interior dessa cultura, uma vez que a aspiração à totalidade induz a que se tome a parte pelo todo. O objetivo da hermenêutica diatópica não é, porém, atingir a completude – um objetivo inatingível –, mas, pelo contrário, ampliar ao máximo a consciência de incompletude mútua através de um diálogo que se desenrola, por assim dizer, com um pé numa cultura e outro, em outra. Nisso reside o seu caráter dia-tópico.[22]

Um exemplo de hermenêutica diatópica é a que pode ter lugar entre o *topos* dos direitos humanos na cultura ocidental, o *topos* do *dharma* na cultura hindu e o *topos* da *umma* na cultura islâmica. Pode-se argumentar que é incorreto ou ilegítimo comparar ou contrastar uma concepção secular de dignidade humana, como são os direitos humanos, com concepções religiosas, como é o caso do hinduísmo e do islamismo.[23] A esse argumento contraponho dois outros. Em primeiro lugar, a distinção entre o secular e o religioso assume contornos tão específicos e vincados na cultura ocidental, e de tal modo, que o que essa distinção distingue, quando aplicada no interior da cultura ocidental, não é equivalente ao que distingue quando aplicada no interior de uma cultura não ocidental. Por exemplo, o que conta como secular numa sociedade em que existem várias culturas não ocidentais pode ser considerado religioso quando visto da perspectiva de qualquer dessas culturas. Em segundo lugar, nem mesmo no Ocidente a secularização foi alguma vez plenamente atingida. O que conta como secular é o produto de um consenso, no melhor dos casos, obtido democraticamente,

---

[21] Ver o Capítulo 1 sobre imagens e subjetividades desestabilizadoras.

[22] A esse respeito, ver também Panikkar (1984, p. 28).

[23] Tem sido frequentemente afirmado que o hinduísmo, em contraste com o cristianismo e com o islamismo, não é uma religião bem definida e claramente identificável. É antes "uma conglomeração algo amorfa e vagamente coordenada de formações ou conjuntos semelhantes" (HALBFASS, 1991, p. 51).

sobre o âmbito dos compromissos com exigências religiosas. Por essa razão, as concepções de secularismo variam muito de país para país na Europa e na América do Norte. Acresce-se que as raízes judaico-cristãs dos direitos humanos – a começar nas primeiras escolas modernas do direito natural – são demasiado visíveis para serem ignoradas.[24] Em face disso, a própria distinção entre o secular e o religioso deve ser submetida à hermenêutica diatópica.

Segundo Panikkar, *dharma*

> é o que sustenta, dá coesão e, portanto, força, a uma dada coisa, à realidade e, em última instância, aos três mundos (*triloka*). A justiça dá coesão às relações humanas; a moralidade mantém a pessoa em harmonia consigo mesma; o direito é o princípio do compromisso nas relações humanas; a religião é o que mantém vivo o universo; o destino é o que nos liga ao futuro; a verdade é a coesão interna das coisas. [...] Um mundo onde a noção de Dharma é central e quase onipresente não está preocupado em encontrar o "direito" de um indivíduo contra outro ou do indivíduo perante a sociedade, mas antes em avaliar o caráter dhármico (correto, verdadeiro, consistente) ou adhármico de qualquer coisa ou ação no complexo teantropocósmico total da realidade (PANIKKAR, 1984, p. 39).[25]

Vistos a partir do *topos* do *dharma*, os direitos humanos são incompletos na medida em que não estabelecem a ligação entre a parte (o indivíduo) e o todo (o cosmos) ou, dito de forma mais radical, na medida em que se centram no que é meramente derivado, os direitos, em vez de se centrarem no imperativo primordial, o dever dos indivíduos de encontrarem o seu lugar na ordem geral da sociedade e de todo

---

[24] Ashis Nandy é um dos mais influentes e consistentes críticos da aplicação do conceito ocidental de secularismo no contexto indiano (NANDY, 1988; 1996). Mostra, por exemplo, que o recente revivalismo religioso na Índia (Hindutva e o Partido Bharatiya Janata, no poder até 2004) é, contrariamente às aparências, parte integrante de uma política secularizada. Por sua vez, Rajeev Bhargava (1998; 1999) faz uma análise detalhada do conceito de secularismo e sublinha as questões complexas que ele levanta quando aplicado no contexto indiano. A partir dessa análise dá-nos uma perspectiva inovadora do secularismo nas sociedades ocidentais. Ver também Meera Chandhoke (1999) e a sua discussão do secularismo e dos direitos das minorias religiosas.

[25] Ver também Thapar (1966); Mitra (1982) e Inada (1990).

o cosmos. Vista a partir do *dharma*, e na verdade também a partir da *umma*, como veremos a seguir, a concepção ocidental dos direitos humanos está contaminada por uma simetria muito simplista e mecanicista entre direitos e deveres. Apenas garante direitos àqueles a quem pode exigir deveres. Isso explica por que razão, na concepção ocidental dos direitos humanos, a natureza não tem direitos: porque não lhe podem ser impostos deveres. Pelo mesmo motivo é impossível garantir direitos às gerações futuras: não têm direitos porque não têm deveres.

Por outro lado e inversamente, visto a partir do *topos* dos direitos humanos, o *dharma* também é incompleto, dado o seu enviesamento fortemente não dialético a favor da harmonia, ocultando assim injustiças e negligenciando totalmente o valor do conflito como caminho para uma harmonia mais rica. Além disso, o *dharma* não está preocupado com os princípios da ordem democrática, com a liberdade e a autonomia, e negligencia o fato de, sem direitos primordiais, o indivíduo ser uma entidade demasiado frágil para evitar ser subjugado por aquilo que o transcende. Além disso, o *dharma* tende a esquecer que o sofrimento humano possui uma dimensão individual irredutível: não são as sociedades que sofrem, mas sim os indivíduos.

Num outro nível conceptual pode ser ensaiada a mesma hermenêutica diatópica entre o *topos* dos direitos humanos e o *topos* da *umma* na cultura islâmica. As passagens do Corão em que surge a palavra "*umma*" são tão variadas que o seu significado não pode ser definido com rigor. O seguinte, porém, parece ser certo: o conceito de *umma* refere-se sempre à comunidade étnica, linguística ou religiosa de pessoas que são o objeto do plano divino de salvação. À medida que a atividade profética de Maomé foi progredindo, os fundamentos religiosos da *umma* tornaram-se cada vez mais evidentes, e, consequentemente, a *umma* dos árabes foi transformada na *umma* dos muçulmanos. Vista a partir do *topos* da *umma*, a incompletude dos direitos humanos individuais reside no fato de, com base neles, ser impossível fundar os laços e as solidariedades coletivas sem as quais nenhuma sociedade pode sobreviver, e muito menos prosperar. Exemplo disso mesmo é a dificuldade da concepção ocidental de direitos humanos em aceitar direitos coletivos de grupos sociais ou povos, sejam eles as minorias étnicas, as mulheres, as crianças ou os povos indígenas. Esse é, de fato, um exemplo específico de uma dificuldade muito mais ampla: a dificuldade em definir a comunidade enquanto arena de solidariedades concretas, campo político dominado por uma obrigação política horizontal. Essa ideia de comunidade, central para Rousseau, foi varrida do pensamento liberal, que reduziu toda a complexidade societal à dicotomia Estado/sociedade civil.

Mas, por outro lado, a partir do *topos* dos direitos humanos individuais, é fácil concluir que a *umma* sublinha demasiadamente os deveres em detrimento dos direitos e por isso tende a perdoar desigualdades que seriam de outro modo inadmissíveis, como a desigualdade entre homens e mulheres ou entre muçulmanos e não muçulmanos. A hermenêutica diatópica mostra-nos que a fraqueza fundamental da cultura ocidental consiste em estabelecer dicotomias demasiadamente rígidas entre o indivíduo e a sociedade, tornando-se assim vulnerável ao individualismo possessivo, ao narcisismo, à alienação e à anomia. De igual modo, a fraqueza fundamental das culturas hindu e islâmica deve-se ao fato de nenhuma delas reconhecer que o sofrimento humano tem uma dimensão individual irredutível, que só pode ser adequadamente considerada numa sociedade não hierarquicamente organizada.

O reconhecimento de incompletudes mútuas é condição *sine qua non* de um diálogo intercultural. A hermenêutica diatópica desenvolve-se tanto na identificação local como na inteligibilidade translocal das incompletudes. Recentemente, vários exercícios de hermenêutica diatópica, muito diferenciados entre si, têm sido propostos na área dos direitos humanos entre as culturas islâmicas e as culturas ocidentais. Alguns dos exemplos mais notáveis são dados por Abdullahi An-na'im (1990; 1992), Tariq Ramadan (2000; 2003) e Ebrahim Moosa (2004).

Existe um longo debate acerca das relações entre islamismo e direitos humanos e da possibilidade de uma noção islâmica de direitos humanos.[26] Esse debate abrange um largo espectro de posições, e o seu impacto ultrapassa o mundo islâmico. Embora correndo o risco de excessiva simplificação, duas posições extremas podem ser identificadas

---

[26] Para além de An-na'im (1990; 1992; 1995), ver Dwyer (1991); Mayer (1991); Leites (1991); Afkhami (1995); Gerber (1999). Ver também Hassan (1982); Al Faruqui (1983). Acerca do debate mais amplo sobre a relação entre modernidade e o despertar religioso islâmico, ver, por exemplo, Shariati (1986); Sharabi (1992); Khaliq (1999); Ramadan (2000) e Moosa (2004).

nesse debate. Uma, absolutista ou fundamentalista, é sustentada por aqueles para quem o sistema jurídico religioso do islã, a *sharia*, deve ser integralmente aplicado como o direito do Estado islâmico. Segundo essa posição, há conflitos irreconciliáveis entre a *sharia* e a concepção ocidental dos direitos humanos, e sempre que tal ocorra a *sharia* deve prevalecer. Por exemplo, relativamente ao estatuto dos não muçulmanos, e segundo essa posição, a *sharia* determina a criação de um Estado para muçulmanos que apenas reconhece estes como cidadãos, negando aos não muçulmanos quaisquer direitos políticos. Ainda segundo essa posição, à luz da *sharia*, a paz entre muçulmanos e não muçulmanos é sempre problemática, e os confrontos são inevitáveis. Relativamente às mulheres, o problema da igualdade nem sequer se põe; a *sharia* impõe a segregação das mulheres e, em algumas interpretações mais estritas, exclui-as de toda a vida pública.

No outro extremo, encontram-se os secularistas ou modernistas, que entendem deverem os muçulmanos organizar-se politicamente em Estados seculares. Segundo essa posição, o islã é um movimento religioso e espiritual, e não político, e, como tal, as sociedades muçulmanas modernas são livres para organizar o seu governo do modo como julgarem conveniente e apropriado às circunstâncias. A aceitação de direitos humanos internacionais é uma questão de decisão política independente de considerações religiosas. Apenas para dar um exemplo, entre muitos, dessa posição: uma lei tunisina de 1956 proibiu a poligamia com o argumento de esta ter deixado de ser aceitável, tanto mais que a exigência corânica de justiça no tratamento das coesposas seria impossível de realizar na prática por qualquer homem, com exceção apenas do próprio Profeta.

An-na'im (1990; 1995) critica essas duas posições extremas. A via *per mezzo* que propõe pretende encontrar fundamentos interculturais para a defesa da dignidade humana, identificando as áreas de conflito entre a *sharia* e "os critérios de direitos humanos" e propondo uma reconciliação ou relação positiva entre os dois sistemas normativos. Segundo ele, o que há de mais problemático na *sharia* histórica é o fato de excluir as mulheres e os não muçulmanos do princípio da reciprocidade. Propõe, assim, uma reforma ou reconstrução da *sharia*. A sua proposta, a "Reforma islâmica", assenta-se numa revisão evolucionista das fontes islâmicas que relativiza o contexto histórico específico em que a *sharia* foi criada pelos juristas dos séculos VIII e IX. Nesse contexto histórico específico, uma construção restritiva do "Outro" e, portanto, uma aplicação igualmente restritiva do princípio da reciprocidade foi provavelmente justificada. Mas isso deixou de ter validade. Pelo contrário, existe presentemente um contexto distinto dentro do islã que justifica plenamente uma visão mais esclarecida. Segundo An-na'im, no contexto atual, há todas as condições para uma concepção mais alargada da igualdade e da reciprocidade a partir das fontes corânicas.

Seguindo os ensinamentos de Ustad Mahmoud, An-na'im demonstra que uma análise atenta do conteúdo do Corão e da Suna revela dois níveis ou fases da mensagem do islã: uma do período da Meca Antiga e outra do período subsequente, o período de Medina. Segundo ele, a mensagem primitiva de Meca é a mensagem eterna e fundamental do islã, que sublinha a dignidade inerente a todos os seres humanos, independentemente de sexo, religião ou raça. Essa mensagem, considerada demasiadamente avançada para as condições históricas do século VII (a fase de Medina), foi suspensa, e a sua aplicação, adiada até que no futuro as circunstâncias a tornassem possível. O tempo e o contexto, diz An-na'im, estão agora presentes no nosso tempo e no nosso contexto.

Não me cabe avaliar a validade específica dessa proposta para a cultura islâmica. Essa postura é precisamente o que distingue a hermenêutica diatópica do orientalismo.[27] O que quero realçar na abordagem de An-na'im é a tentativa de transformar a concepção ocidental de direitos humanos numa concepção intercultural ao reivindicar para eles a legitimidade islâmica, em vez de renunciar a ela. Em abstrato e visto de fora, é difícil ajuizar qual das abordagens, a religiosa (fundamentalista ou moderada, como no caso de An-na'im) ou a secularista, terá mais probabilidades de prevalecer num diálogo intercultural sobre direitos humanos a partir do islã. Porém, tendo em mente que os direitos humanos ocidentais são a expressão de um profundo, se bem que incompleto, processo de secularização, sem paralelo na cultura islâmica, estaria inclinado a sugerir que, no contexto muçulmano, a energia mobilizadora necessária para um projeto cosmopolita de direitos humanos poderá

---

[27] Sobre a construção etnocêntrica do Outro, oriental, pela cultura e ciência europeias a partir do século XIX, ver Said (1978).

gerar-se mais facilmente num quadro religioso moderado. Se esse for o caso, a abordagem de An-na'im é muito promissora.

Muitos outros acadêmicos e ativistas islâmicos têm contribuído nos últimos anos para a tradução intercultural e a hermenêutica diatópica entre o islã e a cultura ocidental, tomando em conta a diversidade interna de uma e de outra. A contribuição de Tariq Ramadan é certamente uma das mais notáveis. Dirigindo-se aos muçulmanos que vivem no Ocidente e chamando a atenção para as suas condições socioeconômicas (a maioria deles é imigrante), Ramadan encoraja-os a unir forças com todos os outros grupos sociais oprimidos, independentemente das suas pertenças culturais ou religiosas:

> Quem tenha trabalhado no terreno com comunidades de base que desenvolvem as políticas sociais e econômicas em nível local certamente se surpreenderá com as semelhanças entre a experiência delas e a experiência das forças muçulmanas. Os pontos de referência são certamente diferentes, assim como os seus fundamentos e aplicação, mas o seu espírito é o mesmo, no sentido em que se nutre da mesma fonte de resistência contra os interesses cegos das grandes superpotências e das multinacionais. Nós já o dissemos: não se trata de afirmar a realidade de um terceiro mundismo islâmico beatífico, que soaria ao que há muito tempo conhecemos na nossa parte do mundo. A verdade é que o islã, que é o ponto de referência para muitos muçulmanos praticantes, faz as mesmas exigências de dignidade, justiça e pluralismo que subjazem à mobilização das comunidades cristãs ou humanistas. Assim, a esse respeito, as relações devem multiplicar-se e as trocas de experiências tornadas permanentes (RAMADAN, 2003, p. 14).

Para Tariq Ramadan, o impulso para a tradução intercultural reside na necessidade crescente de construir coligações alargadas para lutar contra a globalização neoliberal: "No Ocidente, é necessário ser simultaneamente amigo e parceiro daqueles que denunciam a opressão global e nos convidam a fazer essa mudança" (RAMADAN, 2003, p. 14).

Na Índia, uma via *per mezzo* semelhante está sendo prosseguida por alguns grupos de defesa dos direitos humanos, particularmente por aqueles que centram a sua ação na defesa dos intocáveis (*dalits*). Tal via consiste em fundar a luta dos intocáveis pela igualdade e pela justiça social nas ideias hindus de *kharma* e de *dharma*. Para isso propõe uma reinterpretação desses conceitos de modo a transformá-los em fonte de legitimidade e de mobilização. Por exemplo, é dada primazia ao conceito de "*dharma* comum" (*sadharana dharma*) em detrimento do "*dharma* especial" (*visesa dharma*) das diferentes castas, rituais e deveres. Segundo Khare (1998, p. 204), o *dharma* comum,

> baseado na identidade espiritual de todas as criaturas, tem criado tradicionalmente um sentido partilhado de cuidado mútuo, de renúncia à violência e ao dano, de prossecução da equidade. Tem promovido atividades a favor do bem-estar público e tem atraído reformadores sociais progressistas. Os ativistas dos direitos humanos encontram aqui uma convergência com um impulso especificamente indiano. A ética do *dharma* comum favorece particularmente a luta dos reformadores sociais intocáveis.

O "impulso indiano" do "*dharma* comum" torna possível a contextualização cultural e a legitimidade local dos direitos humanos, o que permite a estes deixarem de ser um localismo globalizado.[28] A revisão da tradição hindu não apenas cria uma abertura para as reivindicações dos direitos humanos, como também convida a uma revisão da tradição de direitos humanos de modo a poder incorporar reivindicações formuladas de acordo com premissas culturais distintas. Ao se envolverem em revisões recíprocas, ambas as tradições atuam como culturas hóspedes e culturas anfitriãs. Esses são os passos necessários ao exercício complexo da tradução intercultural ou da hermenêutica diatópica. O resultado é a reivindicação de uma concepção híbrida da dignidade humana e, por isso, também uma concepção mestiça dos direitos humanos. Aqui reside a alternativa a uma teoria geral de aplicação pretensamente universal, que não é mais que uma versão peculiar de universalismo que concebe como particularismo tudo o que não coincide com ele.

Pela sua própria natureza, a hermenêutica diatópica é um trabalho de colaboração intercultural e não pode ser levado a cabo a partir de uma

---

[28] Sobre direitos humanos na Índia e, em geral, no Sul da Ásia, ver Anderson; Guha (1998); Mahajan (1998); Nirmal (1999); e Vijapur; Suresh (1999).

única cultura ou por uma só pessoa. Não é, portanto, surpreendente que a abordagem de An-na'im, um genuíno exercício de hermenêutica diatópica, seja por ele conduzida com consistência desigual. Na minha perspectiva, An-na'im aceita acriticamente a ideia de direitos humanos universais.[29] Ao mesmo tempo que propõe uma abordagem evolucionista crítica e contextual da tradição islâmica, faz uma interpretação da Declaração Universal dos Direitos Humanos surpreendentemente a-histórica e ingenuamente universalista. A hermenêutica diatópica requer não apenas um tipo de conhecimento diferente, mas também um diferente processo de criação de conhecimento. A hermenêutica diatópica exige uma produção de conhecimento coletiva, participativa, interativa, intersubjetiva e reticular.[30] Deve ser prosseguida com a consciência plena de que existirão sempre áreas sombrias, zonas de incompreensão ou ininteligibilidade irremediáveis, que, para evitar a paralisia ou o faccionalismo, devem ser relativizadas em nome de interesses comuns na luta contra a injustiça social. Esse fato é salientado por Tariq Ramadan (2003, p. 10-11), quando afirma:

> O Ocidente não é monolítico nem diabólico, e os seus fenomenais recursos em termos de direitos, conhecimento, cultura e civilização são demasiadamente importantes para serem simplesmente minimizados ou rejeitados. [Todavia] ser um cidadão ocidental e muçulmano e preservar essas verdades significa, quase sistematicamente, correr o risco de ser olhado como alguém que não está bem "integrado". Assim, permanece a suspeita sobre a verdadeira lealdade dessas pessoas. Tudo se processa como se a nossa "integração" tivesse de ser comprada com o nosso silêncio. Esse tipo de chantagem intelectual deve ser recusado.

Essa passagem mostra simultaneamente as dificuldades da hermenêutica diatópica e as suas virtualidades enquanto produção de interconhecimento baseada em trocas cognitivas e afetivas que avançam através do aprofundamento da reciprocidade. Em suma, a hermenêutica

---

[29] O mesmo não podemos dizer de Tariq Ramadan.

[30] Uma formulação mais elaborada sobre as relações entre direitos humanos universais e o islã pode-se encontrar em Moosa (2004). Ver também Santos (2013b).

diatópica privilegia o conhecimento-emancipação em detrimento do conhecimento-regulação.[31]

A hermenêutica diatópica conduzida a partir da perspectiva da cultura islâmica por An-na'im, Ramadan e pelos movimentos feministas islâmicos de direitos humanos tem de ser complementada pela hermenêutica diatópica conduzida a partir da perspectiva de outras culturas e, nomeadamente, da perspectiva da cultura ocidental dos direitos humanos. Vista a partir da cultura ocidental, a hermenêutica diatópica é provavelmente o único meio de integrar nela as noções de direitos coletivos, direitos da natureza, direitos das futuras gerações, bem como a noção de deveres e responsabilidades para com entidades coletivas, sejam elas a comunidade, o mundo ou mesmo o cosmos.

O imperialismo cultural e a possibilidade de uma contra-hegemonia

Em face da sua íntima ligação histórica com o colonialismo, submeter os direitos humanos à hermenêutica diatópica é certamente uma das mais difíceis tarefas de tradução intercultural. Aprender com o Sul[32] é apenas um ponto de partida, e poderá mesmo revelar-se como um ponto de partida falso se não tivermos em conta que o Sul tem sido ativamente "desaprendido" pelo Norte ao longo do tempo. Como Said afirma, o contexto imperial brutaliza tanto a vítima como o opressor, e induz tanto na cultura dominante como na dominada "não só concordância e lealdade, mas também uma concepção invulgarmente rarefeita das fontes de que a cultura realmente brota e as circunstâncias complexas de que os seus monumentos derivam" (SAID, 1993, p. 37). Os monumentos têm, de fato, origens labirínticas. Ao olhar as pirâmides, Ali Shariati (1982, p. 19) comenta[33]:

---

[31] Ver Santos (1995, p. 25; 2000, p. 78-81) sobre a distinção entre as duas formas de conhecimento, uma que conhece transformando o caos em ordem (o conhecimento-regulação) e outra que conhece transformando o colonialismo em solidariedade (o conhecimento-emancipação).

[32] Sobre a ideia de "aprender com o Sul", ver Santos (1995, p. 475-519; 2000, p. 367-380).

[33] Gilroy (1993, p. 31) critica as "concepções superintegradoras de culturas puras e homogêneas que significam que as lutas políticas negras se constroem de uma forma automaticamente expressiva das diferenças nacionais e étnicas com as quais estão associadas".

> Eu senti tanto ódio para com os grandes monumentos da civilização que ao longo da história foram glorificados sobre os ossos dos meus antepassados! Os meus antepassados também construíram a grande muralha [*sic*] da China. Os que não podiam suportar as cargas foram esmagados debaixo de pedras pesadas e enterrados com elas nas muralhas. Foi assim que foram construídos todos os grandes monumentos das civilizações – à custa da carne e do sangue dos meus antepassados.

Do meu ponto de vista, o mesmo se poderia dizer sobre os direitos humanos, considerados no Ocidente como um dos maiores monumentos da civilização ocidental. A formulação asséptica e a-histórica que se autoconcederam oculta o lado negro das suas origens, desde os genocídios da expansão europeia até o Termidor e o Holocausto. Mas essa rarefação de culturas ocorre de igual modo nas culturas subordinadas, tal como Said (1993, p. 38) mostra:

> Hoje, os jovens árabes e muçulmanos são ensinados a venerar os clássicos da sua religião e pensamento, a serem acríticos, a não olharem o que leem, por exemplo, a literatura nahda ou Abbasid, como embebidos em todo tipo de conflitos políticos. Só muito ocasionalmente surge um crítico, como Adonis, o brilhante poeta sírio contemporâneo, dizendo abertamente que as leituras de turath no mundo árabe contemporâneo reforçam um autoritarismo rígido e um literalismo que tem como efeito a morte do espírito e a obliteração do criticismo.

Como espero que tenha se tornado evidente na análise da hermenêutica diatópica feita anteriormente, o reconhecimento do empobrecimento recíproco, ainda que assimétrico, da vítima e do opressor é a condição básica para um diálogo intercultural. Apenas o conhecimento da densidade e da complexidade da história nos permite atuar independentemente dela.[34] O exame minucioso das relações entre a vítima e o opressor previne-nos contra distinções demasiadamente estritas entre culturas, uma prevenção que é particularmente relevante no caso das culturas dominantes. De acordo com Pieterse (1989, p. 369), a cultura

---

[34] Ver o Capítulo 1.

ocidental não é nada do que parece, nem o que os ocidentais tendem a pensar que é: "o que é assumido como sendo a cultura ou a civilização europeia é genealogicamente não necessário ou estritamente europeu". É uma síntese cultural de muitos elementos e correntes, muitos dos quais não europeus. Bernal (1987) usou a desconstrução dos conceitos de "civilização clássica" para demonstrar os fundamentos não europeus desta, as contribuições do Egito e da África, das civilizações semita e fenícia, da Mesopotâmia e da Pérsia, da Índia e China, no domínio da língua, da arte, do conhecimento, da religião e da cultura material. Demonstrou também como essas raízes afro-asiáticas da Grécia Antiga foram renegadas pelo racismo e pelo antissemitismo europeu do século XIX.

Nessa mesma linha de inquirição, as origens conturbadas dos direitos humanos, enquanto "monumento da cultura ocidental", não podem ser vistas apenas da perspectiva da dominação imperial que eles justificaram; devem sê-lo também a partir do seu caráter compósito original enquanto artefatos culturais. Os pressupostos iluministas e racionais dos direitos humanos que identifiquei antes contêm ressonâncias e vibrações de outras culturas, e as suas raízes históricas estendem-se para muito além da Europa. Um diálogo intercultural deve partir da dupla constatação de que as culturas foram sempre interculturais e de que as trocas e interpenetrações entre elas foram sempre muito desiguais e quase sempre hostis ao diálogo cosmopolita que aqui preconizo.

A questão que hoje se coloca é de saber se será possível a construção de uma concepção pós-imperial de direitos humanos. Trata-se de inquirir se o vocabulário ou o guião dos direitos humanos se encontram de tal forma carregados de sentidos hegemônicos que excluem a possibilidade de sentidos contra-hegemônicos. Embora completamente consciente das barreiras quase inultrapassáveis, eu respondo positivamente a essa questão básica. Nas seções seguintes procuro especificar as condições de possibilidade da contra-hegemonia no domínio dos direitos humanos.

As dificuldades da reconstrução dos direitos humanos

A hermenêutica diatópica oferece um amplo campo de possibilidades para os debates que ocorrem atualmente nas diferentes regiões culturais do sistema mundial sobre os temas gerais de universalismo, relativismo, multiculturalismo, pós-colonialismo, quadros culturais da transformação social, tradicionalismo e renovação cultural.[35] Porém, uma concepção idealista de diálogo intercultural poderá esquecer facilmente que tal diálogo só é possível através da simultaneidade temporária de duas ou mais contemporaneidades diferentes. Os parceiros no diálogo só superficialmente se sentem contemporâneos; na verdade, cada um deles sente-se apenas contemporâneo da interpretação da tradição histórica da sua cultura que propõe para o diálogo. É assim sobretudo quando as diferentes culturas envolvidas no diálogo partilham um longo passado de trocas sistematicamente desiguais. Que possibilidades existem para um diálogo intercultural quando uma das culturas em presença foi moldada por massivas e continuadas agressões à dignidade humana perpetradas em nome da outra cultura? Quando as culturas partilham tal passado, a contemporaneidade presente que partilham no momento de iniciarem o diálogo é, no melhor dos casos, um *quid pro quo*, e, no pior dos casos, uma fraude. O dilema cultural que se levanta é o seguinte: dado que, no passado, a cultura dominante tornou impronunciáveis algumas das aspirações à dignidade humana por parte da cultura subordinada, será agora possível pronunciá-las no diálogo intercultural sem, ao fazê-lo, justificar e mesmo reforçar a subordinação?

O imperialismo cultural e o epistemicídio (SANTOS, 1998c, p. 208) são parte da trajetória histórica da modernidade ocidental.[36] Após séculos de trocas culturais desiguais, será justo tratar todas as culturas de forma igual? Será necessário tornar impronunciáveis algumas aspirações da cultura ocidental para dar espaço à pronunciabilidade de

---

[35] Para o debate africano, ver Paulin Hountondji (1983; 1994; 2002); Olusegun Oladipo (1989); Odera Oruka (1990a); Kwasi Wiredu (1990); Ernest Wamba dia Wamba (1991a; 1991b); Henk Procee (1992); Mogobe B. Ramose (1992); Robin Horton *et al.* (1990); Robin Horton (1993); P. H. Coetzee e A. P. J. Roux (2003). Uma amostra do rico debate na Índia pode-se ler em Ashis Nandy (1987a; 1987b; 1988); Partha Chatterjee (1984); Thomas Pantham (1988); Rajeev Bhargava (1998); Bhargava; Bagchi; Sudarshan (1999). Uma visão global sobre as diferenças culturais pode ser encontrada em Galtung (1981); Oladipo (1989); Oruka (1990a); Wiredu (1990); Wamba dia Wamba (1991a; 1991b); Procee (1992); Ramose (1992). Uma amostra do rico debate na Índia existe em Nandy (1987a; 1987b; 1988); Chatterjee (1984) e Pantham (1988). Uma visão global sobre as diferenças culturais pode ser encontrada em Galtung (1981).

[36] Ver Santos (2019).

outras aspirações de outras culturas? Paradoxalmente – e contrariando o discurso hegemônico –, é precisamente no campo dos direitos humanos que a cultura ocidental tem de aprender com o Sul global para que a falsa universalidade atribuída aos direitos humanos no contexto imperial seja convertida numa nova universalidade, construída a partir de baixo, o cosmopolitismo subalterno e insurgente.

O caráter emancipatório da hermenêutica diatópica não está garantido *a priori*, e, de fato, o multiculturalismo pode ser o novo rótulo de uma política reacionária. Basta mencionar o multiculturalismo da gerontocracia chinesa quando se refere à "concepção asiática de direitos humanos" (RAJAGOPAL, 2004, p. 212-216) para justificar as conhecidas e as desconhecidas "Tianamens".[37]

Um dos mais problemáticos pressupostos da hermenêutica diatópica é a concepção das culturas como entidades incompletas. Pode-se argumentar que, pelo contrário, só culturas completas podem participar em diálogos interculturais sem correrem o risco de ser descaracterizadas ou mesmo absorvidas por culturas mais poderosas. Uma variante desse argumento reside na ideia de que só uma cultura poderosa e historicamente autodeclarada vencedora, como é o caso da cultura ocidental, pode atribuir-se o privilégio de se autodeclarar incompleta sem com isso correr o risco de dissolução. Assim sendo, a ideia de incompletude cultural será, afinal, o instrumento perfeito de hegemonia cultural e, portanto, uma armadilha quando atribuída a culturas subordinadas.

Essa linha de argumentação é particularmente convincente quando aplicada a culturas não ocidentais que no passado foram vítimas dos mais destrutivos "encontros" com a cultura ocidental, encontros de tal maneira destrutivos que, em alguns casos, levaram à extinção cultural. É esse o caso de muitas culturas dos povos indígenas das Américas, da Austrália, da Nova Zelândia, da Índia etc. Essas culturas foram tão agressivamente amputadas e descaracterizadas pela cultura ocidental que lhes recomendar agora a adoção da ideia de incompletude cultural,

---

[37] Sobre a concepção asiática dos direitos humanos, ver Welch Jr.; Leary (1990). Sobre o caso específico da Índia e da Ásia do Sul, ver Anderson; Guha (1998), Nirmal (1999) e Vijapur; Suresh (1999).

como pressuposto da hermenêutica diatópica, é um exercício macabro, por mais emancipatórias que sejam as suas intenções.[38]

O problema dessa argumentação é que ela conduz logicamente a dois possíveis resultados alternativos ao diálogo intercultural, ambos bastante perturbadores: o fechamento cultural ou a conquista cultural. Num tempo de intensificação das práticas sociais e culturais transnacionais, o fechamento cultural é, quando muito, uma aspiração piedosa que na prática oculta e implicitamente aceita a "fatalidade" de processos caóticos e incontroláveis de desestruturação, contaminação e hibridação cultural. Tais processos assentam-se em relações de poder e em trocas culturais tão desiguais que o fechamento cultural se transforma na outra face da conquista cultural. Nesses termos, a verdadeira questão é saber se a conquista cultural em curso pode ser substituída por diálogos interculturais assentes em condições estabelecidas por mútuo acordo. E, se a resposta for positiva, há que identificar as condições a serem discutidas.

O dilema da completude cultural pode ser assim formulado: se uma cultura se considera inabalavelmente completa, não tem nenhum interesse em se envolver em diálogos interculturais; se, pelo contrário, admite, como hipótese, a incompletude que outras culturas lhe atribuem e aceita o diálogo, perde confiança cultural, torna-se vulnerável e corre o risco de ser objeto de conquista. Por definição, não há saídas fáceis para esse dilema, mas também não penso que ele seja insuperável. Tendo em mente que o fechamento cultural é uma estratégia autodestrutiva, não vejo outra saída senão elevar as exigências do diálogo intercultural até um nível suficientemente alto para minimizar a possibilidade de conquista cultural, mas não tão alto que destrua a própria possibilidade do diálogo (caso em que se reverteria ao fechamento cultural e, a partir dele, à conquista cultural).

---

[38] Neste capítulo concentro-me na hermenêutica diatópica entre a cultura ocidental e as grandes culturas orientais, no caso o hinduísmo e o islamismo. Uma hermenêutica diatópica que envolva as culturas dos povos indígenas suscita questões analíticas distintas e exige pressupostos específicos. Ainda que de modo preliminar, trato desse tema em Santos (1995, p. 313-327) e em Santos (2000, p. 205-224). Incidindo sobre os povos indígenas da América Latina, ver, a propósito desse assunto, Santos (1997) e Santos; García Villegas (2001).

Condições para uma reconstrução intercultural dos direitos humanos

As condições para um multiculturalismo progressista variam muito no tempo e no espaço e segundo as culturas envolvidas e as relações de poder entre elas. Apesar disso, afigura-se-me que as seguintes orientações e imperativos transculturais devem ser aceitos por todos os grupos sociais e culturais interessados no diálogo intercultural.

Da completude à incompletude. Como disse atrás, a completude cultural é o ponto de partida, não o ponto de chegada. Mais precisamente, a completude cultural é a condição que prevalece no momento que antecede o início do diálogo intercultural. O verdadeiro ponto de partida do diálogo é o momento de frustração ou de descontentamento com a cultura a que pertencemos, um sentimento, por vezes difuso, de que a nossa cultura não fornece respostas satisfatórias para todas as nossas questões, perplexidades ou aspirações. Esse sentimento suscita a curiosidade por outras culturas e suas respostas, uma curiosidade quase sempre assente em conhecimentos muito vagos dessas culturas. De todo modo, o momento de frustração ou de descontentamento envolve uma pré-compreensão da existência e da possível relevância de outras culturas. Dessa pré-compreensão emerge a consciência da incompletude cultural e dela nasce o impulso individual ou coletivo para o diálogo intercultural e para a hermenêutica diatópica.

Longe de pretender reconstituir a completude cultural, a hermenêutica diatópica aprofunda, à medida que progride, a incompletude cultural, transformando a consciência inicial de incompletude, em grande medida difusa e pouco articulada, numa consciência autorreflexiva. O objetivo central da hermenêutica diatópica consiste precisamente em fomentar autorreflexividade a respeito da incompletude cultural. Nesse caso, a autorreflexividade exprime o reconhecimento da incompletude cultural da cultura de cada um tal como é vista ao espelho da incompletude cultural da outra cultura em diálogo. É muito nesse espírito que Makau Mutua, depois de argumentar que "os esforços persistentes para universalizar um *corpus* essencialmente europeu de direitos humanos através de cruzadas ocidentais não pode ter êxito", afirma:

As críticas ao *corpus* dos direitos humanos por parte de africanos, asiáticos, muçulmanos, hindus e por um vasto conjunto de pensadores críticos de todo o mundo são a única via através da qual os direitos humanos poderão ser redimidos e verdadeiramente universalizados. Essa multiculturização do *corpus* pode ser tentada em numerosas áreas: buscando o equilíbrio entre direitos inviduais e coletivos, conferindo maior efetividade aos direitos sociais e econômicos, articulando os direitos com os deveres, e enfrentando a questão das relações entre o *corpus* e os sistemas econômicos (MUTUA, 2001, p. 243).

Das versões culturais estreitas às versões amplas. Longe de serem entidades monolíticas, as culturas comportam grande variedade interna. A consciência dessa diversidade aprofunda-se à medida que a hermenêutica diatópica progride. Das diferentes versões de uma dada cultura deve ser escolhida para o diálogo intercultural a que representa o círculo de reciprocidade mais amplo, a versão que vai mais longe no reconhecimento do outro. Como vimos, das duas interpretações dos ensinamentos do Profeta constantes no Corão, An-na'im escolhe a que assegura o círculo mais amplo de reciprocidade, a que reconhece como iguais muçulmanos e não muçulmanos, homens e mulheres. Partindo de uma perspectiva distinta, Tariq Ramadan assume uma concepção contextual de diferenças culturais e religiosas com o objetivo de colocá-las a serviço das coligações interculturais na luta contra o capitalismo global. Da mesma forma e pelas mesmas razões, os ativistas das castas intocáveis da Índia privilegiam o "*dharma* comum" em detrimento do "*dharma* especial". O mesmo procedimento deve ser adotado no que diz respeito à cultura ocidental dos direitos humanos. Das duas versões de direitos humanos, a liberal e a social-democrática (marxista ou não), deve ser privilegiada a última, porque amplia para os domínios econômico e social a igualdade que a versão liberal apenas considera legítima no domínio político.

De tempos unilaterais a tempos partilhados. O tempo do diálogo intercultural não pode ser estabelecido unilateralmente. Pertence a cada comunidade cultural decidir quando está pronta para o diálogo intercultural. Devido à falácia da completude – que leva cada cultura a desprezar a diferença em face de outras culturas –, quando uma dada comunidade se dispõe ao diálogo intercultural, tende a supor que a mesma disposição existe nas outras culturas com que pretende dialogar. É esse precisamente o caso da cultura ocidental, que durante séculos não teve qualquer disponibilidade para diálogos interculturais mutuamente acordados e que agora, ao ser atravessada por uma consciência difusa de incompletude, tende a crer que todas as outras culturas estejam igualmente disponíveis para reconhecer a sua incompletude e, mais do que isso, ansiosas para se envolver em diálogos interculturais com o Ocidente.

Se o tempo para iniciar o diálogo intercultural tem de resultar de uma convergência entre as comunidades culturais envolvidas, o tempo para terminá-lo ou suspendê-lo deve ser deixado à decisão unilateral de cada comunidade cultural. Não há nada irreversível no processo da hermenêutica diatópica. Uma dada comunidade cultural pode necessitar de uma pausa antes de avançar para uma nova fase do diálogo, ou pode chegar à conclusão de que o diálogo a vulnerabiliza para além do que é tolerável e que, por isso, deve pôr-lhe fim. A reversibilidade do diálogo é crucial para impedir que ele se perverta e se transforme em conquista cultural ou em fechamento cultural recíproco. É a possibilidade de reversão que confere ao diálogo intercultural a qualidade de um processo de negociação aberto e explicitamente político, que progride por via de conflitos e consensos segundo regras mutuamente acordadas. Na ausência ou deficiente explicitação de tais regras, o diálogo intercultural pode transformar-se facilmente na fachada benevolente sob a qual se escondem trocas culturais muito desiguais. Daí também que o significado político de pôr fim unilateralmente ao diálogo intercultural seja diferente consoante a decisão seja tomada por uma cultura dominante ou por uma cultura subordinada. No primeiro caso, trata-se frequentemente de atos de chauvinismo agressivo justificados por objetivos imperiais (como "a luta contra o terrorismo"), enquanto, no caso de culturas subordinadas, trata-se muitas vezes de atos de autodefesa ante a impossibilidade de controlar minimamente os termos do diálogo. A vigilância política, cultural e epistemológica da hermenêutica diatópica é, pois, uma condição do êxito desta.

De parceiros e temas unilateralmente impostos a parceiros e temas escolhidos por mútuo acordo. Sempre que uma dada comunidade cultural decide envolver-se num diálogo intercultural, não o faz indiscriminadamente, com uma outra comunidade cultural qualquer ou para discutir qualquer tipo de questões. O requisito de que tanto os parceiros como os temas do diálogo não podem ser unilateralmente impostos e devem antes resultar de acordos mútuos é talvez a condição mais exigente da hermenêutica diatópica. O específico processo histórico, cultural e político pelo qual a alteridade de uma dada cultura se torna particularmente significante para outra cultura num dado momento varia imensamente, já que resulta de convergências únicas de uma grande multiplicidade de fatores. Em geral, pode-se dizer que as lutas anticoloniais e o pós-colonialismo têm tido um papel decisivo na emergência da alteridade significativa. Nesse espírito, Tariq Ramadan (2003, p. 10) encoraja os muçulmanos no Ocidente a que, "embora no coração de sociedades industrializadas, [se] mantenham conscientes do Sul e da sua destituição". No que diz respeito aos temas, a convergência é muito difícil de alcançar, não só porque a traduzibilidade intercultural dos temas é inerentemente problemática, como também porque em todas as culturas há temas demasiadamente importantes para serem incluídos num diálogo com outras culturas. Como referi anteriormente, a hermenêutica diatópica tem de se centrar não nos "mesmos" temas, mas antes nas preocupações isomórficas, em perplexidades e desconfortos que apontam na mesma direção, apesar de formulados em linguagens distintas e quadros conceituais virtualmente incomensuráveis.

Da igualdade ou diferença à igualdade e diferença. Como referi anteriormente, provavelmente todas as comunidades culturais ou, pelo menos, as mais complexas distribuem os indivíduos e os grupos sociais segundo dois princípios de pertença hierarquizada – trocas sistematicamente desiguais entre indivíduos ou grupos formalmente iguais, de que é exemplo paradigmático a exploração capitalista dos trabalhadores; atribuição de hierarquia entre diferenças consideradas primordiais, expressa, por exemplo, no racismo e no sexismo – e, portanto, segundo concepções rivais de igualdade e de diferença. Nessas circunstâncias, nem o reconhecimento da igualdade nem o reconhecimento da diferença serão condição suficiente de uma política multicultural emancipatória. O multiculturalismo progressista pressupõe que o princípio da igualdade seja prosseguido de par com o princípio do reconhecimento da diferença.[39] A hermenêutica diatópica pressupõe a aceitação do seguinte imperativo transcultural: temos o direito a ser iguais quando a diferença nos inferioriza; temos o direito a ser diferentes quando a igualdade nos descaracteriza.[40]

Direitos humanos interculturais e pós-imperiais

É necessária uma nova política de direitos, uma abordagem renovada da tarefa de capacitação das classes e coligações populares nas suas lutas por soluções emancipadoras para além da modernidade ocidental e do capitalismo global. É necessária uma nova arquitetura de direitos humanos baseada numa nova fundamentação e com uma nova justificação. Não sendo meu propósito neste capítulo ir além da proposta de uma nova agenda de investigação, limitar-me-ei a dar algumas aproximações exploratórias e a formular alguns princípios orientadores. A nova arquitetura de direitos humanos deve ir às raízes da modernidade, tanto às raízes que esta reconhece como suas como às raízes que ela rejeitou por fundarem o que ela considerou como algo extrínseco, o projeto colonial. Nesse sentido, ir às raízes implica ir além delas. Essa inquirição é uma genealogia, no sentido em que busca a transcrição oculta das origens, das inclusões bem como das exclusões, dos antepassados legítimos e dos bastardos; é também uma geologia pelo seu interesse pelas camadas de sedimentação, hiatos e falhas tectônicas (que causam tanto terramotos sociais quanto pessoais); finalmente, é também uma arqueologia, pelo seu interesse em conhecer o que anteriormente foi considerado legítimo, apropriado e justo, e que foi descartado como ruína ou anacronismo, suprimido como desviante ou ocultado como vergonhoso. Enquanto, entre os séculos XVI e XVIII, a modernidade se assumiu como um projeto simultaneamente universal e ocidental, do século XIX em diante, reconceptualizou-se como universal, de um ponto de vista supostamente universal. Os direitos humanos universais ocidentais tornaram-se então direitos humanos universais. A partir daí, desenvolveu-se uma relação totalizadora entre vitimizadores e vítimas

---

[39] Tratei desse tema com mais detalhe nos Capítulos 6 e 7.
[40] Esse tema está analisado em maior detalhe no Capítulo 8.

– a zona de contato colonial – que, embora desigual nos seus efeitos, brutalizou ambos, forçando-os a partilhar uma cultura comum de dominação caracterizada, como referi anteriormente, pela produção sistêmica de versões rarefeitas e emprobrecidas das diferentes culturas presentes na zona de contato. As ciências sociais modernas não escaparam a essa epistemologia de rarefação e emprobrecimento.

Nessas condições, a construção de uma concepção intercultural e pós-imperial de direitos humanos é, em primeiro lugar e antes de mais, uma tarefa epistemológica. É necessário escavar nos fundamentos reconhecidos como tal para tentar encontrar os fundamentos deles, subterrâneos, clandestinos e invisíveis. Designo esses fundamentos malditos e suprimidos como *ur*-direitos, normatividades originárias que o colonialismo ocidental e a modernidade capitalista suprimiram da maneira mais radical, de forma a erigirem sobre as suas ruínas a estrutura monumental dos direitos humanos fundamentais. A concepção dos *ur*-direitos ou normatividades originárias é um exercício de imaginação retrospectiva radical, porque consiste em formular negatividades abissais. Implica denunciar um ato abissal de negativismo no âmago da expansão colonial, uma negatividade abissal na qual a modernidade ocidental se baseou para erigir as suas deslumbrantes construções epistemológicas, políticas, econômicas e culturais. Por isso, os *ur*-direitos não são direitos naturais, são direitos de naturezas cruelmente desfiguradas que existem apenas no processo de serem negados e enquanto negações. Reivindicá-los é abrir o espaço-tempo para uma concepção pós-colonial e pós-imperial de direitos humanos.

O direito ao conhecimento. A supressão dessa normatividade originária foi responsável pelo epistemicídio massivo a partir do qual a modernidade ocidental erigiu o seu monumental conhecimento imperial. Num período de transição paradigmática,[41] a reivindicação desse *ur*-direito implica necessariamente o direito a conhecimentos outros.[42] Tais conhecimentos outros devem ancorar-se numa nova epistemologia do Sul, de um Sul não imperial. Uma vez que a tensão supracitada entre regulação social e emancipação social é também uma

---

[41] Sobre essa transição paradigmática, ver Santos (1995; 2000; 2002e).
[42] Ver o Capítulo 2.

tensão epistemológica, o direito aos conhecimentos outros é também um direito à preferência pelo conhecimento-emancipação contra o conhecimento-regulação.[43] Essa preferência implica desaprender uma forma de conhecimento que parte do caos para a ordem e reaprender uma forma de conhecimento que prossegue do colonialismo para a solidariedade. Esse conhecimento é uma precondição epistemológica para quebrar o ciclo vicioso de produção recíproca de vítimas e vitimizadores. Analisados dessa perspectiva, os conhecimentos institucionais e organizacionais que estão na base das práticas de governos estatais nacionais e agências internacionais, com a sua ênfase exclusiva na ordem, tornam impensável a passagem do colonialismo à solidariedade que quebraria o ciclo. É por isso que vítimas e vitimizadores são iguais perante a concepção liberal de direitos humanos.

O direito de levar o capitalismo global a julgamento num tribunal mundial. O segundo *ur*-direito suprimido foi o cuidado simultâneo de si e dos outros como condição da dignidade humana. Nessa supressão assentose o fundamento da conversão do capitalismo em manifestação irreversível e incondicional de progresso. A reivindicação dessa normatividade originária implica que o capitalismo seja responsabilizado pela sua decisiva cota de responsabilidade na destruição sistêmica do cuidado para com o outro e para com a natureza. As violações reconhecidas como tal pelos direitos humanos hegemônicos assentam-se na negação dessa destruição. À medida que esse *ur*-direito emergir da escavação arqueológica, a história do capitalismo mundial e da modernidade ocidental irá gradualmente se transformar numa história trágica de degradação ética.

O que quer que tenha acontecido na história, não se limitou a acontecer; anulou a ocorrência de outros passados (e, por consequência, de outros presentes). Por esse motivo, os problemas do presente devem ser vistos como provenientes da supressão de passados outros. Da mesma forma, os confrontos entre fatos e não fatos não podem ser resolvidos "factualmente": o debate sobre fatos e não fatos é, no fundo, um debate sobre justiça e injustiça históricas.[44]

---

[43] A propósito da distinção entre duas formas de conhecimento, ver Santos (1995, p. 7-55; 2000, p. 78-81).

[44] Ver o Capítulo 1.

Embora sejam formas modernas, o tribunal e o julgamento serão usados de modo transmoderno. Enquanto tribunal mundial, terão um espaço-tempo próprio, adequado às aspirações da globalização contra-hegemônica. Os procedimentos serão guiados por um princípio abrangente de responsabilidade global e de cuidado global, uma versão alargada da ideia de *Sorge* formulada por Hans Jonas.[45] Mais que procurar disputas estreitamente definidas sobre responsabilidades de curto alcance e cursos de ação-consequência muito delimitados, esse *ur*-tribunal conceberá o sistema mundial moderno como um conflito coletivo único, não deixando ninguém de fora, seja como vítima, seja como vitimizador. E, uma vez que muitos dos participantes serão simultaneamente vítimas e vitimizadores, o peso relativo de cada identidade parcial estará no centro da argumentação político-legal. A atribuição de responsabilidades será determinada à luz de cursos de ação intergeracionais, de longo alcance, tanto na sociedade como na natureza. As decisões serão os resultados, sempre provisórios e reversíveis, das transformações sociais que ocorrem em função da acumulação de persuasão e convicção, quer em torno dos argumentos das coligações emancipatórias – as coligações das vítimas e seus aliados –, quer em torno dos argumentos das coligações reguladoras – as coligações dos vitimizadores e seus aliados. Será através desses resultados que se aferirão os êxitos e os fracassos da globalização contra-hegemônica.

*O direito à transformação do direito de propriedade segundo a trajet*ória *do colonialismo para a solidariedade.* O modo como foi suprimido o terceiro *ur*-direito testemunha o caráter inerentemente colonial da modernidade ocidental. Trata-se do direito à não propriedade individual cuja negação funda a ocupação colonial da Terra. Concebida como um direito individual na concepção ocidental de direitos humanos, o direito de propriedade está no centro da divisão entre o Norte global e o Sul global. Desenvolve-se historicamente através das transformações da questão jurídica da ocupação colonial: da questão genérica da legitimidade da ocupação europeia das terras do declarado "Novo Mundo" (século XVI) à questão da relação pública de *imperium* ou jurisdição que fundamenta o direito à terra por parte de Estados individuais (século XVII) e,

---

[45] Ver Jonas (1985) e Santos (1995, p. 50).

finalmente, à questão da natureza da terra como uma coisa, um objeto de propriedade privada (séculos XVII e XVIII). Enquanto nas duas primeiras questões a propriedade implicava o controle sobre as pessoas, na terceira expressa meramente o controle sobre as coisas. A teoria burguesa da propriedade está integralmente contida nessa mudança. A um conceito cheio de conotações políticas, como o conceito de ocupação, segue-se um conceito neutro de posse física, o direito à propriedade de uma determinada coisa. Essa coisa, no momento em que é criada a teoria burguesa da propriedade, é basicamente a terra, e tanto assim que o próprio conceito de propriedade passa a designar, na linguagem comum, a própria coisa, isto é, a terra como propriedade. Locke ([1689] 1952) é o grande criador dessa concepção.[46] Com grande clarividência, Rosseau viu no direito de propriedade concebido como um direito individual a semente da guerra e do sofrimento humano, bem como a destruição da comunidade e da natureza. O problema residia, como Rosseau detectou claramente, na dialética do individual e do coletivo nesse domínio e nas consequências que dela resultariam. Essa dialética tem atingido o mundo com toda a sua virulência nas últimas décadas, com a ascensão das empresas multinacionais na economia mundial. Embora constituídas por grandes coletividades de acionistas e gestores, com recursos que excedem os de muitos Estados, operando em nível mundial e controlando a prestação de serviços públicos essenciais à sobrevivência de milhões de pessoas, as empresas multinacionais são, no entanto, consideradas sujeitos de direito privado e tratadas como tal tanto pelo direito interno dos diferentes países como pelo direito internacional. Uma política cosmopolita insurgente de direitos humanos deve confrontar abertamente o individualismo possessivo da concepção liberal de propriedade. Para além do Estado e do mercado, um terceiro campo social deve ser reinventado: coletivo, mas não centrado no Estado; privado, mas não vocacionado para o lucro; um campo social que sustente social e politicamente a transformação solidária do direito de propriedade.

O direito à concessão de direitos a entidades incapazes de ter deveres, nomeadamente a natureza e as gerações futuras. O quarto *ur*-direito é

---

[46] A propósito do debate sobre a evolução do pensamento de Locke acerca da propriedade, ver Santos (1995, p. 68-71).

normatividade originária do cuidado abrangente de que falei anteriormente aplicada ao Outro mais extremo, seja ele Outro de outra natureza ou o Outro de outro tempo. Na supressão dessa normatividade originária assenta-se a simetria entre sujeitos de direito e sujeitos de deveres que está no centro da concepção ocidental de direitos humanos. De acordo com essa concepção, apenas os potenciais sujeitos de deveres têm direito a ser sujeitos de direitos. Essa simetria estreitou o âmbito do princípio da reciprocidade de tal forma que deixou de fora, em diferentes épocas históricas, mulheres, crianças, escravos, povos indígenas, natureza e gerações futuras. Uma vez removidos do círculo da reciprocidade, foram transformados em objetos de propriedade e de cálculos econômicos. As transformações graduais dos dois últimos séculos têm sido demasiadamente tímidas para neutralizar o resultado trágico dessas exclusões arbitrárias.

O direito à autodeterminação democrática. Esse *ur*-direito é o corolário autonômico do cuidado: só há cuidado quando há autonomia no cuidar e no ser cuidado. A supressão desse *ur*-direito tem uma longa tradição na modernidade ocidental. Legitimou as derrotas populares nas revoluções dos séculos XVIII e XIX, bem como a independência elitista das colônias da América Latina ao longo do século XIX. A mesma supressão pode ser detectada na proclamação quase simultânea do direito das nações à autodeterminação por Woodrow Wilson e Lenin. No período posterior à Segunda Guerra Mundial, a reivindicação desse *ur*-direito esteve presente nas lutas de libertação anticolonial e é invocado neste momento pelos povos indígenas na luta pela sua identidade social, política e cultural. Se essa tradição não se fortalecer radicalmente em tempos futuros, acabará por se transformar num sério entrave à reivindicação da autodeterminação democrática a que aspira a uma prática cosmopolita insurgente de direitos humanos.

A trajetória do direito à autodeterminação nos últimos 50 anos mostra o quanto está ainda por fazer nessa área. A formulação moderada e relativamente ambígua desse direito na Carta das Nações Unidas foi rapidamente suplantada pela força do movimento anticolonialista (a Conferência de Bandung teve lugar em 1955) e pela predominância da doutrina socialista da autodeterminação sobre a concepção do mundo ocidental (CASSESE, 1979, p. 139). Ao mesmo tempo que se ampliava o conceito de autodeterminação para incluir a libertação do colonialismo e do racismo (por exemplo, na África do Sul, no Sudoeste Africano e na Rodésia do Sul) e da ocupação estrangeira (como os territórios da Palestina ocupados por Israel), os países socialistas, em conjunto com países árabes e africanos, restringiram o seu uso à autodeterminação externa; para Estados soberanos independentes, a autodeterminação equivale ao direito à não intervenção. Pelo contrário, na lógica da Guerra Fria, os países ocidentais sustentaram que a autodeterminação deveria ser também entendida como autodeterminação interna, ou seja, como o direito dos povos contra Estados soberanos que violam maciçamente os direitos humanos – referindo-se aos regimes totalitários do Bloco Comunista. A configuração institucional e a prática efetiva do sistema das Nações Unidas, particularmente após os Convênios Internacionais de 1966, têm conduzido as Nações Unidas a se concentrarem unilateralmente na autodeterminação "externa" em detrimento da "interna".

Na minha análise das lutas dos povos indígenas (SANTOS, 2002e, 237-257), procurei pôr a nu as barreiras quase inultrapassáveis levantadas pelo princípio da soberania contra o reconhecimento da autodeterminação "interna". Embora a prioridade concedida à autodeterminação "externa" possa ter tido justificação durante o processo de luta anticolonial, desde então perdeu toda a legitimidade/justificação e só pode subsistir se entretanto adquirir novos conteúdos.[47]

Partindo da perspectiva de uma concepção não imperial de autodeterminação, deve-se fazer referência a um documento não governamental que em nível mundial ganhou autoridade moral, e no qual o direito à autodeterminação dos povos merece um reconhecimento pleno. Refiro-me à Declaração dos Direitos dos Povos de Argel, de 1976, e especificamente aos seus artigos 5, 6 e 7.

> *Artigo 5*
> Todos os povos têm o direito imprescindível e inalienável à autodeterminação. Deverão determinar o seu estatuto político livremente sem interferência estrangeira (externa/exterior).

---

[47] Nas palavras de Cassese (1979, p. 148), "novas formas de opressão estão se desenvolvendo e se espalhando (neocolonialismo, opressão hegemônica, dominação pelas corporações multinacionais e pelas organizações transnacionais repressivas) e as minorias estão despertando da dominação secular para um sentido mais vital de liberdade e independência".

Artigo 6
Todos os povos têm o direito de se libertar de toda e qualquer dominação colonial ou estrangeira (externa), seja direta ou indireta, e de qualquer regime racista.

Artigo 7
Todos os povos têm direito a ter um governo democrático representativo de todos os cidadãos sem distinção de raça, sexo, crença ou cor, e capaz de assegurar o respeito efetivo pelos direitos humanos e liberdades fundamentais de todos.

A Declaração de Argel aproxima-se da reivindicação total do *ur*-direito à autodeterminação democrática. Do meu ponto de vista, ela fornece uma base adequada para uma concepção mais ampla e profunda do direito à autodeterminação na medida em que atua como um princípio condutor nas lutas por uma globalização contra-hegemônica. No contexto africano, Shivji (1989, p. 80) propôs mesmo o direito do povo à autodeterminação como um dos direitos fundamentais, um direito coletivo "incorporando a principal contradição entre o imperialismo e as suas burguesias compradoras locais, por um lado, e o povo, por outro lado". De acordo com esse autor, os sujeitos de direito que detêm esse direito são povos dominados/explorados e nações, nacionalidades, grupos nacionais e minorias oprimidas, enquanto os sujeitos de deveres são Estados, nações e nacionalidades opressoras e países imperialistas. Embora basicamente concorde com Shivji, gostaria de frisar que, na minha opinião, o direito à autodeterminação pode ser exercido tanto como um direito coletivo quanto como um direito individual: no interior de qualquer direito coletivo forja-se o direito de optar pelo abandono desse coletivo. Além disso, coloco igual ênfase nos resultados políticos da autodeterminação e nos processos democráticos participativos conducentes à autodeterminação. Povos e entidades políticas não são abstrações idealizadas, não se exprimem com uma voz única, e, quando efetivamente se exprimem, é imperativo o estabelecimento da democracia participativa como critério de legitimação das posições expressas.

O direito à organização e à participação na criação de direitos. A supressão do sexto *ur*-direito tem sido o fundamento da norma e da dominação capitalistas. Sem essa supressão, não seria possível às minorias imporem-se às maiorias num campo político composto por cidadãos livres e iguais. Ao se basearem em concepções radicais de democracia, as lutas emancipatórias convergentes na globalização contra-hegemônica do nosso tempo reivindicam esse *ur*-direito primário como o seu princípio político orientador. O conflito entre a globalização neoliberal e a globalização contra-hegemônica anticapitalista constitui um campo social pouco mapeado, um terreno virgem caracterizado por riscos (de opressão, sofrimento humano e destruição), relativa ou totalmente insuscetíveis de serem segurados, e também por possibilidades novas e insuspeitas de políticas emancipadoras. Os riscos provêm da atomização, despolitização, etnicização e *apartheidização* dos povos que derivam da espiral descendente de antigas formas de resistência e organização: o ciclo vicioso entre o declínio de energias mobilizadoras e o aumento de organizações sem um propósito claro. Longe de se constituir como um processo "orgânico", essa espiral descendente é ativamente provocada por medidas repressivas e manipulação ideológica.[48] Por outro lado, as oportunidades para políticas emancipatórias dependem, consoante as circunstâncias, da invenção de novas formas de organização especificamente pensadas para enfrentar novos riscos ou para defender antigas formas de organização que são assim reinventadas para estar à altura de novos desafios, novas agendas e novas coligações potenciais.

O direito à organização é um direito primordial, sem o qual nenhum dos outros direitos poderia ser minimamente viável. Trata-se de um *ur*-direito primordial no sentido mais estrito, por a sua supressão estar no centro da concepção moderna de que os direitos mais fundamentais não têm de ser criados: eles são direitos naturais, dados, inerentes. Sem a denúncia dessa supressão abissal, será impossível organizar todas as solidariedades necessárias contra todos os colonialismos existentes. Com base nesse *ur*-direito, os povos indígenas fundamentam as suas lutas pelo direito de seguir os seus próprios direitos.

---

[48] Por exemplo, nos países centrais, particularmente nos Estados Unidos (mas também na Europa e no Japão), o direito dos trabalhadores à organização em sindicatos laborais tem sido minada pela violência contra os sindicatos, enquanto simultaneamente os seus interesses são ideologicamente miniaturizados como "interesses particulares" e, como tal, equacionados como quaisquer outros interesses particulares (por exemplo, os da NRA, Associação Nacional dos proprietários de espingardas, nos Estados Unidos).

Dessa forma, o direito originário à organização e o direito originário a criar direitos constituem duas dimensões inseparáveis do mesmo direito.[49] Variando com as vulnerabilidades identificáveis dos grupos sociais específicos, a repressão dos direitos humanos é dirigida à criação de direitos, ou à organização para defesa ou criação desses mesmos direitos. A repugnância moral divide o Norte global e o Sul global, e, relacionada com ela, o crescimento acelerado do Terceiro Mundo interior no Norte global (os pobres, os desempregados de longa duração, os sem-abrigo, os emigrantes sem documentos, os que buscam asilo, os prisioneiros, bem como as mulheres, as minorias étnicas, as crianças, os gays e as lésbicas) mostra claramente em que medida a política emancipadora de direitos humanos se encontra vinculada às políticas de democracia participativa, apelando, por isso, a uma reconstrução teórica radical da teoria democrática.

Conclusão

Na forma como têm sido convencionalmente entendidas, as políticas de direitos humanos baseiam-se na supressão massiva de direitos constitutivos, originários, que designei como *ur*-direitos para salientar o seu caráter inapropriável. É a sua negação radical que legitima os direitos humanos hegemônicos e os incapacita para imaginar o futuro para além do capitalismo.

Na forma como têm sido predominantemente concebidos, os direitos humanos são um localismo globalizado. Trata-se de uma espécie de esperanto, de uma língua franca que dificilmente poderá se tornar na linguagem cotidiana da dignidade humana nas diferentes regiões culturais do globo. Neste capítulo delineei os fundamentos para uma concepção intercultural das políticas emancipatórias de direitos humanos. Essas políticas devem basear-se em duas reconstruções radicais. Por um lado, uma reconstrução intercultural por meio da tradução da hermenêutica diatópica, através da qual a rede de linguagens nativas mutuamente

---

[49] O direito à organização, concebido como direito primário, é uma formulação politicamente fundada do mais abstrato "direito a ter direitos" proposto por Hannah Arendt (1968).

traduzíveis e inteligíveis da emancipação encontra o seu caminho para uma política cosmopolita insurgente. Por outro lado, uma reconstrução pós-imperial dos direitos humanos centrada na desconstrução dos atos massivos de supressão constitutiva – os *ur*-direitos, as normatividades originárias – com base nos quais a modernidade ocidental foi capaz de transformar os direitos dos vencedores em direitos universais.

Esse projeto pode parecer bastante utópico. É, certamente, tão utópico quanto o respeito universal pela dignidade humana. E nem por isso este último deixa de ser uma exigência ética séria. Como disse Sartre, antes de concretizada, uma ideia apresenta uma estranha semelhança com a utopia. Nos tempos que correm, o importante é não reduzir a realidade apenas ao que existe.

CONCLUSÃO
A incerteza entre o medo e a esperança

Diz Espinosa que as duas emoções básicas dos seres humanos são o medo e a esperança. A incerteza é a vivência das possibilidades que emergem das múltiplas relações que podem existir entre o medo e a esperança. Sendo diferentes essas relações, diferentes são os tipos de incerteza. O medo e a esperança não estão igualmente distribuídos por todos os grupos sociais ou épocas históricas. Há grupos sociais em que o medo sobrepuja de tal modo a esperança que o mundo lhes acontece sem que eles possam fazer acontecer o mundo. Vivem em espera, mas sem esperança. Estão vivos hoje, mas vivem em condições tais que podem estar mortos amanhã. Alimentam os filhos hoje, mas não sabem se poderão alimentá-los amanhã. A incerteza em que vivem é uma incerteza descendente, porque o mundo lhes acontece de modos que pouco dependem deles. Quando o medo é tal que a esperança desapareceu de todo, a incerteza descendente torna-se abissal e converte-se no seu oposto: na certeza do destino, por mais injusto que seja. Há, por outro lado, grupos sociais em que a esperança sobrepuja de tal modo o medo que o mundo lhes é oferecido como um campo de possibilidades que podem gerir a seu bel-prazer. A incerteza em que vivem é uma incerteza ascendente, na medida em que tem lugar entre opções portadoras de resultados em geral desejados, mesmo que nem sempre totalmente positivos. Quando a esperança é tão excessiva que perde a noção do medo, a incerteza ascendente torna-se abissal e transforma-se no seu oposto: na certeza da missão de se apropriar do mundo, por mais arbitrária e destrutiva que essa missão seja.

A maioria dos grupos sociais vive entre esses dois extremos, com mais ou menos medo, com mais ou menos esperança, passando por períodos em que dominam as incertezas descendentes e outros em que dominam as incertezas ascendentes. As épocas distinguem-se pela preponderância relativa do medo e da esperança e das incertezas a que as relações entre um e outra dão azo.

Que tipo de época é a nossa?

Vivemos em uma época em que a pertença mútua do medo e da esperança parece colapsar perante a crescente polarização entre o mundo do medo sem esperança e o mundo da esperança sem medo, ou seja, um mundo em que as incertezas, descendentes ou ascendentes, transformam-se cada vez mais em incertezas abissais, isto é, em destinos injustos para os empobrecidos e sem poder, e em missões de apropriação ilimitada do mundo para os enriquecidos e poderosos. Uma percentagem cada vez maior da população mundial vive correndo riscos iminentes contra os quais não há seguros ou, se os há, são financeiramente inacessíveis, como o risco de morte em conflitos armados em que não participam ativamente, o risco de doenças causadas por substâncias perigosas usadas de modo massivo, legal ou ilegalmente, o risco de violência causada por preconceitos raciais, sexistas, religiosos ou outros, o risco de pilhagem dos seus magros recursos, sejam eles salários ou pensões, em nome de políticas de austeridade sobre as quais não têm qualquer controle, o risco de expulsão das suas terras ou das suas casas por imperativos de políticas de desenvolvimento das quais nunca se beneficiarão, o risco de precariedade no emprego e de colapso de expectativas suficientemente estabilizadas para planejar a vida pessoal e familiar ao arrepio da propaganda da autonomia e do empreendedorismo.

Em contrapartida, grupos sociais cada vez mais minoritários em termos demográficos acumulam poder econômico, social e político cada vez maior, um poder quase sempre fundado no domínio do capital financeiro. Essa polarização vem de longe, mas é hoje mais transparente e talvez mais virulenta. Consideremos a seguinte citação:

> Se uma pessoa não soubesse nada acerca da vida do povo deste nosso mundo cristão e lhe fosse perguntado "há um certo povo que organiza o modo de vida de tal forma que a esmagadora maioria das pessoas, 99 por cento delas, vive de trabalho físico sem descanso e

sujeita a necessidades opressivas, enquanto 1 por cento da população vive na ociosidade e na opulência. Se o tal 1 por cento da população professar uma religião, uma ciência e uma arte, que religião, arte e ciência serão essas?". A resposta não poderá deixar de ser: "uma religião, uma ciência e uma arte pervertidas".

Dir-se-á que se trata de um extrato dos manifestos do Movimento Occupy ou dos Movimentos dos Indignados do início do século XXI. Nada disso. Trata-se de uma entrada do diário de Liev Tolstói (1960, p. 66), no dia 17 de março de 1910, pouco tempo antes de morrer.

Quais as incertezas?

Como acabei de referir, os diferentes tipos de incerteza não estão igualmente distribuídos entre os diferentes grupos e classes sociais que compõem as nossas sociedades. Há, pois, que identificar os diferentes campos em que tais desigualdades têm mais impacto na vida das pessoas e das comunidades.

A incerteza do conhecimento

Todas as pessoas são sujeitos de conhecimento, e a esmagadora maioria define e exerce as suas práticas com referência a outros conhecimentos que não o científico. Vivemos, no entanto, uma época, a época da modernidade eurocêntrica, que atribui total prioridade ao conhecimento científico e às práticas diretamente derivadas dele: as tecnologias. Isso significa que a distribuição epistemológica e vivencial do medo e da esperança é definida por parâmetros que tendem a beneficiar os grupos sociais que têm mais acesso ao conhecimento científico e à tecnologia. Para esses grupos, a incerteza é sempre ascendente, na medida em que a crença no progresso científico é uma esperança suficientemente forte para neutralizar qualquer medo quanto às limitações do conhecimento atual. Para esses grupos, o princípio da precaução é sempre algo negativo, porque trava o progresso infinito da ciência. A injustiça cognitiva que isso cria é vivida pelos grupos sociais com menos acesso ao conhecimento científico como uma inferioridade geradora de incerteza quanto ao lugar deles num mundo definido e legislado com base em conhecimentos simultaneamente poderosos e estranhos que os afetam de modos sobre os quais têm pouco ou nenhum controle. Trata-se de conhecimentos produzidos sobre eles e eventualmente contra eles e, em todo caso, nunca produzidos com eles. A incerteza tem outra dimensão: a incerteza sobre a validade dos conhecimentos próprios, por vezes ancestrais, pelos quais têm pautado a vida. Terão de abandoná-los e substituí-los por outros? Esses novos conhecimentos são-lhes dados, vendidos, impostos e, em todos os casos, a que preço e a que custo? Os benefícios trazidos pelos novos conhecimentos serão superiores aos prejuízos? Quem colherá os benefícios, e quem colherá os prejuízos? O abandono dos conhecimentos próprios envolverá um desperdício da experiência? Com que consequências? Ficarão com mais ou menos capacidade para representar o mundo como próprio e para transformá-lo de acordo com as suas aspirações?

A incerteza da democracia

A democracia liberal foi concebida como um sistema de governo assente na incerteza de resultados e na certeza dos processos.[1] A certeza dos processos garantia que a incerteza dos resultados fosse igualmente distribuída por todos os cidadãos. Os processos certos permitiam que os diferentes interesses vigentes na sociedade se confrontassem em pé de igualdade e aceitassem como justos os resultados que decorressem desse confronto. Era esse o princípio básico da convivência democrática. Essa era a teoria, mas na prática as coisas foram sempre muito diferentes, e hoje a discrepância entre a teoria e a prática atinge proporções perturbadoras.

Em primeiro lugar, durante muito tempo só uma pequena parte da população podia votar, e por isso, por mais certos e corretos que fossem os processos, eles nunca poderiam ser mobilizados de modo a ter em conta os interesses das maiorias. A incerteza dos resultados só em casos muito raros poderia beneficiar as maiorias: nos casos em que os resultados fossem o efeito colateral das rivalidades entre as elites políticas e os diferentes interesses das classes dominantes que elas representavam. Não admira, pois, que durante muito tempo as maiorias tenham visto a democracia de pernas para o ar: um sistema de processos incertos cujos resultados eram

---

[1] Ver o Capítulo 12.

certos, sempre a serviço dos interesses das classes e dos grupos dominantes. Por isso, durante muito tempo, as maiorias estiveram divididas: entre os grupos que queriam fazer valer os seus interesses por outros meios que não os da democracia liberal (por exemplo, a revolução) e os grupos que lutavam por ser incluídos formalmente no sistema democrático e assim esperar que a incerteza dos resultados viesse no futuro a favorecer os seus interesses. A partir de então as classes e os grupos dominantes (isto é, com poder social e econômico não sufragado democraticamente) passaram a usar outra estratégia para fazer funcionar a democracia a seu favor. Por um lado, lutaram para que fosse eliminada qualquer alternativa ao sistema democrático liberal, o que conseguiram simbolicamente em 1989, no dia em que caiu o Muro de Berlim.

Por outro lado, passaram a manipular os processos de modo a que os resultados os favorecessem sistematicamente. Para eliminarem a incerteza dos resultados, acabaram por destruir a certeza dos processos. Ao poderem ser manipulados por quem tivesse poder social e econômico para tal, os processos democráticos, supostamente certos, tornaram-se incertos. Pior do que isso, ficaram sujeitos a uma única certeza: a possibilidade de serem livremente manipulados por quem tivesse poder para tal.

Por essas razões, a incerteza das grandes maiorias é descendente e corre o risco de se tornar abissal. Tendo perdido a capacidade e mesmo a memória de uma alternativa à democracia liberal, que esperança podem ter no sistema democrático liberal? Será que o medo é de tal modo intenso que só lhes reste a resignação perante o destino? Ou, pelo contrário, há na democracia um embrião de genuinidade que pode ser ainda resgatado contra aqueles que a transformaram numa farsa cruel?

A incerteza da natureza

Sobretudo desde a expansão europeia a partir do final do século XV, a natureza passou a ser considerada pelos europeus um recurso natural desprovido de valor intrínseco e por isso disponível sem condições nem limites para ser explorado pelos humanos. Essa concepção, que era nova na Europa e não tinha vigência em nenhuma outra cultura do mundo, tornou-se gradualmente dominante à medida que o capitalismo, o colonialismo e o patriarcado (este último reconfigurado pelos anteriores) foram se impondo em todo o mundo considerado moderno. Esse domínio foi de tal modo profundo que se converteu na base de todas as certezas da época moderna e contemporânea: o progresso. Sempre que a natureza pareceu oferecer resistência à exploração, tal foi visto, quando muito, como uma incerteza ascendente em que a esperança sobrepujava o medo. Foi assim que, no poema épico de Luís de Camões *Os lusíadas* (1556-1572), o Adamastor foi corajosamente vencido, e a vitória sobre ele se chamou Cabo da Boa Esperança.

Houve povos que nunca aceitaram essa ideia da natureza, porque aceitá-la equivaleria ao suicídio. Os povos indígenas, por exemplo, viviam em tão íntima relação com a natureza que esta nem sequer lhes era exterior; era, pelo contrário, a Mãe Terra, um ser vivente que os englobava a eles e a todos os seres vivos presentes, passados e futuros. Por isso, a terra não lhes pertencia; eles pertenciam à terra. Essa concepção era tão mais verosímil que a eurocêntrica e tão perigosamente hostil aos interesses colonialistas dos europeus que o modo mais eficaz de combatê-la era eliminar os povos que a defendiam, transformando--os num obstáculo natural à exploração da natureza. A certeza dessa missão era tal que as terras dos povos indígenas eram consideradas terra de ninguém, livre e desocupada, apesar de nelas viver gente de carne e osso desde tempos imemoriais.

Essa concepção da natureza foi de tal modo inscrita no projeto capitalista, colonialista e patriarcal moderno que *naturalizar* se tornou o modo mais eficaz de atribuir um caráter incontroverso à certeza. Se algo é *natural*, é assim porque não pode ser de outro modo, seja isso consequência da preguiça e da lascívia das populações que vivem entre os trópicos, da incapacidade das mulheres para certas funções ou da existência de raças e a "natural" inferioridade das populações de cor mais escura.

Essas certezas ditas naturais nunca foram absolutas, mas encontraram sempre meios eficazes para fazerem crer que o eram. Porém, nos últimos 100 anos, elas começaram a revelar zonas de incerteza, e, em tempos mais recentes, as incertezas passaram a ser mais verossímeis que as certezas, quando não conduziram a novas certezas de sentido oposto. Muitos fatores contribuíram para isso. Seleciono dois dos mais importantes. Por um lado, os grupos sociais declarados naturalmente inferiores nunca se deixaram vencer inteiramente e, sobretudo a partir do século XX, conseguiram fazer ouvir a sua plena humanidade de modo suficientemente alto e eficaz a ponto de transformá-la num conjunto de reivindicações que entraram na agenda social política e cultural. Tudo o que era natural se desfez no ar, o que criou incertezas novas e surpreendentes aos grupos sociais considerados naturalmente superiores, acima de tudo a incerteza de não saberem como manter os seus privilégios quando as suas vítimas os contestam e, ademais, contestam não apenas em nome da igualdade, mas também em nome da diferença. Daqui nasce uma das incertezas mais tenazes do nosso tempo: será possível reconhecer simultaneamente o direito à igualdade e o direito ao reconhecimento da diferença? Por que continua a ser tão difícil aceitar o metadireito que parece fundar todos os outros e que se pode formular assim: temos o direito a ser iguais quando a diferença nos inferioriza, temos o direito a ser diferentes quando a igualdade nos descaracteriza?[2]

O segundo fator é a crescente revolta da natureza perante tão intensa e prolongada agressão sob a forma das alterações climáticas que põem em risco a existência de diversas formas de vida na Terra, entre elas a dos humanos e, mais recentemente, sob a forma da pandemia.[3] Alguns grupos humanos estão já definitivamente afetados, quer por verem os seus hábitats submersos pela elevação das águas do mar, quer por serem obrigados a deixar as suas terras desertificadas de modo irreversível.

A mãe-terra parece estar elevando a voz sobre as ruínas da casa que era dela para poder ser de todos e que os humanos modernos destruíram, movidos pela cobiça, voracidade, irresponsabilidade, e afinal, pela ingratidão sem limites. Poderão os humanos aprender a partilhar o que resta da casa que julgavam ser só sua e onde afinal habitavam por cedência generosa da mãe-terra? Ou preferirão o exílio dourado das fortalezas neofeudais enquanto as maiorias lhes rondam os muros e lhes tiram o sono, por mais legiões de cães, arsenais de câmaras de vídeo, quilômetros de cercas de arame farpado e de vidros à prova de bala que os protejam da realidade, mas nunca dos fantasmas da realidade? Essas são as incertezas cada vez mais abissais do nosso tempo.

---

[2] Ver os Capítulos 8 e 13.
[3] Ver Santos (2021g).

A incerteza da dignidade

Todo ser humano (e, se calhar, todo ser vivo) aspira a ser tratado com dignidade, entendendo por tal o reconhecimento do seu valor intrínseco, independentemente do valor que outros lhe atribuam em função de fins instrumentais que lhe sejam estranhos. A aspiração da dignidade existe em todas as culturas e expressa-se segundo idiomas e narrativas muito distintas, tão distintas que por vezes são incompreensíveis para quem não comungue da cultura de que emergem. Nas últimas décadas, os direitos humanos transformaram-se numa linguagem e numa narrativa hegemônicas para nomear a dignidade dos seres humanos. Todos os Estados e organizações internacionais proclamam a exigência dos direitos humanos e propõem-se defendê-los. No entanto, como a Alice de Lewis Carrol, em *Through the Looking-Glass* (1893), atravessando o espelho que essa narrativa consensual propõe, ou olhando o mundo com os olhos da Blimunda do romance de José Saramago *Memorial do convento* (2020), que viam no escuro, deparamo-nos com inquietantes verificações: a grande maioria dos seres humanos não são sujeitos de direitos humanos, são antes objetos dos discursos estatais e não estatais de direitos humanos; há muito sofrimento humano injusto que não é considerado violação de direitos humanos; a defesa dos direitos humanos tem sido frequentemente invocada para invadir países, pilhar as suas riquezas, espalhar a morte entre vítimas inocentes; no passado, muitas lutas de libertação contra a opressão e o colonialismo foram conduzidas em nome de outras linguagens e narrativas emancipatórias e sem nunca fazerem referência aos direitos humanos. Essas inquietantes verificações, uma vez postas ao espelho das incertezas que tenho mencionado, dão azo a uma nova incerteza, também ela fundadora do nosso tempo. A primazia da linguagem dos direitos humanos é produto de uma vitória histórica ou de uma derrota histórica? A invocação dos direitos humanos é um instrumento eficaz na luta contra a indignidade a que tantos grupos sociais são sujeitos ou é antes um obstáculo que desradicaliza e trivializa a opressão em que se traduz a indignidade e adoça a má consciência dos opressores?

São tantas as incertezas do nosso tempo, e assumem um caráter descendente para tanta gente, que o medo parece estar triunfando sobre a esperança. Deve essa situação levar-nos ao pessimismo de Albert

Camus, que em 1951 escreveu amargamente: "Ao fim de 20 séculos a soma do mal não diminuiu no mundo. Não houve nenhuma parusia, nem divina nem revolucionária?" (Camus, 1951, p. 379). Penso que não. Deve apenas levar-nos a pensar que, nas condições atuais, a revolta e a luta contra a injustiça que produz, difunde e aprofunda a incerteza descendente, sobretudo a incerteza abissal, têm de ser travadas com uma mistura complexa de muito medo e de muita esperança, contra o destino autoinfligido dos oprimidos e a missão arbitrária dos opressores. A luta terá mais êxito, e a revolta, mais adeptos, na medida em que mais e mais gente for se dando conta de que o destino com pouca esperança das maiorias empobrecidas e sem poder é causado pela esperança com pouco medo das minorias enriquecidas e com poder. Para isso, é necessário e urgente redistribuir o medo e a esperança, de modo a que os enriquecidos e poderosos passem a ter mais medo, e os empobrecidos e dominados passem a ter mais esperança.

Referências

ABBEELE, Georges van der. *Travel as Metaphor*. Minneapolis: University of Minnesota Press, 1992.

ABERS, Rebecca. From Clientelism to Cooperation: Local Government, Participatory Policy, and Civic Organizing in Porto Alegre, Brazil. *Politics and Society*, v. 26, n. 4, p. 511-537, 1998.

ABRAHAMSEN, Rita. *Disciplining Democracy: Development Discourse and Good Governance in Africa*. London: Zed Books, 2000.

ACHEBE, Chinua. An Image of Africa. *Research in African Literatures*, v. 9, n. 1, p. 1-15, 1978.

ADORNO, Theodor. *Minima Moralia*. London: Verso, 1985.

AFKHAMI, Mahnaz (Ed.). *Faith and Freedom: Women's Human Rights in the Muslim World*. Syracuse: Syracuse University Press, 1995.

AFZAL-KHAN, Fawzia; SHESHADRI-CROOKS, Kalpana. *The Pre-occupation of Postcolonial Studies*. Durham: Duke University Press, 2000.

AHMAD, Aijaz. The Politics of Literary Postcoloniality. *Race and Class*, v. 36, n. 3, p. 1-20, 1995.

AHMAD, Ibn Majid Al-Najdi. *Arab Navigation in the Indian Ocean before the Coming of the Portuguese: Being a Translation of Kitab al-Fawa'id fi usul al-bahr wa'l-qawa'id of Ahmad b. Majid Al-Najdi, together with an Introduction on the History of Arab Navigation, Notes on the Navigational Techniques and the Topography of Indian Ocean, and a Glossary of Navigational Terms by G. R. Tibbetts*. London: Royal Asiatic Society of Great Britain and Ireland, 1971.

AKE, Claude. *Democracy and Development in África*. Washington, DC: The Brookings Institution, 1996.

AL FARUQI, Isma'il R. Islam and Human Rights. *The Islamic Quarterly*, v. 27, n. 1, p. 12-30, 1983.

ALBASINI, João. Amor e vinho (idílio pagão). *O Africano*, Lourenço Marques, p. 3, 11 jun. 1913.

ALBERRO, Solange. *Del gachupin al criollo*. Ciudad de México: El Colegio de México, 1992.

ALENCASTRO, Luiz Felipe. *O trato dos viventes: formação do Brasil no Atlântico Sul*. São Paulo: Companhia das Letras, 2000.

ALEXANDRE, Valentim. *Origens do colonialismo português moderno*. Lisboa: Sá da Costa, 1979.

ALEXANDRE, Valentim. *Velho Brasil, novas Áfricas: Portugal e o Império (1808-1975)*. Porto: Afrontamento, 2000.

ALMEIDA, Miguel Vale de. *Um mar da cor da terra: raça, cultura e política da identidade*. Oeiras: Celta, 2000.

ALMEIDA, Silvio Luiz de. *Racismo estrutural*. São Paulo: Jandaíra, 2019.

ALVARES, Claude. *Science, Development and Violence: The Revolt against Modernity*. New Delhi: Oxford University Press, 1992.

ALVAREZ, Sonia E.; DAGNINO, Evelina; ESCOBAR, Arturo. *Cultures of Politics, Politics of Cultures: Revisioning Latin American Social Movements*. Boulder: Westview Press, 1998.

ALVES FILHO, Aluízio. *Manoel Bomfim: combate ao racismo, educação popular e democracia racial*. São Paulo: Expressão Popular, 2008.

ANCHIETA, José. *Obras completas*. São Paulo: Loyola, 1986-1992.

ANDERSON, Benedict. *Imagined Communities: Reflections on the Origin and Spread of Nationalism*. London: Verso, 1983.

ANDERSON, Michael R.; SUMIT, Guha (Ed.). *Changing Concepts of Rights and Justice in South Asia*. New Delhi: Oxford University Press, 1998.

ANDRADE, Mário Pinto de. *Origens do nacionalismo africano: continuidade e ruptura nos movimentos unitários emergentes da luta contra a dominação colonial portuguesa 1911-1961*. Lisboa: Dom Quixote, 1997.

ANDRADE, Oswald. *A utopia antropofágica* [1928]. São Paulo: Globo, 1990.

ANHEIER, Helmut; GLASIUS, Marlies; KALDOR, Mary (Ed.). *Global Civil Society 2005/06*. London: Centre for the Study of Global Governance, 2005-2006.

AN-NA'IM, Abdullahi. Human Rights and Islamic Identity in France and Uzbekistan: Mediation of the Local and Global. *Human Rights Quarterly*, v. 22, n. 4, p. 906-941, 2000.

AN-NA'IM, Abdullahi (Ed.). *Human Rights and Religious Values: An Uneasy Relationship?*. Amsterdam: Rodopi, 1995.

AN-NA'IM, Abdullahi (Ed.). *Human Rights in Cross-Cultural Perspectives: A Quest for Consensus.* Philadelphia: University of Pennsylvania Press, 1992.

AN-NA'IM, Abdullahi (Ed.). *Toward an Islamic Reformation.* Syracuse: Syracuse University Press, 1990.

ANSLEY, Fran. Local Contact Points at Global Divides: Labor Rights and Imigrant Rights as Sites for Cosmopolitan Legality. *In*: SANTOS, Boaventura de Sousa; RODRÍGUEZ-GARAVITO, César A. (Ed.). *Law and Globalization from Below: Towards a Cosmopolitan Legality.* Cambridge: Cambridge University Press, 2005. p. 158-179.

APPADURAI, Arjun. *Modernity at Large: Cultural Dimensions of Globalization.* Minneapolis: University of Minnesota Press, 1997.

ARENDT, Hannah. *The Origins of Totalitarism.* New York: Harcourt Brace Jovanovich, 1968.

ASHCROFT, Bill; GRIFFITHS, Gareth; TIFFIN, Helen (Ed.). *Key Concepts in Postcolonial Studies.* New York: Routledge, 1998.

ÁVILA, Affonso. O lúdico e as projecções do mundo barroco – II. São Paulo: Editora Perpectiva, 1994.

AVRITZER, L. *Democracy and the Public Space in Latin America.* Princeton: Princeton University Press, 2002.

AYITTEY, George B. N. *Indigenous African Institutions.* Ardslay-on-Hudson, NY: Transnational Publishers, 1991.

AYRES, Ian; BRAITHWAITE, John. *Responsive Regulation: Transcending the Deregulation Debate.* New York: Oxford University Press, 1992.

BACHELARD, Gaston. *A epistemologia.* Lisboa: Edições 70, 1981.

BACHELARD, Gaston. *La Formation de l'esprit scientifique* [1938]. Paris: J. Verin, 1972.

BACHELARD, Gaston. *Le Nouvel espirit scientifique* [1934]. Paris: Presses Universitaires de France, 1971.

BACHELARD, Gaston. *Le Rationalisme applique* [1949]. Paris: Presses Universitaires de France, 1975.

BAGANHA, Maria Ioannis. *Portuguese Emigration to the United States, 1820-1930.* New York; London: Garland, 1990.

BAGANHA, Maria Ioannis. Portuguese Migration in Global Perspective. *Análise Social*, v. XXVI, n. 111, p. 443-449, 1991.

BAGDIKIAN, Ben H. *The Media Monopoly.* Boston: Beacon Press, 1992.

BAIERLE, Sérgio Gregório. OP ao Termidor. *In*: Verle, J.; Brunet, L. *Construindo um novo mundo: avaliação da experiência do orçamento participativo em Porto Alegre- Brasil.* Porto Alegre: Guayi, 2002. p. 132-164.

BAIOCCHI, Gianpaolo. *From Militance to Citizenship:The Workers' Party, Civil Society, and the Politics of Participatory Governance*. 2001. Ph.D. Dissertation – University of Wisconsin-Madison, Madison, 2001.

BALIBAR, Etienne; WALLERSTEIN, Immanuel. *Race, Nation, Class: Ambiguous Identities*. London; New York:Verso, 1991.

BANTON, Michael. *Racial Theories*. Cambridge: Cambridge University Press, 1987.

BANURI,Tariq. Development and the Politics of Knowledge: a Critical Interpretation of the Social Role of Modernization Theories in the Development of the Third World. *In*: MARGLIN, Frédérique; MARGLIN, Stephen A. (Ed.). *Dominating Knowledge: Development, Culture and Resistance*. Oxford: Clarendon Press, 1990. p. 29-72.

BARELLI, Walter; VILELA, Ruth. *Trabalho escravo no Brasil: depoimento de Walter Barelli e Ruth Vilela*. São Paulo: Estudos Avançados, 2000.

BARRADAS, Ana. *Ministros da noite: livro negro da expansão portuguesa*. Lisboa: Antígona, 1992.

BARRY, Andrew. *Political Machines: Governing a Technological Society*. London: The Athlone Press, 2001.

BASLAR, Kemal. *The Concept of the Common Heritage of Humankind in International Law*. The Hague: Nijhoff, 1998.

BASTOS, José Gabriel da Fonseca Pereira. *"Portugal Minha Princesa": contribuição para uma antropologia pós-racionalista dos processos identitários e para o estudo do sistema de representações sociais identitárias dos portugueses*. 1995.Tese (Doutorado em Antropologia Social e Cultural) – Faculdade de Ciências Sociais e Humanas, Universidade Nova de Lisboa, Lisboa, 1995. 2 v.

BATAILLE, Georges. *A história do olho: seguido de Madame Edwarda e O morto*. São Paulo: Escrita, 1981.

BATTISTE, Marie; HENDERSON, James Y. *Protecting Indigenous Knowledge and Heritage*. Saskatoon: Purich, 2000.

BAUDRILLARD, Jean. *Simulacres et simulations*. Paris: Galilée, 1981.

BAZIN, Jean. A chacun son Bambara. *In*: AMSELLE, Jean-Loup; M'BOKOLO, Elikia (Org.). *Au Cœur de l'éthnie: éthnie, tribalisme et état en Afrique*. Paris: La Découverte, 1990. p. 87-127.

BECK, Ulrich. *Ecological Politics in an Age of Risk*. Cambridge: Polity Press, 1995.

BECK, Ulrich. *The Risk Society:Towards a New Modernity*. London: Sage, 1992.

BENJAMIN,Walter. Erfahrung und Armut. *In*: *Gesammelte Schriften*. Hrgs. von Rolf Tiedemann und Hermann Schweppenhäuser. Frankfurt am Main: Suhrkamp, 1972. B. II. 1. p. 213-219.

BENJAMIN, Walter. *Thesis on the Philosophy of History*. New York: Schocken Books, 1969.

BENJAMIN, Walter. Über den Begriff der Geschichte. *In: Gesammelte Schriften. Werkausgabe.* Frankfurt am Main: Suhrkamp, 1980. B. 2. p. 693-704.

BENNETT, David. *Multicultural States: Rethinking Difference and Identity.* London: Routledge, 1998.

BENSAUDE-VINCENT, Bernadette. *La Science contre l'opinion: histoire d'un divorce.* Paris: Les Empêcheurs de Penser en Rond, 2003.

BERNAL, Martin. *Black Athena: The Afroasiatic Roots of Classical Civilization. Volume 1: The Fabrication of Ancient Greece, 1785-1885.* New Brunswick: Rutgers University Press; London: Free Association Books, 1987.

BERNASCONI, Robert. Who Invented the Concept of Race? Kant's Role in the Enlightenment Construction of Race. *In:* BERNASCONI, Robert (Ed.). *Race.* Oxford: Blackwell, 2001. p. 11-36.

BERNASCONI, Robert; LOTT, Tommy Lee (Ed.). *The Idea of Race.* Indianapolis: Hackett, 2000.

BETHENCOURT, Francisco. A sociogénese do sentimento nacional. *In: A memória da nação.* Lisboa: Sá da Costa, 1991. p. 473-503.

BETHENCOURT, Francisco. *Racismos: das cruzadas ao século XX.* Lisboa: Círculo de Leitores, 2015.

BHABHA, Homi K. DissemiNation: Time, Narrative, and the Margins of the Modern Nation. *In:* BHABHA, Homi K. (Ed.). *Nation and Narration.* London; New York: Routledge, 1990a. p. 291-322.

BHABHA, Homi K. *The Location of Culture.* London: Routledge, 1994.

BHABHA, Homi K. The Third Space. Interview with Homi Bhabha. *In:* RUTHERFORD, Jonathan (Ed.). *Identity. Community, Culture, Difference.* London: Lawrence & Wishart, 1990b. p. 207-221.

BHAMBRA, Gurminder K.; HOLMWOOD, John. *Colonialism and Modern Social Theory.* London: Wiley, 2021.

BHARGAVA, Rajeev. Should we Abandon the Majority-minority Framework?. *In:* SHETH, D. L.; MAHAJAN, Gurpreet (Ed.). *Minority Identities and the Nation-state.* New Delhi: Oxford University Press, 1999. p. 169-206.

BHARGAVA, Rajeev (Ed.). *Secularism and Its Critics.* New Delhi: Oxford University Press, 1998.

BHARGAVA, Rajeev; BAGCHI, Amiya; SUDARSHAN, R. (Ed.). *Multiculturalism, Liberalism and Democracy.* New Delhi: Oxford University Press, 1999.

BHARUCHA, Rustom. *The Politics of Cultural Practice: Thinking Through Theatre in an Age of Globalisation.* London: The Athlone Press, 2000.

BIPINCHANDRA, Pal. *Swadeshi & Swaraj (The Rise of New Patriotism)*. Calcutta: Yugayatri Prakashak, 1954.

BLOCH, Ernst. *The Principle of Hope* [1947]. Cambridge, MA:The MIT Press, 1995.

BLOOM, Harold. *Genius: A Mosaic of One Hundred Exemplary Creative Minds*. New York: Warner Books, 2002.

BLOOM, Harold. *The Anxiety of Influence*. Oxford: Oxford University Press, 1973.

BLOOM, Harold. *The Western Canon: The Books and School of the Ages*. New York: Harcourt, 1994.

BLOWFIELD, Mick. Ethical Trade: A Review of Developments and Issues. *Third World Quarterly*, v. 20, n. 4, p. 753-770, 1999.

BOBBIO, N. *O futuro da democracia*. São Paulo: Paz e Terra, 1986.

BONACICH, Edna; APPELBAUM, Richard P. *Behind the Label: Inequality in the Los Angeles Apparel Industry*. Berkeley: University of California Press, 2000.

BORGAZA, Carlo; DEFOURNY, Jacques (Ed.). *The Emergence of Social Entreprise*. London: Routledge, 2001.

BOXER, Charles Ralph. *Race Relations in the Portuguese Colonial Empire*. Oxford: Clarendon Press, 1963.

BOXER, Charles Ralph. *The Portuguese Seaborn Empire, 1415-1825*. New York: Knopf, 1969.

BOYER, Robert. *Capitalismes fin de siecle*. Paris: Maspero, 1986.

BOYER, Robert; DRACHE, Daniel (Ed.). *States against Markets: The Limits of Globalization*. New York: Routledge, 1996.

BRATHWHITE, Edward. *The Arrivants: A New World Triology*. New York: Oxford University Press, 1973.

BRECHER, Jeremy; COSTELLO, Tin; SMITH, Brendan. *Globalization from Below: The Power of Solidarity*. Cambridge, MA: South End Press, 2000.

BROCKMAN, John. *The Third Culture*. New York: Simon & Schuster, 1995.

BRONSEVAL, Frère Claude. *Peregrinatio hispânica, 1531-1533*. Paris: Presses Universitaires de France; Foundation Calouste Gulbenkian, 1970. 2 v.

BRUNKHORST, Hauke. Romanticism and Cultural Criticism. *Praxis International*, v. 6, n. 4, p. 397-415, 1987.

BRUSH, Stephen B.; STABINSKY, Doreen (Ed.). *Valuing Local Knowledge: Indigenous People and Intellectual Property Rights*. Washington, DC: Island Press, 1996.

BRYSK, Alison. *From Tribal Village to Global Village. Indian Rights and International Relations in Latin America*. Stanford: Stanford University Press, 2000.

BYRNE, Maria Teresa Real. "On the Road with Wellington" by August Ludolf Friedrich Shaumann: um testemunho da vida de campanha das tropas aliadas anglo-portuguesas durante a Guerra Peninsular. *Revista de Estudos Anglo-Portugueses*, n. 7, p. 99-112, 1998.

BYRON, Lord. *Peregrinação de Childe Harold*. Lisboa: Livraria Ferreira, 1881.

CABRAL, Amílcar. A cultural nacional. *In*: *Obras escolhidas*. Lisboa: Seara Nova, 1976. v. 1. p. 221-248.

CABRAL, Amílcar. *Guiné-Bissau: nação africana forjada na luta*. Lisboa: Publicações Nova Aurora, 1974.

CABRAL, Amílcar. *Unity and Struggle. Speeches and Writtings*. New York: Monthly Review Press, 1979.

CALDEIRA, Isabel (Org.). *O cânone nos estudos anglo-americanos*. Introdução de Maria Irene Ramalho de Sousa Santos. Coimbra: Minerva, 1994.

CALLICOTT, J. Baird. Multicultural Environmental Ethics. *Daedalus*, v. 130, n. 4, p. 77-97, 2001.

CALLON, Michel; LASCOUMES, Pierre; BARTHE, Yannick. *Agir dans un monde incertain: essai sur la democratie technique*. Paris: Éditions du Seuil, 2001.

CAMUS, Albert. *L'Homme révolté*. Paris: Gallimard, 1951.

CANGUILHEM, Georges. *Ideology and Rationality in the History of the Life Sciences*. Cambridge, MA: The MIT Press, 1988.

CAPELA, José. *Donas, senhores e escravos*. Porto: Afrontamento, 1995.

CARDOSO, Fernando Henrique. *Capitalismo e escravidão no Brasil Meridional; o negro na sociedade escravocrata do Rio Grande do Sul*. São Paulo: Difusão Europeia do Livro, 1962.

CARROL, Lewis. *Through the Looking-Glass and What Alice Found There*. New York: Thomas Y. Crowell, 1893.

CASSESE, Antonio. Political Self-Determination: Old Concepts and New Developments. *In*: CASSESE, Antonio (Ed.). *UN Law Fundamental Rights: Two Topics in International Law*. Alphen aan den Rijn, The Netherlands: Sijthoff and Noordhoff, 1979. p. 137-173.

CASSIRER, Ernst. *The Individual and the Cosmos in Renaissance Philosophy*. Oxford: Blackwell, 1963.

CASSIRER, Ernst. *The Philosophy of Enlightment*. Boston: Beacon Press, 1960.

CASTANHEIRA, Zulmira. Robert Southey, o primeiro lusófilo inglês. *Revista de Estudos Anglo-Portugueses*, n. 5, p. 59-120, 1996.

CASTELLS, Manuel. *The Rise of the Network Society*. Cambridge: Blackwell, 1996.

CENTRO DE ESTUDOS AFRICANOS. *O mineiro moçambicano: estudo sobre a exportação de mão de obra em Inhambane*. Maputo: Imprensa Universitária, 1998.

CÉSAIRE, Aimé. *Cahiers d'un retour au pays natal*. Paris: Présence Africaine, 1983.

CÉSAIRE, Aimé. *Discours sur le colonialisme*. Paris: Présence Africaine, 1955.

CÉSAIRE, Aimé. *Une tempête: d'après "La Tempête" de Shakespeare: adaptation pour un théâtre nègre* [1968]. Paris: Éditions du Seuil, 1997.

CHABAL, Patrick (Ed.). *A History of Postcolonial Lusophone Africa*. Bloomington: Indiana University Press, 2002.

CHAKRABARTY, Dipesh. *Provincializing Europe: Postcolonial Thought and Historical Difference*. Princeton: Princeton University Press, 2000.

CHANDHOKE, Neera. *Beyond Secularism: the Rights of Religious Minorities*. New Delhi: Oxford University Press, 1999.

CHANOCK, Martin. *Law, Custom and Social Order: The Colonial Experience in Malawi and Zambia*. Portsmouth: Heinemann, 1998.

CHATTERJEE, Partha. Gandhi and the Critique of Civil Society. In: GUHA, Ranajit (Ed.). *Subaltern Studies III: Writings on South Asian History and Society*. New Delhi: Oxford University Press, 1984. p. 153-195.

CHATTERJEE, Partha. *Nationalist Thought and the Colonial World, a Derivative Discourse?* London: Zed Book, 1986.

CHAVES, Castelo Branco. *O Portugal de D. João V visto por três forasteiros*. Lisboa: Biblioteca Nacional, 1983.

CHILCOTE, Ronald. *Emerging Nationalism in Portuguese Africa: Documents*. Stanford: Hoover Institution Press, 1972.

CIRIEC. *The Enterprises and Organizations of the Third System: A Strategic Challenge for Employment*. Liège: CIRIEC, 2000. Relatório elaborado no âmbito da Ação-Piloto Third System and Employment, da Comissão Europeia.

COELHO, João Nuno. *Portugal: a equipa de todos nós: nacionalismo, futebol e media*. Porto: Afrontamento, 2001.

COETZEE, Pieter Hendrik; ROUX, A. P. J. (Org.). *The African Philosophy Reader: A Text with Readings*. New York: Routledge, 2003.

COHEN, Robin. *Global Diasporas: An Introduction*. Seattle: University of Washington Press, 1997.

COHEN, Robin; RAI, Shirin M. *Global Social Movements*. London: Athlone Press, 2000.

COMESAÑA, Gloria. Walter Benjamin: la historia entre teologia y revolucion. *Revista de Filosofia*, Maracaibo, v. 10, n. 16-17, p. 91-108, 1993.

COMPA, Lance; DIAMOND, Stephen. *Human Rights, Labor Rights and International Trade*. Philadelphia: University of Pennsylvania Press, 1996.

CONDILLAC, Etienne Bonnot de (1754-1755). Extrait raisonne du traite des sensations. In: *Traité des sensations*. Paris: CH. Houel, 1798. p. 3-46.

COOK-DEEGAN, Robert. *The Gene Wars: Science, Politics, and the Human Genome*. New York: W.W. Norton and Company, 1993.

COOPER, Frederick. *Decolonisation and African Society: The Labour Question in French and British Africa*. Cambridge, MA: Cambridge University Press, 1996.

CORNELL, Stephen; HARTMANN, Douglas. *Ethnicity and Race: Making Identities in a Changing World*. Thousand Oaks: Pine Forge Press, 1998.

CORREA, Carlos M. *TRIPS Disputes: Implications for the Pharmaceutical Sector*. Geneva: Quaker United Nations Office, 2001. Occasional Paper n. 5.

CORREA, Carlos M. Trips and Access to Drugs: Toward a Solution for Developing Countries without Manufacturing Capacity?. *Emory International Law Review*, v. 17, n. 1, p. 398-406, 2003.

COULDRY, Nick; CURRAN, James (Ed.). *Contesting Media Power: Alternative Media in a Networked World*. Lanham: Rowman and Littlefield, 2003.

COUTINHO, Afrânio. O barroco e o maneirismo. *Claro Escuro*, n. 4-5, p. 15-16, 1990.

CRAGG, Gordon M.; BOYD, M. R.; CARDELLINA, J. H.; NEWMAN, D. J.; SNADER, K. M.; McCLOUD, T. G. Ethnobotany and Drug Discovery: The Experience of the US National Cancer Institute. *Ciba Foundation Symposium*, n. 185, p. 178-190, 1994.

CREAGER, Angela N. H. *The Life of a Virus: Tobacco Mosaic Virus as an Experimental Model, 1930-1965*. Chicago: University of Chicago Press, 2002.

CREWE, Emma; HARRISON, Elizabeth. *Whose Development? A Ethnography of Aid*. London; New York: Zed Books, 2002.

CROSBY, Andrew W. *Ecological Imperialism: The Biological Expansion of Europe (900-1900)*. New York: Cambridge University Press, 1986.

CROZIER, Michel; HUNTINGTON, Samuel; WATANUKI, Joji. *The Crisis of Democracy: Report on the Governability of Democracies to the Trilateral Commission*. New York: New York University Press, 1975.

CULLET, Phillipe. Plant Variety Protection in Africa: Towards Compliance with the TRIPS Agreement. *Journal of African Law*, n. 45, v. 1, p. 97-122, 2001.

DAHL, R. A. *A Preface to Democratic Theory*. Chicago: University of Chicago Press, 1956.

DAHL, R. A. *Polyarchy: Participation and Opposition*. New Haven: Yale University Press, 1971.

DAHL, R. A. *Democracy and Its Critics*. New Haven: Yale University Press, 1991.

DARIAN-SMITH, Eve; FITZPATRICK, Peter (Ed.). *Laws of the Postcolonial*. Ann Harbor: University of Michigan Press, 1999.

DARWIN, Charles. *The Descent of Man*. New York: A. L. Burt, 1874.

DE ANGELIS, Massimo. Neoliberal Governance, Reproduction and Accumulation. *The Commoner*, n. 7, 1-27, 2003.

DE JONG, Wil; MELNYK, Mary; LOZANO, Luís Alfaro; ROSALES, Marina; GARCIA, Myriam. *Uña de Gato: Fate and Future of a Peruvian Forest Resource*. Jakarta: Center for International Forestry Reserach (CIFOR), 1999. Occasional Paper n. 22. Disponível em: https://bit.ly/3ls7q0v. Acesso em: 29 jun. 2021.

DEFOURNY, Jacques. Origins, Forms and Roles of a Third Major Sector. *In*: DEFOURNY, Jacques; MONZON CAMPOS, José Luis (Ed.). *Économie sociale: The Third Sector*. Brussels: Éditions De Boeck, 1992. p. 27-56.

DEFOURNY, Jacques; FAVREAU, Louis; LAVILLE, Jean-Louis. *Insertion et nouvelle économie sociale: un bilan international*. Paris: Desclée de Brouwer, 1998.

DELEUZE, Gilles. *Différence et repetition*. Paris: Presses Universitaires de France, 1968.

DEPELCHIN, Jacques. *Silences in African History: Between the Syndromes of Discovery and Abolition*. Dar es Salaam: Mkuki na Nyota, 2005.

DESAI, Ashwin. *We Are the Poors: Community Struggles in Post-Apartheid South Africa*. New York: Westview Press, 2002.

DESAI, Manali. Party Formation, Political Power, and the Capacity for Reform: Comparing Left Parties in Kerala and West Bengal, India. *Social Forces*, v. 80, n. 1, p. 37-60, 2001.

DESCAMPS, Paul. *Le Portugal: la vie sociale actuelle*. Paris: Firmin-Didot et Cie, 1935.

DEWEY, John. *The Quest for Certainty*. New York: Capricorn Books, 1960.

DIAS, João. *Godido e outros contos*. Lisboa: Casa dos Estudantes do Império, 1952.

DIAS, Jorge. *Os elementos fundamentais da cultura portuguesa*. Lisboa: Junta de Investigação do Ultramar, 1961.

DICEY, Albert Vern. *Law and Public Opinion in England*. London: Macmillan, 1948.

DIOP, Cheikh Anta. *Antériorité des civilisations negres: mythe ou verite historique*. Paris: Présence Africaine, 1967.

DIOP, Cheikh Anta. *Civilisation ou barbarie: anthropologie sans complaisance*. Paris: Présence Africaine, 1981.

DIRLIK, Arif. *The Postcolonial Aura: Third World Criticism in the Age of Global Capitalism*. Boulder: Westview, 1997.

DONNELLY, Jack. *Universal Human Rights in Theory and Practice*. Ithaca, NY: Cornell University Press, 1989.

DORF, Michael; SABEL, Charles. A Constitution of Democratic Experimentalism. *Columbia Law Review*, v. 98, n. 2, p. 267-473, 1998.

DOWNS, Anthony. *An Economic Theory of Democracy*. New York: Harper, 1956.

DOUTHWAITE, Richard. Is it impossible to build a sustainable world?. In: MUNCK, R. ; O'HEARN, D. (Eds.). *Critical Development Theory. Contributions to a New Paradigm*. London: Zed Books, 1999. p. 157-177.

DU BOIS, W. E. B. The African Roots of the War. *In*: LEWIS, David L. (Ed.). *W.E.B. Du Bois: A Reader*. New York: Henry Holt, 1995. p. 642-651.

DU BOIS, W. E. B.; STODDARD, L. *Report of Debate Conducted by the Chicago Forum: "Shall the Negro Be Encouraged to Seek Cultural Equality?"*. Chicago: Chicago Forum Council, 1929.

DU BOIS, William. *The Souls of Black Folk: Essays and Sketches*. Chicago: A. C. McClurg, 1903.

DU GAY, Paul. Organizing Identity: Entrepreneurial Governance and Public Management. *In*: HALL, Stuart; DU GAY, Paul. (Ed.). *Questions of Cultural Identity*. London: Sage, 1996. p. 151-169.

DUNCAN, Ian. Dalits and Politics in Rural North India: the Bahujan Samaj Party in Uttar Pradesh. *The Journal of Peasant Studies*, v. 27, n. 1, p. 35-60, 1999.

DUPRÉ, John. *Darwin's Legacy: What Evolution Means Today*. Oxford: Oxford University Press, 2003.

DUPRÉ, John. *Humans and other Animals*. Oxford: Oxford University Press, 2002.

DUPRÉ, John. *Human Nature and the Limits of Science*: Oxford: Oxford University Press, 2001.

DUPRÉ, John. *The Disorder of Things: Metaphysical Foundations of the Disunity of Science*. Cambridge, MA: Harvard University Press, 1993.

DUSSEL, Enrique. *Ética de la liberación en la edad de la globalización y de la exclusión*. Madrid: Trotta, 2000.

DUSSEL, Enrique. *Hacia una filosofía política crítica*. Bilbao: Desclee de Brouwer, 2001.

DUSTER, Troy. *Backdoor to Eugenics*. Boston: Routledge and Kegan Paul, 1990.

DWIVEDI, Ranjit. Environmental Movements in the Global South: Issues of Livelihood and Beyond. *International Sociology*, v. 16, n. 1, p. 11-31, 2001.

DWYER, Kevin. *Arab Voices. The Human Rights Debate in the Middle East*. Berkeley: University of California Press, 1991.

ECHEVERRÍA, Bolívar. *Modernidad, mestizaje, cultura, ethos barroco*. Mexico: UNAM, El Equilibrista, 1994.

EDENSOR, Tim. Introduction to Geographies of Darkness. *Cultural Geographies*, v. 22, n. 4, p. 559-565, 2015. Disponível em: https://bit.ly/37hRCoB. Acesso em: 3 ago. 2021.

ELKINS, Caroline; PEDERSEN, Susan (Ed.). *Settler Colonialism in the Twentieth Century: Projects, Practices, Legacies*. New York: Routledge, 2005.

ELTIS, David. *The Rise of African Slavery in the Americas*. Cambridge: Cambridge University Press, 2000.

ENNES, António. *Moçambique: relatório apresentado ao governo* [1873]. Lisboa: Imprensa Nacional, 1946.

EPICURUS. *Epicurus' Morals: Collected and Faithfully Englished*. Edited by Walter Charleton. London: Peter Davies, 1926.

ESCOBAR, Arturo. Actores, redes e novos produtores de conhecimento: os movimentos sociais e a transição paradigmática nas ciências. *In*: SANTOS, Boaventura de Sousa (Org.). *Conhecimento prudente para uma vida decente: "Um discurso sobre as ciências" revisitado*. Porto: Afrontamento, 2004a. p. 605-630.

ESCOBAR, Arturo. *Encountering Development: The Making and Unmaking of the Third World*. Princeton: Princeton University Press, 1995.

ESCOBAR, Arturo. Other Worlds are Already Possible: Self-Organization, Complexity and post-Capitalist Cultures. *In*: SEN, J.; ANAND, A.; ESCOBAR, A.; WATERMAN, P. (Org.). *World Social Forum: Challenging Empires*. New Delhi: The Viveka Foundation, 349-358, 2004b.

ESPINOZA, Benedict de. *The Ethics*. New York: G.P. Putnam's Sons, 1888.

ESSED, Philomena. *Everyday Racism: Reports from Women of Two Cultures*. Alameda: Hunter House, 1990.

EVANS, Peter. Fighting Marginalization with Transnational Networks. Counter-hegemonic Globalization. *Contemporary Sociology*, v. 29, n. 1, p. 231-241, 2000.

EVERS, Adalbert. Part of the Welfare Mix: The Third Sector as an Intermediate Area. *Voluntas*, v. 6, n. 2, p. 159-182, 1995.

EVERS, Adalbert. Social Capital and Civic Commitment: On Putnam's Way of Understanding. *Social Policy & Society*, v. 2, n. 1, p. 13-21, 2003.

EYOH, Dickson. Contesting Local Citizenship: Liberalization and the Politics of Difference in Cameroon. *In*: BERMAN, Bruce; EYOH, Dickson; KYMLICKA, Will (Ed.). *Ethnicity and Democracy in Africa*. Oxford: James Currey, 2004. p. 96-112.

FALK, Richard. *Human Rights and State Sovereignty*. New York: Holmes and Meier, 1981.

FALK, Richard. *On Humane Governance: Toward a New Global Politics*. University Park: The Pennsylvania State University Press, 1995.

FALK, Richard. *Universal Human Rights in Theory and Practice*. Ithaca, NY.: Cornell University Press, 2003.

FANON, Frantz. *Les Damnés de la terre*. Préface de Jean Paul Sartre. Paris: Maspero, 1961.

FANON, Frantz. *Peau noire, masques blanc*. Paris: Editions du Seuil, 1971.

FANON, Frantz. *Pele negra, máscaras brancas*. Salvador: EdUFBA, 2008.

FARNSWORTH, Norman R.; AKERELE, Olayiwola; BINGEL, Audrey S.; SOEJARTO, Djaja D.; GUO, Zhengang. Medicinal Plants in Therapy. *Bulletin of the World Health Organization*, v. 63, n. 6, p. 965-981, 1985.

FARRINGTON, John; BEBBINGTON, Antony; WELLARD, Kate; LEWIS, David J. *Reluctant Partners? Non Governmental Organisations, the State, and Sustainable Agricultural Development*. New York: Routledge, 1993.

FARUKI, Kemal A. *The Constitutional and Legal Role of the Umma*. Karachi: Ma'aref, 1979.

FEDOZZI, Luciano. *Orçamento Participativo: reflexões sobre a experiência de Porto Alegre*. Porto Alegre: Tomo, 1997.

FELICE, Renzo de. *Interpretations of Fascism* [1969]. Cambridge, MA: Harvard University Press, 1977.

FELICIANO, José Fialho; NICOLAU, Vítor Hugo (Org.). *Memórias de Sofala por João Julião da Silva, Herculano da Silva e Guilherme Ezequiel da Silva*. Lisboa: Comissão Nacional para os Descobrimentos Portugueses, 1998.

FERNANDES, Florestan. *A integração do negro na sociedade de classes* [1964]. São Paulo: Globo, 2008. v. 1.

FERREIRA, Silvia. The South European and the Nordic Welfare and Third Sector Regimes: How Far Were We from Each Other?. *In*: MATTHIES, Aila-Leena (Ed.). *Nordic Civic Society Organisations and the Future of Welfare Services: a Model for Europe?*. Copenhagen: Nordic Council of Ministers, 2006. p. 301-326.

FERRO, Marc. *História das colonizações*. Lisboa: Estampa, 1996.

FIGUEIRA, Ricardo Rezende. *Pisando fora da própria sombra: a escravidão por dívida no Brasil contemporâneo*. Rio de Janeiro: Civilização Brasileira, 2004.

FINDLEN, Paula. Translating the New Science: Women and the Circulation of Knowledge in Enlightenment Italy. *Configurations*, v. 3, n. 2, p. 167-206, 1995.

FIRMIN, Joseph Anténor. *De l'égalité des races humaines*. Paris: Pichon, 1885.

FISCHER, Frank. *Citizens, Experts, and the Environment: The Politics of Local Knowledge*. Durham, NC: Duke University Press, 2000.

FITOUSSI, Jean-Paul. *O debate-tabu: moeda, Europa, pobreza*. Lisboa: Terramar, 1997.

FLÓREZ-ALONSO, Margarita. Conflicto entre comercio global y biodiversidad (com contribuições de Isaac Rojas e Gaia/GRAIN). *Fundación Gaia (GRAIN)*, n. 6, 2001.

FORTUNA, Carlos. *O fio da meada: o algodão de Moçambique, Portugal e a economia-mundo (1860-1960)*. Porto: Afrontamento, 1993.

FOUCAULT, Michel. *Discipline and Punish*. New York: Pantheon, 1977.

FOUCAULT, Michel. *Power and Knowledge*. New York: Pantheon, 1980.

FRANK, Andre Gunder. *ReOrient: Global Economy in the Asian Age*. Berkeley: University of California Press, 1998.

FRANKEL, Otto H.; BROWN, Anthony H. D.; BURDON, Jeremy J. *The Conservation of Plant Biodiversity*. Cambridge, MA: Cambridge University Press, 1995.

FREEMAN, Jody. Collaborative Governance in the Administrative State. *UCLA Law Review*, v. 45, n. 1, p. 1-98, 1987.

FREUD, Sigmund. *L'Inquiétante étrangete et autres essais*. Paris: Gallimard, 1984a.

FREUD, Sigmund. *Nouvelles conferences d'introduction a la psychanalyse*. Paris: Gallimard, 1984b.

FREYRE, Gilberto. *A integração portuguesa nos trópicos*. Lisboa: Junta de Investigações do Ultramar, 1958.

FREYRE, Gilberto. *Interpretação do Brasil: aspectos da formação social brasileira com o processo de amalgamento de raças e culturas*. Rio de Janeiro: José Olympio, 1947.

FREYRE, Gilberto. *O mundo que o português criou*. Rio de Janeiro: José Olympio, 1940.

FREYRE, Gilberto. *Um brasileiro em terras portuguesas*. Rio de Janeiro: José Olympio, 1953.

FUKUYAMA, Francis. *The End of History and the Last Man*. London: Penguin, 1992.

FURET, François. *Penser la Révolution Française*. Paris: Gallimard, 1978.

FURTADO, Filipe. Portugal em histórias de Inglaterra. *Revista de Estudos Anglo-Portugueses*, n. 6, p. 71-81, 1997.

GALISON, Peter. *Image and Logic: A Material Culture of Microphysics*. Chicago: The University of Chicago Press, 1997.

GALISON, Peter; STUMP, David J. (Ed.). *The Disunity of Science: Boundaries, Contexts, and Power*. Stanford: Stanford University Press, 1996.

GALTUNG, Johan. Western Civilization: Anatomy and Pathology. *Alternatives*, n. 7, p. 145-169, 1981.

GANDHI, Mahatma. *Discourses on the Gita*. Ahmedabad: Navajivan, 1960.

GANDHI, Mahatma. *Hind Swaraj*. Ahmedabad: Navajivan, 1938.

GANDHI, Mahatma. *Satyagraha in South Africa*. Ahmedabad: Navajivan, 1972.

GANDHI, Mahatma. *Selected Writings of Mahatma Gandhi*. Boston: Beacon, 1951.

GANDHI, Mahatma. *The Economics of Khadi*. Ahmedabad: Navajiva, 1941.

GANDHI, Mahatma. *The Gospel of Swadeshi*. Bombay: Bharatiya Vidya Bhavan, 1967.

GANDHI, Mahatma. *The Story of My Experiments with Truth*. Ahmedabad: Navajivan, 1929-1932. v. 1-2.

GARDEY, Delphine; LÖWY, Ilana (Org.). *L'invention du naturel: les sciences et la fabrication du feminin et du masculin*. Paris: Éditions des Archives Contemporaines, 2000.

GATES, Henry Louis; APPIAH, Kwame Anthony (Ed.). *Africana: The Encyclopedia of the African and African-American Experience*. New York: Oxford University Press, 2005.

GELLNER, Ernest. *Culture, Identity and Politics*. Cambridge, MA: Cambridge University Press, 1987.

GENTILI, Anna-Maria. Ethnicity and Citizenship in Sub Saharan Africa. *In*: CHABAL, Patrick; ENGEL, Ulf; GENTILI, Anna-Maria (Ed.). *Is Violence Inevitable in Africa? Theories of Conflict and Approaches to Conflict Prevention*. Leiden: Brill, 2005. p. 35-54.

GEORGE, Sheba Mariam. *When Women Come First: Gender and Class in Transnational Migration*. Berkeley: University of California Press, 2005.

GERBER, Haim. *Islamic Law and Culture (1600–1840)*. Leiden: Brill, 1999.

GERMANI, G. *Política y sociedad en una época de transición: de la sociedad tradicional a la sociedad de masas*. Buenos Aires: Paidós, 1971.

GHAI, Yash. Universalism and Relativism: Human Rights as a Framework for Negotiating Interethnic Claims. *Cardozo Law Review*, v. 21, n. 4, p. 1095-1140, 2002.

GIBBON, Edward. *The Decline and Fall of the Roman Empire*. London: J.M. Dent and Sons, 1928. 6 v.

GIERYN, Thomas F. *Cultural Boundaries of Science: Credibility on the Line*. Chicago: The University of Chicago Press, 1999.

GILROY, Paul. *Against Race: Imagining Political Culture beyond the Color Line*. Harvard: Harvard University Press, 2000.

GILROY, Paul. *The Black Atlantic: Modernity and Double Consciousness*. Cambridge, MA: Cambridge University Press, 1993.

GLOWKA, Lyle. The Next Rosy Periwinkle Won't be Free: Emerging Legal Frameworks to Implement Article 15 of the Convention on Biological Diversity. *In*: SUBSIDIARY BODY ON SCIENTIFIC, TECHNICAL AND TECHNOLOGICAL ADVICE OF THE CONVENTION ON BIOLOGICAL DIVERSITY, 3., 1997, Montreal.

GOBINEAU, Joseph-Arthur. *Essai sur l'inégalité des races humaines* [1853-1855]. Paris: Éditions Pierre Belfond, 1967.

GOBRIN-MORANTE, Carmelita. The World Social Forum Fights Imperialist Globalization. *In*: NISULA, Laura; SEHM-PATOMÄKI, Katarina (Ed.). *We, the Peoples of the World Social Forum*. Helsinki: Network Institute for Global Democratization, 2002. p. 19-21. Discussion Paper n. 2.

GODINHO, Vitorino Magalhães. Que significa descobrir?. *In*: NOVAES, Adauto (Org.). *A descoberta do homem e do mundo*. São Paulo: Companhia das Letras, 1998. p. 55-82.

GONÇALVES, Maria Eduarda (Org.). *Cultura científica e participação pública*. Oeiras: Celta, 2000.

GONZÁLEZ CASANOVA, Pablo. The Theory of the Rain Forest against Neoliberalism and for Humanity, *Thesis Eleven* 53, p. 79–92.

GONZÁLEZ CASANOVA, Pablo. *Nuevas ciencias y humanidades: de la academia a la política*. Barcelona: Universidad Nacional Autónoma de México; Instituto de Investigaciones Sociales/Anthropos, 2004.

GORDON, Linda. *Woman's Body, Woman's Right: Birth Control in America*. New York: Penguin Books, 1990a.

GORDON, Linda (Ed.). *Women, the State, and Welfare*. Madison: University of Wisconsin Press, 1990b.

GOTTWEIS, Herbert. *Governing Molecules: The Discursive Politics of Genetic Engineering in Europe and the United States*. Cambridge, MA: The MIT Press, 1998.

GOULDNER, Alvin Ward. *The Coming Crisis of Western Sociology*. New York: Avon, 1970.

GRAMSCI, Antonio. *Selections from the Prison Notebooks*. London: Lawrence and Wishart., 1971.

GREENWALD, John. Herbal Healing. *Time*, 23 Nov. 1998.

GRILLO, R. D.; STIRRAT, R. L. (Ed.). *Discourses of Development: Anthropological Perspectives*. Oxford: Berg, 1997.

GROTIUS, Hugo. *De jure belli ac pacis libri tres*. New York: Oceana Publications, 1964. v. 2.

GROVE, Richard H. *Green Imperialism: Colonial Expansion, Tropical Island Edens and the Origins of Environmentalism, 1600-1860*. Cambridge, MA: Cambridge University Press, 1995.

GUHA, Ramachandra. *Environmentalism: A Global History*. New York: Longman, 2000.

GUHA, Ramachandra; MARTÍNEZ-ALLIER, Joan. *Varieties of Environmentalism: Essays North and South*. London: Earthscan, 1997.

GUILLORY, John. Canon. In: LENTRICCHIA, Frank; McLAUGHLIN, Thomas (Ed.). *Critical Terms for Literary Study*. Chicago; London: The University of Chicago Press, 1995. p. 233-249.

GUNEW, Sneja. *Haunted Nations: the Colonial Dimensions of Multiculturalisms*. London: Routledge, 2004.

GURVITCH, Georges. La multiplicité des temps sociaux. In: *La Vocation actuelle de la sociologie*. Paris: Presses Universitaires de France, 1963. v. 2. p. 325-430.

HABERMAS, Jürgen. *Theorie des Kommunikativen Handelns*. Frankfurt am Main: Suhrkamp, 1982.

HALBFASS, Wilhelm. *Tradition and Reflection: Explorations in Indian Thought*. Albany: State University of New York Press, 1991.

HALL, Stuart. New Ethnicities [1989]. *In*: MORLEY, David; KUAN-HSING, Chen (Ed.). *Stuart Hall: Critical Dialogues in Cultural Studies*. London; New York: Routledge, 1996a. p. 441-449.

HALL, Stuart. When Was "the Post-Colonial"? Thinking at the Limit. *In*: CHAMBERS, Iain; CURTI, Lidia (Ed.). *The Post-Colonial Question: Common Skies, Divided Horizons*. New York: Routledge, 1996b. p. 242-259.

HAMELINK, Cees J. *The Politics of World Communication*. London: Sage, 1994.

HAMILTON, M. *Ex Situ* Conservation of Wild Species: Time to Reassess the Genetic Assumptions and Implications of Seed Banks. *Conservation Biology*, v. 8, n. 1, p. 39-49, 1994.

HARAWAY, Donna J. *Modest_Witness@Second_Millenium. FemaleMan©_ Meets_OncoMouse™: Feminism and Technoscience*. New York: Routledge, 1997.

HARAWAY, Donna. *Primate Visions*. New York: Routledge, 1989.

HARAWAY, Donna. *Primate Visions: Gender, Race, and Nature in the World of Modern Science*. London: Verso, 1992.

HARDING, Sandra. *Is Science Multicultural? Postcolonialisms, Feminisms, and Epistemologies*. Bloomington: Indiana University Press, 1998.

HARDING, Sandra. *Science and Social Inequality: Feminist and Postcolonial Issues*. Urbana: University of Illinois Press, 2006.

HARDING, Sandra (Ed.). *The Feminist Standpoint Theory Reader: Intellectual and Political Controversies*. New York: Routledge, 2003.

HARDING, Sandra. *The Science Question in Feminism*. Ithaca, NY: Cornell University Press, 1986.

HARMAN, Clare. *The Global Report on Neutraceuticals*. London: ABOUT, 2003.

HARNEY, Robert F. "Portygees and other Caucasians": Portugueses Migrants and the Racialism of the English-Speaking World. *In*: HIGGS, David (Ed.). *Portuguese Migration in Global Perspective*. Toronto: The Multicultural History Society of Ontario, 1990. p. 113-135.

HARRIS, Joseph E. (Ed.). *Global Dimensions of the African Diaspora*. Washington, DC: Howard University Press, 1993.

HASSAN, Riffat. On Human Rights and the Qur'anic Perspective. *Journal of Ecumenical Studies*, v. 19, n. 3, p. 51-65, 1982.

HASSAN, Riffat. Religious Human Rights and The Qur'an. *In*: WITTE, John Jr.; VAN DER VYVER, Johan D. (Ed.). *Religious Human Rights in Global Perspective: Religious Perspectives*. The Hague: Martinus Nijhoff Publishers, 1996. p. 361-386.

HAYEK, Friedrich. *Law, Legislation and Liberty*. Chicago: The University of Chicago Press, 1979.

HEGEL, Georg Wilhelm Friedrich. *Vorlesungen über die Philosophie der Geschichte.* Herausgegeben von Eva Moldenhauer und Karl Markus Michel. Frankfurt am Main: Suhrkamp, 1970.

HELD, David. *Models of Democracy.* Cambridge: Polity Press, 1987.

HELLER, P. Degrees of Democracy: Some Comparative Lessons from India. *World Politics*, v. 52, n. 4, p. 484-519, 2000.

HENKIN, Alice (Ed.). *Human Dignity: The Internationalization of Human Rights.* New York: Aspen Institute for Humanistic Studies, 1979.

HERBST, Jeffrey. *States and Power in Africa: Comparative Lessons in Authority and Control.* Princeton: Princeton University Press, 2000.

HERMAN, Edward S.; McCHESNEY, Robert W. *The Global Media: The New Missionaries of Corporate Capitalism.* London: Cassell, 1997.

HESPANHA, Pedro et al. *Entre o Estado e o mercado: as fragilidades das instituições de protecção social em portugal.* Coimbra: Quarteto, 2000.

HIGGINBOTHAM, A. Leon. *In the Matter of Color: Race and the American Legal Process: The Colonial Period.* Oxford: Oxford University Press, 1980.

HILL, Jonathan. Beyond the Other? A Postcolonial Critique of the Failed State Thesis. *African Identities*, v. 3, n. 2, p. 139-154, 2005.

HINKELAMMERT, Franz. *Crítica de la razón utópica.* Bilbau: Desclée de Brouwer, 2002.

HIRSCHMAN, Albert. *The Passions and the Interests.* Princeton: Princeton University Press, 1977.

HOBBES, Thomas. *Leviathan* [1660]. Edited by Michael Oakeshott. Oxford: Basil Blackwell, 1946.

HOCHSCHILD, Jennifer L.; POWELL, Brenna M. Racial Reorganization and the United States Census 1850-1930: Mulattoes, Half-breeds, Mixed Parentage, Hindoos, and the Mexican Race. *Studies in American Political Development*, n. 22, p. 59-96, 2008.

HOLLAND, Suzanne; LEBACQZ, Karen; ZOLOTH, Laurie (Ed.). *The Human Embryonic Stem Cell Debate: Science, Ethics, and Public Policy.* Cambridge: The MIT Press, 2001.

HOLTON, Gerald James. Einstein and the Cultural Roots of Modern Science. *Daedalus*, v. 127, n. 1, p. 1-44, 1998.

HOLTON, Gerald James. *Einstein, History, and Other Passions.* Woodbury, NY: The American Institute of Physics, 1995.

HOMANS, Peter. *Jung in Context.* 2nd ed. Chicago: The University of Chicago Press, 1993.

HOPKINS, Terence; WALLERSTEIN, Immanuel. *The Age of Transition: Trajectory of the World- System 1945-2025.* New Jersey: Zed Books, 1996.

HORKHEIMER, Max; ADORNO, Theodor. *Dialectic of Enlightenment*. Nova York: Herder and Herder, 1972.

HORTON, Robin. *Patterns of Thought in Africa and the West: Essays on Magic, Religion and Science*. Cambridge: Cambridge University Press, 1993.

HORTON, Robin et al. *La Pensée métisse*. Paris: Presses Universitaires de France, 1990.

HOUNTONDJI, Paulin J. *Struggle for Meaning: Reflections on Philosophy, Culture, and Democracy in Africa*. Athens: Ohio University Press, 2002.

HOUNTONDJI, Paulin J. (Ed.). *African Philosophy: Myth and Reality*. Bloomington: Indiana University Press, 1983.

HOUNTONDJI, Paulin J. (Ed.). *Les Savoirs endogenes: pistes pour une recherche*. Paris: Karthala, 1994.

HUBBARD, Ruth; WALD, Elijah. *Exploding the Gene Myth*. Boston: Beacon Press, 1993.

HULME, David; EDWARDS, Michael. *NGOs, States and Donors: Too Close for Comfort?*. New York: St. Martin's Press; Save the Children, 1997.

HUNTINGTON, Samuel. *Political Order in Changing Societies*. New Haven: Yale University Press, 1969.

HUNTINGTON, Samuel. The Clash of Civilizations? *Foreign Affairs*, v. 72, n. 3, 1993.

HUNTINGTON, Samuel. *The Clash of Civilizations and the Remaking of World Order*. New York: Touchstone, 1997.

HUNTINGTON, Samuel. *The Third Wave: Democratization in the Late Twentieth Century*. Oklahoma: University of Oklahoma Press, 1991.

INADA, Kenneth K. A Buddhist Response to the Nature of Human Rights. *In*: WELCH JR., Claude; LEARY, Virginia (Ed.). *Asian Perspectives on Human Rights*. Boulder: Westview Press, 1990. p. 91-101.

INTERNATIONAL INTELLECTUAL PROPERTY INSTITUTE. *Patent Protection and Access to HIV/AIDS Pharmaceuticals in Sub-Saharan Africa*. Washington, DC: International Intellectual Property Institute, 2000.

INTERNATIONAL LABOUR OFFICE. *Global Employment Trends*. Geneva: ILO, 2005.

IRWIN, Alan; MICHAEL, Mike. *Science, Social Theory and Public Knowledge*. Maidenhead: Open University Press; McGraw-Hill Education, 2003.

ISAACMAN, Allen F. *A tradição da resistência em Moçambique: o Vale do Zambeze, 1850-1921*. Porto: Afrontamento, 1976.

JABLONSKI, Nina G. The Evolution of Human Skin and Skin Color. *Annual Review of Anthropology*, v. 33, n. 1, p. 585-623, 2004.

JAMESON, Fredric. *Postmodernism, or the Cultural Logic of Late Capitalism*. Durham: Duke University Press, 1991.

JASANOFF, Sheila. *Designs on Nature: Science and Democracy in Europe and the United States*. Princeton: Princeton University Press, 2005.

JASANOFF, Sheila; MARKLEY, Gerald E.; PETERSON, James; PINCH, Trevor (Ed.). *Handbook of Science and Technology Studies*. Thousand Oaks: Sage, 1995.

JASPERS, Karl. *The Origin and Goal of History*. Westport: Greenwood Press, 1976.

JASPERS, Karl. *Way to Wisdom, an Introduction to Philosophy*. New Haven: Yale University Press, 1951.

JELIN, Elizabeth; HERSHBERG, Eric (Ed.). *Constructing democracy: human rights, citizenship, and society in Latin America*. Boulder: Westview, 1996.

JESSOP, Bob. The Rise of Governance and the Risks of Failure: The Case of Economic Development. *International Science Journal*, v. 50, n. 155, p. 29-45, 1998.

JONAS, Hans. *Das Prinzip der Verantwortung*. 5. ed. Frankfurt: Insel, 1985.

JONES, Trina. Shades of Brown: The Law of Skin Color. *Duke Law Journal*, n. 49, p. 1487-1557, 2000.

JÚNIOR, Rodrigues. *O negro de Moçambique (estudo)*. Lourenço Marques: África Editora, 1955.

JUNOD, Henry Alexander. *Usos e costumes dos bantos: a vida de uma tribo sul-africana*. Lourenço Marques: Imprensa Nacional, 1946. 2 v.

JUNOD, Henry Alexander. *Usos e costumes dos bantu* [1917]. Maputo: Arquivo Histórico de Moçambique, 1996. 2 v.

KAFKA, Franz. Er. In: *Beschreibung eines Kampfes*. Herausgegeben von Max Brod. Frankfurt am Main: Fischer, 1983. p. 216-222.

KAMUF, Peggy. *The Division of Literature or the University in Deconstruction*. Chicago: The University of Chicago Press, 1997.

KANT, Immanuel. Von den verschiedenen Rassen der Menschen [1775]. In: *Werke*. Berlin: Walter de Gruyter, 1968. v. 2.

KEATING, Peter; CAMBROSIO, Alberto. *Biomedical Platforms: Realigning the Normal and the Pathological in Late Twentieth-century Medicine*. Cambridge, MA: The MIT Press, 2003.

KECK, Margaret E.; SIKKINK, Kathryn. *Activists Beyond Borders: Advocacy Networks in International Politics*. Ithaca, NY: Cornell University Press, 1998.

KELLER, Evelyn Fox. *Reflections on Gender and Science*. New Haven: Yale University Press, 1985.

KELLER, Evelyn Fox. *The Century of the Gene*. Cambridge, MA: Harvard University Press, 2000.

KELSEN, H. Essência e valor da democracia. In: *A democracia*. São Paulo: Martins Fontes, 1929.

KEVLES, Daniel J.; HOOD, Leroy (Ed.). *The Code of Codes: Scientific and Social Issues in the Human Genome Project.* Cambridge, MA: Harvard University Press, 1992.

KHALIQ, Urfan. Coping with Modernity? Literature and Islamic Legal Theories. *Journal of Legal History,* v. 20, n. 3, p. 115-134, 1999.

KHARE, R. S. *Cultural Diversity and Social Discontent: Anthropological Studies on Contemporary India.* London: Sage, 1998.

KILOMBA, Grada. *Memórias da plantação: episódios de racismo cotidiano.* Rio de Janeiro: Cobogó, 2019.

KIMBALL, Lee. The Law of the Sea: On the Shoal's. *Environment,* v. 25, n. 9, p. 14-44, 1983.

KIPLING, Rudyard. The White Man's Burden. *McClure's Magazine,* v. XII, n. 2, 1899. Disponível em: https://bit.ly/3xnOcLM. Acesso em: 2 jul. 2021.

KLARER, Mario. Cannibalism and Carnivalesque: Incorporation as Utopia in the Early Image of América. *New Literary History,* v. 30, n. 2, p. 389-410, 1999.

KLEINMAN, Daniel L. (Ed.). *Science, Technology and Democracy.* New York: State University of New York Press, 2000.

KLOPPENBURG JR., Jack; BALICK, Michael. Property Rights and Genetic Resources: A Framework for Analysis. *In*: BALICK, Michael; ELISABETSKY, Elaine; LAIRD, Sarah A. (Ed.). *Medicinal Resources of the Tropical Forest: Biodiversity and Its Importance to Human Health.* New York: Columbia University Press, 1995. p. 174-181.

KLUG, Heinz. *Constituting Democracy: Law, Globalism and South Africa's Political Reconstruction.* New York; Cambridge: Cambridge University Press, 2000.

KLUG, Heinz. Transnational Solidarity in the Face of HIV-AIDS. *In*: SANTOS, Boaventura de Sousa; RODRÍGUEZ-GARAVITO, César A. (Ed.). *Law and Globalization from Below: Towards a Cosmopolitan Legality.* Cambridge: Cambridge University Press, 2005. p. 118-139.

KNORR-CETINA, Karin D. *Epistemic Cultures: How the Sciences Make Knowledge.* Cambridge, MA: Harvard University Press, 1999.

KNORR-CETINA, Karin D. *The Manufacture of Knowledge: An Essay on the Constructivist and Contextual Nature of Science.* Oxford: Pergamon, 1981.

KOHLER, Robert E. *Landscapes and Labscapes: Exploring the Lab-Field Border in Biology.* Chicago: The University of Chicago Press, 2002.

KOHLER, Robert E. *Lords of the Fly: Drosophila Genetics and the Experimental Life.* Chicago: The University of Chicago Press, 1994.

KOSELLECK, Reinhart. *Futures Past: On the Semantics of Historical Time.* Cambridge: The MIT Press, 1985.

KOTHARI, Ashish *et al.* (Ed.). *Pluriverse: A Post-Development Dictionary.* New Delhi: Tulika, 2019.

KRIMSKY, Sheldon. *Genetic Alchemy: The Social History of the Recombinant DNA Controversy*. Cambridge, MA: The MIT Press, 1982.

KRIMSKY, Sheldon. *Science in the Private Interest: Has the Lure of Profits Corrupted Biomedical Research?*. Lanham: Rwman and Littlefield, 2003.

KRISHNA, Daya. *Swadeshi View of Globalisation*. New Delhi: Swadeshi Jagaran Manch, 1994.

KUHN, Thomas S. *The Essential Tension*. Chicago: The University of Chicago Press, 1977.

KUHN, Thomas. *The Structure of Scientific Revolutions*. Chicago: The University of Chicago Press, 1970.

KUMAR, Raj. *Dalit Culture: A Perspective from Below*. New Delhi: Social Action, 2000.

KURUK, Paul. Protecting Folklore under Modern Intellectual Property Regimes: A Reappraisal of the Tensions between Individual and Communal Rights in Africa and the United States. *American University Law Review*, v. 48, n. 4, p. 769-849, 1999.

LAMMING, George. *In the Castle of my Skin*. Harlow: Longman, 1953.

LAS CASAS, Bartolomé de. *Brevíssima relação da destruição de África*. Lisboa: Antígona, 1996.

LAS CASAS, Bartolomé de. *Obras completas*. Madrid: Alianza, 1992. v. X.

LASH, Scott. *Another Modernity, a Different Racionality*. Oxford: Blackwell, 1999.

LASH, Scott; URRY, John. *Economics of Signs and Space*. London: Sage, 1996.

LATOUR, Bruno. *Pandora's Hope: Essays on the Reality of Science Studies*. Cambridge: Harvard University Press, 1999.

LATOUR, Bruno. *Science in Action*. Milton Keynes: Open University Press, 1987.

LAUTER, Paul. *Canons and Contexts*. New York: Oxford University Press, 1991.

LAVILLE, Jean-Louis et al. *Association, democratie et societe civile*. Paris: Editions La Découverte, 2001.

LAVILLE, Jean-Louis; MAGNEN, Jean-Philippe; FRANÇA FILHO, Genauto C. de; MEDEIROS, Alzira de (Org.). *Action publique et économie solidaire: une perspective internationale*. Ramonville Saint-Agne: Ères, 2005.

LEFF, Enrique. *Saber ambiental: sustentabilidad, racionalidad, complejidad, poder*. México: Siglo XXI, 2004.

LEIBNIZ, Gottfried Wilhelm. *Theodicy: Essays on the Goodness of God, the Freedom of Man, and the Origin of Evil*. La Salle: Open Court, 1985.

LEITES, Justin. Modernist Jurisprudence as a Vehicle for Gender Role Reform in the Islamic World. *Columbia Human Rights Law Review*, n. 22, p. 251-330, 1991.

LEÓN, Antonio García de. Contrapunto entre lo barroco y lo popular en el Veracruz colonial. *In*: COLÓQUIO INTERNACIONAL MODERNIDAD EUROPEA,

MESTIZAJE CULTURAL Y ETHOS BARROCO, Universidad Nacional Autonoma de México, 1993, México.

LEPENIES, Wolf. *Between Literature and Science: The Rise of Sociology*. Cambridge: Cambridge University Press, 1988.

LÉVI-STRAUSS, Claude. *Race et histoire*. Paris: Unesco, 1952.

LEWONTIN, Richard. *It Ain't Necessarily So: The Dream of the Human Genome and Other Illusions*. New York: The New York Review of Books, 2000.

LIJPHART, Arend. *Democracies. Patterns of Majoritarian and Consensus Government in Twenty-one Countries*. New Haven: Yale University Press, 1984.

LISBOA, Karen Macknow. *A nova Atlântida ou o gabinete naturalista dos doutores Spix e Martius: natureza e civilização na viagem pelo Brasil (1817-1820)*. 1995. Dissertação (Mestrado em História) – Faculdade de Filosofia, Letras e Ciências Humanas, Universidade de São Paulo, São Paulo, 1995.

LOBATO, Alexandre. *Sobre cultura moçambicana*. Lisboa: Gradiva, 1952.

LOBO, Bruno. *Japonezes no Japão, no Brasil*. Rio de Janeiro: Imprensa Nacional, 1926.

LOCKE, John. *An Essay Concerning Human Understanding*. Oxford: Claredon, 1956.

LOCKE, John. *The Second Treatise of Government* [1689]. New York: Liberal Arts, 1952.

LOOMBA, Ania. *Colonialism/Postcolonialism*. New York: Routledge, 1998.

LOVEJOY, Paul E. (Ed.). *Identity in the Shadow of Slavery*. London; New York: Continuum, 2000.

LOWE, Lisa; LLOYD, David (Ed.). *The Politics of Culture in the Shadow of Capital*. Durham: Duke University Press, 1997.

LUCRETIUS. *Lucretius on the Nature of Things*. New Brunswick: Rutgers University Press, 1950.

LUMUMBA, Patrice. *Lumumba Speaks: The Speeches and Writings of Patrice Lumumba, 1958-1961*. Little: Brown and Compa, 1972.

LYNCH, Michael. *Scientific Practice and Ordinary Action: Ethnomethodology and Social Studies of Science*. Cambridge, MA: Cambridge University Press, 1993

LYOTARD, Jean-François. *La condition postmoderne*. Paris: Les Editions de Minuit, 1979.

M'CHAREK, Amade. *The Human Genome Diversity Project: An Ethnography of Scientific Practice*. Cambridge, MA: Cambridge University Press, 2005.

MAALOUF, Amin. *As cruzadas vistas pelos árabes*. 7. ed. Lisboa: Difel, 1983.

MACAULAY, Rose. *They Went to Portugal*. Oxford: Alden Press, 1946.

MACAULAY, Rose. *They Went to Portugal Too*. Manchester: Carcanet, 1990.

MacNEIL, Michael; SARGENT, Neil; SWAN, Peter (Ed.). *Law, Regulation, and Governance*. Don Mills: Oxford Univrsity Press, 2000.

MacPHERSON, Crawford B. *The Life and Times of Liberal Democracy*. Oxford: Oxford University Press, 1977.

MacPHERSON, Crawford B. *The Real World of Democracy*. Oxford: Clarendon, 1966.

MAHAJAN, Gurpreet. *Identities and Rights: Aspects of Liberal Democracy in Índia*. New Delhi: Oxford University Press, 1998.

MAIENSCHEIN, Jane. *Whose View of Life? Embryos, Cloning, and Stem Cells*. Cambridge, MA: Harvard University Press, 2003.

MALDONADO-TORRES, Nelson. The Topology of Being and the Geopolitics of Knowledge: Modernity, Empire, Coloniality. *City*, v. 8, n. 1, p. 29-56, 2004.

MAMDANI, Mahmood. *Neither Settler nor Native: The Making and Unmaking of Permanent Minorities*. Cambridge, MA: Belknap Press, 2020.

MAMDANI, Mahmood. *The Citizen and Subject: Contemporary Africa and the Legacy of Late Colonialism*. Princeton: Princeton University Press, 1996.

MANDER, Jerry; GOLDSMITH, Edward (Ed.). *The Case against the Global Economy: And for Turn toward the Local*. San Francisco: Sierra Club Books, 1996.

MANGHEZI, Nadja. Eduardo Mondlane nos Estados Unidos da América (1951-1961). *Estudos Moçambicanos*, n. 17, 1999.

MANJI, Firoze; O'COILL, Carl. The Missionary Position: NGOs and Development in Africa. *International Affairs*, v. 78, n. 3, p. 567-583, 2002.

MARAVALL, José Antonio. *La cultura del barroco: análisis de una estructura histórica*. Barcelona: Ariel, 1990.

MARIÁTEGUI, José Carlos. *La novela y la vida*. Lima: Biblioteca Amanta, 1974.

MARRAMAO, Giacomo. *Poder e secularização: as categorias do tempo*. São Paulo: Editora da Universidade Estadual Paulista, 1995.

MARTÍ, José. *Obras completas*. La Habana: Editorial Nacional de Cuba, *1963*-1973. 28t.

MARTINS, Joaquim Pedro Oliveira. *O Brasil e as colónias portuguesas* [1880]. Lisboa: Parceria António Mário Pereira, 1904.

MARX, Karl. *Das Kapital*. New York: International Publishers, 1970. 3 v.

MARX, Karl; ENGELS, Friedrich. Manifesto do Partido Comunista [1848]. *In*: MARX, Karl; ENGELS, Friedrich. *Obras escolhidas*. Lisboa: Avante!, 1982. t. 1. p. 106-136.

MASOLO, Dismas A. Philosophy and Indigenous Knowledge: An African Perspective. *Africa Today*, v. 50, n. 2, p. 21-38, 2003.

MATTHIES, Aila-Leena (Ed.). *Nordic Civic Society Organisations and the Future of Welfare Services: A Model for Europe?*. Copenhagen: Nordic Council of Ministers, 2006

MATTOSO, José. *A identidade nacional*. Lisboa: Gradiva, 1998.

MAYER, Ann Elizabeth. *Islam and Human Rights: Tradition and Politics.* Boulder: Westview Press, 1991.

MAZRUI, Ali A.; TIDY, Michael. *Nationalism and New States in Africa.* London: Heinemann, 1984.

MBEMBE, Achille. *De la Postcolonie: essai sur l'imagination politique dans l'Afrique contemporaine.* Paris: Khartala, 2000.

MCCHESNEY, James D. Biological Diversity, Chemical Diversity and the Search for New Pharmaceuticals. *In*: BALICK, Michael; ELISABETSKY, Elaine; LAIRD, Sarah A. (Ed.). *Medicinal Resources of the Tropical Forest: Biodiversity and Its Importance to Human Health.* New York: Columbia University Press, 1996. p. 11-18.

McCHESNEY, Robert Waterman. *Rich Media, Poor Democracy: Communication Politics in Dubious Times.* Urbana: University of Illinois Press, 1999.

McCHESNEY, Robert Waterman; WOOD, Ellen Meiksins; FOSTER, John Bellamy (Ed.). *Capitalism and the Information Age: the Political Economy of the Global Communication Revolution.* New York: Monthly Review Press, 1998.

McCLINTOCK, Anne. *Imperial Leather: Race, Gender, and Sexuality in the Colonial Context.* New York: Routledge, 1995.

McCLINTOCK, Anne. "No Longer in a Future Heaven": Gender, Race and Nationalism. *In*: McCLINTOCK, Anne; MUFTI, Aamir, SHOHAT, Ella (Ed.). *Dangerous Liaisons: Gender, Nation, and Postcolonial Perspectives.* Minneapolis; London: University of Minnesota Press, 1997. p. 89-112.

McGEE, Glenn (Ed.). *The Human Cloning Debate.* Berkeley: Berkeley Hills Books, 2000.

McLEOD, John. *Beginning Postcolonialism.* Manchester; New York: Manchester University Press, 2000.

MEMMI, Albert. *The Colonizer and the Colonized.* New York: The Orion Press, 1965.

MEMMI, Albert. *Racism.* Introduction by Kwame Anthony Appiah. Minneapolis: University of Minnesota Press, 2000.

MENESES, Maria Paula. Agentes do conhecimento? A consultoria e a produção do conhecimento em Moçambique. *In*: SANTOS, Boaventura de Sousa (Org.). *Conhecimento prudente para uma vida decente: "Um discurso sobre as ciências" revisitado.* Porto: Afrontamento, 2004. p. 683-715.

MENESES, Maria Paula. *Os saberes feiticeiros em Moçambique: realidades materiais, experiências espirituais.* Coimbra: Almedina, 2019.

MENESES, Maria Paula. "Quando não há problemas, estamos de boa saúde, sem azar nem nada": para uma concepção emancipatória da saúde e das medicinas. *In*: SANTOS, Boaventura de Sousa (Org.). *Semear outras soluções: os caminhos da biodiversidade e dos conhecimentos rivais.* Rio de Janeiro: Civilização Brasileira, 2005. p. 423-467.

MENESES, Maria Paula. Toward Interlegality? Traditional Healers and the Law. *In*: SANTOS, Boaventura de Sousa; TRINDADE, João Carlos; MENESES, Maria Paula (Org.). *Law and Justice in a Multicultural Society: the Case of Mozambique*. Dakar: CODESRIA, 2006. p. 63-89.

MERLEAU-PONTY, Maurice. *Résumés de cours: Collège de France 1952-1960*. Paris: Gallimard, 1968.

MICHELS, R. *Political Parties*. Glencoe: Free Press, 1949.

MIGNOLO, Walter D. *Local Histories/Global Designs: Coloniality, Subaltern Knowledges and Border Thinking*. Princeton: Princeton University Press, 2000.

MIGNOLO, Walter D. *Histórias locales/diseños globales*. Madrid: Akal, 2003.

MIRANDA, António Pinto. Memória sobre a Costa de África e da monarquia africana (*c.* 1766). *In*: DIAS, Luis F. de Carvalho (Org.). *Fontes para a história, geografia e comércio de Moçambique (século XVIII)*. Lisboa: Agência Geral do Ultramar, 1954. p. 47-121.

MISHRA, Vijay; HODGE, Bob. What Is Post(-)colonialism?. *Textual Practice*, v. 5, n. 3, p. 399-415, 1991.

MITRA, Kana. Human Rights in Hinduism. *Journal of Ecumenical Studies*, v. 19, n. 3, p. 77-84, 1982.

MOL, Annemarie. Ontological Politics: A Word and Some Questions. *In*: LAW, John; HASSARD, John (Ed.). *Actor Network Theory and After*. Oxford: Blackwell, 1999. p. 74-89.

MOL, Annemarie. *The Body Multiple: Ontology in Medical Practice*. Durham: Duke University Press, 2002.

MONDLANE, Eduardo C. *Old Roots in African Education*. Syracuse: Syracuse University School of Education, 1962.

MONDLANE, Eduardo C. The Development of Nationalism in Mozambique [1964]. *In*: *Panaf Great Lives: Eduardo Mondlane*. London: Panaf, 1972.

MONDLANE, Eduardo C. *The Struggle for Mozambique*. Harmondsworth: Penguin, 1969.

MONEDERO, Juan Carlos. *La trampa de la gobernanza: nuevas formas de participación política*. México: Cámara de Diputados, 2003.

MONTAIGNE, Michel de. *Essays*. Harmondsworth: Penguin, 1958.

MONTAIGNE, Michel de. *Complete Essays*. Stanford: Stanford University Press, 1965.

MONTESQUIEU. *L'Espirit des lois* [1748]. Paris: Les Belles Lettres, 1950.

MOORE, B. *Social Origins of Dictatorship and Democracy; Lord and Peasant in the Making of the Modern World*. Boston: Beacon Press, 1966.

MOOSA, Ebrahim. The Dilemma of Islamic Rights Schemes. *Worlds and Knowledges Otherwise*, v. 1, n. 1, p. 1-25, 2004. Disponível em: https://bit.ly/3yLDIX1. Acesso em: 1º set. 2021.

MORAN, Katy; KING, Steven R.; CARLSON, Thomas J. Biodiversity Prospecting: Lessons and Prospects. *Annual Review of Anthropology*, n. 30, p. 505-526, 2001.

MORRIS, Thomas D. *Southern Slavery and the Law, 1619-1860*. Chapel Hill, NC: The University of North Carolina Press, 1996.

MUDIMBE, Valetin Y. *The Invention of Africa: Gnosis, Philosophy and the Order of knowledge*. Bloomington: Indiana University Press, 1988.

MULLER, Tânia M. P.; CARDOSO, Lourenço. *Branquitude: estudos sobre a identidade branca no Brasil*. Curitiba: Appris, 2017.

MUTUA, Makau. Savages, Victims, and Saviors: The Metaphor of Human Rights. *Harvard International Law Journal*, n. 42, p. 201-245, 2001.

MUTUA, Makau. The Ideology of Human Rights. *Virginia Journal of International Law*, n. 36, p. 589-657, 1996.

NAGEL, Beverly. Anthropology of Food: the Social Dynamics of Food Security. *American Anthropologist*, v. 102, n. 2, p. 403-404, 2000.

NAJAM, Adil. Citizen Organizations as Policy Entrepreneurs. *In*: LEWIS, David (Ed.). *International Perspectives on Voluntary Action: Reshaping the Third Sector*. London: Earthscan, 1999. p. 142-181.

NANDY, Ashis. Cultural Frames for Social Transformation: A Credo. *Alternatives*, n. XII, p. 113-123, 1987a.

NANDY, Ashis. Plural Worlds, Multiple Selves: Ashis Nandy and the Post-Columbian Future. *Emergences*, n. 7-8, 1996.

NANDY, Ashis. The Politics of Secularism and the Recovery of Religious Tolerance. *Alternatives*, n. XIII, p. 177-194, 1988.

NANDY, Ashis. *Traditions, Tyranny and Utopias: Essays in the Politics of Awareness*. New Delhi; Oxford: Oxford University Press, 1987b.

NDEGWA, Stephen N. Civil Society and Political Change in Africa: The Case of Non-Governmental Organizations in Kenya. *International Journal of Comparative Sociology*, v. 35, n. 1-2, p. 19-36, 1994.

NEEDHAM, Joseph. *Science and Civilization in China*. Cambridge, MA: Cambridge University Press, 1954. 6 v.

NEGRÃO, José Guilherme. A propósito das relações entre as ONGs do Norte e a sociedade civil moçambicana. Comunicação apresentada ao curso de formação "A Globalização Alternativa e as Organizações Não-Governamentais do Espaço de Língua Oficial Portuguesa". Coimbra: CES – Faculdade de Economia, Universidade de Coimbra, 2003.

NELKIN, Dorothy; LINDEE, M. Susan. *The DNA Mystique: The Gene as a Cultural Icon*. New York: W. H. Freeman and Company, 1995.

NIE, Joseph; DONAHUE, John (Ed.). *Governance in a Globalizing World*. Washington, DC: Brookings Institution, 2000.

NIETZSCHE, Friedrich. *The Portable Nietzsche*. Edited by Walter Kaufmann. New York: The Viking Press, 1973.

NIETZSCHE, Friedrich. *Crepúsculo dos ídolos: ou como se filosofa às marteladas*. Versão e notas de Delfim Santos. 4. ed. Lisboa: Guimarães, 2002.

NIRMAL, Chiranjivi J. (Ed.). *Human Rights in India: Historical, Social and Political Perspectives*. Oxford: Oxford University Press, 1999.

NKRUMAH, Kwame. *I Speak of Freedom: A Statement of African Ideology*. London: Heinemann, 1961.

NKRUMAH, Kwame. *Neo-Colonialism: The Last Stage of Imperialism*. New York: International Publishers, 1965.

NUNES, João Arriscado. A Síndrome do Parque Jurássico: história(s) edificante(s) da genética num mundo "sem garantias". *Revista Crítica de Ciências Sociais*, n. 61, p. 29-62, 2001.

NUNES, João Arriscado. Para além das "duas culturas": tecnociências, tecnoculturas e teoria crítica. *Revista Crítica de Ciências Sociais*, n. 52-53, p. 15-59, 1998-1999.

NUNES, João Arriscado. Um discurso sobre as ciências 16 anos depois. *In*: SANTOS, Boaventura de Sousa (Org.). *Conhecimento prudente para uma vida decente: "Um discurso sobre as ciências" revisitado*. Porto: Afrontamento, 2004. p. 57-80.

NUNES, João Arriscado; GONÇALVES, Maria E. (Org.). *Enteados de Galileu? A semiperiferia no sistema mundial da ciência*. Porto: Afrontamento, 2001.

NYERERE, Julius K. *Freedom and Unity*. Dar es Salaam: Oxford University Press, 1966.

O'DONNELL, Guillermo. *Modernization and Bureaucratic-authoritarianism: Studies in South American Politics*. Berkeley: Institute of International Studies, University of California, 1973.

O'DONNELL, Guillermo; SCHMITTER, Philippe C.; WHITEHEAD, Laurence (Ed.). *Transitions from Authoritarian Rule: Prospects for Democracy*. Baltimore: Johns Hopkins University Press, 1986.

O'ROURKE, Dara. Outsorcing Regulation: Analyzing Non-Governmental Systems of Labor Standards Monitoring. *Policy Studies Journal*, n. 31, p. 1-29, 2003.

OBIORA, L. Amwede. Bridges and Barricades: Rethinking Polemics and Intransigence in the Campaign against Female Circumcision. *Case Western Reserve Law Review*, n. 47, p. 275-378, 1997.

OFFE, Claus. *Disorganized Capitalism*. Oxford: Polity Press, 1985.

OLADIPO, Olusegun. Towards a Philosophical Study of African Culture: A Critique of Traditionalism. *Quest*, v. 3, n. 2, p. 31-50, 1989.

OLIVEIRA, Carlos; PINTO, João; TORRES, Ciro. *Democracia nas grandes cidades: a gestão democrática da prefeitura de Porto Alegre*. Rio de Janeiro: IBASE, 1995. p. 20-44.

ONG, Aihwa. Anthropology, China and Modernities: the Geopolitics of Cultural Knowledge. *In*: MOORE, Henrietta L. (Ed.). *The Future of Anthropological Knowledge*. New York: Routledge, 1996. p. 60-92.

OPEL, Andy; POMPPER, Donnalyn (Ed.). *Representing Resistance: Media, Civil Disobedience and the Global Justice Movement*. Westport, CT: Praeger, 2003.

ORNELLAS, Ayres de. *A Nossa administração colonial: o que é e o que deve ser*. Lisboa: Congresso Nacional Colonial, 1903.

ORTEGA Y GASSET, José. *Ideas y creencias*. Madrid: Revista de Occidente, 1942.

ORTIZ, Fernando. *Contrapunteo cubano del tabaco y el azucar*. [1940]. Barcelona: Ariel, 1973.

ORUKA, H. Odera. Cultural Fundamentals in Philosophy. *Quest*, v. 4, n. 2, p. 21-37, 1990a.

ORUKA, H. Odera. Grundlegende Fragen der Afrikanischen "Sage-Philosophy". *In*: WIMMER, Franz (Hg.). *Vier Fragen zur Philosophie in Afrika, Asien und Lateinamerika*. Wien: Passagen, 1998. p. 35-53.

ORUKA, H. Odera. Sage-Philosophy: The Basic Questions and Methodology. *In*: ORUKA, H. Odera (Ed.). *Sage Philosophy: Indigenous Thinkers and Modern Debate on African Philosophy*. Leiden: Brill, 1990b. p. 27-40.

OSBORNE, David; GAEBLER, Ted. *Reinventing Government: How the Entrepreneurial Spirit is Transforming the Public Sector*. Reading, MA: Addison-Wesley, 1992.

OSEGHARE, Antony S. Sagacity and African Philosophy. *International Philosophical Quarterly*, v. 32, n. 1, p. 95-104, 1992.

OSLER, Margeret (Ed.). *Rethinking the Scientific Revolution*. Cambridge, MA: Cambridge University Press, 2000.

OWEN, W. F. W. Letter from Captain W. F. W. Owen to J. W. Crocker, 9 October, 1823. *In*: THEAL, George McCall (Ed.). *Records of South-East Africa*. Cape Town: Struik, 1964. v. 9. p. 32-35.

OYAMA, Susan. *Evolution's Eye: A Systems View of the Biology-Culture Divide*. Durham: Duke University Press, 2000.

OYAMA, Susan; GRIFFITHS, Paul E.; GRAY, Russell D. (Ed.). *Cycles of Contingency: Developmental Systems and Evolution*. Cambridge, MA: The MIT Press, 2001.

PADRE MONCLARO. Relaçaõ da viagem q fizeraõ os padres da Companhia de Jesus com Francisco Barreto na conquista de Monomotapa no anno de 1569. *In*: THEAL, George McCall (Ed.). *Records of South-Eastern Africa*. Cape Town: Struik, 1899. v. 3. p. 157-201.

PANIKKAR, Raimundo. Is the Notion of Human Rights a Western Concept?. *Interculture*, v. 27, n. 1, Cahier 82, p. 28-47, 1984.

PANTHAM, Thomas. On Modernity, Rationality and Morality: Habermas and Gandhi. *The Indian Journal of Social Science*, v. 1, n. 2, p. 187-208, 1988.

PASTOR, Alba, et al. *Aproximaciones al mundo barroco latinoamericano*. Ciudad de México: Universidad Nacional Autonoma de México, 1993.

PARDO, Arvid. Whose is the bed of the sea?, *American Society, International Law Proceedings*, 62, p. 216-229, 1993.

PAUGAM, Serge. *Les Formes élémentaires de la pauvreté*. Paris: Presses Universitaires de France, 2005.

PAUL, Diane B. *The Politics of Heredity: Essays on Eugenics, Biomedicine, and the Nature-Nurture Debate*. Albany: State University of New York Press, 1998.

PEARSE, David; MORAN, Dominic. *The Economic Value of Biodiversity*. London: EarthScan, 1994.

PEARSON, Michael. *Port Cities and Intruders: The Swahili Coast, India, and Portugal in the Early Modern Era*. Baltimore: The Johns Hopkins University Press, 1998.

PEIXOTO, Paulo. As cidades e os processos de patrimonialização: a corrida ao estatuto de "patrimônio mundial" e a identidade simbólica das cidades. *In*: PINHEIRO, Magda; BAPTISTA, Luís V.; VAZ, Maria João (Org.). *Cidade e metrópole: centralidades e marginalidades*. Oeiras: Celta, 2001. p. 171-179.

PERRONE-MOISÉS, Leyla. *Altas literaturas*. Rio de Janeiro: Companhia das Letras, 1998.

PESTOFF, Victor A. *Beyond the Market and State: Social Enterprise and Civil Democracy in a Welfare Society*. Aldershot, UK: Ashgate, 1998.

PICKERING, Andrew (Ed.). *Science as Practice and Culture*. Chicago: The University of Chicago Press, 1992.

PIETERSE, Jan N. *Empire and Emancipation: Power and Liberation on a World Scale*. London: Pluto, 1989.

PIRES, Maria Laura Bettencourt. *Portugal visto pelos ingleses*. Lisboa: Centro de Estudos Comparados de Línguas e Literaturas Modernas da Universidade Nova de Lisboa, 1981.

POLANYI, Karl. *The Great Transformation* [1944]. Boston; Beacon Press, 1957.

POLLIS, Adamantia. Liberal, Socialist and Third World Perspectives of Human Rights. *In*: POLLIS, Adamantia; SCHWAB, Peter (Ed.). *Toward a Human Rights Framework*. New York: Praeger, 1982. p. 1-26.

POLLIS, Adamantia; SCHWAB, Peter. Human Rights: A Western Construct with Limited Applicability. *In*: POLLIS, Adamantia; SCHWAB, Peter (Ed.). *Human Rights: Cultural and Ideological Perspectives*. New York: Prager, 1979. p. 1-18.

PONCE, Anibal. *Educación y lucha de clases*. Buenos Aires: Talleres Gráficos Argentinos L. J. Rosso, 1935.

PORTUGAL, Joaquim José da Costa. Notícias das ilhas de Cabo Delgado. *In*: DIAS, Luis F. de Carvalho (Org.). *Fontes para a história, geografia e comércio de Moçambique (século XVIII)*. Lisboa: Agência Geral do Ultramar, 1954. p. 275-310.

POULANTZAS, Nicos. *State Power and Socialism*. London: New Left Books, 1978.

PRAEG, Leonhard. *A Report on Ubuntu*. Pietermaritzburg: University of KwaZulu-Natal Press, 2014.

PRATT, Geraldine. *Working Feminism*. Philadelphia: Temple University Press, 2004.

PRATT, Mary Louise. *Imperial Eyes: Travel Writing and Transculturation*. London: Routledge, 1992.

PRATT, Scott L. *Native Pragmatism: Rethinking the Roots of American Philosophy*. Bloomington: Indiana University Press, 2002.

PRESBEY, Gail M. Who Counts as a Sage? Problems in the Further Implementation of Sage Philosophy. *Quest: Philosophical Discussions*, v. 11, n. 1-2, p. 53-65, 1997.

PRESTHOLDT, Jeremy. Portuguese Conceptual Categories and the "Other" Encounter on the Swahili Coast. *Journal of Asian and African Studies*, v. 36, n. 4, p. 383-406, 2001.

PRIGOGINE, Ilya. *From Being to Becoming*. San Francisco: Freeman, 1980.

PRIGOGINE, Ilya. *The End of Certainty: Time, Chaos, and the New Laws of Nature*. New York: Free Press, 1997.

PRIGOGINE, Ilya; STENGERS, Isabelle. *La Nouvelle alliance: metamorphose de la science*. Paris: Gallimard, 1979.

PROCEE, Henk. Beyond Universalism and Relativism. *Quest*, v. 6, n. 1, p. 45-55, 1992.

PRZEWORSKI, Adam. *Capitalism and Social Democracy*. Cambridge, MA; New York: Cambridge University Press, 1985.

PURDY, David. The Second Marriage of Justice and Efficiency. *New Left Review*, n. 208, p. 30-48, 1994.

PUREZA, José Manuel. Eternalizing Westphalia? International Law in a Period of Turbulence. *Nação e Defesa*, n. 87, p. 31-48, 1998a.

PUREZA, José Manuel. Globalização e direito internacional: da boa vizinhança ao património comum da humanidade. *Revista Crítica de Ciências Sociais*, n. 36, p. 9-26, 1993.

PUREZA, José Manuel. *Património comum da humanidade: rumo a um direito internacional da solidariedade?*. Porto: Afrontamento, 1998b.

PUTNAM, Robert D. *Bowling Alone: The Collapse and Revival of American Community*. New York; London: Simon & Schuster, 2000.

QUIJANO, Aníbal. Colonialidad del poder y clasification social. *Journal of World-Systems Research*, v. 6, n. 2, p. 342-386, 2000.

RAFI. Declaring the Benefits: The North's Annual profit from International Agricultural Research Is in the Range of US $ 4-5 Billion. *RAFI Occasional Paper Series*, n. 3, 1994.

RAJAGOPAL, Balakrishnan. *International Law from Below: Development, Social Movements and Third World Resistance*. Cambridge, MA: Cambridge University Press, 2004.

RAMADAN, Tariq. *Islam, the West and the Challenges of Modernity*. Leicester: The Islamic Foundation, 2000.

RAMADAN, Tariq. *Globalization: Muslim Resistances*. Geneva: Tawhid; Oxford: Oxford University Press, 2003.

RAMALHO, Maria Irene. No meio da literatura: a propósito de "Altas Literaturas" de Leyla Perrone-Moisés. *Revista Crítica de Ciências Sociais*, n. 54, p. 217-223, 1999.

RAMALHO-SANTOS, João. Sobre as fronteiras. *In*: SANTOS, Boaventura de Sousa (Org.). *Conhecimento prudente para uma vida decente: "Um discurso sobre as ciências" revisitado*. São Paulo: Cortez, 2004. p. 539-557.

RAMALHO-SANTOS, Miguel. Células estaminais como densidades autopoiéticas. *In*: SANTOS, Boaventura de Sousa (Org.). *Conhecimento prudente para uma vida decente: "Um discurso sobre as ciências" revisitado*. São Paulo: Cortez, 2004. p. 495-504.

RAMOSE, Mogobe. African Democratic Traditions: Oneness, Consensus and Openness. *Quest*, v. 6, n. 1, p. 63-83, 1992.

RAMOSE, Mogobe. An African Perspective on Justice and Race. *Polylog: Forum for Intercultural Philosophizing*, v. 2, p. 1-27, 2001.

RANDERIA, Shalini. Pluralismo jurídico, soberania fracturada e direitos de cidadania diferenciais: instituições internacionais, movimentos sociais e o Estado pós-colonial na Índia. *In*: SANTOS, Boaventura de Sousa (Org.). *Reconhecer para libertar: os caminhos do cosmopolitismo multicultural*. Porto: Afrontamento, 2004. p. 358-395.

RANGER, Terence. Postscript: Colonial and Postcolonial Identities. *In*: WERBNER, Richard; RANGER, Terence (Ed.). *Postcolonial Identities in Africa*. London: Zed Books, 1996. p. 271-281.

RANGER, Terence. The Invention of Tradition in Colonial Africa. *In*: HOBSBAWM, Eric.; RANGER, Terence (Ed.). *The Invention of Tradition*. Cambridge, MA: Cambridge University Press, 1988. p. 211-262.

RANGER, Terence. The Invention of Tradition Revisited: the Case of Colonial Africa. *In*: RANGER, Terence; VAUGHAM, Olufemi (Ed.). *Legitimacy and the State in Twentieth-century Africa: Essays in Honour of A.H.M. Kirk-Greene*. London: Macmillan, 1993. p. 62-11.

REARDON, Jenny. *Race to the Finish: Identity and Governance in an Age of Genomics.* Princeton: Princeton University Press, 2005.

REECE, Robert L. Genesis of U.S. Colorism and Skin Tone Stratification: Slavery, Freedom, and Mulatto-Black Occupational Inequality in the late 19th century. *The Review of Black Political Economy*, v. 45, n. 1, p. 3-21, 2018.

RENARD, Marie. The Interstices of Globalization: The Example of Fair Coffee. *Sociologia Ruralis*, v. 39, n. 4, p. 484-500, 1999.

RENTELN, Alison D. *International Human Rights: Universalism versus Relativism.* Newbury Park: Sage, 1990.

RETAMAR, Roberto. *Calibán, apuntes sobre la cultura en nuestra América.* México: Editorial Diógenes, 1971.

RETAMAR, Roberto. *Caliban and Other Essays.* Minneapolis: University of Minnesota Press, 1989.

RHEINBERGER, Hans-Jörg. *Toward a History of Epistemic Things: Synthesizing Proteins in the Test Tube.* Stanford: Stanford University Press, 1997.

RIBEIRO, António Sousa. Walter Benjamin, pensador da modernidade. *Oficinas do CES*, n. 41, 1995.

RIBEIRO, Darcy. *Ensaios insólitos.* Porto Alegre: L&PM, 1979.

RIBEIRO, Darcy. *Mestiço é que é bom.* Colaboração de Oscar Niemeyer et al. Rio de Janeiro: Revan, 1996.

RIFKIN, Jeremy. *The End of Work: The Decline of the Global Labor Force and the Dawn of the Post-Market Era.* New York: G. P. Putnam's Sons, 1995.

RITZER, George. *The Macdonaldization of Society.* Thousand Oaks: Pine Forge, 1996.

ROBERT, Jason Scott. *Embryology, Epigenesis, and Evolution: Taking Development Seriously.* Cambridge, MA: Cambridge University Press, 2004.

ROBERTSON, Roland. *Globalization.* London: Sage, 1992.

RODNEY, Walter. *How Europe Underdeveloped Africa.* London; Dar es Salaam: Bogle-L'Ouverture; Tanzania Publishing House, 1972.

RODÓ, José Enrique. *Ariel: liberalismo y jacobinismo.* Barcelona: Cervantes, 1900.

RODRÍGUEZ-GARAVITO, César A. Global Governance and Labor Rights: Codes of Conduct and Anti-Sweatshop Struggles in Global Apparel Factories in Mexico and Guatemala. *Politics & Society*, v. 33, n. 2, p. 203-233, 2005b.

RODRÍGUEZ-GARAVITO, César A. Nike's Law: the Anti-Sweatshop Movement, Transnational Corporations, and the Struggle over International Labor Rights in the Americas. *In*: SANTOS, Boaventura de Sousa; RODRÍGUEZ-GARAVITO, César A. (Ed.). *Law and Globalization from Below: Towards a Cosmopolitan Legality.* Cambridge: Cambridge University Press, 2005a. p. 64-91.

RODRÍGUEZ-GARAVITO, César A.; ARENAS, Luís Carlos. Indigenous Rights, Transnational Activism, and Legal Mobilization: The Struggle of the U'wa People in Colombia. *In*: SANTOS, Boaventura de Sousa; RODRÍGUEZ-GARAVITO, César A. (Ed.). *Law and Globalization from Below: Towards a Cosmopolitan Legality*. Cambridge: Cambridge University Press, 2005. p. 241-266.

RORTY, Richard. *Philosophy and the Mirror of Nature*. Princeton: Princeton University Press, 1979.

RORTY, Richard. *Philosophy and Social Hope*. New York: Penguin, 2000.

ROSA, João Guimarães. A terceira margem do rio [1962]. *In*: *Primeiras estórias*. Rio de Janeiro: Nova Fronteira, 1988. p. 32-38.

ROSANVALLON, Pierre. *La Nouvelle question sociale*. Paris: Éditions Le Seuil, 1995.

ROSNAY, Joël. *La Révolte du proletariat: des mass media aux media des masses*. Paris: Fayard, 2006.

ROSS, Andrew (Ed.). *No Sweat: Fashion, Free Trade and the Rights of Garment Workers*. London: Verso, 1997.

ROUSSEAU, Jean-Jacques. *Discurso sobre a origem e os fundamentos da desigualdade entre os homens* [1775]. Porto: Presença, 1971.

ROUSSEAU, Jean-Jacques. *O contrato social* [1762]. 3. ed. Mem Martins: Publicações Europa-América, 1989.

ROUSSEAU, Jean-Jacques. *The Social Contract and Discourses* [1762]. London: J. M. Dent and Sons, 1973.

RUSIMBI, Mary; MBILINYI, Marjorie. Political and Legal Struggles over Resources and Democracy: Experiences with Gender Budgeting in Tanzania. *In*: SANTOS, Boaventura de Sousa; RODRÍGUEZ-GARAVITO, César A. (Ed.). *Law and Globalization from Below: Towards a Cosmopolitan Legality*. Cambridge: Cambridge University Press, 2005. p. 283-309.

RYAN, Charlotte. *Prime Time Activism: Media Strategies for Grassroots Organizing*. Boston: South End Press, 1991.

SAID, Edward. Nationalism, Human Rights and Interpretation. *Raritan*, v. 12, n. 3, p. 26-51, 1993.

SAID, Edward. *Orientalism*. New York: Vintage Books, 1978.

SAID, Edward. *The Question of Palestine*. New York: Vintage, 1980.

SAINI, Angela. *Superior: The Return of Race Science*. Boston: Beacon Press, 2019.

SALAMON, Lester M.; ANHEIER, Helmut K. (Ed.). *The Third World's Third Sector in Comparative Perspective*. Baltimore: The Johns Hopkins Institute for Policy Studies, 1997. Working Papers of the Johns Hopkins Comparative Nonprofit Sector Project, n. 24.

SALAMON, Lester M.; SOKOLOWSKI, S. Wojciech; LIST, Regina. Global Civil Society: An Overview. *In*: SALAMON, Lester M.; ANHEIER, Helmut K.; LIST,

Regina; TOEPLER, Stefan; SOKOLOWSKI, S. Wojciech; and Associates. *Global Civil Society: Dimensions of the Nonprofit Sector.* Bloomfield: Kumarian Press, 2004. p. 3-60.

SÁNCHEZ, Beatriz E. El reto del multiculturalismo jurídico: la justicia de la sociedad mayor y la justicia indígena. *In*: SANTOS, Boaventura de Sousa; GARCÍA-VILLEGAS, M. (Org.). *El caleidoscopio de las justicias en colombia.* Bogotá: Colciencias; Uniandes; CES; Universidad Nacional; Siglo del Hombre, 2001. v. 2. p. 5-142.

SANT'ANNA, José Firmino. *Missão da doença do sonno: trabalhos de outubro a novembro de 1911 (N'hantsua, Tete).* Maputo: Arquivo Histórico de Moçambique; Secção dos Serviços de Saúde, 1911. Mimeografado.

SANTOS JÚNIOR, Joaquim Rodrigues; BARROS, Fernando. Notas etnográficas de Moçambique. *In*: CONGRESSO LUSO-ESPANHOL PARA O PROGRESSO DAS CIÊNCIAS, 8., 1950, Lisboa. *Anais...* Lisboa: [s.n.], 1950. v. 5. p. 609-623.

SANTOS, Boaventura de Sousa. A claridade e a escuridão. *Jornal de Letras*, 7 abr. 2021a. Disponível em: https://bit.ly/37l4WZk. Acesso em: 28 jun. 2021.

SANTOS, Boaventura de Sousa. *A crítica da razão indolente: contra o desperdício da experiência, para um novo senso comum.* São Paulo: Cortez, 2000.

SANTOS, Boaventura de Sousa. *A justiça popular em Cabo Verde.* Rio de Janeiro: Lumen Juris. 2021b.

SANTOS, Boaventura de Sousa (Org.). *Another Knowledge is Possible. Beyond Northern Epistemologies.* London: Verso, 2007a.

SANTOS, Boaventura de Sousa (Org.). *Another Production is Possible: Beyond the Capitalist Canon.* London: Verso, 2006a.

SANTOS, Boaventura de Sousa. A ocupação colonial da Palestina por Israel: a solução final sem fim. *Alice News*, 17 jun. 2021c. Disponível em: https://bit.ly/2Vw209v. Acesso em: 29 jun. 2021.

SANTOS, Boaventura de Sousa. *As bifurcações da ordem jurídica: revolução, cidade, campo e indignação.* Rio de Janeiro: Lumen Juris. 2021d.

SANTOS, Boaventura de Sousa. A sociologia da claridade e da escuridão. *Jornal de Letras*, 30 jun. 2021e.

SANTOS, Boaventura de Sousa (Org.). *As vozes do mundo.* Rio de Janeiro: Civilização Brasileira, 2009. (Reinventar a Emancipação Social: Para Novos Manifestos).

SANTOS, Boaventura de Sousa. *A universidade no século XXI: para uma reforma democrática e emancipadora da universidade.* São Paulo: Cortez, 2004a.

SANTOS, Boaventura de Sousa (Org.). *Conhecimento prudente para uma vida decente: "Um discurso sobre as ciências" revisitado.* São Paulo: Cortez, 2004b.

SANTOS, Boaventura de Sousa. *Decolonising the University: The Challenge of Deep Cognitive Justice.* Newcastle upon Tyne: Cambridge Scholars Publishing, 2017a.

SANTOS, Boaventura de Sousa. *Democracia e participação: o caso do Orçamento Participativo de Porto Alegre*. Porto: Afrontamento, 2002a.

SANTOS, Boaventura de Sousa (Org.). *Democratizar a democracia: os caminhos da democracia participativa*. Rio de Janeiro: Civilização Brasileira, 2002b. (Reinventar a Emancipação Social: Para Novos Manifestos).

SANTOS, Boaventura de Sousa (Org.). *Democratizar la democracia: los caminos de la democracia participativa*. México: Fondo de Cultura Económica, 2004c.

SANTOS, Boaventura de Sousa (Org.). *Democratizing Democracy: Beyond the Liberal Democratic Canon*. London: Verso, 2005a.

SANTOS, Boaventura de Sousa (Org.). *Democratizzare la democrazia: i percorsi della democrazia partecipativa*. Troina: Cittá Apperta, 2003a.

SANTOS, Boaventura de Sousa. *Epistemologies of the South: Justice against Epistemicide*. Boulder; London: Paradigm, 2014.

SANTOS, Boaventura de Sousa. *Introdução a uma ciência pós-moderna*. Porto: Afrontamento, 1989.

SANTOS, Boaventura de Sousa. *La globalización del derecho: los nuevos caminos de la regulación y la emancipación*. Bogotá: ILSA; Universidad Nacional de Colombia, 1998a.

SANTOS, Boaventura de Sousa. *Na oficina do sociólogo artesão. Aulas 2011-2016*. São Paulo: Editora Cortez, 2018a.

SANTOS, Boaventura de Sousa. O colonialismo insidioso. *Público*, 30 mar. 2018b. Disponível em: https://bit.ly/3lui9Ya. Acesso em: 28 jun. 2021.

SANTOS, Boaventura de Sousa. *O direito dos oprimidos*. Rio de Janeiro: Lumen Juris. 2021f.

SANTOS, Boaventura de Sousa. O Estado, as relações salariais e o bem-estar social na semiperiferia: o caso português. *In*: SANTOS, Boaventura de Sousa (Org.). *Portugal: um retrato singular*. Porto: Afrontamento, 1993a. p. 15-56.

SANTOS, Boaventura de Sousa. *O Estado e a sociedade em Portugal (1974-1988)*. Porto: Afrontamento, 1990.

SANTOS, Boaventura de Sousa. *O fim do império cognitivo: a afirmação das epistemologias do Sul*. Belo Horizonte: Autêntica, 2019.

SANTOS, Boaventura de Sousa. *O Fórum Social Mundial: manual de uso*. São Paulo: Cortez, 2005b.

SANTOS, Boaventura de Sousa. *O futuro começa agora: da pandemia à utopia*. São Paulo: Boitempo, 2021g.

SANTOS, Boaventura de Sousa. On Oppositional Postmodernism. *In*: MUNCK, Ronaldo; O'HEARN, Denis (Ed.). *Critical Development Theory*. London; New York: Zed Books, 1999. p. 29-43.

SANTOS, Boaventura de Sousa. Oppositional Postmodernism and Globalizations. *Law and Social Inquiry*, v. 23, n. 1, p. 121-139, 1998c.

SANTOS, Boaventura de Sousa. Os processos da globalização. *In*: SANTOS, Boaventura de Sousa (Org.) *Globalização e ciências sociais.* São Paulo: Cortez, 2002c. p. 25-104.

SANTOS, Boaventura de Sousa. Para além do pensamento abissal: das linhas globais a uma ecologia de saberes. *Revista Crítica de Ciências Sociais*, n. 78, p. 3-46, 2007b.

SANTOS, Boaventura de Sousa. Para uma concepção multicultural dos direitos humanos. *In*: SANTOS, Boaventura de Sousa (Org.). *Reconhecer para libertar: os caminhos do cosmopolitismo cultural.* Rio de Janeiro: Civilização Brasileira, 2003b. p. 425-461.

SANTOS, Boaventura de Sousa. Participatory Budgeting in Porto Alegre: Toward a Redistributive Democracy. *Politics and Society*, v. 26, n. 4, p. 461-510, 1998b.

SANTOS, Boaventura de Sousa. *Pela mão de Alice: o social e o político na pós-modernidade* [1995]. 14. ed. rev. e aum. São Paulo: Cortez, 2013a.

SANTOS, Boaventura de Sousa. Pluralismo jurídico y jurisdicción especial indígena. *In*: "DEL OLVIDO surgimos para traer nuevas esperanzas": la jurisdicción especial indígena. Bogotá: Ministerio de Justicia y Derecho, Consejo Regional Indígena del Cauca, Ministerio del Interior, Dirección General de Asuntos Indígenas, 1997. p. 201-211.

SANTOS, Boaventura de Sousa. Poderá o direito ser emancipatório? *Revista Crítica de Ciências Sociais*, n. 65, p. 3-76, 2003c.

SANTOS, Boaventura de Sousa. *Portugal: ensaio contra a autoflagelação.* São Paulo: Cortez, 2011a.

SANTOS, Boaventura de Sousa. Portugal: Tales of Being and not Being. *Portuguese Literary & Cultural Studies*, n. 19-20, p. 399-443, 2011b.

SANTOS, Boaventura de Sousa (Org.). *Portugal: um retrato singular.* Porto: Afrontamento, 1993b.

SANTOS, Boaventura de Sousa (Org.). *Producir para vivir: los caminos de la producción no capitalista.* México: Fondo de Cultura Economica, 2011c.

SANTOS, Boaventura de Sousa (Org.). *Produre per vivere: la vie delle produzione non capitalistica.* Troina: Cittá Apperta, 2005c.

SANTOS, Boaventura de Sousa (Org.). *Produzir para viver: os caminhos da produção não capitalista.* Rio de Janeiro: Civilização Brasileira, 2002d. (Reinventar a Emancipação Social: Para Novos Manifestos).

SANTOS, Boaventura de Sousa (Org.). *Reconhecer para libertar: os caminhos do cosmopolitismo cultural.* Rio de Janeiro: Civilização Brasileira, 2003d. (Reinventar a Emancipação Social: Para Novos Manifestos).

SANTOS, Boaventura de Sousa. *Refundación del Estado en América Latina: perspectivas desde una epistemología del Sur.* Bogotá: Siglo del Hombre, 2010a.

SANTOS, Boaventura de Sousa. *Se Deus fosse um ativista dos direitos humanos*. São Paulo: Cortez, 2013b.

SANTOS, Boaventura de Sousa (Org.). *Semear outras soluções: os caminhos da biodiversidade e dos conhecimentos rivais*. Rio de Janeiro: Civilização Brasileira, 2005d. (Reinventar a Emancipação Social: Para Novos Manifestos).

SANTOS, Boaventura de Sousa. Stay Baroque. *Artforum*, v. 56, n. 10, p. 211-213, 2018c.

SANTOS, Boaventura de Sousa. The Alternative to Utopia Is Myopia. *Politics & Society*, v. 48, n. 4, p. 567-584, 2020.

SANTOS, Boaventura de Sousa. The Heterogeneous State and Legal Pluralism in Mozambique. *Law & Society Review*, v. 40, n. 1, p. 39-75, 2006b.

SANTOS, Boaventura de Sousa. The Law of the Oppressed: The Construction and Reproduction of Legality in Pasargada Law. *Law and Society Review*, v. 12, n. 1, p. 5-126, 1977.

SANTOS, Boaventura de Sousa. The Resilience of Abyssal Exclusions in Our Societies: Toward a Post-Abyssal Law. *Tilburg Law Review*, v. 22, n. 1-2, p. 237-258, 2017b.

SANTOS, Boaventura de Sousa. *The Rise of the Global Left: The World Social Forum and Beyond*. London: Zed Books, 2006c.

SANTOS, Boaventura de Sousa. Toward an Epistemology of Blindness: Why the New Forms of "Ceremonial Adequacy" neither Regulate nor Emancipate. *The European Journal of Social Theory*, v. 4, n. 3, p. 251-279, 2001.

SANTOS, Boaventura de Sousa. *Toward a New Common Sense: Law, Science and Politics in the Paradigmatic Transition*. London: Routledge, 1995.

SANTOS, Boaventura de Sousa. *Toward a New Legal Common Sense: Law, Globalization, and Emancipation*. London: Butterworths, 2002e.

SANTOS, Boaventura de Sousa (Org.). *Trabalhar o mundo: os caminhos do novo internacionalismo operário*. Rio de Janeiro: Civilização Brasileira, 2005e. (Reinventar a Emancipação Social: Para Novos Manifestos).

SANTOS, Boaventura de Sousa. *Um discurso sobre as ciências*. São Paulo: Cortez, 2003e.

SANTOS, Boaventura de Sousa. *Um discurso sobre as ciências*. Porto: Afrontamento, 1987.

SANTOS, Boaventura de Sousa. Um Ocidente não-ocidentalista?: A filosofia à venda, a douta ignorância e a aposta de Pascal. *In*: SANTOS, Boaventura de Sousa; MENESES, Maria Paula (Org.). *Epistemologias do Sul*. São Paulo: Cortez, 2010b. p. 519-562.

SANTOS, Boaventura de Sousa. Uncertainty between Fear and Hope. *In*: FUNDAÇÃO BIENAL DE SÃO PAULO (Org.). *32a Bienal de São Paulo: incerteza viva*. Catálogo de exposição. São Paulo: Fundação Bienal de São Paulo, 2016. p. 37-45.

SANTOS, Boaventura de Sousa (Org.). *Voices of the World*. London: Verso, 2010c.

SANTOS, Boaventura de Sousa; AVRITZER, Leonardo. Introduction: Opening Up the Canon of Democracy. *In*: SANTOS, Boaventura de Sousa (Org.). *Democratizing Democracy: Beyond the Liberal Democratic Canon*. London: Verso, 2005. p. xxxiv-lxxiv.

SANTOS, Boaventura de Sousa et al. *Os tribunais nas sociedades contemporâneas: o caso português*. Porto: Afrontamento, 1996.

SANTOS, Boaventura de Sousa; GARCÍA VILLEGAS, Mauricio. *El caleidoscopio de las justicias en Colombia*. Bogotá: Ediciones Uniandes; Siglo del Hombre, 2001. 2 v.

SANTOS, Boaventura de Sousa; JENSON, Jane (Org.). *Globalizing Institutions: Case Studies in Regulation and Innovation*. Aldershot: Ashgate, 2000.

SANTOS, Boaventura de Sousa; JIMÉNEZ, Agustín (Org.). *Justicia indígena, plurinacionalidad e interculturalidad en Ecuador*. Quito: Abya Yala; Fundación Rosa Luxemburg, 2012.

SANTOS, Boaventura de Sousa; MARTINS, Bruno Sena (Org.). *O pluriverso dos direitos humanos: a diversidade das lutas pela dignidade*. Belo Horizonte: Autêntica, 2019.

SANTOS, Boaventura de Sousa; MENDES, José Manuel (Org.). *Demodiversidade: imaginar novas possibilidades democráticas*. Belo Horizonte: Autêntica, 2018.

SANTOS, Boaventura de Sousa; MENESES, Maria Paula (Org.). *Knowledges Born in the Struggle: constructing the Epistemologies of the Global South*. New York; London: Routledge, 2019.

SANTOS, Boaventura de Sousa; MENESES, Maria Paula G.; NUNES, João Arriscado. Introdução: Para ampliar o cânone da ciência: a diversidade epistemológica do mundo. *In*: SANTOS, Boaventura de Sousa (Org.). *Semear outras soluções: os caminhos da biodiversidade e dos conhecimentos rivais*. Rio de Janeiro: Civilização Brasileira, 2005. p. 21-125.

SANTOS, Boaventura de Sousa; NUNES, João Arriscado. Introdução: Para ampliar o cânone do reconhecimento, da diferença e da igualdade. *In*: SANTOS, Boaventura de Sousa (Org.). *Reconhecer para libertar: os caminhos do cosmopolitismo cultural*. Rio de Janeiro: Civilização Brasileira, 2003. p. 25-68.

SANTOS, Boaventura de Sousa; RODRÍGUEZ, José Luis Exeni (Org.). *Estado plurinacional y democracias*. La Paz: Plural, 2019.

SANTOS, Boaventura de Sousa; RODRÍGUEZ, José Luis Exeni (Org.). *Justicia indígena, plurinacionalidad e interculturalidad en Bolivia*. Quito: Abya Yala; Fundación Rosa Luxemburg, 2012.

SANTOS, Boaventura de Sousa; RODRÍGUEZ-GARAVITO, César A. Introdução: Para ampliar o cânone da produção. *In*: SANTOS, Boaventura de Sousa (Org.). *Produzir para viver: os caminhos da produção não capitalista*. Rio de Janeiro: Civilização Brasileira, 2002. p. 23-77.

SANTOS, Boaventura de Sousa; RODRÍGUEZ-GARAVITO, César A. Introduction: Expanding the Economic Canon and Searching for Alternatives to Neoliberal Globalization. In: SANTOS, Boaventura de Sousa (Org.). *Another Production is Possible: Beyond the Capitalist Canon*. London: Verso, 2006. p. xvii-lxii.

SANTOS, Boaventura de Sousa; RODRÍGUEZ-GARAVITO, César A. Law, Politics, and the Subaltern in Counter-Hegemonic Globalization. In: SANTOS, Boaventura de Sousa; RODRÍGUEZ-GARAVITO, César A. (Ed.). *Law and Globalization from Below: Towards a Cosmopolitan Legality*. Cambridge: Cambridge University Press, 2005. p. 1-26.

SANTOS, Boaventura de Sousa; TRINDADE, João Carlos (Org.). *Conflito e transformação social: uma paisagem das justiças em Moçambique*. Porto: Afrontamento, 2003. 2 v.

SANTOS, Frei João dos. *Etiópia oriental e vária história de cousas notáveis do Oriente* [1609]. Lisboa: Comissão Nacional para as Comemorações dos Descobrimentos Portugueses, 1999.

SARAMAGO, José. *Cadernos de Lanzarote I e II*. Lisboa: Círculo de Leitores, 1998.

SARAMAGO, José. *Memorial do convento*. São Paulo: Companhia das Letras, 2020.

SARMIENTO, Domingo. *Facundo, civilizacion y barbarie*. México: Editorial Porrúa, 1966.

SASSEN, Saskia. *Cities in a World Economy*. Thousand Oaks: Pine Forge; Sage Press, 1994.

SASSEN, Saskia. *The Global City: New York, London, Tokyo*. Princeton: Princeton University Press, 1991.

SASSEN, Saskia. *The Global City: New York, London, Tokyo*. 2nd ed. Princeton: Princeton University Press, 2001.

SCANLAN, Padraic Xavier. Blood, Money and Endless Paper: Slavery and Capital in British Imperial History. *History Compass*, v. 14, n. 5, p. 218-230, 2016.

SCHIEBINGER, Londa. *The Mind Has No Sex: Women in the Origins of Modern Science*. Cambridge: Harvard University Press, 1989.

SCHIEBINGER, Londa. *Has Feminism Changed Science?*. Cambridge: Harvard University Press, 1999.

SCHLUCHTER, Wolfgang. *Die Entwicklung des Okzidentalen Rationalismus: Analyse von Max Webers Gesellschaftsgeschichte*. Tübingen: Mohr, 1979.

SCHMITT, C. *The Crisis of Parliamentary Democracy*. Cambridge: The MIT Press, 1926.

SCHOENBERGER, Karl. *Levi's Children. Coming to Terms with Human Rights in the Global Marketplace*. New York: Grove, 2000.

SCHOPENHAUER, Arthur. *Parerga and Paralipomena: Short Philosophical Essays* [1851]. Oxford: Clarendon, 2010.

SCHUMPETER, Joseph. *Capitalism, Socialism and Democracy* [1942]. 3rd ed. New York: Harper and Row, 1962.

SCHWAB, Peter; POLLIS, Adamantia (Ed.). *Toward a Human Rights Framework*. New York: Praeger, 1982.

SCHWARCZ, Lilia K. M.; MACHADO, Maria Helena (Org.). *Emancipação, inclusão e exclusão: desafios do passado e do presente*. São Paulo: Edusp, 2018.

SEIBEL, Wolfgang; ANHEIER, Helmut K. Sociological and Political Science Approaches to the Third Sector. *In*: ANHEIER, Helmut K.; SEIBEL, Wolfgang (Ed.). *The Third Sector: Comparative Studies of Nonprofit Organisations*. New York: De Gruyter, 1990. p. 7-21.

SEN, Amartya. Democracy as a Universal Value. *Journal of Democracy*, v. 10, n. 3, p. 3-17, 1999.

SEN, Jai; ANAND, Anita; ESCOBAR, Arturo; WATERMAN, P. (Ed.). *World Social Forum: Challenging Empires*. New Delhi: The Viveka Foundation, 2004.

SENGHOR, Leopold S. *Anthologie de la nouvelle poesie negre et malgache de langue francaise*. Paris: Presses Universitaires de France, 1977.

SENGHOR, Leopold S. *Liberté 1: negritude et humanisme*. Paris: Editions du Seuil, 1964.

SEPÚLVEDA, Juan Ginés de. *Tratado sobre las justas causas de la guerra contra los índios*. México: Fondo de Cultura Económica, 1979.

SEREQUEBERHAN, Tsenay. Introduction. *In*: SEREQUEBERHAN, Tsenay (Ed.). *African Philosophy: The Essential Readings*. New York: Paragon, 1991. p. xvii-xxii.

SHAMIR, Ronen. Corporate Social Responsibility: A Case of Hegemony and Counter-Hegemony. *In*: SANTOS, Boaventura de Sousa; RODRÍGUEZ-GARAVITO, César A. (Ed.). *Law and Globalization from Below: Towards a Cosmopolitan Legality*. Cambridge: Cambridge University Press, 2005. p. 92-117.

SHANTHARAM, Yalnee. The Cost of Life: Patent Laws, the WTO and the HIV/AIDS Pandemic. *Undercurrent*, v. 2, n. 2, p. 48-56, 2005.

SHAPIN, Steven. *The Scientific Revolution*. Chicago: The University of Chicago Press, 1996.

SHARABI, Hisham. Modernity and Islamic Revival: The Critical Tasks of Arab Intellectuals. *Contention*, v. 2, n. 1, p. 127-147, 1992.

SHARIATI, Ali. Reflection of a Concerned Muslim: On the Plight of Oppressed Peoples. *In*: FALK, Richard; KIM, Samuel S.; MENDLOVITZ, Saul H. (Ed.). *Toward a Just World Order*. Boulder: Westview Press, 1982. p. 18-24.

SHARIATI, Ali. *What Is to Be Done: The Enlightened Thinkers and an Islamic Renaissance*. Edited by Farhang Rajaee. Houston: The Institute for Research and Islamic Studies, 1986.

SHAW, Randy. *The Activist's Handbook: A Primer*. Berkeley: University of California Press, 2001.

SHIVA, Vandana. *Monocultures of the Mind: Perspectives on Biodiversity and Biotechnology*. London: Zed Books, 1993.

SHIVA, Vandana. The Greening of Global Reach. *In*: SACHS, Wolfgang (Ed.). *Global Ecology: A New Arena of Political Conflict*. London: Zed Books, 1996. p. 149-156.

SHIVA, Vandana. *Biopiracy*. Boston: South End Press, 1997.

SHIVJI, Issa. *The Concept of Human Rights in Africa*. London: Codesria Book Series, 1989.

SHOHAT, Ella; STAM, Robert. *Unthinking Eurocentrism: Multiculturalism and the Media*. New York: Routledge, 1994.

SILVA, Teresa Cruz e. As redes de solidariedade como intervenientes na resolução de litígios: o caso da Mafalala. *In*: SANTOS, Boaventura de Sousa; TRINDADE, João Carlos (Org.). *Conflito e transformação social: uma paisagem das justiças em Moçambique*. Porto: Afrontamento, 2003. p. 427-450.

SIMON, William. Solving Problems v. Claiming Rights: The Pragmatist Challenge to Legal Liberalism. *Law Research Paper*, n. 03-58, Stanford Law School; Columbia University; Columbia Law School, 2003.

SIMPSON, Charles; RAPONE, Anita. Community Development from the Ground Up: Social-Justice Coffee. *Human Ecology Review*, v. 7, n. 1, p. 46-57, 2000.

SINGH, Rama S.; KRIMBAS, Costas B.; PAUL, Diane B.; BEATTY, John (Ed.). *Thinking about Evolution: Historical, Philosophical, and Political Perspectives*. Cambridge: Cambridge University Press, 2000.

SLATER, David. *Geopolitics and the Post-Colonial: Rethinking North-South Relations*. Oxford: Blackwell, 2004.

SLOANE, Philip R. (Ed.). *Controlling Our Destinies: Historical, Philosophical, Ethical, and Theological Perspectives on the Human Genome Project*. Notre Dame: University of Notre Dame Press, 2000.

SMEDLEY, A. *Race in North America: Origin and Evolution of a Worldview*. New York: Routledge, 2012.

SMILLIE, Ian. *The Alms Bazaar: Altruism Under Fire: Non-Profit Organisations and International Development*. London: Intermediate Technology, 1995.

SMITH, Shawn Michelle. *Photography on the Color Line: W. E. B. Du Bois, Race, and Visual Culture*. London: Duke University Press, 2004.

SNOW, C. P. *The Two Cultures and a Second Look*. Cambridge: Cambridge University Press, 1964.

SNOW, C. P. *The Two Cultures and the Scientific Revolution*. New York: Cambridge University Press, 1959.

SNYDER, Francis. Soft Law and Institutional Practice in the European Community. *In*: MARTIN, Stephen (Ed.). *The Construction of Europe*. Boston: Kluwer, 1994. p. 197-227.

SOUSA, António José Ferreira Marnoco e. *Administração colonial*. Coimbra: Typographia França Amado, 1906.

SPIVAK, Gayatri C. How to Teach a "Culturally Different" Book. *In*: LANDRY, Donna; MacLEAN, Gerald (Ed.). *The Spivak Reader: Selected Works of Gayatri Chakravorty Spivak*. New York; London: Routledge, 1996. p. 237-266.

SPIVAK, Gayatri C. *A Critique of Postcolonial Reason: Toward a History of the Vanishing Present*. Cambridge: Harvard University Press, 1999.

STAVENHAGEN, Rodolfo. *Ethnic Conflicts and the Nation-State*. London: Macmillan, 1996.

STENGERS, Isabelle. *Cosmopolitiques*. Paris: La Découverte, 1996-1997. 7 v.

STENGERS, Isabelle. Para além da grande separação, tornarmo-nos civilizados? *In*: SANTOS, Boaventura de Sousa (Org.). *Conhecimento prudente para uma vida decente: "Um discurso sobre as ciências" revisitado*. Porto: Afrontamento, 2004. p. 125-142.

STENGERS, Isabelle. *Sciences et pouvoirs: la democratie face à la Technoscience*. Paris: La Découverte, 1997.

STEPAN, Nancy. *The idea of Race in Science: Great Britain 1800-1960*. London: MacMillan, 1982.

STODDARD, Lothrop. *The Revolt against Civilization: The Menace of the Underman*. New York: C. Scribner's Sons, 1922.

TAPIÉ, Victor. *Barroco e classicismo*. Lisboa: Presença, 1988. 2 v.

TARROW, Sidney. *Power in Movement: Social Movements and Contention Politics*. Cambridge: Cambridge University Press, 1999.

TAYLOR, Mark; SAARINEN, Esa. *Imagologies: Media Philosophy*. New York: Routledge, 1994.

TAYLOR, Peter J. Building on Construction: An Exploration of Heterogeneous Constructionism, Using an Analogy from Psychology and a Sketch from Socioeconomic Modeling. *Perspectives on Science*, v. 3, n. 1, p. 66-98, 1995.

TEN, Kate Kerry; LAIRD, Sarah. *The Commercial Use of Biodiversity: Access to Genetic Resources and Benefit-Sharing*. London: Earthscan, 1999.

TEUBNER, Gunther. After Legal Instrumentalism? Strategic Models of Post-regulatory Law. *In*: TEUBNER, Gunther (Ed.). *Dilemmas of Law in the Welfare State*. Berlin: De Gruyter, 1986. p. 299-326.

THACKER, Eugene. *The Global Genome: Biotechnology, Politics, and Culture*. Cambridge: The MIT Press, 2005.

THAPAR, Romila. The Hindu and Buddhist Traditions. *International Social Science Journal*, v. 18, n. 1, p. 31-40, 1966.

THERBORN, Goran. *European Modernity and Beyond: The Trajectory of European Societies 1945-2000*. London: Sage, 1995.

THIONG'O, Ngũgĩ wa. *Decolonizing the Mind: The Politics of Language in African Literature*. London: Heinemann, 1986.

THOMAS, Lynn. *Beneath the Surface: A Transnational History of Skin Lighteners*. Johannesburg: Wits University Press; Duke University Press, 2020.

THOMPSON, Kenneth W. (Ed.). *Moral Imperatives of Human Rights: A World Survey*. Washington, DC.: University Press of America, 1980.

TIE, Warwick. *Legal Pluralism. Toward a Multicultural Conception of Law*. Dartmouth: Aldershot, 1999.

TOLSTOY, Leo. *Last Diaries*. New York: G. P. Putnam's Sons, 1960.

TOMKINSON, J. Report of Captain J. Tomkinson to Vice-Admiral Albermarble Bertie [1809]. *In*: THEAL, George McCall (Ed.). *Records of South-East Africa*. Cape Town: Struick, 1964. v. 9. p. 1-6.

TOULMIN, Stephen. Como a razão perdeu o seu equilíbrio. *In*: SANTOS, Boaventura de Sousa (Org.). *Conhecimento prudente para uma vida decente: "Um discurso sobre as ciências" revisitado*. Porto: Afrontamento, 2004. p. 253-272.

TOULMIN, Stephen. *Cosmopolis: The Hidden Agenda of Modernity*. New York: Free Press, 1990.

TOULMIN, Stephen. *Return to Reason*. Cambridge: Harvard University Press, 2001.

TRUBEK, David; MOSHER, James. New Governance, Employment Policy and the European Social Model. *In*: ZEITLIN, Jonathan; TRUBECK, David (Ed.). *Governing Work and Welfare in a New Economy*. New York; Oxford: Oxford University Press, 2003. p. 33-58.

TRUBEK, David; MOSHER, James; ROTHSTEIN, Jeffrey. Transnationalism in the Regulation of Labor Relations: International Regimes and Transnational Advocacy Networks. *Law and Social Inquiry*, v. 25, n. 4, p. 11-87, 2000.

TUCK, Richard. *Natural Rights Theories: Their Origin and Development*. Cambridge, MA: Cambridge University Press, 1979.

TUCKER, Vincent. The Myth of Development: A Critique of a Eurocentric Discourse. *In*: MUNCK, Ronaldo; O' HEARN, Denis (Ed.). *Critical Development Theory: Contributions to a New Paradigm*. London: Zed Books, 1999. p. 1-26.

ULRICH, Ruy Ennes. *Política colonial, lições feitas ao curso do 4º ano jurídico no ano de 1908/1909*. Coimbra: Imprensa da Universidade, 1909.

UNESCO. *Report of the Expert Group on Cultural Landscapes*. Paris: La Petite Pierre, 1992.

UNESCO. *Rapport de la vingt-cinquieme session do Comité du Patrimoine Mondial.* Paris: Unesco, 2002. Document WHC-01/CONF.208/24. Disponível em: https://bit.ly/2WrdDQ5. Acesso em : 25 ago. 2021.

UNGER, Roberto. *What Should Legal Analysis Become?*. London: Verso, 1996.

UNITED NATIONS. *Global Compact Primer.* New York: United Nations, 2000. Disponível em: https://bit.ly/3sd6QVI. Acesso em: 4 ago. 2021.

UNITED NATIONS DEVELOPMENT PROGRAMME (UNDP). *International Cooperation at a Crossroads: Aid, Trade and Security in an Unequal World – World Human Development Report.* New York: UNDP, 2005.

UNITED NATIONS DEVELOPMENT PROGRAMME (UNDP). *Poverty Report 2000: Overcoming Human Poverty.* New York: Oxford University Press, 2001.

VAN COTT, Donna L. *Defiant Again: Indigenous Peoples and Latin American Security.* Washington, DC: Institute for National Strategic Studies; National Defense University, 1996.

VAN COTT, Donna L. *The Friendly Liquidation of the Past: The Politics of Diversity in Latin America.* Pittsburgh: University of Pittsburgh Press, 2000.

VAN DE DONK, Wim; LOADER, Brian D.; NIXON, Paul G.; RUCHT, Dieter (Ed.). *Cyberprotest: New Media, Citizens and Social Movements.* London: Routledge, 2004.

VAN PARIJS, Philippe. *Arguing for Basic Income.* London: Verso, 1992.

VARGAS, Virginia. *Los aportes y los retos feministas en el Foro Social Mundial.* [s.d.]. Disponível em: https://bit.ly/3CizCsm. Acesso em: 4 ago. 2021.

VATTIMO, Gianni. *O fim da modernidade: niilismo e hermenêutica na cultura pós-moderna.* Lisboa: Presença, 1987.

VIANNA, Luiz Werneck. *A revolução passiva: iberismo e americanismo no Brasil.* Rio de Janeiro: Revan, 1997.

VICO, Giambattista. *The New Science of Giambattista Vico* [1725]. Edited by Bergin and Fisch. Garden City: Anchor Books, 1961.

VIJAPUR, Abdulrahim P.; SURESH, Kumar (Ed.). *Perspectives on Human Rights.* New Delhi: Manak Publications, 1999.

VILLARREAL, Jorge; HELFRICH, Silke; CALVILLO, Alejandro (Org.). *Um mundo patenteado? La privatización de la vida y del conocimiento.* El Salvador: Fundación Heinrich Boll, 2005.

VIOTTI, Helio A. Introdução geral. *In*: ANCHIETA, José de: *Obras completas.* São Paulo: Loyola, 1984. v. 6. p. 14-16.

VISVANATHAN, Shiv. *A Carnival for Science: Essays on Science, Technology and Development.* Oxford: Oxford University Press, 1997.

VISVANATHAN, Shiv. Environmental Values, Policy, and Conflict in India. *In*: UNDERSTANDING VALUES: A COMPARATIVE STUDY ON

ENVIRONMENTAL VALUES IN CHINA, INDIA AND THE UNITED STATES, 2000. Disponível em: https://bit.ly/3iJGKGL. Acesso em: 13 ago. 2011.

VISVANATHAN, Shiv. Entre a cosmologia e o sistema: a heurística de uma imaginação dissidente. *In*: SANTOS, Boaventura de Sousa (Org.). *Semear outras soluções: os caminhos da biodiversidade e dos conhecimentos rivais*. Rio de Janeiro: Civilização Brasileira, 2005. p. 167-215.

VITORIA, Francisco de. *Obras de Francisco de Vitoria: relecciones teológicas*. Madrid: BAC, 1960.

VOLTAIRE. *Voltaire's England*. Edited by Desdmond Flowe. London: The Folio Press, 1950.

WALKER, Alice. If the Present Looks Like the Past, What Does the Future Look Like?. *In: Search of Our Mothers' Garden*. New York: Harcourt Brace, 1983. p. 290-312.

WALLERSTEIN, Immanuel. Democracy, Capitalism and Transformation. *Documenta 11*, Vienna, 16 mar. 2001.

WALLERSTEIN, Immanuel. The Construction of Peoplehood: Racism, Nationalism, Ethnicity. *In*: BALIBAR, Étienne; WALLERSTEIN, Immanuel (Ed.) *Race, Nation, Class: Ambiguous Identities*. London: Verso, 1991. p. 27-39.

WALLERSTEIN, Immanuel. *The End of the World as We Know It: Social Science for the Twenty-first Century*. Minneapolis: University of Minnesota Press, 1999.

WALLERSTEIN, Immanuel. *The Modern World-System I: Capitalism Agriculture and the Origins of the European World Economy in the Sixteenth Century*. New York: Academic Press, 1974.

WAMBA, Ernest W. D. Beyond Elite Politics of Democracy in Africa. *Quest*, v. 6, n. 1, p. 28-42, 1991a.

WAMBA, Ernest W. D. Some Remarks on Culture Development and Revolution in Africa. *Journal of Historical Sociology*, v. 4, n. 3, p. 219-235, 1991b.

WARDE, Ibrahim. Quién controla los mercados? Poderosas oficinas dan su calificación a los estados. *Le Monde Diplomatique*, p. 10-11, 10 feb. 1997.

WATERMAN, Peter. *First Reflections on the World Social Forum*. Porto Alegre: Biblioteca de Alternativas; FSM, 2003a. Disponível em: https://www.nadir.org/nadir/initiativ/agp/free/wsf/waterman_poa.htm Acesso em: 23 set. 2021.

WATERMAN, Peter. Place, space and the reinvention of social emancipation on a global scale : second thoughts on the Third World Social Forum*, ISS Working Papers - General Series 19138*. International Institute of Social Studies of Erasmus University Rotterdam (ISS), The Hague, 2003b.WEBER, Max. *A ética protestante e o espírito do capitalismo*. 3. ed. Lisboa: Presença, 1990.

WEBER, Max. *Economy and Society: An Outline of Interpretive Sociology*. New York: Bedminster Press, 1968.

WEBER, Max. *The Protestant Ethic and the Spirit of Capitalism*. New York: Scribner, 1958.

WEBER, Max. *The Sociology of Religion*. Boston: Beacon Press, 1963.

WELSH JR., Claude; LEARY, Virginia (Ed.). *Asian Perspectives on Human Rights*. Boulder: Westview Press, 1990.

WERBNER, Richard. Introduction: Multiple Identities, Plural Arenas. *In*: WERBNER, Richard; RANGER, Terence O. (Ed.). *Postcolonial Identities in Africa*. London: Zed Books, 1996. p. 1-25.

WILMUT, Ian; CAMPBELL, Keith; TUDGE, Colin. *The Second Creation: The Age of Biological Control by the Scientists Who Cloned Dolly*. Cambridge: Harvard University Press, 2001.

WILMUT, Ian; HIGHFIELD, Roger. *After Dolly: The Uses and Misuses of Human Cloning*. New York: W.W. Norton, 2006.

WILSON, Edward Osborne. *Consilience: The Unity of Knowledge*. New York: Knopf, 1998a.

WILSON, Edward Osborne. Consilience among the Great Branches of Learning. *Daedalus*, v. 127, n. 1, p. 131-147, 1998b.

WILSON, William Julius. *The Truly Disadvantaged: The Inner City, the Underclass and Public Policy*. Chicago: University of Chicago Press, 1987.

WIREDU, Kwasi. Are There Cultural Universals? *Quest*, v. 4, n. 2, p. 5-19, 1990.

WITTGENSTEIN, Ludwig. *Anotações sobre as cores*. Lisboa: Edições 70, 1996.

WÖLFFLIN, Heinrich. *Renaissance and Baroque*. Ithaca: Cornell University Press, 1979.

WOOD, Ellen M. *Democracy Against Capitalism*. Cambridge: Cambridge University Press, 1996.

WORLD BANK. *World Development Report 1997: The State in a Changing World*. New York: The World Bank Group, 1997.

WRIGHT, Susan. *Molecular Politics: Developing American and British Regulatory Policy for Genetic Engineering, 1972-1982*. Chicago: University of Chicago Press, 1994.

XABA, Thokozani. Prática médica marginalizada: a marginalização e transformação das medicinas indígenas na África do Sul. *In*: SANTOS, Boaventura de Sousa (Org.). *Semear outras soluções: os caminhos da biodiversidade e dos conhecimentos rivais*. Rio de Janeiro: Civilização Brasileira, 2005. p. 377-421.

XAVIER, Ignacio Caetano. Relação do estado presente de Moçambique, Sena, Sofala, Inhambane e de todo o continente da Africa Oriental. *In*: DIAS, Luis F. de Carvalho (Org.). *Fontes para a história, geografia e comércio de Moçambique (século XVIII)*. Lisboa: Agência Geral do Ultramar, 1954. p. 171-217.

YOUNG, Crawford. *The African Colonial State in Comparative Perspective*. New Haven: Yale University Press, 1994.

YUVAL-DAVIS, Nira; FLOYA, Anthias (Ed.). *Woman-Nation-State*. New York: St. Martin's Press, 1989.

ZAEHNER, R. C. *Hinduism*. Oxford: Oxford University Press, 1982.

ZINN, Howard. *A People's History of the United States (1492 to Present)*. New York: HarperCollins, 1980.

Este livro foi composto com tipografia Bembo e impresso
em papel Off-White 70 g/m² na Formato Artes Gráficas.